Polen
Der Norden

Izabella Gawin

Reise-Handbuch

Inhalt

Wissenswertes über Polens Norden

Wissenswertes für die Reise

Unterwegs in Polens Norden

Kapitel 1 Stettin und die Odermündung

Inhalt

Kapitel 4 Vom Frischen Haff nach Olsztyn

Kapitel 5 Naturparadies Masuren

Inhalt

Themen

Alle Karten auf einen Blick

Inhalt

► Dieses Symbol im Buch verweist auf die
Extra-Reisekarte Polen – Der Norden

Winterstimmung am Elk-See

In Masuren verläuft das Leben noch langsam und beschaulich

Wissenswertes über Polens Norden

Der ›Nahe Osten‹: Strände, Seen und historische Städte

Flirrende Sanddünen, dramatische Klippen und weit ins Meer ragende Halbinseln dominieren an der Küste, im Hinterland liegen Tausende von Seen. Dazu gibt es traditionsreiche Seebäder, Ordensburgen und hanseatische Hafenstädte, allen voran Danzig, die ›Königin der Ostsee‹. In Nordpolen lassen sich Natur- und Kultururlaub bestens verbinden!

»Der Tourismus, der etwas erleben will, geht in die nächste Nachbarschaft und nicht unbedingt nach Übersee« (Karl Schlögel). Knapp 100 km östlich von Berlin beginnt Polen, wo es vieles zu entdecken gibt: Außer einer intakten, noch unverbrauchten Natur ein 1000-jähriges Kulturerbe, das unterschiedlichste Einflüsse in sich aufgenommen hat.

In Nordpolen bewegt man sich auf einem Terrain, das als ›Pommern‹ und ›Ostpreußen‹ jahrhundertelang deutsch geprägt war. Man sieht wuchtige Backsteinkirchen, wie man sie aus Norddeutschland kennt, Trutzburgen der Ordensritter und kaiserliche Jagdpaläste. Auf alten Kanaldeckeln prangen deutsche Firmennamen, unter dem Putz der Fassaden kann man vertraute Worte in verblichener Schrift entdecken. Unverhohlen Deutsch sind die Namen neuer Lokale in Städten wie Danzig, wo etwa ein ›Rathauskeller‹ und das ›Goldwasser‹ um ihre Gäste werben – der Zeitgeist ist, so scheint es, des Deutschen Freund. Die meisten Polen machen heute keinen Hehl mehr daraus, dass Teile ihres Landes lange Jahre unter deutschem Vorzeichen standen. Doch die Vergangenheit liefert heute kaum mehr Grund für Argwohn oder gar Angst: Nach dem Beitritt zur Europäischen Union fühlt sich die Mehrzahl der Polen als Bewohner eines gemeinsamen europäischen Hauses.

Auch auf deutscher Seite hat sich vieles verändert. Die Zeit, da man nach Polen fuhr um Klagelieder auf die verlorene Heimat anzustimmen, ist vorbei. Die heute ins Land reisen, gehören zumeist einer jüngeren Generation an, die das Wort ›Vertreibung‹ nur aus Erzählungen oder dem Geschichtsunterricht kennt. Einige von ihnen mögen sich zwar noch auf Spurensuche begeben, wollen sehen, wo ihre Eltern und Großeltern einst gelebt haben, doch sie sind keine ›Heimwehtouristen‹ und sie kennen auch nicht den Wunsch, dass dies alles wieder deutsch werden möge. Sie wollen schlicht einen Nachbarn entdecken, der seine Tore geöffnet hat.

Polen ist heute eines der attraktivsten Reiseländer Europas – gerade weil es vom Fortschritt so lange ausgeschlossen war. Zwar gibt es in den größeren Städten Straßenzüge mit glitzernden Glasfassaden, dem Geruch von Management und Marketing, doch sobald man aus den Zentren der Globalisierung hinaustritt, erlebt man eine andere, erfrischend dörfliche Welt, die bei uns fast vergessen ist: Schattige Alleen und kopfsteingepflasterte Straßen, alte Mütterchen mit Pilzen am Wegesrand, Pferdefuhrwerke und veraltete Gleisanlagen. Im ›Land der 1000 Sümpfe und Seen‹ sind die Normen der Europäischen Union vorerst nicht durchsetzbar, vor allem in den östlichen Gebieten wird es sicherlich noch Jahre dauern, bis die Stechuhr funktioniert.

Dieses Buch soll dem Reisendem ein Begleiter sein auf dem Weg von Stettin entlang der Ostseeküste nach Danzig, zu den masurischen Seen und den Naturparks an der litauischen und weißrussischen Grenze – und schließlich zurück über Warschau und Posen.

Romantische Abendstimmung am Mokre-See in Masuren

Tourenvorschläge machen mit einigen der schönsten Landschaften Nordpolens vertraut: Sie führen über Wanderdünen und die Küste entlang, durch abgelegene Tatarendörfer und einsame Wälder, vorbei an Synagogen, Holzkirchen und Moscheen.

Abschließend noch einige Worte zur Wahl von Ortsbezeichnungen: Da es darauf ankommt, dem der polnischen Sprache nicht mächtigen Leser das Verständnis der mitgeteilten Information zu erleichtern, werden in der Einführung in der Regel die deutschen Namen verwendet. Beim Reisen durchs Land jedoch kommt man mit den deutschen Bezeichnungen nicht weit. Mit Mühe erkennt man noch Allenstein in Olsztyn, dagegen hat Lötzen kaum etwas gemein mit Giżycko und noch weniger Sensburg mit Mrągowo oder Ortelsburg mit Szczytno. Zur besseren Orientierung werden deshalb im praktischen Reiseteil die polnischen Namen bevorzugt, nur die Großstädte werden deutsch aufgeführt. Und alle, die den Ehrgeiz haben, die polnischen Zungenbrecher auch auszusprechen, finden ab S. 87 des Buches zusätzlich einen Sprachführer.

Steckbrief Polen

Daten und Fakten

Name: Republik Polen (Rzeczpospolita Polska)

Fläche: 312 685 km², davon 8220 km² Wasserfläche

Hauptstadt: Warschau (1,7 Mio. Einwohner)

Große Städte in Nordpolen: Danzig (mit Gdingen und Zoppot) 770 000, Posen 590 000 und Stettin 420 000 Einwohner

Sprache: Das Polnische ist eine westslawische Sprache.

Einwohner: 38,7 Mio. Einwohner, davon ca. 3 % nationale Minderheiten; zu diesen gehören Deutsche, Ukrainer, Weißrussen, Litauer, Slowaken, Roma und Sinti, Russen sowie Tschechen.

Bevölkerungswachstum: – 0,02 %

Lebenserwartung: 73,6 Jahre

Währung: Bis zur Einführung des Euro, der vielfach bereits als Zahlungsmittel akzeptiert wird, ist der Złoty die Landeswährung.

Zeitzone: Polen gehört wie Deutschland zur Mitteleuropäischen Zeitzone.

Landesvorwahl: 00 48

Flagge und Wappen: Die waagerecht weiß-rot geteilte Flagge nimmt die Farben des Staatswappens auf, wobei Weiß den Friedenswillen des Volkes darstellen soll. Der Steinadler, Polens größter Greifvogel, gilt als Symbol für Stärke und Autonomie.

Nationalhymne: Der Mazurek Dąbrowskiego, seit 1926 offizielle Hymne Polens, beginnt mit den Worten »Noch ist Polen nicht verloren«.

Geografie

Polen hat mit der Ostsee im Norden sowie dem Gebirgszug der Sudeten und Karpaten im Süden eine klar definierte geografische Grenze. Im Westen verläuft diese annähernd längs der Oder und der Lausitzer Neiße, im Osten längs von Bug und San. Die Landschaften verlaufen in parallelen Streifen: An die 524 km lange Ostseeküste mit Sandstränden, Dünen und Klippen schließt sich ein breiter Hügelgürtel an. Eingelagert sind die pommersche und die masurische Seenplatte, die durch die Weichsel voneinander getrennt sind. Die Mitte des Landes nehmen das Großpolnische und das Masowische Tiefland ein, südlich davon erstrecken sich Mittelgebirge, die sich an der Landesgrenze zum Hochgebirge aufwerfen.

Klima

Nordpolen liegt im Übergangsbereich vom ozeanisch bestimmten Klima Westmitteleuropas zum Kontinentalklima Osteuropas. Unmittelbar an der Küste wird es von der temperaturausgleichenden Ostsee beeinflusst: Die Schwankungen zwischen Tag und Nacht sowie zwischen Sommer und Winter sind geringer als im Binnenland. Die Tageshöchsttemperatur liegt in Danzig zwischen durchschnittlich 23 °C im Sommer und 0 °C im Winter. Weiter östlich setzt sich kontinentales Klima durch: Der Sommer ist sehr warm, der Winter rau und oft schneereich. Die jährliche Niederschlagsmenge beträgt an der Küste 700 mm und nimmt landeinwärts ab (Zentralpolen: 400 mm). Die Wassertemperatur der Ostsee schwankt zwischen 22 °C im Sommer und 1 °C im Winter.

Geschichte

Zwar reichen erste Spuren menschlicher Besiedlung zwischen Oder und Bug 180 000 Jahre zurück, doch erst die Kelten und Skythen errichteten ab ca. 1300 v. Chr. größere, befestigte Siedlungen. Germanen und Goten drängten sie zurück, und während der Völkerwanderung kamen slawische Stämme aus dem Dnjepr-Gebiet. Einem ihrer Nachfahren gelang im Jahr 1000 die Gründung des christlichen Staates Polen (*pole* = Feld). Nach machtvollem Auftakt zerfiel dieser in konkurrierende Fürstentümer, erst 1320 wurde er als Königreich neu begründet. Unter den Piasten und den Jagiellonen erlebte das Land seine ›goldene Zeit‹. In der Zeit der Wahlmonarchie, der sogenannten Adelsrepublik (1572–1795), wurde es derart geschwächt, dass es für die Nachbarn einfach war, es sich einzuverleiben. Erst 1918, nach 123-jähriger Fremdherrschaft, entstand wieder ein souveränes Polen, allerdings nur für kurze Zeit: 1939–1945 wurde es von Deutschland besetzt, bis 1990 stand es als Sozialistische Volksrepublik unter dem Einfluss der Sowjetunion. Nach deren Selbstauflösung integrierte sich Polen in die Bündnissysteme des Westens (NATO, EU).

Staat, Verwaltung und Politik

Seit 1990 ist Polen eine parlamentarische Demokratie mit einem für fünf Jahre gewählten, mit starken Befugnissen ausgestatteten Präsidenten (oberster Repräsentant des Staates und Oberbefehlshaber der Streitkräfte). Das Parlament wird für vier Jahre gewählt. Ministerpräsident ist seit 2007 der Neoliberale Donald Tusk, Präsident seit 2010 sein Parteifreund Bronisław Komorowski.

Mit der Verwaltungsreform von 1999 kürzte Polen die Zahl der Woiwodschaften, die den deutschen Bundesländern vergleichbar sind, von 49 auf 16.

Wirtschaft und Tourismus

Bedeutende Rohstoffe wie Stein- und Braunkohle, Blei, Kupfer und Zink liegen im Süden des Landes. Im Mündungsbereich der Oder sowie in der Danziger Bucht wird Erdgas, im Nordosten Eisenerz gefördert. Viel Hoffnung setzt das Land auf die baldige Erschließung von Schiefergasvorkommen in Zentralpolen, würde gern aufsteigen zum ›Kuwait Europas‹. Die Industrie hat einen Anteil von 28 % am Bruttosozialprodukt; der Beitrag der Landwirtschaft beträgt 4,6 %. Stark angestiegen ist die Bedeutung des Dienstleistungssektors (67,3%), hier vor allem der des Tourismus: Viel investiert wird in Agro-, Kur- und Wellness-Angebote. Die restlichen 19 % des Bruttosozialprodukts entfallen auf Baugewerbe, Forstwirtschaft und Fischerei. Trotz massiver Arbeitsemigration, zuerst nach England und Irland, ab 2011 auch nach Deutschland, ist die Arbeitslosigkeit hoch (10,5 %).

Bevölkerung und Religion

Bei der letzten Volkszählung bekannten sich 89,8 % der polnischen Bevölkerung zum römisch-katholischen Glauben; dazu kommen Griechisch-Katholische (Unierte) und Griechisch-Orthodoxe, Evangelische (Augsburger Konfession), Altkatholiken, Zeugen Jehovas, Moslems und Juden.

Natur und Umwelt

Auf den ersten Blick wirkt Polen sehr ebenmäßig, doch rasch wird dieser Eindruck korrigiert. Zwischen der Küste im Norden und dem Gebirge im Süden erstrecken sich bucklige Hügel, Flussklippen und zerklüftete Hochebenen. Die schönsten Landschaften wurden zu Nationalparks erklärt, ihr Spektrum reicht vom ›polnischen Amazonas‹ bis zur ›polnischen Sahara‹.

Polen erstreckt sich über 650 km von Nord nach Süd, wobei es von der Ostsee bis zu den Karpaten kontinuierlich ansteigt. Fast ebenso lang ist die Ausdehnung von West nach Ost. Damit hat das Land auf der Karte eine kompakte, annähernd runde Gestalt, die ziemlich genau das Zentrum Europas einnimmt, sofern man den Kontinent von der Iberischen Halbinsel bis zum Ural verortet. Seine Nachbarn im Westen sind Deutschland, im Süden die Tschechische und die Slowakische Republik, im Osten die Ukraine und Weißrussland, im Nordosten Litauen und das zu Russland gehörende Gebiet von Kaliningrad; jenseits der Ostsee liegen Dänemark und Schweden.

Die Küste ist 524 km lang und reicht vom Stettiner bis zum Frischen Haff: Auf die dem Oderdelta vorgelagerten Inseln Usedom und Wollin folgt eine gerade, fast wie mit dem Lineal gezogene Linie bis zur Halbinsel Hel. Bewaldetes Steilufer wechselt ab mit Dünen und lagunenartigen Seen; die weißen, feinsandigen Strände zählen zu den breitesten in Europa.

An die Küste schließt sich der Baltische Höhenrücken an, eine weite, ruhige Hügellandschaft. Sie entstand während der Eiszeiten, deren letzte vor etwa 10 000 Jahren ausklang. Mehrfach überrollten skandinavische Gletscher das Land und schoben gewaltige Mengen von Sand und Gesteinsschutt vor sich her. Als das Eis zum Stillstand kam, erstarrten diese zu einer Kette unruhig geform-

ter Buckel, die in der Kaschubei und in Masuren bis zu einer Höhe von über 300 m aufragen. Für sie haben Geologen den Ausdruck ›Stirnmoränen‹ geprägt – im Unterschied zu den ›Grundmoränen‹, jener flachhügeligen Landschaft, die von Gletschern abgeschmirgelt wurde. In den von diesen Eiszungen ausgehobelten Hohlräumen bildeten sich Seen, einige von ihnen mit langem, in die Landschaft gegrabenem Bett, andere weiträumig und flach oder lochartig vertieft. Westlich der Weichsel liegt die Pommersche, östlich die Masurische Seenplatte: Stille, melancholische Landschaften mit über 3000 Gewässern. Durch Flüsse und Kanäle miteinander verbunden sind sie manchmal so groß, dass man sie als ›kleine Meere‹ bezeichnet.

An den Baltischen Höhenrücken grenzt südwärts eine von Urstromtälern durchzogene Niederung, die mit ihren Wald- und Heideflächen ganz Zentralpolen einnimmt. Auf die Tiefebene folgt wieder Hügelland, das sich östlich der Oder vom oberschlesischen Annaberg über das Heilig-Kreuz-Gebirge bis zur Ukraine erstreckt. Noch weiter südlich schließt sich die Gebirgsregion an: Höchster Punkt der Sudeten ist mit 1602 m die Schneekoppe im Riesengebirge, die Karpaten werden vom 2499 m hohen Rysy in der Hohen Tatra beherrscht.

Stille und Nostalgie verströmen die unzähligen Seen in Polens Norden

Jeder vierte Storch der Welt ist ein Pole

Thema

Meister Adebar ist ein Ästhet. Er stolziert majestätisch auf dem First einer Scheune, setzt langsam und bedächtig ein Bein vors andere. Verspürt er Hunger, gleitet er zum benachbarten Schilfufer und beginnt mit seinem langen Schnabel ins Wasser zu stechen.

Frösche hat er am liebsten, doch auch Fische und Würmer haben es ihm angetan. Gut ein Kilogramm verputzt er jeden Tag und ein Vielfaches benötigt er für seine mehrköpfige Familie. Sein Nest baut er gern in menschlicher Nähe, auf Schornsteinen, Elektromasten und Dächern. Ca. 41 000 Brutpaare nisten jährlich in Polen, dies entspricht einem Viertel aller Störche weltweit. Noch finden sie hier nahrungsreiche Naturwiesen, Sümpfe und Auen.

In Westeuropa ist die Lage für die Störche bedeutend schlechter. Der moderne Kreiselmäher, in dessen Messer sich die Frösche verfangen, der massive Einsatz von Kunstdünger und die Austrocknung von Feuchtgebieten haben die Nahrungsquellen der Störche erheblich eingeschränkt. Darum ziehen sie, wenn sie Mitte April aus südlichen Gefilden kommen, über Westeuropa hinweg, um ihr angestammtes Quartier in Polen zu beziehen. Am liebsten suchen sie den Nistplatz vom Vorjahr auf, wo sich Männchen und Weibchen nach monatelanger Trennung wieder sehen und mit lautem Schnabelklappern begrüßen. Aufs alte Nest legen sie einen frischen Ring von Ästen, sodass im Laufe der Jahre eine tonnenschwere Burg entsteht – schon manch ein Dach ist unter der Last eingestürzt. Die im Mai geschlüpften Jungen werden im Sommer hochgepäppelt, auf dass sie um den 25. August fit sind für den anstehenden Fernflug. 10 000 km legen die Störche zu ihrem Winterquartier zurück, wobei sie unterschiedliche Routen wählen: Die einen ziehen über die Türkei nach Ost- und Südafrika, die anderen über Spanien nach Westafrika. In Polen erinnern dann nur die verwaisten Nester an Meister Adebar, der, so hoffen die Bauern, im folgenden Jahr an seinen angestammten Platz zurückkehrt.

Gut gebaute Storchenburgen haben schon manch ein Dach zum Einsturz gebracht

In den Wäldern Nordpolens leben Wölfe noch in freier Natur

Nationalparks, Flora und Fauna

Nur wenige Länder Europas bieten derart vielfältige Naturlandschaften wie Polen. In den ausgedehnten Wäldern, den Sümpfen und Flusstälern leben Tiere, die im Westen längst ausgestorben sind, darunter Wolf und Bär, Wisent und Elch. Im Unterholz wachsen wilde Beeren und Unmengen von Pilzen – fast alle bei uns verkauften Pfifferlinge und Steinpilze stammen aus Polen.

Einige der schönsten und spektakulärsten Landschaften werden in Nationalparks geschützt. Den ersten entdeckt man gleich hinter der Grenze. Am Fuß des bis zu 100 m hohen Steilufers der **Insel Wollin** liegen kilometerlange weiße Strände, während das Hinterland mit Eichen- und Buchenwäldern bedeckt ist. Bei Wanderungen kommt man an smaragdgrünen Seen vorbei und begegnet seltenen Vögeln wie dem Seeadler. Spektakulär ist auch das Südufer, wo die Insel in Klippen zum Stettiner Haff abfällt. Der Blick schweift über eine fast 1000 km² große Was-

serfläche, in der kleine Sand- und Waldinseln schwimmen.

Weiter östlich, nahe Łeba, stößt man auf die Riesendünen des **Slowinzischen Nationalparks**, der von der UNESCO zum Biosphärenreservat erklärt wurde. Von der Küste wandern die Sandberge landeinwärts und begraben alles unter sich, was sich ihnen in den Weg stellt. Im Lauf der Zeit haben sie mehrere Buchten von der offenen See abgetrennt, die nun als verschilftes Binnengewässer Vögeln wie Kranich und Höckerschwan als Brutstätte dienen. In Ufernähe sieht man Wildschweine, Hirsche und Rehe, in den küstennahen Wäldern sind Füchse und Dachse beheimatet.

Als ›grüne Lunge‹ wird der nur spärlich besiedelte Nordosten Polens bezeichnet. Es gibt dort weder große Städte noch Industriezentren, Luft- und Wasserverschmutzung sind unbekannt. Erstaunlicherweise ist die beliebte Urlaubsregion Masuren noch immer nicht als Nationalpark geschützt. Oft schon wurde seine Gründung angekündigt, doch der Tourismuslobby zuliebe beließ man es bei

Natur und Umwelt

der Ausrufung eines ›Landschaftsparks‹, womit eine Hintertür für zukünftige Bauprojekte offen bleibt. Dafür gibt es schon jetzt ein Dutzend Naturreservate, in denen sich Flora und Fauna vollkommen geschützt entfalten können. Auf einer Insel nahe Nikolaiken tummeln sich weit über 1000 schwarze Kormorane. Und am Łuknajno-See lebt Europas größte Kolonie von Höckerschwänen – die UNESCO hat das Gewässer zum Biosphärenreservat erklärt (s. Aktiv unterwegs S. 275).

Schon bei der Anreise über die Kaschubische Schweiz hat man sich am Anblick von Störchen erfreut, doch nirgends sind sie so zahlreich wie in Masuren. Sie bauen ihre Nester auf stillgelegten Schornsteinen und Strommasten, schweben im Gleitflug über den See und suchen sich Nahrung auf Wiesen und Feldern.

Zu den größten Waldgebieten zählen die Johannisburger und die Augustower Heide. Hier wachsen keine Fichtenwälder in Monokultur wie etwa in Südpolen, sondern ein widerstandsfähiger Mischwald aus Eichen, Eschen und Kiefern. Auf sumpfigem Grund gedeihen Erlen und Birken. Neben den gängigen Reptilien lebt hier noch eine absolute Seltenheit, die Sumpfschildkröte.

Noch wenig bekannt ist der äußerste Nordosten. Vom **Wigry-Nationalpark** fließt die Czarna Hańcza in die Mangrovengebiete von **Biebrza** und **Narew**, an die sich der Urwald von **Białowieża**, der letzte von Menschenhand unberührte Primärwald des alten Kontinents, anschließt. Viele Bäume sind wahre Riesen, erreichen Ausmaße wie nirgendwo sonst in Europa. 120 Vogelarten nisten hier, im Dickicht leben Elch, Luchs und Wolf. Auch der anderswo längst ausgestorbene Wisent ist hier zu Hause, dazu das wilde Tarpanpferd, das sich ausschließlich von den jungen Trieben der Pflanzen ernährt.

Umweltschutz

Nach der politischen Wende 1990 wurden große Kraftwerke und unrentable Industriebetriebe geschlossen. Dies führte umgehend zu einer spürbaren Regenerierung von Luft, Wasser und Boden. An der Ostseeküste sorgte die Schließung der Danziger Werft sowie einiger Chemiekombinate dafür, dass überall im Meer wieder gebadet werden darf. Doch seit Polens EU-Beitritt sieht die Bilanz gemischt aus: Einerseits wird umweltfreundliche Technologie eingesetzt (u. a. neue Klärwerke und Abfallsysteme). Andererseits wird hemmungslos auf Modernisierung gesetzt. Nur dem Engagement von Umweltschützern war es zu verdanken, dass der Europäische Gerichtshof den Bau einer Autobahn durch das naturgeschützte Rospuda-Tal verboten

20

Grenzenlos scheinende Heidelandschaften prägen das Naturparadies Masuren

hat. Keinen Erfolg hatten sie mit ihrem Protest gegen Schiefergas-Probebohrungen im Fracking-Verfahren, bei dem Trinkwasser verseucht werden kann. Und auch gegen den geplanten Bau von zwei Atommeilern an der Ostseeküste können sie – selbst nach dem Super-GAU von Fukushima – nichts ausrichten. Übrigens hat Polen als einziges EU-Land gegen den Klimaschutz Plan B 2050 votiert. Dazu passt, dass erneuerbare Energien unterentwickelt sind (10 % der Energieversorgung). Die Europäische Kommission verklagte Polen, weil es die Richtlinie über erneuerbare Energien nicht in der dafür vorgesehenen Frist in nationales Recht überführt hatte. Noch immer ist Polen ein ›Kohle-Land‹, fast 90 % seiner Energieförderung entstammen fossilen Brennstoffen. Während des Weltklimagipfels, der 2013 in Warschau stattfand, organisierte die Regierung zeitgleich einen ›Kohle-Gipfel‹ und rührte die Werbetrommel für fossile Brennstoffe – Hauptverursacher der Klimaerwärmung und damit verbundener Naturkatastrophen. Selbst vom Megataifun auf den Philippinen, der während des Gipfels wütete und Tausende Menschen das Leben kostete, zeigte sich die Regierung unbeeindruckt.

Wirtschaft und aktuelle Politik

Seit der Wende wird Polen europatauglich gemacht: Eine Reform jagt die nächste, wobei die Lebensverhältnisse komplett umgekrempelt werden. Die Bevölkerung reagiert mit Resignation und punktuellem Aufbegehren, vor allem aber mit chronisch niedriger Wahlbeteiligung an der ›großen Politik‹. Sie vertraut lieber auf ihre alten Tugenden: Improvisieren und notfalls Emigrieren.

Der Weg in die Europäische Union

1990 glaubten viele Polen, eine neue, bessere Zeit sei angebrochen, frei von der Last der Vergangenheit mit ihren Kämpfen und Niederlagen. Doch rasch mussten sie lernen abermals ›Opfer‹ zu bringen – diesmal nicht für Marx, sondern für den kapitalistischen Markt. Die demokratisch gewählten Politiker riefen zur Bescheidenheit auf und ermahnten die Bürger »zwecks Entlastung der Staatskasse« den Gürtel enger zu schnallen. Finanzminister Balcerowicz verordnete dem Volk eine mehrjährige Schocktherapie – nur so ließe sich nach seiner und der Meinung westlicher Wirtschaftsexperten die polnische Ökonomie den Anforderungen des europäischen Marktes anpassen. Der Staat, der früher fast alle gesellschaftlichen Bereiche organisiert und finanziert hatte, zog sich aus der Verantwortung zurück und kürzte die sozialen Leistungen und Subventionen. Er schloss unrentable Staatsunternehmen und fror in den noch funktionierenden die Löhne ein. Die Preise wurden dem freien Markt überlassen, was vorübergehend eine dramatische Inflation entfachte. Hinzu kam, dass der bis dahin abgeschottete Binnenmarkt geöffnet wurde und damit polnische Unternehmen aufgrund der Konkurrenz ausländischer Ware zur Modernisierung und Rationalisierung gezwungen waren.

In den Jahren um die Jahrtausendwende verebbte die Unruhe der ersten ›Transformationsphase‹. Die Inflationsrate sank auf unter 10 %, auch die Zahl der Arbeitslosen ging, wenn auch langsam, zurück. Die politischen Verhältnisse galten als stabil, eine dezidiert linke Opposition gab es nicht mehr. Unternehmer brauchten ein Zurück zu den Zeiten des Sozialismus nicht zu fürchten, längst gehörten die Exkommunisten zum Machtkartell der neuen Wirtschaftselite. Selbst Internationaler Währungsfond und Weltbank bescheinigten ihnen ›gewachsenen Realitätssinn‹. Sie trauten ihnen die Modernisierung des Landes eher zu als dem konservativen Lager, in dessen Reihen sich zu viele fromme Nationalisten und Europagegner tummelten. Polens Exkommunisten waren es denn auch, die ihr Land 2004 erfolgreich in die Europäische Union führten.

Neue Verfassung und Parteienlandschaft

Polens ›Dritte Republik‹ entstand mit der Wende von 1989/90 als historischer Kompromiss zwischen den Kommunisten und der Solidarność. Sieben Jahre nach der Wende wurde die neue Staatsverfassung verabschiedet. Darin sind alle Religionsgemeinschaften rechtlich gleichgestellt, Polen wird als parlamentarischer Rechtsstaat auf der Grundlage sozialer Marktwirtschaft festgeschrieben.

1. Mai 2004: Deutsche und polnische Grenzbeamte öffnen am Tag des polnischen EU-Beitritts auf Usedom einen Grenzübergang

In den ersten Jahren nach der Wende stimmten die Bürger mal für die politische Rechte, mal für die Sozialdemokraten und Exkommunisten. Die Wahlen ein Jahr später markierten einen Einschnitt, Kommentatoren diagnostizierten gar »das Ende der Dritten Republik«. Das proeuropäische Bündnis der Demokratischen Linken wurde für die Korruptionsskandale, in die es verstrickt war, dramatisch abgestraft, in den Folgejahren wechselten sich zwei rechte Parteien in der Regierung ab: die nationalklerikale PiS (»Recht und Gerechtigkeit«) und die neoliberale PO (»Bürgerplattform«). Die PiS wurde nicht nur durch ihre Führung, die Kaczyński-Zwillinge, bekannt, deren einer (Jarosław) Premier und der andere (Lech) Präsident Polens war. Auch mit ihren Positionen machte sie von sich reden: So forderte sie, Polen gebühre als Wiedergutmachung für in der Vergangenheit erlittene Opfer eine höhere Stimmzahl in der EU. Wären im Zweiten Weltkrieg nicht so viele Polen getötet worden, so

die mathematisch untermauerte These, hätte das Land doppelt so viele Einwohner, weshalb ein höherer Stimmanteil im EU-Parlament mehr als gerecht sei. Innenpolitisch suchte sich die Partei als Retterin des bedrohten Vaterlands zu profilieren und sagte dem durch die EU-Integration beförderten ›Sittenverfall‹ den Kampf an. Schon als Warschauer Oberbürgermeister hatte Lech Kaczyński klar gemacht, was er als ›saubere Politik‹ betrachtete. Er verbot die Gay Parade und genehmigte eine Woche später einen Aufmarsch rechter Saubermänner, den ›Marsch der Normalität‹. Als Präsident griff er in die Bildungspolitik ein und ließ den Schulkanon von ›unpolnischen‹ Autoren säubern, gleichzeitig wurde die Kirche zur allumfassenden moralischen Autorität erhoben. Kontinuierlich wurden Ängste vor einem ›Ausverkauf‹ an den Westen geschürt. Vor allem gegenüber Deutschland war die Skepsis groß. Lech Kaczyński meinte gar, die Polen hätten sich »vor lauter Versöhnung mit den Deut-

Exportschlager Polens: Weihnachtsgänse

schen zu nützlichen Idioten machen lassen«. Den Einfluss der Sowjetunion habe man nicht abgeschüttelt, um nun von einem neuen ›großen Bruder‹ bevormundet zu werden. Aus Angst, die Deutschen könnten den Polen Haus und Hof wegkaufen, wurde der Immobilienerwerb durch EU-Ausländer bis 2016 erschwert.

In die Kaczyński-Ära fiel der Exodus von zeitweise 2 Mio. Polen, die meisten davon jung und ambitioniert, viele auch akademisch gebildet. Sie gingen v.a. nach Irland und Großbritannien, die sich nach 2004 Einwanderern aus Osteuropa vorbehaltlos geöffnet hatten (Deutschland ab 2011). Bei Umfragen artikulierten viele Gastarbeiter, sie verließen Polen nicht nur wegen der im Ausland weit besseren Bezahlung, sondern auch um endlich in der Moderne anzukommen ...

Inzwischen wurden die Weichen neu gestellt: Aus den Wahlen gingen als Premier Donald Tusk (2007/2010), als Präsident Bronisław Komorowski (2010) hervor. Beide gehören der neoliberalen PO an, jener Partei, deren Vorgesetzter sich bei der Debatte um die EU-Verfassung mit der Parole ›Nizza oder der Tod‹ dem angeblich zu geringen Einfluss Polens innerhalb der Europäischen Union entgegengestellt hatte. Die unternehmerfreundliche Partei, die sich für eine radikale

Marktwirtschaft einsetzt, pflegt ein enges Bündnis zu den USA, denen sie 2010 die Stationierung von Raketen im Nordosten des Landes zugebilligt hat. Sie steht aber – im Gegensatz zur PiS – auch für eine gute Zusammenarbeit mit Deutschland und der Europäischen Union.

Zukunftsaussichten

EU-Geld fließt in den Ausbau der Infrastruktur: Überall werden Straßen erneuert; Flug-, Fähr- und Jachthäfen, Technologie- und Wissenschaftsparks geschaffen. Für viele Millio-

nen Euro entstehen neue Museen, Theater- und Konzerthäuser, Flaniermeilen und Promenaden. Auch der Förderung ›ländlicher Entwicklung und sozialen Zusammenhalts‹ hat sich die EU verschrieben. Darunter versteht sie z. B. den Bau von Fünfsternehotels, den sie großzügig subventioniert. So entstand allein im Umkreis von Ostróda-Iława ein halbes Dutzend Luxushotels. Finanziell unterstützt werden auch ›Sonderwirtschaftszonen‹, die es eigentlich gar nicht geben dürfte, weil in ihnen Steuerabgaben – den Wettbewerb verzerrend – auf ein Minimum begrenzt sind. Allein in der Region Ermland-Masuren gibt es 28! Unternehmen, die sich

Wirtschaft und aktuelle Politik

dort ansiedeln, zahlen eine um 80 % reduzierte Grunderwerbsteuer und können 50 bis 70 % des investierten Kapitals von der Körperschaftssteuer abziehen, d. h. sie zahlen in den ersten Jahren kaum Steuern. Selbst die Zahlung von Lohn können sie sich sparen, sofern sie Erwerbslose einstellen: Das Arbeitsamt übernimmt deren Kosten unter dem Vorwand der Ausbildung.

Doch der EU-Beitritt war für polnische Unternehmer nicht nur wegen der Fördergelder segensreich. Auch der Wegfall der Zölle brachte ihnen Vorteile. So können sie ihre Ware bedeutend billiger nach Westeuropa exportieren – zusätzlich hilft die abgewertete Landeswährung. Selbst in der globalen Finanz- und Weltwirtschaftskrise seit 2008 weist Polen daher Wachstum auf, auch wenn dieses nunmehr bescheiden ist.

Nachholbedarf herrscht auch im Konsumbereich: Zwar sind die Löhne nach wie vor niedrig, doch werfen Banken Kunden Kredite regelrecht hinterher – natürlich zu hohen Zinsen. So können sich auf Pump viele Polen, vor allem in den Städten, neue Autos und Wohnungseinrichtungen leisten.

Das Land ist zweigeteilt: Auf der einen Seite stehen die Nutznießer des EU-Beitritts, Polens Exporteure und jene, die das Glück hatten, bei ihnen, aber auch bei Banken, Versicherungen und anderen Dienstleistungsunternehmen eine Anstellung zu finden. Auf der anderen Seite findet sich die Mehrzahl der auf dem Land Lebenden, nicht mehr konkurrenzfähige Kleinbauern, Frühpensionäre und Arbeitslose.

Auch mental ist Polen zweigeteilt: Vielen Älteren fällt es schwer anzuerkennen, dass sie jetzt in einem ›ganz normalen‹ Land leben, in einem von 27 EU-Staaten, ohne Anspruch auf einen Sonderstatus mit ›Opfer-Bonus‹. Jüngere Polen dagegen sehnen sich nach nichts mehr als eben dieser Normalität mit westlichem Arbeits- und Lebensstandard, bunter Warenwelt, Eigenheim, Auto und Auslandsurlaub.

Die Danziger Werft: Symbol des Kampfes gegen staatliche Repression

Geschichte

Wohl keine andere Nation in Europa ist so stark auf ihre Vergangenheit fixiert wie Polen: Jedes Schulkind kennt die Daten verlorener Aufstände und ist stolz auf die polnische Reiterarmee, die sich todesmutig deutschen Panzern entgegenstellte. Nur eine kleine, allerdings lautstarke Minderheit fordert den Abschied vom ›Helden- und Märtyrerkult‹ und blickt optimistisch nach vorn.

Das Land zwischen Oder und Bug, das heutige Staatsgebiet Polens, wurde nicht erst vor 1000 Jahren besiedelt. Archäologische Funde haben den Beweis erbracht, dass schon in der jüngeren Steinzeit Menschen in diesem Raum lebten. Um die Zeitenwende wurde die Lausitzer Kultur durch die Germanen abgelöst, die von der Ostseeküste kamen und weit in das Land vordrangen. Zur Zeit der Völkerwanderung wurde das Gebiet von Schwaben, Goten und Burgundern durchzogen, später kamen – von Osten her – die ersten slawischen Stämme. Im 7. Jh. stießen diese bis zur Unterelbe und zum oberen Main vor; die Polanen, von denen sich später der Name ›Polen‹ ableiten sollte, errichteten befestigte Dörfer an der mittleren Warthe. Zugleich verliefen quer durchs Land wichtige Handelsstraßen. Die Bernsteinroute führte von der Ostsee zum nördlichen Mittelmeer, kreuzte sich mit der ›Hohen Straße‹, die von Westeuropa durch Schlesien nach Ruthenien und zum Schwarzen Meer führte. Neben Bernstein wurde vor allem mit Tuch, Hering und Salz gehandelt.

Staatsgründung vor 1000 Jahren

In der Mitte des 10. Jh. gab es erste Konflikte zwischen deutscher Ost- und polnischer Westpolitik. Nach dem Zerfall des Karolingerreichs wollten die Ottonen die Machtfülle des Heiligen Römischen Reichs deutscher Nation erneuern und ihren Einfluss auf das Gebiet zwischen Elbe und Oder ausdehnen. Tatsächlich gelang es ihnen, binnen weniger Jahre die dort ansässigen Elbslawen teilweise unter ihre Kontrolle zu bringen und zu christianisieren. 963, ein Jahr nach der Krönung Ottos I. zum Kaiser, führte Markgraf Gero einen ersten Feldzug über die östliche Reichsgrenze hinaus, um die missionspolitischen Pläne des Kaisers zu sichern. Fürst Mieszko I., Herrscher der Polanen (Feldbewohner), hatte den Deutschen wenig Widerstand entgegenzusetzen und geriet in die Vasallenschaft des Kaisers; er verpflichtete sich zur Tributzahlung und erhielt dafür die Zusicherung der Deutschen, nicht weiter gen Osten vorzurücken. Dies verschaffte Mieszko den nötigen Freiraum, um eigene machtpolitische Ziele verfolgen zu können. Zuvor schon hatten sich seine Truppen die Gebiete der Goplanen und Masowier unterworfen, angestrebt wurde die Schaffung eines großpolnischen Herrschaftsraums. 966 ließ sich Mieszko mitsamt seinem Gefolge nach lateinischem Ritus taufen, zwei Jahre später entstand ein Missionsbistum in Posen. Großpolen (Polonia Maior) wurde damit nordöstlicher Vorposten des christlichen Abendlands, rückte auf zu einem Juniorpartner des mächtigen deutschen Nachbarn. 977 heiratete Mieszko die Tochter des sächsischen Markgrafen, was ihn freilich nicht davor bewahrte, tributpflichtig zu bleiben. Als einmal die Zahlung ausblieb, schickte Otto II. sogleich Truppen ins Land, um das alte Verhältnis der Unterordnung wieder herzustellen.

Expansion und Zerfall

Besser war das Verhältnis zwischen Mieszkos Sohn Bolesław I. (992–1025) und Otto III. (980–1002). Im Jahr 1000 reiste der deutsche Kaiser ins Nachbarland, um am Grab des drei Jahre zuvor von heidnischen Pruzzen getöteten Missionars Adalbert zu beten. Im Anschluss kam es zum berühmten ›Milleniumsgipfel‹, bei dem Bolesław zum ›Bruder und Mitstreiter im Kaiserreich‹ aufstieg und den Status eines Tributpflichtigen (*tributarius*) gegen den eines Herren (*dominus*) eintauschen durfte. Die Aufwertung spiegelte sich auch in der Gründung des Erzbistums Gnesen mit Billigung des Kaisers.

Die nach Ottos Tod eingeleitete Expansionspolitik Polens führte zu einer raschen Verschlechterung der Beziehungen zu Deutschland. In wenigen Jahre gelang es Bolesław, das polnisch-christliche Herrschaftsgebiet nordwärts bis zur Ostsee, ostwärts zur Weichsel auszudehnen. Er eroberte Pommern, Schlesien und das Vorland der Karpaten, unterwarf im Süden zeitweise Böhmen und Ungarn, gründete Bistümer in Kolberg, Breslau, Krakau. Kurz vor seinem Tod 1025 ließ er sich mit päpstlicher Billigung zum ersten König Polens krönen, um die gewonnene Unabhängigkeit seines Landes zu unterstreichen.

Doch die Stärke Polens war nicht von Dauer – als sich Mieszko II. weigerte, dem deutschen Kaiser zu huldigen, kam es zu Kriegen, in deren Verlauf Polen auf die zwischenzeitlich eroberte sächsische Ostmark und das Milzener Land verzichten musste. Im Frieden von Merseburg 1033 wurde Mieszko II. gezwungen, auf den Königstitel zu verzichten, Polen war nicht mehr in der Lage, eine expansive Westpolitik zu betreiben. Es mehrten sich nun auch Aufstände heidnischer Stämme im Innern des Landes, die kirchliche Hauptstadt wurde nach einem Vorstoß der Böhmen von Gnesen nach Krakau verlegt. Zum endgültigen Zerfall der Zentralmacht trug die 1138 eingeführte Erbfolgeregelung bei, die den ältesten, in Krakau residierenden Königssohn als Herrscher auswies und die drei übrigen männlichen Nachgeborenen mit je einem Landesteil bedachte. Die Dynastie splitterte sich in mehrere Linien auf, die der schlesischen, großpolnischen und kleinpolnisch-masowischen Piasten, die sich ihrerseits weiter verästelten. Die Fürsten holten deutsche Siedler ins Land, die in den folgenden 200 Jahren tausende Dörfer und Städte gründeten. Pommern entfremdete sich als Erstes dem polnischen Verbund, ab 1200 trennte sich auch Schlesien schrittweise von Polen.

Deutsche Ritter und polnische Könige

Das baltische Volk der Pruzzen, das zwischen Weichsel und Memel lebte, hatte sich mit Erfolg allen Christianisierungsversuchen seitens

der polnischen Nachbarn widersetzt. Zu ihrer Unterwerfung, dies war Herzog Konrad von Masowien klar, bedurfte es kriegserfahrener, schlagkräftiger Truppen, die er nicht besaß. 1226 bat er den Deutschen Orden (s. Thema S. 209), ihn im Kampf gegen die Pruzzen zu unterstützen, und stellte ihm als Gegenleistung das zu erobernde Kulmer Land nördlich von Thorn in Aussicht. Den Ordensrittern kam dieser Auftrag wie gerufen, bot er ihnen doch die Chance, sich im heidnischen Land eine eigene Machtbasis zu schaffen. Sie errichteten Festungsburgen entlang der Weichsel und griffen aus in den Nordosten, vereinigten sich bald auch mit dem Schwertbrüder-Orden, der Missionsbasteien rund um den Rigaer Meerbusen errichtet hatte. 1283 war die Christianisierung offiziell abgeschlossen, der Orden machte sich nun an den Aufbau eines eigenen Staates. Mithilfe deutscher Siedler wurden über 100 Städte gegründet, die Pruzzen mussten sich, sofern sie die Gemetzel überlebt hatten, den neuen Herren anpassen. Relikte ihrer Kultur überdauerten in geografischen Bezeichnungen, allen voran im Staatsnamen Preußen.

Allein mit dem Kulmer Land mochte sich der Orden nicht zufrieden geben. 1308 eroberte er das slawische Herzogtum Pommerellen zwischen Łeba und Danzig, wodurch Polen vom Meer abgeschnitten wurde. Ein Jahr später verlegte der Hochmeister des Ordens seine Residenz von Venedig in die Marienburg. Er konsolidierte seine Herrschaft mit dem Erwerb von Livland (1328), Estland (1346), Gotland (1398) und der pommerschen Neumark (1402). Binnen relativ kurzer Zeit war an der Nordflanke Polens ein mächtiger, das halbe Baltikum umfassender Feudalstaat entstanden, dessen Expansion keineswegs abgeschlossen schien.

Staatliche Stabilisierung

Die Bedrohung, die von den neuen deutschen Nachbarn ausging, schmiedete die polnischen Teilfürstentümer zusammen. Zu Beginn

Patriotisches Wimmelbild auf 42 m^2: »Schlacht bei Grunwald 1410« von Matejko

des 14. Jh.s vereinte Władysław I. Großpolen und Kleinpolen, ließ sich zum König krönen und schuf die Grundlagen für eine bis ins 18. Jh. fortdauernde staatliche Entwicklung mit einer relativ stabilen deutsch-polnischen Staatsgrenze im Westen. Sohn Kazimierz III. (reg. 1333–1370) erweiterte das Reich in Richtung Osten und annektierte Teile der heutigen Ukraine. Er förderte die Gründung von Städten, schuf in der Hauptstadt Krakau die erste polnische Universität und vereinheitlichte das Rechtswesen. Nach Pogromen in Westeuropa lud er die Juden nach Polen ein und bestätigte das ›Statut von Kalisz‹, das der großpolnische Herzog 1264 erlassen hatte, um Juden den Zuzug ins Land schmackhaft zu machen. Sie erhielten Handelsfreiheiten und das Recht, sich selbst zu verwalten; auch standen sie unter dem Schutz des Landesherren, was freilich Anfeindungen seitens der Bevölkerung und der Kirche nicht ausschloss.

Polen übernahm die Rolle eines wichtigen Transitlands im europäischen Fernhandel. Vom oberungarischen Bergbaugebiet gelangte Kupfer über Krakau auf der ›Preußischen Straße‹ nach Thorn und Danzig und von dort weiter gen Westen, aus Lemberg kamen Orientwaren wie Gewürze, Samt und Seide. Krakauer Kaufleute bemühten sich um Schwächung der Vermittlerrolle Thorns und lenkten den Handel zeitweise über die Hansestädte Pommerns (*Via nova versus Flandriam*).

Jagiellonen-Dynastie

Mit dem Tod von Kazimierz III. erlosch die Piasten-Dynastie. Als der zum Thronnachfolger ernannte Ludwik I. von Ungarn gleichfalls ohne männlichen Erben blieb, musste der Adel seine Zustimmung zur weiblichen Thronfolge geben. Die Einwilligung ließ er sich teuer bezahlen: Er ertrotzte die Steuerfreiheit und erhob Anspruch auf alle wichtigen weltlichen und geistlichen Ämter. Auch bei der Wahl des Monarchen erstritt er ein Mitspracherecht: Er drängte die Thronerbin zum Bündnis mit dem benachbarten Litauen, um vor der ›deutschen Gefahr‹ besser gewappnet zu sein. So heiratete 1386 die elf-

jährige Jadwiga den litauischen Großfürsten Jogaila, der umgehend den christlichen Glauben annahm und als Władysław II. Jagiełło den polnisch-litauischen Thron bestieg. Unter seiner Herrschaft avancierte das Doppelreich zum flächenmäßig größten Staat Europas, reichte von Posen im Westen bis an den Dnjepr im Osten. Seinen wichtigsten außenpolitischen Erfolg errang der König 1410: In der Schlacht bei Grunwald wurde der Deutsche Orden vom vereinigten polnisch-litauischen Heer geschlagen, mit dem Hochmeister fielen über 40 000 seiner Soldaten.

War der Mythos der Unbesiegbarkeit zerstört, wuchs auch der Widerstand in den vom Orden verwalteten Gebieten. Der hohen Steuer- und Kriegslasten überdrüssig, schlossen sich Städte wie Danzig, Thorn und Elbing zum Preußischen Bund zusammen, sicherten sich die Unterstützung des polnischen Königs und besiegten die Ritter in einem 13-jährigen Bürgerkrieg. Im Friedensvertrag von Thorn (1466) wurde deren Niederlage besiegelt: Die Ritter durften ihre Herrschaft nur in Estland und Lettland aufrechterhalten, das südliche Gebiet des heutigen Litauen, Kaliningrad und Masuren verwandelte sich in ein polnisches Lehen. Gänzlich abtreten mussten die Ritter das Kulmer Land, Ermland und Pommerellen. Danzig wurde innerhalb Polens eine ›freie Stadt‹ oder – wie es der britische Historiker Norman Davies ausdrückte – »ein deutsches Juwel in der polnischen Krone«. Dabei profitierte es von Polens Rolle als Kornkammer Europas, Getreide wurde über Danzig bis zur Iberischen Halbinsel verschifft. Polnisches Leinen, Tuch- und Lederwaren waren im Ausland begehrt, auch Tischler- und Goldschmiedearbeiten fanden dort zahlungskräftige Käufer. Polens Könige unternahmen immer wieder Versuche, die Handelsmetropole ganz ihrer Macht zu unterstellen, doch wahrte diese mit Unterstützung der Hanse erfolgreich ihre Autonomie.

Goldenes Zeitalter

Polen – ein Vielvölkerstaat mit einem Anteil von nur 40% polnischer Bevölkerung – erlebte unter den Jagiellonen-Königen Zyg-

Kopernikus, der von 1473 bis 1543 lebte und unter anderem in Krakau studierte, bei Himmelsbeobachtungen; Gemälde von Jan Matejko

munt I. (reg. 1506–1548) und Zygmunt II. (reg. 1548–1572) sein goldenes Zeitalter, eine Blütezeit für Handel und Handwerk, Kunst und Kultur. König und Adel ließen sich Schlösser im Stil der Renaissance erbauen, reiche Bürger eiferten ihnen nach mit prächtigen Stadtpalästen. Aber auch intellektuell bewegte sich einiges: Der Adel öffnete sich für das Gedankengut des Humanismus und der Reformation, debattierte Thesen von Jan Hus, Thomas Morus und Erasmus von Rotterdam. Kurze Zeit mochte es scheinen, Polen entwickle sich zu einem ›Ketzerparadies‹, einem Zufluchtsort für religiös Verfolgte aller Couleur. In dieser Atmosphäre der Toleranz entwickelte Kopernikus seine bahnbrechende These, nicht die Erde, sondern die Sonne sei das Zentrum des Universums. Damit wurde das christliche Weltbild auf den Kopf gestellt: Die Erde erschien nicht mehr als Krönung der Schöpfung, sondern als ein Planet unter vielen anderen.

Verklärte Adelsrepublik

Das ›Goldene Zeitalter‹ währte mehrere Jahrzehnte und blieb doch nur ein Zwischenspiel: In der letzten Etappe der Jagiellonen-Herrschaft baute der Adel seine Macht kontinuierlich aus: Er brauchte keine Steuern zu zahlen, besetzte alle wichtigen Ämter, trotzte dem König einen Reichstag (Sejm) ab und erwirkte in der Verfassung, dass ohne seine Zustimmung ›nichts Neues‹ (Nihil novi) beschlossen werden durfte. Auch gelang es ihm, die Bauern der eigenen Rechtsprechung zu unterstellen. Sie wurden von der Zinspacht über die Hörigkeit bis zur Leibeigenschaft herabgestuft. Folgenreich war auch die Einschränkung des städtischen Außenhandels: Gewinne aus dem lukrativen Getreideexport flossen fortan in adelige statt in bürgerliche Kassen.

Zu den letzten wichtigen Amtshandlungen der Krone zählte die – unter dem Druck der russischen Expansion zustande gekommene – Unterzeichnung des Vertrags von Lublin (1569), in dem das bislang in Personalunion regierte Polen und Litauen zu einer Realunion vereint wurde. Sichtbares Zeichen der neuen Entwicklung war die Verlegung der Hauptstadt: Die bisherigen Hauptstädte Krakau (für Polen) und Vilnius (für Litauen) wurden von Warschau abgelöst, das auf halbem Weg zwischen beiden Städten lag.

Mit dem Tod Zygmunts II. (1572) erlosch die Jagiellonen-Dynastie, die Einführung der Wahlmonarchie degradierte den König zur Marionette des Adels. Es gehörte zum politischen Alltag, dass Günstlinge auswärtiger Herrschaftshäuser durch Bestechung führender Adelsgruppen zu polnischen Regenten avancierten. In rascher Folge kamen Franzosen, Ungarn und drei Schweden aus dem Haus Wasa auf den Thron, später auch mehrere Sachsen. Polen machte sich zum Spielball fremder Mächte, lange bevor es von der Landkarte verschwand. Dabei wurde es in Krisen und bald auch in Kriege verstrickt.

Zunächst freilich sah es nach triumphaler Machterweiterung aus. Das vereinte polnisch-litauische Heer marschierte 1612 in Moskau ein, um nach dem Tod Boris Godunows Ansprüche auf den Zarenthron geltend zu machen. Zwei Jahre hielten sie die Hauptstadt besetzt, erst dann zogen sie sich zurück, nicht ohne Michail Fjodorowitsch, dem ersten Zaren der Romanow-Dynastie, wichtige Zugeständnisse abzutrotzen. Dann aber begann eine lange Kette von Niederlagen. Auf dem Gebiet der heutigen Ukraine bot die ›Religionsfrage‹ Konfliktstoff. Die polnisch-katholischen Magnaten erwarben riesige Güter in Wolhynien und Podolien und ließen diese von jüdischen Gutspächtern verwalten, die gegenüber der orthodoxen, völlig entrechteten Bauernschaft als Herren auftraten. Das religiös-soziale Konfliktpotenzial entlud sich 1648 in dem von Bohdan Chmielnicki angeführten Bauern- und Kosakenaufstand, dem – stellvertretend für die verhasste Adelsschicht – weit über 100 000 Juden zum Opfer fielen. Der gegründete Kosakenstaat fiel sechs Jahre später an Russland, Polen verlor Teile der östlichen Ukraine und das Gebiet um Smolensk.

›Schwedische Sintflut‹ und ›Sachsenzeit‹

Unter der Herrschaft der schwedischen Wasa-Könige (1587–1668) glitt die polnische Adelsrepublik in eine dynastische Dauerkrise. Die an der Weichsel regierenden katholischen Könige erhoben zugleich Anspruch auf den nordischen Thron und lagen im Kampf mit ihren protestantischen Vettern in Schweden. Militärische Konflikte kulminierten schließlich im Ersten Nordischen Krieg (1655). In diesem Jahr brach die ›schwedische Sintflut‹ über Polen herein – die Adelsrepublik verlor neben Livland auch Preußen, das sich aus polnischer Lehnsherrschaft befreite. Zu den wenigen Städten Polens, die dem schwedischen Angriff trotzten, zählte Tschenstochau, wo der Sieg dem Wirken der Schwarzen Madonna zugeschrieben wurde. Aus diesem kleinen Triumph wusste der König politisches Kapital zu schlagen: Er ließ Maria zur ›polnischen Königin‹ krönen und machte sie zum Symbol für Freiheit und Souveränität. Obgleich Katholiken nur die Hälfte der Bevölkerung stellten, war dies der Augenblick, da Polen den Ruf erwarb, ein ›katholisches Land‹ zu sein.

An der Südgrenze kam es zu Kriegen mit dem Osmanischen Reich. Nachdem Polen schon früh die Schwarzmeerküste und das Moldaugebiet hatte abtreten müssen, verlor es 1676 auch Podolien. Sieben Jahre später ein letzter Triumph: König Jan III. Sobieski stoppte bei Wien das weitere Vorrücken der Türken und ließ sich dafür als ›Retter des Abendlandes‹ feiern – der Mythos von Polen als ›Vorhut der Christenheit‹ war an dieser Stelle geboren.

Für die Dauer von 66 Jahren (1697–1763) stammten die in Polen regierenden Monarchen aus Sachsen, unter deren Herrschaft in Warschau architektonische Meisterwerke im Stil des Barock und des Rokoko entstanden. Zwar hat man in jüngster Zeit versucht, der ›Sachsenzeit‹ auch positive Aspekte abzuringen, doch die Gesamtbilanz ist düster. Im Zweiten Nordischen Krieg scheiterte der Versuch von August dem Starken, das an Schweden verlorene Livland zurückzuerobern, in der Folge wurde das russisch-preußische Bündnis begründet. Parallel zum politischen und wirtschaftlichen Niedergang Polens etablierte sich der Katholizismus als Staatsreligion. Mit päpstlicher Unterstützung wurden über 100 Jesuiten-Kollegien gegründet, um lutherische und calvinistische Ideen zurückzudrängen. Im Jahre 1733 wurde offiziell die Gleichheit der Religionen aufgehoben, die Anerkennung römisch-katholischer Dogmen war nun unerlässliche Vorbedingung für den gesellschaftlichen Aufstieg. Orthodoxe und Unierte, Juden und Lutheraner – niemand von ihnen durfte mehr im Sejm sitzen oder höhere Staats- und Richterämter bekleiden.

Reformwille und Zerfall

Mit Stanisław August Poniatowski, dem Geliebten von Zarin Katharina II., wurde 1764 ein Pole König, der von einer gleichberechtigten Union seines Landes mit Russland träumte. Mit russischer Hilfe gelang es, dem polnischen Adelsparlament ein ›Toleranztraktat‹ aufzunötigen (1768), das die Gleichstellung der christlichen Konfessionen vorsah. Dagegen erhob sich ein Teil des Adels, der sich als Verteidiger des ›wahren katholischen Glaubens‹ begriff. Die Rebellion mündete in bürgerkriegsähnliche Auseinandersetzungen. Die ›polnische Anarchie‹ bot den Nachbarn Anlass zur

»**Die Lage des Königreichs Polen im Jahr 1773**«, zeitgenössischer Kupferstich

Intervention. Die Zarin ließ ihre Truppen aufmarschieren, worauf Preußen und Habsburg ihrerseits Teile des Landes besetzten.

Die schrittweise Liquidierung der Adelsrepublik verdankte sich einem erfolgreichen Zusammenspiel der absolutistischen Mächte: Einer ›heiligen Dreieinigkeit‹ von orthodoxer Zarin, katholischer Kaiserin und protestantischem König. 1772 verlor Polen rund ein Drittel seines Territoriums: Preußen annektierte Ermland und Pommerellen und schloss damit die geografische ›Lücke‹ zwischen seinen beiden Landesteilen; Österreich annektierte Teile Kleinpolens (Galizien), Russland nahm sich den Osten zwischen Dwina und Dnjepr. In dieser Situation war der polnische König Patriot genug, grundlegende Reformen als unaufschiebbar zu begreifen. Mit der ›Nationalen Erziehungskommission‹ (1773) und dem ›Immerwährenden Rat‹ (1775) erhielt das Land progressive Bildungs- und Verwaltungseinrichtungen. Der Sejm verabschiedete 1791 die erste geschriebene Verfassung Europas, die von den Ideen der Französischen Revolution inspiriert war und die Abschaffung der Königswahl und des *Liberum veto* beinhaltete. Darauf schlossen sich Adlige in einer Konföderation zusammen, die mithilfe auswärtiger ›Schutzmächte‹ die Reformpartei zur Rücknahme der Verfassung zwang. Russland und Preußen ließen sich auch diese Intervention teuer bezahlen: Die Zarin sicherte sich weitere Territorien im Osten, während sich Preußen Großpolen, Thorn und die Freie Stadt Danzig einverleibte. Der dritte und letzte Akt des Dramas folgte unmittelbar. Ein von General Tadeusz Kościuszko 1794 angeführter Aufstand wurde niedergeschlagen, worauf das Restpolen unter Russland, Preußen und Österreich aufgeteilt wurde und von der politischen Landkarte Europas verschwand.

Ohne Staat

Von 1795 bis 1918, 123 Jahre lang, war Polen von der Landkarte getilgt und durch drei Provinzen ersetzt, die jeweils einem anderen Staat angehörten und wo die polnischen Bewohner Bürger zweiter Klasse waren. ›Polen‹ existierte nur als Erinnerung an eine vermeintlich goldene Zeit und als utopischer Zukunftsentwurf. Sprache, Religion und Kultur hielten die Bewohner zusammen, ließen sie in einer Kette von Aufständen aufbegehren und scheitern.

Zunächst setzten die Polen ihre Hoffnungen auf das revolutionäre Frankreich. Drei Legionen kämpften an der Seite Napoleons, als dieser in Preußen einmarschierte, sich mit dem Großherzogtum Warschau ein Protektorat schuf und weiter gen Moskau zog. Doch nachdem die Grande Armée in Russland geschlagen wurde, setzten sich die alten Teilungsmächte wieder ins Recht. Nur wenige Zugeständnisse wurden an den Unabhängigkeitswillen der Polen gemacht: Posen erhielt kulturelle Autonomie, Krakau wurde ›Freie Stadt‹ und das Großherzogtum Warschau mutierte zum ›Königreich Polen‹ (Kongresspolen) – mit dem Zaren an der Spitze, aber weit gehender Selbstverwaltung.

Im ›Königreich‹, wo die Freiheit zu jener Zeit noch am größten und den Polen sogar die Bildung eigener Truppenverbände erlaubt war, fand im November 1830 unter Führung des Kleinadels der erste Aufstand statt. Nach seiner Niederschlagung setzte eine rigide Russifizierungskampagne ein; der Kleinadel ging aller seiner Privilegien verlustig, Tausende seiner Güter wurden konfisziert. In deutschen Landen wurden die Freiheitskämpfer in ›Polenliedern‹ besungen, doch ihre zweite Heimat suchten diese lieber in Frankreich; zu den bekanntesten Asylanten, die sich in Paris niederließen, zählten die Nationaldichter Adam Mickiewicz und Juliusz Słowacki, der Komponist Frédéric Chopin und der Diplomat Fürst Adam Czartoryski.

»Noch ist Polen nicht verloren«

Beim Aufstand im österreichischen Galizien 1846 verlor Krakau den Status der ›freien Stadt‹, zwei Jahre darauf gab es eine kleinere Rebellion auch in Posen. 1863 loderte die Flamme des Protests wieder im russisch besetzten Teil. Auslöser war diesmal der Beschluss des Zaren, die Bauern aus der Leibeigenschaft zu befreien und den Juden Nie-

Pommern, West- und Ost-preußen kurz gefasst

Thema

Die Begriffe geistern durch die Erzählungen der Großeltern, tauchen in Romanen, Filmen und historischen Abhandlungen auf. Doch wer weiß heute noch genau, wo Vor- und Hinterpommern lagen, wo Westpreußen aufhörte und Ostpreußen begann?

Ursprünglich lebten an der Ostseeküste die slawischen Pomoranen und die baltischen Pruzzen. Während die Pomeranen im 12. Jh. zunehmend unter den Einfluss deutscher Reichsfürsten gerieten, wurden die Pruzzen im 13. und 14. Jh. von den Deutschen Ordensrittern unterworfen. Das östliche Pommern wurde 1648 dem Herzogtum Brandenburg einverleibt, das sich bereits 30 Jahre zuvor die Reste des Ordensstaates unter dem Titel ›Weltliches Herzogtum Preußen‹ angeeignet hatte.

Im Deutschen Reich (ab 1871) bildeten die Regionen die Provinzen Pommern (Hauptstadt Stettin), Westpreußen (Hauptstadt Danzig, ab 1920 Marienwerder) und Ostpreußen (Hauptstadt Königsberg). **Pommern** reichte vom Saaler Bodden nördlich von Rostock bis zum Zarnowitzer See unmittelbar vor der Danziger Bucht. Traditionell wurde zwischen Vor- und Hinterpommern (oder auch West- und Ostpommern) unterschieden, wobei die Oder die Scheidelinie bildete. Östlich von Hinterpommern schloss sich die Provinz **Westpreußen** an. Nach dem Ersten Weltkrieg wurde diese geteilt: Danzig erhielt einen Sonderstatus als Freistadt, Pommerellen wurde zum ›polnischen Korridor‹, und nur das Gebiet rund um Marienwerder blieb beim Deutschen Reich. Die Nogat markierte die Grenze zu **Ostpreußen**, das sich über Teile des Ermlands und Masuren nordostwärts bis zur Memel erstreckte.

Nach dem Zweiten Weltkrieg wurden neue Staatsgrenzen festgesetzt: Der nördliche Teil Ostpreußens (mit Königsberg) fiel an die Sowjetunion, während Polen den südlichen Teil Ostpreußens, Westpreußen und Hinterpommern erhielt. Vorpommern kam dagegen zur 1949 gegründeten Deutschen Demokratischen Republik und 1990 zur Bundesrepublik Deutschland.

Polonia – auferstanden aus Ruinen, Plakat

derlassungsfreiheit zu gewähren. Nun war es der Großadel, der ›für Polen‹ mobilisierte. Freilich ohne durchschlagenden Erfolg; denn die Bauern sahen keinen Grund, sich an der Seite ihrer ehemaligen Herren für die nationale Sache zu begeistern. ›Kongresspolen‹ wurde daraufhin zum ›Weichselgouvernement‹ herabgestuft, Russisch wurde Amtssprache und die orthodoxe auf Kosten der katholischen Kirche gestärkt.

Im preußisch besetzten Teil hatte sich nach dem Aufstand 1848, vor allem aber nach der

Reichsgründung 1870 die Repression verschärft. Der katholischen Kirche als Trägerin der nationalen Idee wurde der ›Kulturkampf‹ angesagt, Deutsch rückte zur alleinigen Amts- und Unterrichtssprache auf. Eine systematische Kolonisationspolitik sollte die ›Germanisierung des Bodens‹ vorantreiben. Kaufte der Staat zunächst polnischen Grund und Boden, um ihn deutschen Siedlern zur Verfügung zu stellen, so ging er ab 1908 dazu über, ihn zu konfiszieren. Tausende von Juden und anpassungsunwilliger Polen wurden des Landes verwiesen.

Der starke, oft auch religiös untermauerte Nationalismus verhinderte in Polen die Entstehung einer schlagkräftigen marxistischen Bewegung. Die freiheitlich-revolutionären Ideen der aus Zamość stammenden Rosa Luxemburg fanden zwar in Warschau und auch in Industriestädten überzeugte Anhänger, doch erfolgreicher agitierte General Józef Piłsudski, ein populistisch auftrumpfender ›Sozialist‹, der der Schaffung eines polnischen Staates absolute Priorität einräumte. Seine große Stunde schlug nach dem Ersten Weltkrieg, als das Prinzip nationaler Selbstbestimmung zur Grundlage der staatlichen Neuordnung wurde. Dabei profitierte Polen von der Niederlage der beiden Teilungsmächte Österreich und Deutschland sowie von den revolutionären Umwälzungen in Russland – 1919 erhielt es seinen lang ersehnten, eigenen Staat, die II. Republik.

Zwischenkriegszeit und deutsche Besatzung

Das von den Siegermächten geschaffene neue Polen umfasste in etwa die Gebiete, die es vor der ersten Teilung von 1772 besessen hatte. Ein etwa 140 km breiter Streifen, der so genannte ›polnische Korridor‹, durchschnitt Deutschlands Landverbindung mit der Ostprovinz Preußen und verschaffte Polen Zugang zum Meer. Das zu 95 % von Deutschen bewohnte Danzig wurde Freie Stadt unter dem Schutz des Völkerbundes, die polnische Minderheit erhielt weit gehende Mitspracherechte. Doch Piłsudski, der neue starke Mann, gab sich mit dem Modell der Siegermächte nicht zufrieden. Ab 1920 führte er Krieg gegen Sowjetrussland, annektierte Vilnius, die Hauptstadt des neuen Litauen, und rückte in der zuvor gegründeten Ukraine bis Kiew vor. Damit wurden die Grenzen des neuen Polen gegenüber dem Versailler Modell um 200 km gen Osten verschoben.

Das neue Polen war kein homogener Nationalstaat, sondern setzte sich zu fast einem Drittel aus nationalen Minderheiten zusammen: 19 Mio. Polen standen 4 Mio. Ukrainer und über 2 Mio. Juden gegenüber, dazu je 1 Mio. Deutsche und Weißrussen sowie kleinere Gruppen von Russen, Litauern und Tschechen. Die polnische Regierung, die sich gegenüber den Siegermächten hatte verpflichten müssen, Angehörigen der nationalen Minderheiten alle staatsbürgerlichen Rechte zuzuerkennen, tat sich mit der Umsetzung schwer. Man sah in den ›Fremden‹ potenzielle Separatisten und setzte wenig Vertrauen in ihre Loyalität gegenüber dem jungen polnischen Staat. Der Minderheitenschutz wurde ab 1926 schrittweise aufgehoben, *Sanacja*, eine ›moralische Diktatur‹, sollte Polen in eine starke Großmacht verwandeln.

Pakt mit Hitler-Deutschland

Im Rahmen einer Politik der Annäherung an seinen deutschen Nachbarn kam es 1934 zum Abschluss eines Nichtangriffspakts und eines Handelsabkommens. Noch im September 1938 nahm Polen bei der Zerschlagung der Tschechoslowakei das ihm von der deutschen Regierung zugeschanzte Teschener Land willig in Empfang. Doch als Hitler einige Wochen später darauf drängte, die Freie Stadt Danzig ›heim ins Reich zu holen‹ und eine extraterritoriale Autobahn- und Eisenbahnlinie durch den polnischen Korridor zu bauen, winkte Polen ab. Im Januar 1939 machte Hitler seinem polnischen Partner eine letzte Offerte: Erklärte sich Polen bereit, den polnischen Korridor abzutreten, wäre Deutschland bei der Eroberung neuer Häfen behilflich. »Das Schwarze Meer«, so Hitler zum polnischen Außenminister, sei schließlich »auch ein Meer«. Als Polen auch auf diesen Vorschlag nicht einging, kündigte Hitler im April den fünf Jahre zuvor unterzeichneten Nichtangriffspakt auf und gab den Befehl zur Vorbereitung des Krieges. Im August wurde ein deutsch-sowjetisches Friedensabkommen unterzeichnet (Molotov-Ribbentrop-Pakt), in dessen geheimem Zusatzprotokoll die vierte Teilung Polens beschlossen wurde.

Zweiter Weltkrieg

Mit der Beschießung des polnischen Munitionsdepots auf der Danziger Westerplatte am 1. September 1939 wurde der Zweite Weltkrieg eröffnet. Schon Ende September standen deutsche Truppen am Bug und stießen dort auf die Rotarmisten, die zuvor den polnischen Osten besetzt hatten.

Alle ehemals preußischen Teilungsgebiete wurden dem Deutschen Reich eingegliedert. Dazu gehörten Westpreußen, das Posener Wartheland und das östliche Oberschlesien. In den folgenden fünf Jahren kam es zu einer systematischen Unterdrückung und Verfolgung polnischer und vor allem jüdischer Bewohner. Arbeiter und Bauern wurden zur Zwangsarbeit ins Reich abkommandiert, Grundbesitzer, Unternehmer und Intellektuelle ins Generalgouvernement befördert. So hieß der nicht unmittelbar ans Reich angeschlossene ›polnische Rest‹, ein koloniales Anhängsel ›rassisch minderwertiger Menschen‹ und ein Reservoir billiger Arbeitskräfte. Aber auch in der Osthälfte Polens, die von der Sowjetunion annektiert wurde, kam es zu Verfolgung und Liquidierung. Viele Intellektuelle wurden deportiert, Tausende von Offizieren erschossen.

Der deutsche Angriff auf die Sowjetunion (1941) zielte auf die Zerschlagung der sozialistischen Gesellschaftsordnung, in der Hitler eine »ungeheure Gefahr für die Zukunft« sah. Fünf Monate waren für den Krieg angesetzt, doch man hatte die Widerstandskraft der Russen unterschätzt. Unter großen Opfern verteidigten diese ihr Terrain, besiegten die faschistischen Truppen bei Stalingrad und Kursk (1943) und konnten im Folgejahr die Gegenoffensive einleiten. Erst zu diesem Zeitpunkt (Juni 1944) ließen die Westmächte ihre Truppen in der Normandie landen und eröffneten eine zweite Front, die die endgültige Niederlage der Deutschen besiegelte.

Nach 1945

Aus den Verwüstungen des Zweiten Weltkriegs ging Polen als Sozialistische Volksrepublik hervor: rechtlich souverän, tatsächlich aber abhängig von der Sowjetunion. Auf den Konferenzen von Teheran, Jalta und Potsdam wurde das Staatsterritorium mitsamt seiner Bewohner um mehrere Hundert Kilometer nach Westen verschoben. Die neuen Grenzen sahen denen vor 1000 Jahren verblüffend ähnlich. Im Westen verliefen sie entlang der Oder und Lausitzer Neiße, im Osten weitgehend entlang des Bug. Zu Polen gehörten nun das südliche Ostpreußen mit Ermland und Masuren, Pommern mit Danzig sowie ganz Schlesien – vor dem Krieg machten diese Gebiete rund ein Viertel des Territoriums von Deutschland aus. Die Zahl der in den Westen ausgestoßenen Deutschen wird auf knapp 14 Mio. geschätzt. In ihre Häuser und Höfe zogen Vertriebene aus Polens Ostgebieten, die nun zur Sowjetunion gehörten.

Die Polnische Sozialistische Arbeiterpartei organisierte den Wiederaufbau des Landes, nationalisierte Banken und Schlüsselindustrien. Zwar diagnostizierte Stalin, Kommunismus passe zu Polen »wie der Sattel auf eine Kuh«, dennoch wurden dem Land planwirtschaftliche Maßnahmen verordnet und die Landwirtschaft kollektiviert. Nach sowjetischem Vorbild wurde die Großindustrie, vor allem der Bergbau und die Schwerindustrie, gefördert; 1949 wurde Polen in den Rat für gegenseitige Wirtschaftshilfe, sechs Jahre später in das östliche Militärbündnis integriert.

Es dauerte nicht lange, bis die Schwachstellen des Systems zutage traten: Viele staatliche Betriebe arbeiteten unproduktiv

Denkmal für die bei den Danziger Unruhen 1970 gefallenen Werftarbeiter

Symbole des Wechsels: Johannes Paul II. und Lech Wałęsa 1991 in Koszalin

und zielten an den Bedürfnissen der Bevölkerung vorbei. Deren Protest richtete sich anfangs freilich nicht so sehr gegen den Sozialismus als vielmehr gegen bestimmte, in Führungspositionen aufgerückte Parteivertreter. Man warf ihnen Mangel an Kompetenz vor und versprach sich von deren Absetzung eine Besserung der eigenen Lebenssituation – so geschehen 1956 in Posen, als nach den Massendemonstrationen der Dissident Gomułka zum Parteichef avancierte. Er propagierte einen spezifisch ›polnischen Weg zum Sozialismus‹, nahm die Kollektivierung der Landwirtschaft zurück und versprach eine bessere, an die Leistung gekoppelte Entlohnung. Nach den Danziger Unruhen 1970 wurde Gomułka von Gierek abgelöst, der mithilfe westlicher Kredite einen vorübergehenden Aufschwung einleitete. Doch schon wenige Jahre später – mit dem Beginn einer dramatischen Wirtschaftskrise – begann die Hoffnung auf die Reformierbarkeit des Sozialismus zu sinken. Wer nun aber meinte, es werde wieder ein wenig Aufstand geprobt, auf dass an der Parteispitze ein paar Köpfe rollten und ansonsten alles beim Alten bliebe, sah sich getäuscht – diesmal braute sich in Polen ein

soziales Gewitter zusammen, das auch für die Entwicklung in den sozialistischen Nachbarländern von großer Bedeutung war.

Demontage des sozialistischen Systems

»Droht Gefahr, dann holt der allmächtige Gott mit einem gewaltigen Glockenton als seinen neuen Papst einen Slawen auf seinen Thron.« Die Worte des Dichters Juliusz Słowacki (1848) erfüllten sich im Jahr 1978: Der Pole Karol Wojtyła wurde als Johannes Paul II. zum Oberhaupt der katholischen Kirche gewählt. Ein Jahr später reiste der Papst ein erstes Mal in seine polnische Heimat. Seine Messen waren politische Kundgebungen, in denen er seine Landsleute zum passiven Widerstand aufforderte. Das Volk der Helden und Märtyrer, so prophezeite er, werde Kraft zum Neubeginn finden und eines nicht mehr fernen Tages als freie Nation wieder auferstehen. Tatsächlich wurde der Besuch des Papstes zum Auslöser für eine mächtige Protestbewegung, deren Leitfigur Lech Wałęsa war: ein Elektromonteur aus Danzig mit engem Kontakt zum Papst und einem Antlitz der Jungfrau Maria am Jackenrevers. Nachdem sich die Streiks von den Werften im Norden aufs ganze Land ausgedehnt hatten, lenkte die Staatsmacht ein und erlaubte die Gründung der unabhängigen Gewerkschaft Solidarność (31. August 1980). Die in ihr versammelte Opposition reichte von Reformlinken bis zu reaktionären Klerikern und zählte innerhalb weniger Wochen 10 Mio. Mitglieder.

Mit der Gewerkschaftsgründung war der erste Schritt zur Entmachtung der Partei getan: Sie verlor nicht nur das über vier Jahrzehnte ausgeübte Organisationsmonopol über die ›Werktätigen‹, sondern musste auch zugeben, dass sie von denen, die sie zu vertreten vorgab, nicht anerkannt wurde. Da nutzte es auch nichts, dass Ministerpräsident Jaruzelski nach einer neuerlichen Streikwelle im Dezember 1981 für anderthalb Jahre das Kriegsrecht verhängte und die Solidarność verbot. Der Grund für diese Maßnahme (den laut Adam Michnik »mildesten Umsturz im 20. Jh.«) ist bis heute nicht eindeutig geklärt; doch nimmt man an, Jaruzelski habe eine militärische Intervention durch Truppen des Warschauer Paktes verhindern und, gemäß einem polnischen Sprichwort, als ›Kissen zwischen dem sowjetischen Schlagstock und dem polnischen Hinterteil‹ fungieren wollen.

Im Zuge von Glasnost und Perestrojka wanderte der ›sowjetische Schlagstock‹ schneller als erwartet in die historische Requisitenkammer. 1988 eröffnete Jaruzelski den Dialog mit der Opposition, der den Weg freimachte zur Demontage der Sozialistischen Volksrepublik Polen.

Demokratie

1989 wurde mit Tadeusz Mazowiecki erstmals in der Nachkriegsgeschichte Osteuropas ein Nichtkommunist Regierungschef, und bereits im darauf folgenden Jahr war mit der Übernahme der Präsidentschaft durch Lech Wałęsa der Übergang zur marktwirtschaftlichen Demokratie vollzogen. Nach dem Auseinanderfallen der Sowjetunion und der staatsrechtlich verbindlichen Anerkennung der Oder-Neiße-Grenze durch das vereinte Deutschland schien keinerlei militärische Bedrohung mehr für das Land zu bestehen. Die neue polnische Führung ließ von Anfang an keine Zweifel am zukünftigen Kurs aufkommen. Die Wirtschafts- und Außenpolitik orientierte sich klar und deutlich gen Westen, erstrebte den Beitritt zur NATO und die Integration in die Europäische Gemeinschaft.

Auf dem Flohmarkt wieder begehrt: einstige kommunistische Größen wie Lenin

Zeittafel

966	Piastenfürst Mieszko I. lässt sich und sein Volk taufen. Damit wird er in die christliche Staatengemeinschaft aufgenommen und darf missionierend tätig werden.
1000	Der deutsche Kaiser Otto III. gesteht dem polnischen Vasallen eine eigenstaatliche Entwicklung zu, 1025 wird Bolesław I. gekrönt.
ab 1138	Polen zerfällt in Teilfürstentümer. 1181 geht Pommern an den deutschen Kaiser verloren, auch Schlesien fällt von Polen ab. Deutsche werden angeworben die Gebiete östlich der Oder zu erschließen.
1226–1309	Konrad von Masowien bittet den Deutschen Orden um Hilfe bei der Eroberung der Pruzzen. Der Orden unterwirft den Stamm und gründet einen eigenen Staat, der vom Kulmer Land aus erweitert wird.
ab 1320	Władysław I. eint die polnischen Teilfürstentümer, Kazimierz III. erobert Gebiete im Osten.
1386–1572	Die ›deutsche Gefahr‹ schweißt Polen und Litauen zusammen: Die Länder werden in Personalunion regiert, es entsteht der flächenmäßig größte Staat Europas. 1410 besiegt er den Deutschen Orden bei Grunwald, ein 13-jähriger Bürgerkrieg führt 1466 dessen endgültige Niederlage herbei: Er tritt weite Gebiete an Polen ab, das u. a. mit Danzig Zugang zur Ostsee erhält.
1572–1795	Mit dem Verlöschen der Jagiellonen-Dynastie wird die Wahlmonarchie eingeführt, der Adel wird auf Kosten der Krone gestärkt. Die Zentralmacht zerfällt, Polen verstrickt sich in Kriege und büßt seinen Rang als osteuropäische Großmacht ein.
1772, 1793, 1795	Polen wird unter Preußen, Österreich und Russland aufgeteilt und verschwindet damit von der politischen Landkarte Europas.
1795–1918	Aufstandsversuche werden 1830/31, 1846–1848 und 1863 von den Besatzungsmächten niedergeschlagen.
1918–1921	Nach Wiedererlangung der Souveränität erhält Polen Zugang zum Meer (›polnischer Korridor‹), Danzig wird Freie Stadt unter dem Schutz des Völkerbunds. Im Westen gewinnt Polen Territorium um Posen und in Oberschlesien; der Krieg gegen die Ukraine, Sowjetrussland und Litauen bringt Gebietszuwachs jenseits des Bug.

Dem Vielvölkerstaat Polen mangelt es an politischer Stabilität, ab 1926 regiert Marschall Piłsudski diktatorisch.	**1921–1939**
In dem von Deutschland verschuldeten Zweiten Weltkrieg werden 6 Mio. Polen getötet, in Konzentrationslagern wird ein großer Teil der europäischen Juden ermordet. Städte und Industriebetriebe liegen in Schutt und Asche.	**1939–1945**
Die alliierten Siegermächte beschließen Polens Westverschiebung: Neue Grenze im Westen wird die Oder-Neiße-Linie, im Osten die sogenannte Curzon-Linie. Die deutsche Bevölkerung wird vertrieben; ihre Stelle nehmen Polen aus den ehemaligen polnischen Ostgebieten ein.	**1945**
Polen wird Teil des sozialistischen ›Ostblocks‹, die Opposition sammelt sich im Schutz der Kirche. 1956 und 1968, 1970 und 1980 werden regierungsfeindliche Unruhen niedergeschlagen.	**1947–1989**
Mit Karol Wojtyła als Papst Johannes Paul II. wird erstmals ein Pole zum Oberhaupt der katholischen Kirche gewählt.	**1978**
Nach einer Revolte entsteht auf der Danziger Werft unter Führung des Elektromonteurs Lech Wałęsa die Gewerkschaft Solidarność, die sich – mit Unterstützung von Papst Johannes Paul II. – die Demontage des politischen Systems zum Ziel setzt. Das Kriegsrecht (1981–1983) kann den Zerfall des Sozialismus nicht aufhalten; die Selbstauflösung des sowjetischen Systems macht den Weg für radikale Reformen frei.	**1980**
Polen wird marktwirtschaftliche Demokratie: Durch Umverteilung von Besitz entstehen Einkommensunterschiede, anstelle staatlicher Finanzierung von Ausbildung, Gesundheits- und Rentensystem tritt die private Vorsorge. Auch außenpolitisch findet ein radikaler Wechsel statt: 1999 tritt Polen der NATO, 2004 der EU bei.	**1990–2004**
Nach dem Rechtsruck 2005–2007 schwenkt das Pendel zu den Neoliberalen: 2007 und abermals 2011 stellen sie den Premier (D. Tusk/E. Kopacz). Polen erhält hohe EU-Fördergelder, die Austragung der Fußball-EM 2012 verleiht der Wirtschaft wichtige Impulse. Die weltweite Wirtschafts- und Finanzkrise macht freilich auch vor Polen nicht halt, die Arbeitslosenrate schnellt auf 10,5 %.	**2005–2015**

Tradition und Alltag –
Pomp, Passion und Prozession

Zwischen American Way of Life und Schwarzer Madonna, neuen Formen der Armut und des Reichtums, holprigen Landstraßen und glitzernden Shopping Malls: Die Polen balancieren in einer Welt fast unversöhnlicher Gegensätze. Die immer noch machtvolle katholische Kirche dominiert das Leben der Älteren, die Jüngeren suchen ihr Glück im Konsum.

Der Dichter Maciej Sarbiewski schrieb über seine Landsleute: »Sie reden offen, / weinen betroffen, / sind ausgelassen / und groß im Prassen: / zechen und essen / ohne Ermessen / an vollen Tischen, / verschwenderischen, / und alles Morgen / macht sie nicht sorgen.« Das selbstironische Spottlied von 1626 wird noch heute gern zitiert. Sie lieben es, sich besondere Anlässe zu schaffen, an denen sie den Alltag vergessen und sich dem Genuss hingeben können. Schauen Freunde unangemeldet vorbei, macht man daraus im Nu ein großes Ereignis. Denn nach alter Sitte heißt es *Gość w dom, Bóg w dom* (Gast im Haus, Gott im Haus). Dass dabei mehr aufgefahren wird als nur *kanapki* (Kanapees), versteht sich von selbst: Das Beste ist gerade gut genug, und falls der Kühlschrank keine Leckereien hergibt, beschafft man kurzerhand alles Nötige beim Nachbarn. Eine solche Runde kann sich über mehrere Stunden erstrecken, denn nur ungern wird das gesellige Zusammensein abgebrochen. Langeweile kommt selten auf, denn man äußert spontan seine Gefühle und nimmt kein Blatt vor den Mund – der aufrichtige Dialog gilt als die Würze des Lebens!

Polen lieben es nicht nur zu feiern, sie können sich auch zu erstaunlicher Aktivität aufraffen. Am Wochenende zieht es viele von ihnen in die Wälder, an die Seen oder ans Meer und es wird gewandert, gepaddelt und gesegelt, was das Zeug hält. Aus sozialistischer Zeit erhielt sich der Wunsch, jede freie Minute in der Natur zu verbringen. Ist die Kasse knapp, fährt man zur Oma aufs Land oder in den Schrebergarten und tröstet sich mit einem deftigen Sonntagsbraten. Doch ganz gleich, wo man ist und was man tut: Am sonntäglichen Kirchgang kommt keiner vorbei …

Den meisten jungen Leuten erscheint die Welt ihrer Eltern zu bieder und zu brav. Sie wollen Action & Fun, haben ganz andere Vorstellungen von Genuss und Geselligkeit. Werktags treffen sie sich im Kino, beim Fast Date oder auf der Bowlingbahn, bevor am Wochenende das krönende Finale steigt. Erst geht man zu Freunden, wärmt sich auf beim *biforek*, der ›Before Party‹. Danach zieht man in Hightech-Discos oder in billigere Off-Clubs und hottet ab zu Techno, Hiphop und Pop ...

Feste und Festivals

Für die Polen sind die kirchlichen Festtage ein willkommener Anlass, um ausgiebig zu feiern. Zu Ostern, wenn der Schnee schmilzt und sich die ersten Pflanzen regen, wird eines der größten Feste begangen. Am Palmsonntag findet eine Prozession statt: Die Teilnehmer schwingen zartgrüne Buchsbaumzweige in Erinnerung an die Palmwedel, mit denen Jesus bei seinem Einzug in Jerusalem begrüßt wurde. Vier Tage später, am Gründonnerstag, steht die Bestrafung des Judas auf dem Programm. Dann wird ein lebensgroßer Strohmann mit 30 Glasscherben gespickt, die für die Silbertaler stehen, die der Apostel für seinen Verrat an Jesus erhielt. Unterm Beifall der Menge wird er vom Kirchturm gestürzt, anschließend durch die Straßen geschleift und mit Stöcken geschlagen. Tags darauf, am Karfreitag, versammeln sich die Gläubigen am Grab des gekreuzigten Jesus und legen Blumen nieder. Zum Fest der Auferstehung

Auf vielen Festen präsentieren sich Jung und Alt in bunter Tracht

›Küche offen bis 3 Uhr nachts‹ – auf der Flaniermeile von Sopot

am Ostersonntag versammelt sich die Gemeinde zum Gottesdienst, es erklingt kraftvolle Chormusik. Kunstvoll bemalte Ostereier werden gesegnet und beim anschließenden opulenten Frühstück verputzt.

In einigen Dörfern der Kaschubischen Schweiz hat sich der Brauch der Passionsspiele erhalten. Die Bibel ist das dramaturgische Skript, nach dem wort- und detailgetreu Jesu letzte Tage inszeniert werden. Das Spektakel reicht vom Einzug in Jerusalem über den Judas-Verrat und das Letzte Abendmahl bis zu seiner Kreuzigung auf Golgatha. Die Passionsspiele wurden im Mittelalter eingeführt, um den des Lesens und Schreibens unkundigen Bauern die Bibel nahe zu bringen; heute sollen sie das Gefühl vermitteln, Zeuge des Leidens Christi zu sein. Heidnischen Ursprungs ist der Śmigus-Dyngus-Tag, mit dem Ostern abgeschlossen wird: Alle Mädchen und Frauen, die sich auf der Straße blicken lassen, dürfen an diesem Tag von Männern bespritzt werden. Es heißt,

die Wasserorgie symbolisiere das Abstreifen der Sünden, die sich im Lauf des Jahres angehäuft haben. Wie es sich für einen echt polnischen Brauch gehört, ist es nur die Frau, die Schuld auf sich geladen hat und daher ihre Seele reinigen muss.

Zu Fronleichnam sind neue Prozessionen angesagt, doch diesmal bedeutend bunter als zu Ostern. Jung und Alt präsentieren sich in Tracht, kiloweise streuen sie aus Körben duftende Blütenblätter auf den Weg. Am prächtigsten ist die Fronleichnamsprozession in Łowicz, wo sich ein wahres Farbfeuerwerk entfaltet: Die Frauen des Ortes tragen grellbunt gestreifte Röcke, mit Pailletten bestickte Samtwesten und schwere rote Ketten.

Steht die erste Hälfte des Jahres im Zeichen des Herrn, so die zweite im Zeichen der Jungfrau. Am 13. August wird Mariä Entschlafung zelebriert, besonders inbrünstig in Święta Lipka, wo ihr die schönste Barockkirche Nordpolens geweiht ist. Zwei Tage später treffen aus allen Landesteilen Pilger ein,

Zum Mitfeiern – Feste von Monat zu Monat

Bunte Prozessionen, Trachtenreigen, Wodka in Strömen: So stellt man sich Polens Kirchenfeiern vor. Weniger bekannt ist der weltliche Kulturkalender, in dem Musik, Kunst und Straßentheater die Hauptrolle spielen.

Januar: In der Silvesternacht findet in den großen Städten ein riesiges Feuerwerk statt, um den Beginn des **Neuen Jahres** zu feiern. Am 6. Januar, dem Tag der **Heiligen drei Könige,** ziehen Kinder mit einer Weihnachtskrippe von Tür zu Tür, geben ein Ständchen und erwarten dafür einen kleinen Obolus.

Februar: Zum **Karneval** finden zwar keine Faschingsumzüge, aber doch Maskenbälle und Konzerte statt.

April: Ostern wird in allen Orten mit großen **Prozessionen** begangen. In der Grenzstadt Sejny findet ein **Ethno-Festival** statt, zu dem Musikensembles aus Litauen, Russland und der Ukraine anreisen.

Mai: Schwermütiger Gesang ertönt beim **Festival Orthodoxer Kirchenmusik** in Hajnówka, während sich beim größten osteuropäischen **Theatertreffen** in Toruń Revue- und Volkstheater-Ensembles tummeln.

Juni: Nach den Messen am arbeitsfreien Fronleichnam starten farbenprächtige **Prozessionen.** Zur **Sonnwendfeier** am 21. Juni lässt man in Warschau und Danzig kerzengeschmückte Blumenkränze auf den Fluss. In Międzyzdroje trifft man sich zum **Chormusikfestival,** zum **Stinthengstfest** fährt man nach Mikołajki. In der letzten Juniwoche werden in Stettin, Danzig und anderen Ostseestädten die **Tage des Meeres** gefeiert, eine **Bootsprozession** findet am 29. Juni zwischen Puck und Jastarnia statt.

Juli: Zum **Goldwasser-Festival** kommen zu Monatsbeginn Straßenkünstler und Jongleure nach Danzig, beim **Filmsommer** von Międzyzdroje lernt man polnische Stars kennen. Liebhaber der Country Music treffen sich zum **Picknick** in Mrągowo, Rockfans zieht es nach Węgorzewo. Folklore dominiert beim **Festival nordischer Klänge** in Danzig, **Blues** hört man drei lange Tage am Ukiel-See in Olsztyn. **Ritterturniere** finden in den Ordensburgen von Golub-Dobrzyń, Malbork, Gniew und Szczytno statt. Zum schönsten **Kaschubischen Jahrmarkt** reist man nach Wdzydze.

Juli/August: Sonntags genießt man im Warschauer Łazienki-Park und in Żelazowa Wola **Chopin-Konzerte.** In den Kirchen der Dreistadt erklingt **Musica Sacra:** Chor- und Kammerkonzerte mit internationaler Besetzung. **Festivals mit Orgelmusik** locken Besucher nach Kamień Pomorski und Oliwa. Die Waldoper von Sopot ist Austragungsort des bekannten **Schlagerfestivals,** an der Mole trifft man sich zu **Jazz & Rock.**

August: Der Danziger **Dominikanermarkt** findet in den ersten drei Wochen des Monats statt: eine große Verkaufsmesse mit nächtlichen Festen und der traditionellen Bootsregatta. Im gleichen Monat lädt Malbork zu **Burgfestspielen** ein: Akteure und Musiker treten in historischen Kostümen an. Gekämpft wird auch auf der Insel Wollin, wo **Wikinger** in voller Montur und auf farbenprächtigen Drachenbooten gegeneinander antreten. Polens größtes **orthodoxes Fest** wird in Grabarka, einem Dorf im Fernen Osten zelebriert.

September: In Warschau beginnt die neue Konzert- und Schauspielsaison. Zu den musikalischen Höhepunkten gehört der **Warschauer Herbst,** ein zehntägiges Festival klassischer Gegenwartsmusik. Traditioneller geht es beim **Klavier-Festival** in Słupsk zu.

Oktober: Musik von Monteverdi steht im Mittelpunkt des **Barock-Festivals** in Warschau. Alle fünf Jahre startet in der Philharmonie der internationale **Chopin-Wettbewerb** (das nächste Mal 2015), die Konzerte des **Jazz Jamboree** finden jedes Jahr statt.

November: Am Abend von **Allerheiligen** pilgern viele Polen zu den Friedhöfen, die sich in ein Kerzenmeer verwandeln.

Dezember: Die schönsten **Weihnachtsmärkte** erlebt man in der Danziger, Allensteiner, Warschauer und Posener Altstadt.

um Mariä Himmelfahrt beizuwohnen. Weitere wichtige Termine im Wallfahrtskalender sind das ›Fest der Gottesmutter‹ am 1. Januar, ihr Geburtstag am 8. September sowie die Unbefleckte Empfängnis am 8. Dezember.

Krönender Schlusspunkt des Jahres ist Weihnachten, das ähnlich wie in Westeuropa gefeiert wird. In der Adventszeit werden in den Kirchen Krippen aufgebaut, in denen rund um die Heilige Familie ein Panoptikum ländlichen Lebens erscheint. Am 6. Dezember beschenkt der Hl. Nikolaus, der in Polen Mikołaj heißt, alle vermeintlich braven Kinder, die eigentliche Bescherung findet freilich auch in Polen nicht vor dem Heiligabend statt. Das ganze Jahr über hat sich die Familie auf diesen Tag gefreut: Der große Festschmaus zählt nicht weniger als zwölf Gänge! Klassisches Hauptgericht ist der Karpfen, der meist lebend gekauft wird, um zunächst in der häuslichen Badewanne seine Runden zu drehen. Nachdem man ihn geköpft hat, wird er geschuppt und gereinigt, dann gekocht, gebraten oder gebacken – bei der Zubereitung sind der Fantasie keine Grenzen gesetzt. Vorneweg gibt es gefüllte Kohlrouladen, Pilz- und Rote-Beete-Suppe, nach dem Fisch hausgemachte Nudeln mit süßen Soßen, Kompott und eine Vielzahl kleiner Kuchenstücke. Viele polnische Familien halten die Tradition aufrecht, ein Gedeck zu viel aufzutischen: Der unverhofft anklopfende Gast soll sich beim Weihnachtsschmaus jederzeit willkommen fühlen. Zuletzt wird unter den Anwesenden eine Oblate gebrochen.

Gesetzliche Feiertage

1. Januar: Neujahr
6. Januar: Heilige Drei Könige
März/April: Ostern
1. Mai: Tag der Arbeit
3. Mai: Tag der Verfassung
Mai/Juni: Fronleichnam
15. August: Mariä Himmelfahrt
1. November: Allerheiligen
11. November: Unabhängigkeitstag
25./26. Dezember: Weihnachten

Minderheiten

Noch vor gar nicht langer Zeit war unser Nachbar ein Multikulti-Staat. Polen: Das waren Menschen verschiedenster Sprachen und Konfessionen, außer Katholiken auch Juden, Orthodoxe, Griechisch-Unierte, Protestanten und Moslems. Sie sprachen Litauisch, Russisch und Ukrainisch, Jiddisch, Deutsch, Tschechisch und ein halbes Dutzend weiterer Idiome. Nach sechs Jahren Krieg und Holocaust war nichts mehr wie zuvor: Grenzen wurden verschoben und Polen wandelte sich zu einem weitgehend homogenen Nationalstaat. 45 Jahre herrschte die stillschweigende Übereinkunft, dass über sein multikulturelles Erbe nicht zu sprechen sei, und fast war es gelungen, es vollständig aus dem Gedächtnis zu tilgen.

Folglich staunte man nicht schlecht, als sich nach der Wende 1990 lautstark verschiedene Minderheiten zu Wort meldeten und das Recht einklagten, öffentlich ihre Sprache sprechen und eigene Schulen, Kirchen und kulturelle Einrichtungen gründen zu dürfen. Innerhalb von wenigen Jahren haben sie sich durchgesetzt und auch Normalbürger haben sich mittlerweile daran gewöhnt, dass es eben Landsleute gibt, welche sich weder als Katholiken noch als ethnische Polen definieren.

Bei einer Reise durch Nordpolen stößt man auf die Überreste der Slowinzen, Kaschuben und deutschstämmigen Masuren, im Osten begegnet man Litauern, orthodoxen Weißrussen und Nachkommen muslimischer Tataren. In der Hauptstadt Warschau entwickelt sich langsam, aber stetig die jüdische Gemeinde. Das Engagement der ›Fremden‹ belebt Polens Kultur auf allen Ebenen: Ethno-Restaurants und ›exotische‹ Festivals schießen wie Pilze aus dem Boden, und bisher nur missachtete Architektur und Literatur erlebt eine Renaissance. In diesem Buch werden Polens Minderheiten eingehender beleuchtet, so etwa im ›Ausflug ins litauische Grenzland‹ sowie in den Exkursen ›Atlantis des Nordens‹, ›Die Masuren‹ und ›Jüdisches Warschau‹.

Die Rolle der Kirche Thema

Noch immer erfreuen sich Polens 15 000 Kirchen regen Zulaufs, die Gläubigen strömen zur Morgen-, Mittags- und Abendandacht. Dabei sind es keineswegs nur schwarz gekleidete alte Mütterchen, die man dort antrifft. Auch junge Leute gehen zur Beichte und gestylte Geschäftsleute greifen auf Gottes Segen zurück.

Polak to katolik (Pole = Katholik): Knapp 90 % aller Polen bezeichnen sich als gläubige Katholiken und nicht selten nimmt ihre Suche nach Gott dramatische Züge an. Bei Wallfahrten rutschen sie auf Knien zum angebeteten Heiligen, werfen sich der Länge nach auf den Boden und bleiben stundenlang versunken im Gebet. Bei der Messe singen sie inbrünstig und lauschen dem Priester so gebannt, dass man glauben könnte, sie sähen in ihm tatsächlich Gottes Sprachrohr.

Was da in der Predigt verhandelt wird, ist freilich alles andere als geistlicher Natur: Die Palette reicht von der Politik bis ins Private, von der konkreten Wahlempfehlung für eine Partei bis zum Gebot der Abstinenz, der einzig erlaubten Verhütungsmethode. Sex dürfe nur in der Ehe stattfinden, nie außerhalb – und wer abtreibt oder uneheliche Kinder in die Welt setzt, sei reif fürs Fegefeuer. So wird in Polen seit 1996 ein Schwangerschaftsabbruch bis zur zwölften Woche nur noch akzeptiert, wenn medizinische Gründe vorliegen oder die Schwangerschaft das Resultat einer Vergewaltigung ist – was das Opfer zu beweisen hat. Doch nicht nur die Frau, die sich über das Gesetz hinwegsetzt, wird kriminalisiert. Auch der Arzt wird belangt: Für ›Beihilfe zur Abtreibung‹, die von der Beratung bis zum Vollzug reicht, muss er mit einer Gefängnisstrafe von bis zu drei Jahren rechnen.

Gemäß kirchlicher Logik ist Homosexualität tabu, weil sie gegen das natürliche Sittengesetz verstoße – ›Urquelle des Lebens‹

sei das kirchlich getraute Paar. Um dieses zu ›schützen‹, wurde auf Druck der Kirche das Scheidungsverfahren erschwert: So werden auf 1000 Ehen nur 45 geschieden (in Deutschland ist die Zahl viermal so hoch). Die Kirche hält ein weiteres Druckmittel bereit: Für sie existiert keine Scheidung, sondern nur eine räumliche ›Separation‹, die ausschließt, dass die Eheleute noch einmal heiraten dürfen; qua Kirchengesetz sind sie so lange verheiratet, »bis dass der Tod sie scheidet«.

Noch unter Papst Johannes Paul II. (2014 heiliggesprochen) wurde der ›Katechismus‹ verabschiedet, in dem das Wochenendvergnügen zur Sünde erklärt wird. Es sei obszön, ausgerechnet freitags Feste zu feiern, wo dies doch der Tag sei, an dem Christus ans Kreuz geschlagen wurde. Zugleich wird gefordert, den sonntäglichen Kirchenbesuch mit einer obligatorischen Opfergabe an den Pfarrer zu verknüpfen – einen Zehnt seines Einkommens habe der Gläubige abzutreten.

Das hören jüngere Leute nicht gern, die meisten von ihnen neigen zur Doppelmoral. Was sie in der Predigt hören, ist das Eine, was sie privat tun, etwas ganz anderes. »Was uns da erzählt wird, ist doch Schnee von gestern«, meint ein Warschauer Student. »Man kann heute nicht mehr alles als Teufelswerk abtun – Lebensgenuss, Spaß, Konsum! Ich habe Freunde, die gehen lieber Shoppen als in die Kirche. Nein, das Recht auf Vergnügen lassen wir uns nicht nehmen – wir haben keine Lust, uns immer ›beschränken‹ zu müssen.«

Kunst und Kultur

Gotischer Backstein, flämischer Manierismus, sozialistischer Realismus und verschiedene Spielarten der Moderne: 1000 Jahre haben vielfältige architektonische Spuren hinterlassen. Als literarisches Sujet ist die Region so präsent wie kaum eine andere: Ihre Schönheit weckt wehmütige Erinnerungen, ihre Geschichte animiert zur aktiven Auseinandersetzung mit dem deutsch-polnischen Erbe.

Literarische Reise in die Vergangenheit

Im Reisegepäck vieler Polenbesucher finden sich die Erzählungen und Romane von Siegfried Lenz, Arno Surminski und Günter Grass – sämtlich Autoren aus den ehemaligen deutschen Ostprovinzen, die in ihrer Literatur die Erinnerung an ein verlorenes Land wach halten und an Menschen, die es nicht mehr gibt.

Bereits 1955 veröffentlichte Siegfried Lenz das Buch »So zärtlich war Suleyken«. Der Titel, bei dem Leser glauben könnten, es handele sich um eine Frauenfigur, verweist auf ein Dorf 17 km nordwestlich von Lyck (heute: Ełk), jenen Ort, in dem der Autor zur Welt kam. Rund um Suleyken, »zwischen Torfmooren und sandiger Öde, zwischen verborgenen Seen und Kiefernwäldern«, siedelt er heiter-verspielte Geschichten an, ein Mosaik unterschiedlichster Charaktere, die ihrer Fabulierlust freien Lauf lassen, schelmenhaft-listig oder einfältig-verschlagen. Da werden weltfremde Bauern und alte Mütterchen vorgestellt, die Kulkasker Füsiliere, zwei Vettern, denen eine tote Tante ausgebüxt ist, der verschrobene Onkel Stanisław Griegull und Herr Kukielka aus Schissomir: Kauzige Gestalten am Rande der modernen Welt, die so gar nicht in den preußisch durchdisziplinierten Staat passen wollen.

Den nostalgisch-verklärenden Erzählungen hat Lenz 1978 ein ergänzendes Werk zur Seite gestellt. »Heimatmuseum«: ein 1000 Seiten dickes literarisches Denkmal für die Menschen und Landschaften Masurens. Held des Romans ist Zygmunt Rogalla, der 1945 aus seiner Heimat vertrieben wird, aber nicht zu jenen gehört, die dafür den Polen und Russen die Schuld geben, sondern den Nationalsozialisten. In seiner neuen schleswig-holsteinischen Heimat richtet er aus Liebe zu dem, was er verloren hat, ein Heimatmuseum ein. Doch schon bald bekommt er zu spüren, dass Deutschland sich nicht grundlegend gewandelt hat: Als sich der ihm aus der masurischen Heimat bekannte Obernazi anschickt, als neuer Vorsitzender des Heimatvereins die Inhalte des Museums zu ›säubern‹, beschließt Rogalla, sein Lebenswerk zu zerstören. Indem er das Museum einäschert, will er es vor dem Zugriff der ewig Gestrigen bewahren.

Ohne den Bezug zu seiner heute polnischen Heimat ist auch das Werk von Günter Grass nicht denkbar. Für seine »Danziger Trilogie« erhielt der kaschubische Autor 1999 den Literaturnobelpreis (s. Thema S. 191). Zwei polnische Schriftsteller haben sich von ihm zu eigenen Werken inspirieren lassen: Der eine ist Stefan Chwin (Jg. 1949), der andere Paweł Huelle (Jg. 1957). Beide waren von der Idee fasziniert, der untergegangenen Welt des deutschen Danzig nachzuspüren. In ihren Romanen schlagen sie einen Bogen von der Vor- zur Nachkriegszeit, thematisieren Flucht und Vertreibung und den Einzug der Polen in die zerstörte Stadt. Stefan Chwins

Marion Gräfin Dönhoff

Roman »Tod in Danzig« präsentiert sich als wehmütiger Abgesang auf die bürgerlich-behagliche, deutsch geprägte Kultur. Bereits acht Jahre zuvor hatte Paweł Huelle den Roman »Weiser Dawidek« veröffentlicht: die Geschichte einer Danziger Kindheit, so atmosphärisch dicht, dass die Aura einer ganzen Epoche wieder auflebt.

Botschafterin der alten Heimat

Allen, die der Poesie misstrauen, wenn es um die Darlegung historischer Sachverhalte geht, sei das zugreifende Werk von Journalisten empfohlen. Aus erster Hand stammen die Berichte von Marion Gräfin Dönhoff. Sie entstammte einer mächtigen preußischen Adelsfamilie, die im Zuge der deutschen Ostsiedlung im 13. Jh. in die ›Große Wildnis‹ gelangt war. Als Herausgeberin der Wochenzeitung »Die Zeit« hat sich die Gräfin stets für deutsch-polnische Versöhnung engagiert und in mehreren Büchern das einstige Masuren geschildert. »Kindheit in Ostpreußen« heißt der Erinnerungsband, in dem sie die bis 1945 gültige, streng-hierarchische Ordnung von Herr und Knecht beschreibt. Nebenbei erfährt man Interessantes über die verworrene Geschichte dieser Region, »wo Deutsche, Polen, Russen, Schweden und Dänen jahrhundertelang miteinander gelebt und gegeneinander gekämpft, Bündnisse geschlossen und sich gegenseitig umgebracht hatten und wo – je nachdem, wer gerade wen unterworfen hatte – bald der eine, bald der andere die Oberherrschaft ausübte.« Die ›rote Gräfin‹, die ursprünglich 1933 über den Marxismus hatte promovieren wollen, hatte sich dann doch für ein anderes Thema entschieden: Ihre Untersuchung über das Zustandekommen des ostpreußischen Familienbesitzes bot eine günstige Voraussetzung, um wenige Jahre später selber die Verwaltung der Güter übernehmen zu können, die sich von Quittainen in Masuren bis Friedrichstein bei Königsberg erstreckten. Als die nationalsozialistische Führung im Januar 1945 die Räumung Ostpreußens befahl, stellte sie sich an die Spitze des in Richtung Westen ziehenden Trecks. »Namen, die keiner mehr nennt« heißt das Buch, in dem sie in nüchterner Sprache die

Kunst und Kultur

Flucht der Bewohner schildert und zugleich darüber nachdenkt, dass mit ihrem Exodus die 700-jährige deutsche Geschichte der Region unwiderruflich erlischt.

Als einen ›Ostpreußen des Herzens‹ hat Marion Gräfin Dönhoff ihren Kollegen Ralph Giordano bezeichnet. In einem Zeitungsartikel stellte sie die Frage, wie es denn möglich sei, dass »jemand, der seine jüdische Mutter verloren hat und der seine Kindheit in der Illegalität verbringen musste, vier große Reisen nach Ostpreußen unternimmt«. Außer der Erinnerung an ein faszinierendes Landschaftsfoto, die ihn zeitlebens begleitete, war es die in Ostpreußen verdichtete Geschichte Deutschlands, die Giordano nach Masuren trieb: die Hitlerbegeisterung der Ostpreußen, dann der von der Wolfsschanze geleitete Überfall auf die Sowjetunion, der Vormarsch der Roten Armee »über die verwüstete, ausgemordete Heimat hin auf die Grenzen des Angreifers zu«, schließlich die Flucht und Vertreibung der Deutschen und das von den Vertriebenenverbänden jahrzehntelang eingeklagte »Recht auf Heimat«. Giordanos Buch »Ostpreußen ade – Reise durch ein melancholisches Land« ist äußerst spannend zu lesen, denn die Geschichte wird aus den Blickwinkeln derer geschildert, die heute dort leben. Da gibt es Menschen, die bei phänomenalem Gedächtnis genau zu sortieren wissen, »an was sich erinnert werden will und an was nicht«, und andere, die bestürzende Wahrheiten offen und schonungslos darlegen. Der Autor lässt Polen und zwangsweise angesiedelte Ukrainer, aber auch Deutschstämmige zu Wort kommen, versprengte Existenzen, die sich nach 1945 bemühten, in Masuren neue Wurzeln zu schlagen.

Fast zeitgleich erschien Klaus Bednarz' Buch »Fernes nahes Land. Begegnungen in Ostpreußen« (1995). Der aus Ukta, einem Dorf an den Großen Masurischen Seen, stammende Journalist ist dem Weg nachgefahren, auf dem seine Familie im Januar 1945 geflüchtet war. Dabei stieß er auf Spuren deutscher Kultur in der Kopernikusstadt Frombork, auf der Frischen Nehrung und im Gestüt Trakehnen. Unterwegs führte er Gespräche mit ›Nostal-

gietouristen‹, aber auch mit Polen, für die Masuren ihre selbstverständliche Heimat ist.

Was Dönhoff, Giordano und Bednarz für Masuren, ist Christian Graf von Krockow für Hinterpommern. Der aus Krokowa stammende Publizist wurde nicht müde die Schönheit der Landschaft zu schildern und von den Menschen zu sprechen, die sie bewohnten. In seinem mehrfach aufgelegten Buch »Die Reise nach Pommern. Bericht aus einem verschwiegenen Land« unternimmt er Exkurse in die Vergangenheit bis zurück zu seinen mittelalterlichen Vorfahren, die die Aussicht auf gesellschaftlichen Aufstieg in den Osten verschlug. Praktisches Resultat seines Engagements für einen deutsch-polnischen Neubeginn ist die Einrichtung der ›Europäischen Begegnungsstätte‹ im ehemaligen Schloss seiner Familie in Krokowa.

Von der Backsteingotik zur Plakatkunst

Von Backsteinkirchen im Westen bis zu orthodoxen Kathedralen im Osten, von Deutschordensburgen bis zu Bürgerpalästen: 1000 Jahre Kunstgeschichte haben im Land vielfältige Spuren hinterlassen. Polnische Restaurateure haben beim Wiederaufbau der zerstörten Städte Meisterarbeit geleistet, nach historischen Stichen entstanden Danzig, Warschau und Marienburg völlig neu.

In fast allen Städten Nordpolens stößt man auf Backsteinkirchen. Ob in Stettin, Cammin oder Köslin – überall erscheinen sie so mächtig, als seien sie für die Ewigkeit errichtet. Aus Mangel an Naturstein wurde für den Bau gebrannter Ton verwendet. Er war widerstandsfähig, verlieh den Bauten einen attraktiven rötlichen Schein. Das technische Know-how brachten deutsche Siedler um 1200 in den Osten. Sie waren es auch, die die **Gotik** einführten, jenen Architekturstil, der mit seinen aufstrebenden Türmen, Spitzbogenfenstern

Spiegelt den Geist der Kreuzzüge: Bollwerk in Frombork

52

und Strebepfeilern die Kirche als ›himmlisches Haus‹ darstellte. Im mittelalterlichen Danzig sollten alle Bürger in ihm einen Platz finden: Die für 25 000 Menschen ausgelegte Marienkirche ist noch heute das weltweit größte aus Backstein errichtete Gotteshaus.

Mit der Herrschaft des Deutschen Ordens waren bald ganze Städte von der Gotik bestimmt, nirgendwo sonst im mittelalterlichen Europa gab es ein derart ehrgeiziges Bauprogramm. Vom Kulmer Land bis Königsberg entstanden unzählige Rathäuser, Wehranlagen und Burgen. Als Musterbeispiel erscheint die Stadt Thorn an der Weichsel. Hier ist alles bestens geordnet, längs der schachbrettartig angelegten Straßen reihen sich Bürgerhäuser und Warenkontore. Einen Besuch lohnt auch die Marienburg, ein Meisterwerk der Verteidigungskunst. Sie beeindruckt mit ihren Türmen und Zinnen, als spätgotisches Juwel präsentiert sich ihr Hochmeisterpalast (www.zamkigotyckie.org.pl).

Im späten 15. Jh. verlor der Deutsche Orden an Einfluss, das weitgehend autonome Danzig übernahm die wirtschaftliche Führungsrolle in der Region. Seine Kaufleute lieferten Getreide nach Flandern und Holland; mit dem dort verdienten Geld warben sie Architekten an, damit diese ihre Stadt im zeitgemäßen Stil umgestalteten. Vom **niederländischen Manierismus** zeugen Bürgerhäuser mit ausladenden Terrassen und hohen Giebeldächern, die neben den asketischen Backsteinbauten herausfordernd anmutig wirken.

Im 17. Jh. brachten die Jesuiten den **Barock** nach Polen, um geistliches Terrain, das an die ›protestantischen Ketzer‹ verloren gegangen war, zurückzugewinnen. Stilprägend wurde er in den katholisch-polnischen Landesteilen, in den Städten Warschau und Posen, im Ermland sowie rund um Suwałki. Mitten in der masurischen Wildnis, in Heiligelinde, entstand eine fast südländisch anmutende Kirche, weiter östlich, am See von Wigry, bauten die Kamaldulenser ein prächtiges Kloster.

**Barocke Pracht –
der Lange Markt in Danzig**

Das nach dem Schwedenkrieg zerstörte Warschau wurde barock neu aufgebaut; Hofarchitekt Tylman van Gameren schuf prunkvolle Paläste für Adel und Krone. Unter den Sachsenkönigen kamen einige **Rokoko**-Bauten hinzu; Stanisław August Poniatowski, der kunstsinnige letzte König von Polen, etablierte den **Klassizismus**.

Nach 1945 wurde Warschau abermals zum Experimentierfeld neuer Stile. Der **Sozialistische Realismus** verlangte vom Künstler positive Inhalte in nationaler Formensprache, eingängige Muster, die vom Publikum ohne intellektuelle Anstrengung verstanden wurden. In Malerei und Skulptur beherrschten muskelstrotzende, kraftvoll zupackende Arbeiter das Bild, in der Architektur nahm man Anleihen bei der Renaissance, Polens ›goldener Epoche‹. Nach dem politischen Tauwetter 1956 regte sich Widerstand gegen den verordneten Fortschrittskult, entsprach er doch keineswegs dem Lebensgefühl der Bevölkerung. Im Bereich der Grafik profilierte sich erstmals eine ›polnische Schule‹, die Plakatkunst erregte international Aufsehen. In ihr präsentierte sich keine glatte Warenästhetik, sondern es wurden sozialkritische Botschaften vermittelt. Jan Lenica überraschte mit großflächig-bunten Kompositionen, in denen er existenzielle Unsicherheit ausdrückte, als ›polnischer Dalí‹ schuf Franciszek Starowiejeski surreal-albtraumhafte Tableaus. Sehr viel milder stimmen die poetischen Bilder und Plakate des aus Litauen stammenden Stasys Eidrigevicius. Er verzerrt die Welt, indem er sie durch die groß aufgerissenen, ungläubig-traurigen Augen eines Kindes betrachtet.

Die Künstler des 21. Jhs. lassen sich noch nicht mit dem Label einer bestimmten Kunstströmung erfassen. Sie präsentieren sich als Europäer, weniger als Polen: Enger Kontakt zur Westkultur hat schon viele Differenzen abgeschliffen. Während sich ihre Werke bruchlos in den Berliner oder Baseler Kunstmarkt integrieren lassen, erregen sie im Herkunftsland oft großen Anstoß. Ironische Darstellungen von Päpsten, Heiligen und Nationalhelden sind allerdings tabu. Sie unterliegen dem Bildverbot der allmächtigen Kirche.

Essen und Trinken

»Iss, trink und löse den Gürtel«: Längst ist die einstige Lebensmaxime des Adels in den polnischen Alltag eingegangen. Es gilt, sich viel Zeit zum Essen zu nehmen und an Köstlichkeiten nicht zu sparen. Und das geschieht nicht mehr allein im Kreis der Familie, sondern immer häufiger auch in der Öffentlichkeit.

Spezialitäten polnischer Küche

Die Restaurantszene der großen Städte ist mittlerweile international und reich gefächert, neben ihr hat sich erstaunlich gut die polnische Küche behauptet. Sie ist herzhaft und deftig, schwelgt in Soßen und Sahnehäubchen – wahre Kalorienbomben, bei denen man rasch Fettpölsterchen ansetzt. Sie hat jüdische und deutsche, litauische, ukrainische und russische Einflüsse aufgenommen und ist damit ein getreues Abbild der ehemaligen ethnischen Vielfalt des Landes.

Suppen rangieren in der Beliebtheitsskala an oberster Stelle. Da gibt es milde und scharfe, klare und mehlige, säuerliche und süße, Suppen aus Rüben, Nüssen, Kräutern und vielen anderen exotischen Zutaten. Am berühmtesten ist der Borschtsch (*barszcz*), dessen Zubereitung viel Zeit in Anspruch nimmt: Stundenlang muss die klein gehackte Rote Beete im Kochtopf schmoren, bevor sie gar ist. Nur die klare, tiefrote Bouillon wird weiter verwendet: Leicht angesäuert und mit Knoblauch gewürzt wird sie mit knuspriger Fleischkrokette (*z krokotkiem*) serviert, manchmal auch mit ›Öhrchen‹, winzigen, pikant gefüllten Teigtaschen (*z uszkami*). Im Sommer erhält sie durch die Beigabe von Rübenblättern einen grünen Schimmer (*botwinka*) oder kommt mit viel Sauermilch als Kaltschale auf den Tisch (*chłodnik*). Als ›weißen Borschtsch‹ bezeichnet man eine leckere, leicht süßliche Suppe aus angesäuertem Roggenmehl und Sahne, auf deren Grund ein verlorenes Ei oder eine gekochte Wurst schwimmt (*żurek*, auch *białybarszcz*). Von den Kaschuben und ihrer Vorliebe für Kümmel beeinflusst ist die Kräutersuppe mit Steckrüben und gedünstetem Kohl, feiner und pikanter ist die Danziger Suppe mit klein gehackten Gurken, Kapern und Oliven. Wer im Herbst nach Polen kommt, sollte sich *zupa grzybowa* nicht entgehen lassen. Die cremige Pilzsuppe gilt bei Kennern als beste der Welt. 31 verschiedene Pilzsorten wurden in Polen registriert, die edelsten sind Pfifferling, Morchel und Steinpilz – zugleich reich an Eiweiß, Proteinen und Mineralstoffen.

Eine Hand voll Trockenpilze verleiht dem Nationalgericht *bigos* seine würzige Note. Obwohl es sich im strengen Sinne um keine Suppe handelt, taucht das Gericht auf polnischen Speisekarten oft in dieser Kategorie auf. Es handelt sich hierbei um ein altpolnisches Jägermahl aus gedünstetem Sauerkraut, Speck und Zwiebeln. Es wird mit Lorbeer und Kümmel gewürzt, durch die Beigabe von Paprika rot eingefärbt. Zu festlichen Gelegenheiten fügt man Wildfleisch und Backpflaumen hinzu und verfeinert das Ganze mit Madeira- oder Portwein. Bigos wird im Holzfass oder im Tonkrug aufbewahrt, je öfter man es aufwärmt, desto besser entfaltet es seinen Geschmack.

Salate wurden von Bona Sforza, der Mailänder Gattin König Zygmunts I., populär gemacht. Sie führte Tomaten, Gurken und frische Kräuter aus Italien ein und schuf die klassische Beilage *surówka*. Liest man *mizeria* auf der Speisekarte, so handelt es sich nicht um ein Hungermahl, sondern um hauchdünn geschnittene, in Joghurt eingelegte Gurkenscheiben. Wer Saures mag, greift zu *ogórki kiszone*: pikant marinierte Gurken, abgeschmeckt mit Dill oder Birkenblatt.

Ein Hauptgericht ohne **Fleisch** gilt den meisten Polen als Verstoß gegen die Esskultur. Da gibt es beispielsweise Schweineschnitzel in Jägersoße mit Honig und Rosinen (*sos myśliwski*) oder pikant gefüllte Rinderrouladen (*Rolada wołowa*). Aus der Zeit, da der Adel in den Wäldern auf Jagd ging, erhielt sich die Tradition, Reh und Hirsch, Fasan und Wildschwein zu servieren. Entenoder Hasenbraten wird süßsauer gebeizt und mit geschmorten Äpfeln gefüllt. Die Danziger Ente weist freilich eine Besonderheit auf: Sie wird nach traditioneller Art mit Apfelsinen-

scheiben, Gemüse und einem Schuss Orangenlikör aufgetischt. Dieser Brauch geht auf das 17. Jh. zurück, als die in Danzig eingeführten exotischen Früchte zur Veredelung der Gerichte verwendet wurden.

Eine gute Alternative zu Fleisch ist **Fisch**. Man kann ihn »in Weißwein dünsten, mit Kapern abschmecken, in Gelee einschließen, köstlich mit Soßen verfremden, (…) brässieren, glacieren, pochieren, nappieren, filetieren, mit Trüffeln adeln, mit Cognac vergeistigen« – so Günter Grass über den Butt, dem er einen 700-seitigen Roman widmete. Zu den Spezialitäten der Region gehören gegrillter Lachs und geräucherter Aal, Zander in Dill- und Karpfen in Braunbiersoße. Die Kaschuben sorgten dafür, dass die Polen zu den größten Heringsvertilgern Europas gehören. Sie essen ihn mit Zwiebeln, Pellkartoffeln, Gemüsesoße und auf ›Danziger Art‹, wobei

Mit dem Flair von gestern: Metzgerei am Marktplatz von Puck (Putzig)

der gesalzene Fisch über Nacht gewässert, gehäutet und in Milch eingeweicht wird. Der Clou aber ist die Soße: Herber Weißwein wird aufgekocht, dann tropfenweise mit Eigelb und Gewürzen vermischt und zuletzt mit geraspeltem Apfel angereichert. Originell schmeckt auch Fisch auf masurische Art: Dorsch- und Rotbarschfilets, die mit einer süßsauren Soße aus Rosinen, Apfel und Sahne überbacken werden.

Als **Nachtisch** ist Süßes angesagt: Mürbekuchen mit Waldbeerkonfitüre, Käse-, Mohn- und Baumkuchen sowie mit Quark gefüllte Krapfen (*kugle*). Wer Leichtes bevorzugt, wählt Kirschen- und Pflaumenkompott, im Frühsommer vielleicht auch eine Schale frischer Blaubeeren (*jagody*), Himbeeren (*maliny*) oder Wilderdbeeren (*poziomki*) – auf Wunsch mit Schlagsahne.

Zu fast allen Mahlzeiten trinkt man einheimisches **Bier** (*piwo*). Seit dem Mittelalter wird es in Polen hergestellt, bekanntlich hat schon der Danziger Astronom Hevelius sein Geld als Brauer verdient und dunkles Joppenbier nach England exportiert. Heute ist nach ihm die bekannteste Brauerei Nordpolens benannt, die mehrere gute Sorten anbietet: das leicht bittere, aromatische ›Hevelius‹, das pasteurisierte ›Gdańskie‹ (Danziger) und das starke ›Kaper‹ (Freibeuter). Selbst **Wein** wird in Polen neuerdings hergestellt, doch ist der Preis ebenso wie für sämtliche importierten Alkoholika weit überzogen, weswegen der Rebsaft nur wenig getrunken wird.

Kaffee rundet auch in Polen die Mahlzeit ab. Als Spezialität für zwischendurch gilt *kawa po staropolsku*, Kaffee auf altpolnische Art mit Brandy, Zimt und Sahne.

Essenszeiten

Die Polen mögen es herzhaft: Schon zum Frühstück (*śniadanie*) greifen sie zu Wurst und Schinken, Käse und Ei, trinken dazu Tee oder Kaffee. Derart gesättigt halten sie durch bis zum Mittagessen (*obiad*), der wichtigsten Mahlzeit des Tages, die zwischen 12 und 17 Uhr eingenommen wird. In der Regel kommen drei Gänge auf den Tisch, beliebt sind als Vorspeise Suppe und als Nachspeise Kompott. Beim Abendessen (*kolacja*) gibt es mehr Spielraum: Manche Polen wählen schweren, gut gewürzten *bigos* oder Beefsteak-Tatar mit rohem Ei, andere begnügen sich mit einer belegten Scheibe Brot. Das Abendessen beginnt frühestens um 18 Uhr, in manchen Familien wird es um 20 Uhr oder später eingenommen. Zu jeder Mahlzeit wünscht man sich ›Guten Appetit‹ (*smacznego!*), beim Anstoßen heißt es ›Auf die Gesundheit‹ (*na zdrowie!*).

Gastro-Szene

In den großen Städten gibt es Küchen aus aller Welt, außerdem Bistros, Snack- und Salatbars, Fast-Food-Lokale von Burger King bis Pizza Hut. Aus sozialistischer Zeit hat sich hier und da noch die Milchbar (*bar mleczny*) erhalten, die – anders als der Name vermuten lässt – polnische Hausmannskost bietet, und dies zu sehr günstigem Preis. Im Zug der Sozialismus-Nostalgie feiert sie fröhliche Wiederauferstehung: Künstler, Studenten und alle, die sich nicht zu den Neureichen zählen, sind ihre Stammgäste. Fans haben der Milchbar eine freche Webseite mit dem Motto ›Arbeite nicht, iss!‹ gewidmet (www.barmleczny.com).

Restaurants haben meist durchgehend von 11 bis 22 Uhr geöffnet, Ruhetage sind selten. Beim Bezahlen wird (bei guter Bedienung) aufgerundet, allerdings sollte man vermeiden, *dziękuję* zu sagen: Das ›Danke!‹ könnte den Kellner zur der Annahme verleiten, der Gast lege keinen Wert darauf, sein Restgeld zu bekommen. Unmissverständlich ist dagegen *proszę* (bitte sehr!) und ein geöffnet gehaltenes Portemonnaie.

Goldwasser, Wodka und Krambambuli

Thema

»Kommst du nach Danzig, verschmähe das Goldwasser nicht!« Der klare Likör, auf dessen Grund Flitter von 22-karätigem Rauchgold schwimmen, bildet den krönenden Abschluss jedes Mahls. Mancher mag gesundheitliche Bedenken haben oder sich sagen »Schade um das schöne Gold« – doch den reichen Bürgern der Kaufmannsstadt waren solche Bedenken fremd, die Geste der Verschwendung gehörte für sie zum Alltag.

Dies war schon 1598 so, als der aus Flandern eingewanderte Ambrosius Vermoellen das besagte ›Wässerchen‹ kreierte. Er wählte kostbare Spezereien, wie es sie nur in einer Handelsstadt wie Danzig gab: Macis und Pomeranzenschalen, Kardamom, Koriander und Wacholderbeeren, dazu einen weichen Anisschnaps. Dem beigemixten Gold sprach er magische Wirkung zu – seine geheimen Kräfte, rühmte er, übertrügen sich beim Trinken auf den Menschen. Der Siegeszug des Goldwassers setzte freilich erst über Hunderte Jahre später ein: Von 1708 bis 1945 wurde er im Danziger Haus ›Zum Lachs‹ (ul. Szeroka 54) hergestellt, wo man auch den begehrten Kirschlikör ›Krambambuli‹ und den mit getrockneten Pflaumen angereicherten Wacholderschnaps ›Machandel‹ herstellte. Heute ist besagtes Haus eines der besten Danziger Restaurants, die originalen, nach einem Geheimrezept hergestellten Liköre werden aus Nörten-Hardenberg importiert.

Wer es noch hochprozentiger mag, greift zu Wodka, dem klassenübergreifenden Nationalgetränk. Man trinkt ihn als Digestif, aber auch um sich in bessere Laune zu bringen oder um auf eine neue Freundschaft anzustoßen. Er wird möglichst in einem Zug heruntergeschlürft; Profis kippen sich das hochprozentige ›Wässerchen‹ (so die Übersetzung des polnischen Wortes) in den weit geöffneten Mund, ohne den Gaumen zu berühren – dann wirkt es besonders berauschend.

Dutzende von Wodka-Sorten stehen zur Wahl – kaum zu glauben, wie viele Nuancen aus Getreide bzw. Kartoffeln, Hefe und Quellwasser, seinen wichtigsten Ingredienzien, gezaubert werden. Die Palette reicht vom milden Nobel-Wässerchen ›Luksusowa‹ über kristallklaren, leicht süßlichen ›Chopin‹ bis zum ›Lajkonik‹, einem aus Kartoffeln destillierten Schnaps, der seinen Namen einem Tatarentöter aus dem 13. Jh. verdankt. Auch ein nostalgisches ›Schwarzmarkt‹-Produkt (siwucha) ist erhältlich, das in einer Retro-Flasche mit Packpapier-Etikett verkauft wird. Danzig lässt es sich nicht nehmen, der Vielzahl bestehender Wodka-Sorten ein paar weitere hinzuzufügen. So bietet die Firma Polmos Starogard die hochprozentigen ›Dwór Artusa‹ (Artushof) und ›Gdańska‹ (Danziger) an – beide in dekorativen, souveniertauglichen Flaschen. Gleichfalls aus Nordpolen stammt der ›Żubrówka‹, auf dessen Etikett ein zotteliger Wisent prangt (żobr = Wisent). Seine blassgrüne Farbe rührt von dem in der Flasche schwimmenden Büffelgras her, dem Lieblingsgericht von Europas größtem Säugetier.

Wem das alles nicht ›koscher‹ erscheint, der mag zu einer der traditionell jüdischen Marken greifen. Das Etikett von ›Jankiel‹ zeigt einen orthodoxen Juden, ›Fiddler‹ erinnert dagegen mit der Darstellung eines Klezmer-Musikanten an den Broadway-Erfolg ›The Fiddler on the Roof‹.

59

Kulinarisches Lexikon

Nur in den Restaurants großer Städte gibt es eine mehrsprachige Speisekarte, auf dem Land gilt es die polnischen Bezeichnungen zu entziffern.

Wichtige Ausdrücke

Frühstück	*śniadanie*
Mittagessen	*obiad*
Abendessen	*kolacja*
Speisekarte	*jadłospis*
Mittagsmenü	*zestaw obiadowy*
Zum Wohl!	*Na zdrowje!*

Speisekarte

Rote-Rüben-Suppe	barszcz czerwony
– mit Fleischkrokette	– z krokotkiem
– mit kleinen Teigtaschen	– z uszkami
Krautgulasch mit Pilzen	bigos
Steinpilze	borowiki
Rote-Bete-Suppe mit Rübenblättern	botwinka
Kaltschale aus Roter Bete	chłodnik
fleischlose Gerichte	dania bezmięsne
vegetarische Gerichte	jarskie
Fleischgerichte	mięsne
Fischgerichte	rybne
Geflügel	drób
Wild	dziczyna
Hähnchenfilet	filet z kurczaka
Pommes frites	frytki
gefüllte Kohlrouladen	gołąbki
Eisbein	golonka
Pilze	grzyby
marinierte Pilze	marynowane
Rindsgulasch	gulasz wołowy
Heilbutt	halibut
Tee	herbata
– mit Zitrone	– z cytryną
Lammbraten	jagnięcina
Blaubeeren	jagody
Rührei	jajecznica
Ei	jajko
Ente	kaczka
gebratene Ente, gefüllt mit Äpfeln	– pieczona z jabłkami
Ente auf Altdanziger Art (mit Orangen)	– po starogdańsku
Karpfen ›auf jüdische Art‹ (süßsauer in Aspik)	karp po żydowsku
Kaffee	kawa
– auf altpolnische Art, (mit Sahne und Brandy)	– po staropolsku
– auf türkische Art, (ungefiltert und mit Zucker)	– po turecku
– mit Milch	– z mlekiem
Wurst	kiełbasa
Grillwurst	– z rożna
Knödel	knedle
Kartoffelklöße	kopytka
Schweineschnitzel	kotlet szabowy
Garnelen, Krabben	krewetki
Krapfen	kugle
Hähnchen	kurczak
Pfifferlinge	kurki
Bärenpfote	łapa niedźwiedzia
Schleie	lin
Eis	lody
Lachs	łosoś
– mariniert	– marynowany
– vom Grill	– z grila
Mohnkuchen	makowiec
Himbeeren	maliny
Makrele	makrela
Met, Honigwein	miód pitny
Gurkensalat mit saurer Sahne	mizeria
Milch	mleko
Sauermilch	– kwaśne
Pfannkuchen	naleśniki
– mit Schichtkäse	– z serem
saure Gurken	ogórki kiszone
Barsch	okoń
Früchte, Obst	owoce
Würstchen	parówki
Champignons	pieczarki

Braten	pieczeń	Tomatensaft	– pomidorowy
›Husarenbraten‹,	– huzarksi	Seezunge	sola
gefüllter Rindsbraten		Soße	sos
Wildschweinbraten	– z dzika	Dillsoße	– koperkowy
Schweinebraten	– wieprzowa	Pfifferlingsoße	– kurkowy
gefüllte Teigtaschen	pierogi	süßsaure Jägersoße	– myśliwksi
– auf Russisch	– po ruskie	Gurkensoße	– ogórkowy
(mit Kartoffel-Quark-		Soße	– rakowy
Füllung)		mit Flusskrebsen	
– mit Wildschwein	– z dzika	Sahnesoße	– śmietanowy
– mit Spinat	– ze szpinakiem	Moosbeersoße	– żurawinowy
– mit Pilzen	– z grzybami	Wels	sum
– mit Graupen	– z kaszą	Rohkost, Salat-	surówka
– mit Fleisch	– z mięsem	beilage	
– mit Sauerkraut	– z kapustą	Karottensalat	– z marchewki
Bier	piwo	Tomatensalat	– z pomidorów
alkoholfreies Bier	– bezalkoholowy	Apfelkuchen	szarlotka
Kartoffelpuffer	placki ziemniaczane	Fleischspieß	szaszłyk
Lendenstück	polędwica	Hecht	szczupak
Tomaten	pomodory	Schnitzel	sznycel
Ragout	potrawka	(Beefsteak)Tatar	tatar
Geflügelragout	– z kurczaka	Lachstatar	tatar z łososia
Kalbsragout	– cielęca	Quark, Schichtkäse	twaróg
Wilderdbeeren	poziomki	Erdbeeren	truskawki
Forelle	pstrąg	Gemüse	warzywa
Krebs	rak	Aal	węgorz
Fisch	ryba	Räucheraal	– wędzony
gebratener Fisch	– ryba smażona	Wein	wino
geräucherter Fisch	– wędzona	Weißwein	– białe
Reis	ryż	Rotwein	– czerwone
grüner Salat	sałatka	Glühwein	– grzane
Gemüsesalat	– jarzynowa	Mineralwasser	woda mineralna
Tomatensalat	– z pomidorów	Wodka	wódka
Zander	sandacz	Seewolf	zębacz
Sardine	sardynka	Kartoffeln	ziemnaki
Rehbraten	sarnina	Suppe	zupa
Schichtkäse, Quark	ser biały	Pilzsuppe	– grzybowa
Stinthengst,	sielawa	Gurkensuppe	– ogórkowa
masurischer Fisch		Tomatensuppe	– pomidorowa
Hering	śledź	Fischsuppe	– rybna
– in Öl	– w oleju	Steinpilzsuppe	– z borowikami
– in Sahnesoße	– w śmietanie	Flusskrebssuppe	– z raków
Saft	sok	Sauerrahmsuppe	żurek
Apfelsaft	– jabłkowy	– im ausgehöhlten	– w chlebie
Orangensaft	– pomarańczowy	Brotlaib	

Auf der Krutynia, die zahlreiche Seen durchfließt, kann man sich staken lassen oder selbst zum Paddel greifen

Wissenswertes für die Reise

Informationsquellen

Polen im Internet

www.polen.travel/de – Website der Polnischen Tourismusorganisation (POT) mit Planungshilfen für den Urlaub, Veranstaltungshinweisen und aktuellem Wechselkurs. Kurzbeschreibungen der touristisch interessanten Orte und Anschriften der Informationsämter.

www.polnischeostseekueste.de – Der Reiseblog des Veranstalters Travelnetto bietet Neuigkeiten aus den Ostseebädern.

www.ostsee-urlaub-polen.de – Berichte, Bilder und Dokumente zu den wichtigsten Ferienorten an der polnischen Ostseeküste.

http://pomorskie.travel/de – Infos für die Hansestadt Danzig und ihre Umgebung.

www.kujawsko-pomorskie.pl – Auf dieser Website stellen sich Kujawien und Pommern vor – eine gute Hilfe für alle Reisenden zwischen Toruń und Chełmno.

www.zamkigotyckie.org.pl – Gotische Burgen der Ordensritter vom pommerschen Bytów bis zum masurischen Ryn.

www.frischeshaff.de – Info-Service rund ums Frische Haff.

www.pieknywschod.pl – ›Schöner Osten‹ – allgemeine Informationen und Bildergalerie zu Ermland-Masuren und Podlachien.

www.masuren-online.de – Infos zu Seen und Ökosystemen, Flora und Fauna; Tipps für Wellness- und Aktivurlaub.

www.masurianlakedistrict.com – Nachrichten über anstehende Events, Werbeblöcke für Unterkünfte und Restaurants.

www.mazury.travel – Die offizielle Seite der regionalen Touristeninfo stellt Sehenswürdigkeiten vor.

www.szlaki.mazury.pl – Wander-, Rad- und Bootswege in Masuren.

www.welcome2masuria.com (verlinkt mit www.welcome2poland.com) – Vermittlung individueller und organisierter Reisen, Ferienhäuser, Pensionen und Hotels; dazu Tipps für Aktivurlauber, Sprach-, Rad- und Wanderreisen, Segel- und Kajaktouren u. v. m.

www.inyourpocket.com – City-Guide zu den größten Städten Polens mit aktuellen Hinweisen zu Unterkünften, Restaurants, Einkaufsmöglichkeiten und Nachtklubs.

www.campingpolska.com – Gut aufbereitete Polenseite nicht nur für Campingfreunde! Mit Service-Adressen und Links, u. a. zu den Anbietern von Ferienwohnungen, Aktiv- und Kururlauben.

www.ekoturystyka.com.pl – Ferien auf dem Lande: Biotouristische Angebote, die Lage der Bauernhöfe ist auf der Karte markiert.

www.virtualpolen.de – Touristische Infos und Videos, Telefonanbieter und Währungsrechner.

www.info-polen.com – Der Online-Reiseführer zu Polen liefert Anzeigen und touristische Tipps, Artikel zur polnischen Geschichte, zu Kunst und Kultur.

www.culture.pl – In englischer Sprache werden alle wichtigen Kultur-Events in Polen vorgestellt.

www.d-pl.eu – Deutsch-polnisches Forum.

https://www.cia.gov/library/publications/the-world-factbook/geos/pl.html – »The World Factbook«, erstellt vom amerikanischen Geheimdienst C.I.A., enthält eine umfangreiche Datei zu Polen.

www.auswaertiges-amt.de – Das Auswärtige Amt informiert auch über das Nachbarland Polen. Außer Pressemitteilungen, Reden und Interviews aktuelle Sicherheitshinweise und Links.

www.laender-analysen.de/Polen – Das Deutsche Polen-Institut, die Bremer Forschungsstelle Osteuropa und die Deutsche Gesellschaft fur Osteuropakunde bieten Chroniken und kenntnisreiche Analysen der politischen, wirtschaftlichen und kulturellen Verhältnisse Polens.

www.polen-netzwerk.de – Neueste Nachrichten aus dem Nachbarland.

www.wetteronline.de/Polen.htm – Aktuelle Wetterberichte und -vorhersagen, übersichtlich aufgeführt nach Regionen.

Auskunft

Das Polnische Fremdenverkehrsamt verschickt kostenlose Informations-Broschüren, u. a. zu Ferien auf dem Bauernhof, Aktivurlaub, Winterurlaub, Gastronomie, Kurreisen und Wellness.

Polnisches Fremdenverkehrsamt
Hohenzollerndamm 151
14199 Berlin
Tel. 030 21 00 92-0
Fax 21 00 92-14
www.polen.travel/de

Fleschgasse 34/2-A
1130 Wien
Tel. 01 524 71 91
Fax 524 71 91 20
www.polen.travel/de-at

Alle wichtigen polnischen Städte und Feriengebiete unterhalten Info-Zentren. Mehr über diese erfährt man im Unterwegs-Teil bei den einzelnen Orten.

Diplomatische Vertretungen

In Deutschland
Polnische Botschaft
Lassenstr. 19–21
14193 Berlin
Tel. 0049 (0)30 223 13-0
Fax 223 13-155
www.berlin.msz.gov.pl/de

In Österreich
Polnische Botschaft
Hietzinger Hauptstr. 42-C
1130 Wien
Tel. 0043 (0)1 87 01 51 00
Fax 87 01 52 22
www.wieden.msz.gov.pl/de

In der Schweiz
Polnische Botschaft
Elfenstr. 20-A
3000 Bern 15
Tel. 0041 (0)31 358 02 02
Fax 358 02 16
www.berno.msz.gov.pl/de

In Polen
Deutsche Botschaft
ul. Jazdów 12-B
00-467 Warszawa
Tel. 0048 22 584 17 00
www.warschau.diplo.de
Visainformationen, Rechtsberatung, Hilfe bei (medizinischen) Notfällen sowie bei Kraftfahrzeugangelegenheiten.

Deutsches Generalkonsulat
ul. Zwycięstwa 23
80-219 Gdańsk-Wrzeszcz
Tel. 0048 58 340 65 00
www.danzig.diplo.de

Österreichische Botschaft
ul. Gagarina 34,
00-748 Warszawa
Tel. 0048 22 841 00 81
www.bmeia.gv.at/botschaft/warschau

Schweizer Botschaft
al. Ujazdowskie 27
00-540 Warszawa
Tel. 0048 22 628 04 81
www.eda.admin.ch/warsaw

Karten

Bei den örtlichen Touristeninformationen, aber auch in Buchhandlungen gibt es preiswerte Stadtpläne. Detailliert sind die vor Ort erhältlichen Regional- und Nationalparkkarten, auf denen die markierten Wanderwege eingetragen sind.

Lesetipps

Romane

Günter Grass: Die Blechtrommel. In diesem von Volker Schlöndorff kongenial verfilmten Roman hat der 1927 in Danzig geborene Autor und Nobelpreisträger das Heraufziehen des Faschismus in seiner Heimatstadt, die Zeit des Krieges und der Vertreibung aus der Perspektive eines Kindes spöttisch-ironisch geschildert. Zusammen mit den Romanen »Hundejahre«, »Katz und Maus«, »Der Butt«, »Unkenrufe« und »Im Krebsgang« bildet sie das »Danzig-Sextett« (Göttingen 2013). Das letzte Buch schildert den Zweiten Weltkrieg ausschließlich aus der Sicht deutscher Opfer: für die einen eine die Geschichte verfälschende Verkürzung, für die anderen die längst überfällige Anerkennung ›deutschen Leides‹. Historisches Anschauungsmaterial bietet das KdF-Schiff »Wilhelm Gustloff«, das, beladen mit Tausenden deutscher Flüchtlinge, im Januar 1945 von sowjetischen Torpedos vor Ostpreußens Küste versenkt wurde.

Pawel Huelle: Castorp. München 2007. Hans Castorp, Hauptfigur in Thomas Manns »Zauberberg«, studierte vier Semester in Danzig. Diese Episode macht Pawel Huelle zum Ausgangspunkt für seinen Roman. Er entwirft ein lebendiges Bild der Hansestadt zu Beginn des 20. Jh., in der sich deutsche und slawische Einflüsse kreuzten.

Sabrina Janesch: Ambra. Berlin 2012. Der deutsch-polnische Familienroman spielt im Danzig der Gegenwart – nicht in der prachtvoll restaurierten Rechtstadt, sondern in der untouristisch-alltäglichen, von Verfall bedrohten Alten Vorstadt. Eine junge deutsche Frau erbt dort eine Wohnung ...

Siegfried Lenz: So zärtlich war Suleyken – Masurische Geschichten. Augsburg 2005. Fantastische Geschichten aus einem imaginären Masuren, angesiedelt in der Zwischenkriegszeit und erzählt in einer vergnüglichen, bilderreichen Sprache.

Rutu Modan: Das Erbe. Hamburg 2013. Heldin der virtuos gezeichneten Graphic Novel ist eine junge Israelin, die mit ihrer Oma ins heutige Warschau kommt, um das Erbe ihrer Vorfahren anzutreten. Dabei erlebt sie ungeahnte Irrungen und Wirrungen, die mit viel Selbstironie geschildert werden.

Sachbücher

Marion Gräfin Dönhoff: Namen, die keiner mehr nennt. Hamburg 2009. Kurz vor dem Einmarsch der Roten Armee setzt sich die Gräfin an die Spitze des Trecks Richtung Westen. Ihre Erlebnisse während der Flucht werden verknüpft mit Erinnerungen an die Geschichte Ostpreußens.

Izabella Gawin/Dieter Schulze: Kulturschock Polen. Bielefeld 2015. Andere Länder, andere Sitten: Vom Handkuss bis zum Madonnenfieber werden die irritierenden Erfahrungen beschrieben, die im Umgang mit dem Nachbarn gemacht werden – eine spannende Begleitlektüre für jeden Polenurlaub!

Andreas Kossert: Damals in Ostpreußen. Der Untergang einer deutschen Provinz. München 2010. Die Geschichte der Region mit Schwerpunkt 20. Jh., unter Einbeziehung von Zeitzeugen anschaulich erzählt und wissenschaftlich akribisch recherchiert.

Peter Oliver Loew: Literarischer Reiseführer Danzig. Leipzig 2012. Das schön edierte Buch erschließt Danzig in acht literarischen Spaziergängen. Vor der Folie der Gegenwart scheinen die Schichten der Vergangenheit durch – eine lebendige Stadtbiografie!

Polen hören. Eine musikalisch illustrierte Reise durch die Kulturgeschichte Polens von den Mythen bis in die Gegenwart. Kayhude 2010. Im grafisch wie akustisch attraktiv gestalteten Hörbuch wird eine Zeitreise zum Nachbarn unternommen – mit Musik und Leseproben berühmter Polen. In der gleichen Reihe erschien 2013 das **Hanse-Hörbuch:** ein akustischer Streifzug durch die Hanse-Kultur, die viele Ostseestädte geprägt hat.

Nordpolen als Reiseland

In Polens Norden kann man Aktiv- und Kultururlaub miteinander verbinden. Baden und
Wassersport sind an der Ostseeküste angesagt, wo man breite Strände mit feinkörnigem
Sand, Riesendünen und dramatische Kliffs findet. Natürliche Ressourcen wie Solequellen,
Schlamm und jodreiche Meeresluft werden für
traditionelle Kuren, immer häufiger auch für
Wellness und Thalasso-Therapie genutzt.

In den Baltischen Höhenrücken, der sich
an die Küste anschließt, sind Tausende von
Seen eingelagert, die durch Flüsse und Kanäle miteinander verbunden sind. Auf den
masurischen Seen können Segler und Kanuten zu wochenlangen Törns starten. Radfahrer erleben hautnah eine Ländlichkeit, die im
westlichen Europa längst verloren ist. Wer frei
von sportlichen Ambitionen ist, erkundet die
Region mit Ausflugsschiffen. Ob auf dem
›masurischen Meer‹, auf dem Oberländischen
Kanal oder in der Danziger Bucht: Überall ist
die Weiße Flotte aktiv und bietet preiswert
Passagen an.

Klimadaten Danzig

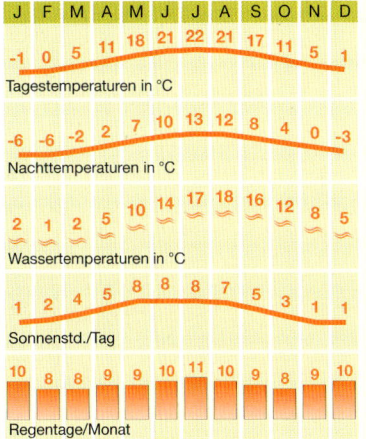

Der Aktivurlaub lässt sich gut mit einem
Abstecher in die Kulturhochburgen verbinden. Vor allem das hanseatische Danzig, die
Boomtown Warschau und das umtriebige
Posen lohnen einen Besuch. Dank der in aller Welt gepriesenen polnischen Restaurateure wurden ihre Altstädte nach dem Zweiten Weltkrieg mustergültig wieder aufgebaut,
heute leuchten sie in bunten Farben. Museen
und hochkarätige Festivals, gute Unterkünfte
und eine abwechslungsreiche Gastro-Szene
verleiten zu einem längeren Aufenthalt.

Ein kleiner Hinweis zum Schluss: Viele Reisende bleiben auf die einstigen Grenzen des
Deutschen Reiches fixiert und stoßen nur bis
zu jenen Orten vor, die eine deutsche Na-
mensentsprechung haben. Interessant ist freilich auch, was jenseits des deutsch gepräg-
ten Kulturraums zu sehen und zu erfahren ist:
Im ›wilden Osten‹ liegen vier Nationalparks,
die insgesamt so groß sind wie die Schweiz.
Man entdeckt dort litauische Dörfer und Weiler mit hölzernen Moscheen; in Kleinstädten
nahe der weißrussischen Grenze stehen orthodoxe Kuppelkirchen, aus denen fremdar-
tiger, kraftvoller Männerchor ertönt.

Was ist sehenswert?

Außer der abwechslungsreichen Küste und
den durch die Weichsel getrennten Seenplatten Kaschubiens und Masurens sind es die
vier Nationalparks im Nordosten, die einen
Besuch lohnen: Wigry mit seinem Klostersee,
der ›polnische Amazonas‹ von Biebrza und
Narew und der Urwald von Białowieża.

Auf dem Weg in die Natur empfehlen sich
Zwischenstopps in attraktiven Städten. An
erster Stelle sei die von flämischen Architekten entworfene Altstadt von **Danzig** genannt.
Erstaunlicherweise entdeckt man sie nicht
auf der UNESCO-Liste des Welterbes, wohl
aber das mittelalterliche **Toruń** (Thorn) und
die nach dem Zweiten Weltkrieg wieder auf-

gebaute Altstadt von **Warschau**. Auch **Malbork** (Marienburg), die uneinnehmbare Festung der Deutschen Ritter an der Nogat, wurde ausgezeichnet: eine von zahlreichen Burgen des Deutschen Ordens im ehemaligen Ostpreußen. Aus Backstein erbaut sind Teile der Altstadt von **Olsztyn** (Allenstein) und der über dem Frischen Haff thronende Kathedralhügel von **Frombork** (Frauenburg), wo Kopernikus das neuzeitliche Weltbild entwarf. Weiter östlich liegt die **Wolfsschanze**, Hitlers Hauptquartier Ost: eine morbide Ruinenlandschaft, die sich die Natur allmählich zurückerobert. Wie aus einer anderen Welt erscheint dagegen die Wallfahrtskirche **Święta Lipka** (Heiligelinde). Mit ihrer pastellfarbenen Fassade, den bewegt-barocken Formen und perfekten illusionistischen Malereien strahlt sie einen fast südländischen Zauber aus.

Ganz im Nordosten Polens stößt man dann noch auf einige ›Exotika‹: Białystok und Hajnówka überraschen mit orthodoxen Prachtkathedralen, der Wallfahrtsort Grabarka mit einem Berg voller Kreuze. In Tykocin erinnert eine mustergültig restaurierte Synagoge an die Juden.

Vorschläge für Rundreisen

Allen, die sich von der landschaftlichen Vielfalt und dem kulturellen Reichtum Nordpolens ein möglichst umfassendes Bild machen wollen, sei die folgende **dreiwöchige Tour** empfohlen. Sie führt von Stettin zur Insel Wollin, dann längs der Ostseeküste nach Kołobrzeg und in den Slowinzischen Nationalpark, anschließend durch die Kaschubei auf die Halbinsel Hel. Ein längerer Stopp lohnt in der Hansestadt Danzig mit Spaziergängen durch stimmungsvolle Gassen und über Uferpromenaden, Bootsfahrten zur Westerplatte und zum Seebad Sopot. Quert man die Weichsel, stößt man über die Marienburg und die Festungsstadt Olsztyn zu den masurischen Seen

vor. Dreh- und Angelpunkt ist hier der Ort Mikołajki: Die Nordrunde führt über Giżycko zur Wolfsschanze und zum Wallfahrtsort Święta Lipka, die Südrunde durch den masurischen Landschaftspark nach Ruciane Nida und Pisz. Über Ełk, den ehemaligen Grenzort Ostpreußens, erreicht man den ›wilden Osten‹, besucht die Nationalparks Wigry, Biebrza, Narew und Białowieża. Hier gibt es so viel Natur wie nirgends sonst in Polen. Kulturinteressierte besuchen auf der Rückfahrt Warschau, Toruń und Posen.

Zusätzliche Strecken

Eine attraktive Route führt von Danzig längs der Weichsel nach Toruń; empfehlenswert ist auch die Tour von Elbląg auf die Frische Nehrung bis an die russische Grenze sowie über das Frische Haff nach Frombork.

Tipps für die Reiseorganisation

Die Sommerschulferien beginnen in Polen landeseinheitlich am letzten Freitag im Juni und dauern bis zum letzten Freitag im August. Dann scheint halb Polen an der Küste zu sein, die sich in eine große Ballermann-Zone verwandelt. Ein weiterer gut gebuchter Termin ist das erste Maiwochenende. Wer Ruhe liebt, besucht die Ostsee besser in der Vor- oder Nachsaison. Anders sieht es in Masuren aus, das auch im Sommer nicht überlaufen ist. Egal ob an der Ostsee oder in Masuren: In der Nebensaison zahlt man für Unterkünfte einen deutlich günstigeren Preis. Beim Aufenthalt in der Stadt sollte man sich nicht scheuen, nach Wochenend- oder sonstigen Rabatten zu fragen – in Polen ist es normal, über den Preis zu verhandeln.

Wer einsame Küstenabschnitte oder die Seenplatten erkunden will, sollte mit Auto oder Rad unterwegs sein, denn die Zugverbindungen sind mangelhaft, die Busse oft voll

Nicht etwa Mallorca, sondern die polnische Ostsee

und wenig komfortabel. Dabei entscheide jeder für sich, ob er sein Quartier wechseln oder von einem fest gebuchten Standort aus Sterntouren unternehmen möchte.

Wer sich um die Organisation seiner Reise nicht kümmern will, wählt die bequeme Lösung und bucht pauschal. Zahlreiche Reiseveranstalter bieten organisierten Urlaub in Polen an. An erster Stelle stehen Busrundreisen mit Sightseeing, doch wird auch eine breite Aktivpalette angeboten. Es gibt Rad- und Wander-, Paddel- und Segelreisen – in der Regel in einer Gruppe mit deutsch-, manchmal auch englischsprachigem Führer. Auf Birdwatching sind Agenturen in den Nationalparks Biebrza und Narew spezialisiert. Kur- und Wellness an der Ostsee bietet z.B. Medikur-Reisen; Exkursionen in Polens Geschichte und Gegenwart (als Bildungsurlaub anerkannt) organisiert Stattreisen.

Was die Kleidung betrifft, braucht man sich bei einer Fahrt nach Polen nicht groß umzustellen. Im Nachbarland liebt man es, lässig und salopp gekleidet zu sein. Nur zu besonderen Anlässen, im Nobelrestaurant, Theater, Konzertsaal wird elegante Kleidung erwartet.

In Kirchen sind lange Röcke und Hosen erwünscht, die Schultern verdeckt man.

Ostseeurlauber haben selbstverständlich Badesachen und Sonnencreme dabei, für das masurische Seengebiet und die Sümpfe im Nordosten sind zusätzlich Mückenschutzmittel und ein Moskitonetz ratsam. Ausleihe von Sportartikeln ist heute vielerorts möglich.

Reisen mit Kindern

Badeurlaub an der Ostsee steht auf der Hitliste von Familien weit oben. In den Monaten Juli und August werden an den großen Stränden Trampoline, Aufblasburgen und Riesenwasserrutschen aufgestellt. Im Slowinzischen Nationalpark wedeln sie die knapp 50 m hohe Łącka-Düne hinab, auf Schiffen machen sie Ausflüge über die Ostsee, den Oberländischen Kanal und die Masurischen Seen. Spaß für die ganze Familie bereitet auch die Paddeltour auf der Krutynia, der Besuch in den Wildparks von Kadzidłowo und Kosewo oder eine Fahrt mit der nostalgischen Dampflok von Trzebiatów nach Rewal.

Einreise- und Zollbestimmungen

Reisedokumente

Bürger der Bundesrepublik Deutschland und Österreichs benötigen für die Einreise einen Personalausweis, für Bürger der Schweiz ist ein noch mindestens sechs Monate gültiger Reisepass erforderlich. Kinder benötigen einen eigenen Personalausweis bzw. Reisepass, ab einem Alter von zehn Jahren muss er vom Kind unterschrieben sein. Der elektronische Pass mit integriertem Computerchip ist ab einem Alter von zwölf Jahren vorgeschrieben (www.auswaertiges-amt.de).

Haustiere benötigen beim Grenzübertritt einen vom Tierarzt ausgestellten Heimtierausweis, der den alten Impfpass ersetzt und für die EU gültig ist. Er enthält alle wichtigen Angaben über das Tier, so auch die Bescheinigung einer Tollwutimpfung – diese muss mindestens 21 Tage vor der Einreise erfolgt sein, darf aber nur so weit zurückliegen, wie es der Impfstoffhersteller für zulässig erklärt. Hund und Katze müssen mit einem elektronischen Transponder gekennzeichnet sein.

Zollbestimmungen

Gemäss den EU-Bestimmungen ist die Ein- und Ausfuhr von Waren für den Privatgebrauch uneingeschränkt möglich. Als zulässige Höchstmengen gelten: 800 Zigaretten oder 200 Zigarren oder 1 kg Tabak, 10 l Spirituosen, 90 l Wein und 110 l Bier sowie 10 kg Kaffee (www.zoll.de). Im Reservekanister dürfen sich nicht mehr als 20 l Kraftstoff befinden. Wer mehr als 5000 € mit sich führt, hat dies bei der Ein- und Ausreise zu deklarieren. Bücher, Kunstwerke und Antiquitäten, die vor dem 9. Mai 1945 hergestellt wurden, dürfen nur exportiert werden, wenn eine Genehmigung des zuständigen Kultusministeriums vorliegt. Auskunft über die Zollvorschriften für Schweizer Touristen erteilt die Polnische Botschaft in der Schweiz.

Anreise

Mit dem Auto

Von Deutschland, Tschechien und der Slowakei stehen viele Grenzübergänge zur Wahl. Seit 2008 ist auch der Übergang Ahlbeck-Świnoujście für Autofahrer geöffnet. Die meisten Grenzstationen sind rund um die Uhr besetzt, Geldwechsel ist möglich. Für Küstenurlauber empfiehlt sich der Übergang von Pommellen/Kołbaskowo, den man von Berlin auf der A 11 erreicht. Schnell nach Masuren kommt man auf der A 2 von Berlin via Poznań und Warszawa. Starker LKW-Verkehr herrscht an den Übergängen bei Frankfurt/Oder, Forst und Görlitz. Zu längeren Wartezeiten kann es am Ferienanfang und an Wochenenden kommen, aber auch an hohen kirchlichen Feiertagen.

Autofahrer brauchen bei der Einreise den nationalen Führerschein, ebenfalls erforderlich sind Warndreieck, Verbandskasten und Nationalitätenkennzeichen. Ist man mit einem geliehenen Auto unterwegs, muss man die amtlich beglaubigte Vollmacht des Fahrzeughalters vorweisen können – sonst geht man davon aus, der Wagen sei gestohlen.

Das Internet kann hilfreich sein: Unter www.reiseplanung.de werden bei Angabe von Abfahrts- und Zielort die wichtigsten Zwischenstationen minutengenau angegeben.

Mit dem Bus

Busverbindungen nach Polen bietet Eurolines (Deutsche Touring) in Kooperation mit anderen Veranstaltern. Die wichtigsten Linien führen über Poznań (Posen) nach Warszawa (Warschau), früh ausgebucht ist die Strecke über Olsztyn (Allenstein) nach Giżycko (Lötzen). Kinder bis zum 4. Lebensjahr ohne eigenen Sitzplatz reisen gratis, Kinder von 4 bis 10 Jahren erhalten 50% Ermäßigung. Weitere Auskünfte erteilt Eurolines (Deutsche Touring), Tel. 06196 207 85 01, service@eurolines.de, www.eurolines.de.

Besonders gut vernetzt ist die Insel Usedom, wo der ›Ostseebus‹ zwischen den deutschen und polnischen Badeorten pendelt (www.ostseebus.de). Für (private) Busse und Kleinbusse ist eine Straßenbenutzungsgebühr zu zahlen, die Vignette bekommt man an der dafür eingerichteten Grenzausgabestelle. Auf der Website des Polnischen Fremdenverkehrsamts (Stichwort ›Reisebranchen‹) wird erklärt, was beim Ausfüllen der Vignette zu beachten ist. Außerdem findet man dort die aktuelle Tabelle der Straßenbenutzungsgebühren, Angaben zur Höhe der Einreise-Umsatzsteuer pro beförderter Person und eine Liste von Gebührenzahlstellen nahe den wichtigsten Grenzübergängen.

Mit der Bahn

Zwischen allen größeren Städten Österreichs, der Schweiz und Polens verkehren täglich internationale Fernschnellzüge. Direktverbindungen gibt es von Berlin und Wien nach Warszawa (Warschau), dort hat man Anschluss z.B. nach Gdańsk (Danzig), Toruń (Thorn) und Olsztyn (Allenstein). Infos zu aktuell gültigen Spartarifen (z.B. Europa-Spezial Polen) bekommt man in Reisezentren der Deutschen Bahn, in Reisebüros mit DB-Lizenz, beim telefonischen ReiseService Tel. 11861 und im Internet unter www.bahn.de. Im grenznahen Verkehr verbindet die Usedomer Bäderbahn (UBB), eine Tochter der Deutschen Bahn, Ahlbeck, Zinnowitz und Stralsund mit dem polnischen Świnoujście.

Mit dem Fahrrad

Vor Reisebeginn erwirbt man am Bahnschalter des Abfahrtsortes eine internationale Fahrradkarte, mit der man in allen dafür zugelassenen Zügen die Grenze passieren und bis zum polnischen Zielbahnhof reisen kann. Für zusätzliche Fahrten innerhalb Polens kauft man am Bahnschalter Fahrradtickets, für die etwa 50 % des Erwachsenenfahrpreises zu zahlen sind. Die Mitnahme des Rades

ist nur in den Zügen mit Gepäckwagen möglich (im Fahrplan mit Gepäck- oder auch Fahrradsymbol gekennzeichnet). Das Fahrradticket wird am Drahtesel befestigt und dieser am Gepäckwagen abgegeben. Der Schaffner durchtrennt das Ticket und bestätigt die Übernahme des Fahrrades. Nach Ankunft am Bestimmungsbahnhof holt sich der Fahrgast sein Rad aus dem Gepäckwagen.

Mit dem Schiff

In Zinnowitz im Norden Usedoms starten Personenfähren nach Świnoujście, die Zwischenstopps in Koserow, Bansin, Heringsdorf und Ahlbeck einlegen (genauere Informationen im Internet unter www.adlerschiffe.de und www.reederei-peters.de).

Mit dem Flugzeug

Die Flughäfen Danzig und Stettin (Goleniów), Posen und Warschau werden von Deutschland, Österreich und der Schweiz regelmäßig angeflogen. Direktflüge bieten die Liniengesellschaften LOT, Lufthansa und Austrian Airlines, aber auch Ferienflieger wie Air Berlin und Germanwings. Konkurrenz erwächst ihnen durch zahlreiche Billig-Airlines wie Ryan-Air (www.ryanair.com), Easyjet (www.easyjet.com) und Wizzair (www.wizzair.com).

Die Preise der Billigflieger variieren je nach Auslastung und Vorlaufzeit der Buchung und gelten jeweils für die einfache Flugrichtung. Die Tickets werden über das Internet oder gegen Aufpreis über das Call-Center gebucht. Eine Buchung über Reisebüros ist meist nicht möglich.

Masuren-Shuttle

Der Veranstalter DNV bietet von Mai bis September einen Bus-Transfer vom Warschauer Flughafen via Zentralbahnhof zu den wichtigsten Orten Masurens. Hin- und Rückfahrt sind am Samstag (www.dnv-tours.de).

Verkehrsmittel im Land

Autofahren

Der Zustand der Hauptverkehrsstraßen hat sich deutlich gebessert, doch auf Nebenstrecken ist weiterhin Vorsicht geboten: Da gibt es Fahrräder, Pferdefuhrwerke und landwirtschaftliche Fahrzeuge mit unzureichender Beleuchtung, häufig auch tiefe Rinnen, Schlaglöcher und holprige Bahnübergänge. Hier kommt man deutlich langsamer voran als in Deutschland! Auf allen vom Staat finanzierten Autobahnen werden Mautgebühren in Höhe von 5 € auf 100 km erhoben.

Wer vor Ort ein **Auto mieten** will, findet internationale Anbieter (Avis, Budget, Europcar, Hertz und Sunny Cars) an allen Flughäfen sowie in den größeren Städten. Es empfiehlt sich, das Auto vor der Reise online oder über ein Reisebüro zu buchen – der Mietpreis fällt dann niedriger aus. Ein günstiger polnischer Anbieter mit vorbildlichem Service und Filialen in vielen Städten ist **Express Rent A Car** (Tel. 123 000 300, www.express.pl).

Tankstellen sind zahlreich, die Versorgung mit bleifreiem Benzin (durchgestrichenes ›Pb‹) und Dieselkraftstoff (ON) ist flächendeckend sichergestellt. Im Sommer sind die Tankstellen meist von 6 bis 22 Uhr, an Sonn- und Feiertagen von 7 bis 17 Uhr geöffnet. An Kreuzungen von Fernstraßen sowie an internationalen Routen bleiben Tankstellen durchgehend geöffnet.

Bewachte Hotel- oder Stadtparkplätze (parking strzeżony) kosten für 24 Std. 7–15 €.

Bei der Fahrt auf Polens Straßen sind folgende **Verkehrsregeln** zu beachten:

Als Tempolimits gelten innerorts 50 km/h, auf Landstraßen mit einer Fahrbahn 90 km/h, mit zwei Fahrbahnen 100 km/h, auf Schnellstraßen mit einer Fahrbahn 100 km/h, mit zwei Fahrbahnen 110 km/h und auf Autobahnen 130 km/h; PKW mit Anhänger dürfen auch auf breiten Landstraßen nicht schneller als 70 km/h, auf Autobahnen 80 km/h fahren.

Auf allen Sitzen besteht Gurtpflicht, Kinder bis 12 Jahre benötigen einen Kindersitz.

Auto- und Motorradfahrer müssen ganzjährig mit Abblendlicht fahren, Parken ist bei Dunkelheit nur mit Standlicht gestattet. Das Halten ist innerhalb von 100 m vor und nach einem Bahnübergang untersagt. Im Bereich von Kreuzungen ist das Überholen verboten, Straßenbahnen haben Vorfahrt. Das Telefonieren ist nur mit Freisprechanlage erlaubt. Warndreieck, Verbandskasten und Ersatzbirnenbox sind mitzuführen. Die Promillegrenze beträgt 0,2, bei Überschreitung droht der Entzug des Führerscheins und das Fahrzeug kann sichergestellt werden. Polizisten dürfen das Strafgeld nicht bar kassieren, sondern müssen eine Rechnung ausstellen.

Den **Pannenhilfsdienst** erreicht man unter Tel. 981, den **Unfallrettungsdienst** unter Tel. 999. Bei Unfällen ist die örtliche Polizei zu verständigen (Tel. 997).

Notrufnummern der Automobilclubs:
ADAC: www.adac.de, Tel. 0049 89 22 22 22
ÖAMTC: www.oeamtc.at, Tel. 0043 12 51 20 00
TCS: www.tcs.ch, Tel. 0041 588 27 22 20

Taxi

Die offiziellen Taxis sind in Polen noch immer sehr preiswert. Man kann sie telefonisch bestellen (z. B. Radio-Taxi 919) und zahlt dafür keine zusätzliche Gebühr. Vorsicht ist an Flughäfen und an den Bahnhöfen größerer Städte geboten. Hier geschieht es oft, dass der Taxameter nicht eingeschaltet wird und vom Kunden absurde Preise verlangt werden.

Zugreisen

Nordpolen verfügt über kein sehr dichtes Streckennetz. Nur an wenigen Orten stoßen Züge zur Ostseeküste vor, rar sind die Verbindungen in Masuren. Abfahrtstafeln (odjazdy) sind gelb, Ankunftstafeln (przyjazdy) weiß gekennzeichnet. Am Wochenende oder

Autofahren kann in Polen sehr idyllisch, mitunter aber auch etwas holperig sein

in der Hauptferienzeit ist eine Platzreservierung *(miejscówka)* unbedingt zu empfehlen; in Zügen, die auf dem Fahrplan mit einem ›R‹ gekennzeichnet sind, ist diese obligatorisch. Verspäteter Kartenkauf beim Schaffner im Zug hat einen Preisaufschlag zur Folge. Wer viel Zug fahren will, kauft das günstige Wochenendticket *(bilet turystyczne)* für Regionalzüge bzw. das teurere Weekend-IC-Ticket für Schnellzüge.

Über das Internet kann man sich vorab die besten Zugverbindungen heraussuchen. Hilfreich ist die Website der polnischen Staatsbahn http://rozklad-pkp.pl (in englischer Sprache). Dabei ist zu beachten, dass die Orte stets in polnischer Schreibweise, aber ohne Sonderzeichen einzugeben sind.

Busreisen

Innerhalb Polens gibt es ein weit verzweigtes Netz des Staatlichen Autobusverkehrs (PKS) sowie der privaten Konkurrenz von Polski Express (schneller und bequemer!). Fahrkarten kauft man meist im Busbahnhof, in einigen Orten auch in Reisebüros. Kinder bis zum 4. Lebensjahr ohne eigenen Sitzplatz reisen gratis, Kinder von vier bis sieben Jahren erhalten 50 % Ermäßigung.

Zur Wahl stehen restaurierte Schlösser und Gutshöfe, Hotels und Pensionen, Zeltplätze und ›Ferien auf dem Bauernhof‹. Auf dem Land sieht man oft das Schild ›Pokoje wolne‹ (freie Zimmer), mit deren Vermietung sich Bauern ein Zubrot verdienen. Übrigens ist Polen Weltspitze in Sachen Gratis-WLAN: 98 % aller Hotels bieten es an!

Hotels und Pensionen

Wie international üblich, werden die Hotels mit 1 bis 5 Sternen bewertet – je mehr Sterne, desto höher der Komfort. Oft sind die Hotels in historischen Bürgerhäusern, Palästen und Schlössern untergebracht, die sich durch romantisches Ambiente auszeichnen. Man findet sie z. B. in in Krąg, Strzekęcino (bei Koszalin) und Danzig (Oliwa), in Masuren bei Morąg und Ostróda, in Sorkwity, Lidzbark Warmiński, Galiny, Reszel, Ryn, Nakomiady (bei Kętrzyn), Giżycko und natürlich auch in

Warschau. Preiswerte Pensionen sind quer über das Land verstreut, Gästehäuser, oft hervorgegangen aus ehemaligen Ausflugsheimen, findet man in Kurorten und traditionellen Ferienzielen.

Privatzimmer

Privatzimmer werden durch ein Schild mit der Aufschrift *Pokoje* oder *Noclegi* angezeigt, oft werden sie auch über örtliche Reisebüros *(biuro zakwaterowania)* vermittelt.

Urlaub auf dem Bauernhof

Auch in Nordpolen gibt es mittlerweile ›agrotouristische‹ Bauernhöfe, insbesondere in der Kaschubei, in Masuren und Podlachien. Sie sind unschlagbar günstig, neben Unterkünften in einfachen, sauberen Zimmern wird oft Halb- oder Vollpension geboten. Da bekommt

Vor allem bei Kindern beliebt: Urlaub auf dem Bauernhof

Mitten im Wald oder am See – Polens Campingplätze

man brutwarme Eier, Honig von eigenen Bienen, selbst geschöpften Käse und Quark. Eine Info-Broschüre verschickt das Polnische Fremdenverkehrsamt (s. S. 64), Informationen auch im Internet unter www.agroturystyka.pl (mit englischer Sprachversion).

Herbergen/ Studentenwohnheime

Zwar gibt es in Polen mehr als 200 Jugendherbergen (Poln. Jugendherbergsverband = PTSM), doch Doppelzimmer haben nur die in großen Städten wie Warschau, Danzig und Stettin. Meist nur Massenschlafsäle bieten Schulen, die während der Sommerferien zu ›Saisonherbergen‹ umfunktioniert werden. In dieser Zeit verwandeln sich auch Studentenwohnheime in preiswerte Unterkünfte; aktuelle Angebote erhält man bei der jeweiligen Touristeninformation vor Ort oder besucht die Webseite www.ptsm.org.pl.

Backpackerhostels

Eine gute Alternative zu Jugendherbergen sind die in Großstädten entstandenen privaten Hostels. Mit Küchenbenutzung, Aufenthaltsraum und Personal bieten sie kommunikatives Ambiente **(www.hostelworld.com).**

Camping

Campen ist nur auf den dafür vorgesehenen Zelt-und Biwakplätzen gestattet. In diesem Buch sind vorwiegend Campingplätze der Kategorie I aufgeführt, die auch vom ADAC empfohlen werden. Sie sind für Wohnwagen geeignet, verfügen meist über Imbissstuben und sanitäre Einrichtungen. Die Campingsaison dauert in der Regel vom 15. Mai bis zum 30. September. Auf der Webseite www.euro campings.de/polen findet man gute Plätze, weitere Tipps auf www.campingpolska.com und www.pfcc.eu.

Sport und Aktivurlaub

Wassersportler, Radler und Wanderer: Sie alle kommen in Nordpolen auf ihre Kosten. Die Ostseeküste säumen endlose Sandstrände, in den Nationalparks laden markierte Wege zu Ausflügen ein. Heimat vieler seltener Vögel sind die Sümpfe und Seen im Nordosten, im Białowieski-Park kann man Wisente und Tarpanpferde aus nächster Nähe betrachten.

Angeln

Polen ist ein Dorado für Angler; über 20 Fischarten können von Petrijüngern gefangen werden. In den Gewässern der pommerschen und masurischen Seenplatte kommen Hecht, Zander, Wels und Aal vor, an der Ostsee vor allem Seelachs, Makrele und Heilbutt; die Bestände des Dorsch haben sich in den vergangenen Jahren gleichfalls erholt. Gegen Überweisung einer Gebühr auf das Konto des örtlichen Angelverbands dürfen sich auch Touristen am Fangvergnügen beteiligen. Die aktuell festgelegten Tages- und Jahressätze erfährt man beim Polnischen Fremdenverkehrsamt oder direkt beim Angelverband in Warschau:

Polski Związek Wędkarski PZW, ul. Twarda 42, Warszawa, Tel. 22 620 89 66, www.pzw.org.pl.

Angeln und Boot fahren gehören zum Urlaub in Masuren einfach dazu

Baden

Weicher weißer Sand, kilometerlang und streckenweise von Kiefernwäldern gesäumt: So präsentieren sich die Strände der Ostsee. Die Wasserqualität hat sich in den vergangenen Jahren erheblich verbessert, dank neuer Klärwerke wagen es Urlauber, selbst in der Danziger Bucht wieder in die Fluten zu steigen. Die Badesaison dauert von Juli bis Anfang September, wenn sich das Wasser auf über 20 °C erwärmt. Baywatcher halten Wache und hissen die Strandflagge: Bei Grün herrscht keinerlei Gefahr, bei Gelb ist Vorsicht angesagt, und bei Rot ist Baden

verboten. In den Seebädern kann man Tretboote leihen oder auf Banana Boats, Wasser- und Jetskiern die Fluten durchpflügen. Für Kinder werden Riesenrutschen aufgestellt, Eltern halten Siesta im Strandkorb. ›Oben ohne‹ ist verpönt, FKK-Strände existieren nur in Świnoujście und Międzyzdroje, Dźwirzyno, Kołobrzeg und Rowy, Chałupy und Krynica Morska. Herrlich baden kann man natürlich auch in den Seen der Kaschubei und Masurens, von denen die meisten ökologisch intakt sind.

Die schönsten Strände

Międzyzdroje (Insel Wollin): Der im Ortsbereich sehr breite Strand wird im Nationalpark schmal, dafür verläuft er am Fuß hoher Klippen 11 km bis zum Ostende der Insel.

Pobierowo: Jenseits der Insel Wollin spannt sich ein breiter Strand bis Trzęsącz, wo auf einer niedrigen Klippe die Ruinen einer mittelalterlichen Kirche thronen.

Kołobrzeg: Der 6 km lange Paradestrand ist weiß und puderweich, ein Parkgürtel trennt ihn von der Stadt.

Mielno/Unieście: Eine 200 m schmale Landenge trennt den kilometerlangen Sandstrand von den Seen Jamno und Bukowo. Bis 1999 war die Küste Sperrgebiet, heute steht sie unter Naturschutz.

Ustka: Nach Ost und West zieht sich kilometerlang ein waldgesäumter Strand.

Łeba: Westlich des Orts, zwischen Küste und Strandseen, liegen die Dünen des Slowinzischen Nationalparks; in östlicher Richtung setzt sich der Strand fort, ist hier aber weniger spektakulär.

Zwischen Łeba und Władysławo: Längs des 45 km langen, überwiegend waldgesäumten Küstenabschnitts wechseln sich Steilufer und Flachland ab; besonders schön ist der Klippenstrand östlich Jastrzębia Góra.

Halbinsel Hel: Die dünenartigen Strände an der dem offenen Meer zugewandten Seite sind durch Kiefernwald von der Danziger

Bucht getrennt – je weiter man sich von den Orten entfernt, desto einsamer sind sie.

Frische Nehrung: Zum Meer hin reihen sich weiße, dünenartige Strände aneinander; zur verschilften Haffseite sollte man vorerst nicht baden, denn die fast geschlossene Bucht ist verschmutzt.

tionalpark spezialisiert. Daneben bieten die Veranstalter Wildbeobachtung, Spuren- und Fährtensuche an – mit deutschsprachigen Biologen wird die Natur zum offenen Buch. Die begleiteten Touren führen in den Urwald von Białowieża, in die Augustówer, Rominter und Borkener Heide.

Birdwatching

Noch immer ist der ›polnische Amazonas‹ von Biebrza und Narew unter Urlaubern nur wenig bekannt. Er bietet Hunderttausenden Vögeln Lebensraum, darunter Schwarzstörchen und Kranichen, Exoten wie Kampfläufer, Wachtelkönig und Seggenrohrsänger. Auf Birdwatching-Exkursionen sind Agenturen in Białystok sowie im Biebrza- und Narew-Na-

Golf

Unmittelbar hinter der deutsch-polnischen Grenze, bei Stettin und auf der Insel Wollin, liegen mehrere 18- bzw. 27-Loch-Courts, die gern von skandinavischen Spielern besucht werden. Weitere Plätze befinden sich bei Danzig und Elbląg, im masurischen Olsztyn und Mikołajki sowie in Warschau. Infos unter www.golfinpoland.com.

Etwas mühsam: Rad fahren über feuchten Sandstrand

Hausboot fahren

Gibt es eine schönere Art, Polens Norden kennenzulernen? Seit 2011 braucht man keinen Führerschein mehr, um ein Hausboot von bis zu 13 m Länge zu chartern – beim Masuren-Spezialisten DNV z. B. auf Wochenbasis für bis zu acht Personen (www.dnv-tours.de).

Kajak und Kanu

Einige Wasserstrecken in Polen zählen zu den schönsten Europas. Die mehr als 100 km lange Krutynia-Route führt über 17 masurische Seen und durch mehrere Naturreservate, die Czarna-Hańcza-Route (ca. 150 km) durch den Wigry-Nationalpark und den mit 14 Schleusen ausgestatteten Augostówer

Kanal. Beide Touren dauern etwa eine Woche, übernachtet wird in Bootshäusern und Biwak-Camps. Preiswert buchen kann man sie in den lokalen PTTK-Büros.

Kur und Wellness

Kurorte erkennt man am Zusatz *Zdrój*, was so viel bedeutet wie ›Quelle‹. Die meisten sind so schön gelegen, dass man dort auch ohne Atem-, Herz- und Kreislaufbeschwerden seinen Urlaub verbringen möchte. Derzeit werden viele therapeutische Einrichtungen erneuert, auch in den Ausbau der touristischen Infrastruktur wird investiert. Als Soleheilbad machte sich Kołobrzeg (Kolberg) einen Namen. Kureinrichtungen gibt es auch in Świnoujście, Międzyzdroje, Ustka und Sopot (s. auch S. 85).

Rad fahren

»Immer mehr Biker in Polen«: So lautete jüngst eine Zeitungsnotiz und der Geschäftsführer vom Allgemeinen Deutschen Fahrrad-Club kann es bestätigen: »Schon seit Jahren gehört Polen in die Top Ten der bei uns am häufigsten nachgefragten Ziele.« Wer die Hauptstraßen meidet und auf Seitenstraßen ausweicht, kann in Nordpolen herrliche Touren unternehmen. Schweißtreibende Anstiege sind Mangelware – gerade mal auf 328 m bringt es der höchste Berg in der Kaschubei. In den letzten Jahren wurden zahlreiche Radstrecken markiert: Die transeuropäische Route R-1 (www.euroroute-r1.de) führt von Kostrzyn nahe der deutschen bis Braniewo an der russischen Grenze. Hinzu kommen Radwege rund um das Stettiner Haff, durch den Wolliner und den Slowinzischen Nationalpark, die Pommersche Seenplatte und die Kaschubei. Ein beliebtes Radlergebiet ist schon seit Jahren Masuren. Auf den schmalen Alleen

Polens Surferhochburg: Chałupy auf der Halbinsel Hel

herrscht nur wenig Verkehr, am Ziel einer jeden Tagestour wartet eine Herberge oder ein agrotouristischer Bauernhof. Wer keinen eigenen Drahtesel dabei hat, kann ihn vor Ort mieten – es gibt inzwischen viele Hotels und Pensionen, die auf die Nachfrage seitens der Touristen reagieren und Räder verleihen. In Masuren – genauer gesagt, unmittelbar am Ufer eines Sees bei Ruciane Nida – gibt es sogar ein Radler-Resort des Veranstalters DNV-Tours (www.fahrrad-und-reisen.de). Reparaturläden sind in Polen nach wie vor rar. Wer allein unterwegs ist, sollte deshalb Flickzeug und Ersatzteile nicht vergessen! Zur Radmitnahme im Zug s. S. 73.

Reiten

Der Adel hat es immer geliebt, sich auf edlen Pferden zu präsentieren – kein Wunder also, dass polnische Gestüte noch heute weltberühmt sind. Einige von ihnen haben ihren Sitz in ehemaligen Gutshöfen und restaurierten Schlössern, z. B. im masurischen Gałkowo und Galiny. Gut organisierte Reitschulen findet man z. B. in Wilkasy, Ausritte und Kutschfahrten bieten Hotels in Mrągowo und Mikołajki. Attraktive Pauschalangebote offeriert der Veranstalter Pferd und Reiter, Tel. 0 40/6 07 66 90, www.pferdreiter.de.

Segeln

Von den Jachthäfen des Stettiner Haffs und der Ostsee (Trzebież, Świnoujście, Kołobrzeg, Łeba und Danzig) starten Segler zu Fahrten auf hoher See. Die meisten zieht es jedoch zu den Großen Masurischen Seen, die durch Kanäle miteinander verbunden sind; eine gute Infrastruktur haben die Wassersportzentren Giżycko, Mikołajki, Ruciane Nida und Augustów. Eine besonders schöne Marina mit Charter-Service besitzt Sztynort am ›masurischen Meer‹ (www.tigayacht.pl). Deutsch-

und besichtigen ein überflutetes Dorf oder ergründen Steilwände und Höhlen im 108 m tiefen Czarna-Hańcza-See. Im Mai und September, wenn die See am ruhigsten ist, lässt sich an der Ostseeküste ganz anderes erforschen: z. B. Schiffswracks aus den Kriegen früherer Jahrhunderte. Der deutsche Taucher Ulrich Restemeyer spürte bei Słupsk das 1945 versenkte Flüchtlingsschiff »General von Steuben« auf; zuvor schon hatte er das Wrack der »Wilhelm Gustloff« entdeckt.

Wandern

Der Europäische Fernwanderweg E-9 führt von Świnoujście entlang der gesamten polnischen Ostseeküste bis Braniewo an der russischen Grenze. Zu den reizvollsten Abschnitten gehören die Touren durch den Wolliner und den Slowinzischen Nationalpark (s. S. 117 und S. 149), die auf markierten Wegen an steilen Klippen, Wanderdünen und Strandseen entlangführen. Weitere gute Wandergebiete sind die Kaschubei, hier vor allem die ›Schweiz‹ rings um Chmielno und Kartuzy, sowie das ›Tal der fünf Seen‹ in der Pommerschen Seenplatte. Im Masurischen Landschaftspark führen von Krutyń Naturlehrpfade zu jahrhundertealten Königskiefern und schwimmenden Inseln. Gut gewartete Wege findet man auch im Kampinos-Nationalpark bei Warschau sowie im Großpolnischen Nationalpark bei Posen.

sprachige Segelkurse werden in Pisz angeboten. Im Winter laden die zugefrorenen Seen zum Eissegeln ein.

Sportfliegen

Die besten Bedingungen für den Flugsport bestehen in Olsztyn (Allenstein), wo ein Aeroclub Rundflüge über Masuren anbietet. Der Blick aus der Vogelperspektive auf das Land der 3000 Seen ist inzwischen auch in den Urlaubszentren Giżycko und Mikołajki möglich: Mehrere Hotels organisieren Ballonflüge.

Tauchen

Die Seen Masurens und Nordostpolens sind reich an Unterwasserwiesen und -wäldern und werden besonders von Anfängern geschätzt. Erfahrenere Taucher steigen zum 44 m tiefen Grund des Mamry-Sees hinab

Wind- und Kitesurfen

Das Mekka der Surfer ist die Halbinsel Hel, vor allem die Gegend um Chałupy. Viel gesurft wird mittlerweile auch zwischen Międzyzdroje und Dziwnów, bei Rowy und Łeba sowie an der kaschubischen und masurischen Seenplatte. Es ist nicht nötig, das eigene Brett mitzubringen; vielerorts gibt es Verleihstellen.

Einkaufen

Leere Läden kennen junge Polen nur noch vom Hörensagen. In Großstädten gibt es Shopping Malls und Einkaufszentren, wo man alle Westwaren bekommt. Auf dem Land ist das Angebot weniger üppig, doch alles, was lebensnotwendig ist, kann man kaufen.

Kunsthandwerk

Das Angebot umfasst kaschubische Keramik, bestickte Leinendecken, verzierte Lederwaren, naive Holzschnitzereien, mundgeblasenes Glas und masowische Scherenschnitte. Dazu kommen Webarbeiten von Autodidakten oder international renommierten Künstlern wie Magdalena Abakanowicz. An der Küste wird Schmuck aus baltischem Bernstein verkauft, der in einem der vielen Danziger Ateliers hergestellt wurde (s. Thema S. 126).

Märkte

Viel Spaß macht das Einkaufen auf dem Markt, wo Bauern ihre eigenen Produkte anbieten. Die Tomaten sind sonnengereift; den herzhaften Gurken merkt man an, dass sie ohne Pestizide und Insektizide auskommen durften. Äpfel und Birnen sehen vielleicht weniger knackig aus, schmecken dafür aber intensiver. Im Sommer bereichert sich das Sortiment um Waldbeeren: Neben kleinen wilden Erdbeeren türmen sich Körbe mit Blau-, Moos- und Preiselbeeren. Im Frühherbst kommt ein Geschwader von Pilzen dazu – am besten schmecken die Steinpilze, weshalb man sie in Polen prawdziki (die Wahrhaftigen) nennt.

Und noch vieles mehr ist auf dem Markt zu entdecken. In der Vitrine stapeln sich Wurstsorten wie Kabanossi, Krupniok, Krakauer und Warszawski – und wenn man Glück hat, stammt die Wurst noch vom Dorfmetzger, der sie in echtem Darm gewickelt hat. Außer frisch geschöpftem Weiß- und Schichtkäse, den die Polen gern mit Schnittlauch würzen, gibt es Salzdillgurken aus dem Fass (ogórki), gekochte Maiskolben (kukurydza) und backfrische, mit Mohn und Sesam bestreute Brezeln (obwarzanki). In Toruń erhält man obendrein ›Thorner Lebkuchen‹ (s. Tipp S. 218), die mit den ›Nürnbergern‹ darum konkurrieren, die ältesten der Welt zu sein.

Farbenprächtig und gesund: frisches Obst und Gemüse auf dem Markt

Ausgehen

In Masuren und im Nordosten suchen Urlauber in der Regel Ruhe, entsprechend begrenzt ist das Ausgehangebot. Lebhafter geht es in den Orten der Ostseeküste zu, wo längs der Flaniermeilen Bands auftreten. Ein vielseitigeres Nachtleben bieten Warschau, Posen, Danzig und Stettin. Der Konsum von Alkohol in der Öffentlichkeit ist in Polen verboten.

Einladungen

Wenn man von einer traditionellen polnischen Familie zum Essen eingeladen wird, kommt man pünktlich und gepflegt angezogen. Als Gastgeschenk werden ein Blumenstrauß bzw. eine gute Flasche Wein gern gesehen.

Kirchenbesuch

Auch außerhalb des Gottesdienstes besuchen viele Polen die Kirche, um zu beten oder zu beichten. Man sollte deshalb beim Fotografieren zurückhaltend sein, auch laute Gespräche sind tabu.

Notruf

Die Notrufnummer 112 ist kostenlos und gilt auch in Polen. Darüber hinaus können folgende Notrufnummern angewählt werden:
Polizei: 997
Pannenhilfe: 981
Taxi: 919

Öffnungszeiten

Es gibt keine gesetzlich festgelegten Ladenschlusszeiten. In den großen Städten sind viele Geschäfte auch sonntags geöffnet, einige sogar rund um die Uhr. Die angegebenen Richtwerte für Apotheken, Banken und Wechselstuben können variieren. Museen bleiben zumeist montags geschlossen, Restaurants sind tgl. von 12 bis 23 Uhr geöffnet.
Apotheken: Mo–Fr 8–19, Sa 9–14 Uhr
Post: Mo–Fr 8–20, Sa 9–13 Uhr
Banken: Mo–Fr 8–17, Sa 8–14 Uhr
Wechselstuben: Mo–Fr 9–18, Sa 9–14 Uhr

Sicherheit

Auch wenn inzwischen bedeutend weniger Autodiebstähle gemeldet werden, sollte man vorsichtig bleiben und möglichst nur bewachte Parkplätze (*parking streżony*) aufsuchen. In großen Städten wie Warschau und Danzig meide man alle Situationen, in denen sich Menschen in großer Zahl drängen: etwa am Bahnhof, im Bus oder in der Straßenbahn.

Beim Verlust des Ausweises stellt die Konsularabteilung der deutschen Botschaft (s. S. 65) einen provisorischen Reisepass zur Rückkehr aus. Vorgelegt werden müssen die Verlustanzeige, bestätigt durch die örtliche Polizeibehörde, sowie zwei Passbilder. Was Fahrzeugpapiere betrifft, genügt die von der Polizei attestierte Verlustanzeige.

Personalausweis und Fahrzeugpapiere können nur im Heimatland neu ausgestellt werden. Grundsätzlich sollte jeder Reisende die Registriernummern der Personalpapiere auf einem gesonderten Blatt notieren bzw. entsprechende Fotokopien mitführen. So wird beim Verlust eine Identifizierung durch das deutsche Konsulat vereinfacht.

Toiletten

Öffentliche Toiletten sind mit Dreieck oder Kreis markiert. Der Herr darf beim Dreieck hinein, die Dame beim Kreis. Für die meisten von ihnen ist eine Gebühr zu zahlen.

Das Preisniveau ist in Polen sehr uneinheitlich: Während in den großen Städten und in beliebten Ferienorten Hotels und Restaurants ›westliches Niveau‹ erreichen, sind sie auf dem Land erheblich preiswerter. Am meisten Geld spart, wer sich auf Campingplätzen einquartiert; hat man kein eigenes Zelt dabei, mietet man sich in Holzhäuschen bzw. Bungalows ein. Die günstigsten Essensmöglichkeiten bieten die sog. Milchbars: Dort erhält man für weniger als 5 € ein komplettes Menü mit Getränk (s. S. 58 »Gastro-Szene«).

Teuer ist das Mieten von Autos, günstig dagegen das Fahren mit öffentlichen Verkehrsmitteln inkl. Schiffsfahrten. Wenig zahlt man nach wie vor für den Besuch von Museen. Meist kostet eine Eintrittskarte nicht mehr als 2 oder 3 €. Liegt der Preis höher, so wird er in diesem Buch gesondert aufgeführt.

Geld

Auch wenn man in vielen polnischen Hotels und Restaurants schon mit Euro zahlen kann, bleibt doch das offizielle Zahlungsmittel der Złoty (1 Złoty = 100 Grosz); im Umlauf sind Münzen im Nennwert von 1, 2, 5, 10, 20, 50 Grosz und 1, 2, 5 Złoty, dazu Banknoten von 10, 20, 50, 100 und 200 Złoty. Bargeld tauscht man in Banken oder Wechselstuben *(kantor)*. Beide haben unterschiedliche Kurse, deshalb lohnt ein Vergleich. Am Flughafen und im Bahnhof ist der Tausch nur im Notfall zu empfehlen – der Kurs ist hier um einige Prozentpunkte schlechter. Bei Drucklegung galt der Kurs 1 Euro = 4 Złoty (tagesaktuelle Kurse unter www.umrechner-euro.de).

Electronic Cash

Geldautomaten *(bankomaty)* findet man an fast jeder Bank, dort kann man mit Bank- oder Kreditkarte mit PIN Bargeld abheben.

Gängige Kreditkarten wie EC/MC und VISA werden von großen Hotels, Restaurants, Geschäften und Autoverleihern akzeptiert. Die entsprechenden Embleme sind an Türen oder Schaufenstern angebracht. Geht die Karte verloren oder wird sie gestohlen, sollte man sich umgehend mit der Bank oder der Sparkasse in Verbindung setzen, die die Karte ausgestellt hat. Ist das nicht möglich, so rufe man den weltweit operierenden Notfallservice an (kostenlos und rund um die Uhr). Um die Karte sperren zu lassen, wird die Kartennummer benötigt. Außerdem kann man eine Ersatzkarte beantragen und Erste-Hilfe-Geld (Emergency-Cash) anfordern.

Kunden der wichtigsten deutschen Kreditinstitute (Sparkassen, Landesbanken, Volks- und Raiffeisenbanken) dürfen seit 2005 aufatmen, denn für sie wurde eine **einheitliche Sperrnummer** eingerichtet (s. Kasten unten). Sie gilt für Maestro-, Handy- und Kreditkarten. Für Österreicher und Schweizer wird dieser Service vorerst noch nicht angeboten – Urlauber aus diesen Ländern sollten vor der Reise wie bisher bei der zuständigen Bank die für ihre Kreditkarte zuständige Sperrnummer erfragen.

Sperrung von Bank- und Kreditkarten bei Verlust oder Diebstahl*:

0049-116 116

oder 0049-30 4050 4050
(* Gilt nur, wenn das ausstellende Geldinstitut angeschlossen ist, Übersicht: www.sperr-notruf.de)
Weitere Sperrnummern:
– MasterCard: 0049-69-79 33 19 10
– VISA: 0049-69-79 33 19 10
– American Express: 0049-69-97 97 2000
– Diners Club: 0049-69-66 16 61 23
Bitte halten Sie Ihre Kreditkartennummer, Kontonummer und Bankleitzahl bereit!

Für den Notfall

Wer gesetzlich krankenversichert ist, kann sich vor der Reise von seiner jeweiligen Krankenkasse eine Adressliste des Polnischen Gesundheitsfonds NFZ aushändigen lassen. In den auf diesem Merkblatt aufgeführten Gesundheitszentren sowie bei allen dort genannten Vertragsärzten und Zahnärzten kann man sich im Notfall gegen Vorlage der Europäischen Versicherungskarte kostenfrei behandeln lassen. Vor Behandlungsbeginn legt man den Anspruchsnachweis sowie einen Identitätsnachweis vor – am besten hält man zusätzlich eine Kopie dieser Dokumente bereit. Ist die Behandlung bei einem Facharzt nötig, so braucht man eine Überweisung von einem Allgemeinmediziner.

Kostenerstattung

Muss man die Behandlung vor Ort bezahlen, so erhält man von der Krankenkasse jene Summe zurück, die bei einem entsprechenden Arztbesuch im Heimatland angefallen wäre. Für den Antrag auf Kostenerstattung benötigt man Quittungen, auf denen Datum, Name des Arztes und des Patienten, Art, Umfang und Kosten der Behandlung (Vermerk *gotówka* = Barzahlung) gut lesbar dokumentiert sind. Der Abschluss einer preiswerten privaten Reisekrankenversicherung empfiehlt sich, um all jene Kosten abzudecken, die die gesetzliche Krankenkasse möglicherweise nicht übernimmt.

Kuren

Seit das Land ein Mitglied der EU ist, übernehmen gesetzliche Krankenkassen auch einen Teil der Kosten für Kuren in Polen. In der Regel wird die medizinische Behandlung bezahlt sowie ein Zuschuss für Kost und Logis

gewährt. In jedem Fall empfiehlt es sich vor der Reise, die Voraussetzungen und Bedingungen einer möglichen Kostenübernahme abzuklären.

Medikamente

Arzneimittel bekommt man preiswert und oft ohne Rezept in der Apotheke *(apteka)*. Obwohl sich die Versorgung mit Medikamenten in Polen inzwischen stark verbessert hat, sollte man Arzneimittel, die man regelmäßig einnehmen muss, in ausreichender Menge mitnehmen. Wer ein Medikament nachts oder an Feiertagen benötigt, ist auf Apotheken mit Sonderdienst angewiesen. Eine entsprechende Übersicht findet man am Eingang geschlossener Apotheken.

Vorsicht Zecken

Wer im Sommer in Polens Nordosten reist, sollte sich von seinem Arzt hinsichtlich der Schutzimpfung gegen Zeckenbisse beraten lassen. Zecken können gefährliche Krankheiten auf den Menschen übertragen: die Frühsommer-Meningo-Enzephalitis (FSME) und die Lyme-Borreliose. Die Stiftung Warentest kam nach der Prüfung von 18 Anti-Zeckenmitteln zu dem Ergebnis, dass nur vier Lotionen und Sprays die Blutsauger auf Distanz halten. Besonders gut als Durchgangssperre wirkt Zanzarin; Autan Active Lotion schafft als einziges Mittel den versprochenen Doppelschutz gegen Zecken und Mücken. Generell gilt es, bei Wanderungen, die durch Gras und Strauchwerk führen, zwecks besserer Erkennung der Zecken helle Kleidung zu tragen, die möglichst viel vom Körper abdeckt. Nach der Wanderung sollte man den Körper gründlich nach Zecken absuchen. Im Internet findet man Infos zu Zecken unter www.zecken.de.

Kommunikation

Internetcafés

In Städten und größeren Orten gibt es zahlreiche Internetcafés, die oft aber nur für eine Saison öffnen. Es empfiehlt sich deshalb, bei der Touristeninfo nach dem am nächsten gelegenen Internetpoint zu fragen. Die meisten Hotels bieten WLAN bzw. Internetzugang, doch nicht immer gratis. Prinzipiell kostenlos ist dieser Service in den Hostels. Auf der Homepage www.hotspot-locations.de erfährt man, in welcher polnischen Stadt man sich mit Laptop drahtlos im World Wide Web bewegen kann.

Post

Postämter verfügen über Kartentelefone und verkaufen Telefonkarten. In Großstädten (z. B. in Danzig und Warschau) sind die Hauptpostämter rund um die Uhr geöffnet. Briefmarken erhält man auch an den Rezeptionen vieler Hotels, an Zeitungskiosken und Verkaufsständen für Ansichtskarten.

Radio/Fernsehen

Im Sommer sendet der Polnische Rundfunk vormittags die wichtigsten Nachrichten in Deutsch, Englisch und Französisch. Täglich um 19.55 Uhr strahlt das polnische Fernsehen in seinem landesweit ausgestrahlten ersten Programm den Wetterbericht aus.

Telefonieren

Bei Auslandsgesprächen wählt man die üblichen internationalen Vorwahlnummern: Polen 0048; Deutschland 0049; Österreich 0043; Schweiz 0041.

Bei der anschließenden Ortskennzahl ist die Anfangsnull wegzulassen. Wichtig zu wissen: In Polen ist die alte Vorwahl fester Bestandteil jeder Telefonnummer, das bedeutet, sie muss auch bei Ortsgesprächen mitgewählt werden!

Alle von Fernsprechern angewählten drei- und vierstelligen **Auskunftsnummern** sind gebührenfrei. Allerdings kann es sein, dass die Dame am anderen Ende nur Polnisch versteht. Die Telefonauskunft hat landesweit die Nummern: 912 (Ausland), 913 (Inland).

Mobiltelefone können flächendeckend benutzt werden. Allerdings sollte man bedenken, dass im Ausland auch derjenige zahlen muss, der angerufen wird. Wer keine Anrufe empfangen will, sperrt besser alle ankommenden Gespräche! Auch die Mailbox ist teuer: Um nicht in die Gebührenfalle zu tappen, sollte man sie ausschalten und potenzielle Anrufer bitten, eine SMS zu schicken.

Auch gut zu wissen: Das **Partnernetz,** in das sich das Handy in Polen automatisch einbucht, ist nicht unbedingt das günstigste. Um Geld zu sparen, speise man vor der Reise den EU-Tarif ein. Er garantiert vergleichsweise niedrige Gebühren, allerdings muss nach wie vor für eingehende Gespräche gezahlt werden. Wer das nicht will, kauft am Kiosk eine Prepaid-SIM-Karte. Dies setzt jedoch voraus, dass das eigene Handy SIM-lock-frei ist, also andere Provider zulässt; ein Nachteil ist, dass man Freunde über die neue Nummer informieren muss.

Zeitungen/Zeitschriften

Deutschsprachige Zeitungen und Zeitschriften erreichen Stettin, Danzig, Posen und Warschau meist noch am gleichen Tag. Über alles Wichtige berichtet das vierteljährlich erscheinende Magazin »Polen Plus« (www.polenplus.eu). Wer Polnisch spricht, greift zur Freitagsbeilage der »Gazeta Wyborcza« (*Co jest grane* – was wird gespielt) – hier werden alle wichtigen Events gelistet.

Aussprache/Betonung

Zu der Zahl ›999‹ sagen die Polen *dziewięćsetdzieniećdziesiętdzwieniec*, ›Glück‹ verwandelt sich in *szczęscia* und ›Liebe‹ in *miłość*. Bei so vielen Zungenbrechern raufen sich Besucher die Haare und sind froh, wenn sie nach einem zweiwöchigen Aufenthalt wenigstens das Wort ›Hallo‹ (*cześć*) aussprechen können.

In Hotels und Restaurants sind zwar immer mehr jüngere Leute beschäftigt, die Deutsch oder Englisch gelernt haben. Doch kann es nichts schaden, sich ein paar Brocken dieser schwierigen Sprache anzueignen. Zunächst gilt es, sich all jene Buchstaben und Laute einzuprägen, die es im Deutschen nicht gibt:

- ę wird ähnlich dem ›in‹ im französischen ›fin‹ ausgeprochen
- ą wird ähnlich dem ›on‹ im französischen ›mon‹ ausgeprochen
- ł wird ähnlich dem englischen ›wh‹ in where ausgeprochen
- ś ist gleich ›sch‹
- ć ist gleich ›tsch‹
- ń ist ähnlich dem ›gn‹ in Champagner
- ó entspricht dem kurzen u in Hund
- ź, ż, rz – sind ähnlich dem französischen ›j‹ in journal
- z wird wie das stimmhafte s in Sonne gesprochen, doch im Auslaut stimmlos
- sz entspricht ›sch‹
- cz entspricht ›tsch‹

Der Hauptakzent liegt meist auf der vorletzten Silbe. Alle Vokale sind kurz und offen, in Kombination mit anderen Vokalen getrennt auszusprechen (i-e, e-u). Gleiches gilt für Konsonantenkombinationen: so wird ck nicht zu k verkürzt (Aussprache: tsk).

Allgemeines

Guten Tag	dzień dobry
Guten Abend	dobry wieczór
Gute Nacht	dobranoc

Wie geht es Ihnen?	Jak sié Pan (m) Pani (w) ma?
Wie geht's?	Jak sié masz?
Auf Wiedersehen	do widzenia
hallo/tschüss	cześć
danke	dziękuję
bitte	proszę
bitte sehr	proszę bardzo
ja	tak
nein	nie
warum?	dlaczego?
Ich weiß nicht	Nie wiem
Bitte langsam!	Proszę powoli!
Die Rechnung bitte	Poproszę o rachunek
Das ist zu teuer	To za drogo
billig	tanio
klein	mały
groß	duży
wenig	mało
viel	dużo
gut	dobry
schlecht	niedobry/zły
besetzt	zajęty
frei	wolny
geöffnet	czynne/otwarty
geschlossen	nieczynny/zamknięty

Ortsangaben

Wo ist …?	Gdzie jest …?
hier	tu/tutaj
dort	tam
links/rechts	na lewo/na prawo
geradeaus	po prostu
gegenüber	na przeciw
nahe/weit	blisko/daleko

Zeitangaben

Wann?	Kiedy?
Wie lange?	Jak długo?
Wie spät ist es?	Która jest godzina?
morgens	rano

nachmittags	po południu	9	dziewięć
abends	wieczorem	10	dziesięć
jetzt	teraz	50	piędziesiąt
heute	dziśaj	100	sto
gestern	wczoraj	1000	tysiąc
morgen	jutro		
Tag	dzień		
Nacht	noc		
Woche	tydzień		
Monat	miesiąc		

Unterkunft

Hotel	hotel
Herberge	schronisko
Unterkunft	noclegi
Zimmer	pokój
mit Frühstück	ze śniadaniem
Kann ich das	Czy mogą zoba-
Zimmer sehen?	czyć pokój?

Zahlen

0	zero
1	jeden
2	dwa
3	trzy
4	cztery
5	pięć
6	sześć
7	siedem
8	osiem

Unterwegs

Abfahrt	odjazd
Ankunft	przyjazd
Flughafen	lotnisko

Die wichtigsten Sätze

Allgemeine Floskeln

Entschuldigen Sie!	przepraszam
Ich verstehe nicht.	Nie rozumiem
Ich spreche kein	Nie mówi po
Polnisch	polsku
Sprechen Sie	Pan (m)/Pani (w) mówi
Deutsch/Englisch?	po niemecku/po angielsku?

Im Lokal

Ist hier frei?	Jest wolny tutaj?
Guten Appetit!/Prost!	Smacznego! Na zdrowie!
Bitte die Speise-karte!	Poproszę o jadłospis
Ich möchte …	Chciałbym (m)…/ Chciałabym (w) …
Wie viel kostet das?	Ile to kosztuje?
Bezahlen, bitte!	Poproszę o rachunek!

Wo sind die Toiletten?	Gdzie jest toaleta?

Auf der Straße

Ich will nach …	Ja chcę jechać do …?
Wo kann man … kaufen?	Gdzie można kupić…?
Wo ist hier eine Apotheke?	Gdzie jest tutaj apteka?
Welcher Bus geht nach …?	Który autobus jeżdzi do …?

Im Hotel

Haben Sie ein freies Zimmer?	Czy ma Pan/Pani (m/w) pokój?
Ich habe ein Zimmer bestellt.	Rezerwowałam pokój.
Wie viel kostet das Zimmer pro Tag/ pro Woche?	Ile kosztuje ten pokój na dzięn/ na tydzie ?

Bushaltestelle	przystanek autobusowy
Straßenbahn	tramwaj
Bahnhof	dworzec
Gleis	peron
Fahrkarte	bilet
erste/zweite Klasse	pierwsza/druga klasa
Platzreservierung	miejscówka
für (Nicht)raucher	dla (nie)palących
Tankstelle	stacja benzynowa
Benzin (bleifrei)	benzyna (bezoło- wiowa)
bewachter Parkplatz	parking streżony
Post	poczta
Brief	list
Postkarte	pocztówka
Briefmarken	znaczki
Telefon	telefon
Telefonkarte	karta magneticzna

Wichtige Bezeichnungen auf Polnisch

Allee	aleja (Abk. al.)
orthodoxe Kirche/ Kirche der Unierten	cerkiew
Friedhof	cmentarz
Haus	dom
Weg	droga
Bahnhof	dworzec
Berg	góra (pl. góry)
See	jezioro (Abk. jez.)
Wechselstube	kantor
Café	kawiarnia
Kloster	klasztor
Kirche	kościół
Museum	muzeum
Umleitung	objazd
Palast	pałac
Gästehaus	pensjonat
Keller	piwnica
Platz	plac (Abk. pl.)

Zimmer frei	pokoje wolne
Durchfahrt verboten	przejazd wzbroniony
Rathaus	ratusz
Restaurant	restauracja
Kiosk	ruch
Ring, Marktplatz	rynek
Freilichtmuseum	skansen
Heiliger	święty (Abk. św.)
Straße	ulica (Abk. ul.)
Achtung!	uwaga
Turm	wieża
Gasthof	zajazd
Schloss	zamek
Kurort	zdrój

Im Notfall

Ich habe Fieber	mam temperatura
Ich habe Zahnschmerzen	mam ból zęba
Krankenhaus	szpital
Rettungswagen	pogotowie ratunkowe
Pannenhilfe	pogotowie techniczne
Hilfe!	Pomocy! Ratunku!
Ich bin bestohlen worden!	Zostałem okrad (m)! ziony/okradziona (w)!
Polizei	policja
Botschaft	ambasada
– deutsche	niemiecka
– österreichische	austriacka
– schweizerische	szwajcarska

Sprachkurse

Die Universitäten in Danzig, Posen, Warschau bieten Sommersprachkurse in Polnisch an. Nähere Auskünfte erteilt der Deutsche Akademische Austauschdienst (DAAD) in Bonn, Tel. 0228/8820, www.daad.de.

Backsteingotik: die Johanniskathedrale in der Warschauer Altstadt

Unterwegs in Polens Norden

Mensch, Möwen und Schwäne am Strand von Świnoujście (Swinemünde)

Kapitel 1

Stettin und die Odermündung

Mit dem Stettiner Haff und den beiden Inseln Usedom und Wollin zeigt sich die polnische Ostseeküste gleich zum Auftakt von ihrer schönsten Seite: mit breiten Stränden und hohen Kliffs, endlosen Wasserflächen und vom Wind geblähten Segeln. Eingangstor zur Ostsee ist das 60 km von der Küste entfernte Stettin, die heutige Hauptstadt der Provinz Westpommern (Zachodnio-Pomorskie) und einzige polnische Stadt westlich der Oder. Stettin hat eine mittelalterliche Altstadt und gründerzeitliche Boulevards, maritimes Flair und ein vitales kulturelles Leben. Einst war es ›Berlins Tor zur Welt‹, heute arbeitet man daran, die Stadt zur großen Drehscheibe zwischen West-, Ost- und Nordeuropa zu machen.

Stettins Lebensader ist die Oder: Nördlich der Stadt weitet der Fluss sich zu einem riesigen Haff, jenseits dessen er sich mit drei Mündungsarmen seinen Weg in die Ostsee bahnt. Dabei umspült er Usedom und Wollin, die beiden dem Stettiner Haff vorgelagerten Inseln.

Usedom ist zwischen Polen und Deutschland geteilt, doch ist die Grenze unsichtbar. Pendler und Tagesausflügler nutzen Ostseebus und Bäderbahn – oder das Passagierschiff, das Ahlbeck mit dem nur 4 km entfernten Seebad Świnoujście

verbindet. Dessen Lage ist ein Kuriosum: Während sich das Kurviertel mit seinem Paradestrand auf Usedom befindet, liegt der Fährhafen auf der Nachbarinsel Wollin. Ein Stück weiter östlich bildet Międzyzdroje das Eingangtor zum angrenzenden Nationalpark: eine herrlich wilde Landschaft mit Klippen und Nehrungen, Buchenwäldern und stillen Seen. Jenseits der Insel Wollin setzen sich die kilometerlangen Sandstrände über Dziwnów und Rewal bis Kołobrzeg fort.

Auf einen Blick

Stettin und
die Odermündung

Sehenswert

Stettin: In der alten Hansestadt lohnt ein Bummel vom Schloss durch die Altstadt zur pompösen Uferterrasse über der Oder und dann über die Boulevards (S. 96).

Świnoujście: Im Kurviertel stehen restaurierte Jugendstilvillen, beim Spaziergang am weißen Traumstrand sieht man Ozeanriesen ins Hafen-Nadelöhr einlaufen (S. 110).

Międzyzdroje: Auch in diesem Küstenort wird die Bäderarchitektur entlang der Promenade schmuck herausgeputzt (S. 113).

1 Steilküste von Wollin: Sturmgebogene Kiefern krallen sich in die bis zu 100 m hohen Kippen, an ihrem Fuß erstrecken sich kilometerweit schneeweiße, naturbelassene Strände. Der Küstenabschnitt ist Teil des Wolliner Nationalparks und steht unter Naturschutz (S. 114).

Schöne Routen

Auf der 102 von Międzyzdroje nach Kamień Pomorski: Parallel zur Küste geht es durch die Wälder des Nationalparks nach Kołczewo, wo sich Polens ältester Golfplatz befindet. Bei Dziwnów wird die Dziwna auf einer Drehbrücke überquert, danach knickt die Straße südwärts in Richtung Kamień Pomorski ab (S. 117).

Nostalgische Bahnfahrt mit Dampflok: In den Sommermonaten verkehrt eine Schmalspurbahn von Trzęsacz über Rewal nach Trzebiatów (S. 125).

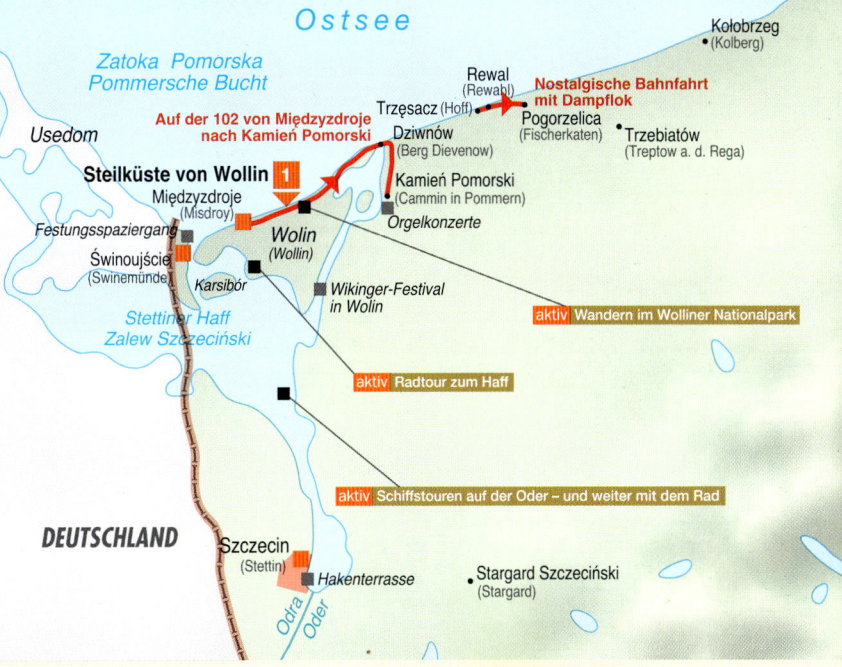

Meine Tipps

Stettiner Hakenterrasse: An lauen Sommerabenden gibt es kaum etwas Schöneres als längs der Oder über die parkähnliche Ufermeile zu schlendern und in den Holzpavillons ein Bier zu trinken (S. 102).

Festungsspaziergang in Świnoujście: Immer am Fluss entlang wandert man von einem Fort der alten preußischen Befestigung zum nächsten in Richtung Meer (S. 111).

Wikinger-Festival in Wolin: Zum bunten Programm gehören Schiffsregatten auf alten Drachenbooten; in historische Kostüme gekleidete ›Wikinger‹ weihen Besucher in mittelalterliche Traditionen ein (S. 120).

Orgelkonzerte in Kamień Pomorski: In der Kathedrale werden alle Register gezogen. Von der Klangfülle der vergoldeten Barockorgel kann man sich im Juli und August täglich überzeugen (S. 123).

aktiv unterwegs

Schiffstouren auf der Oder – und weiter mit dem Rad: Wahlweise erkundet man Stettins Kanäle mit ihren Docks, Werften und Riesenkränen oder ›fliegt‹ mit dem Tragflächenboot über das Haff nach Świnoujście, wo sich eine Radtour über die Inseln Karsibór und Wolin anschließen lässt (S. 107).

Radtour zum Haff: An einem leuchtend türkisfarbenen See vorbei und durch urwüchsigen Buchenwald geht es zu einem spektakulären, aussichtsreichen Kliff (S. 114).

Wandern im Wolliner Nationalpark: Hier ist man allein mit den Naturgewalten, den von der Brandung zernagten Klippen und windgepeitschten Bäumen! Zwei Touren führen durch die schönsten Landschaften (S. 118).

Bunte mittelalterliche Giebelhäuser und ein Schloss im Stil der Renaissance, dazu Parks und breite Alleen, belebte Terrassen und Plätze: Die alte Hansestadt, von Hafen und Handel geprägt, ist eine ›Großstadt im Grünen‹. Mit 420 000 Einwohnern ist sie die größte Küstenstadt zwischen Hamburg und Danzig, von Berlin über die Ostseeautobahn schnell erreichbar.

Szczecin (Stettin) ist eine Provinzmetropole voller Vitalität. 50 000 junge Menschen studieren an den insgesamt acht Hochschulen, und die Kulturszene kann sich sehen lassen: Von Konzerten der Avantgarde bis zur traditionellen Oper ist alles im Spielplan vertreten. Noch vor wenigen Jahren hatte man weniger von Kultur als vielmehr von der ungewissen Zukunft des Hafens gesprochen. Nach Schließung der Werft Stocznia Szczecinska, einer der größten Schiffsbauer im Ostseeraum, haben an die 40 000 Bewohner die Stadt verlassen. Doch diese Zahlen sind inzwischen vergessen, Geschäftsleute träumen seit dem EU-Beitritt im Mai 2004 von einer neuen wirtschaftlichen Drehscheibe zwischen Mitteleuropa und dem Baltikum. Brüsseler Fördergelder machen es möglich. Ein Technopark im Stettiner Westen, ein neuer Flughafen in Dąbie und ein Flüssiggasterminal sind nur einige der Großprojekte, die in Angriff genommen wurden. ›Baltic Neopolis Floating Garden 2050‹ nennt sich hochtrabend das Programm zur architektonischen Neugestaltung der Stadt: Das abgewrackte Werftgelände auf der Insel Lasztownia soll eine schicke Hafen-City werden; Altstadt, Uferpromenaden und Boulevards werden aufgehübscht. Man hat den Eindruck, Stettin wolle an die Gründerzeit anknüpfen, als die Stadt nach Pariser Vorbild umgestaltet wurde. Damals entstanden weiträumige Plätze, von denen sternförmig Alleen ausgingen –

vielleicht eine Nummer zu groß, aber doch dem Geist der Zeit entsprechend und mit viel Luft zum Atmen.

Ein Blick zurück

Noch vor der polnischen Staatsgründung errichteten slawische Stämme auf einem Hügel an der Oder eine Wehrburg. Von ihnen stammt auch der Name der Region Pommern (*po morze* = ›Land am Meer‹). Deutscher Einfluss setzte sich im 12. und 13. Jh. durch, als das Land systematisch christianisiert und besiedelt wurde. Die pommerschen Fürsten aus dem slawischen Greifen-Geschlecht machten Stettin, ab 1278 Mitglied der Hanse, zum Sitz ihrer Residenz, was es bis 1630 blieb. Während des Dreißigjährigen Krieges fiel die Stadt an Schweden, das sich freilich an dem Besitz nicht sonderlich interessiert zeigte und ihn 1720 gegen Zahlung einer geringen Summe an Preußen verschacherte. Im 19. Jh. war Stettin ein wichtiges Verwaltungszentrum, seinen größten Aufschwung erlebte es im Gefolge der Einigung des Deutschen Reichs. 1873 entstand ein großer Bahnhof, ein Jahr darauf das Hauptpostamt und weitere fünf Jahre später das neue Rathaus. Die Stadt avancierte zum maritimen Vorposten Berlins, es blühten Ordnung, Handel und Industrie. Viele Sehenswürdigkeiten gab es in der Stadt freilich nicht. Noch 1936 wurde in Reise-

Das eindrucksvolle Stettiner Stadtpanorama

büchern empfohlen, maximal eine Stunde für einen Rundgang zu veranschlagen. Auch der in Stettin gebürtige Schriftsteller Alfred Döblin zeigte sich nicht begeistert. »Der Paradeplatz«, schrieb er, »war ungewöhnlich langweilig. … Die Häuser waren niedrig, die Stadt war sehr unbelebt und ohne Farbe.«

1945 war es mit der soliden preußisch-pommerschen Ordnung vorbei. Zwei Drittel aller Häuser hatte der Krieg zerstört, Altstadt und Hafen versanken in Trümmern. Aus ›Stettin‹, der Hauptstadt Pommerns mit einem polnischen Bevölkerungsanteil von nur 4 %, wurde binnen kürzester Zeit ›Szczecin‹, die Hauptstadt der polnischen Woiwodschaft. In kürzester Zeit sank der deutsche Bevölkerungsanteil von 96 % auf 1 %. Die neuen Bewohner kamen aus den ehemals polnischen, nun aber sowjetischen ›Ostgebieten‹. Darunter waren nicht nur Polen, sondern auch viele Litauer und zwangsweise umgesiedelte Ukrainer. An ihnen lag es, die Stadt, mit der sie anfangs so wenig verband, neu entstehen zu lassen. Der Aufbau schritt

nur langsam voran. Anders als in Danzig oder Warschau hat man die Altstadt nur teilweise rekonstruiert. Und nicht immer hatte man bei der Planung des Neuen eine glückliche Hand: Reste alten Stettiner Reichtums kontrastieren schmerzhaft mit gesichtsloser, schnell hochgezogener Nachkriegsarchitektur.

Rundgang

Cityplan: S. 100

Alle wichtigen Sehenswürdigkeiten der Altstadt lassen sich bequem zu Fuß erkunden: Sie liegen zwischen dem westlichen Oderufer (Nabrzeże Wieleckie) und dem ehemaligen Hohenzollernplatz (pl. Grunwaldzki).

Vom Hafentor **1** in die neue Altstadt

Als Einstieg empfiehlt sich das **Hafentor** (Brama Portowa) unweit der Touristeninformation. Von 1725 bis 1729 wurde es vom westfälischen Architekten Cornelius von Wall-

Prächtig restaurierte Häuser schmücken den Alten Markt in Stettin

rave erbaut – damals noch Teil der preußischen Stadtbefestigung, heute eine Trutzburg inmitten des wild wogenden Verkehrs. Über die Wyszyński-Allee läuft man zum Oderufer hinab und sieht zur Linken den roten Turm eines gewaltigen Backsteinbaus. Die **Jakobskathedrale 2** (Katedra Św. Jakuba) ist die mit Abstand größte Kirche Stettins und entstand im ausgehenden Mittelalter. Das Innere ist nicht so prunkvoll, wie man es von außen erwartet. Sehenswert sind die Marienkapelle mit einem auf zwei Säulen ruhenden Kreuzgewölbe sowie der gotische Flügelaltar in der Sakramentskapelle. In einem Pfeiler nahe der Orgel ruht das Herz des Komponisten Carl Loewe, der in der Kirche von 1820 bis 1862 als Organist arbeitete. Viele romantische Balladen hat er komponiert, darunter den ›Erlkönig‹, eine Vertonung des Gedichts von Johann Wolfgang v. Goethe. Spaß macht die

Fahrt mit dem Lift zur Aussichtsterrasse in 56 m Höhe, von dem sich ein weiter Blick auf die Stadt bietet. Übrigens ist der im Krieg zerstörte Turm, der erst vor kurzem wieder aufgebaut wurde, doppelt so hoch!

Nördlich der Kirche, am pl. Orła Białego, lassen sich Touristen gern an einem barocken, von einem Adler gekrönten Springbrunnen fotografieren. Sein deutscher Name (Rossmarktbrunnen) erinnert daran, dass an diesem Platz früher der Pferdemarkt abgehalten wurde. Schräg gegenüber befindet sich das **Palais unter dem Globus 3** (Pałac Joński), in dem 1759 Gräfin Sophia Dorothea, die spätere Zarin Maria Fodorowna, geboren wurde. Ungleich berühmter ist freilich ihre Vorgängerin Katharina die Große (geb. 1729), gleichfalls eine Stettinerin. Ihr Geburtshaus in der ul. Farna 2 steht ein paar Straßen entfernt.

Zurück auf der Wyszyński-Allee, fast schon am Oderufer, liegt rechts der Straße die dreischiffige **Johanniskirche** 4 (Kościół Św. Jana). Sie wurde Ende des 14. Jh. durch den Franziskanerorden gestiftet, dessen Ordensbrüder 1240 nach Stettin kamen. Etwa zur gleichen Zeit, als die Kirche entstand, machte man sich an den Bau einer Brücke, die die heutige Altstadt mit der gegenüberliegenden Insel Lasztownia (Lastadie) verbindet. Für die Kaufleute der Stadt war sie eine wichtige Einnahmequelle. Da die Brücke so niedrig war, dass Schiffe an dieser Stelle nicht durchfahren konnten, ließen sich die Stettiner die angelieferten Waren teuer bezahlen. Nach dem Wiederaufbau von 1959 wurde der Name ›Hansabrücke‹ durch ›Most Długi‹ (Lange Brücke) ersetzt.

Zur Jahrtausendwende wurde endlich auch das Viertel um den **Alten Markt** (Stary Rynek) rekonstruiert: Pastellfarbene Giebelhäuser mit Fassadenschmuck und kopfsteingepflasterte Gassen mit schmiedeeisernen Laternen vermitteln hanseatisches Flair. In die Häuser zogen Cafés, Restaurants und Blues-Bars ein – vor allem in den Abendstunden beleben jüngere Stettiner die neue Altstadt am Fluss. Inmitten dieses bunten Ensembles befindet sich das **Alte Rathaus** 5 (Stary Ratusz), ein zierlicher Backsteinbau mit filigranem Ziergiebel. Anhand von Dokumenten, Karten und Fotografien wird im hier untergebrachten **Stadtmuseum** die Geschichte Stettins vom 10. Jh. bis heute nachgezeichnet (www.szczecin.pl, Mai–Sept. Di–Fr 10–17, Sa, So 10–16, Okt.–April Di–So 10–16 Uhr). Interessant ist auch ein Abstecher in die original erhaltenen Kellergewölbe: Wo einst Weinfässer gelagert wurden, öffnet heute ein schummriges Lokal.

Nur wenige Schritte entfernt, erreichbar über eine mittelalterliche Gasse, kommt man zum **Loitzenhof** 6 (Dom Loitzów), einem der wenigen original erhaltenen Bürgerhäuser der Stadt. Vierstöckig und mit markantem Fassadenschmuck bildete er im frühen 16. Jh. den repräsentativen Rahmen für die Bankiersfamilie Loitz, die ›baltischen Fugger‹. Sie besaßen eine eigene Flotte und pflegten Han-

delskontakte von der Ost- bis zur Nordsee, versorgten Adel und Krone mit schier unerschöpflichem Kredit. Doch als der letzte Jagiellonenkönig 1572 starb, ohne bei der Bank seine Schulden beglichen zu haben, geriet die Familie in finanzielle Schwierigkeiten. Sie musste Konkurs anmelden und ihre Renaissancevilla aufgeben.

Schloss der Pommerschen Herzöge 7

Das unbestritten schönste Gebäude der Stadt ist das am hohen Ufer der Oder thronende **Schloss der Pommerschen Herzöge** (Zamek Książąt Pomorskich). Schon von weitem fallen die weiß verputzte Renaissance-Attika und der hohe, kuppelgekrönte Turm ins Auge. Man merkt dem Schloss nicht an, dass es erst wenige Jahrzehnte alt ist: Nach den Zerstörungen im Zweiten Weltkrieg wurden seine fünf rings um Innenhöfe angeordneten Gebäudeflügel komplett neu aufgebaut. Heute dient das Schloss als städtisches Kunst- und Kulturzentrum. Hier werden Opern und Operetten aufgeführt, Konzerte finden in der ehemaligen Schlosskapelle, im Sommer auch im zentralen Haupthof, statt; mehrere Galerien zeigen neue polnische Kunst. Winzig ist das Theater in der Krypta, in deren Mauern eine seltsame Geschichte eingeschrieben ist: Nach dem Tod des letzten Greifen wurde sie von den neuen schwedischen Machthabern versiegelt und im Laufe der Zeit schlichtweg vergessen. Erst beim Wiederaufbau des Schlosses nach 300 Jahren wurde sie zufällig wiederentdeckt. Nicht schlecht staunten Bauarbeiter, als sie in den Mauernischen 14 Sarkophage erblickten. Die sechs am besten erhaltenen wurden in die ›Gotische Galerie‹ überführt, wo man sich anhand vergilbter Dokumente und Fotos in die verschiedenen Bau- und Herrschaftsphasen des Schlosses hineinversetzen kann. Auch ein virtuos gezeichneter Stich von Matthäus Merian von 1652 ist ausgestellt, der beim Wiederaufbau als wichtige Vorlage diente. Unbedingt lohnenswert ist der Aufstieg über 204 Stufen zur Spitze des Glockenturms, wo sich ein Panoramablick auf

Szczecin/Stettin

Sehenswert
1. Hafentor
2. Jakobskathedrale
3. Palais unter dem Globus
4. Johanniskirche
5. Altes Rathaus
6. Loitzenhof
7. Schloss der Pommerschen Herzöge
8. Bastei der Sieben Mäntel
9. Woiwodschaftsamt
10. Schifffahrtsmuseum
11. Tor der Preußischen Huldigung
12. Peter-und-Paul-Kirche
13. Professorenhäuser
14. Nationalmuseum

Übernachten
1. Radisson
2. Park
3. Novotel
4. Campanile
5. Podzamcze
6. Victoria
7. Elka Sen
8. Jugendherberge
9. Camping Marina

Essen & Trinken
1. Nowy Chief
2. Bombay
3. Karczma polska pod kogutem
4. Colorado

Einkaufen
1. Galaxy Centrum
2. Galeria Kaskada

Abends & Nachts
1. Philharmonie
2. Kino Pionier
3. Brama Jazz Café

Aktiv
1. Fahrradverleihsystem Bike_S
2. Podziemna trasa
3. Schiffsausflüge
4. Golfplatz Binowo Park
5. Segelzentrum PZZ

Stettin

die Stadt und das Oderhaff eröffnet. Auch das Schloss lässt sich von hier gut überblicken. Auf Augenhöhe hängt die skurrile Schlossuhr anno 1693, deren Zifferblatt ein Gesicht ziert: Im weit aufgerissenen Mund erscheint der Monatstag, auf der Nase klebt der Stundenzeiger, dessen Bewegung von den Augen rollend verfolgt wird (Zamek Książąt Pomorskich, ul. Korsarzy s/n, www.zamek.sczczecin.pltgl. außer Mo 10–18 Uhr; Tickets, auch zum Turmaufstieg, erhält man in der angeschlossenen Touristeninformation).

Vom Schloss zur Hakenterrasse

Geht man um das Schloss herum, passiert man das fürstliche Stallhaus und die **Bastei der Sieben Mäntel** 8 (Baszta Panieńska Siedmiu Płaszczy), einen mächtigen Wehrturm aus dem frühen 15. Jh. Um seinen Namen rankt sich eine Legende: Die Königin erteilte einem Schneider den Auftrag, sieben kostbare, mit Gold und Edelsteinen bestickte Mäntel anzufertigen. Das clevere Schneiderlein nahm den kostbaren Stoff und machte sich auf und davon. Weit ist es nicht gekommen. Von königlichen Häschern erfasst, wurde es in den Kerker des Turms geworfen, wo es elendig zugrunde ging.

Kein architektonisches Glanzstück ist die angrenzende Trasa Zamkowa, ein über 2 km langes Brückenbauwerk, das man 1987 dem Verkehr übergab. Möglichst schnell lässt man den Autolärm hinter sich und geht hinüber zur **Hakenterrasse** (Wały Chrobrego). An dieser Promenade hoch über der Oder zeigt sich Stettin von seiner schönsten Seite. Im Schatten alter Bäume öffnen Café-Pavillons und Biergärten, von denen man auf die auf dem Fluss dahinziehenden Schiffe hinabschauen kann. Ende des 19. Jh. hatte der damalige Bürgermeister Hermann Haken die mittelalterlichen Wehranlagen schleifen und an ihrer Stelle imposante Repräsentationsbauten errichten lassen – ein Machtsymbol des in der Gründerzeit reich gewordenen Bürgertums. Das glanzvollste Haus wurde 1911 im Stil der Neorenaissance errichtet. Damals residierte hier die preußische Bezirksregierung, heute

die Marinehochschule und das polnische **Woiwodschaftsamt** 9 (Urząd Wojewódzki). Stettiner Kaufleute stifteten 1913 das **Schifffahrtsmuseum** 10 (Muzeum Morskie), das sich auf maritime Themen konzentriert, aber auch zeigt, was die Seeleute von ihren Reisen mitbrachte: Kunst und Kunsthandwerk von allen Kontinenten (ul. Wały Chrobrego 3, www.muzeum.szczecin.pl, Di–Fr 10–18, Sa, So 10–16 Uhr). Angeschlossen ist ein kleines Ozeanarium mit Fischen aus aller Welt (www.oceanarium.com.pl).

Von der 500 m langen Promenade steigt man über eine kolossale Freitreppe zum Fluss hinab, wo die Schiffe der Weißen Flotte zur Hafenrundfahrt starten. Auch ein Gastro-Dampfer liegt vor Anker – der ausgemusterte Liner »Ładoga«.

Ins moderne Stettin

Westlich des Museums befand sich früher die bronzene Reiterstatue Kaiser Friedrichs III., doch mochten die Polen diese nach dem Krieg nicht wieder aufrichten. An ihrer Stelle steht nun ein Denkmal für Adam Mickiewicz, den romantischen Nationaldichter (pl. A. Mickiewicza). Von hier läuft man weiter zum ›Platz der polnischen Soldaten‹ (pl. Żołnierza Polskiego), der mit seinem lang gestreckten Mittelstreifen wie ein Boulevard anmutet. Architektonischer Blickfang ist das **Tor der Preußischen Huldigung** 11 (Brama Hołdu Pruskiego), das Cornelius von Wallrave 1725 parallel zum Hafentor entwarf. Der Triumphbogen erinnert daran, dass es fünf Jahre zuvor König Friedrich Wilhelm I. gelungen war, den Schweden die Stadt gegen einen Spottpreis abzunehmen.

600 Jahre zuvor waren die Zisterzienser in die Stadt gekommen und hatten die Christianisierung der Bewohner eingeleitet. Ihre alte Kirche gibt es nicht mehr, doch wo sie einmal stand, erhebt sich nun die **Peter-und-Paul-Kirche** 12 (Kościół Św. Piotra i Pawła). Der einschiffige Backsteinbau aus dem 14. Jh. besitzt eine originale Holzdecke, in deren Mitte die hl. Dreifaltigkeit thront. Gegenüber der Kirche, auf der anderen Straßenseite, erblickt man die **Professorenhäuser** (Kamie-

nice Profesorskie) **13**, die im 15. Jh. für die Lehrer des Marienstifts errichtet wurden.

Letzte Station des Rundgangs ist das **Nationalmuseum 14**, das in zwei Gebäuden beiderseits der Staromłyńska untergebracht ist. Im Haupthaus sieht man Kunst aus der Zeit, als Stettin Sitz der Greifenherzöge war: gotische Skulpturen und Altarbilder, ein Grafikkabinett und den silberdurchwirkten Sarkophag von Bogusław XIV., mit dessen Tod 1637 die Dynastie erlosch – er ist der schönste im Bunde der 14 aus der Schloss-Krypta geborgenen Grabmäler. Das Haus gegenüber ist der klassischen Moderne in Polen gewidmet (Muzeum Narodowe, ul. Staromłyńska 1 und 27, www.muzeum.szczecin.pl, Di–Do 10–18, Sa 10–18, So 10–16 Uhr, 2,50 €).

Will man nach dem Museumsbesuch sofort zum Ausgangspunkt der Tour zurückkehren, biegt man in die breite, nach Süden verlaufende al. Niepodległości, den preußischen ›Paradeplatz‹, ein. Hat man mehr Zeit, verschafft man sich noch einen Eindruck vom ›modernen‹ Stettin. Dazu folgt man der al. Jedności Narodowej, einer der nach Pariser Vorbild angelegten Alleen stadtauswärts. Der **Plac Lotników** ist ein beliebter Treff. In seiner Mitte steht das Reiterstandbild Bartolomeo Colleonis, eine 1913 erstellte Kopie des Bronzeritters von Venedig, den Andrea del Verrocchio über 400 Jahre zuvor angefertigt hatte. Es zählt zu den bedeutendsten Standbildern der Renaissance. Den benachbarten **Plac Grunwaldzki** säumen Bürgerpaläste aus der Gründerzeit. Prachtvolle Gründerzeithäuser säumen auch die sternförmig ausstrahlenden Boulevards. In eine Szenemeile hat sich die Aleja Jana Pawła II. verwandelt: mit Bistros und Lokalen sowie Terrassencafés auf dem grünen Mittelstreifen.

Infos

Centrum Informacji Turystycznej: ul. Jana z Kolna 7, Tel. 91 434 04 40, www.szczecin. eu, tgl. 10–18 Uhr.

Gratis-App: http://app.szczecin.eu.

Gratis-WLAN: entlang der zentralen Straßenachse Jana Pawła – pl. Grunwaldzki – pl. Lotników (Login/Passwort: szczecin).

CIT Zamek: Zamek Książąt Pomorskich, ul. Korsarzy 34, Tel. 91 4 89 16 30, http://zamek. szczecin.pl, tgl. 10–18 Uhr. Im Schlossbüro erhält man Hotelinfos, Eintrittskarten für kulturelle Veranstaltungen und für die Besteigung des Schlossturms.

Tourist Card: Die Karte wird in beiden touristischen Informationsbüros zum Kauf angeboten. Sie ist 1 bzw. 3 Tage gültig und gewährt Ermäßigungen von bis zu 50 % in verschiedenen Museen, Cafés und Restaurants der Stadt, außerdem freie Fahrt im öffentlichen Stettiner Nahverkehr. Weitere Infos unter www.szczecin.eu.

Übernachten

Stettin bietet viele Übernachtungsmöglichkeiten in allen Preisklassen, sodass man selbst in der Ferienzeit kein Problem hat, ein freies Bett zu finden.

Modernes Großhotel ▶ **Radisson 1:** pl. Rodła 10, Tel. 91 359 55 95, www.radisson blu.com/hotel-szczecin, 369 Zimmer und Apartments. Modernes Komforthotel, angeschlossen ans Geschäftszentrum Pazim. Die Zimmer sind gemütlich eingerichtet und verfügen über Sat-TV, Klimaanlage und Fön, von den oberen Stockwerken bietet sich ein weiter Blick über die Stadt. Zum Haus gehören zwei Restaurants, das Café 22 (s. S. 105), Business-Center, Sauna, Fitnessbereich und Hallenbad, Disko und Nachtklub sowie ein AVIS-Autoverleih. Die Hausgarage ist rund um die Uhr bewacht. Am Wochenende bis zu 20 % Rabatt, DZ ab 115 €.

Von viel Grün umgeben ▶ **Park 2:** ul. Plantowa 1, Tel. 91 434 00 50, www.parkhotel. szczecin.pl, 15 Zimmer. Gediegenes Wohnen in einer restaurierten, 100-jährigen Villa im Żeromski-Park mitten in der Stadt. Mit stilvollem Restaurant, Sauna und Hallenbad. DZ ab 115 €.

Bewährt ▶ **Novotel 3:** al. 3 Maja 31, Tel. 91 480 14 00, www.novotel.com, 116 Zimmer. Das Hotel gehört wie das benachbarte Ibis zur Accor-Kette. 116 helle, klimatisierte Zimmer. Mit großem Fitnessbereich, Hallenbad und Sauna, zum Bahnhof läuft man etwa 10 Min. DZ ab 78 €.

Stettin

Ohne Schnickschnack ▶ Campanile 4:
ul. Wyszyńskiego 30, Tel. 91 481 77 00, www.
campanile.pl, 85 Zimmer. Der attraktive, rund-
lich geschwungene Neubau liegt im Zentrum
der Stadt vis-à-vis der Jabobskathedrale. Die
Zimmer sind bequem, haben Sat-TV, Klimaanlage, Tee- und Kaffeekocher. Ruhig schläft
man im straßenabgewandten Teil des Hotels,
muss dann aber auf den Kirchenblick verzichten. DZ ab 70 €.

In der Altstadt ▶ Podzamcze 5: ul. Sienna
1–3, Tel. 91 812 14 04, www.podzamcze.
szczecin.pl, 14 Zimmer. Kleine, aber bequeme Zimmer mit Sat-TV in einem Giebelhaus
der Altstadt, im Erdgeschoss befinden sich
Restaurant und Bar. DZ ab 65 €.

Traditionsreich ▶ Victoria 6: pl. Stefana
Batorego 2, Tel. 91 434 38 55, www.hotel
victoria.com.pl, 42 Zimmer. Gründerzeithaus
mit familiärem Charakter unter deutscher Leitung, nur je fünf Gehmin. vom Bahnhof und
von der Altstadt entfernt. Das Frühstücksbüfett wird im rustikalen ›Alt-Stettiner Restaurant‹ eingenommen – hier fühlt man sich
100 Jahre zurückversetzt. DZ ab 52 €.

Hier wird geübt ▶ Elka Sen 7: al. 3 Maja
1-A, Tel. 91 433 56 04, www.elkasen.szczecin.
pl, 13 Zimmer. Hotel in bester Lage auf dem
Weg vom Bahnhof ins Zentrum. Die Zimmer
sind mit hellen Holzmöbeln freundlich-funk-
tional eingerichtet. Die Angestellten sind Tou-
ristikstudenten und bemüht, alle Wünsche
der Gäste zu erfüllen, DZ ab 35 €.

**Jugendherberge ▶ Schronisko Szczecin-
Cuma 8:** ul. Monte Cassino 19-A, Tel. 91
422 47 61, www.hihostels.com, 130 Plätze,
ganzjährig geöffnet. Herberge im Norden der
Stadt nahe dem Kasprowicz-Park. Zimmer
für 2–6 Personen, zwei Selbstbedienungs-
küchen, Fahrradverleih, Tischtennis und
Volleyball. Anfahrt vom Bahnhof mit Straßen-
bahnlinie 1 Richtung Głębokie zur Haltestelle
Piotra Skargi, dann 5 Min. zu Fuß über die
ul. Królowej Korony Polskiej zur ul. Monte
Cassino, dort rechts.

Camping am See ▶ Marina 9: ul. Prze-
strzenna 23, Tel. 91 460 11 65, www.camping
marina.pl, ganzjährig geöffnet. 5 ha große Anlage auf einem Wiesengelände am Dąbie-

See, 6 km östlich der Stadt. Eigener Bootssteg mit Liegeplätzen, keine Bademöglich-
keit, in der Nähe Sportflugplatz und Bahnlinie. 150 Stellplätze und 26 Campinghütten.

Essen & Trinken

Gut essen kann man in der kleinen Altstadt
am Fuß des Schlosses und auf der Hakenterrasse. Längs des Boulevards Jana Pawła
II. reihen sich trendige Cafés und Lokale.

Nur Fisch ▶ Nowy Chief 1: pl. Grunwald-
zki/ul. Rayskiego 16, Tel. 91 488 14 17, www.
chief.com.pl. Andrzej Borońs Speisekarte ist
beeindruckend: Außer lecker zubereitetem
Zander gibt es Lachstartar mit Wachtelei und
Salat aus Kamschatka-Krabben, sibirischen
Kaviar und Filet vom Hai. Oder wie wäre es
mit Stör mit Buchweizengries und Maronen?
Hauptgerichte ab 9 €.

Authentisch indisch ▶ Bombay 2: ul. Partyzantów 1, Tel. 91 812 11 71, www.india.pl.
Der indische Botschafter war, wie man im
Gästebuch nachlesen kann, vom Besuch dieses Restaurants begeistert. Dank der seit
über 25 Jahren in Polen lebenden Anita
Agnihotri bekommt man hier authentische
indische Küche in stilvollem Rahmen. Fleisch
und Gemüse werden in einem Spezialofen
schonend gebacken. Besonders gut schmecken mariniertes Tandoori-Chicken, Gemüse
in Safransoße und Rinderfiletstreifen Boti.
Dazu bestellt man Kulcha, ein Fladenbrot, in
das Weißkäse und Zwiebeln eingebacken
sind. Verdauungsfördernd wirkt zum Abschluss indischer Tee mit Milch und Kardamom. Hauptgerichte ab 8 €.

**Bodenständig polnisch ▶ Karczma Pol-
ska Pod Kogutem 3:** pl. Lotników 3, Tel. 91
434 68 73, www.karczmapodkogutem.pl.
Das ›Polnische Gasthaus zum Hahn‹ bietet
deftige polnische Küche in lockerem, rustikalem Ambiente. Ausgezeichnet schmecken die
›schlesische Roulade‹ (Rolada Śląska) oder
auch das zarte, mit Äpfeln überbackene
Schweinefleisch mit Kartoffelklößen und Roh-
kost (Pokarm stadny karczek biesiadny). Dazu
erklingt polnische Folk- und Ethno-Musik. Im
Sommer speist man auf der Straßenterrasse.
Hauptgerichte ab 6 €.

Stimmungsvoll im Schloss ▸ **Na Kuncu Korytarza** `7` : ul. Korsarzy 34, Mobiltel. 601-73 23 00, www.nakuncu.pl. Wählt man im Schlosshof Eingang ›H‹ und geht *na kuncu korytarza* (zum Ende des Korridors), entdeckt man ein Lokal mit artistisch bemaltem Gewölbe, schummrigem Licht und leiser Musik. Beata und ihr Vater Bolesław lieben ihre Arbeit, was man nicht nur an den hausgemachten Wurstwaren (von Wildschweinschinken bis Foie Gras) erkennen kann. Auch die Hauptgerichte können sich sehen lassen – lecker schmeckt beispielsweise Entenbrust in Wermut-Pflaumen-Soße. Wer nur eine Kleinigkeit essen will, bestellt Käsekuchen und Kaffee ›auf Stettiner Art‹ mit Starka-Wodka und Sahne. Hauptgerichte ab 6 €.

Hoch über der Oder ▸ **Colorado** `4` : ul. Wały Chrobrego 1-A, Tel. 91 488 19 21, www.coloradopub.pl. Wildweststimmung in einem runden Holzpavillon an der Hakenterrasse über dem Oderufer. Drinnen sitzt man rustikal-gemütlich, draußen im Biergarten unter schattigen Bäumen mit Blick auf den Fluss. Wer kein deftiges Fleisch mag, greift z. B. zur Suppe à la Peru mit roten Bohnen und Tomaten. Dem gleichen Besitzer gehören die Nachbarpavillons ›Chrobry‹ (www. chrobry pub.pl) und ›Columbus‹ (www.columbuspub. pl). Hauptgerichte ab 5 €.

Einkaufen

Einkaufszentrum ▸ Nördlich des Zentrums liegt das **Galaxy Centrum** `1` (al. Wyzwolenia 18, www.galaxy-centrum.pl) mit 200 Läden, Klettergarten und Spielplatz. Zentraler ist die **Galeria Kaskada** `2` , in die die historischen Stadtmauern integriert wurden. Hier findet man auch polnische Modemarken wie Vistula, Wólczanka und Wittchen sowie den Delikatessen-Supermarkt Alma (al. Niepodległości 36, www.galeria-kaskada.pl, beide tgl. geöffnet). In beiden Zentren gibt es große (kostenpflichtige) Parkplätze.

Abends & Nachts

Rund um das Altstädtische Rathaus gibt es viele gute Ausgehadressen, darunter Weinbars und Blues-Kneipen. Das Nachtleben

endet werktags zwischen 23 und 24 Uhr; für das Wochenende gilt open end. Das bedeutet: Geschlossen wird, wenn der letzte Gast gegangen ist.

Kulturevents im Schloss ▸ **Zamek** `7` : Viele Kulturveranstaltungen finden im Stettiner Schloss statt. Im Innenhof werden in den Sommermonaten fast jeden Abend Jazz- oder Klassikkonzerte veranstaltet; in den Seitenflügeln sind Kino, Oper und Operette, im Keller das Teatr Krypta untergebracht. Infos zu den aktuellen Veranstaltungen erhält man im Touristenbüro im Schloss.

Klassische Konzerte ▸ **Filharmonia** `1` : ul. Małopolska s/n, www.filharmonia.szczecin. pl. Der 2014 eingeweihte Bau – mit zwei Konzertsälen und einer Kunstgalerie – ist wohl Polens ungewöhnlichster Musiktempel: Seine asymmetrischen, gläsernen Spitzgiebel erinnern an Stettins gotische Kirchen und zugleich an die Verladekräne im nahen Hafen. Manche sehen in den weiß-grau schimmernden Spitzen einen Eisberg. Auch die Akustik ist ungewöhnlich gut!

Kino ▸ **Pionier** `2` : al. Wojska Polskiego 2, www.kino-pionier.com.pl. Guinessamtlich geprüft: Im ältesten Kino der Welt werden seit 1909 Filme gezeigt – noch heute sitzt man gemütlich an Bistro-Tischen; häufig werden ausländische Filme im O-Ton gezeigt.

Biergärten über dem Fluss ▸ **Wały Chrobrego (Hakenterrasse)** `4` : Drei Biergärten folgen dicht aufeinander: ›Colorado‹, ›Chrobry‹ und ›Columbus‹, alle mit Blick auf vorbeifahrende Schiffe (s. Essen & Trinken).

Panoramabar ▸ **Café 22** `1` : pl. Rodła 8 (Hotel Radisson), www.cafe22.pl, 11–23 Uhr, Do–Sa bis 24 Uhr. Von der Piano-Bar im obersten – d.h. 22. – Stock genießt man gegen Abend den Sonnenuntergang, später schaut man auf das Lichtermeer von Stettin und schlürft Cocktails. Fetzig geht es im Baila Club zu, wo zu Pop- und Latino-Rhythmen abgetanzt wird.

Szenetreff ▸ **Brama Jazz Café** `3` : pl. Hołdu Pruskiego 1, www.brama.szczecin.pl. Modernes Design kontrastiert mit prunkvollem Barock, am Wochenende legen DJs Platten auf.

Stettin

Aktiv

Stettin per Rad erkunden ▶ Für das Verleihsystem **Bike_S** [1] von knapp 400 Rädern an 33 Stationen im Stadtgebiet kann man sich auf der deutschsprachigen Website unter Angabe der E-Mail-Adresse registrieren lassen. Anmeldung und Bezahlung der niedrigen Gebühr unter https://www.bikes-srm.pl (Ausleihe von Frühjahr bis Herbst).

Unterirdisches Sightseeing ▶ **Podziemna Trasa** [2]: ul. Kolumba 1 / Dworzec Główny PKP, www.schron.szczecin.pl, tgl. 12 Uhr, 6 €. Unter dem Hauptbahnhof befindet sich ein 500 m langer Bunker, der bei jeder Besichtigung ›zu Leben erweckt‹ wird. Besucher nehmen teil an einer akustisch-optischen Inszenierung, die sie mal in den Zweiten Weltkrieg, mal in den Kalten Krieg versetzt.

Schiffstouren ▶ »Odra Queen« & »Peene Queen« bzw. »Bosman Express« [3]: s. Aktiv unterwegs S. 107.

Wandern (und Radfahren außerhalb der Stadt) ▶ Viel besuchte Ausflugsziele sind die Wälder Goleniowska, Wkrzanska und Bukowa. Ein internationaler Radwanderweg verbindet Szczecin mit Świnoujście sowie den deutschen Städten Ueckermünde und Anklam.

Golf ▶ **Binowo Park** [4]: Binowo 62, Tel. 91 4041533, www.binowopark.pl. 18-Loch-Anlage in der Buchheide 15 km südlich der Stadt; angeschlossen sind eine 9-Loch-Trainingsanlage, Putting Green und Driving Range, Klubhaus mit Restaurant und Golfshop. Mit deutschsprachigem Unterricht.

Segeln ▶ **PZZ** [5]: Centralny Ośrodek Żeglarstwa, ul. Rybacka 26, Trzebież, Tel. 91 3128241, www.coz.com.pl. In Polens wichtigstem Segelschulungszentrum in Trzebież an der Südwestseite des Stettiner Haffs kann man Segelkurse belegen. Auch Jachten werden verliehen.

Wellness ▶ **Spa Baltica** [1]: Pazim-Center, pl. Rodła s/n, 91 359 44 00, tgl. 9–22 Uhr, www.spabaltica.pl. Das Spa ist an das Radisson-Hotel angeschlossen. Es gibt einen Hydromassage-Pool, Sauna, Solarium und Fitness-Studio, Behandlungen vom Schoko-Bad bis zur Fußmassage.

Termine

Musikfest (Juni): Konzerte im Schlosshof und in der Philharmonie – in den vergangenen Jahren traten hier so berühmte Künstler wie Chick Corea, Paco de Lucía und das Kronos-Quartett auf. Infos: www.szczecin musicfest.pl.

Sail Szczecin (Juni): Zur Segelregatta ertönen keine eingerosteten Seemannslieder, sondern frisch-freche Shanty-Songs.

Kunstsommer (20. Juni–31. Aug.): Ein weiter Bogen spannt sich vom traditionellen Johannismarkt über die wöchentlich stattfindenden Schlosskonzerte und die Noc Kupały, ein slawisch-heidnisches Fest zur Sommersonnenwende, bis hin zu den Festivals der Straßen- und Feuerkünstler.

Verkehr

Auto: Von Stettin, über die A-6 ans deutsche Autobahnnetz angeschlossen, geht es auf der E-65 via Goleniów in Richtung Küste. Bei Wolin setzt man auf einer Brücke auf die gleichnamige Insel über, und zum ersten Mal öffnet sich ein weiter Blick auf das Haff. Nach weiteren 14 km gilt es sich zu entscheiden: Entweder man bleibt auf der E-65 bis Łuknowo und folgt dort der Ausschilderung nach Karsibór, wo man per kostenloser, im 30 Minuten-Takt verkehrender Autofähre auf die Westseite von Świnoujście übersetzt. Oder man wählt die attraktivere Variante und biegt ab nach Międzyzdroje.

Flugzeug: Der kleine internationale Airport befindet sich bei Goleniów 40 km nordöstlich der Stadt (www.airport.com.pl). Er wird von Billig-Airlines angeflogen und bietet tgl. Linienverbindungen der polnischen Fluggesellschaft LOT nach Warschau.

Bus/Zug: Beide Bahnhöfe liegen 1 km südlich des Stadtzentrums am Westufer der Oder. Mit dem Zug kommt man besser nach Międzyzdroje und Świnoujście, nach Kołobrzeg fahren häufiger Busse.

Stadtverkehr: Da Stettin in den Verkehrsverbund Berlin–Brandenburg einbezogen ist, kann man mit einer in Berlin gekauften Tages- oder Wochenkarte alle öffentlichen Stettiner Verkehrsmittel frei benutzen.

aktiv unterwegs

Schiffstouren auf der Oder – und weiter mit dem Rad

Tour-Infos

Start: Anlegestelle Dworzec Morski, ul. Jana z Kolna

Odra & Peene Queen: ein- bis zweistündige Hafenrundfahrten Anfang Mai–Ende Aug. tgl. 12 und 15 Uhr; Tel. 91 434 57 00, www. statki. net.pl, 6 €

Bosman Express: 75-minütige Fahrt mit dem Tragflügelboot nach Świnoujście; Tel. 91 488 55 64, April–Okt. Mi–So 16.15 Uhr, www. wodolot-szczecin.pl, 15 € (einfache Fahrt)

Radtour: Für Radtouren ab Świnoujście ist die dortige Touristen-Information der erste Anlaufpunkt (s. S. 103).

Auf den kleinen Schiffen **Peene** oder **Odra Queen,** die mit offenem und geschlossenem Deck bei jedem Wetter starten können, lernt man das **industrielle Stettin** kennen. Von der Anlegestelle am Fuß der Hakenterrasse (Wały Chrobrego) schippert das Schiff zum gegenüberliegenden Ufer und folgt einem Zufluss der Oder. Um eine Insel herum geht es weiter, vorbei am größten Kran des Landes, der 1935 in deutscher Zeit entstand: er ist 65 m hoch und kann Gewichte bis zu 43 t heben! Anschließend tuckert das Schiff durch einen Kanal und an mehreren Inseln vorbei. Es passiert gigantische Docks, auf dem Großschiffe repariert werden und Werften, von denen einst Polens Flotte vom Stapel lief. Noch ein Stück geht es oderabwärts in Richtung Mündungsdelta, bevor das Schiff kehrt macht und zur Hakenterrasse zurückfährt.

Alternativ kann man mit dem schnellen **Bosman Express** quer über das Haff zum Hafenort **Świnoujście** ›fliegen‹. Dabei bekommt man einen Eindruck von der 1000 m² großen Wasserfläche mit ihren Sand- und Sumpfinseln, schilfigen Flach- und sandigen Steilufern. Über die Swina, den westlichen Mündungsarm der Oder, erreicht man den Stadthafen von Świnoujście, von wo eine Gratisfähre zum attraktiven Kur- und Strandviertel schippert.

Wo die Fähre anlegt, öffnet die Touristeninformation: Hier erfährt man, wo sich der nächste Bike-Verleih befindet, und kann Einblick in Rad-Broschüren nehmen. Der blau markierten Radtour südwärts 4 km auf der ul. Karsiborska folgend, kann man den Fluss Swina auf einer Gratis-Fähre zur Insel Wollin queren und über eine lange Brücke auf die sumpfige **Vogelinsel Karsibór** gelangen. Eine gute Alternative bietet sich auf der **Insel Wollin:** Nach dem Übersetzen folgt man dem weiterhin blau markierten Radweg über die Dörfer Przytór, Łunowo und Lubiewo bis Międzyzdroje (bis Przytór viel Verkehr). Von Międzyzdroje geht es auf dem grün markierten Radweg R-10 parallel zur Küste bis zum Ostteil von Świnoujście zurück, wo eine Gratis-Fähre zum Startpunkt der Tour zurückführt (Gesamtlänge der Rundtour 42 km).

Stettins Umgebung

▶ 1, B/C 5/6

Die Umgebung Stettins ist reich an Wäldern und Seen. Die Höhen und Täler der weich gewellten Moränenlandschaft sind mit Buchen bewachsen, dazwischen mischen sich Kiefern und Erlen. Nach Süden zu gelangt man über die Buchheide (Puszcza Bukowa) zum **Nationalpark Unteres Odertal** (Narodowy Park Dolinu Odry), der sich beidseits des Flusses erstreckt und das erste grenzüberschreitende Großschutzgebiet mit Deutschland bildet. Er reicht 60 km bis zum Oderbruch und umschließt eine riesige Auenlandschaft: Zwischen den beiden Armen der hier geteilten Oder breitet sich ein Wasserlabyrinth aus – ein ökologischer Filter mit Schilfdickicht, so weit das Auge reicht. Das Feuchtbiotop dient Hunderttausenden von Zugvögeln, darunter Kraniche und Graureiher, als Rastplatz (www.unteres-odertal.de).

›Kornkammer Polens‹ nennt man die Landschaft rings um den **Jezioro Miedwie** (Madü-See) südöstlich Stettin. Dort haben die Schmelzwasser der letzten Eiszeit eine fette Schwarzerde hinterlassen, auf der Weizen und Roggen gedeihen. Um 1230 errichteten Zisterzienser auf dem fruchtbarem Terrain die berühmte **Klosterkirche bei Kołbacz** (Kolbatz). Gut 20 Jahre später wurde an der Nordseite des Sees die spätere Hansestadt **Stargard Szczeciński** (Stargard) gegründet. Wie gut es einst ihren Bürgern, die mit den Stettinern um die Führungsrolle konkurrierten, ging, verrät das Ortszentrum. Auf dem Marktplatz stehen das spätgotische Rathaus mit einem filigranen Schmuckgiebel und die arkadengeschmückte Alte Wache mit einem Regionalmuseum. Überragt wird das Ganze von der trutzigen Marienkirche anno 1292, einem kostbaren Zeugnis der Backsteingotik. Wie durch ein Wunder hat das Gotteshaus mitsamt seinen prachtvollen gotischen Skulpturen alle Kriege überstanden. Rings um das Altstadtareal verläuft eine mächtige Wehrmauer mit Türmen und Toren – wer sie abschreitet, kann zwei weitere Kirchen anschauen: Die Johanniskirche bietet von der Aussichtsgalerie ihres 99 m hohen Turms weite Blicke über die Stadt (www.cit.stargard. com.pl).

Fast zur gleichen Zeit wie Stargard entstand das nördlich gelegene **Goleniów** (Gollnow), das 1368 gleichfalls der Hanse beitrat. Der Ort liegt inmitten eines morastigen Waldgebiets, das sich bis zum Stettiner Haff erstreckt. Von der Nähe zum Stettiner Flughafen erhofft er sich eine wirtschaftliche Wiederbelebung. An die Zeit des Mittelalters erinnert nur Weniges: Reste des Wehrmauerrings, eine backsteinerne Pfarrkirche und ein Kornspeicher am Ufer der Ihna. 15 km östlich wurde das ehemalige Schlösschen der Grafen von Flemming in ein schönes Hotel verwandelt. Es liegt am See von **Maciejewo** (Matzdorf) inmitten eines alten Parks – das Restaurant wartet mit vorzüglicher Adelsküche auf (Pałac Maciejewo, Tel. 91 418 12 85, www.hotelmaciejewo.pl, 48 Zimmer, DZ 75 €, ab Goleniów auf Straße 113).

Ein weiteres Schlosshotel befindet sich in **Kulice** (Külz), knapp östlich Nowogard, wo ein 300-jähriges Herrenhaus Sitz einer ›Europäischen Akademie‹ wurde: Unter der Schirmherrschaft von Philipp von Bismarck, dem einstigen Sprecher der Pommerschen Landsmannschaft, und mit finanzieller Unterstützung Deutschlands wurde das ehemalige Anwesen seiner Familie aufpoliert (Akademia Europejska Kulice, Tel. 91 391 33 83, www. kulice.pl, 17 Zimmer, DZ 40 €).

Nordwestlich von Stettin lohnt ein Besuch in **Trzebież** (Ziegenort), einem Fischerdorf mit Fachwerkhäusern, kleinen Molen und dem Schulungszentrum des polnischen Seglerverbands (s. Aktiv, S. 106). Gern kommen die Stettiner am Wochenende und besuchen die Ausflugslokale. Dann belebt sich auch das deutsch-polnische Grenzdorf **Nowe Warpno** (Neuwarp). Es hat einen Marktplatz mit einem 300-jährigen Rathaus und einer spätgotischen, groß geratenen Kirche. Vom schilfbewachsenen Strand schaut man hinüber nach Altwarp, der Schwesterstadt in Mecklenburg-Vorpommern. Im Sommer herrscht an den Wochenenden reger Fährverkehr zwischen dem alten und neuen Ortsteil.

Die Hanse – freier Handel ohne Grenzen Thema

Krämerseelen und Pfeffersäcke: So bezeichnete man einst voller Verachtung die Hanseaten. Sie selbst nahmen es gelassen, sahen sich als faire Kaufleute und weltgewandte Kosmopoliten. Den Kaufmannsbund gibt es zwar längst nicht mehr, doch das Sprichwort ist geblieben: Ein ›echter Hanseat‹ besitzt einen kühl kalkulierenden Kopf und eine Leidenschaft fürs Geschäft.

Es begann im 12. Jh.: Damals schlossen sich die Kaufleute norddeutscher Städte zur ›Hansa‹ (altdeutsch: Bund) zusammen, um den wechselseitigen Handel zu fördern. Stapel- und Marktrecht, Schutz- und Zollabgaben, Münzen und Maße: All dies wurde vereinheitlicht, da die Kaufleute erkannt hatten, dass nur in einem rechtlich abgesicherten Raum das Geschäft florierte. Der Erfolg gab ihnen Recht. Bald schlossen sich der Hanse weitere Städte zwischen Brügge und Nowgorod an, insgesamt etwa 200. Die meisten von ihnen lagen am Schnittpunkt von Handelsstraßen, an Flussläufen und Meeren, kurz: überall dort, wo Waren umgeschlagen wurden und von wo sie sich rasch weiterbefördern ließen.

Einen großen Vorteil besaßen die nach ›deutschem Recht‹ gegründeten Städte. Ihre Bewohner waren freie Bürger, sie durften über Eigentum verfügen und es vererben, einen selbst gewählten Beruf ausüben und sich in Zünften organisieren. »Stadtluft macht frei«, so verkündeten sie stolz, in deutlicher Abgrenzung zu jenen Orten, in denen die Bewohner nichts weiter als rechtlose Knechte eines Burgherren waren. Die Städte Pommerns und Preußens besaßen freilich noch weitere Vorteile. Über sie wurde Getreide aus der Kornkammer Polen umgeschlagen, in einer Zeit unkalkulierbarer Ernten und häufiger Hungersnöte das wichtigste aller Güter. Zugleich waren sie der Brücken-

kopf zum russischen Pelzmarkt – Biber- und Bärenfell, Zobel und Hermelin wanderten über die Ostsee in den Westen Europas. Begehrt waren gedörrter und gesalzener Fisch, aber auch Wachs, Holz und Metall. Bald kursierte ein geflügeltes Wort, das die Spezialisierung der Städte auf den Punkt brachte: »Stettin ist ein Fisch-, Danzig ein Getreide- und Krakau ein Kupferhaus«. Im Tausch für die Rohstoffe brachten die Kaufleute flandrische Tuche und englische Wolle, venezianisches Glas, französischen Wein und das ›weiße Gold‹ Zucker.

So gut verdienten die Hanseaten, dass sie sich bald auch als Bankiers einen Namen machten. Sie dominierten das Kredit- und Wechselbriefgeschäft und finanzierten Kriege für König und Adel. Fugger und Welser hießen die bedeutendsten Kaufmannsgeschlechter im Westen, im Osten Loitz (Stettin), Ferber und Uphagen (Danzig).

Mit der Entdeckung der Neuen Welt und dem Aufbau weltumspannender Kolonialreiche wurde der Niedergang der Hanse eingeleitet. Die Schaltstellen des internationalen Handels verlagerten sich nach Westeuropa, wo die Hanseaten bestenfalls ein paar Kontore, aber keinen Einfluss besaßen. Im 16. Jh. löste sich der Bund auf, erhalten blieben Krantore, Stapelplätze und Speicherinseln, backsteinerne Kirchen und Rathäuser sowie ein reicher Fundus aus Flandern importierter Kunstwerke.

Usedom und Wollin

Nach Jahren des Wartens ist es so weit: Zwischen Usedom und Wollin entwickelt sich ein reger Schiffsverkehr. Die beiden Hauptorte auf den Inseln sind die traditionsreichen Seebäder Świnoujście und Międzyzdroje. Es gibt herrliche Strände, Seestege und Flaniermeilen.

Das pommersche Land ist reich an Legenden. Jedes polnische Schulkind kennt die Geschichte von der Urschlange, die so durstig war, dass sie nicht einmal vor den großen Meeren Halt machte. Als sie auch das Baltische Meer auszuschlürfen begann, wollten das die Fischer der Region nicht tatenlos hinnehmen. Um ihr den Appetit zu verderben, rammten sie ihr zwei Erdklumpen ins Maul, und diese waren so riesig und fett, dass es der Schlange bis heute nicht mehr gelungen ist, ihr Maul zu schließen.

Was da gemeint ist, verrät der Blick auf die Karte: Die Schlange ist die Oder, der aufgerissene Schlund ist das Haff; die Klumpen im Maul bilden die beiden Inseln Usedom und Wollin. Natürlich sehen Geologen die Entstehung der Inseln sachlicher. Für sie sind sie die Überbleibsel einer hoch aufragenden, eiszeitlichen Stirnmoräne, die das Meer im Laufe von mehreren tausend Jahren formte. Unentwegt hat die Brandung an der Küste genagt und gehobelt, das dabei zerriebene Gestein als feinsten Sand zurück an die Küste gespült. Darum reiht sich heute ein breiter Strand an den nächsten, wobei die Insel Wollin dank ihres die Ostsee säumenden Steilufers besonders attraktiv ist. Aber auch jenseits der Küste gibt es viel zu entdecken: Im buckligen, mit Buchenwald bedeckten Gelände sind zahlreiche Seen eingestreut, darunter der glitzernde Türkissee. Auf den im Buch beschriebenen Rad- und Wandertouren lernt man die landschaftlichen Höhepunkte der Insel Wollin kennen.

Świnoujście ▸ 1, A 4

Westlichste Stadt der polnischen Küste ist **Świnoujście** (Swinemünde), gerade einmal 4 km vom deutschen Ostseebad Ahlbeck entfernt. Ihr Pluspunkt sind Paradestrände und restaurierte Villen im Bäderstil, und auch der historische Kern wurde aufgehübscht. Das Stadtzentrum liegt auf der Insel Usedom, Industrie- und Fährhafen befinden sich bereits jenseits des trennenden Flusses auf Wollin.

Schon seit 1826 genießt Świnoujście den Status eines Seebads. Theodor Fontane hat hier einen Teil seiner Kindheit verbracht und über seine Eindrücke aus jener Zeit berichtet: »Swinemünde war, als wir im Sommer 1827 dort einzogen, ein unschönes Nest, aber zugleich auch wieder ein Ort von ganz besonderem Reiz.« Manches mochte man ihm vorwerfen, doch spießbürgerlich war Świnoujście mitnichten. Schotten, Holländer, Dänen und Schweden waren im Laufe der Jahre in dem Küstenort hängen geblieben und hatten dafür gesorgt, dass das Leben hier bunter war als anderswo.

Mit der Reichsgründung 1871 entdeckte das vornehme Berlin den Reiz dieser Region und verbrachte in den ›Kaiserbädern‹ seine Sommerfrische. Geld- und Blutadel gaben sich die Klinke in die Hand, außer pommerschen Junkern kamen Berliner Geheim- und Kommerzialräte mit ihren herausgeputzten Frauen. Nach 1945 war ihnen das nicht mehr vergönnt. Unter der Herrschaft der polnischen Sozialisten wurden viele Villen in preisgünstige Ferienheime verwandelt, vor allem Bergarbeiter kamen nun in den Genuss frischer Meeresluft. Doch es dauerte nicht lange, da drehte sich das Rad der Geschichte ein weiteres Mal: Seit 1989 muss sich der Besuch von Gästen wieder ›rentieren‹. Man erhofft sich zahlungskräftige Kunden und investiert in die Verschönerung der Stadt.

Ein Dünenwall, auf dem ein aussichtsreicher Holzplanken-Parcours verläuft, trennt den kilometerlangen und bis zu 150 m breiten Strand vom Kurviertel. Dessen schönstes Stück ist die Promenade, die mit alten und neuen Villen im Bäderstil, Cafés und Bistros einen schönen Corso abgibt. Und auch in den Seitenstraßen, wo einstige Sommerfrischen in lockerem Grün stehen, wird emsig restauriert. Fast unmerklich geht das Viertel in den Park über, der einst vom königlich-preußischen Landschaftsarchitekten Lenné angelegt wurde. Weiter landeinwärts liegt die Altstadt mit einem attraktiven Platz (pl. Wolności), der neugotischen **Pfarrkirche** und dem **Fischereimuseum** (Muzeum Rybołówstwa Morskiego, pl. Rybacka 1, www.muzeum-swinoujscie.pl, Di–So 10–18 Uhr).

Ausflüge

In den Sommermonaten legen am Uferkai längs der Świna (Wybrzeże Władysława IV.) Ausflugsschiffe und Segeljachten an. Mehrere deutsche Reedereien, darunter Adler, bieten mehrmals täglich **Schiffstouren** über das Stettiner Haff und entlang der Küste nach Bansin, Heringsdorf und Ahlbeck auf Usedom an (www.adler-schiffe.de). Mit der kostenlosen Passagierfähre kann man von der Altstadt alle 10–20 Minuten zum östlichen Ortsteil übersetzen. Neben dem dortigen Bahnhof befinden sich der Umschlag- und Fährhafen Odraport, die Fischfabriken und Werften. Kurz, aber interessant ist die Bootstour zum 1857 erbauten Leuchtturm an der Flussmündung. Mit 68m ist er der höchste an der polnischen Küste, von seiner Plattform bietet sich ein weiter Blick bis Usedom (Latarnia Morska, tgl. 10–18 Uhr). Tickets für die verschiedenen Ausflugsfahrten bekommt man in allen Reisebüros.

Tipp: Festungs-Spaziergang

Eindrucksvoll sind die Forts an der Swina-Mündung: Von der runden **Engelsburg** (Fort Anioła) spaziert man zur gut getarnten **Westburg** (Fort Zachodni), wo in Kasematten ein skurriles Militärmuseum die Geschichte vieler Kämpfe aufleben lässt. Gut essen kann man hier auch: Im Backsteingewölbe des Konstelacja (ul. Jachtowa 4) werden Riesenportionen Fleisch aufgetischt. Die **Ostburg** (Fort Wschodni) am gegenüberliegenden Swina-Ufer ist im Sommer öfters Schauplatz von Happenings à la Schwejk.

Wer das ländliche Świnoujście mit dem Fahrrad erleben will, fährt vom Hafen südwärts über eine lange Brücke auf die **Insel Karsibór** (Kaseburg, s. Karte S. 107). An reetgedeckten Fischerkaten vorbei kommt man zum verschilften Haffufer voller Wasservögel. Ein internationaler Radwanderweg verbindet Świnoujście mit Szczecin und den deutschen Städten Ueckermünde und Anklam.

Ausgiebige, kilometerlange **Strandwanderungen** kann man auf der Usedomer Seite unternehmen: bis Ahlbeck und weiter westwärts! Statt einer Grenze gibt es – ein Stück landeinwärts – eine künstlerisch gestaltete Grenzinstallation.

Infos

Centrum Informacji Turystycznej: pl. Słowiański 6/1, www.swinoujscie.pl, im Sommer auch Infostand an der Promenade.

Übernachten

Gediegen & gut ▶ **Polaris:** ul. Słowackiego 33, Tel. 91 321 54 12, www.hotelpolaris.pl, 34 Zimmer. Kleines Hotel 200 m vom Strand mit gemütlichen Zimmern und Sat-TV. Im Haus gibt es ein Hallenbad, angeboten werden auch Entschlackungskuren unter ärztlicher Betreuung. DZ ab 85 €.

Makellos modern ▶ **Park Avangard:** ul. Uzdrowiskowa 5, Tel. 91 322 55 77, www.park

111

Usedom und Wollin

avangard.pl, 45 Apartments. Komfortables Aparthotel an der Promenade. Die Apartments (wahlweise mit 1 oder 2 Schlafzimmern buchbar) sind hell und elegant, das Restaurant (empfehlenswertes Frühstücksbüfett!) präsentiert sich im chilligen Club-Stil, das Spa wartet mit einem kleinen Indoor-Pool auf. 2 Pers. ab 125 €.

Bewährt ▶ **Atol:** ul. Orkana 3, Tel. 91 321 30 10, www.hotelatol.pl, 90 Zimmer. Das Hotel liegt etwa 200 m von der Promenade entfernt und ist nach seiner Renovierung wieder uneingeschränkt zu empfehlen. Die neu eingerichteten Zimmer sind sehr geräumig, die Bäder mit Granit ausgestattet. Das Restaurant bietet landestypische und internationale Küche, sehr gut ist das Frühstücksbüfett. Mit Sauna und Solarium, ab 2011 auch mit Pool. DZ ab 60 €.

Für Selbstversorger ▶ **Baltic Home:** ul. Uzdrowiskowa 11/3, Tel. 91 327 49 94, www.baltichome.pl, 100 Apartments. An der Flanierpromenade, drei Schritte von Strand und Kurpark entfernt, stehen mehrere von traditioneller Bäderarchitektur inspirierte Apartmenthäuser. Zur Wahl stehen Ein- und Zweizimmer-Apartments, auf Wunsch als Maisonette, alle mit gut ausgestatteter Kitchenette, Flachbild-Sat-TV und Gratis-Internet. Schön ist das Kapitänsapartment, noch schöner die ›Königliche Suite‹! Mit Tiefgarage und Garten, freundlicher Service. 2 Pers. ohne Frühstück ab 40 €.

Camping ▶ **Relax Nr. 44:** ul. Słowackiego 5, Tel. 91 321 39 12, www.camping-relax.com.pl, geöffnet Juni–Sept. Beliebte, strandnahe Anlage mit Campinghäuschen, Café und Restaurant.

Der frische Fang landet sogleich in den Fischbratereien und Restaurants

Essen & Trinken

Entlang der Strandpromenade gibt es Imbissstuben, Bistros und Bars. In Fischbratereien *(smażalnia ryb)* werden Heilbutt, Hecht
und Flunder verkauft. Rund um den zentralen
Altstadtplatz gibt es gleichfalls nette Lokale.
Feine Küche bieten Hotelrestaurants, z. B.
Park Avangard und **Atol.**

Maritim ▶ **Dune:** ul. Uzdrowiska 12, Mobil-
Tel. 502 61 44 03, www.dune.net.pl. Prome-
nadenlokal mit fantasievoller Fischküche,
z. B. mit Fischfarce gefüllte Piroggen. Hauptgerichte ab 6 €.

Polnische Hausmannskost ▶ **Albakora:**
ul. Konstytucji 3/Maja 6, Tel. 91 321 21 61. Das
Lokal in der Altstadt bietet großzügige Portionen polnischer Küche in plüschigem Ambiente. Lecker schmecken das pikante Bigos,
Schweinelendchen auf Pilzen und die Roh-
kostteller. Hauptgerichte ab 6 €.

Abends & Nachts

An der Strandpromenade wird nicht nur gegessen, sondern auch geschwoft: Dazu bietet die Konzertmuschel in der Saison Konzerte von Folk bis Pop.

Livemusik ▶ **Jazzclub Centrala:** ul. Armii
Krajowej 3 (1. Stock), Tel. 91 321 26 40, www.
centrala.pl. In einem Bürgerhaus nahe dem
Uferkai treten nationale Jazzgrößen auf,
manchmal gibt es Autorenkino. Dazu wird
Pub-Food serviert.

Aktiv

Baden ▶ Der breite und feinsandige Strand
fällt flach ins Meer ab. Das Wasser erwärmt
sich im Sommer auf 22 °C, ist aufgrund des
nahen Hafens aber nicht immer sauber. Für
die kühlere Jahreszeit gibt es im Promena-
denbereich ein Hallenbad.

Radfahren ▶ s. S. 111
Schiffsausflüge ▶ s. S. 111

Verkehr

Auto: Von Ahlbeck gelangt man per Pkw geradewegs in den Westen von Świnoujście;
wer von Stettin kommt, nutzt ab Karsibór
(7 km südl.) die Gratis-Fähre – im Sommer
muss man sich auf Wartezeiten einstellen.

Zug: Der Bahnhof Świnoujście-Centrum wird
von der Usedomer Bäderbahn angefahren
(www.ubb-online.com). Für die Weiterfahrt
Richtung Osten geht es (per Gratis-Fähre
5–22 Uhr alle 20–60 Min.) auf die Insel Wollin
zum Bahnhof Dworzec PKP. Verbindungen
gibt es über Międzyzdroje nach Szczecin.

Bus: Linienbusse ab Stralsund, Zinnowitz
und Ahlbeck nach Świnoujście; zurück von
der Anlegestelle der Gratis-Fähre Mai–Sept.
tgl. alle 30 Min. via Ahlbeck nach Bansin. Vom
Busbahnhof (Dworzec PKS, neben dem Zugbahnhof) geht es via Międzyzdroje und Kamień Pomorski an der Küste entlang.

Rad: Vom deutschen Kamminke spannt sich
eine Brücke (1 km südl. der Bundesstraße
110) nach Wydrzany, wo ein 4 km langer Radweg nach Świnoujście startet.

Schiff: Von Świnoujście verkehren Fähren
nach Ystad (Schweden) und Kopenhagen
(Dänemark). Aktuelle Verbindungen und Fahr-
pläne im Internet unter www.polferries.pl und
www.unityline.pl.

Flug: Der Airport Heringsdorf im deutschen
Teil Usedoms wird u. a. von Germanwings angeflogen (www.flughafen-heringsdorf.de).

Międzyzdroje ▶ 1, B 4

15 km östlich von Świnoujście auf der Insel
Wollin liegt **Międzyzdroje** (Misdroy), einer der
beliebtesten Ferienorte der Küste mit einer
Vielzahl von Hotels, Cafés und Restaurants.
Hauptattraktion ist der breite feinsandige
Strand, der sich kilometerlang die Küste ent-
langzieht. Eine Hand voll aufgebockter Boote
sorgt fürs Lokalkolorit, seelenruhig flicken die
Fischer ihre Netze, bleiben unbeeindruckt
vom Treiben ringsum.

Die knapp 3 km lange Promenade ist von
Villen im Stil der **Bäderarchitektur** gesäumt,
während des Filmfestivals im Juli flanieren hier
polnische Stars. Vom **Seesteg**, der 400 m ins
Meer ausgreift, starten Schiffe der Weißen
Flotte zu Ausflügen, das ehemalige **Kurhaus**
lädt zu Konzerten und Ausstellungen ein. An
seiner Rückseite öffnet ein **Wachsfiguren-
kabinett**, das Filmstars und Helden der Welt-

aktiv unterwegs

Radtour zum Haff

Tour-Infos

Start- und Endpunkt: Międzyzdroje
Länge: 15 km
Dauer: 4.30 Std. (hin und zurück)
Schwierigkeitsgrad: Die Tour ist leicht und verläuft auf Radwegen, wenig befahrenen Straßen und Pisten. Anstrengung erfordert nur ein zehnminütiger Abschnitt an einem sandigen Hang, wo es zeitweise nötig ist, das Rad zu schieben.
Radverleih: z.B. im Hotel Amber Baltic; in der Saison öffnen zudem improvisierte Bike-Stationen an der Promenade – die aktuell günstigste Adresse kann man in der Touristeninformation erfragen.
Einkehr: In allen Orten gibt es Imbiss-Buden, den besten Blick genießt man in Lubin.

Der Radweg führt in stetem Auf und Ab in den Süden des Wolliner Nationalparks, vorbei an einem türkisfarbenen See. Am Ende wartet als Lohn für die (geringe) Mühe ein grandioser Weitblick aufs Haff.

Vom **Naturkundemuseum** in Międzyzdroje folgt man der ul. Niepodległości stadtauswärts – bequem auf einer extra angelegten, parallel zur Straße 102 verlaufenden Radspur. Nach 2 km passiert man das am Wicko-See gelegene Dorf **Zalesie** (Latziger Ablage). Wer Lust hat, kann hier vom Drahtesel aufs Paddelboot umsteigen und zu einem Trip über das Wasser starten. Alternativ besucht man das gegenüberliegende kleine **Bunkermuseum.** Es erinnert daran, dass hier die Wehrmacht zwischen 1943 und 1945 auf Tausendfüßler-Rampen die V-3-Rakete mit Reichweiten von 160 km testete – hergestellt wurden diese von Zwangsarbeitern in einer ›Heeresversuchsanstalt‹ im Norden Usedoms. Um eine Vorstellung von der Größe der Anlage zu bekommen, erklimmt man auf Treppenwegen hinter dem Bunker die steile Böschung (Mai–Okt. 10–18 Uhr).

2 km weiter liegt **Wapnica** (Kalkofen), wo sich östlich des Dorfs in einem ehemaligen Kalkbruch der **Türkissee** (Jezioro Turkusowo) ausbreitet. Seine besonders an sonnigen Tagen leuchtend türkisgrüne Färbung verdankt er der speziellen Mischung von Mineralien im Wasser. Mit seinem dicht bewachsenen Steilufer gehört der See zu den romantischsten Flecken auf der Insel Wollin. Vom Parkplatz aus folgt man dem blau markierten, steilen Waldweg das Rad schiebend in 15 Min. zum Aussichtspunkt auf dem **Sandberg** (Góra Piaskowa) – von hier genießt man einen letzten Blick auf den See und schaut über das

geschichte zeigt, wie Einstein, Kleopatra und Sokrates (Gabinet Figur Woskowych, ul. Bohaterów Warszawy 19, tgl. 11–20 Uhr).

Ein Grüngürtel trennt die Promenade vom traditionellen Ortskern. Auch er wurde in den letzten Jahren aufpoliert, am Neptunplatz entstand eine Fußgängerzone. Von dort ist es nicht weit zum **Naturkundemuseum**, das über Flora und Fauna informiert. Im Garten des Museums kann man den Seeadler, das Wappentier des Wolliner Nationalparks (s. S. 117), bestaunen; seine Flügel sind bis zu 2 m weit – kein anderer Vogel kann sich mit ihm an Größe messen (Muzeum Przyrodnicze Wolińskiego Parku Narodowego, ul. Niepodległości 3, www.wolinpn.pl, Mai–Sept. Di–So 10–18, Okt.–April Di–Sa 9–15 Uhr).

1 Steilküste von Wollin

Wem das Treiben im Ortsbereich zu hektisch ist, der läuft am Strand ostwärts und gelangt nach 10–15 Minuten zur legendären **Steilküste von Wollin**: Bis zu 100 m ragen helle Klippen auf, in deren Steilwand sich Kiefern und knorrige Buchen krallen. Immer schmaler wird der Strand und scheint sich

umgebende Dickicht hinweg auf die Außen-
arme des Haffs. Anschließend geht es durch
urwüchsigen, von Schluchten zerfurchten
Buchenwald im Downhill nach **Lubin** (Leb-
bin). Vor Erreichen des 400 Einwohner-Dor-
fes kann man einen kurzen Abstecher auf den
Grünen Hügel (Zielonka) einschieben, von
dem sich ein zauberhaftes Panorama bietet.
Genauso attraktiv ist der Blick von der Abbruchkante der Klippe hinter der Kirche (Weg-
weiser: Grodzisko): Sandbänke, Gras- und
Schilfinseln schwimmen im Świna-Rückdelta,
dahinter erstreckt sich bis zum Horizont das
Haff. An dieser strategisch günstigen Stelle
hatten die Inselbewohner schon im 10. Jh.
die Burg Castellum Lubinum erbaut; ein
Schild verweist auf die jüngst ausgegrabenen
Fundamente. Eine kleine, am Rand des Pla-
teaus platzierte Terrassenbar versorgt Besucher mit Drinks und Snacks – gern legt man
hier eine längere Pause ein!

Um nach Międzyzdroje zurückzugelangen,
folgt man von der Kirche der Straße bergab,
passiert Wicko sowie Zalesie. Wenig später
bietet sich die Möglichkeit, auf eine Waldpiste
rechts der Straße überzuwechseln. Diese
führt zunächst an Schrebergärten vorbei,
unterquert dann die Bahngleise und endet
schließlich am Bahnhof von Międzyzdroje.

schier endlos zu erstrecken. Er gehört zum
Wolliner Nationalpark, der auch die unter-
seeische Küstenplattform umfasst: Mit
Schnorchelbrille sieht man viele Fische, Al-
genbärte, die sich in der Strömung wiegen,
und weiße Muschelfelder.

Infos

Centrum Informacji Turystycznej: ul. Promenada Gwiazd 2, Tel. 91 328 27 78, www.
miedzyzdroje.info.pl, tgl. außer So. In den
Monaten Juli und August öffnet zusätzlich ein
kleiner Info-Pavillon auf der Promenade.

Übernachten

Das Übernachtungsangebot reicht vom Campingplatz über gemütliche Pensionen bis zum
großen Viersternehotel.

Bequem ▶ Aurora: ul. Bohaterów Warszawy 17, Tel. 91 328 12 48, www.hotel-aurora.pl,
80 Zimmer und Apartments. Hotel in einer
alten Villa an der Promenade gegenüber der
Mole; einen besonders schönen Blick bieten
die Räume in der obersten Etage. Inzwischen
wurde das ›Aurora‹ um einen Neubau erweitert und verfügt nun über Nightclub, Spa &
Wellness. DZ ab 85 €.

Usedom und Wollin

Groß am Strand ▶ **Amber Baltic:** Promenada Gwiazd 1, Tel. 91 3 28 10 00, www.hotel-amber-baltic.pl. 190 Zimmer und Suiten. Lang ist es her, dass das Amber Baltic das einzige Komforthotel an der polnischen Ostsee war. Immerhin hat die Mehrzahl der Zimmer Meerblick, das Frühstücksbüfett ist gut, es gibt Indoor- und Outdoor-Pools, Rad- und Surfboardverleih sowie einen Gratis-Shuttle zum Golfplatz. DZ 72–130 €.

Für Selbstversorger ▶ **Nautilus:** Promenada Gwiazd 8, Tel. 91 3 28 09 99, www.hotel-nautilus.pl, 15 Zimmer. Gepflegtes Hotel in einer restaurierten Strandvilla von 1913 gegenüber vom Amber Baltic. Die Zimmer sind eingerichtet mit Küchenzeile und Sat-TV, einige haben Balkon oder Wintergarten. Die deutschen Besitzer Silke und Jörg Krüger bieten im zugehörigen Restaurant solide polnische Hausmannskost. Mit eigenem Parkplatz. DZ ab 68 €.

Behaglich ▶ **Marina:** ul. Gryfa Pomorskiego 1, Tel. 91 328 04 49, www.marinahotel.az.pl, 35 Zimmer. Elegantes Hotel im Zentrum, engagiert geführt vom Ex-Bürgermeister Stanisław Sapała und seiner Frau Ewa. Schon in der Eingangshalle mit rund geschwungener Rezeption, Muschel- und Dünenmotiven fühlt man sich wohl. Die Zimmer sind geräumig und in mediterranen Farben gehalten, am besten wählt man eines, das von der Straße abgewandt ist. Zum Frühstück bedient man sich am Büfett. DZ ab 65 €.

Charmant und familiär ▶ **Villa Stella Maris:** ul. Bohaterow Warszawy13, Tel. 91 328 04 81, www.villa-stella-maris.com, 17 Zimmer. Schmuckstück an der Promenade, nur 100 m vom Strand: Die 100-jährige, liebevoll restaurierte Villa wird von Ewa Schwarze engagiert geführt. Viele Zimmer warten mit historischen Details auf (z. B. alten Kachelöfen), alle sind freundlich, hell und komfortabel. Gut ist das angeschlossene Restaurant (s. u.). Mit videoüberwachtem Parkplatz (inkl.). DZ 65–115 €, die Suiten etwas teurer.

Camping ▶ **Nr. 24:** ul. Polna 10, Tel. 91 328 02 71, www.nadmorze.pl/polenamiotowe, geöffnet Mai–Sept. 3 ha großer, sandiger Wiesenplatz 500 m südwestlich vom Ortskern.

Essen & Trinken

Im östlichen Strandabschnitt haben sich Fischbratereien und -räuchereien positioniert. Fastfood dominiert, nur in den Hotelrestaurants gibt es gute polnische Küche, beispielsweise im Marina, Stella Maris und im Amber Baltic.

Maritim ▶ **Marina:** ul. Gryfa Pomorskiego 1, Tel. 91 328 04 49. Traditionsreiches Restaurant im Ortszentrum, Spezialität des Hauses ist Zander (sandacz). Der Fisch wird in vier Varianten serviert: ›beschwipst‹ in Weinbrand gegart, ›polnisch‹ mit Sahnesoße, ›provenzalisch‹ mit Weißwein und ›sautiert‹. Wer Fleisch bevorzugt, bestellt das Madagaskarfilet mit Pfifferlingen. Preiswerter sind Pizza und Pasta sowie die deftige Gulaschsuppe. Hauptgerichte ab 5 €.

Pommersche Küche ▶ **Stella Maris:** ul. Bohaterów Warszawy 13. In stilvollem Ambiente gibt's gute Regionalküche. Wie wäre es mit Brennesselsuppe, süßsauer mariniertem Karpfen und Heringssalat? Viele kommen auch gern zu Kaffee und Kuchen, die im Sommergarten eingenommen werden können. Hauptgerichte ab 4 €.

Gute Kuchenauswahl ▶ **Wiener Café:** Promenada Gwiazd 1, tgl. 10–22 Uhr. Gemütliches Café im Hotel Amber Baltic, im Sommer mit Terrasse. Zu den Spezialitäten gehören Amber-Torte mit Nuss und warmer Apfelstrudel mit Vanille.

Abends & Nachts

In den Sommerferien herrscht an der Promenade Hochbetrieb: Erst stimmt man sich in einem der vielen Terrassenlokale ein, danach tanzt man bis zum Morgen an der Seebrücke.

Aktiv

Baden ▶ Das saubere Wasser verlockt während des Sommers zu ausgiebigen Schwimmpartien. Im Bereich des Seebads ist der Strand sehr breit, weiter östlich, wo er am Fuß der Klippen verläuft, wird er schmal, einsam und spektakulär. Westlich des Orts befindet sich der FKK-Abschnitt Lubiewo.

Wassersport ▶ Im Sommer werden am Strand Ausrüstungen für Wasserski, Jetski und Windsurfing verliehen. Weiter östlich lässt es sich bei ruhiger See gut schnorcheln: Zwischen Muschelfeldern und im Wasser wogendem Meeresgras sieht man eine Vielzahl vor allem kleinerer Fische.

Wandern ▶ Der Nationalpark Wollin beginnt am östlichen Ortsrand. Drei markierte Wege machen mit den schönsten Teilen der Insel vertraut, die grüne Route führt zum Wisent-Reservat (s. Aktiv unterwegs S. 118).

Radfahren ▶ 44 km markierte Pisten führen durch den Nationalpark. Besonders reizvoll sind die Touren zum Haff (s. Aktiv unterwegs S. 114). Drahtesel sind ausleihbar im Hotel Amber Baltic.

Tennis ▶ Die Plätze 100 m östlich vom Hotel gehören zum Amber Baltic, werden aber in der Regel auch an andere Gäste vermietet.

Golf ▶ Golf Amber Baltic: ul. Bałtycka 13, Tel. 91 326 51 10, www.abgc.pl. Vom Hotel Amber Baltic fährt ein Shuttle-Bus zum 12 km östlich gelegenen Kołczewo, wo auf der 27-Loch-Anlage am Rande des Nationalparks schon viele internationale Turniere veranstaltet wurden. Wer ausprobieren möchte, ob ihm der Sport gefällt, kann einen Schnupperkurs belegen. Die nötige Ausrüstung wird kostenlos zur Verfügung gestellt. Angeschlossen sind ein Golfladen und eine Bar mit Aussichtsterrasse.

Schiffsausflüge ▶ Von der Mole starten Ausflugsschiffe nach Świnoujście. Info: www.adler-schiffe.de.

Termine

Amber Baltic Musikfestival (Mai): Festival der klassischen Musik mit Werken von Chopin, Mozart u.a. Die Konzerte finden im Kulturhaus und in der Kathedrale von Kamień Pomorski statt. Infos im Internet unter www.festiwal-miedzyzdroje.pl.

Internationales Chorfestival (Juni): Seit 1966 werden im schmucken Konzertsaal des Kulturhauses unter Leitung von Jan Szerocki klassische Chorwerke aufgeführt.

Filmfestival Gwiazd (Anfang Juli): Beim ›Festival der Stars‹ gibt sich die polnische Filmprominenz ein Stelldichein, ausgewählte Schauspieler dürfen sich mit einem Hände-

abdruck im ›Walk of Fame‹ (westlich des Hotels Amber Baltic) verewigen. Doch es wird mehr als nur Starkult à la Hollywood geboten: Auf riesigen Leinwänden am Strand werden die neuesten Produktionen gezeigt (nur in Polnisch), anschließend steigt eine Party.

Verkehr

Auto: Folgt man der 102 durch die Wälder des Nationalparks, kommt man vorbei an Binowo, Polens ältestem Golfplatz. Bei Dziwnów wird die Dziwna auf einer Drehbrücke gequert. In Dziwnówek knickt die 102 südwärts nach Kamień Pomorski ab. Oder man fährt längs der Küste auf der 103 weiter, über Pobierowo und Rewal landeinwärts nach Trzebiatów.

Bus: Busse steuern die Orte längs der Ostseeküste an, im Sommer fahren sie auch nach Kamien Pomorski; die zentrale Haltestelle befindet sich gegenüber vom Naturkundemuseum an der ul. Niepodległości.

Zug: Der Bahnhof befindet sich am Südende der Stadt, gute Verbindungen bestehen nach Szczecin und Świnoujście.

Wolliner Nationalpark

▶ 1, B 4

Am östlichen Stadtrand von Międzyzdroje beginnt der **Wolliner Nationalpark** (Woliński Park Narodowy). Der durch ein Netz markierter Wanderwege erschlossene Park reicht vom Ostseeufer bis zum Stettiner Haff, erstreckt sich von den Klippen über eine gewellte Hochebene bis zur flachen Boddenküste. Weite Teile sind von Wäldern bedeckt: Man sieht vorwiegend Kiefern und Fichten, aber auch viele Buchen und Eichen. An einigen Stellen wirkt der Wald so geheimnisvoll, dass er von den Einheimischen als ›Kathedrale‹ bezeichnet wird. Auf der Hochebene kommt man auch an kleinen Gletscherseen, an Torfmooren und Sümpfen vorbei. Überaus reich sind Flora und Fauna: Am Meer sieht man seltene Dünenpflanzen wie Strohblume, Sumpfwurz und Stiefmütterchen, dank der von der Brise heraufgewehten Mineralparti-

aktiv unterwegs

Wandern im Wolliner Nationalpark

Tour-Infos

Start: Museum des Wolliner Nationalparks in Międzyzdroje
Ziel: Kołczewo
Länge: Rote Tour 12 km, Grüne Tour 13 km
Dauer: Rote Tour 4 Std., Grüne Tour 4.15 Std.
Schwierigkeitsgrad: Auch wenig konditionsstarke Wanderer können die Touren im Rahmen eines Tagesausfluges gut bewältigen.

Am Museum des Wolliner Nationalparks in Międzyzdroje starten zwei ausgewiesene Touren, von denen die rot markierte die spektakulärere ist. Kaum zu glauben, dass so nah am trubeligen Ferienort so viel Einsamkeit möglich ist! Den Wanderer erwarten Sandklippen, kleine Seen und Buchenwälder, dazu ein Wisent-Reservat.

Rote Tour: Am Meeresufer entlang

Die rot markierte Tour führt entlang der Küste, sie ist identisch mit einem Teilstück des Europäischen Fernwanderwegs E-9. Vom Museum geht man über den **Neptunplatz** und durch den **Chopin-Park** zur **Promenade,** hält sich rechts und biegt hinter dem **Hotel Amber Baltic** zum Strand ein. Fortan geht es in Nordostrichtung stets am Wasser entlang. Man passiert die aufgebockten, von Möwen umlagerten Kutter der Fischer und stößt rasch zum einsamen Küstenabschnitt vor. Hohe, lehmfarbene Klippen steigen auf, in die Steilwand krallen sich Buchen. Bei schwerem Sturm werden schon mal Teile der Wand unterspült und die darauf wachsenden Bäume weggeschwemmt. Jedes Jahr dringt das Meer tiefer ins Landesinnere vor: Seit

Beeindruckend: die Steilküste auf der Insel Wollin

1891, als die Küste erstmals vermessen wurde, hat es sich schon 150 m ›vorgearbeitet‹, das entspricht 80 cm im Jahr!

Das Stapfen durch Sand macht müde, doch kann man jederzeit in die Fluten steigen und sich erfrischen oder ein Picknick einlegen. Vielleicht hat man Glück und sieht ein paar Graurobben. Sie treten meist in kleinen Gruppen auf, tauchen aber sofort ins Wasser ab, wenn man sich ihnen nähert. Kurz hinter **Grodno,** nach etwa 7 km, verlässt man den Strand und folgt dem landeinwärts über Moränenhügel in Richtung **Wisełka** schwenkenden Weg. Kurz vor Erreichen des Dorfes geht es links ab und durch waldreiches Gebiet zum 74 m hohen **Leuchtturm Kikut** hinauf (abgeleitet von ›Kieckturm‹). Danach führt der Weg geradewegs weiter nach **Kołczewo,** von wo dank des Golfplatzes regelmäßig Busse nach Międzyzdroje zurückfahren.

Grüne Tour:
Durch den Wald zur Seenplatte

Der grün markierte Weg führt durch das buckelige Gelände ›Hoch-Wollins‹, vorbei an einem Wisent-Gehege und mehreren verwunschenen kleinen Seen.

Vom Museum folgt man der ul. Kolejowa und biegt an der zweiten Querstraße links in die ul. Leśna, die ›Waldstraße‹, ein. Nach 2 km ist das **Wisent-Reservat** erreicht, wo man außer Europas größtem Säugetier auch Hirsch, Reh und Wildschwein beobachten kann (Mo geschl.). Nach weiteren 4 km, kurz vor dem Dorf **Warnowo,** schwenkt der Weg auf Nordkurs. Er führt an zwei Seen vorbei und stößt schließlich auf die Straße Wollin–Dziwnów, wo man sich links hält. Nach wenigen Minuten ist das Dorf **Kołczewo** erreicht; von dort geht es per Bus oder auf rot markiertem Weg nach Międzyzdroje zurück.

kel gedeihen 15 verschiedene Orchideenarten. Silbermöwen und Seeschwalben bauen ihre Nester am grasbewachsenen Dünenhang, Schwarz- und Weißstorch bevorzugen die schilfgesäumten Seen. Infos im Internet unter www.wolinpn.pl.

Wisent-Reservat

Als ›König‹ des Parks lässt sich der Wisent feiern, der bis zu 1 t schwer werden kann. Einst bevölkerte er die pommerschen Wälder, doch weil sein zotteliges Fell auf dem Pelzmarkt begehrt war, jagte man ihn, bis er fast ausgelöscht war. Nun wird in einem **Reservat** versucht, dem riesig-buckligen Tier mit seinen langen Mähnen und Bärten wieder auf die Beine zu helfen. Ziel ist es, möglichst viele Tiere zu züchten, um sie in naher Zukunft in die freie Wildbahn entlassen zu können. Das Reservat liegt keine 2 km von Międzyzdroje entfernt, hinter der Umzäunung wurden Aussichtsterrassen errichtet.

Wolin ► 1, B 4

Ihren Namen verdankt die Ostseeinsel der am Haff gelegenen Stadt **Wolin** (Wollin). Heute erinnert nur noch wenig an den einstigen Glanz dieses Ortes, der einmal große Berühmtheit besessen haben soll und den einige Wissenschaftler sogar mit der sagenumwobenen Stadt Vineta in Verbindung bringen (s. Thema S. 121). Der spanische Kaufmann Ibrahim Ibn Jakub beschrieb ihn bei seinem Besuch 965 als »eine große Stadt am Weltmeer«, und knapp 100 Jahre später schwärmte Adam von Bremen: »Es ist die größte aller Städte, die Europa umschließt, und wird von Slaven, Griechen und Barbaren bewohnt… Sie ist angefüllt mit Waren aller Völker des Nordens, nichts Begehrenswertes oder Seltenes fehlt.« Doch bereits im 12. Jh. existierte die Handelsstadt nicht mehr, wurde bei mehreren Überfällen der Dänen in Schutt und Asche gelegt. Was die Chronisten berichten, haben Archäologen in den vergangenen Jahren bestätigt. Professor Władysław Filipowiak hat rings um Wolin riesige

Gräberfelder freigelegt und vier Häfen entdeckt, außerdem Hunderttausende Fundstücke aus dem Schlamm geborgen. Darunter befanden sich Bernsteinschmuck und fein gezackte Kämme, silberne Ketten und Ohrringe sowie Halbmonde, die für den Export in den Orient bestimmt waren. Einige der Kostbarkeiten sind in dem kleinen, aber liebevoll eingerichteten Regionalmuseum ausgestellt, darunter auch eine winzige Statue Światowids, des viergesichtigen Gottes aus der Zeit des legendären ›Vineta‹ (Muzeum Regionalne, ul. Zamkowa 24, www.muzeumwolin. pl, im Juli und Aug. Mo–So 9–17 Uhr, sonst Di–So 9–16 Uhr).

An die große Vergangenheit erinnern auch geschnitzte Riesenkrieger an der Flusspromenade. Sie geleiten zur Flussinsel (erreichbar über die ul. Zamkowa), wo ein Freilichtmuseum in frühmittelalterliche Wikingerzeiten zurückführt: In den reetgedeckten Holzhäusern, von einem Palisadenzaun eingefasst, ist Anfassen ausdrücklich erwünscht. Man kann sich in eine Wikinger-Koje legen, am wackeligen Tisch Probe sitzen und seine Stärke beim Tauziehen mit Eberhaut erproben (Centrum Słowian i Wikingów, Wyspa Ostrów, www.jomsborg-vineta.com, April–Okt. tgl. 10–16 Uhr, Juli/Aug. 10–18 Uhr).

Infos
Im Internet: www.wolin.PL.

Termine
Wikinger-Festival (Aug.): Wikingerfans aus ganz Europa reisen an, um zu Wasser und zu Land an Schaukämpfen in Rüstungen teilzunehmen. Der Hafen verwandelt sich in einen Lagerplatz anno 1000: In historischen Kostümen bieten Händler und Handwerker Waren an, ›Wikinger‹ mit Helm und Schwert sorgen für Stimmung. In Workshops lernt man, wie man Kräutertinkturen braut, Münzen prägt und Fässer anfertigt.

Verkehr
Zug: Von Wolin bestehen mehrmals tgl. Verbindungen nach Szczecin, Międzyzdroje und Świnoujście.

Vineta – die Stadt auf dem Meeresgrund
Thema

Ein kleiner Junge ging an einem pommerschen Strand spazieren. Im Sand entdeckte er eine Münze, doch als er sah, dass sie von Grünspan zerfressen war, warf er sie enttäuscht wieder weg. Just in diesem Augenblick erhob sich vor ihm eine zinnenbekrönte Mauer, und ein Tor gab den Blick auf eine marmorgefliese Straße frei.

Der Knabe schlich sich an den ins Würfelspiel vertieften Wachen vorbei und staunte nicht schlecht über die vielen wohlgekleideten Menschen, die seinen Weg kreuzten: Männer in pelzverbrämten Mänteln und federgeschmückten Barretten, Frauen in Samt und Seide. Und sein Blick glitt über die mit Perlmutt verzierten Hausfassaden zu den Schmuckgiebeln empor – etwas so Schönes hatte er bisher nicht einmal im Traum gesehen! Als er am Marktplatz anlangte, winkten ihn Händler zu sich heran und boten ihm alles Schöne, das sie besaßen, zum Kauf. Der Junge suchte ihnen zu erklären, dass er ein armer Schlucker sei, doch die Kaufleute ließen nicht locker. Eine einzige Münze, riefen sie, reiche aus, um all die Pracht ringsum zu erwerben. Da erinnerte sich der Junge der Münze, die er zuvor achtlos in den Sand geworfen hatte. Schnell rannte er zum Strand zurück und fand das Geldstück. Doch als er sich wieder umdrehte, war er bestürzt: Die schöne Stadt gab es nicht mehr, sie war wie vom Erdboden verschluckt. Ein Storch, der vorbeigeflogen kam, bemerkte, wie traurig der Junge war, und hatte Mitleid mit ihm. Einst, so klärte er ihn auf, habe hier eine Stadt namens Vineta gestanden; die Bewohner waren ungemein reich, aber auch hochmütig und stolz. Da habe sie Gott mit einer Sturmflut bestraft. Mitsamt ihren Häusern wurden sie in das Meer gespült, wo sie nun als lebendige Tote ihrer Erlösung harrten. Alle 100 Jahre dürften sie für eine Stunde aus den Fluten aufsteigen, doch nur wenn es ihnen gelänge, in dieser Zeit einem sterblichen Wesen etwas zu verkaufen, würden sie erlöst …

Die Geschichte geistert durch viele pommersche Legenden; berühmt wurde sie durch Selma Lagerlöfs ›Wunderbare Reise des Nils Holgersson mit den Wildgänsen‹. So fantastisch die Ausschmückung, so simpel ist doch die Moral. »Geld«, so heißt es, »verdirbt den Charakter«. Die Reichen halten sich so Sozialneider vom Leib, und die Habenichtse können sich damit trösten, zwar arm, aber immerhin die besseren Menschen zu sein.

Professor Władysław Filipowiak, ein angesehener polnischer Archäologe, belächelt den Versuch, das legendäre Vineta auf deutscher Seite, westlich von Stralsund im Barther Bodden, zu verorten. Über 50 Jahre hat er über die versunkene Stadt geforscht und bei Wolin umfangreiche Funde sichergestellt, die er der einstigen Handelsstadt zuordnet. Im kleinen Ort auf der gleichnamigen Insel sind sie auch gelagert und warten darauf, im Rahmen einer großen Ausstellung vorgestellt werden zu können. Westliche Marketing-Konzepte à la Barth oder Zinnowitz, wo pompös inszenierte Vineta-Festspiele Ströme von Touristen anlocken, lassen ihn kalt. »Uns reicht das Wikinger-Festival«, meint er, »uns gibt der örtlichen Niedamira-Werft genug Arbeit fürs ganze Jahr.« Für das Fest produziert die dortige Werkstatt originalgetreue Drachenkopfschiffe, mit denen die ›Wikinger‹ eine Woche lang auf Kriegsjagd gehen.

Östlich der Insel Wollin

Der Fluss Dziwna, der sich in Meeresnähe zum Camminer Haff weitet, trennt die Insel Wollin vom Festland. An den kilometerlangen Sandstränden liegen ehemalige Fischerdörfer, die zu Ferien- und Kurorten aufgestiegen sind. Viel Trubel herrscht im Juli und August.

Kamień Pomorski ▶ 1, C 4

Der jodhaltigen Luft und den in 600 m Tiefe sprudelnden Solequellen verdankt **Kamień Pomorski** (Cammin) seine Aufwertung zum Kurort. Doch die meisten Besucher kommen hierher, um die Reste seiner mittelalterlichen Architektur zu bewundern. Jenseits der nach dem Krieg hochgezogenen Plattenbauten steht die **Kathedrale** (Katedra Św. Jana) von 1176, die nach ihrem originalgetreuen Wiederaufbau in den 1970er-Jahren zu den ein-

drucksvollsten Gotteshäusern Polens zählt. Sie steht auf einem Hügel nahe dem Haff und überragt die gesamte Stadt. Vom Reichtum der Bischöfe künden der meisterhaft geschnitzte Hochaltar und die pastellfarbenen Wandmalereien. Schmuckstück der Kirche ist die vergoldete Barockorgel, die mit 13 m Länge und 9 m Höhe das gesamte Mittelschiff ausfüllt. Ihre Klangfülle entfaltet sie vor allem während des sommerlichen Orgelfestivals, wenn Interpreten aus allen Ländern hier ihre Register ziehen. Weitere Schätze ent-

Wahrzeichen von Kamień Pomorski: der Dom – das älteste historische Gebäude

deckt man im kleinen, über das linke Seitenschiff erreichbaren Museum; sehenswert ist auch der Kreuzgang – ein Ort klösterlicher Stille, der einen romantischen **Kunstgarten** umschließt (Katedra Św. Jana, pl. Katedralny, Schatzkammer Mo–Fr 9–17, Sa 9–14, im Sommer auch So 13–18 Uhr). Vom Turm der Kathedrale hat man einen schönen Blick über die Stadt und ihr Umland.

Gegenüber der Kirche residierten die Bischöfe standesgemäß in einem **Palast**, die niedere Geistlichkeit musste mit den Kapitelhäusern vorlieb nehmen. Auf dem Marktplatz steht das gotische **Rathaus** mit Türmchen und Schmuckgiebel. Auch ein paar Bürgerhäuser wurden restauriert. Eine breite Treppe führt zum Haff hinab, wo von den mittelalterlichen Wehranlagen das Woliner Tor erhalten blieb. Es bietet Ausblick auf den Camminer Bodden und birgt ein Mineralienmuseum mit 2000 kuriosen Steinen sowie einem echten Dinosaurier-Ei (Muzeum Kamieni, www. kamienpomorski.sokolowski-muzea.pl, Di–So 10–18 Uhr, in der Nebensaison kürzer, 2,50 €). Spaß macht ein Bummel an der Promenade zur großen Marina.

Infos

Im Internet: www.kamienpomorski.pl.

Übernachten

Traditionell ▶ **Pod Muzami:** ul. Gryfitów 1, Tel. 91 382 22 40, www.podmuzami.pl, 12 Zimmer. Behagliches Hotel in einem schönen Fachwerkhaus am Marktplatz, Zimmer mit Sat-TV, einige auch mit Blick auf den Bodden. DZ ab 48 €.

Essen & Trinken

Deftig-Hausgemachtes ▶ **Pod Muzami:** ul. Gryfitów 1, Tel. 91 382 22 40. ›Zu den Musen‹: bäuerlich-rustikales Lokal in einem Fachwerkhaus aus dem 18. Jh. am Marktplatz (nur für Nichtraucher), engagiert geführt von Anastasia Lenkowska. Im Sommer mit Terrasse. Lecker schmecken die hausgemachte Geflügelpastete (*wątróbka z drobiu*), Barschtsch mit Kutteln und russische Piroggen. Hauptgerichte ab 5 €.

Aktiv

Schiffsausflüge ▶ Von der Anlegestelle am Haff fahren Schiffe nach Dziwnów an der Küste. Die Fahrzeit beträgt etwa 45 Min.

Termine

Internationales Festival der Orgel- und Kammermusik (Juli/Aug.): Traditionsreiche Konzerte im stimmungsvollen Rahmen der Kathedrale, Fr 19 Uhr; kleine Kostproben des Klanges 11 und 16 Uhr.

Verkehr

Bus/Zug: Die beiden Bahnhöfe befinden sich 600 m südl. der Altstadt, gute Verbindungen gibt es vor allem per Bus. Fast stdl. geht es nach Szczecin, Świnoujście, Międzyzdroje und Dziwnów, mehrmals tgl. auch nach Kołobrzeg und Gdynia.

Von Dziwnów über Trzesącz nach Mrzeżyno
▶ 1, B 3–D 4

Strandleben pur herrscht in **Dziwnów** (Dievenow), wo eine Brücke die Insel Wollin mit dem Festland verbindet. Wer im Juli oder August hierher kommt, hat Schwierigkeiten, ein freies Bett zu ergattern. Ferienheime und Zeltplätze sind heillos überfüllt, die Besitzer der Imbissbuden machen das Geschäft ihres Lebens. Doch schon Anfang September herrscht wieder Ruhe im Land, die Kirmesatmosphäre macht der Beschaulichkeit Platz, und man sieht Fischer, die mit ihrem Kutter hinausfahren – ein Bild wie aus vergangener Zeit.

Weitere kilometerlange Sandstrände folgen: Die Küste zieht sich in schnurgerader Linie ostwärts, Wind und Strömung haben alle Unebenheiten geglättet. Über **Dziwnówek** (Klein-Dievenow) und das ruhige, bei Familien beliebte **Pobierowo** (Poberow) geht es weiter nach **Trzesącz** (Hoff), wo man eine eindrückliche Vorstellung von der Kraft des Meeres erhält. Eine Kirchenruine, die einst 2 km von der Küste entfernt stand, thront unmittelbar an der Abbruchkante der Klippen. Das Meer hat sich das Land Stück für Stück ein-

Östlich der Insel Wollin

verleibt und die Kirche vor gut 100 Jahren zum Einstürzen gebracht. Das halbe Dorf ist bereits in die Tiefe gestürzt und der Friedhof unterspült. Beim nächsten Jahrhundertsturm, so fürchten die Bewohner, wird auch die Kirche von den Fluten verschlungen. Ein kleines Museum dokumentiert den Verfall und erinnert daran, dass der Ort auf dem 15. Längengrad liegt (Muzeum, ul. Klifowa 3-B, www.muzeumtrzesacz.pl, tgl. 8–19 Uhr, in der Nebensaison kürzer).

Nächster Ort ist das auf einem Kliff liegende **Rewal** (Rewahl) mit nettem Zentrum. Von hier spannt sich ein kleiner Steg hoch über den Strand und bietet einen weiten Blick auf die Küste. Noch mehr sieht man vom 45 m hohen Leuchtturm im Nachbarort **Niechorze** (Horst): 1866 achteckig aus Backstein erbaut, gilt er als schönster der Küste (Latarnia Morska, ul. Polna, tgl. 10–18 Uhr). Ihm zu Füßen liegt der **Park der Miniaturleuchttürme**, der im Maßstab 1 : 10 alle Leuchttürme der polnischen Ostsee zeigt (Park Miniatur Latarni Morskich, ul. Ludna 16, www.park-miniatur-latarni.pl, tgl. 10–19 Uhr, 4,50 €).

Einen Besuch lohnt das landeinwärts gelegene **Trzebiatów** (Treptow), das seine Altstadt unversehrt durch alle Zeiten gerettet hat. Den quadratischen Marktplatz säumen restaurierte Giebelhäuser, in der Mitte steht das barocke Rathaus. Am nördlichen Stadteingang erhebt sich die backsteinerne Marienkirche mit 90 m hohem Turm, der über steile Stufen erklommen werden kann. Auf dem Weg zur Aussichtsplattform kommt man an zwei berühmten Glocken vorbei: ›Gabriel‹ zählt zu den ältesten, die 7,2 t schwere ›Maria‹ zu den größten Glocken des Landes (Kościół Mariacki, ul. Słowackiego, tgl. 10–18 Uhr).

Erbittert war im 15. Jh. die Konkurrenz unter den Hansestädten. Als 1457 Kolberger Kaufleute die damals weiter östlich verlaufende Mündung des Flusses Rega blockierten, um den Treptowern den Zugang zum Meer zu versperren, ließen diese einen neuen, künstlichen Durchstich in **Mrzeżyno** (Deep) graben. Als Handelshafen hat dieser Ort keine Bedeutung mehr, wohl aber als geruhsames Ferienziel. Ein herrlicher Dünenstrand und ein

großer, schilfumstandener See im Hinterland locken seit jeher viele Besucher an. Einer von ihnen war der Maler Lyonel Feininger, der hier zwischen 1924 und 1935 fast jeden Sommer verbrachte und die Schönheit der Landschaft in mehreren Bildern festhielt.

Übernachten

Kurhotel ▶ Sandra Spa: ul. Wojska Polskiego 4, Pogorzelica, Tel. 91 481 47 00, www.sandraspa.pl, 200 Zimmer. Großanlage mit zwei Hallenbädern, Salz-, Schnee- und Eishöhle, Kneippgang, Dampf- und Trockensauna, viele Behandlungen vom Aroma- bis zum Schlammbad. DZ ab 110 €.

Auf der Klippe ▶ Wy & Spa: ul. Grunwaldzka 32, Pobierowo, Tel. 91 384 76 40, www.wyspa.com.pl, 22 Apartments. Die aus drei Villen bestehende Anlage liegt versteckt im Wald und vom Meer nur wenige Schritte entfernt. Mit sehr guter Küche, Sauna und Fahr-

radvermietung. Besucher kommen nachmittags gern hier vorbei, um auf der Terrasse Kaffee und Kuchen zu genießen. DZ ab 108 €.

Klein & fein ▶ Oasis Resort: ul. Klifowa 34, Rewal, Tel. 91 386 27 01, www.oasisresort.pl, 11 Apartments und Suiten. Kleines Komforthotel an der Kliffküste, 1 km östlich von Rewal. Es ist im Landhausstil eingerichtet, der Service ist familiär – hier fühlt man sich gleich wie zu Hause. Zur Anlage gehören ein herrlicher Garten mit Pool, dazu Sauna und Tennisplätze (im Preis inkl.). Empfehlenswert ist es, das Abendessen zu buchen, dessen drei Gänge über den Tag verteilt eingenommen werden können. DZ ab 92 €.

Camping ▶ Wiking Nr. 194: ul. Wolności 3, Dziwnówek, Tel. 91 381 34 93, Mai–Anfang Sept. 2 ha große Anlage im Kiefernwald am Westrand des Ortes, direkt am Strand. Mit Campinghäuschen, Radverleih, Laden und Restaurant. 340 Stellplätze.

Aktiv

Golf ▶ Golf & Relax: ul. Dziwna 12/1, Tel. 91 381 26 22. Die kleine Übungsanlage in Łukęcin liegt 10 km östlich von Dziwnów und wird besonders von skandinavischen Urlaubern gern genutzt.

Verkehr

Zug: Retro Express wird die Schmalspurbahn liebevoll genannt, die von einer altertümlichen Dampflok angetrieben, von Trzęsacz nach Pogorzelica tuckert. Für die 10 km lange Strecke benötigt sie 30 Min.! Mehrmals kann man die Fahrt unterbrechen z.B. in Rewal, das mit einem schönen Strand am Fuß niedriger Klippen lockt, oder in Niechorze, wo ein Leuchtturm weite Aussicht bietet (Juni–Sept. tgl.).

Bus: Gute Verbindungen mit allen Orten in der nahen Umgebung.

Auto: Über eine Drehbrücke gelangt man auf die Insel Wollin.

Die Polen mögen es gesellig – auch am Strand

125

Bernstein – ›Tränen der Götter‹

Der Sonnengott Helios fuhr jeden Morgen mit seinem vierspannigen Wagen von Osten über den Himmel gen Westen und kehrte nachts über den Ozean zum Ausgangspunkt seiner Reise zurück. Auf die drängenden Bitten seines Sohnes Phaeton erlaubte er diesem, selbst einmal die Zügel in die Hand zu nehmen. Doch war dieser so hitzig und ungestüm, dass er die Rosse nicht im Zaum zu halten vermochte.

So sehr näherte er sich der Erde, dass er einen großen Weltbrand entfachte; die Berge begannen zu lodern, die Gewässer verdunsteten, und es entstanden endlose Wüsten. Hart war die Strafe des Zeus: Mit einem Blitz tötete er Phaeton und schleuderte ihn in den Eridanos – dieser Fluss, so eine Auslegung des Mythos, kam von Norden und mündete in ein Meer, das wir heute die ›Ostsee‹ nennen. Die Heliaden, Schwestern des Getöteten, waren ob des Verlustes untröstlich. Sie stimmten einen Klagegesang an, der so schrill und herzzerreißend war, dass die Götter sie in rauschende Weiden verwandelten und ihre Tränen stillstellten; sobald diese das Wasser des Flusses berührten, gerannen sie zu Bernstein, honiggelb schimmernden Perlen.

Die antike Sage belegt, dass die Griechen schon lange vor der christlichen Zeitrechnung den kostbaren Stoff kannten. Auf der Bernsteinstraße gelangte er von der Ostsee über die untere Weichsel, über Schlesien und Mähren bis an die Adria, von wo er in alle Mittelmeerländer weiterverschifft wurde. Er war hochwertig und dem Edelstein gleichgestellt, sein Besitz versprach ein Vermögen. Man fand ihn in Pompeji, in griechischen Tempeln oder auch im Grab des vor 3500 Jahren beigesetzten Pharaos Tutenchamon – eingesetzt in die Krone des Herrschers.

Beim ›Gold der Ostsee‹ handelt es sich um das Harz skandinavischer Nadelbäume, das vor Millionen von Jahren von den Bäumen tropfte und sich anschließend verhärtete. Durch Wasser und Wind wurde der ›Stein‹ in die Flüsse und schließlich ins Meer gespült. Geht man aufmerksam am Strand entlang, findet man ihn vielleicht noch heute – am wahrscheinlichsten ist dies nach einer stürmischen Nacht. Bernstein schillert gelb und bronzerot, ist milchig oder transparent. In den größeren Steinen sind oft Insekten oder Blattelemente eingeschlossen – Spuren längst vergangenen Lebens aus dem Tertiär. Mithilfe der kleinen Partikelchen konnte schon manches wissenschaftliche Rätsel gelöst werden. So identifizierte man einige als Blattteile von Palmen bzw. Teesträuchern und fand so eine Bestätigung für die These, dass früher rund um die Ostsee sehr hohe Temperaturen herrschten.

Bernstein ist ein geheimnisvoller, geradezu magischer Stoff. Er bricht das Licht und elektrisiert, löst sich auf in Äther und Alkohol. ›Bernen‹ ist ein mittelniederdeutsches Wort und heißt ›brennen‹: Ab 375 °C beginnt der Stein zu schmelzen und verströmt einen aromatischen Duft. Schon immer haben die Menschen mit dem Stein experimentiert und seine Eigenschaften zu nutzen versucht. Zerrieben zu Pulver und vermischt mit Spiritus ergab er eine Heiltinktur, von der man sich Hilfe gegen Kopfschmerz und Schnupfen, aber auch gegen die Gefahren des Schlaganfalls ver-

Thema

Bernstein schillert in vielen Tönen – von Weiß bis Dunkelrot, von Braun bis Gold

sprach. Trug man Bernstein am Hals, schützte er vor Atemnot, trug man ihn am Handgelenk, war man vor Rheuma gefeit. Fein geschliffen diente er als Lupen- und Brillenglas, in erster Linie freilich als Schmuckstück.

Für die Herrscher der Ostsee war Bernstein eine einträgliche Einkommensquelle. Zuerst besaßen die Herzöge von Pommerellen das Monopol auf den Handel, später ging es an die Ordensritter über. Unter ihrer Herrschaft waren die Küstenbewohner verpflichtet, Bernstein ›zu sammeln, zu schöpfen, zu stechen und zu fischen‹, um ihn alsdann gegen Salz einzutauschen. Wer gegen das Monopol verstieß, wurde hingerichtet; zur Abschreckung von Diebestaten waren am Strand Galgen aufgestellt.

Ab ca. 1830 begnügte man sich nicht mehr mit dem Sammeln, sondern begann mit dem systematischen Abbau. An der Westküste des Samlandes entstanden in Palmnicken (Jantarnij) erste Bergwerke, mittels Hochdruckdampf wurde das ›Gold der Ostsee‹ aus der Erde gepresst. Heute agiert dort ein russisches Kombinat; es beliefert die Werkstätten in Danzig, in denen mehr als 1000 Kunsthandwerker beschäftigt sind. Ihre Werke kann man in kleinen Läden der Danziger Rechtstadt, vor allem auf dem Langen Markt (Długi Targ) und der Frauengasse (ul. Mariacka) erstehen. Da gibt es in Silber eingefasste Ohrringe, Broschen und Ringe, aber auch Spiegel und Lampen, Briefbeschwerer und Schachfiguren. Während des Dominikanermarkts ist ein Tag ganz dem Bernstein gewidmet: Kunsthandwerker zeigen in Open-air-Werkstätten ihr Können, die schönsten Stücke werden bei einer Schmuck-Schau prämiert und ins Bernsteinmuseum überführt. Im März findet eine Messe statt (Amberif), auf der neueste Trends der Schmuckbranche vorgestellt werden. Die Weltmeisterschaft im Bernsteinsuchen findet im August statt: östlich von Danzig in Jantar.

Sanftes Auf und Ab: Die ›Kaschubische Schweiz‹
ist landschaftlich äußerst reizvoll

Kapitel 2

Mittlere Ostseeküste und Kaschubei

Von Kołobrzeg bis zur Halbinsel Hel folgen auf quirlige Badeorte immer wieder lange, menschenleere Küsten. Wäre es hier so warm wie am Mittelmeer, dann hätten sie Rimini längst den Rang abgelaufen. Denn was gibt es dort, das nicht auch hier wäre? An der mittleren Ostseeküste erstrecken sich kilometerlange Strände mit hellem, feinkörnigen Sand, große Dünenberge und romantische Steilküsten. Dazu gibt es alles, was man für einen erholsamen Urlaub braucht: Hotels für jeden Geldbeutel, Ferienhäuser und Campingplätze, Fischlokale und Cafés, eine Fülle sportlicher Angebote zu Wasser und zu Lande.

An viele Strände grenzen unmittelbar landeinwärts größere und kleinere Seen. Dabei handelt es sich um ehemalige Meeresbuchten, die von dem durch Strömungen angeschwemmten Sand im Laufe der Zeit von der offenen See abgeschnitten wurden. Sie sind flach und fischreich, gesäumt von Schilfufer. Am bekanntesten sind – in West-Ost-Richtung – die Seen Jamno, Bukowo, Gardno und Łebsko. Das Filetstück der Küste ist der Slowinzische Nationalpark, der zugleich als UNESCO-Biosphärenreservat unter Naturschutz steht. Lohnenswert sind auch Abstecher ins Hinterland:

Kaum hat man eine Stadt hinter sich gelassen, tauchen Waldgebiete auf.

Traumhaft schön ist die ›Kaschubische Schweiz‹ rund um Kartuzy mit buckeligen Hügeln und lang gestreckten Rinnenseen. Da gibt es sie noch, die Bilder von einst: Pferdefuhrwerke auf kopfsteingepflasterten Straßen, schnatternde Gänseherden und herumstreunende Hunde; dann und wann tauchen ein Bauernhof mit Holzlattenzaun, duftende Heugarben und flammend gelbe Rapsfelder auf.

Mittlere Ostseeküste und Kaschubei

Sehenswert

2 **Slowinzischer Nationalpark:** Jenseits eines breiten, kilometerlangen Strandes werfen sich Riesendünen bis zu 50 m hoch auf. Weiter landeinwärts liegen zwei große verschilfte Seen, Sümpfe und Torfmoore – Wasser, wohin man schaut (S. 149)!

3 **Halbinsel Hel:** Die 35 km weit ins Meer ragende Halbinsel trennt die Danziger Bucht von der offenen See. Ihre schier endlosen weißen Strande sind ein ideales Baderevier. Gern werfen sich hier auch Surfer in Wind und Welle (S. 157).

4 **Kaschubische Schweiz:** Zwischen Seen liegen kleine Kaschubendörfer (S. 162). In einem davon gibt es ein auf dem Kopf stehendes Haus und weitere Kuriosa (S. 166).

Schöne Routen

Kariertes Land: Fachwerkdörfer von anno dazumal, mittendrin die ›Hauptstadt‹ Słowowo (S. 141).

Stichstraße nach Hel: Die Halbinsel ist durch eine 34 km lange Straße erschlossen. Sie führt am Strand entlang (oft auch durch Kiefernwald), immer wieder eröffnen sich Ausblicke auf die Danziger Bucht und das offene Meer (S. 160).

Kaschubische Straße: Auf Serpentinenstraßen geht es von Chmielno durchs Herz der Kaschubischen Schweiz – vorbei an mehreren Seen und der höchsten Erhebung, dem Turmberg (S. 165).

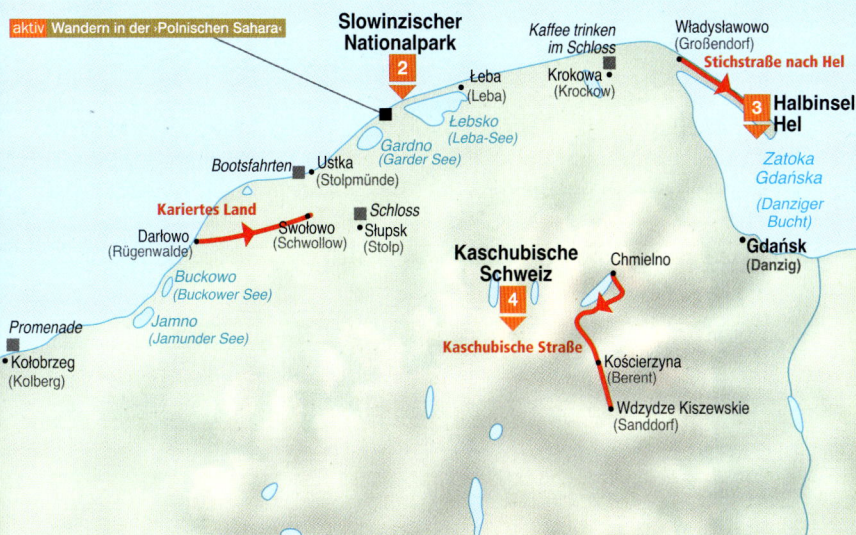

Ostsee

aktiv Wandern in der ›Polnischen Sahara‹

Slowinzischer
Nationalpark

2

Kaffee trinken
im Schloss

Władysławowo
(Großendorf)

Stichstraße nach Hel

Łeba
(Leba)

Krokowa
(Krockow)

3 Halbinsel
Hel

Łebsko
(Leba-See)

Gardno
(Garder See)

Bootsfahrten   Ustka
(Stolpmünde)

Zatoka
Gdańska

(Danziger
Bucht)

Kariertes Land

Schloss

Darłowo
(Rügenwalde)

Swołowo
(Schwollow)

Słupsk
(Stolp)

Kaschubische
Schweiz

Chmielno

Gdańsk
(Danzig)

Buckowo
(Buckower See)

4

Promenade

Jamno
(Jamunder See)

Kaschubische Straße

Kościerzyna
(Berent)

Kołobrzeg
(Kolberg)

Wdzydze Kiszewskie
(Sanddorf)

Meine Tipps

Promenade in Kołobrzeg: Die parallel zum Paradestrand verlaufende, hübsch angelegte Flaniermeile ist ein Corso zum Sehen und Gesehenwerden (S. 132).

Schloss in Słupsk: Moderne Kunst in mittelalterlichem Ambiente – 200 ›verrückte‹ Porträtzeichnungen machen mit Witkacy bekannt, einem der herausragenden polnischen Künstler des 20. Jh. (S. 143).

Bootsfahrten in Ustka: Ob mit dem Wikinger- oder dem Piratenschiff, am Morgen oder zum Sonnenuntergang – auf hohe See hinauszufahren ist immer ein Vergnügen (S. 145).

Kaffee trinken in Krokowa: Das von einem romantischen Park umgebene Schloss nennt sich ›Europäische Begegnungsstätte‹, ist aber vor allem ein Ort leiblicher Genüsse (S. 155).

aktiv unterwegs

Wandern in der ›Polnischen Sahara‹: Die Riesendünen zwischen Ustka und Łeba sind ein ungewöhnliches Wanderrevier. Man stapft über Sandberge und viele Kilometer am weißen Strand entlang – hin und wieder stößt man auf totes, ehemals verschüttetes Baumgeäst. Wer die längere Variante wählt, kommt an einem Leuchtturm vorbei und beendet die Tour an einem großen, verschilften See (S. 152).

Von Kołobrzeg nach Ustka

Der größte Badeort der polnischen Küste hat einen breiten Sandstrand, Flaniermeilen und maritimes Flair. Vom Hafen sticht man auf Segelschiffen in See und trifft sich an der Mole zum Sonnenuntergang. Auch für Kuren ist Kołobrzeg (Kolberg) eine gute Adresse: Genutzt werden natürliche Ressourcen wie Heilwasser, Salzlake und Moorschlamm.

Kołobrzeg ▶ 1, D 3

In den vergangenen Jahren wurde nicht nur ein Stadtzentrum im alten Stil geschaffen, sondern es wurden auch beträchtliche Summen in die touristische Infrastruktur investiert. Die sozialistischen Ferienhäuser erfuhren eine Modernisierung, an ihrer Seite entstanden zahlreiche neue Mittelklassehotels. Auf die 50 000 Einwohner kommen mittlerweile mehr als 10 000 Gästebetten. Die Strände laden zum Spaziergang und Sonnenbad ein, an der Promenade tummeln sich Schaulustige, Straßenkünstler und Souvenirverkäufer. Das Kurviertel grenzt unmittelbar an Strand und Park an, behandelt werden Erkrankungen von Asthma bis Rheuma.

Ein Blick zurück

Kołobrzeg ist eine der ältesten Städte Pommerns. Bereits im 10.Jh. gab es eine ausgebaute Festung an der Mündung der Parsęta (Persante) und einen kleinen Hafen. Im Jahr 1000 wurde hier eine Diözese eingerichtet, die wie Krakau und Breslau dem Erzbistum in Gnesen (Gniezno) unterstand. Dass die Stadt so früh zu Wohlstand kam, verdankte sie der Siederei auf der Salzinsel (Wyspa Solna). In einer mittelalterlichen Chronik wird das ›Gold an der Persante‹ gepriesen, als ›Salsa Cholbergiensis‹ kannte man Kolberg in weiten Teilen Europas. Ganz Pommern, aber auch die pruzzischen Völker wurden mit dem Salz beliefert. 1255 erwarb Kolberg die Stadtpri-

vilegien nach Lübecker Recht und trat bald darauf der Hanse bei. Doch von der Mitte des 18. Jh. an ging die Kolberger Salzproduktion zurück – das ›weiße Gold‹ ließ sich nun industriell billiger herstellen.

Mehrfach wurde die Stadt in Schutt und Asche gelegt. Im Dreißigjährigen Krieg brannte sie nieder, 1761 belagerten sie russische Truppen. Nach der Schlacht bei Jena und Auerstedt belagerte 1807 das napoleonische Heer die Stadt: sechs volle Monate, aber ohne Erfolg. Der damals begründete Mythos der unbesiegbaren Stadt nährte den Durchhaltewillen der deutschen Soldaten am Ende des Zweiten Weltkriegs, konnte aber ihren Fall nicht verhindern. Nach blutigen Schlachten wurde die Stadt im März 1945 vollständig zerstört.

Stadtrundgang
Cityplan: S. 134

Die Stadt ist weitläufig angelegt und besteht aus mehreren unterschiedlichen Vierteln: Längs der Küste verläuft der weiße, von einer Promenade und einem Radweg gesäumte Sandstrand. Er erstreckt sich von der Mündung der Parsęta mit Leuchtturm und Bootsanlegestelle mehrere Kilometer in Richtung Osten. Landeinwärts schließt sich ein breiter Parkgürtel an, der die teilweise klotzig gebauten Hotels ›verschluckt‹. Noch weiter südlich und durch den Bahnhof getrennt liegt am Fluss die teilweise im Retro-Stil wieder aufgebaute Altstadt.

Strand- und Parkviertel

Der 1770 erbaute **Leuchtturm** 1 weist einfahrenden Schiffen den Weg in den Hafen. Von seiner Spitze genießt man weite Blicke über das Baltische Meer (Latarnia Morska, www.latarnia.kolobrzeg.pl, tgl. 10–18 Uhr). Etwas weiter westlich starten Schiffe zu Ausflugsfahrten, begehrt sind Fahrten in Wikingerbooten – mit dem Bug in Form eines Drachens. Nur wenige Schritte entfernt erinnert ein **Obelisk** 2 (Pomnik Zaślubin z Morzem) an die Einnahme der Stadt durch russische und polnische Truppen am 18. März 1945 – ein Datum, das in Polen bis heute als ›Tag der symbolischen Vermählung mit der Ostsee‹ gefeiert wird. Südwärts schließt sich ein breiter, parallel zur Küste verlaufender Grüngürtel an. Eine Mole führt weit aufs Meer hinaus – von ihrem Kopfende (mit Café) überblicken Sie die Küste. Der nach dem polnischen Schriftsteller Stefan Żeromski benannte Park trennt den Strand von den Hotels und Sanatorien entlang der ul. Marii Rodziewiczówny.

Altstadt

Der erst vor wenigen Jahren wieder aufgebaute Stadtkern befindet sich 1,5 km landeinwärts. Die Kirche und mehrere alte Häuser wurden rekonstruiert, dazu entstand eine Fußgängerzone mit steingepflasterten Gassen, vielen Boutiquen, Geschäften und Straßencafés. Wichtigste Sehenswürdigkeit ist die **Marienkirche** 3 (Kościół Mariacki, ul. Armii Krajowej s/n, tgl. 8–21Uhr), ein riesiger Backsteinbau aus dem 14./15.Jh. Er birgt kunsthandwerkliche Schätze, die zur ursprünglichen Ausstattung gehörten: einen 4 m hohen, siebenarmigen Messingleuchter und ein bronzenes Taufbecken aus dem 14. Jh., gotische Altäre und Wandbilder mit Christusszenen. Im Hauptschiff befindet sich ein 1513 von der Familie Schlieffen gestifteter Holzleuchter.

Der Marktplatz östlich der Marienkirche wird vom festungsähnlichen **Rathaus** 4 (Ratusz) dominiert, das 1829–1832 nach Entwürfen Karl Friedrich Schinkels im neugotischen Stil erbaut wurde. In seinen Räumen sind heute das Städtische Kulturzentrum sowie

Auf der Seebrücke in Kołobrzeg ist stets munteres Treiben und Flanieren angesagt

eine Galerie für moderne Kunst untergebracht (Galeria Sztuki Współczesnej, ul. Armii Krajowej 12, Di–So 10–17 Uhr). Von hier sind es nur wenige Schritte zum **Pulverturm** 5 (Baszta Prochowa, ul. Dubois 20), der von den mittelalterlichen Wehranlagen, die einst den gesamten Stadtkern umschlossen, als einziger erhalten blieb.

Das Militär spielt bis heute im Bewusstsein vieler Polen eine bedeutende Rolle, darum

sollte den Besucher der Anblick von Hubschraubern und Haubitzen in einem Garten der Innenstadt nicht überraschen. Zu den stolz präsentierten Beutestücken zählen Waffen aus den Kriegen des 17. Jh., Kanonen des napoleonischen Feldzugs sowie Artilleriegeschütze von 1945. Der Freilichtpark gehört zum **Waffenmuseum** 6, das im Haus der Kaufmannsfamilie Schlieffen eingerichtet wurde und auch Schlachtengemälde von Woj-

Kołobrzeg/Kolberg

ciech und Jerzy Kossak zeigt; ein wichtiger Teil der Ausstellung ist dem Kampf um Kolberg gewidmet (Muzeum Oręża Polskiego, ul. Gierczak 5, www.muzeum.kolobrzeg.pl, Di–So 9–16 Uhr, im Sommer länger, 4 €). Eine Dependance im ehemaligen Plüddemannhaus (ul. Armii Krajowej 13) zeigt Messinstrumente und regionales Kunsthandwerk.

Salzinsel

Den Beginn der Salzstraße (ul. Solna) markiert das **Regionale Kulturzentrum,** ein Glaspalast mit Galerie, Café, Kino- und Konzertsaal (Regionalne Centrum Kultury, www. rck.kolobrzeg.eu). Weiter südwärts führt die Straße auf die mit Plattenbauten gespickte Salzinsel (Wyspa Solna) – kaum zu glauben, dass sie es war, die im Mittelalter Kolbergs Reichtum begründete. Immerhin wurden am Flussufer nahe der Parsęta-Brücke ein paar historische Salzpfannen rekonstruiert; nahebei sprudelt eine Salzquelle, von der man kosten kann. Die Einheimischen, die das Wasser zum Einlegen von Salz-Dill-Gurken nutzen, behaupten, ihre seien die besten in ganz Polen! Zum 1000-jährigen Bestehen der Stadt im Jahr 2000 wurde auf der Salzinsel ein **Gradierwerk** eingeweiht (Warzelnia Soli, ul. Solna), in dem nach überlieferter Methode Salz gewonnen wird. Der schönste Ort auf der Salzinsel ist jedoch der Jachthafen am alten Fort, in dem Dutzende von Windjammern vor Anker liegen; auch eine Fischräucherei gibt es hier.

Infos

Centrum Informacji Turystycznej: pl. Ratuszowy 2 (Filiale ul. Dworcowa 1), Tel. 94 352 79 39, www.kolobrzeg.turystyka.pl.
Gästeinformation Travelnetto: ul. Dubois 23, Tel. 94 351 33 07, www.travelnetto.de. Kompetente Beratung, Verkauf von Büchern und (deutscher) Tagespresse.

Übernachten

Gediegen & gut ▶ Maxymilian 1: ul. Borzymowskiego 3–4, Tel. 94 354 00 12, www. maxymilian-hotel.pl, 12 Zimmer. Restaurierte Villa im Stil klassizistischer Bäderarchitektur, nur durch den Kurpark vom Strand getrennt. Gehobener Dreisterne-Komfort mit behaglichen Zimmern, zum Hallenbad gehört ein Spa-Bereich. DZ ab 88 €.
Moderner Komfort ▶ New Skanpol 2: ul. Dworcowa 10, Tel. 94 352 82 11, www.hotel newskanpol.com, 155 Zimmer. Bewährtes, von einem dänischen Unternehmen geführtes Mittelklassehotel im Stadtzentrum, 1 km vom Strand entfernt und vor allem von deutschen Gästen besucht. Komfortable Zimmer mit Sat-TV, eine komplette Etage für Wohlfühl- und Entspannungsprogramme. Angeboten werden u. a. verschiedene Massagen, kosmetische und balneologische Behandlungen. Außerdem im Haus: ein gutes Restaurant, Café und Nachtklub. DZ ab 72 €.
Familiär ▶ Hansa 3: ul. Jedności Narodowej 57, Tel. 94 351 61 11, www.hotelhansa. pl, 26 Zimmer. Kleines, gemütliches Hotel an

Von Kołobrzeg nach Ustka

der zum Stadtzentrum führenden Straße, 300 m vom Strand. Die Zimmer sind mit Eichenholzmöbeln gutbürgerlich eingerichtet, einige verfügen über Balkon. Treffpunkt des Hauses ist das Café im Wintergarten, wo auch das Frühstücksbüfett eingenommen wird. Mit Radverleih sowie Therapie-Angebot: Inhalation, Massage, und Moorpackung. DZ ab 50 € auf Wochenbasis.

Camping ▶ **Baltic Nr. 78** **4**: ul. IV. Dywizji Wojska Polskiego 1, Tel. 94 352 45 69, geöffnet Mai–Sept. Zeltplatz in einem Park am Ostrand der Stadt, ca. 600 m vom Strand entfernt. Neben Stellplätzen gibt es auch Betten in Campinghäuschen. Straße und Zuglinie sind hörbar.

Außerhalb von Kołobrzeg:

Mit Spaßbad ▶ **Senator** **5**: ul. Wyzwolenia 35, Dźwirzyn, Tel. 94 354 94 00, www.hotel senator.pl, 123 Zimmer. 4-Sterne-Resorthotel 6 km westlich von Kołobrzeg, nur durch einen Kiefernwald vom Strand getrennt. Die auf vier Rundtürme verteilten Zimmer haben Sat-TV, Internet, Minibar und Bademantel, dazu gibt es ein vorzügliches Frühstücksbüfett und feine europäische Küche im Restaurant ›Arena‹. Das Hotel verfügt über ein Erlebnisbad und zusätzlichen Indoor-Pool, Dampf- und Trockensauna, Kältekammer sowie Rad- und Bootsverleih. DZ ab 95 €.

Viel Komfort am Strand ▶ **Havet** **6**: ul. Wyzwolenia 29, Dźwirzyno (6 km westl. Kołobrzeg), Tel. 94 713 60 66, www.havethotel. pl, 133 Zimmer. Die Zimmer sind in Naturfarben gehalten, alle haben Flachbild-Sat-TV und Computer mit Gratis-Internet; die Apartments zusätzlich eine Jacuzzi-Wanne auf der Terrasse. Clou des Hauses ist das Thermalbad, dessen Panoramafenster sich zum Dünenstrand hin öffnen. Im Medical Spa werden Wellness-Behandlungen angeboten, auch gibt es Saunen sowie eine Salzgrotte. Viele Gastro-Angebote, schön ist die Beach Bar zum Sonnenuntergang. Allerdings hapert es am Service. Eine Leserin moniere, das Personal spreche keine Fremdsprache und die Küche lasse zu wünschen übrig. Ihr Fazit: Das Hotel sei seine fünf Sterne nicht wert. DZ ab 90 €.

Essen & Trinken

Im ›Henkershäuschen‹ ▶ **Domek Kata** **1**: ul. Ratuszowa 1, Tel. 94 354 66 35, www. winogrona.pl. Unten befindet sich ein Café, oben ein Restaurant mit Kristallüstern und Stilmöbeln. Wer keinen Fisch mag, greift zu Wildschweinbraten. Hauptgerichte ab 7 €.

Etwas gehobener ▶ **Pod Winogronami** **2**: ul. Towarowa 16, Tel. 94 354 73 36, www. winogrona.pl. ›Unter den Weintrauben‹ nahe dem Leuchtturm ist eine verlässliche Adresse für deftige polnische Gerichte. Spezialitäten des Hauses sind mit Pilzen überbackenes ›Trapper-Kotelett‹ und ein ›Teufelsgericht im Brotteig‹. Hauptgerichte ab 6 €.

Im Rathauskeller ▶ **Adabar** **4**: ul. Armii Krajowej 12, Tel. 94 354 48 83. Benannt ist das Lokal nach dem 1524 hingerichteten Rebellen Jakub Adabar. In den mittelalterlichen Gewölben – zugänglich über eine Glaspassage – verliert man das Zeitgefühl. Im weichen Sofa, beim Dämmerschein einer Tiffany-Leuchte gibt's große Portionen polnischer Küche. Hauptgerichte ab 6 €.

Hoch über dem Strand ▶ **Mikado** **3**: Bulwar J. Szymńskiego 10 (Strandpromenade). Durch Panoramafenster blickt man auf Meer und Strand und genießt in informellem Bistro-Ambiente hausgemachte Süßigkeiten: außer Kuchen und Eis auch Waffeln und Crêpes. Daneben gibt es ein wöchentlich wechselndes Fischmenü. Hauptgerichte ab 4 €.

Einkaufen

Souvenirs ▶ Das beste Sortiment entdeckt man in den Einkaufsgassen der Altstadt.
Mode- und Sportboutiquen ▶ **Hosso** **1**: pl. Ratuszowy 3. Das Einkaufszentrum befindet sich hinter dem Alten Rathaus.

Abends & Nachts

Tgl. finden im Sommer **Konzerte** im Freilufttheater am Strand oder im Regionalen Kulturzentrum statt, oft gibt es auch Sommerkino unter freiem Himmel.
Musikcafé ▶ **Fiddler's Green** **1**: ul. Dubois 16, www.fiddlersgreen.pl, tgl. meist ab 18 Uhr. Schon seit Jahren einer der beliebtesten Treffpunkte der Altstadt.

Ein Film macht mobil

Thema

Im Januar 1943 ging die Schlacht um Stalingrad verloren, wenig später geriet die deutsche Zivilbevölkerung erstmals ins Visier massiver alliierter Luftangriffe. Der Glaube an den deutschen Endsieg war gründlich erschüttert, und Joseph Goebbels musste alle Register seiner Propagandakunst ziehen, um die Bevölkerung in Kriegslaune zu halten.

So lancierte er am 1. Juni 1943 das teuerste und aufwändigste Werk der deutschen Filmgeschichte, einen Monumentalstreifen mit dem Titel ›Kolberg‹.

Mit der Herstellung wurde Veit Harlan beauftragt, ein Regisseur, der sich schon zuvor in den Dienst der NS-Propaganda gestellt hatte: Mit »Jud Süß« (1940) hatte er die antisemitische Hetzkampagne angestachelt, im »Großen König« (1941) zu blindem Gehorsam gegenüber dem Führer aufgerufen. Nun ging es darum, mithilfe einer Episode aus den Napoleonischen Kriegen die letzten Kraftreserven der Deutschen zu mobilisieren. Historisches Vorbild waren die Kolberger, denen es in den Jahren 1806/1807 unter der Führung von General Gneisenau und Bürgeradjutant Nettelbeck gelungen war, ihre Festung gegen den Ansturm napoleonischer Truppen zu verteidigen.

Für seinen Film ließ sich Veit Harlan vom Propagandaminister ermächtigen, »alle Dienststellen von Wehrmacht, Staat und Partei um ihre Hilfe und Unterstützung zu bitten‹. Heinrich George übernahm die Rolle des mutigen, die Bürgerwehr organisierenden Bürgeradjutanten; Horst Caspar spielte den General und Kristina Söderbaum das einfache Bürgermädchen Maria: drei Symbole des Widerstands, denen – so die unmissverständliche Botschaft des Films – nachzueifern war. Mit der historischen Wahrheit nahm es der Regisseur nicht so genau, den Akteuren wurden wiederholt Zitate von Goebbels und Hitler in den Mund gelegt: »Das Volk steht auf, der Sturm bricht los!« Doch nicht nur dieses Zitat, die gesamte Komposition war darauf ausgerichtet, das deutsche Volk zum Kampf »bis zum letzten Blutstropfen« anzuspornen und die Hoffnung auf ein gutes Ende wach zu halten.

18 Monate brauchte der Regisseur, um sein über weite Strecken pathetisches Werk zu vollenden: Es verschlang mehr als 8 Mio. Reichsmark, und die Zahl von 18500 Statisten war höher als die Gesamtzahl der an der historischen Schlacht beteiligten Soldaten. Doch viel Wirkung war dem Film nicht mehr beschieden: Als er am 30. Januar 1945 in der Atlantikfestung La Rochelle zur Uraufführung gelangte, hatten sich in Pommern bereits lange Flüchtlingstrecks in Marsch gesetzt. Goebbels übermittelte dem Festungskommandanten die Botschaft: »Möge der Film Ihnen und Ihren Soldaten als ein Dokument der unerschütterlichen Standhaftigkeit eines Volkes erscheinen, das in diesen Tagen eines weltumspannenden Ringens, eins geworden mit der kämpfenden Front, gewillt ist, es den großen Vorbildern seiner ruhmvollen Geschichte gleichzutun.«

Das reale Kolberg wurde in den Folgewochen zur Festung erklärt, um dem vom Film geschaffenen Mythos gerecht zu werden: Bis zum 18. März währten die Gefechte, dann war die Stadt vom Nationalsozialismus befreit. Kolberg lag in Schutt und Asche, Tausende von Menschen waren tot.

137

Von Kołobrzeg nach Ustka

Aktiv

Baden ► Der 6 km lange Strand ist weiß und feinsandig, das Wasser sauber und klar. Für schlechtes Wetter gibt es Hallenbäder in mehreren Hotels.

Schiffausflüge ► Vom Hafen an der Parsęta-Mündung **1** starten originalgetreue Nachbildungen von Wikingerbooten zu Rundfahrten aufs Meer hinaus.

Angeln ► Am Hafen **1** werden auch Kutterfahrten zu den Dorschfanggebieten der Ostsee angeboten, reich an Aal, Barsch und Brasse ist der Fluss Parsęta (www.solon.com.pl).

Reiten ► Auf dem **Reiterhof Budzistowo** **2** kann man Pferde für Ausritte mieten und Kurse belegen (www.palacbudzistowo.tp1.pl).

Termine

Interfolk (Ende Aug.): Zum Folklorefestival reisen Ensembles aus der ganzen Welt an.

Sunrise (Juli, www.sunrise-kolberg.de): Eine Woche Ausnahmezustand mit Electronic-Musik, Lasershows, Strandparties.

Verkehr

Auto: Von Kołobrzeg folgt man der Landstraße 11 ostwärts in Richtung Koszalin. Stichstraßen führen ans Meer, so nach Ustronie Morskie und zum Leuchtturm Gąskie; in Mścice, kurz vor Koszalin, folgt man der attraktiven 165 nach Mielno.

Bus/Zug: Die beiden Bahnhöfe befinden sich nebeneinander auf halber Strecke zwischen Strand und Innenstadt. Mit dem Zug kommt man gut nach Koszalin, zu allen Ferienorten an der Ostsee besser mit Bus.

Fähre: Im Sommer fährt mehrmals wöchentlich ein Katamaran in 5 Std. nach Nexö auf Bornholm (www.kzp.kolobrzeg.pl).

Taxi: Bestellung unter Tel. 96 28

Über Koszalin nach Ustka

Östlich von Kołobrzeg setzt sich die niedrige Klippenküste fort. Am schönsten ist die Landschaft dort, wo hinter dem Strand ein schilfumstandener See liegt. Hier genießt man nicht nur weichen Meeressand und frische Brise, sondern kann auf dem angrenzenden Binnengewässer gefahrlos Boot fahren, surfen und segeln.

Ustronie Morskie und Mielno
► 1, E/F 3

An niedrige Moränenklippen schmiegt sich **Ustronie Morskie** (Henkenhagen), ein lang gestreckter Ferienort mit Promenade und 12 km langem, weißem Strand. Bizarr wirken die langen Reihen von Holzpfählen, die zur Uferbefestigung quer zur Strömung ins Meer gerammt wurden. Scheint die Sonne, sitzt auf fast jedem Pflock eine Möwe, die sich von den Strahlen wärmen lässt. Eine kleine Flotte fährt von hier aufs Meer hinaus und schafft frischen Fang heran, der bei der Firma »Superfish« eingedost und eingefroren wird. Man fühlt sich wohl beim Anblick der beiden Seebrücken und der bunten Fischerboote, bummelt gern über die Strandpromenade ins kleine, herausgeputzte Ortszentrum.

Auf schmaler Küstenstraße gelangt man ostwärts zum Leuchtturm von **Gąski** (Funkenhagen), den man über 234 Stufen einer Wendeltreppe besteigen kann. Von dort bietet sich ein imponierender Blick über das windgepeitschte Meer.

Die Küstenstraße, die sich bald in eine Feld- und Wiesenpiste verwandelt, führt nach **Sarbinowo** (Sorenbohm), ein kleines, durch Wellenbrecher befestigtes Fischerdorf, das in der Saison zum Ferienzentrum mutiert. Gartenliebhaber unternehmen von hier einen Abstecher landeinwärts nach Dobrzyca (Kordeshagen, s. Tipp rechts); wer die Nähe des Meeres sucht, erreicht auf der Küstenstraße **Mielno** (Großmöllen), das mit seinem Nachbarn **Unieście** (Nest) zu einem großen Ferienort verschmolzen ist. Seit dem Abschluss einer Rundum-Renovierung heißt es auch hier ›Adieu Tristesse‹: Die verspielten Sommervillen erstrahlen in alter Pracht, die Promenade ist tipptopp gepflegt. In der Saison freilich ändert sich das Bild: An der Durchgangsstraße reiht sich eine Imbissbude an die nächste, aus jeder quillt bis tief in die Nacht Disko-Sound. All dies ist nur wenige Kilometer weiter östlich schlagartig vorbei: Auf der schmalen, bewaldeten Nehrung, die das Meer vom Jamno-See trennt, hört man nichts weiter als den Wind, der Muster in den Dünensand zeichnet. Nach Osten erstreckt sich eine unbebaute Küstenlandschaft, die bis 1999 militärisches Sperrgebiet war.

Infos

Im Internet: www.ustronie-morskie.pl und www.mielno.pl.

Übernachten

Strandnah ▶ Lambert: ul. Bolesława Chrobrego 53-A, Ustronie Morskie, Tel. 94 351 54 31, www.lambert-hotel.pl, 27 Zimmer. Die ehemalige ›Otto-Götzke-Villa‹ liegt etwa 50 m vom Strand entfernt und bietet funktionalfreundliche Zimmer mit Sat-TV und Kühlschrank, teilweise auch Meerblick. Im Wintergarten wird regionale Küche serviert, dem Hotel angeschlossen ist ein kleines Therapie-Zentrum. DZ ab 60 €.

Erstes Haus am Ort ▶ Meduza: ul. Nadbrzeżna 2, Mielno, Tel. 94 348 08 95, www.meduza.mielno.pl, 26 Zimmer. Direkt am Meer gelegenes attraktives kleines Komforthotel mit behaglichen Zimmern. Das angeschlossene Restaurant gilt als bestes vor Ort: frischer Lachs, Lendenfilet und Steak in Pfeffersoße. Von der Terrasse im Obergeschoss hat man einen schönen Blick aufs Meer. DZ ab 80 €.

Verkehr

Bus: Gute Verbindungen bestehen von Ustronie Morskie nach Kołobrzeg und Koszalin sowie von Mielno nach Koszalin.

Koszalin ▶ 1, F 3

Wer nach Sonne und Sand wieder eine Großstadt erleben möchte, fährt landeinwärts nach **Koszalin** (Köslin). Die im Krieg zerstörte Stadt ist heute von Plattenbauten geprägt. Nur rund um den Marktplatz finden sich restaurierte historische Bauwerke. Immerhin gibt es keine Schwerindustrie, wegen der Nähe zu den Ostseebädern wurden ›saubere‹ Elektro- und Lebensmittelwerke angesiedelt.

Tipp: Gartenparadies Hortulus

8 km südlich von Sarbinowo eröffneten zwei Pflanzenliebhaber ein Garten-Center. Es verschafft ihnen nicht nur die nötigen Mittel, sondern auch das Material für ihre Passion. Sie schufen einen französischen Garten, eine mediterrane Spielwiese und eine japanische Oase mit geharkten Kiesflächen, daneben Stein- und Felsen-, Wasser-, Kräuter- und Gemüsegärten. Ihr Stolz sind die ›Gärten der Sinne‹, in denen sich alles ums Sehen, Riechen und Hören dreht. Anschließend kommt man in den ›Garten des Klanges‹, wo das Rauschen des Wassers und der Gräser eine musikalische Komposition bildet. Je nach Jahreszeit präsentieren sich die Gärten unterschiedlich; selbst im Winter, so versichern Iwona und Piotr, lohne der Besuch, denn dann zeigen sich die von Raureif überzogenen Pflanzen in asketischer Pracht. Neueste Attraktion ist der 2 km entfernte große Irrgarten Hortulus Spectabilis, gepflanzt aus 18 000 Hainbuchen (Dobrzyca 76, www.hortulus.com.pl, tgl. 10–18 Uhr, Nov.–März Mo–Fr 10–15 Uhr, Irrgarten Juni–Sept.).

Vom Turm der **Marienkathedrale** (Kościół N.P. Marii, ul. Bolesława Chrobrego/ul. Zwycięstwa) verschafft man sich einen Überblick; sehenswert sind das gotische Haus des Henkers und die Gertrudenkapelle mit einem Sterngewölbe aus dem 14. Jh. Dank der vielen Studenten wirkt die Stadt recht dynamisch, die Kulturszene ist rege. In der alten **Wassermühle** gegenüber der Stadtmauer befindet sich ein Regionalmuseum mit einer nachgestalteten Fischerkate, in der nördlich gelegenen Dependance wird die Stadtgeschichte anhand von Fotos, Stichen und archäologischen Funden illustriert (Muzeum Regionalne, ul. Młyńska 37/38, www.muzeum.koszalin.pl; Dependance in der ul. Piłsudskiego, Di–So 10–16 Uhr).

Einen Ausflug wert ist das 8 km südlich gelegene ›**Bernsteinschloss**‹ (Bursztynowo

Von Kołobrzeg nach Ustka

Pałac). Der 1899 im Stil der Sezession inmitten eines Parks erbaute Palast gehörte der altpommerschen Junkerfamilie von Kamecke und wird heute als Hotel genutzt. In der Eingangshalle sieht man schöne Jugendstilfenster, alte Gemälde und Skulpturen, die Gäste genießen jeden erdenklichen Komfort. Der Familie gehörte auch der fünf Minuten entfernte, im Jägerstil eingerichtete ›Weiße Palast‹ (Biały Pałac), wo man gleichfalls übernachten kann. Mehrmals im Monat finden ›historische Abende‹ mit klassischer Musik statt, anlässlich derer die Bedienung in aristokratischer Tracht erscheint.

Infos

Centrum Informacji Turystycznej: ul. Dworcowa 11/15, 75-201 Koszalin, Tel. 94 346 24 40, www.it-pomorze.pl. Das Info-Büro befindet sich in der Nähe des Bahnhofs.

Übernachten

Ideal für einen Stopover ▶ **Gromada Arka:** ul. Zwycięstwa 20, Tel. 94 3 42 79 11, www.gromada.koszalin.pl, 74 Zimmer. Dreisternehotel 200 m vom Bahnhof entfernt. Zimmer mit Sat-TV und Minibar, außerdem im Haus: Fitnesscenter, Wellnessbereich mit Sauna und Massage, Bar und Nachtklub. Am Wochenende gibt's Rabatt. DZ ab 60 €.

Außerhalb von Koszalin:

Ehemaliger Palast ▶ **Bursztynowo Pałac:** Strzekęcino 12, Świeszyno, Tel. 94 316 12 27, www.hotel-bursztynowy-palac.pl, 55 Zimmer. Das im 19. Jh. für einen Kartoffelbaron am See errichtete Palais, 8 km südl. von Koszalin, wurde in ein Komforthotel verwandelt. Die Zimmer verteilen sich sowohl auf das Haupthaus als auch auf den 5 Min. entfernten ›Weißen Palast‹ (Biały Pałac). Mit Hallenbad, Sauna und Fitness, Bootsverleih, Tennisplatz, Golf-Driving-Range und Reitstall. Im Restaurant wird altpolnische Küche serviert. Anfahrt: Von Koszalin der Straße nach Świeszyno folgen und dort auf die Ausschilderung achten. DZ ab 100 €.

Hochherrschaftlich ▶ **Zamek Podewils:** Krąg 16, Tel. 94 347 05 16, www.podewils-hotel.pl, 70 Zimmer. Das nach dem Stettiner

Schloss zweitgrößte Anwesen in Pommern liegt am Ortsrand von Krąg (Krangen) in einem 2,6 ha großen Park am See, 30 km östlich von Koszalin. 2008 wurde das Hotel, das auf eine über 500-jährige Schlossgeschichte zurückblicken kann, zum ›Preisträger für Denkmalschutz in Pommern‹. Die über je vier Haubentürme und Gebäudetrakte verteilten Zimmer sind mit Kristallüstern und Antiquitäten feudal eingerichtet und haben Sat-TV, Minibar und Föhn. Die Schlossküche ist ›nach Gutsherrenart‹ eingerichtet. Auch wer nur zum Kaffeetrinken vorbeikommt, ist herzlich willkommen. Mit Sauna und Fitness, Fahrrad- und Bootsverleih. DZ ab 60 €.

Essen & Trinken

Beliebter Italiener ▶ **Viva Italia:** ul. Marii Skłodowskiej-Curie 1–3, Tel. 94 346 45 46, www.vivaitalia.pl. Klassische Trattoria mit viel Pizza und Pasta sowie guten Fleischgerichten (z. B. *filetto con funghi porcini*). Hauptgerichte ab 5 €.

Altpolnische Küche ▶ **Gospoda Jamneńska:** ul. Mły ska 37, Tel. 94 341 48 67, www.gospodajamnenska.pl. Rustikales Gasthaus neben dem Regionalmuseum. Zu fetziger Folk-Musik werden traditionelle polnische Gerichte aufgetischt, z. B. Żurek und Barszcz, Schweinshaxe vom Grill und unterschiedlich gefüllte Piroggen. Hauptgerichte ab 4 €.

Termine

Festival der Orgel- und Vokalmusik (Juni/Juli): Tausende von Musikliebhabern strömen im Sommer zu den Konzerten in der Marienkathedrale.

Verkehr

Auto: 7 km westlich von Kozszalin verlässt man, um bequem zur Küste zu kommen, die E-28 und biegt links in die 203 ein. Über Darłowo und den zugehörigen Küstenort Darłówko geht es weiter nach Ustka.
Bus/Zug: Beide Bahnhöfe liegen 800 m westlich des Marktplatzes. Es bestehen gute Verbindungen nach Szczecin, Kołobrzeg, Poznań und Gdańsk. Die kleinen Küstenorte erreicht man besser mit dem Bus.

Darłowo und Darłówko ▶ 1, F 2

36 km nordöstlich von Koszalin liegt die einstige Hansestadt **Darłowo** (Rügenwalde) unweit der Küste. Sie zählt zu den wenigen Orten der Region, die den Krieg unversehrt überstanden haben. Der Marktplatz ist von Laubenhäusern gesäumt, an seiner Westseite steht das barocke Rathaus. Gleich dahinter erhebt sich die wuchtige, im 14. Jh. erbaute Marienkirche, in der der Pommernherzog Erik XIII. (Erich von Pommern) beigesetzt ist. Bis zu seiner Entthronung 1439 war er über 40 Jahre lang König von Dänemark, Schweden und Norwegen. Danach erwarb er sich Ruhm als ›Piratenkönig‹ und ›letzter Wikinger der Ostsee‹, plünderte die Hansekoggen und kehrte schließlich mit Schätzen reich beladen nach Darłowo zurück. Das Schloss, in dem er die letzten zehn Jahre seines Lebens verbrachte, steht südlich vom Marktplatz und beherbergt heute ein Regionalmuseum. Man betritt es durch eines der beiden Tore und befindet sich sogleich in einem von hohen Mauern umschlossenen Innenhof. Allein schon ein Spaziergang durch die Räume ist ein Vergnügen: Ritter- und Ballsaal, Kleiner und Großer Speisesaal, Grüner Salon, Kapelle und vieles mehr. Dazu kommen die vielen interessanten Schnitzarbeiten und Skulpturen, Porträts und Antiquitäten. Auch der Abstieg in den düsteren Schlosskeller lohnt: Foltergeräte, enge Zellen und ›Strafklötze‹ erinnern an seine Bestimmung als Stadtgefängnis (Zamek Książat Pomorskich Muzeum Darłowie, ul. Zamkowa 4, www.muzeumdarlowo.pl, Di–So 10–15.30 Uhr).

Nur 3 km sind es bis zum Seebad **Darłówko** (Rügenwaldermünde), das sich beidseits der Wieprza-Mündung ausbreitet. Eine Schiebebrücke aus dem 19. Jh. verbindet die beiden Ortsteile. Morgens, wenn die Fischer hinausfahren, und nachmittags, wenn sie in den Hafen zurückkommen, kann man beobachten, wie sie sich öffnet und schließt. An der Ostseite der Mündung steht ein 23 m hoher, eher unscheinbarer Leuchtturm (Latarnia Morska, Mai–Sept. tgl. 10–18 Uhr), an seinem Fuß beginnt der von einer Promenade gesäumte Strand.

Ausflug ins ›Karierte Land‹ ▶ 1, G 2

Von Darłowo führt eine attraktive Autoroute durch das ›Karierte Land‹, das seinen Namen den vielen hier erhaltenen Fachwerkhäusern verdankt. Schilder mit einem stilisierten Gehöft weisen den Weg, in jeder Touristeninfo sollte eine genaue Beschreibung erhältlich sein. Von Darłowo fährt man auf der Straße 205 ostwärts und passiert Krupy und Stary Jarosław, bevor man ins 20 km entfernte **Swołowo** gelangt. In dem idyllischen Dorf wurde der schönste Hof, genannt Zagroda Albrechta, in ein Museum verwandelt – hier werden Alltag und Arbeit von anno dazumal zu neuem Leben erweckt (Di–So 10–16 Uhr, www.muzeum.swolowo.pl). Einen Halt lohnt auch **Gałęzinowo** (bei Strzelinko), wo eine ehemalige Fachwerkmühle auf einer Insel in einem Waldsee in ein rustikales Gasthaus verwandelt wurde. Man erreicht es über ein Brücklein, setzt sich bei schönem Wetter auf die Holzterrasse überm Wasser und genießt die deftige Küche: Waldpilzsuppe, gefüllte Roulade und Kräuterforelle. Die angesetzten Kalorien könnte man bei einer Paddeltour auf dem idyllischen See abtrimmen. Oder man spaziert durch ein Waldstück hinüber zum nahen Gestüt, das – aus Backstein und Bohlen erbaut – eine Komfortpension beherbergt. Ein feudales, etwas zu groß geratenes Spa-Resort steht glücklicherweise jenseits des Blickfelds (Dolina Charlotty, Strzelinko 1, Tel. 59 847 43 00, www.dolinacharlotty.pl). Von hier sind es nur noch wenige Kilometer nach Słupsk bzw. Ustka.

Infos

Centrum Informacji Turystycznej: ul. Zamkowa 4, Tel. 94 314 35 72, www.darlowo.info.pl.

Übernachten

Darłowo ist schöner, aber in Darłówko, wo sich die hier ausgewählten Unterkünfte befinden, schläft man besser.

Rundum bequem ▶ **Lidia:** ul. Dorszowa 3 (Darłówko Zachodnie), Tel. 94 314 30 38, www.hotel-lidia.pl. 118 Zimmer. Modernes

Der Alte Speicher beim Schloss in Słupsk beherbergt heute ein Café

Mittelklassehotel 100 m vom Strand, neben Doppelzimmern gibt es familienfreundliche Drei- und Vierbettzimmer sowie Studios, alle mit Bad, Kühlschrank, Sat-TV, einige mit Balkon. Das Haus verfügt über Hallenbad, Whirlpool, Sauna sowie ein ärztlich geleitetes Therapie-Zentrum. Im Preis ist der Verleih von Rädern und Wassersportgerät inbegriffen. DZ ab 60 €.

Aktiv

Baden ▶ Am schönsten ist es am Strand östlich vom Leuchtturm von Darłówko.

Schiffsausflüge ▶ Mit Ausflugsbooten geht es von Darłówko hinaus auf hohe See, ein Katamaran fährt im Sommer nach Bornholm (Fahrtdauer 2 Std.).

Verkehr

Stadtverkehr: Eine kleine Straßenbahn rattert in kurzen Abständen zwischen Darłowo und Darłówko hin und her.

Bus/Zug: Die beiden Bahnhöfe liegen nahe beieinander im Südwesten Darłowos, etwa 10 Min. zu Fuß vom Marktplatz. Gute Busverbindungen nach Koszalin, Ustka und Słupsk.

Słupsk ▶ 1, H 2

Nächster Zwischenstopp ist **Słupsk** (Stolp), eine Stadt mit gut 100 000 Einwohnern, die früher den Beinamen ›Klein-Paris von Pommern‹ trug. Während Rügenwalde mit der bekannten Toowurst von sich reden machte, produzierte Słupsk das ›Jungchen‹, einen klassischen Camembert.

Pariserisch geht es im Ort heute nicht mehr zu, doch gut essen kann man noch immer. Bevor man sich davon überzeugt, lohnt ein Bummel durch den restaurierten Stadtkern. Das im Renaissancestil 1507 erbaute **Greifenschloss,** das als Mittelpolnische Museum öffnet, beherbergt u.a. Sarkophage der letzten hier herrschenden Herzöge, Kunst aus der Region sowie Ikonen. Kurios ist der Teil einer Prunkkarosse, in der 1683 der polnische König Jan III. Sobieski nach seinem Sieg über die ›ungläubigen‹ Türken in Wien einfuhr. Als Heiligenschrein verehrt, diente er jahrhundertelang als Kirchenkanzel. Das Highlight des Museums befindet sich im obersten, abgedunkelten Stock (s. Tipp rechts).

Einen Blick lohnt auch die ethnologische Abteilung des Museums gegenüber vom Schloss in der mittelalterlichen **Mühle**, in der **Dominikanerkirche** wurden die pommerschen Fürsten beigesetzt (Muzeum Pomorza Środkowego, ul. Dominikańska 5, www.muzeum.slupsk.pl, Di–So 10–16 Uhr). An der Słupia (Stolpe) entlangspazierend kommt man zur ›Hexenbastei‹ (Baszta Czarownic, ul. Nullo, www.baltic-gallery.art.pl, Di–So 10–17 Uhr), einem Wehrturm, in dem man bis 1701 ketzerische Frauen gefangen hielt, die anschließend auf dem Scheiterhaufen verbrannt wurden. Heute finden hier Kunstausstellungen statt, ein paar kleinere davon auch im neugotischen **Rathaus** (Ratusz), Mit seiner Backsteinfassade und dem hohen Turm wirkt es wie eine Kathedrale – dazu passt das stündliche Glockenspiel von Szymanowski (s. Termine). 180 Stufen führen auf den 56 m hohen Turm, vorbei an historischen Stadtansichten. Oben angekommen, kann man das heutige Słupsk überblicken.

Infos

Centrum Informacji Turystycznej: Starzyńskiego 8, Tel. 59 842 43 26, www.slupsk.pl, Okt.–Mai Mo–Fr 9–16, Juni–Sept. Mo–Fr 9–18, Sa 9–15 Uhr.

Übernachten

Mit Tradition ▶ Staromiejski: ul. Jedności Narodowej 4, Tel. 59 842 84 64, www.hoteleslupsk.pl, 41 Zimmer. Das Mittelklassehotel im Sezessionsstil bietet ordentliche Zimmer mit Sat-TV, freitags und samstags sollte man die Zimmer zur Straße hin meiden. Freundliches Ambiente, der Parkplatz ist bewacht. DZ ab 75 €.

Am Schloss ▶ Zamkowy: ul. Dominikańska 4, Tel. 59 842 52 94, www.hoteleslupsk.pl, 33 Zimmer. Helle, freundlich-funktionale Zim-

Tipp: Im Rauschzustand geschaffene Kunst

Clou der Sammlung im Greifenschloss sind die 200 expressiven Porträts von Ignacy Witkiewicz alias Witkacy (1885–1939), dem vielseitigsten Künstler der polnischen Moderne. Pikanterweise schuf er sie im Rausch: Auf jedem Bild notierte er Art und Menge der Droge, die er zu sich nahm – vom kleinen Bier bis zur Peyotl-Pflanze. Je exotischer das Aufputschmittel, desto teurer war das Bild! Weil er zeitweise im Akkord arbeitete, nannte Witkacy sein Atelier ironisch »Porträt-Fabrik«.

mer in einem Nebengebäude des Schlosses. Nicht schlecht ist auch das zugehörige Restaurant, das altpolnische Küche serviert – unbedingt probieren sollte man die Walnusssuppe *(zupa orzechowa).* DZ ab 66 €.

Essen & Trinken

Im Kellergewölbe des Schlosses sowie im Anbau öffnen gutbürgerliche Restaurants. Außerdem empfehlenswert:

Gute Regionalküche ▶ Karczma pod Kluką, ul. Kaszubska 24, Tel. 59 842 34 69, www.hotelpodkluka.pl. Rustikales Restaurant an der Straße nach Kluki mit kaschubischen Spezialitäten wie Nuss- und Kümmelsuppe und flambierter Forelle. Wer zuviel gebechert hat, kann im Hotel absteigen (23 Zimmer). Hauptgerichte ab 6 €.

Im alten Speicher ▶ Stary Spichlerz: ul. Zamkowa 3, Tel. 94 314 51 37, www.herbaciarnia.slupsk.pl. Dank vieler Gäste herrscht immer gute Stimmung, auf der Karte stehen viele Tee- und Kaffeesorten, dazu Kuchen und Kleingerichte – dies alles ein paar Schritte vom Schloss.

Termine

Festival der polnischen Pianistik (Sept.): Konzertwoche im Rittersaal des Schlosses – eine Veranstaltungsreihe zu Ehren von Karol Szymanowski, dem polnischen ›Nationalkomponisten‹.

Von Kołobrzeg nach Ustka

Verkehr

Auto: Auf der 210 kommt man nach Ustka, auf der 213 und 214 nach Łeba, dem ›Eingangstor‹ zum Slowinzischen Nationalpark.

Bus/Zug: Die beiden Bahnhöfe befinden sich nebeneinander 1 km westlich vom Zentrum. Es bestehen stündlich Zugverbindungen nach Ustka, die Busse verkehren in noch kürzerem Takt.

Ustka ▶ 1, G 2

Wo die Słupia in die Ostsee mündet, entstand bei **Ustka** (Stolpmünde) ein Fischerhafen. Dank diesem ist der Ort heute kein künstliches Ferien-Resort, sondern – zumindest außerhalb der Hochsaison – ein ›normales‹ maritimes Städtchen. An der Hafenpromenade längs des Flusses ankern Kutter vor der Kulisse hanseatisch inspirierter Giebelhäuser. Dahinter liegt das kleine Kapitänsviertel, wo sich gestandene Seeleute stattliche Villen erbauen ließen. Unmittelbar an der Mündung erhebt sich ein kleiner Leuchtturm, an dem Ausflugsschiffe starten. Hinter dem Leuchtturm beginnt eine zweite Promenade, die oberhalb eines herrlichen Strands verläuft: Der Sand von Ustka ist weich und weiß und säumt die Küste viele Kilometer, wobei er sich jenseits des Orts zu niedrigen, dicht bewaldeten Klippen aufwirft.

Interessantes entdeckt man auch landeinwärts: Die von der Promenade abzweigenden Straßen sind von Villen gesäumt, von denen viele aus jener Zeit stammen, als sich in Stolpmünde Preußens Hautevolee traf. Und im Strandpark (Park Nadmorski) entdecken Kunstinteressierte ein Kuriosum: Das Denkmal des Sterbenden Kriegers (1922) machte seinen Schöpfer zu Hitlers Lieblingsbildhauer. 1936 schuf Josef Thorak zahlreiche Skulpturen für das Berliner Olympiastadion; ein Jahr später vertrat er das Dritte Reich auf der Pariser Weltausstellung. Vor diesem Hintergrund erstaunt es, dass das Denkmal nach 1945 nicht abgetragen wurde ...

Zu Ustkas Sehenswürdigkeiten gehört das **Regionalmuseum** an der Hauptstraße, das mit Schiffsmodellen an die große Zeit der hiesigen Werft erinnert (Muzeum Ziemi Usteckiej, ul. Polskiej 62-A, www.muzeum-ziemiusteckiej.pl, Di–Sa 11–18 Uhr). Ein paar Schritte weiter befindet sich über einer Konditorei ein privates **Brotmuseum** (Muzeum Chleba, ul. Polskiej 49, www.muzeum-chleba.pl, Mo–Fr 8–16, Einlass bis 14.30 Uhr, 3,50 €). Eine 60 m lange Klappbrücke auf der Höhe des Leuchtturms spannt sich zum Westufer der Flussmündung, wo in den 1930er-Jahren ein großer (Militär-)Hafen entstehen sollte.

Vier Stahlbetonbunker öffnen im Sommer als **Park der Begegnung mit der Geschichte:** Hyperrealistisch gestaltetete Silikonfiguren in Reichsuniform inszenieren Krieg als Unterhaltungsshow (Park Spotkań z Historią, www.twierdzaustka.pl, tgl. 10–16 Uhr).

Infos

Centrum Informacji Turystycznej: ul. Marynarki Polskiej 87, Tel. 59 814 71 70, www.ustka.pl, Mo–Fr 9–17, Sa 9–13 Uhr, während der Sommerferien Mo–Sa 8–20 Uhr.

Übernachten

Im Herzen der Altstadt ▶ **Rejs:** ul. Marynarki Polskiej 51, Tel. 59 814 78 50, www.hotelrejs.com, 13 Zimmer. Von außen ein attraktiver Fachwerkpalast, von innen ein behagliches Haus mit skurrilen Details, etwa einem knallroten Sofa im Lippenform in der Lobby, das an Ustkas deutschen Namen Stolpmünde erinnert. In den stilvollen Zimmer versetzen historische Fotos in vergangene Zeiten zurück. Das Frühstücksbüfett wird im ›Siebten Himmel‹ (7 Niebo) eingenommen, dem wohl besten Restaurant im Ort. Das Haus befindet sich wenige Gehminuten vom Meer entfernt. DZ 65–90 €.

Mit historischem Flair ▶ **Villa Red:** ul. Żeromskiego 1, Tel. 59 814 80 00, www.villared.pl, 17 Zimmer. Bismarcks Sommervilla (1886) nahe der Strandpromenade gefällt mit Türmchen und viel Backstein. Die Zimmer sind plüschig-gemütlich (Sat-TV, Gratis-WLAN). Der Parkplatz ist bewacht. Im Sommer klagen Gäste über Disco- und Kneipenlärm. DZ 65–85 €.

Camping ▶ **Morski Nr. 101:** ul. Armii Krajowej 4, Tel. 59 814 47 89, geöffnet Mai–Okt.

Am Fuß des kleinen Leuchtturms von Ustka starten Ausflugsschiffe

3 ha große Anlage auf teilweise schattigem Wiesengelände, 1,3 km vom Meer entfernt. 200 Stellplätze, dazu 12 kleine Campinghütten und Bungalows sowie Pensionszimmer. An der Straße von Ustka nach Przewłoka (ausgeschildert).

Essen & Trinken

Ideenreich ▶ **7 Niebo:** ul. Marynarki Polskiej 51, Tel. 59 8 14 78 50. Wie im ›siebten Himmel‹ (7 *niebo*) fühlt man sich in dem ans Hotel Rejs angeschlossenen, stimmungsvollen Lokal, wo polnische, französische und italienische Küche fantasievoll kombiniert werden. Spezialität des Hauses ist Fisch, z. B. mit Gemüse und Mozzarella überbackene Seezunge *(sola z pieca)*. Hauptgerichte ab 8 €.

In der Teestube ▶ **Herbaciarnia:** ul. Marynarki Polskiej 14. Wie ein Wohnzimmer wirkt das kleine Lokal nahe dem Hafen. Für plüschige Gemütlichkeit sorgen Sofas und Sessel, dazu eine Theke von anno dazumal. Viele Teesorten stehen zur Wahl, die man im angeschlossenen Laden auch kaufen kann. Der Kuchen ist hausgemacht!

Aktiv

Baden ▶ Kilometerlanger Paradestrand zu beiden Seiten des Ortes, gen Osten wird er von niedrigen, bewaldeten Klippen gesäumt. Für Tage mit schlechtem Wetter steht in der ul. Sportowa ein Hallenbad bereit.

Radfahren ▶ Für Radfahrer ideal ist die 20 km lange ›Weg der aufgerollten Gleise‹ (›szlak zwiniętych torów‹), der über weite Strecken auf einem stillgelegten Bahndamm verläuft. Er führt über Wytowno nach Rowy.

Schiffsausflüge ▶ Neben verschiedenen Touren mit Ausflugsbooten verkehrt im Juli und August am Wochenende ein Katamaran zwischen Ustka und Bornholm (Fahrtdauer 2 Std.), Räder können mitgenommen werden.

Verkehr

Bus: Es gibt häufige Verbindungen zwischen Ustka und Słupsk.

145

Im Hinterland – Pommersche Seenplatte

► 1, E–G 4/5

Südlich der E 28 erstreckt sich der Baltische Höhenrücken. Zwischen dicht bewaldeten Hügeln liegen Canyons und Hunderte tiefer Seen. Sie entstanden beim Schmelzen der eiszeitlichen Gletscher, deren reißende Abflüsse sich tief ins Gestein kerbten.

Architektonisches Kleinod der Region ist **Białogard** (Belgard). Wie in fast allen mittelalterlichen Städten Pommerns ist der quadratische Marktplatz Ortsmittelpunkt. Er wird von zwei Ratsgebäuden und Bürgerhäusern flankiert, ein 60 m aufschießender Turm weist den Weg zur gotischen Marienkirche von 1310. Teile der alten Wehranlagen blieben erhalten, besonders eindrucksvoll wirkt das südliche, aus Backstein errichtete Hohe Tor (Brama Połczyńska), durch das man geradewegs nach **Połczyn Zdrój** (Bad Polzin) weiterreisen kann. Der nostalgische Kurort verdankt seine Entstehung einer wundersamen Geschichte. Im Jahr 1688 geschah es, dass ein Schmied in einem nahe gelegenen Waldstück eine milchig gefärbte Quelle entdeckte. Er beugte sich neugierig über sie und fiel ins Wasser – doch es war ein Sturz mit unerwartet positiven Folgen. Mit Erstaunen stellte der Schmied fest, dass sich sein verdämmerndes Augenlicht von Tag zu Tag besserte. Prompt wurde die kohlensäure- und eisenhaltige Quelle zum Gesundbrunnen erklärt und drumherum Parks, Alpen- und Rosengarten angelegt. Es dauerte nicht lang, da genoss der Ort als ›Karlsbad des Nordens‹ einen hervorragenden Ruf und wurde zum Treffpunkt der führenden Vertreter des pommerschen Adels – aller jener Herren mit Namen wie Manteuffel, Puttkammer und von Krockow. Fürst von Bismarck hat sie herablassend ›Kraut- und Kartoffelbarone‹ genannt, doch obwohl er von Diäten und Trinkkuren nicht viel hielt, ließ er es sich nicht nehmen, gleichfalls und sogar mehrmals im Jahr in den Hotels dieses Orts abzusteigen. »Mein Umgang hier«, schrieb er, »besteht aus Hunden, Pferden und Landjunkern. Bei letzterem erfreue ich mich einiges Ansehens, weil ich Geschriebenes mit Leichtigkeit lese, mich jederzeit wie ein Mensch kleide und dabei ein Stück Wild mit der Sicherheit eines Metzgers zerwirke, dreist reite, ganz schwere Zigarren rauche und meine Gäste mit freundlicher Kaltblütigkeit unter den Tisch trinke.«

Seit einigen Jahren versucht man, die deutsche Klientel zurückzugewinnen; man restauriert Villen und Gärten, die Jugendstilhäuser der Altstadt beginnen wieder zu glänzen. In den Bars genießt man das aus dem

Quellwasser gewonnene Bier, im Rathaus werden die vielen deutschsprachigen Ärzte gerühmt. Zudem ist Połczyn Zdrój ein hervorragender Ort zur Erkundung der Naturparks. Auf kurvenreicher Straße gelangt man südlich von Połczyn Zdrój ins ›Tal der fünf Seen‹, das malerische Herzstück der Seenplatte. Wer nur wenig Zeit hat, sollte wenigstens einen Abstecher nach Stare Drawsko bei Czaplinek (Tempelburg) unternehmen; dort bietet die Draheimer Burg eine fantastische Aussicht auf den buchtenreichen Drawskie-See (Juni–Sept. tgl. 9–19 Uhr).

Der Rückweg nach Koszalin führt über **Szczecinek** (Neustettin), ein weiteres touristisches Zentrum inmitten schöner Natur. Sehenswert sind hier die vom Krieg verschonten neugotischen Bauten der Stadt, das Rathaus und die Marienkirche. Reste einer Burg der pommerschen Herzöge stammen aus dem 14. Jh., im gotischen Turm der Nikolaikirche ist ein Regionalmuseum untergebracht. Außerdem gibt es an der Straße nach Słupsk eine berühmte Hengstzucht: **Biały Bór** (Baldenburg) ist ein Mekka aller Freunde des Reitsports!

Geheimtipp für Naturliebhaber im Hinterland: die Pommersche Seenplatte

Vom Slowinzischen Nationalpark nach Hel

Für viele ist es die landschaftlich reizvollste Gegend ihrer Reise: im Norden das einsame Küstengebiet mit dem Slowinzischen National-park, dem Gutsherrenschloss von Krokowa und der Halbinsel Hel, südlich die ›Kaschubische Schweiz‹, eine hügelige Landschaft mit Alleen, einsamen Wäldern und Seen.

Łeba und Slowinzischer Nationalpark

Łeba ▶ 1, J 1

Dank seiner langen Sandstrände hat sich **Łeba** (Leba) zu einem der beliebtesten Feri-enorte der polnischen Ostseeküste entwi-ckelt. Er liegt an der Mündung des gleichna-migen Flusses, zwischen den Seen Łebsko und Sarbsko, und ist ein guter Ausgangs-punkt zur Erkundung des Slowinzischen

Nationalparks. Bereits Ende des 19. Jh. hat es sich als Kurbad und Sommerfrische einen Namen gemacht, entlang der ul. Kościuszki stehen noch einige Häuser aus früherer Zeit. Wer etwas von der ehemaligen Idylle spüren will, meidet die in der Hochsaison mit Im-bissbuden gepflasterten Straßen und wen-det sich dem Hafen am Fluss zu, wo bunte Kutter vor Anker liegen.

Zu den wenigen Sehenswürdigkeiten von Łeba zählen eine kleine **Barockkirche**, für

Viel Weite am Strand von Łeba

Łeba und Slowinzischer Nationalpark

die der Maler Max Pechstein nach dem Zweiten Weltkrieg ein konventionelles Marienbildnis schuf, und das ehemalige, schlossähnliche **Kurhaus** auf der Klippe, das heutige Hotel Neptun. Der 4000-Seelen-Ort, dessen Bewohner sich in der Hauptsaison schlagartig verdreifachen, wartet vor allem mit Aktivangeboten auf: Man kann baden und am Strand laufen, die verschilften Seen und Dünengebirge erkunden, angeln, segeln, Kajak fahren und Bootstouren unternehmen. Wer Einsamkeit sucht, läuft ostwärts zur naturgeschützten Nehrung zwischen Meer und Sarbsko-See. Oder er folgt der Sienkiewicza über den Fluss zum Westufer. Biegt man dort in die ul. Jachtowa ein, gelangt man nach insgesamt 15 Gehminuten zu einem kleinen, attraktiven **Jachthafen.** Häuser im Fachwerkstil beherbergen eine Taverne und einen Sail-Shop; selbst in der Saison geht es hier angenehm ruhig zu. Geht man vom Jachthafen ein Stück zurück und biegt in die ul. Turystyczna ein, folgen mehrere Campingplätze inmitten von Grün. Unmittelbar hinter dem Camping Chaber könnte man rechts in einen schmalen Waldweg einbiegen, der nach 400 m im Kiefernwald endet. Hier entdeckt man die Ruinen der ehemaligen Nikolauskirche (Ruiny kościoła św. Mikołaja). Kaum zu glauben, dass diese kärglichen Backsteinmauern das Einzige sind, was von Alt-Leba übrigblieb. 1558 begrub ein heftiger Sturm das halbe Dorf, den Rest besorgte ein Orkan 14 Jahre später. So erschüttert waren die Bewohner, dass sie Łeba an dem heutigen, sichereren Ort neu errichteten … Folgt man der Straße 200 m weiter, gelangt man zu einem breiten Strand, der sich schier endlos westwärts zieht.

Wer mit Kindern unterwegs ist, hat vielleicht Lust, in den **Łeba Park** zu fahren, der mit Nachbildungen von Dinosauriern in Originalgröße aufwartet (ul. Kolonijna s/n, www. lebapark.pl, Mai 9–16, Juni 9–17, Juli/Aug. 9–19 Uhr, 6,50 ⇔).

Im nahen **Sarbsk** lockt der **Sea Park** mit einer Aufzuchtstation für Seehunde und einem Aquarium (8 km südöstlich von Łeba, www.seapark.pl, tgl. 9–18 Uhr, 6 ⇔).

Tipp: Ausflug zum Leuchtturm Stilo

Man fährt von Łeba südwärts, biegt Richtung Nowęcin ostwärts ab und passiert nahe dem Ufer des Sarbsko-Sees ein erstes Schloss (s. Unterkunft). Noch ein Stück weiter östlich, in Ulinia, steht ein zweites. Auch das nächste Dorf, Sasino, wartet mit einem Junkerpalast auf: Vor der Schlosseinfahrt schwenkt man links auf eine Piste, die sogleich in eine Straße mündet. Diese führt rechts in gut 1 km zu einem Waldparkplatz, wo ein rot-weiß markierter Weg in 15 Min. zum Leuchtturm Stilo geleitet. Noch immer wird er ›von Hand‹ bedient, seit Generationen von ein und derselben Familie. Zu seinen Füßen erstreckt sich feiner weißer Sandstrand, so weit das Auge reicht – oft ist man hier mutterseelenallein.

2 Polnische Sahara
▶ 1, H/J 1

Die Mehrzahl der Besucher zieht es zum **Slowinzischen Nationalpark** (Słowiński Park Narodowy), einem UNESCO-Biosphärenreservat. Seine sichelförmigen, bis zu 50 m hohen Dünen ziehen landeinwärts und begraben dabei alles, was sich ihnen in den Weg stellt. Hinter ihrem mächtigen, weißen Wall liegen der Łebsko- (Leba-) und der Gardno-See (Garder See), die gleichfalls verschüttet werden. Seit 1950 haben sie mehrere Quadratkilometer Fläche eingebüßt – irgendwann werden sie ganz verschwunden sein. Bis es so weit ist, bleiben sie ein Refugium für Vögel, die in den Schilfbuchten ungestört nisten können.

Die Entstehung dieser Landschaft reicht mehrere Tausend Jahre zurück. An der Stelle der heutigen Seen befand sich eine weite Bucht, die durch angeschwemmten Sand von der offenen See abgetrennt wurde, sodass sich eine große Nehrung ausbildete. Der vorherrschende Nordwestwind türmte den Sand zu immer größeren Dür trieb sie landeinwärts – bis zu 9 m

Vom Slowinzischen Nationalpark nach Hel

können sie wandern. Im Laufe der Zeit wurden Bäume, Häuser und ganze Dörfer verschüttet (Słowiński Park Narodowy, www.slowinski pn.pl, Mai–Sept. 8–19 Uhr, sonst ohne Zeitbegrenzung; Haupteingang bei Rąbka, 2 km westlich von Łeba).

Den Slowinzen, nach denen der Nationalpark benannt ist, wird man nur noch selten begegnen – am ehesten rund um **Kluki** (Klucken), einem kleinen Dorf am Westufer des Łebsko-Sees. Die meisten Vertreter dieses Volksstammes sind unmittelbar nach Kriegsende aus Polen vertrieben worden, weil sie als Deutsche galten. Zwar betrachten sich die Slowinzen als Westkaschuben, doch sind sie von ihren östlichen Nachbarn durch den protestantischen Glauben und die deutsch geprägte Sprache unterschieden. Relikte ihrer Kultur sind in einem Freilichtmuseum zu sehen: reetgedeckte Häuser mit Fachwerk, blumenreiche Vorgärten, Höfe mit Backöfen und Bootslagern. Die Einrichtung spiegelt das unterschiedliche Wohnniveau von Tagelöhner, Bauer und Pfarrer. In den Werkstätten kann man noch die ›gestiefelten Gäule‹ bestaunen: Pferde, die beim Torfstechen am Łebsko-See Holzpantinen trugen, um nicht im Morast zu versinken.

Eine Holperstraße führt fast bis zu seinem verschilften Ufer, wo eine Mole ins Wasser ragt. An Sommerwochenenden legen hier Ausflugsboote an, die Gäste nach Łeba schippern. Nahebei ragt ein Aussichtsturm auf, von dem sich ein grandioser Blick über eine riesige Wasserfläche eröffnet: Mit 70 km^2 ist der Łebsko-See eines der größten Binnengewässer Polens (Skansen, www.muzeumkluki.pl, Mai–Aug. tgl. 10–18, sonst bis 16 Uhr, Mo nur ein Haus geöffnet, 3 €; im Sommer erreicht man Kluki von Łeba aus im Rahmen eines zweistündigen Bootstrips).

Infos

Centrum Informacji Turystycznej: ul. 11-go Listopada 5-A, Tel. 59 866 25 65, www.lotleba.pl.
Im Internet: www.leba-kurort.pl, www.leba.com und www.slowinskipn.pl (Infos speziell zum Slowinzischen Nationalpark).

Übernachten

In Łeba:

Schlösschen auf dem Kliff ▶ **Neptun:** ul. Sosnowa 1, Łeba, Tel. 59 8 66 23 31, www.neptunhotel.pl, 35 Zimmer. Neogotischer Palast am bewaldeten Kliffufer über dem Strand, die meisten Zimmer mit Seeblick. Im Sommer frühstückt man auf der Terrasse, in der kühlen Jahreszeit im Kaminsaal. Das Ho-

Die Łącka-Düne inmitten des Slowinzischen Nationalparks

tel verfügt über einen Billardsaal und einen Fitnessraum, man kann Tennis spielen und Räder ausleihen. Für Filmfans interessant: Das ›Neptun‹ ist eines der Hotels, in denen Theodor Fontanes Roman »Effi Briest« 2007 neu verfilmt wurde. DZ 105–210 €.

An der Hafenpromenade ▶ Goląbek: ul. Wybrzeże 10, www.hotel-golabek.leb.pl, Tel. 59 866 29 45, 23 Zimmer. Mittelklassehotel am Flussufer vor dem Fischerhafen, ca. 1 km vom Meer entfernt. Mit Sauna und Sonnen-studio, im Restaurant wird deftige Fisch-küche serviert. DZ 60–90 €.

Camping ▶ Intercamp Nr. 84: ul. Turys-tyczna 10, Tel. 59 866 22 30, Juni–Mitte Sept. Mit 800 Stellplätzen der größte von vier Campingplätzen in Łeba, gut geführt, doch leider ohne Schatten.

aktiv unterwegs

Wandern in der ›Polnische Sahara‹

Tour-Infos

Start: Parkplatz Rąbka 2 km westlich von Łeba, Anfahrt auch mit öffentlichem Bus und privatem Mini-Bus.

Ziel: Die kurze Tour führt zum Startpunkt am Parkplatz Rąbka zurück, die lange Variante endet in Smołdzino, von wo ein Bus (nur 2 x tgl.) nach Łeba zurückfährt.

Länge: 14 km (kurz) bzw. 23,5 km (lang)

Dauer: 4.30 Std. (kurz) bzw. 10 Std. (lang)

Hinweis: Viel Trinkwasser mitnehmen, für Sonnenschutz sorgen und im Sommer möglichst nicht in der Mittagshitze laufen – der Sand erwärmt sich auf über 40° C!

Wanderdünen und schilfige Salzseen, weite Täler mit knorrigem Gehölz, aber auch Passagen mit dichtem Kiefernwald: Ein Tag im Slowinzischen Nationalpark zählt zu den schönsten Erlebnissen einer Polenreise! Im Waldbereich ist der Weg gut ausgebaut; im Dünengebiet läuft man weglos, doch dank der mit Farbe markierten Stangen fällt die Orientierung leicht. Vom Parkplatz läuft man zur Riesendüne 5,5 km auf einem rot markierten Waldweg. Wem das zu anstrengend ist, der kann die Strecke auch mit Elektrobus, Kutsche oder Leihrad zurücklegen.

Kurztour

Nachdem man von Rąbka die ersten 5,5 km auf bequemem breiten Waldweg zurückgelegt hat, steht man am Fuß der 42 m hohen **Łącka-Düne.** Hier beginnt ein kurzer, aber anstrengender Aufstieg: Knöcheltief versinkt man im Sand, doch oben angelangt, wird man mit einem fantastischen Ausblick belohnt: Sandberge, so weit das Auge reicht, landeinwärts erblickt man den silbernen, vom Wind gekräuselten Łebsko-See, zum Meer hin sieht man das blaue Band der Ostsee.

Die ersten 5,5 km zur ›Sahara‹ lassen sich auch mit der Kutsche zurücklegen

Anschließend stapft man durch hohe Sandwehen in Richtung Meer und nimmt immer neue Sahara-Bilder in sich auf. Der Wind kerbt seine Spuren in die Hänge der ›Weißen Berge‹ (Białe Gory) und es wird heiß …

Bevor man das Meeresufer erreicht, kommt eine Gabelung. Auf dem rechts abzweigenden Weg gelangt man am Meeresufer entlang zum Startpunkt zurück.

Längere Variante

Wer das Abenteuer liebt, hält sich an besagter Gabelung links und folgt dem rot markierten Weg nach Smołdzino (weitere 6 Std.). Anfangs hechelt man volle 9 km die Küste entlang, dann schwenkt der Weg landeinwärts, Kiefern und Birken sorgen für angenehmen Schatten. Man passiert den Leuchtturm von **Czołpino,** dann den gleichnamigen Weiler. Nach 2,5 km schwenkt man in den schwarz markierten, südwestwärts weisenden Weg ein. Dieser geleitet durch Kiefern- und Fichtenwald in 3 km nach **Smołdzino** (Schmolsin). Das Dorf liegt an der Nordseite des **Rowokół,** eines 115 m hohen, von den Slowinzen als ›Heiliger Berg‹ verehrten Hügels.

Das örtliche **Naturkundemuseum** erklärt die Entstehung der Dünen (Muzeum Przyrodnicze, ul. Mostnika s/n, Mai–Okt. Mo–Fr 9–17, sonst 8–15 Uhr). Falls man nicht am gleichen Tag nach Łeba zurück möchte, findet man im Gasthaus ›U Bernackich‹ in Smołdzino eine urige Unterkunft. Die Küche tischt deftige Riesenportionen aus frischen Zutaten auf (U Bernackich, ul. Bohaterów Warszawy 17-A, Tel. 59 811 73 64, www.ubernackich.pl, 32 Zimmer, DZ ab 32 €; Hauptgerichte ab 3 €). Gut gestärkt, kann man am Folgetag auf dem gelb markierten Weg über **Kluki** nach Łeba zurücklaufen (8 Std.). Durch Moore und Mischwälder geht es am Südufer des **Łebsko-Sees** entlang – auch dies eine herrliche Tour auf federnden Nadelwegen und sandigen Pisten!

Vom Slowinzischen Nationalpark nach Hel

In der Umgebung:

Ruhig am See gelegen ▶ **Rezydencja nad Jeziorem Łebsko:** Żarnowska, ul. Jeziorna 21-A, Tel. 59 866 28 29, www.rezydencja porta-baltic.pl, 9 Apartments, 7 DZ. Großartig ist die Lage dieser kleinen Ferienanlage am Ufer des riesigen Łebsko-Sees, der von allen Räumen zu sehen ist. Frau Gromowska, die engagierte Besitzerin, versorgt die Gäste morgens und abends mit ausgezeichneter polnischer Küche, sie spricht Deutsch und gibt gern Ausflugstipps. Die Zimmer und Apartments sind geräumig und behaglich eingerichtet. Räder und Boote können ausgeliehen werden, vor der Haustür starten Wander- und Radwege. DZ ab 65 €.

Domizil für den Reiturlaub ▶ **Soplica:** ul. Jeziorna 2, Nowęcin, Tel. 59 866 16 15, www.zameknowecin.pl. 24 Zimmer. Neugotisches Schlösschen in Nowęcin (Neuhof), 2 km östlich von Łeba und am Sarbsko-See. Die Einrichtung ist plüschig, im Restaurant bekommt man polnische Hausmannskost. Das an das Hotel angeschlossene Gestüt bietet ›Ferien im Sattel‹ und Kutschfahrten an. DZ ab 65 €.

In ruhiger Abgeschiedenheit ▶ **Pałac w Sasinie:** ul. Pałacowa 31, Sasino, Tel. 58 676 33 13, www.palacsasino.com.pl, 34 Zimmer. Schlosshotel in Sasino (Sasin), 18 km ostlich von Łeba. Der große Park geht in Wald über, unweit befindet sich der auf einem Dünenberg erbaute Leuchtturm Stilo. Da mag man es verschmerzen, dass die Einrichtung alles andere als up to date ist. Im Restaurant wird altpolnische Kuche serviert, Spezialitat des Hauses ist Spanferkel mit Buchweizengrütze (prosiak). DZ ab 50 €.

Essen & Trinken

In Łeba:

Im kleinen Hafen von Łeba kann man den Fang des Tages, frisch geräuchert, als preiswerten Imbiss kaufen. An allen zu den Stränden führenden Straßen öffnen im Sommer improvisierte Fastfood-Lokale.

Mediterran mit Meeresbrise ▶ **Neptun:** Feine Fischküche im gleichnamigen Hotel, entweder in einem mit Antiquitäten elegant

eingerichteten Innenraum oder auf der Terrasse hoch über dem Strand (Hauptgerichte ab 9 €). Hinter dem Hotel gibt es eine preiswerte Alternative: In der ›Waldhütte‹ (Chata Leśna) wird gegrillt.

In der Umgebung:

Im Grünen ▶ **Ewa:** ul. Morska 49, Sasino, Tel. 59 676 33 39, www.ewazaprasza.com.pl. Familiäres Ausflugslokal 20 km östlich von Łeba. Gut schmecken die deftigen Suppen, als Hauptspeise Forelle blau, Zander in Steinpilzsoße oder gegrillter Lachs. Für Süßschnäbel ist der warme Apfelstrudel mit Sahne ein Muss. Besonders schön sitzt man im Obstgarten nahe einem plätschernden Bach. Hauptgerichte ab 5 €.

Aktiv

Baden ▶ Breite Sandstrände erstrecken sich, so weit das Auge reicht, zu beiden Seiten des Flusses, der die Stadt teilt. Je weiter man sich von Łeba entfernt, desto einsamer sind sie: Westlich der Mündung erstrecken sie sich bis zu den Dünen des Slowinzischen Nationalparks, östlich reichen sie bis zum Naturschutzgebiet der Sarbsko-Nehrung.

Reiten ▶ Ausritte im Gestüt von Nowęcin (s. Unterkunft, Soplica).

Schiffsausflüge ▶ Vom kleinen Hafen, der sich an der ul. Abrahama befindet, starten Rundfahrten aufs offene Meer, von der Anlegestelle an der ul. Sienkiewicza kann man zu Bootstouren auf dem Łebsko-See aufbrechen. Im attraktiven Jachthafen, 2 km westlich des Zentrums, werden hin und wieder Segeltörns angeboten.

Wandern ▶ Der Slowinzische Nationalpark ist durch markierte Wege bestens erschlossen. Sie führen am Meer und an Seen entlang, durch Dünen und Wälder. Tourenempfehlungen s. Aktiv unterwegs S. 152.

Termine

Sommerfestival ›Fürstentum Łeba‹ (Juli): Jedes Jahr wird das ›Fürstentum‹ (Księstwo) neu aus der Taufe gehoben. Zum Auftakt gibt es Krönungen, Huldigungen und Umzüge, danach unterhält der gewählte Herrscher seine Untertanen mit Shanties, Tanz und Festgelagen am östlichen Strandabschnitt und am Sarbsko-See.

Verkehr

Auto: Die Landstraße 214 führt nach Lębork an der E-28. Schöner als die verkehrsreiche West-Ost-Achse ist die küstennahe Straße 213 in Richtung Krokowa. Abstecher führen zu den einsamen Stränden von Białagóra und Dębki.

Bus/Zug: In Łeba befinden sich beide Bahnhöfe nahe der Kirche; mehrmals tgl. fahren Züge über Lębork nach Słupsk oder Gdynia, noch häufiger verkehren Busse. Im Sommer gibt es zahlreiche Busse von Łeba zum Eingang des Slowinzischen Nationalparks bei Rąbka. Von Smołdzino an der Westseite des Parks gibt es mehrere Busverbindungen tgl. nach Słupsk, nur selten nach Łeba!

Krokowa ▶ 1, K 1

Gut 40 km östlich des Nationalparks kommt man zum **Żarnowieckie-See** (Zarnowitzer See), der nach dem Ersten Weltkrieg die deutsch-polnische Grenze markierte. Ringsum liegen reizvolle Kaschubenorte. An vorderster Stelle rangiert **Krokowa** (Krockow), einige Kilometer abseits der Küste und seit dem 13. Jh. im Besitz der Familie von Krockow. Damals war Albrecht Wickerode von Krockow mit dem Deutschen Orden nach Pommerellen gekommen und hatte den Ort samt seinen Nachbardörfern in Besitz genommen. Das im 14. Jh. gotisch erbaute Schloss wurde später im Stil des Barock umgestaltet. Die Familie unterhielt gute Beziehungen zu den jeweiligen Herrschern, stellte mal Abgeordnete des polnischen Königs, mal Bevollmächtigte der Brandenburger Herzöge. Mehrfach kamen Zygmunt III. Wasa und Jan III. Sobieski hierher. Der ›Philosophenweg‹ im Park erinnert an einen weiteren berühmten Gast: Immanuel Kant aus Königsberg kam 1792 ins Schloss, um Johann Gottlieb Fichte, der dort als Hauslehrer tätig war, einen Besuch abzustatten.

Nach der kapitalistischen Renaissance von 1990 kehrten Mitglieder der Familie an den alten Wohnsitz zurück und starteten, was skeptische Bürger der Gemeinde als ›Regermanisierung‹ deuteten. Sie ließen ihre Residenz mit bundesdeutschen Mitteln aufwändig sanieren und begründeten darin die ›Europäische Begegnungsstätte der Kaschubei‹ (Kaszubskie Centrum Spotkań Europejskich). Nebenan öffnet eine Filiale des Westpreußischen Museums von Münster-Wolbeck (!).

Das Schloss präsentiert sich in seiner barocken Gestalt. Wände und Decken sind mit farbigen Fresken bemalt, Öfen mit flämischen Fayencen geschmückt. Hotel, Restaurant und Weinbar stehen, sofern nicht eine wichtige Tagung stattfindet, allen Gästen des Hauses zur Verfügung. Vergnügen bereitet der Spaziergang durch den romantischen Schlosspark. An die bewegte Geschichte des Dorfs erinnert auch das Krockower Heimatmuseum (Muzeum Ziemi Krokowskiej, ul. Wejherowska 3, Di–So 10–15 Uhr).

Infos

Im Internet:
www.krokowa.pl

Übernachten

Herrensitz im Grünen ▶ **Zamek:** ul. Zamkowa 1, Tel. 58 774 21 11, www.centrum.home.pl, 37 Zimmer. Stilvolle Unterkunft im ehemaligen Gutsherrenschloss der Familie Krockow, eingerahmt von einem weitläufigen Park. Gemütliche, fast intime Atmosphäre mit antiken Möbeln, Kachelöfen und Gemälden; an kühlen Abenden brennt im Restaurant der Kamin, die Zimmer sind komfortabel ausgestattet. DZ ab 65 €.

Essen & Trinken

Preisgekrönte Regionalküche ▶ **Zamkowa:** ul. Zamkowa 1, Tel. 58 774 21 11. Fantasievoll abgewandelte kaschubische Küche mit Gerichten wie Forelle im Gemüsefond oder Räucheraal in Honigsoße. Antik-vornehme Einrichtung, dennoch nicht erdrückend. Auch der hausgemachte Kuchen schmeckt! Hauptgerichte ab 8 €.

Verkehr

Auto: Auf der 218 geht es südwärts via Wejherowo in die Kaschubische Schweiz, auf der 215 nordostwärts nach Jastrzębia Góra, Polens klippenreichem ›Nordpol‹.

Bus: Mehrere Verbindungen tgl. nach Wejherowo und Żarnowiec.

Żarnowiec und Dębki

► 1, K 1

An der Nordseite des Żarnowieckie-Sees liegt das Kaschubendorf **Żarnowiec** (Zarnowitz), das mit seiner Klosteranlage den Krieg unbeschadet überstand. Zisterziensermönche hatten sie im frühen 13. Jh. erbaut. Unter den Kunstwerken der Kirche besticht eine gotische Pietà, sehenswert ist auch der Altar aus dem 16. Jh. Über eine kleine Tür im Chor gelangt man ins Kloster, das heute von Benediktinerinnen bewohnt wird. Ihre ›Schatzkammer‹ enthält kostbare liturgische Gewänder und Goldschmiedearbeiten (Kościoł i Klasztor Zwiastowania NMP, Żarnowiec 44, Tel. 58 6 73 71 07, Juli/Aug. tgl. 9–17 Uhr, sonst nach Voranmeldung).

Am Protest der Atomkraftgegner scheiterte in den frühen 1980er-Jahren der Plan, am See ein Kernkraftwerk entstehen zu lassen. Die Besitzer touristischer Anlagen frohlockten – bis vor Kurzem: 2010 sprach sich die Regierung nun doch für den Atommeiler aus. Da fährt man lieber zum Küstendorf **Dębki** (Dembeck), wo die Straßen von Holzdatschas gesäumt sind. Auch die Kapelle ist aus Holz, selbst ihre Madonnenskulptur ist geschnitzt. Das alles zählt freilich wenig im Vergleich zum Strand, der hier hell, breit und feinsandig ist. Westlich der Mündung der Piaśnica ist hüllenloses Baden offiziell erlaubt – eine Rarität im katholischen Polen!

Jastrzębia Góra ► 1, L 1

Größter kaschubischer Ferienort ist **Jastrzębia Góra** (Habichtsberg) mit einer beeindruckenden, über 30 m aufragenden Steilküste. Der Anblick des feinsandigen Strandes, zu dem man über Treppen hinabsteigt, tröstet über die wenig ansprechende Stadtarchitektur hinweg. Ein paar schönere, restaurierte Pensionen stammen aus den 1930er-Jahren, als sich Warschaus Elite an der ul. Bałtycka Sommerhäuser bauen ließ. Der Aufzug, mit dem man vom Ende der Promenade zum Strand hinabfahren konnte, soll nach dem Willen des Bürgermeisters bald wieder verfügbar sein, auch gibt es Pläne, Moorschlamm und Mineralquellen therapeutisch zu nutzen. Beliebtes Ausflugsziel sind die Leuchttürme am Kap von Rozewie (Rixhöft). Der jüngere von 1875 ist nur Kulisse; der ältere von 1823 spendet vorbeifahrenden Schiffen Licht und beherbergt ein Museum der Leuchttürme mit Miniaturmodellen und originalem Gerät. In einem separaten Raum wird an den Schriftsteller Stefan Żeromski, der sich von der Küste zu einem Roman inspirieren ließ (Muzeum Latarnictwa Polskiego, ul. Leona Wzorka, Rozewie, Mai–Sept. tgl. 9–18, sonst 9–16 Uhr).

Infos

Im Internet:
www.jastrezebiagora.pl

Übernachten

Modernes Großhotel ► **Astor:** ul. Rozewska 38, Tel. 58 7 71 55 55, www.astorhotel.pl, 111 Zimmer. Etwas klotzförmiges, 200 m vom Strandufer entferntes Sporthotel mit gut ausgestatteten Zimmern, einige behindertenfreundlich. Hallenbad und zwei Tennisplätze, Sauna, Fitnessbereich, Konferenzsaal und Nachtklub. Mit bewachtem Parkplatz. DZ 60–90 €.

Charmantes B & B ► **Victor:** ul. Bałtycka 33, Tel. 58 6 74 95 74, www.pensjonatvictor.pl, 9 Zimmer. Pension in bester Lage am Rand des bewaldeten Steilufers in einer klassizistisch angehauchten Villa aus den 1920er-Jahren. Die Zimmer sind freundlich eingerichtet (Sat-TV, Internet), die meisten mit Meerblick. Im Erdgeschoss befindet sich ein gutes Restaurant, stimmungsvoll isst man auf der Terrasse zum Sonnenuntergang. Serviert

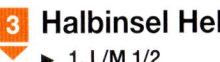

Badespaß und Segelvergnügen in Chałupy auf der Halbinsel Hel

werden Steinpilze und Pfifferlinge in Sahne-soße, hinterher eine Scholle oder ein Heilbutt, zum Dessert Bratbirne slowinzisch mit Eis. DZ 60–85 €.

Essen & Trinken

Frischer Fisch ▶ **Kredens:** ul. Kaszubska 1, Tel. 58 674 95 81, www.kredens.com.pl. Das Restaurant an der zum Strand führenden Promenade kommt als nostalgisches Gast-haus mit Kamin, Paprikagirlanden und histo-rischem Arbeitsgerät daher. Lecker schmeckt der Fisch (empfehlenswert z.B. Seezunge mit Kapern oder gegrillte Forelle), dazu Sa-lat und als Dessert Apfelstrudel. Hauptge-richte ab 5 €.

Verkehr

Bus: Der Terminal befindet sich in der ul. Westerplatte, mehrere Busse fahren tgl. nach Władysławowo.

3 Halbinsel Hel
▶ 1, L/M 1/2

In **Władysławowo** (Großendorf), mit 13 000 Einwohnern größte Stadt der Region, beginnt die **Mierzeja Helska** (Halbinsel Hel), die wie eine Sense über 35 km ins Meer ragt und die Danziger Bucht von der offenen See trennt. Sie entstand durch die Kraft des Meeres, das in Tausenden von Jahren so viel Sand ange-schwemmt hat, dass die ursprünglich vonei-nander getrennten Inseln zu einer Landzunge verschmolzen sind. An ihrer schmalsten Stelle misst sie 200 m, an ihrer breitesten 3 km – genug Platz für windzerzauste Kiefern und Küstenwiesen sowie einige Felder. Ringsum ist sie von weißen Stränden ge-säumt, die zu den schönsten der Küste zäh-len. An der Nordseite sind sie sehr breit; dort ist das Wasser sauberer, aber auch kühler als an der windgeschützten Südseite. Wie auf

157

Vom Slowinzischen Nationalpark nach Hel

einer Schnur aneinander gereiht sind die Fischer- und Ferienorte: Aufgrund günstiger Winde ist **Chałupy** (Ceynowa) eine Top-Adresse der Surfer, auch FKK-Fans fühlen sich hier wohl. Über den Hafenort **Jastarnia** (Heisternest) kommt man nach **Jurata**, das 1928 als Kurort für die polnische High Society entstanden ist. Heute treffen sich hier Polens Neureiche zur Sommerfrische. Die im Waldgürtel verstreuten Villen sind restauriert; ein Seesteg führt aufs Wasser und ein breiter Strand lädt zum Baden ein.

Jenseits von Jurata beginnt der landschaftlich schönste Teil der Halbinsel, die sich bis zur Spitze deutlich erweitert. Dort liegt **Hel** (Hela), eine der ältesten, schon 1198 urkundlich belegten Siedlungen im Küstenraum. Ab 1454 unterstand sie der Stadt Danzig, die sich damit die Kontrolle über den Seeverkehr sicherte. Aus dieser Zeit stammt die gotische Peter-und-Paul-Kirche, die heute ein kleines Fischereimuseum birgt – auf den angrenzenden Friedhof sind alte Boote aufgebockt (Muzeum Rybołówstwa, ul. Bulwar Nadmorski 2, www.cmm.pl/muzeum-rybolowstwa, Di–So 10–16, Juli/Aug. 10–18 Uhr). Ein paar Schritte westlich werden in einem Fokarium Seehunde gezüchtet, die eines Tages in die freie Wildbahn entlassen werden sollen (ul. Morska 2, Hel, www.fokarium.pl, tgl. 9.30–19 Uhr). Bei einem Spaziergang durch die Stadt entdeckt man zahlreiche, im Zweiten Weltkrieg nicht zerstörte Backsteinbauten; viele Giebelhäuser haben noch ihre charakteristischen zweiflügeligen Türen. Sehenswert ist auch der 41 m hohe Leuchtturm, von dem sich ein weiter Blick über die Danziger Bucht bietet (Latarnia Morska, ul. Bałtycka 3, Hel, Di–So 10–14, 15–18 Uhr, Juni–Sept.).

Infos

Im Internet: www.hel.pl, www.gohel.pl, www.hela.com.pl, www.wladyslawowo.pl.

Übernachten

In Władysławowo:

Mit asiatischem Touch ▶ Pekin: ul. Niepodległości 14, Tel. 58 674 08 86, www.hotel-pekin.com.pl, 36 Zimmer, 6 Suiten. Modernes, im Pagodenstil erbautes ›China-Hotel‹. Von der asiatischen Rezeptionistin im hoch geschlossenen Seidensuit bis zu den roten Lampions im Zimmer ist man ganz auf Fernost eingestellt; die Suiten, mit zusätzlichem Kaminraum und Jacuzzi-Wanne ausgestattet, wirken eher europäisch. Außerdem verfügt das Hotel über einen kleinen Indoor-Pool und eine Sauna. DZ 50–80 €.

Camping ▶ Kaper Nr. 152: ul. Helska, Tel. 58 674 14 86, www.kaperkemping.pl, Ende Mai–Aug. Diese auch bei Surfern beliebte Strandanlage der 1. Kategorie mit schattigen Abschnitten hat insgesamt 400 Stellplätze. Sie befindet sich 2 km östlich des Ortes an der Straße nach Chałupy.

In Jastarnia:

Camping ▶ Nowa Maszoperia Nr. 75: ul. Mickiewicza, Tel. 58 675 23 48, www.maszoperia.pl, Mitte Mai–Mitte Sept. 3 ha große, teils schattige Anlage mit 300 Stellplätzen, beliebt bei Surfern.

In Jurata:

Wellness-Hotel ▶ Resort Bryza Spa: ul. Świętopełka 1, Tel. 58 675 51 00, www. bryza. pl, 64 Zimmer und Apartments. Komforthotel in Dünenlandschaft mit Frei- und Hallenbad, Tennisplätzen und einer attraktiven Terrasse direkt über dem Strand. Von den hellen, luftigen Zimmern blickt man auf Kiefernwald oder aufs Meer. Treffpunkt der polnischen Schickeria. DZ ab 130 €.

Logenplatz am Strand ▶ Neptun: ul. Mestwina 38, Tel. 58 675 62 62, www.hotelneptun. pl, 90 Zimmer. Renoviertes Ferienheim nur wenige Schritte von Mole und Meer. Helle, behagliche Zimmer mit Sat-TV und Internet-Anschluss. Pool, Sauna, Jacuzzi und Fitness. DZ 90–140 €.

Familienfreundlich ▶ Morskie Oko: ul. Wojska Polskiego 37, Tel. 58 675 21 93, http://morskie-oko.w.polsce.com. 35 Zimmer. Das ›Meeresauge‹, eine gepflegte Dreisternevilla nur wenige Schritte vom Wasser, bietet Apartments für bis zu 4 Personen, außerdem ein kleines Indoor-Spaßbad mit Hydromassagen, Wasserrutsche und Jacuzzi, Sauna und Fitness sowie ein Fischrestaurant. DZ 90–110 €.

Die Kaschuben – ein Volk, das nie dazugehört

Thema

›Kaschubien‹ ist nach einem westslawischen Volksstamm benannt, der seit Jahrhunderten zwischen Ostsee und Tucheler Heide lebt und sich mit Fischerei und Ackerbau über Wasser hält. Bis heute haben die Kaschuben erfolgreich ihre eigene Sprache erhalten, die sich in Wortschatz und Grammatik erheblich vom Polnischen unterscheidet.

Sie hatten es nicht leicht, ihre Identität gegenüber den jeweils Herrschenden zu bewahren. Die kaschubische Großmutter des ›Blechtrommlers‹ Oskar hat ihre Situation treffend beschrieben: »So isses nu mal mit de Kaschuben… Die missen immer dablaiben und Koppchen hinhalten, damit de anderen drauftäppern können, weil unserains nich richtich polnisch is und nich richtich deitsch jenug, und wenn man Kaschub is, das raicht weder de Deitschen noch de - Polacken. De wollen es immer genau haben!« Im 19.Jh. hatten sich die Kaschuben der ›Germanisierung‹ zu erwehren, in der Zwischenkriegszeit, wieder unter polnischer Herrschaft, wurden sie als ›Staatsverräter‹ verfolgt. Während des Zweiten Weltkriegs wurden alle Kaschuben, die sich nicht zum Deutschtum bekannten, zur Zwangsarbeit ins Deutsche Reich abkommandiert oder landeten im KZ. Im polnischen Sozialismus waren wenigstens wieder kaschubische Kulturvereine gestattet. Heute wird ihre Zahl auf noch 200 000 geschätzt. Sie haben ihre eigenen Trachten und Feste und schaffen Töpferwaren mit der charakteristischen blauen Blume. Museen in Kartuzy, Bytów, Kluki und Wdzydze machen mit dem kulturellen Erbe vertraut, selbst die Abiturprüfung kann man in Kaschubisch ablegen!

Das Freilichtmuseum Kaszubiskie südlich von Kartuzy

Vom Slowinzischen Nationalpark nach Hel

In Hel:

Klein und familiär ▶ **Captain Morgan:** ul. Wiejska 21, Hel, Tel. 58 675 00 91, www. captainmorgan.hel.org.pl, 7 Zimmer. In dem kleinen Hotel an der Promenade ist man nicht nur gut untergebracht, sondern bekommt im angeschlossenen Lokal auch reichlich portionierte Fischgerichte und leckere Bratkartoffeln. DZ ab 25 €.

Essen & Trinken

In Jastarnia:

Fischbratstube ▶ **Smażalnia Bałtyk:** ul. Polna 1, Jastarnia, Tel. 58 675 23 72. Seit Jahrzehnten wird hier frischer, deftiger Fisch serviert. Hauptgerichte ab 4 €.

In Hel:

Maritim ▶ **Maszoperia:** ul. Wiejska 110, Hel, Tel. 58 675 02 97. Der Name erinnert an die kaschubischen Fischerbünde, deren Mitglieder gemeinsam auf Lachs- und Aalfang gingen. Das in zwei Katen untergebrachte, mit maritimem Nippes dekorierte Restaurant serviert in Bierteig gebratenen Dorsch à la Hel, frisch geräucherten Aal sowie Hering mit Pellkartoffeln. Hauptgerichte ab 5 €.

Aktiv

Baden ▶ An den weißen, dem offenen Meer zugewandten Stränden kann man ins saubere Wasser steigen; am breitesten ist der Strand an der Inselspitze. Weniger bewegt und einen Tick wärmer ist das Wasser an der Seite der Danziger Bucht.

Wind- und Kitesurfen ▶ Die Halbinsel Hel ist Polens Top Spot für Surfer, rund um Chałupy haben sich Surfschulen mit Brettverleih etabliert.

Schiffsausflüge ▶ Im Sommer starten in Władysławowo und Jastarnia Schiffe der Weißen Flotte zu Rundfahrten, von Hel fahren sie nach Gdańsk, Sopot und Gdynia.

Termine

Prozession der Fischer (Juni): Am Mittag des 29. Juni starten Fischer von Kuźnica zu einer Bootsprozession in Richtung Puck. Abends wird im Hafen von Kuźnica ein Fest begangen.

Boote unterm Segel (1. Sonntag nach dem 22. Juli): In Chałupy startet Botè pod Żoglame, eine witzige Regatta mit allem, was sich über Wasser zu halten vermag: vom bunt bewimpelten Kutter bis zum zusammengezimmerten Floß. Begleitet wird sie vom schrägen Sound kaschubischer Folk-Bands.

Verkehr

Auto: Die Stichstraße von Władysławowo nach Hel ist 34 km lang und führt unmittelbar am Strand entlang, immer wieder schöne Ausblicke auf die Danziger Bucht und das offene Meer bietend.

Bus/Zug: Bahnhof und Busterminal von Władysławowo befinden sich an der zentralen ul. Towarowa, gute Verbindungen zu allen Orten auf der Halbinsel Hel und nach Gdańsk.

Puck ▶ 1, L 1

Gegenüber der Halbinsel Hel, nur wenige Kilometer südlich von Władysławowo, liegt das Küstenstädtchen **Puck** (Putzig). Schon früh blühte hier der Handel, erst unter der Herrschaft der Pommerellenherzöge, dann des Deutschen Ordens und schließlich der Könige Polens. Als ein Großteil Westpreußens nach dem Ersten Weltkrieg Polen zugeschlagen wurde, erfolgte hier am 10. Februar 1920 die symbolische ›Vermählung Polens mit der Ostsee‹.

Von der einstigen Bedeutung des Ortes kündet noch heute der große **Marktplatz** im Ortszentrum mit einem backsteinernen Rathaus und schmucken Giebelhäusern. Im Haus Nr. 28, einer Filiale des **Regionalmuseums**, erfährt man, wie die Bewohner einst lebten; wenige Schritte südwärts in einem Fachwerkbau der Wałowa 11 setzt sich die Ausstellung fort (Muzeum Ziemi Puckiej, pl. Wolności 28, www.muzeumpuck.pl, Juli/Aug. Di–Fr 9–16, Sa, So 10–14, Sept.–Juni Mo–Fr 8–15, Sa 10–14 Uhr). Nördlich des Marktplatzes erhebt sich die gotische **Peter-und-Paul-Kirche**: außen wuchtig, innen mit imposantem Gewölbe und einer Renaissance-Kapelle der allmächtigen Weiher-Familie. Von der Kirche geht es zum Hafen hinab, wo sich Puck von der schönsten Seite zeigt. Plankenstege führen aufs Wasser hinaus, in Holzpavillons öffnen Restaurants und im Hafenbecken ankern Boote.

Infos
Im Internet:
www.miasto.puck.pl

Übernachten
Backsteinpalast am Wasser ▶ **Zamek Jan III. Sobieski:** Rzucewo 6, Tel. 58 673 88 05, www.zameksobieski.pl, 27 Zimmer. Hotel in einem restaurierten, neugotischen Schloss, 6 km südöstlich der Stadt am Putziger Wiek. Eingangshalle mit zwei Kaminen, doppelgeschossige Galerie mit Bibliothek, Radverleih und Sauna – einen Steinwurf entfernt führt ein Steg aufs Wasser. DZ ab 72 €.

Camping ▶ **Omega Nr. 66:** ul. Nowy Świat 23, Tel. 58 673 29 80, geöffnet Juni–Aug. 500 m vom Ortskern entfernte Wiesenanlage mit 100 Stellplätzen.

Essen & Trinken
Mit Meerblick ▶ **Bursztynia:** Molo, Tel. 58 673 07 77, www.bursztynia.pl. Im Pavillon an der Mole schaut man durch Panoramafenster aufs Meer und genießt Lachstatar, Heilbutt in Krabbensoße und Dorschfilet à la Provence. Dank Tiffany-Lampen, Kerzen und dezent beleuchteter Aquarien ist der Kuppelraum in den Abendstunden in schummriges Licht getaucht. Hauptgerichte ab 6 €.

Termine
Pilgerfahrt der Fischer (29. Juni)**:** Ausgelassene Stimmung herrscht am Tag des Schutzheiligen, wenn eine festliche Bootsprozession Richtung Hel startet. Auf halbem Weg treffen sich die Fischer mit ihren Kollegen aus Kuźnica und Jastarnia und zelebrieren eine Messe auf hoher See.

Verkehr
Bus/Zug: Bahnhof und Terminal liegen im Südwesten der Stadt, gute Verbindungen nach Gdańsk und Władysławowo.

Mächtige Backsteinpfeiler prägen das Innere der Peter-und-Paul-Kirche in Puck

Mit ihren sauberen Seen, tief eingeschnittenen Tälern und weiten Buchenwäldern ist die Kaschubische Schweiz ein beliebtes Ferienziel. Man schwimmt in Seen, erkundet die Gegend per Rad und übernachtet preiswert auf dem Bauernhof. Agrotouristische Quartiere gibt es in fast allen Ortschaften, sie sind zumeist einfach ausgestattet, doch was an Komfort fehlt, wird durch freundliches Ambiente ausgeglichen.

Wejherowo ▶ 1, L 2

Karte: S. 165

An der Europastraße 28, die das Küstengebiet von der Kaschubischen Schweiz trennt, liegt **Wejherowo** (Neustadt) **1**. Die von dem aus Franken stammenden Jakob Weiher 1643 gegründete Stadt ist das ›kaschubische Tschenstochau‹. Alljährlich kommen Tausende von Wallfahrern zum ›**Heiligen Berg**‹, um auf dem vom Stadtgründer geschaffenen Kreuzweg die Passion Christi nachzuerleben. Zu Ostern, wenn die Mysterienspiele aufgeführt werden, erwacht der Ort zu hektischem Leben. Die insgesamt 26 Kapellen versetzen die Pilger ins biblische Jerusalem und illustrieren Verrat, Kreuzigung und Himmelfahrt. Sie tragen Namen wie ›Verhaftungskapelle‹, ›Pilatus-Palast‹, ›Tor der Tränen‹ und ›Kapelle der Schmerzensmutter‹. Freilich muss man nicht bis Ostern warten, jeden Sonntag kommen viele fromme Pilger (Kalwaria, ul. Edmunda Roszczynolskiego s/n, nur sonntags und an kirchlichen Feiertagen geöffnet). Dennoch ist Wejherowo heute keine Vorzeigestadt: Unansehnliche Gewerbegebiete säumen sich längs der Eisenbahnlinie Danzig – Stettin und drücken ihr den Stempel auf. Lediglich im Stadtkern erinnern die um den **Marktplatz** restaurierten Häuser daran, dass die Stadt im 18. Jh. von bedeutenden Magnatenfamilien regiert wurde. Südöstlich des Platzes, im neugotischen Schloss der Familie Keyserling, befindet sich das ›**Museum des kaschubisch-pommerschen Schrifttums und der Musik**‹. Es enthält Exponate zur Geschichte, Literatur, Musik der Kaschuben (Muzeum Piśmiennictwa i Muzyki Kasz.-Pomorskiej, ul. Zamkowa/ul. Klasztorna, Mo–Fr 9–15 Uhr).

Aktiv

Wandern ▶ Auf einer Route kommt man von Wejherowo nach Krokowa (37 km), auf einer zweiten nach Puck (32 km), die ostwärts nach Żukowo (10 km) führt.

Termine

Jahrmarkt (Juni/Juli)**:** Ende Juni trifft man sich im Amphitheater von Wejherowo zum dreitägigen Jarmark Wejherowski: Auftakt zu einer ganzen Reihe kaschubischer Sommerfeste. Tausende Kaschuben kommen in Kartuzy und Wdzydze zusammen, um zu singen, zu tanzen und zu schmausen.

Verkehr

Bus/Zug: Etwa alle 20 Min. fahren Nahverkehrszüge von Wejherowo in die Dreistadt, gute Zugverbindungen gibt es auch nach Lębork und Słupsk. Auch auf der Strecke Bytów–Słupsk verkehren mehrere Züge tgl. Doch die meisten Orte der Kaschubischen Schweiz sind viel leichter mit Bus zu erreichen. Das gilt für Kartuzy ebenso wie für Chmielno, Kościerzyna und Wdzydze.

Marktplatz von Wejherowo in der Abenddämmerung

Kartuzy ► 1, K 3

Karte: S. 165

Als ›Hauptstadt Kaschubiens‹ gilt **Kartuzy** 2 (Karthaus), das zwischen mehreren Seen und herrlichen Wäldern liegt. Seinen Namen verdankt es Kartäusermönchen, die 1380 aus Prag hierher berufen wurden und drei Jahre später das **Kloster Marienparadies** bauten. Anders als die tüchtigen Zisterzienser, die predigenden Franziskaner und Dominikaner waren sie ganz aufs Jenseits fixiert. Sie lebten in weitgehender Isolation, kamen aus ihrer Klause nur zu Speise und Gebet heraus. Memento-Mori-Symbole erinnerten sie daran, dass das Leben kurz und vergänglich sei. So verwundert es nicht, dass das Dach der Marienkirche in Form eines Sargdeckels gestaltet ist und im Innern eine düster-dunkle Atmosphäre herrscht. Der Hauptaltar aus schwarzem Marmor ist durch etwas Alabaster aufgelockert; das Gestühl zeigt nebst Aposteln und betenden Evangelisten berühmte Eremiten, denen die Kartäuser nacheiferten (Kościół Mariacki, ul. Klasztorna 12).

1826 wurde der asketische Orden von Preußen aufgelöst, erst danach begann sich im Umkreis des Klosters eine weltliche Stadt zu entwickeln. Dass dort bald eine ganz andere Lebensdevise regierte, zeigt sich beim Besuch des **Kaschubischen Museums**. »Ein Mensch«, so heißt es da, »der nicht trinkt, nicht raucht und keinen Tabak schnupft, ist einen Dreck wert.« Um dem Sprichwort Nachdruck zu verleihen, reicht Führer Pan Franciszek, ein waschechter Kaschube, seinen Gästen eine gute Ration Tabak aus einem Horn. Auf Wunsch singt er auch das ›kaschubische ABC‹, eine schräge Weise, in der die Lieblingsinstrumente des kunstsinnigen Völkchens aufgezählt werden: Bass und Teufelsgeige, Spaten und Stange, Harken und Schultheißstock. Im Museum ist die gesamte Palette kaschubischer Musikinstrumente ausgestellt, außerdem Vogelscheuchen und Masken, Scherenschnitte ickereien (Muzeum Kaszubskiego, ul. rska 1, www.muzeumkaszubskie.gda. pl, Di–Sa 9–15, So 10–14 Uhr, 2,50 €).

Am schönsten ist es natürlich, kaschubische Kultur ›live‹ zu erleben. Während des Jahrmarkts im Juli spielen Folkloreensembles auf, Bauerntheater präsentieren Stücke aus dem Alltag der Bewohner. Der kaschubische Humor mit seinem Hang zum Absurden spiegelt sich in griffigen Sprüchen: »Lasst uns den Mond im Brunnen jagen«, heißt es da, oder in fast Münchhausenscher Manier: »Ziehen wir los, den Aal zu ertränken«. Auch das leibliche Wohl kommt bei dem Fest nicht zu kurz: An vielen Ständen werden kaschubische Spezialitäten serviert.

Infos

Centrum Informacji Turystycznej: Rynek 2, Kartuzy, Tel. 58 681 23 51. Über die Touristinfo können auch Privatzimmer *(kwatery prywatne)* in und um Kartuzy gebucht werden; besonders schön wohnt man in den südlich gelegenen Ortschaften Ręboszewo, Brodnica Dolna und Ostrzyce.

Übernachten

Bei Kartuzy:

Viel Genuss ▶ **Kania Lodge:** Sytna Góra 10 (8 km nördl. von Kartuzy), Tel. 58 684 07 90, http://kanialodge.com.pl. 15 Zimmer und Apartments. Restaurierter Gutshof am See, komfortabel eingerichtet, locker geführt vom Neuseeländer John Borrell, einem ehemaligen Korrespondenten des Time Magazine, und seiner polnischen Frau. Heute importiert Borrell Wein nach Polen, weshalb sein Weinkeller der beste der Region ist. Die Gäste treffen sich im Frühstücks- und Kaminraum, das Dinner ist exquisit! Anfahrt: von Kartuzy Richtung Prokowo, dort rechts nach Pomieczyńska Huta. DZ 80–150 €.

Essen & Trinken

Große Auswahl ▶ **Złota Jesień:** ul. 3 Maja 36, Kartuzy, Tel. 58 685 33 68, www.grono. gda.pl. Hotelrestaurant mit großer Auswahl an polnischen und regionalen Speisen, lecker schmecken die pfeffrigen Kartoffelpuffer ›auf Zigeunerart‹ *(placek po cygańsku)*. Hauptgerichte 4–12 €.

Düstere Altäre in der ehemaligen Klosterkirche von Kartuzy

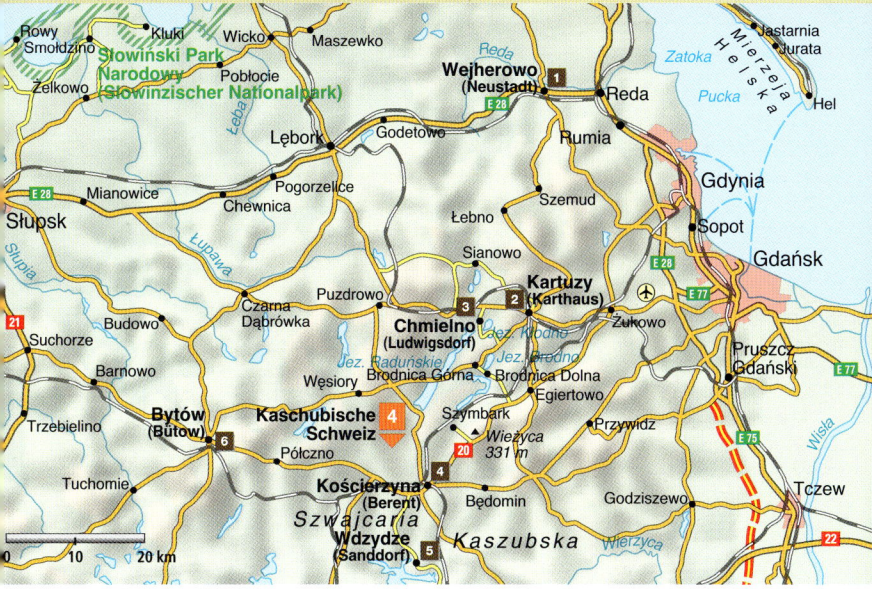

Aktiv

Wandern ▶ Von Kartuzy aus geht es durch das schönste Gebiet der Kaschubischen Schweiz: via Gołubie und Olpuch nach Wdzydze (95 km); westwärts kommt man nach Kamienica Królewska (29 km).

Radfahren ▶ Der 22 km lange ›Kaschubische Weg‹ verbindet Kartuzy mit Kościerzyna, windet sich an sechs Seen entlang und bietet herrliche Ausblicke.

Ausflugsziele bei Kartuzy

▶ 1, K 3

Karte: oben

9 km westlich von Kartuzy liegt das von drei Seen eingekreiste **Chmielno** 3 (Ludwigsdorf), bekannt für seine traditionsreiche Keramikwerkstatt. Seit dem frühen 19. Jh. stellt die Familie Necel Krüge und Vasen, Teller und Becher her und verziert sie mit der typisch kaschubischen blauen Blume: ein Ornament, das die Farbe der vielen Seen und der Weite des Himmels wiedergibt. Einige ihrer Werke können in einem Privatmuseum neben der Werkstatt besichtigt, andere im kleinen Laden gekauft werden (Muzeum Ceramiki Kaszbuskiej Neclów, ul. Gryfa Pomorskiego 63, www.necel.pl, tgl. 9–18 Uhr). Familie Necel bietet zwar keine Zimmer zum Bleiben an, doch entlang der ›Kaschubischen Straße‹ gibt es inzwischen viele Pensionen und Gasthöfe, die sich als Standort für Ausflüge in die Umgebung eignen. Im Umkreis von Chmielno befinden sich Rinnen- und Moränenseen, verbunden durch kleine, aber reißende Flüsse. Die schönste Autostrecke führt am Kłodno-See vorbei südwärts, danach schlängelt sie sich in malerischen Kehren am Kleinen Brodno-See entlang. Einen herrlichen Blick auf die Hügel- und Seenlandschaft genießt man an der Kreuzung kurz vor **Brodnica Dolna** (Nieder-Brodnitz), einem kleinen Dorf an der Radaune. Von hier ist es nur ein Katzensprung zum höchsten Berg der Kaschubei, dem 331 m hohen Wieżyca (Turmberg). Von seiner Spitze bietet sich eine weite Aussicht auf die seenreiche Landschaft. Auf dem Weg dorthin lohnt ein Abstecher nach **Szymbark** ins Centrum Edukacja i Promocji Regionu,

das ›Erziehungs- und Promotionszentrum der Region‹. Hinter dem drögen Namen verbirgt sich ein skurriles Freilichtmuseum: Zu sehen sind u.a. der mit 37 m laut Guinness weltweit längste aus einem Holzstück gezimmerte Tisch und ein großes, auf dem Kopf stehendes Haus! Wenn man sich beim Betreten desorientiert fühlt, ist das ›Erziehungsziel‹ erreicht: Wir leben in einer verkehrten Welt, lautet die durch Schreckensfotos untermauerte Botschaft (Centrum Edukacja i Promocji Regionu, ul. Szymbarskich Zakłodników 12, www.cepr.pl, April–Okt. tgl. 9–19 Uhr, sonst kürzer, 4 €).

Aktiv

Wandern ▶ Von Chmielno führen markierte Wege am Radunia- und Klodno-See entlang.
Paddeln ▶ Kanuten starten in Chmielno zu Ausflügen auf der Radunia, die durch wilde Schluchten führt und Seen durchfließt.

Kościerzyna, Wdzydze und Bytów ▶ 1, J/K 3/4

Karte: S. 165
Südlich davon liegt **Kościerzyna** 4 (Berent), die größte Stadt der Kaschubischen Schweiz. Sie befindet sich verkehrstechnisch günstig an der Straße von Chojnice nach Danzig, doch als Zentrum des Fremdenverkehrs will sie nicht taugen: Nur rund um den Marktplatz fühlt man sich wohl. Mit einem großen Denkmal wird hier Józef Wybicki (1747–1822) geehrt. In ganz Polen kennt man ihn als Schöpfer der polnischen Nationalhymne. Die Verse (»Noch ist Polen nicht verloren«) widmete Wybicki dem General Dąbrowski, als dieser im Dienst Napoleons für ein freies Polen kämpfte. Ein unbekannter Komponist ließ sich von dem patriotischen Text zu einer Mazurka inspirieren, die 1927 zur offiziellen Nationalhymne erhoben wurde. Wer genau wissen möchte, was es mit Lied und Text auf sich hat, besucht das Geburtshaus Wybickis in Będomin, 9 km östlich von Kościerzyna; das schmucke Herrenhaus wird heute als Museum genutzt (Muzeum Hymnu Narodo-

wego, 9 km östlich in Będomin, Mai–Sept. 9–16, sonst 9–15 Uhr).

Nicht weit von Kościerzyna entfernt in **Wdzydze** 5 (Sanddorf) befindet sich am Nordufer des gleichnamigen Sees ein viel besuchtes Freilichtmuseum. In diesem bekommt man eine Vorstellung davon, wie in der Kaschubei früher gebaut wurde. Typisch für diese Gegend sind die strohgedeckten Dorfhütten, Gehöfte mit Laubengang und Ziergiebel. Insgesamt sind es 45 liebevoll eingerichtete Häuser und eine Dorfschule, Schmieden, Ställe und Scheunen, dazu zwei Windmühlen und eine Holzkirche aus dem 17. Jh., in der jeden Sonntag eine Messe zelebriert wird (Kaszubski Park Etnograficzny, www.muzeum-wdzydze.gda.pl, April–Sept. Di–Fr 9–16, Juli/Aug. Di–So 10–18, Okt. und Febr./März Mo–Fr 10–15 Uhr, 3,50 €).

Zentrum der Westkaschubei ist **Bytów** 6 (Bütow), eine alte Marktstadt mit einer imposanten Burg der deutschen Ordensritter. Diese erbauten sie 1390 als westlichen Grenzposten ihres Reiches, befestigten sie mit meterdicken Backsteinmauern und Ecktürmen, die sie wiederum mit kleinen Schießscharten ausstatteten. Die Burg beherbergt heute das Westkaschubische Museum. Naive Skulpturen und Gemälde, bemalte Möbel und Stickereien bezeugen die Kunstfertigkeit der Kaschuben (Muzeum Kaszubski, ul. Zamkowa 2, Di–Fr 10–18, Sa, So 10–15 Uhr).

Im Südflügel der Burg kann man übernachten und sich mit polnischer Hausmannskost stärken. Bytóws Umgebung ist reich an Kiefernwäldern und Seen, am schönsten wandern lässt es sich im nordwestlich gelegenen Słupia-Tal.

Übernachten
In Bytów:
In einer Ordensburg ▶ **Zamek:** ul. Zamkowa 2, Tel. 59 822 20 94, www.hotelzamek.com.pl. Saubere, ordentliche Zimmer hinter meterdicken Backsteinmauern. DZ ab 60 €.

Der Radaunesee bei Chmielno ist ein Anglerparadies

Blick vom Jachthafen auf die Danziger Rechtstadt

Kapitel 3

Von Danzig nach Toruń

Das historische Danzig ist mit dem Seebad Sopot und dem Handelshafen Gdynia fast zusammengewachsen. Die ›Dreistadt‹ erstreckt sich 35 km entlang der Westseite einer großen, sichelförmigen Bucht. Der meisterhaft wiederaufgebaute historische Kern führt in eine Zeit zurück, da der Ostseehandel blühte und deutsche Kaufleute sich von flämischen Architekten prachtvolle Häuser errichten ließen.

Nördlich der Altstadt ist ein Zeitsprung in die jüngere Vergangenheit möglich: Auf dem Gelände der stillgelegten Werft werden Besucher an die Rolle der Gewerkschaft Solidarność beim Sturz des Kommunismus erinnert. Ringsherum wird emsig gebaut, denn hier entsteht – nach dem Vorbild der Londoner Docklands – eine schicke ›Hansa-City‹.

Kulturtrips lassen sich in der Dreistadt bestens mit Aktivurlaub verbinden: Am Fuß der Adlerhorstklippen in Gdynia kann man zu ausgedehnten Spaziergängen aufbrechen, an den weißen Stränden von Sopot baden, paddeln, segeln und surfen. In der Saison pendeln Schiffe der Weißen Flotte zwischen den einzelnen Orten der Dreistadt und schippern zur der Danziger Bucht vorgelagerten Halbinsel Hel.

Östlich von Danzig liegt der Hauptmündungsarm der Weichsel. Trutzige gotische Backsteinburgen weisen ins 13. und 14. Jh. zurück, als der Deutsche Orden aufbrach, die Völker des Baltikums mit Feuer und Schwert zu missionieren. Noch heute präsentieren sich Gniew, Kwidzyn, Chełmno und Toruń als eindrucksvolle Festungsstädte. An der Nogat, einem Seitenarm der Weichsel, entstand die für alle Ewigkeit gepanzerte Marienburg, Europas größter Backsteinbau und ein Symbol der einstigen Macht des Deutschen Ritterordens.

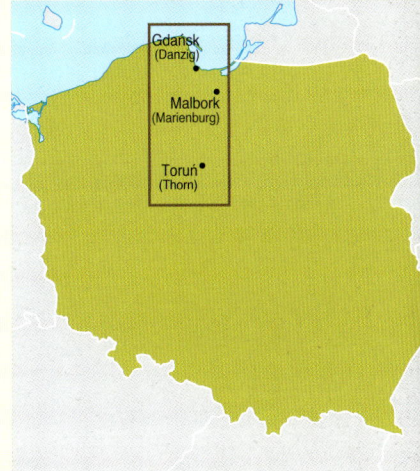

Von Danzig nach Toruń

Sehenswert

5 **Danzig:** Die restaurierte Recht- und Altstadt erinnert an die Zeit, als Danzig die ›Königin der Ostsee‹ war. Man flaniert über kopfsteingepflasterte Gassen und Uferpromenaden (S. 172).

Sopot: Grand Hotel und Kurhaus bilden für die längste Seebrücke der Ostseeküste eine glanzvolle Kulisse (S. 194).

6 **Malbork:** Die Machtzentrale der Deutschen Ordensritter war im Mittelalter die größte Festung Europas (S. 204).

7 **Toruń:** Im perfekt erhaltenen historischen Zentrum der Weichselstadt fühlt man sich ins Mittelalter versetzt (S. 214).

Schöne Routen

Festungsstädte entlang der Weichsel: Freunde mittelalterlicher Architektur lernen auf dieser Strecke den steingewordenen Machtwillen der Ordensritter kennen: befestigte Burgen und Wehrkirchen, in ihrem Schatten backsteinerne Bürgerhäuser und Getreidespeicher. Wichtigste Stationen der Route sind Malbork, Kwidzyn, Grudziądz, Chełmno und Toruń (S. 204–219).

Meine Tipps

Danzig von oben: Ob vom Turm des Rechtstädtischen Rathauses oder der Marienkirche aus – Vogelperspektiven über Recht- und Altstadt locken (s. S. 178, 182)!

Szeneviertel Gdańsk-Wrzeszcz: Das ehemalige Viertel Langfuhr und seine Bewohner dienten Günter Grass als ›Material‹ für sein nobelpreisgekürtes Lebenswerk. Heute leben hier viele Studenten (S. 191).

Galerie Kiński in Sopot: Ein buntes Fan-Völkchen versammelt sich im Geburtshaus des Skandalschauspielers (S. 196).

Thorner Lebkuchen: Die vermutlich schon seit dem 13. Jh. in Toruń gebackenen Lebkuchen gelten als beste der Welt (S. 218).

aktiv unterwegs

Die Westerplatte – mit dem Schiff und zu Fuß: Von der Anlegestelle an Danzigs Grünem Tor schippert man zur Westerplatte, an der 1939 der Zweite Weltkrieg begann. Ein markierter Weg führt zu den Originalschauplätzen (S. 184).

Radtour von Sopot nach Danzig: Fast ununterbrochen geht es am Meer entlang – auf autofreier Promenade, bei frischer Brise und Möwengeschrei; unterwegs kann man sich mit Fischsnacks stärken (S. 198).

Ein Meer schmaler Giebelhäuser und eine Armada wuchtiger Backsteinkirchen: Die Altstadt der einstigen Hansestadt Danzig wirkt so malerisch
und in sich geschlossen, dass man sie für die Kulisse zu einem Histo-
rienfilm halten könnte. Derweil wandelt sich die ehemalige Werft, auf der
Arbeiter den Aufstand gegen den Sozialismus probten, zur ›Hansa-City‹,
einem schicken Flussquartier für Polens Neureiche.

Als sich die Restauratoren nach dem Zweiten
Weltkrieg daranmachten, die zerstörte Altstadt wieder aufzubauen, hatten sie nur
Stiche und Fotos, dazu die Erinnerungen
ehemaliger Bewohner. Aus diesem Anschauungsmaterial hatten sie die Stadt neu zu er-
schaffen. Ein exaktes Abbild des untergegangenen Danzig konnte es nicht sein: Nicht
immer standen alte Pläne und Unterlagen zur
Verfügung – vielerorts musste ›nachempfunden‹, neu gestaltet werden. Dazu kam, dass
dunkle Hinterhöfe und gedrängte Gassen
nicht der Vorstellung von sozialistischer
Wohnkultur entsprachen; einige Häuserzeilen
fielen ganz heraus, verbaute Winkel wurden
aufgelockert. Was hier entstand, so der damalige Bürgermeister Mackiewicz, war »nicht
das Danzig der Vorkriegszeit, sondern ein
detailgetreu rekonstruiertes Gdańsk aus dem
18. Jh.« – mit dem Rathaus und prächtigen
Patrizierhäusern, der gewaltigen Marienkirche und dem Krantor, insgesamt mehr als
600 Bauten.

Ehemalige Bewohner, die ihre Heimatstadt
nach vielen Jahren besuchten, waren von der
Wiederaufbauleistung begeistert. Ihr altes
Danzig, riefen sie aus, habe nie so schön
ausgesehen wie in der Gegenwart. Da das
hanseatische Flair in dieser Stadt so viel
besser bewahrt war als in Lübeck, wurde der
Film zu Thomas Manns ›Buddenbrooks‹ auch
in Danzig und nicht am originalen Schauplatz
der Handlung gedreht.

Ein Blick zurück

Bei einem Bummel durch die Straßen lernt
man die vielfältigen Einflüsse kennen, die
Danzig im Verlaufe seiner Geschichte aufgenommen hat. Schon im 14. Jh. war es eine
der bedeutendsten Hafenstädte der Hanse,
deren Kontakte sich von Nowgorod bis
Sevilla erstreckten. Den weitreichenden Ge-
schäftsbeziehungen entsprach eine betont
kosmopolitische Lebensart. Einwanderer aus
ganz Europa waren willkommen, denn sie
bereicherten die Stadt mit neuen Impulsen.

Vom 14. bis zur Mitte des 15. Jh. gehörte
Danzig dem vom Deutschen Ritterorden errichteten zentralistischen Ordensstaat an. Die
eigentliche Blütezeit begann danach, im späten 15. Jh., als sich Danzig im Dreizehnjährigen Krieg (1454–66) von der Bevormundung
durch den Deutschen Orden befreite und als
Stadtrepublik im Königreich Polen erstaunli-
che Freiheiten genoss. Immer wieder ver-
stand es das Danziger Bürgertum, seine Ei-
genständigkeit und seine Privilegien gegenüber dem polnischen König zu wahren. Die
›Freie Stadt‹ (1466–1793) verfügte über eine
eigene Regierung und Bürgerwehr, sicherte
sich die Zoll- und weitgehende Steuerfreiheit
und das Recht auf Prägung von Münzen. Fast
der gesamte Außenhandel Polens wurde
über Danzig abgewickelt; Getreide aus dem
Königreich stapelte sich auf der Speicherinsel, bevor es ins übrige Europa weiterver-

schifft wurde. Im 16. Jh. schufen aus Italien, Flandern und Holland angeworbene Architekten und Künstler eine Stadt, die bald zu den schönsten Europas zählte. Schon früh setzte sich lutherisches Gedankengut durch. Der König besuchte die Stadt nur einmal im Jahr; er hielt Einzug durch das Hohe Tor und ließ sich seine Hoheit im Rathaus der Rechtstadt feierlich bestätigen. Kam es zu Konflikten mit auswärtigen Mächten, verhielt sich Danzig gegenüber der Krone loyal.

Doch der Niedergang Polens im 17. und 18. Jh. machte auch vor Danzig nicht Halt: Der Handel ging dramatisch zurück, und die Einwohnerzahl sank um mehr als die Hälfte. In den Polnischen Teilungen blieb Danzig zunächst bei Polen, fiel aber 1793 an Preußen und büßte seine Privilegien als selbständige Stadtrepublik ein. Vorbei war es nun »mit hanseatischem Großtun« und »republikanischen Träumen«, fortan herrschte »Ordnung nach preußischem Maß« (Grass). Erst als die Wirtschaft im 19. Jh. einen Aufschwung nahm – der Schiffbau wurde wichtigster Industriezweig –, wuchs die Zustimmung zu den ›Besatzern‹; nach Eingliederung ins Deutsche Reich nahm die Zahl jener Danziger zu, die stolz darauf waren, Deutsche zu sein.

Nach dem Ersten Weltkrieg trennten die Siegermächte Danzig vom Deutschen Reich ab und erklärten es zu einem ›Freistaat‹ unter dem Protektorat des Völkerbunds. Ganz so frei, wie der Name vorgibt, war es freilich nicht. Die Mehrheit der Bevölkerung suchte den Anschluss ans Deutsche Reich und empfand die vom Völkerbund den Polen gewährten Privilegien, vor allem aber die Schaffung eines ›Korridors‹, über den das Nachbarland Zugang zum Meer erhielt, als Provokation. Dort entstand mit Gdynia (Gdingen) ein großer polnischer Hafen, in dem bald mehr Waren umgeschlagen wurden als in Danzig. Die Frage des ›Polnischen Korridors‹ war es denn auch, die den Nationalsozialisten 1939 als Vorwand für den Überfall auf Polen diente: Am 1. September beschoss der Panzerkreuzer »Schleswig-Holstein« das polnische Militärdepot auf der Danziger Westerplatte und gab damit das

Startsignal zum Zweiten Weltkrieg (s. auch Aktiv unterwegs S. 184). An dessen Ende lag die ›Perle der Ostsee‹ in Schutt und Asche.

1945 wurde Danzig Polen zuerkannt, die meisten deutschen Bewohner mussten die Stadt verlassen. Sie wurden ›ersetzt‹ durch Menschen aus dem polnischen Umland sowie aus den an die Sowjetunion abgetretenen früheren polnischen Ostgebieten. In der Folge beschloss die sozialistische Regierung den Wiederaufbau des ›historischen‹ Zentrums, im Norden der Stadt entstanden Plattenbausiedlungen. Schon 1956 lebten in der Stadt wieder mehr Menschen als in der Vorkriegszeit. Gdańsk/Danzig, Sopot/Zoppot und Gdynia/Gdingen verschmolzen zur sogenannten ›Dreistadt‹ (Trójmiasto), blieben aber verwaltungstechnisch getrennt.

Die Streiks der Danziger Werftarbeiter 1980 führten zur Gründung der unabhängigen Gewerkschaft *Solidarność*, was den Beginn einer politischen und wirtschaftlichen Umgestaltung ganz Polens signalisierte. Nach der ›Wende‹ von 1989 suchte die Dreistadt auf allen Gebieten Anschluss an den Westen. Gdańsk feierte 1997, Sopot vier Jahre später sein 1000-jähriges Jubiläum. Gdynia wurde mit der Aufnahme Polens in das Nordatlantische Bündnis wichtigster Marinestützpunkt der NATO im Ostseeraum.

Rundgang

Cityplan: S. 176

Der vorgestellte Rundgang beginnt am Hauptbahnhof, von dem aus man alle wichtigen Sehenswürdigkeiten bequem zu Fuß erreicht. Das ›historische‹ Danzig liegt größtenteils westlich der Mottlau und gliedert sich in die Altstadt, die verkehrsberuhigte Rechtstadt und die Alte Vorstadt mit Speicherinsel. Weitere Sehenswürdigkeiten sind das Gelände der einstmals großen Werft, der ›Wiege der Solidarität‹, und die Westerplatte. Wer nur wenig Zeit hat, beschränkt sich auf die Besichtigung der prachtvoll restaurierten Rechtstadt und schließt sich der Tour am Hohen Tor an.

In der Frauengasse – Ständchen auf einem ›Beischlag‹

Vom Bahnhof zum Großen Zeughaus

Mit seiner ziegelroten Giebelfassade und dem hohen Uhrenturm erinnert der **Hauptbahnhof** **1** (Gdańsk Główny) an die Pionierzeit der Eisenbahn. Hier herrscht hektisches Kommen und Gehen: Aus knallbunten Straßenbahnen werden Menschenströme ausgespuckt, die den Gleisen zustreben, ihr Weg kreuzt sich mit den vielen, die aus dem Umland eintreffen und sogleich in die zugigdüstere Unterführung abtauchen. Diese führt Richtung Altstadt und mündet geradewegs in die Einkaufspassage **City Forum.**

Über die ehemalige Pfeffergasse (ul. Korzenna), benannt nach den bevorzugt hier wohnenden ›Pfeffersäcken‹ (so lautete der Spottname für wohlbeleibte Kaufleute), gelangt man ins Herz der **Altstadt** (Stare Miasto). Das mittelalterliche **Altstädtische Rathaus** **2** (Ratusz Staromiejski), 1595 in manieristischem Stil umgestaltet, beherbergt

heute das Baltische Kulturzentrum. Im Erdgeschoss befinden sich eine Galerie, ein kleines Café und eine Buchhandlung, im Festsaal des Obergeschosses werden Konzerte gegeben (Ratusz Staromiejski, ul. Korzenna 33/35, www.nck.org.pl, Di–So 9–17 Uhr).

In den Kellergewölben tat sich Interessantes: Hier lagerte im 17. Jh. der Ratsherr und Brauer Johannes Hevelius sein berühmtes Jopenbier, mit dessen Verkauf er sein kostspieliges Hobby, die Astronomie, finanzierte. Mit dem damals längsten Teleskop der Welt entdeckte er neun Kometen und sieben Sternkonstellationen; auch fertigte er die erste präzise Karte des Mondes an. Ihm zu Ehren wurde auf der Grünfläche vor dem Rathaus ein Denkmal errichtet und eine Hauswand mit ›seinen‹ Gestirnen bemalt. Wer mehr über den Astronomen erfahren will, unternimmt einen Abstecher zum **Centrum Hewelianum** **3**: Im ehemaligen Fort führen Backsteintunnel in die Vergangenheit, eine Multimedia-Ausstellung führt in die astronomische Zukunft (ul. Gradowa 6, www.hewelianum.pl, Di–So 9–16 Uhr).

Folgt man dem Radaune-Kanal (Kanał Raduni) ein paar Schritte ostwärts, gelangt man zur **Großen Mühle** `4` (Wielki Młyn, ul. Wielkie Młyny 16, Mo–Fr 10–20, Sa 10–13 Uhr), die 1350 von deutschen Ordensrittern errichtet wurde. Mit ihrem sechsstöckigen Satteldach war sie eine der größten Europas, nicht weniger als 18 Räder zermahlten das Getreide. Heute beherbergt das ausgehöhlte Gehäuse ein attraktives Einkaufszentrum mit kleinen Läden und Cafés. Gegenüber der Mühle ragt die **Katharinenkirche** `5`, Danzigs ältestes Gotteshaus, auf. Schon 1185 wurde es gegründet, doch stammt der heutige Backsteinbau aus dem 14. Jh. Im Hauptaltar befindet sich ein Kreuzigungsgemälde mit dem Stadtpanorama Danzigs von Anton Möller (1610), im Chorraum ein Epitaph des Astronomen Johannes Hevelius (1779). Vom Turm der Kirche, in der eine Vielzahl von Uhren ausgestellt ist, ertönt zu jeder vollen Stunde ein Glockenspiel mit Beethovens berühmter Ode aus der neunten Sinfonie ›Freude, schöner Götterfunken‹ (Kościół Św. Katarzyny, ul. Wielkie Młyny, tgl. 7–20 Uhr).

Hinter der Katharinenkirche versteckt sich die **Brigittenkirche** `6`, die in der Dreistadt Kultstatus genießt. Zu ihrer Pfarrei gehört die benachbarte Danziger Werft, die Wiege der Solidarność. In sozialistischer Zeit wurden in der Kirche flammende Reden gehalten und passiver Widerstand gepredigt; noch heute ist das Denkmal des 1984 von Angehörigen des Geheimdienstes ermordeten Paters Jerzy Popieluszko ein viel besuchter Pilgerort. Ihm zu Ehren entsteht ein 12 m hoher Bernsteinaltar in Form einer Lilie (Kościół Św. Brygidy, ul. Profesorska 17, www.brygida.gdansk.pl).

Der Altstädtische Graben (Podwale Staromiejskie), heute eine breite und verkehrsreiche Straße, markiert die Grenze zwischen Altstadt und Rechtstadt. Südlich von ihm liegt die schöne **Markthalle** `7` (Hala Targowa), seit über 100 Jahren eine der wichtigsten Einkaufsadressen. Errichtet ist sie auf den Fundamenten einer romanischen Kirche, die im Untergeschoss zu sehen sind. Gleich nebenan steht die in strenger Backsteingotik ausgeführte **Nikolaikirche** `8`. Sie blieb im Krieg unzerstört und hat sich ihre reiche Barockausstattung bewahrt. Jeden Sonntag um 11.30 Uhr tritt auf die Empore ein Kinderchor in Aktion, dessen engelhafter Gesang von einer herrlichen Orgel begleitet wird (Kościół Św. Mikołaja, ul. Świętojańska 72). Von der Nikolaikirche erreicht man über die Breite Straße (ul. Szeroka) den Holzmarkt (Targ Drzewny), wo das aus Lemberg stammende **Sobieski-Denkmal** `9` (Pomnik Jana III. Sobieskiego) den ›Sieger von Wien‹ in heldenhafter Reiterpose zeigt. Dank seiner klugen Kriegsführung konnten die Türken 1683 entscheidend geschlagen und Europa vor der ›moslemischen Flut‹ bewahrt werden.

Südlich schließt sich der lang gestreckte Kohlenmarkt (Targ Węglowy) an. Architektonisch wenig gelungen ist das 1967 an seiner Nordseite erbaute Stadttheater (Teatr Wybrzeże). Mit größerem Vergnügen schaut man auf das **Große Zeughaus** `10` (Wielka Zbrojownia), ein Meisterwerk des niederländischen Manierismus von 1602 an der Ostseite des Platzes. Athene, Minerva und Mars krönen seine reich verzierte Fassade und geben einen versteckten Hinweis auf die in diesem Palast gelagerten Waffen- und Munitionsbestände.

Über den Königsweg zum Grünen Tor

Herzstück von Danzig ist die wiederaufgebaute **Rechtstadt** (Główne Miasto), d. h. die rechte, ›richtige‹ Stadt, wo die wohlhabenden, überwiegend deutschen Bürger lebten. Hielt der König hier Einzug, folgte er einem stets wiederkehrenden Ritual. Er betrat die Stadt durch mächtige Tore, schritt die Langgasse und den Langen Markt ab und nahm dann in einem der pompösen Bürgerhäuser Quartier. Bis heute hat sich diese Route den Namen ›Königsweg‹ bewahrt und ist die Prachtmeile Danzigs.

Das **Hohe Tor** `11` (Brama Wyżynna) ist ein Relikt der mächtigen Wallanlagen, die ab 1571 entlang der westlichen Stadtgrenze er-

Gdańsk/Danzig

richtet und am Ende des 19. Jh. abgerissen wurden. Sein einziger Schmuck ist ein Wappen-Dreigestirn, das Polen, Königlich-Preußen und Danzig huldigt. Heute befindet sich hier eine Touristeninfo für Danzig und die Provinz Pommern. Unmittelbar hinter dem Hohen Tor steht der mittelalterliche **Stockturm** 12 (Wieża Więzienna), in dem sich einst das Gericht und das Gefängnis befanden. Nicht selten wurde den Häftlingen in der **Peinkammer** (Katownia) mittels Folter ein Geständnis abgepresst, bevor sie an den Pranger gestellt bzw. an der Ostseite des Turms hingerichtet wurden. Heute bleiben die meisten Räume des Turms dem **Bernsteinmuseum** vorbehalten: eine Hommage an jenen ›Stein‹, der Danzigs Bernsteinjuwelieren jedes Jahr 30 Mio. Euro beschert (s. Thema S. 126). Vom rohen Fundstück bis zum geschliffenen Meisterwerk ist hier alles Interessante zu dem geheimnisvollen ›Stein‹ zusammengetragen. Zu den Höhepunkten der

Sammlungen zählen Stücke, in die Pflanzen und Tiere eingeschlossen sind – einige befinden sich schon mehrere Millionen Jahre in ihrem gläsernen Sarg (Muzeum Bursztynu, Targ Węglowy 26, Mo 11–15, Di–Sa 10–18, So 11–18 Uhr, www.mhmg.gda.pl, 2,50 €).

An den Turm grenzt das **Goldene Tor** 13 (Brama Złota) aus dem 17. Jh., das seinen Namen den vielen glänzenden Verzierungen verdankt. Eine lateinische Inschrift verkündet verheißungsvoll: »Es möge Frieden sein in deinen Mauern und Glück in deinen Palästen«. An die Tormauer schließt sich links die schlossartige **Georgshalle** 14 (Dwór Bractwa Św. Jerzego) an. Sie war Sitz der gleichnamigen Bruderschaft, eines exklusiven Klubs, in den nur Männer Zutritt hatten.

Jenseits des Tors beginnt die **Langgasse** (ul. Długa), in der reiche Kaufleute, Ratsherren und kirchliche Würdenträger wohnten. Sie ist von hohen Renaissance- und Barockhäusern gesäumt, die mit ihren farbenfrohen

Danzig

Fassaden und verspielten Giebeln einem Bilderbuch entnommen scheinen. Von Frühling bis Herbst ist sie die Flaniermeile der Stadt: Straßenmusikanten spielen auf, Porträtmaler bieten ihre Dienste an, und die Terrassencafés sind dicht besetzt. Wer sehen möchte, wie es im 18. Jh. hinter den schmucken Fassaden aussah, kann das **Uphagenhaus** `15` besuchen: Der Wohnsitz der aus Flandern eingewanderten Kaufmannsfamilie wurde in ein ›Museum bürgerlicher Wohnkultur‹ verwandelt (Dom Uphagena, ul. Długa 12, www. mhmg.gda.pl, Di 10–15, Mi–Sa 10–16, So 11–16 Uhr, Juli/Aug. länger).

Am Ende der Langgasse steht das **Rechtstädtische Rathaus** `16`, das sein altstädtisches Pendant weit in den Schatten stellt. Unübersehbar ist der hoch aufschießende Turm, auf dessen Spitze eine Statue König Zygmunt Augusts thront – ihm verdankte Danzig viele Privilegien. Der 1327 errichtete Bau wurde mehrmals umgebaut, die letzte große Veränderung fand 1556 statt, als nach einem Brand die strengen gotischen Formen von manieristischem Schmuckwerk abgelöst wurden. Prunkstück des Rathauses ist der Rote Saal, in dem der Stadtrat zu feierlichen Versammlungen zusammenkam: ein Feuerwerk roter und goldener Farben, dazu dunkle, wärmende Holztöne. An den Wänden hängen Gemälde, die Tugenden und Laster plakativ gegenüberstellen; das ›Jüngste Gericht‹ schließt den Bilderzyklus ab: Gott fällt das letzte Urteil über die Handlungen der Menschen. Überwältigend ist der Blick zur Decke: Nicht weniger als 25 runde und rechteckige, von Goldrahmen eingefasste Gemälde kreisen um ein Oval in der Deckenmitte, das ein Idealbild Danzigs zeigt: Die Stadt thront auf einem Triumphbogen, wächst in den Himmel hinein. Gott umfasst schützend den Rathausturm, während die Weichsel, die Lebensader der Stadt, ihr Fundament umspült. Vor dem Fluss sind deutsche Bürger, polnische Adelige und Flößer postiert – ein Bild der Danziger Stände von 1608, als Isaak van den Blocke dieses Meisterwerk schuf. Lohnenswert ist auch ein Blick ins Obergeschoss des Rathauses, in dessen Räumen

sich das **Historische Museum** befindet. Darin sind Fotos von Danzig unmittelbar nach Kriegsende zu sehen – welch ein Kontrast zum Anblick des wiederaufgebauten Danzig, den man von der Turmspitze des Rathauses genießen kann (Ratusz Głównego Miasta/ Muzeum Historii Miasta, ul. Długa 47, www. mhmg.gda.pl, Di 10–15, Mi–Sa 10–16, So 11–16 Uhr, Juli/Aug. länger).

Hinter dem Rechtstädtischen Rathaus weitet sich die Gasse zum **Langen Markt** (Długi Targ), der ›guten Stube Danzigs‹, wo die reichsten Bürger residierten. Die Häuser sind noch größer und prächtiger, verfügen zudem über sogenannte Beischläge, weite, über Freitreppen erreichbare Terrassen. Blickfang des Platzes ist der **Neptunbrunnen** `17` (Fontanna Neptuna): Der bronzene Meeresgott ist in sprühende Gischt getaucht, tänzelnd steht er auf einer Schale, die von Nymphen und Satyren getragen wird. Hinter Neptun, dem Schutzpatron der Stadt, ist der **Artushof** `18` platziert, der Versammlungsort der Großkaufleute. Hier trafen sie sich, um Geschäfte abzuwickeln, aber auch um rauschende Feste zu feiern. Entsprechend prächtig gibt sich der 1617 entworfene Bau: Hinter einer breiten Fensterfront öffnet sich ein 450 m² großer lichter Saal. Auf vier Granitpfeilern ruhen herrliche Sterngewölbe, Schiffsmodelle baumeln von der Decke, Reliefs erinnern an die Schutzheiligen der Zunft. Blickfang des Saals aber ist der 12 m hohe, mit handbemalten Kacheln verkleidete Renaissance-Ofen, welcher den Kaufleuten in der kälteren Jahreszeit Wärme spendete (Dwór Artusa, Długi Targ 44, Di 10–15, Mi–Sa 10–16, So 11–16 Uhr, Juli/Aug. länger).

Ein paar Schritte weiter steht das **Goldene Haus** `19` (Złota Kamienica, Długi Targ 41), nicht das größte, aber mit seiner figurenreichen, vergoldeten Fassade das schönste am Platz. Das **Grüne Tor** `20` (Brama Zielona) schließt den Langen Markt zum Fluss hin ab: Von Grün keine Spur, stattdessen rote Ziegel, die sich zu einer mächtigen Bastion mit vier Einfahrten auftürmen. Einst offizielle Residenz der polnischen Könige, dient es heute als Galerie und Büro von Lech Wałęsa.

Der prächtige Artushof am Langen Markt, der ›guten Stube Danzigs‹

Mottlau und Marienkirche

Durchs Grüne Tor kommt man zur Motława (Mottlau), einem Nebenfluss der Weichsel. Den besten Überblick über die Kaianlagen bietet die Grüne Brücke, die die Rechtstadt mit der Speicherinsel verbindet. Früher ankerten hier Schiffe aus aller Welt und löschten ihre Waren. Meeresfrüchte wurden zum nahen Fischmarkt gekarrt und Weinfässer zum Langen Markt gerollt. Handwerker nahmen die neueste Lieferung von Tuch und Leder in Empfang, ihre Werkstätten befanden sich in den Gassen jenseits der backsteinernen Tore am Kai: dem Brotbänketor (Brama Chlebnicka), Frauentor (Brama Mariacka), Heiliggeisttor (Brama Św. Ducha), Krantor (Żuraw) und Johannistor (Brama Świętojańska). Heute liegt der Umschlaghafen einige Kilometer weiter nördlich, doch die quirlige

Atmosphäre hat sich erhalten. Man flaniert und fotografiert, besucht ein Fischlokal oder nimmt in einem der Terrassencafés Platz, träumt von der Fahrt übers Meer oder genießt ganz einfach den Anblick der übers Wasser segelnden Möwen.

Die **Speicherinsel** 21 (Wyspa Spichrzów) war einst die Schatzkammer Danzigs. Hier standen Fachwerk- und Backsteinhäuser, in denen kostbare Handelsgüter wie Getreide und Holz, Bier und Gewürze darauf warteten, verschifft zu werden. Im 16. Jh. wuchs ihre Zahl auf mehrere Hundert. Dem gewaltigen Warenumschlag verdankte Danzig seinen Status als zeitweise wichtigster Ostseehafen und eine der reichsten Städte Europas. Im Zweiten Weltkrieg wurden fast alle Speicher zerstört – geblieben sind (vorerst) Ruinen inmitten von Grün.

Danzig

Doch zurück zur Rechtstadt: Von der **Anlegestelle** 22 (Przystań przy Zielonej Bramie), die sich vom Grünen Tor bis zum Krantor erstreckt, fahren mehrmals täglich Ausflugsschiffe nach Sopot, Gdynia und zur Halbinsel Hel. Der nächstgelegene Halt, den sie ansteuern, ist die **Westerplatte** (s. Aktiv unterwegs S. 184).

Durch das an seinem hohen Turm erkennbare **Frauentor** 23 (Brama Mariacka) betritt man die wohl schönste Gasse Danzigs, die Frauengasse (ul. Mariacka). Man spaziert durch ein Spalier von Bürgerhäusern, die mit ihren reich geschmückten Beischlägen weit auf die Straße ausgreifen. Viele von ihnen beherbergen Straßencafés und Künstlerateliers, aber auch Bernsteinläden, in denen das ›Gold der Ostsee‹ (s. Thema S. 126) zu Schmuck verarbeitet wird. Wer mehr über den kostbaren Stein erfahren will, besucht das **Archäologische Museum**. Dort ist Bernstein in allen Farben und Facetten zu sehen, ferner Werk-

Mit dem Ausflugsschiff zur Westerplatte oder weiter in die Danziger Bucht

zeuge, mit denen er bearbeitet wird, und medizinische Heilmittel, die aus ihm gewonnen werden (Museum Archeologiczne, Muzeum Archeologiczne, ul. Mariacka 26, www.archeologia.pl, Di 9–16, Mi 10–17, Do–Fr 9–16, Sa, So 10–16 Uhr, Juli/Aug. länger).

Am Ende der Frauengasse, so notierte ein bekannter Autor aus Danzig, »brütete rotschwarz, grün kleingetürmt, unter dickem geschwollenem Turm die Backsteinhenne Sankt Marien«. Die hier von Günter Grass so liebe-

voll porträtierte **Marienkirche** 24 zählt zu den größten Gotteshäusern Europas, 25 000 Menschen finden unter ihren Fittichen Platz. Wirkt sie von außen wuchtig-gedrungen, so erscheint ihr Inneres erstaunlich elegant. Weiß getünchte Wände, riesige Fenster und ein auf hohen Pfeilern ruhendes Gewölbe lassen sie weit und licht erscheinen. Von 1343 bis 1502 wurde an der Kirche gebaut, seit 1987 ist sie – nach dem Dom von Oliwa – zweite Kathedrale von Danzig. Wenn die 46 Stimmen und 8000 Pfeifen ihrer Orgel erklingen, scheint die Riesenkirche zu vibrieren.

Nur ein Teil der Originalausstattung überstand den Krieg, so der golddurchwirkte Hauptaltar von 1517, die Schöne Madonna in der Annenkapelle und das berühmteste Kunstwerk der Marienkirche, **Hans Memlings Gemälde ›Das Jüngste Gericht‹**. Der Pirat Paul Beneke erbeutete es 1473 beim Überfall auf ein burgundisches Schiff und machte es seiner Heimatkirche zum Geschenk. Auf dem Triptychon wird das Leben nach dem Tod drastisch vor Augen geführt. Nackt treten die Menschen vor den Herrn, werden erst geschätzt, dann selektiert: Die Guten dürfen in den Himmel, die Verdammten werden in ewige Finsternis gestoßen. Beeindruckend ist die Detailgenauigkeit des Gemäldes – von der Verzückung bis zur Verzweiflung sind viele menschlichen Regungen eingefangen. Was man in der Kirche sieht, ist allerdings nur eine Kopie; das Original wird im Nationalmuseum in der Alten Vorstadt aufbewahrt (s. S. 182).

Von der Vergänglichkeit des Lebens kündet auch die 12 m hohe Astronomische Uhr im linken Querschiff, die 1470 ein gewisser Hans Düringer schuf. Sie zeigt nicht nur die Stunden und Wochentage an, sondern auch den Stand des Neumonds und die Position der Tierkreiszeichen. Punkt 12 Uhr öffnet sich im oberen Aufsatz ein Türchen, und es erscheinen nacheinander Maria mit dem Jesuskind, die Heiligen Drei Könige und die Evangelisten. So beeindruckt waren die Stadtväter von der Uhr, dass sie ihren Schöpfer blenden ließen, damit er kein vergleichbares zweites Werk herstelle.

Tipp: Zum Nationalmuseum

Hans Memlings 1472 in Brügge entstandenes Gemälde, ›**Das Jüngste Gericht**‹, findet sich im ehemaligen Franziskanerkloster, das heute die Schätze des Danziger Nationalmuseums beherbergt. Ausgestellt werden auch Kunst und Kunsthandwerk aus Danzig und Pommern, darunter mittelalterliche Schnitzarbeiten anonymer Meister, sensible Bürgerporträts von Daniel Chodowiecki und flirrende Landschaftsimpressionen von Lovis Corinth. Meisterhafte Gold- und Silberschmiedarbeiten zeigen, wie hoch entwickelt das lokale Kunsthandwerk war. Leider liegt das Museum etwas abseits: Von der Długa biegt man südwärts in die Pocztowa ein, quert die Podwale Przedmiejskie und folgt der Toruńska nach rechts. Auf dem Weg dorthin passiert man das Shakespeare-Theater, 2014 just an dem Ort errichtet, wo 400 Jahre zuvor – noch zu Lebzeiten des Dichters – seine Stücke aufgeführt wurden (Muzeum Narodowe, ul. Toruńska 1, www.muzeum.narodowe.gda.pl, Di–Fr 9–16, Sa, So 10–16 Uhr, Eintritt 4 €).

Eine weitere makabre Legende knüpft sich an das ausdrucksstarke Kruzifix in der Kapelle der Elftausend Jungfrauen. Der Bildhauer, heißt es, nagelte einen seiner Schüler ans Kreuz, um nach einem lebensechten Modell arbeiten zu können. Die Gesichtszüge Christi sind von Todesangst gezeichnet, der Körper ist schwach und ausgemergelt. – Schmerzensreich ist auch der Aufstieg auf den 82 m hohen Turm. Nach über 400 Stufen ist ein Plateau erreicht, von dem sich ein grandioser Blick auf die Rechtstadt und die Hafenanlagen bietet (Kościół Mariacki, Podkramarska 5, www.bazylikamariacka.pl, Mo–Sa 9–17.30, So 13–17.30 Uhr).

Im Schatten der Marienkirche steht die **Königliche Kapelle** 25 (Kaplica Królewska), ein Kleinod des Barock, 1681 vom polnischen König Jan III. Sobieski für die katholische Minderheit Danzigs gestiftet. Mit verspielter Fassade und mehreren unterschiedlich großen Kuppeln ist sie ein optischer Leckerbissen, der in provozierendem Kontrast zur strengen Backsteingotik der Protestanten steht. Vor der Kapelle lagern vier schläfrige Bronzelöwen, zwischen denen im Minutentakt Fontänen aufschießen – eine Sommergaudi nicht nur für Kinder!

In der angrenzenden Gasse (ul. św. Ducha) lebte die Schriftstellerin Johanna Schopenhauer und auch ihr Sohn Arthur, der berühmte Philosoph, wurde hier geboren, das Haus Nr. 114 existiert aber nicht mehr. Mehr zu entdecken gibt es in der angrenzenden Szeroka: So die Grass-Galerie (s. Thema S. 191) und das **Haus zum Lachs** (Pod Łososiem), eine Danziger Institution. Jahrhundertelang befand sich hier die gleichnamige Destillerie, in der nach Rezepturen des 1598 aus Flandern eingewanderten Ambrosius Vermoellen wohlschmeckende Liköre hergestellt wurden (s. Thema S. 59). Heute beherbergt der ›Lachs‹ ein Nobelrestaurant, in dem Fischspezialitäten serviert werden – natürlich besiegelt ein Gläschen Goldwasser jedes Mahl.

Wichtigstes Wahrzeichen der Stadt ist das 1444 erbaute und an der Promenade gelegene **Krantor** 26 (Żuraw), zum Zeitpunkt seiner Entstehung größter Hafenkran der Welt. Mit seiner Hilfe konnten Lasten gehoben und selbst größte Schiffsmasten aufgerichtet werden. In 27 m Höhe war ein Kranbalken angebracht, der weit über den Wasserlauf geschwenkt werden konnte. Er wurde durch hölzerne, 6 m weite Treträder im Innern des Krantors bewegt, die Häftlinge durch ihre Laufarbeit auf Trab halten mussten. Heute ist das Industriedenkmal in das attraktive **Zentrum für Meereskultur** integriert, in dem auf fünf Stockwerken Boote vieler Völker und Epochen ausgestellt sind. Mit einer kleinen Shuttle-Fähre kann man zur gegenüberliegenden Bleihofinsel übersetzen, wo sich die Ausstellung fortsetzt. In mehreren restaurierten Speichern wird anhand von Schiffsmodellen und aus Wracks geborgenen Schätzen die Geschichte der polnischen Seefahrt veranschaulicht. Vor den Speichern liegt die ›Sołdek‹, der erste nach dem Krieg in Danzig gebaute Frachter, der gleichfalls besichtigt werden kann (Ośrodek Kultury Morskiej, ul. Długie Pobrzeże/ul. Szeroka 67/68 & ul. Oławianka 9–13, www.cmm.pl, Di–So 10–16 Uhr, Juli/Aug. länger, 7 € inkl. Überfahrt).

Vom Fischmarkt zur ehemaligen Werft

Die Promenade an der Mottlau führt weiter zum ehemaligen **Fischmarkt** 27 (Targ Rybny), der von Komforthotels im modernen Backstein-Stil gesäumt ist. Einst grenzte er an die Deutschordensburg, die samt ihrer Wehranlagen 1454 von Danziger Bürgern in Schutt und Asche gelegt wurde. Vom späteren Befestigungswall blieb nur der backsteinerne Schwanenturm erhalten.

Vom Fischmarkt ist es nicht weit zur **Polnischen Post** 28, wo sich eine weitere dramatische Episode der Stadtgeschichte abspielte: 1925 gestand der Völkerbund der slawischen Minderheit Danzigs eine eigene Post zu, die zu Beginn des Zweiten Weltkriegs von der deutschen Bürgerwehr angegriffen wurde. 14 Stunden lang verteidigten sich die Angestellten, bevor sie überwältigt und einige Wochen später vor ein Kriegsgericht gestellt wurden. Vermutlich wurden etwa 30 Männer auf dem Friedhof Saspe erschossen und verscharrt. Das Denkmal vor der Post zeigt einen Mann, der zusammengekrümmt über einem Haufen Briefen kauert und der über ihm schwebenden Siegesgöttin ein Gewehr reicht. Außerdem informiert ein Museum über die ersten Kriegstage und den polnischen Widerstand (Poczta Polska, ul. Obrońców Poczty Polskiej 1/2, www.mhmg.gda.pl, Mo 10–16, Di 10–15, Mi–Fr 10–16 Uhr, Juli/Aug. länger).

In unmittelbarer Nachbarschaft entstand das **Museum des Zweiten Weltkriegs,** das in Farbe und Form an Danzigs Kirchen und Kräne anknüpft. Multimedial wird der Aufstieg des Faschismus von Deutschland bis Japan geschildert, dann der Einmarsch der Wehrmacht in Polen und in Europa. Was das für die Opfer bedeutete, wird detailliert vorgestellt: die Verfolgung und Ermordung der europäischen Juden, die Erschießung polnischer Offiziere in Katyń, der Hungertod von

mehr als 3 Mio. russischen Kriegsgefangenen, Zwangsarbeit, Vertreibung und ›ethnische Säuberungen‹. Immer wieder kommen Zeitzeugen zu Wort; anhand rekonstruierter Orte (z. B. Luftschutzbunker) wird der Alltag vergegenwärtigt. Auch der Widerstand – von Sabotage über Partisanenkrieg bis zu zivilem Widerstand – wird nicht vergessen. »Die langen Schatten des Krieges« heißt die Ausstellung, die die Folgen für die zweite Hälfte des 20. Jh. beleuchtet: Grenzverschiebungen, die Teilung der Welt in zwei verfeindete Blöcke, jüdische Emigration und polnisches Exil ... (Muzeum II Wojny Światowej, ul. Wałowa, www.muzeum1939.pl, Eröffnung 2015).

An die jüngere Geschichte erinnert auch das **Denkmal der gefallenen Werftarbeiter** 29 (Pomnik Poległych Stoczniowców) am Eingang zur Danziger Werft. Drei hohe, in Stahl gegossene Kreuze stehen für die 45 Arbeiter, die am 16. Dezember 1970 bei Streikaktionen erschossen wurden. Neben dem Denkmal öffnet sich das Tor, dessen Bild in den 1980er-Jahren um die Welt ging: hinter Gittern verbarrikadierte Werftarbeiter, der Anführer des Streiks, Lech Wałęsa, mit der Madonna am Jackenrevers.

Da Schiffe in anderen Teilen der Welt billiger hergestellt werden, musste die Werft nach langer Agonie schließen. Nun soll nach dem Vorbild der Londoner Docklands die abgewrackte Industriearchitektur in ein schickes Viertel verwandelt werden. Ein erstes Projekt ist bereits fertiggestellt: Das **Europäische Zentrum der Solidarität** illustriert den Untergang der Sozialistischen Volksrepublik, von der »Geburt der Solidarität« über den »Alltag in Volkspolen« bis zum »Polnischen Papst«, der erfolgreich gegen das ›gottlose Reich‹ agitierte. Anhand von Filmausschnitten, Flugblättern und Installationen wird die Atmosphäre der Jahre 1980–1990 lebendig. Anschließend können Sie auf dem Weg der Freiheit (Droga do Wolnoœci), einem künstlerisch gestalteten Flanierweg, Richtung Mottlau-Ufer laufen. Oder Sie schauen sich auf dem Werftgelände um (ul. Doki 1, www.ecs.gda.pl, Di–So 10–17 Uhr). Tipp: Ein Original-Jelcz-Bus aus sozialistischer Zeit kutschiert

aktiv unterwegs

Die Westerplatte – mit dem Schiff und zu Fuß

Tour-Infos

Start und Ziel: Anlegestelle am Grünen Tor bzw. Fischmarkt (Przystań przy Zielonej Bramie bzw. Targ Rybny)

Abfahrten: Mai–Sept. Wassertram (www.ztm.gda.pl); April–Nov. mehrmals tgl. Fährschiffe (www.zegluga.pl).

Dauer: Schiffahrt 30 Min.; Rundgang 2 Std.

Tickets: am Anleger, h/z 4–12 €.

Hinweis: Auch Bus 106 fährt zur Westerplatte (Haltestelle Akademia Muzyczna).

Mit dem Angriff auf die Westerplatte begann am Morgen des 1. Sept. 1939 der Zweite Weltkrieg. Der Angriff war als Vergeltungsschlag getarnt: »Ab 4.45 Uhr wird zurückgeschossen« hieß es im deutschen Rundfunk. Auf einer Tour über die Westerplatte können Besucher nacherleben, was damals geschah …

Anfahrt im Schiff

Von der Rechtstadt schippert das Boot flussabwärts dem Meer entgegen, vorbei am mächtigen Krantor und den Schiffen vor dem Zentralen Meeresmuseum. Dann passiert man die Speicher- und die Bleihofinsel sowie den ehemaligen Fischmarkt, sieht die Kräne der Danziger Werft und das Gelände der neuen Hansa City. An der Halbinsel Polski Hak (Polnischer Haken) mündet die Mottlau in die ›Tote‹, d.h. durch Schleusen stillgelegte Weichsel. Hier erst beginnen Danzigs Hafenanlagen, die sich über mehrere Kilometer längs des Flusses erstrecken. Vorbei an der runden, 500 Jahre alten Festung Weichselmünde (Twierdza Wisłoujście) tuckert das Schiff zur Westerplatte, wo es nach halbstündiger Fahrt anlegt. Eine polnische Bezeichnung für ›Westerplatte‹ gibt es nicht: Wegen ihrer historischen Bedeutung hat die Halbinsel – ähnlich wie ›Auschwitz‹ – den deutschen Namen im Polnischen behalten.

Historischer Lehrpfad

Von der Schiffsanlegestelle am Kai geht es landeinwärts. Ein neuer Lehrpfad macht mit der Geschichte der Westerplatte vertraut. Vorbei an Ruinen und Mauerresten kommt man zu einer ersten Openair-Ausstellung, die in die Zeit vor 1918 zurückführt und die Westerplatte als deutschen **Kurort** präsentiert. Das Strandvergnügen endete mit der militärischen Niederlage Deutschlands im Ersten Weltkrieg. Zwar blieb das zu 90 % von Deutschen bewohnte Danzig gemäß einem Beschluss des Völkerbunds ›Freie Stadt‹, doch war diese nun vom wiedererstandenen polnischen Staat umgeben, dem der Völkerbund obendrein sämtliche ›Außenkontakte‹ zugestand: so das Post- und Zollwesen sowie die Verteidigung, d.h. ein von Soldaten bewachtes **Militärdepot** auf der Westerplatte.

Immer wieder versuchte die deutsche Regierung auf diplomatischem Weg, Danzig ›heimzuholen ins Reich‹ – doch ohne Erfolg. Am 1. September 1939 schritt Hitler zur Tat und gab damit das Startsignal zum Zweiten Weltkrieg. Er ließ das Linienschiff ›Schleswig-Holstein‹ vor der Westerplatte auffahren, das das Munitionsdepot unter Beschuss nahm, um – wie es damals hieß – die Polen ein für alle Mal aus der ›deutschen Stadt‹ zu verdrängen. Die Salven der ›Schleswig-Holstein‹ waren zugleich das Startsignal für eine deutsche Polizeieinheit, die Polnische Post im Zentrum der Stadt zu stürmen. Wider Erwarten leisteten die auf der Westerplatte stationierten 182 Polen den 4000 anstürmenden deutschen Soldaten heftigen Widerstand. Im **Wachhaus Nr. 1** (Wartownia Nr. 1), einem Bunker aus Eisenbeton, sind die Waffen der Verteidiger ausgestellt. Von ihrem schier aussichtslosen Kampf handelt auch die Openair-Ausstellung **Festung**, die sich zum Ziel setzt, anhand von Schautafeln und Modellen die Geschehnisse jener Tage nachzuzeichnen.

Heldenmythos

Heute sind vom ehemaligen Militärgelände nur ein Bunker und ein Wachturm erhalten. An der Stelle der im Bombenhagel zerstörten Wache V befindet sich der **Friedhof der Verteidiger der Westerplatte:** Auf ihm sind Ehrenplatten für die 14 während des Angriffs getöteten Männer ausgelegt. Unter der mittleren Platte befinden sich zwölf Urnen mit der Erde sämtlicher Schlachtfelder, auf denen polnische Soldaten im Laufe der vergangenen Jahrhunderte gefallen sind. Die meisten derer, die den Angriff auf die Westerplatte überlebten, wurden vom deutschen Militär standesrechtlich erschossen und auf dem Danziger Friedhof Saspe verscharrt. Das riesige, auf einer Anhöhe thronende **Denkmal der Verteidiger der Westerplatte** (Pomnik Obrońców Westerplatte,erinnert an den Mut der Soldaten. Es wurde 1966 enthüllt und besteht aus 224 Granitplatten, die einen in den Boden gerammten Schwertgriff darstellen. Auf den zum Denkmal führenden Treppen werden bis heute Blumenkränze abgelegt. Jeder patriotisch gesonnene Pole trachtet danach, mindestens einmal im Leben hierher zu pilgern und sich am Fuß des Hügels ablichten zu lassen. In unzähligen Gedichten, Liedern und Filmen sind die ›Helden von der Westerplatte‹ verewigt. Es bleibt abzuwarten, ob die noch nicht fertiggestellte Ausstellung über **Das Symbol** den Heldenkult kritisch beleuchtet.

Zukunftsmusik

Schon in naher Zukunft soll das Geschehen auf der Westerplatte in einen noch größeren historischen Kontext gestellt und die bescheidene Präsentation durch moderne Installationen ersetzt werden: Die Ausstellungen der Westerplatte werden in ein Museum des Zweiten Weltkriegs integriert, das mit Dokumentarfilmen, historischen Fotografien und nachgestellten Szenen die Jahre 1939 bis 1945 nacherlebbar machen will (www.muzeum1939.pl).

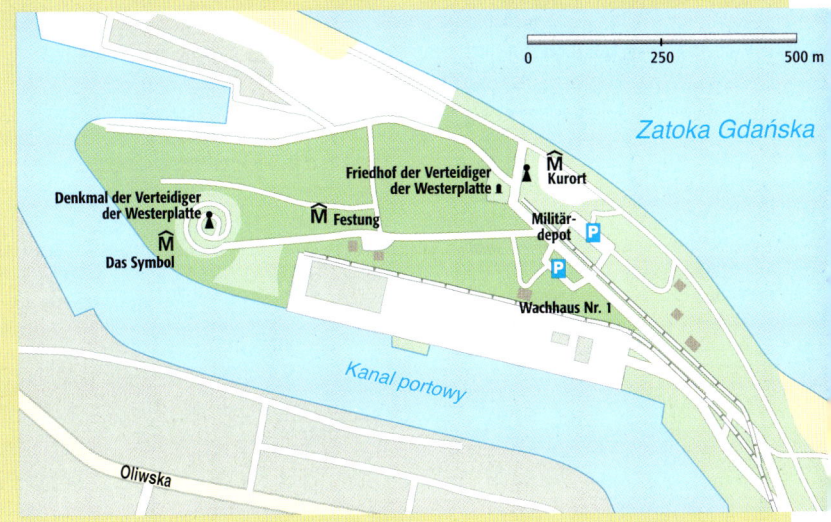

Danzig

Schrill-bunter Kontrast zum ›historischen Danzig‹: am Eingang zur Werft

Besucher durch das Werftgelände. En passant wird auf Englisch alles Wichtige erklärt – von der Kaiserlichen Werft bis zur Solidaritätsbewegung (Subiektywna Linia Autobusowa, www.subiektywnalinia.pl, Mai–Sept. Di–So tgl. 11 und 13 Uhr, 4 €, Start: Tor 2 am Denkmal).

Infos

Pomorskie Centrum Informacji Turystycznej: Brama Wyżynna (Hohes Tor am Eingang zur Rechtstadt), www.pomorskie.travel, tgl. 10–18 Uhr.
Centrum Informacji Turystycznej: ul. Długi Targ 28/29, Tel. 58 301 43 55, www.gdansk4u.pl, tgl. 9–17 Uhr, Juni– Aug. länger.
PTTK Oddział Gdańsk: ul. Długa 45, Tel. 58 301 13 43 und 58 301 60 96, www.pttk-gdansk.pl, Mo–Fr 9–18, Sa, So 9–16.30 Uhr.
IT Lotnisko im Lecha Wałęsy-Airport: ul. Słowackiego 200, 80-298 Gdańsk, Tel. 58 348 13 68, www.de.gdansk.gda.pl, Mo–Fr 8–16, Sa 9–17, So 9–14 Uhr.

In allen Büros erhält man Stadt- und Busfahrpläne, Informationsschriften und Broschüren. Auch wird hier – ebenso wie an den meisten Zeitungskiosken – die **Danziger Touristenkarte** verkauft (Karta Turystyczna Trójmiasta, www.turystyczna.pl). Sie gilt für zwei bzw. drei Tage und beinhaltet kostenfreie Fahrten in öffentlichen Verkehrsmitteln, Eintritt in zahlreiche Museen, Rabatt in ausgewählten Restaurants und bei Schiffstouren. Unter www.gdansk4u.pl/de/mobile ist eine Gratis-App zu Sehenswürdigkeiten downloadbar; unter www.gdanskwifi.pl werden Gratis-Hotspots angezeigt.

Übernachten

Dezenter Luxus ▶ Hilton Gdańsk 1: ul. Targ Rybny 1, Tel. 58 778 71 60, www.hilton gdansk.pl, 150 Zimmer. 2010 eröffnetes Fünfsternehotel an der Mottlau, wenige Schritte vom Langen Markt. Von den meisten Zimmern und dem Indoor-Pool auf dem Dach aus hat man Ausblick auf den Fluss. DZ ab 150 €.

186

Klein & fein ▶ **Podewils** **2** : ul. Szafarnia 2–3, Tel. 58 300 95 60, www.podewils.pl, 10 Zimmer. Rokokohaus von 1728 am Jachthafen gegenüber vom Krantor; die Langgasse erreicht man in zehn Gehminuten. Luxuriöse Gemütlichkeit empfängt den Gast: Alle Zimmer sind mit Antiquitäten möbliert (himmelblau, pfirsichfarben oder hellrot), ausgestattet mit Marmorbad und Jacuzzi-Wanne, Bademantel und Trussardi-Kosmetika. Mit Sauna, DVD-Bibliothek und ausgezeichnetem Frühstücksbüfett. DZ ab 140 €.

Am Langen Markt ▶ **Radisson Blu** **3** : Długi Targ 19, Tel. 58 555 52 03, www.radisson blu.com/hotel-gdansk, 137 Zimmer. Hinter der historischen Fassade verbirgt sich ein elegant gestyltes Viersternehotel mit vielen historischen Anspielungen. DZ 120–210 €.

An der Uferpromenade ▶ **Hanza** **4** : ul. Tokarska 6, Tel. 58 305 34 27, www.hanza-hotel.com.pl, 53 Zimmer, 7 Suiten. Das an der Mottlau gelegene Viersternehotel fügt sich mit seinen schmalen Fassaden und Schaugiebeln harmonisch in die mittelalterliche Stadtsilhouette ein. Einige Zimmer haben Ausblick auf den Fluss. Abends trifft man sich im Kasino. DZ ab 110 €.

Boutiquehotel am Jachthafen ▶ **Gdańsk** **5** : ul. Szafarnia 9, Tel. 58 300 17 17, www. hotelgdansk.com.pl, 86 Zimmer. Ein Hotel: zwei Stile: Viel Komfort bietet der rekonstruierte Speicher aus dem 18. Jh.; dazu dezente historische Details, die an Alt-Danzig erinnern. Im Anbau Gdańsk Yachting dagegen ist das Interieur unaufdringlich von edlen Windjammern inspiriert: Bullaugen und Holzplanken, weiß-blaue Textilien und abgerundetes Mobiliar schaffen ein maritimes Ambiente. Hier befindet sich auch das Medical Spa mit Sauna, eisiger Salzgrotte, Tee- und Ruheraum. Abends entspannt man in der hauseigenen Brauerei, die sich mit einer attraktiven Promenadenterrasse zum Hafen öffnet (s. S. 189). Zu Fuß sind es ca. 10 Min. zur Rechtstadt, alternativ nimmt man das Shuttle-Schiff des Meeresmuseums (s. Tipp S. 190). Mit bewachtem Parkplatz. DZ ab 105 €.

Bewährter Komfort ▶ **Scandic Gdańsk** **6** : ul. Podwale Grodzkie 9, Tel. 58 300 60 00, www.scandichotels.com, 143 Zimmer und 19 Suiten. Viersternehotel gegenüber dem Hauptbahnhof und am Eingang zur Altstadt, exzellenter, unaufdringlicher Service. Die Eingangshalle mit spiegelglattem Boden, Marmorsäulen und locker arrangierten Sofas verspricht Eleganz. Die Zimmer sind ruhig und behaglich. Fitnessbereich mit Sauna und türkischem Dampfbad, Parkhaus neben dem Hotel. DZ ab 100 €.

Im historischen Speicher ▶ **Królewski** **7** : ul. Ołowianka 1, Tel. 58 326 11 11, www.hotel krolewski.pl, 30 Zimmer. Dreisternehotel in einem Backsteinspeicher aus dem 16. Jh. auf der Bleihof-Insel (Ołowianka). Für den Fluss- und Altstadtblick wird kein Aufpreis verlangt, deshalb sollte man unbedingt einen Raum zur Mottlauseite wählen. Am Wochenende Rabatt. DZ ab 95 €.

Quadratisch, praktisch ▶ **Novotel Centrum** **8** : ul. Pszenna 1, Tel. 58 300 27 50, www.accorhotels.com,158 Zimmer. Mittelklassehotel auf der Speicherinsel, nur wenige Schritte vom historischen Zentrum. Freie Übernachtung für Kinder unter 16 Jahren. DZ ab 88 €.

Mit Ausblick ▶ **Mercure Hevelius** **9** : ul. Heweliusza 22, Tel. 58 321 00 00, www. accorhotels.com, 281 Zimmer und 6 Suiten. Zentrale Lage zwischen Bahnhof und Rechtstadt: ein 18-stöckiges Dreisternehotel mit freundlichen Zimmern und tollem Ausblick auf die Rechtstadt bzw. das Gewirr der Hafenkräne. DZ ab 80 €.

Tolle Lage ▶ **Kamienica Goldwasser** **10** : ul. Długie Pobrzeże 22, Tel. 58 301 88 78, www.goldwasser.pl, 7 Apartments. Suite-artige, unterschiedlich eingerichtete Zimmer in einem Giebelhaus an der Mottlau, oberhalb des gleichnamigen Restaurants. Sie tragen so hübsche Namen wie Van Gogh, Gdańsk und Maisonette, sind alle dem Fluss zugewandt und haben Sat-TV, einige auch Balkon bzw. Kamin und Kitchenette. Gefrühstückt wird in einem lichtdurchfluteten, mit goldenen Klimt-Motiven gestalteten Raum, im Sommer auf der Terrasse über der Mottlau. Das Abendessen im Hotelrestaurant ist sehr zu empfehlen. Am ›Goldwasser‹ darf geparkt werden, Autofahrer bekommen die Zufahrtserlaubnis für die Altstadt an der Rezeption. DZ 70–110 €.

Preisgünstig ▶ Dom Aktora 11: ul. Straganiarska 55, Tel. 58 301 61 93, www.dom aktora.pl, 12 Zimmer. Am Rande der Rechtstadt gelegen, ruhig und freundlich. Die Zimmer sind einfach und recht klein, Platz für maximal vier Personen bieten die Apartments. Frühstück und Snacks werden im hauseigenen Café ein paar Straßen weiter eingenommen. DZ 70–90 €.

Für Budget-Reisende ▶ Hostel Targ Rybny 12: ul. Grodzka 21, Tel. 58 301 56 27, www.gdanskhostel.com.pl, 6 Zimmer, ab 14€/ Pers. Preiswerte Herberge am Fischmarkt (Targ Rybny), fast am Ufer der Mottlau. Es gibt drei Doppel-, ein Drei- und ein Fünfbettzimmer sowie einen Schlafsaal mit 14 Betten, dazu einen Waschsalon, gratis Internet, Rad- und Bootsverleih. Man kann sich Frühstück zubereiten und wird von Waldemar mit Tipps versorgt. DZ 38–44 €.

Essen & Trinken

Lachs über alles ▶ Pod Łososiem 1: ul. Szeroka 54, Tel. 58 301 76 52, www.pod lososiem.com.pl. Danzigs berühmtestes Restaurant befindet sich in der ehemaligen Destillerie »Zum Lachs«, in der das Goldwasser erfunden wurde. Vergoldete Rokokomöbel, Orientteppiche und befrackte Kellner schaffen ein vornehm-distinguiertes Ambiente. In diesem Rahmen passt die Küche mit Schwerpunkt Fisch: Lachs in den unterschiedlichsten Varianten, auch Steinbutt und Seezunge, Aal, Zander und Hecht. Als Vorspeise empfiehlt sich die in einem warmen Brotlaib servierte Steinpilzsuppe, als Dessert Eis mit flambierten Kirschen. Den Abschluss des Mahls bildet das obligatorische Goldwasser. Die weiblichen Besucher werden mit einer roten Rose verabschiedet. Hauptgerichte ab 12 €.

Vor allem Fisch ▶ Tawerna 2: ul. Powróżnicza 19/20, Tel. 58 301 41 14, www. tawerna.pl. Im gemütlichen Ambiente einer Edel-Taverne wird verfeinerte Regionalküche serviert, z. B. kaschubischer Dorsch *(dorsz po kaszubsku)*, Zander auf Alt-Danziger Art *(san-*

dacz po starogdańsku) oder Aal in Dillsoße *(węgorz w sosie koperkowym)*. Hauptgerichte ab 9 €.

Traditionell kaschubisch ▶ Kubicki 3: ul. Wartka 5, Tel. 58 301 00 50, www.restau racjakubicki.pl. Mit der Aufhübschung des Fischmarkts hat sich auch das 1918 eröffnete Kubicki gewandelt – das Traditionelle kommt jetzt trendig daher. Zu den erstklassigen Regionalgerichten gehören pikante, im Weckglas servierte Fischsuppe, Heringstatar und Gemüsepiroggen mit Fischfüllung. Hauptgerichte ab 9 €.

Mit schöner Terrasse ▶ Kamienica Goldwasser 10: ul. Długie Pobrzeże 22, Tel. 58 301 88 78, www.goldwasser.pl. Im Winter speist man in dem mit viel Gold aufpolierten Klimt-Saal, im Sommer auch auf der Terrasse am Fluss, wo man das Treiben auf der Promenade genießt. Die Kamienica ist nicht nur für Fisch eine gute Adresse, auch Fleischliebhaber kommen auf ihre Kosten. Lady- und Cowboy-, Chateaubriand- und T-Bone-Steak werden mit Ofenkartoffel und Sourcreme auf Teakholz-Tellern serviert. Ein Gläschen Danziger Goldwasser rundet das Mahl ab. Hauptgerichte ab 7 €.

Meeresspezialitäten ▶ Targ Rybny 4: Targ Rybny 6-C, Tel. 58 320 90 11, www.targ rybny.pl. Passend zum ehemaligen Fischmarkt präsentiert sich das Lokal: Es ist mit hellem Holz im Stil einer Taverne eingerichtet, abends verbreitet ein prasselndes Kaminfeuer Behaglichkeit; bei gutem Wetter sitzt man auf der Terrasse. Fisch und Meeresfrüchte kann man sich in der Vitrine selbst aussuchen. Hauptgerichte ab 6 €.

Maritimes Ambiente ▶ Latający Holender 5: Długi Targ 33/34, Tel. 58 320 36 25, www.latajacyholender.pl. Fantasievoll eingerichtetes Restaurant auf dem Langen Markt. Der ›Fliegende Holländer‹ bietet ein edel designtes Interieur mit viel Mahagoni und Segeltuch, in hanseatische Kaufmannstracht gekleidete Kellner und eine Karte, die vom Frühstücksgedeck über Pizza bis zum opulente Fischmahl reicht. Abends erklingen Shanties, im Sommer mit Terrasse. Hauptgerichte ab 6 €.

Kultig ▶ Café Ferber 6: ul. Długa 77–78, Tel. 58 301 55 66. Das rot gestylte Café in der Langgasse stellt mit Danziger Traditionen: Patrizier-Gesichter mit Stehkragen blinzeln von der Wand, dazu erklingen Pop, Beat und Chillout. Es gibt Frühstücksgedecke, Salate und leckere Desserts, z. B. ›Schokoladenträume‹ *(czekololadowe sny)*.

Nicht nur Danziger Liköre ▶ Goldwasser Coffee Shop 7: Długi Targ 28/29, Tel. 58 320 90 12, www.goldwassercoffeeshop.pl. In elegantem Club-Ambiente bzw. auf der Terrasse gibt es Frühstück und Tagesgerichte, Kuchen und Pralinen. Wer nur etwas trinken will, greift zu Likören wie Machandel, Goldwasser und Kurfürst. Auch der »Goldene Löwe« wird ausgeschenkt, Bier einer regionalen Brauerei.

Nicht nur für Süßmäuler ▶ Pellowski 8: Podwale Staromiejskie 82, Tel. 58 301 45 20. An Danzigs älteste und berühmteste Bäckerei ist ein Café angeschlossen, in dem außer Kuchen und Kanapees auch Cremespeisen und Fruchtsalate serviert werden – alles hausgemacht. Eine Dependance befindet sich in der Langgasse (ul. Długa 40).

Einkaufen

Einkaufszentren ▶ Auch in Danzig sind in den letzten Jahren eine Reihe moderner Shopping Malls entstanden, so etwa **Madison** 1 (www. madison.gda.pl) in der Altstadt und die **Galeria Bałtycka** 2 (www.galeria baltycka.pl) in Wrzeszcz.

Bernstein ▶ Galerie Teresa Wydra 3: ul. Mariacka 49. Altertümliches Kaufmannshaus mit schwerem Mobiliar, hölzerner Wendeltreppe und mächtigen Vitrinen. Angeboten wird Bernstein in allen Farben und Formen, u. a. Messer mit Bernsteingriff, Haarspangen und Manschettenknöpfe. Dazu Bernsteinlampen à la Tiffany. Weitere Läden befinden sich an der Mottlau-Promenade und am Langen Markt.

Bücher ▶ Empik Megastore 4: ul. Podwale Grodzkie 8. Reiches Buch- und Zeitschriftensortiment im City Forum direkt am Hauptbahnhof, viele deutsche Bücher und eine große Musikabteilung.

Markt ▶ Hala Targowa 7: pl. Dominikański 1, So geschl. In den herrlich restaurierten Gemächern der Markthalle werden Obst und Gemüse, Fisch und Fleisch angeboten, außerdem Haushaltswaren, Kleidungsstücke und allerlei Krimskrams. Lebhaft geht es auch vor der Halle zu, wo alte Mütterchen all das verkaufen, was sie am Morgen im Wald oder Schrebergarten gepflückt und gesammelt haben: Steinpilze und Pfifferlinge, Blaubeeren und Blumen.

Abends & Nachts

Wenn es warm ist, gibt es nichts Schöneres als in einem der Terrassenlokale an der Mottlau zu sitzen – entweder in der Rechtstadt oder am Jachthafen auf der Speicherinsel. Clubs öffnen v.a. im Vorort Wrzeszcz, in dem viele Studenten leben.

Oper ▶ Opera Bałtycka 1: al. Zwycięstwa 15, Tel. 58 763 49 12, www.operabaltycka.pl. Hochkarätige Opernaufführungen im Stadtteil Wrzeszcz (Haltestelle Gdańsk Politechnika).

Klassische Konzerte ▶ Filharmonia Bałtycka 2: ul. Ołowianka 1, Tel. 58 320 62 62, www.filharmonia.gda.pl. Konzerte auf der Bleihofinsel (Ołowianka) – tolle Akustik in einem Industriedenkmal, einem ehemaligen Elektrizitätswerk aus Backstein.

Theater ▶ Teatr Wybrzeże 3: ul. Św. Ducha 2, Targ Węglowy, Tel. 58 301 13 28, www. teatrwybrzeze.pl. Das Stadttheater liegt am Eingang zur Rechtstadt und zeigt meist polnische Klassiker. Gleich um die Ecke befindet sich die Mała Scena (Kleine Bühne). Karten gibt es an der Abendkasse 1 Std. vor Beginn der Vorführung.

Puppentheater ▶ Teatr Miniatura 4: ul. Grunwaldzka 16, Tel. 58 341 01 23, www. teatrminiatura.pl. Die fantasievoll inszenierten Stücke des Marionettentheaters sind nicht nur bei Kindern beliebt. Im Stadtteil Wrzeszcz (Haltestelle Politechnika).

Hausgebrautes Bier ▶ Brovarnia 9: ul. Szafarnia 9, www.brovarnia.pl. Im Haus gebrauter, naturbelassener, frisch gezapfter Hopfensaft – hier kommen selbst Bierverächter auf den Geschmack! Toll ist auch das

Danzig

Ambiente: Im Sommer sitzt man auf der Terrasse am Jachthafen, im Winter in der stilvollen Brauerei vor glänzenden Kupferkesseln.

Live-Rock ▶ Gazata Rock Café 5: ul. Tkacka 7/8, www.muzeumpolskiegorocka.pl, nur Fr, Sa 20–5 Uhr. In dieser Kellerkneipe der Rechtstadt treten zweimal wöchentlich einheimische Bands auf.

Aktiv

Schiffsausflüge ▶ Von der Anlegestelle am Grünen Tor (Przystań przy Zielonej Bramie) 22 starten in den Sommermonaten Schiffe der Weißen Flotte und fahren zur Westerplatte, nach Sopot und Gdynia sowie zur Halbinsel Hel. Tickets kann man an der Anlegestelle kaufen.

Termine

Internationales Festival für Straßentheater Feta (Juli/Aug., www.feta.pl)**:** Fünf Tage lang herrscht in Danzig Ausnahmezustand. Bauchredner, Stelzenläufer und Tänzer von allen Kontinenten geben sich beim traditionsreichen Festival in den Straßen der Rechtstadt ein Stelldichein.

Baltic Sail/Sail Gdańsk (Juli/Aug., www. balticsail.info)**:** Vom Jachthafen nahe der Grünen Brücke starten Schiffe zu Wettfahrten in der Danziger Bucht. Außerdem gibt es eine Regatta der Drachenboote auf der Mottlau und das Festival ›Shanties am Krantor‹.

Dominikanermarkt (Aug., www.mtgsa.pl): In den ersten drei Wochen des August findet das größte Fest des Jahres statt: mit buntem Trödel- und Antiquitätenmarkt sowie unzähligen Tanz- und Musikveranstaltungen rund um die Mottlau.

Internationales Shakespeare-Festival (Aug., www.teatr-szekspir.gda.pl)**:** Bereits zu Shakespeares Zeiten gastierten in Danzig englische Schauspieler, später gab es hier ein dem Londoner ›Globe‹ nachgestaltetes Theater. Um an diese Tradition anzuknüpfen, werden Stücke des Briten von renommierten Ensembles aus aller Welt aufgeführt – seit 2014 in einem Theater, dessen Decke sich an warmen Abenden zum Himmel öffnet.

Verkehr

Flugzeug: Der Flughafen befindet sich 10 km westlich der Stadt in Rębiechówo, Bus B verkehrt von hier zum Bahnhof; schon 24 Std.vor dem Abflug kann man am City-Terminal einchecken (ul. Heweliusza 13–17, tgl. 8–18 Uhr, www.airport.gdansk.pl). Preisgünstig ist auch der taxiähnliche Gdańsk Transfer (Tel. 50 617 54 95, www.gdanskshuttle.com).

Zug: Mit dem Nahverkehrszug (*kolejka*) kommt man vom Hauptbahnhof (Gdańsk Główny PKP) alle 10–15 Min. nach Sopot, Gdynia und Wejherowo. Der Bahnhof befindet sich an der ul. Podwale Grodzkie am Nordwestrand der historischen Altstadt, Euro City-Züge verbinden Gdańsk mit Warszawa (via Malbork) und Kraków.

Bus: Gut ausgebauter Nahverkehr, regionale und nationale Linien starten am Busbahnhof (Dworzec PKS) hinter dem Hauptbahnhof.

Stadtverkehr: Fahrkarten für Bus und Straßenbahn erhält man beim Fahrer bzw. am Kiosk; beim Einsteigen sind sie zu entwerten. Es gibt preiswerte Tagestickets (*bilet jednodniowy*), Kinder unter 14 Jahren fahren zu ermäßigtem Preis (www.ztm.gda.pl).

Auto: Die touristische Rechtstadt ist verkehrsberuhigt, einen großen zentral bewachten Parkplatz gibt es z.B. am Targ Węglowy (Kohlenmarkt). Über die westlichen Vorstädte kommt man über Żukowo nach Kartuzy. Südwärts geht es auf der E-75 längs der Weichsel nach Toruń. Wer nach Malbork möchte, verlässt die E-75 bei Tczew.

Tipp: Kleiner Boot-Shuttle

Von der Anlegestelle am Fuß des Krantors fährt die Fähre des Zentrums für Meereskultur über die Mottlau zur Bleihofinsel, wo sich eine Dependance befindet. Von dort können Sie auf einer Brücke zum Jachthafen spazieren. Auch wer kein Museumsticket gekauft hat, kann das Boot benutzen – zahlen Sie den symbolischen Beitrag einfach beim sympathischen Seemann! (Di–So 10–18 Uhr, in der Nebensaison kürzer).

Günter Grass und Oskar, der Trommler

Thema

Als der Dichter und Dramatiker Günter Grass 1999 den Literaturnobelpreis erhielt, herrschte in Polen fast mehr Jubel als in Deutschland – und ganz besonders in Danzig, seiner Geburtsstadt. In mehreren seiner Bücher hatte Grass sie zum Schauplatz der Handlung gemacht…

… so in der »Blechtrommel« (1959), in »Katz und Maus« (1961) und in den »Hundejahren« (1963), die später zur »Danziger Trilogie« zusammengefasst wurden. Sein ironischer Schreibstil gefiel den Polen: Er machte sich einen Spaß daraus, die Mächtigen bloßzustellen, entlarvte autoritäre Muster, war ein Ketzer und Querulant. 2010 wurde ihm in Danzig die Ehrenbürgerschaft verliehen – obwohl er vier Jahre zuvor gestanden hatte, freiwillig in die Waffen-SS eingetreten zu sein.

Am 16. Oktober 1927 wurde er in der ul. Lelewela (Labesweg) im Vorort Wrzeszcz (Langfuhr) geboren. Das Zimmer im zweistöckigen Mietshaus, in dem er zur Welt kam, wird heute von Anna Jurczyk bewohnt. Die ältere Dame staunte nicht schlecht, als an einem grauen Herbsttag Journalisten bei ihr Sturm klingelten, die wissen wollten, ob ihr jener Günter Grass, der gerade zum Nobelpreisträger gekürt worden war, schon einmal begegnet sei. Tatsächlich kannte sie den freundlichen Schnauzbart, denn während er an seiner »Blechtrommel« arbeitete, hatte er sie mehrfach besucht. »Er hat mit meiner Tochter geplaudert und ihr versprochen, er werde ihr, sobald er das Buch fertig habe, ein Exemplar mit Widmung schicken. Nun sind 40 Jahre vergangen, doch das Buch ist immer noch nicht da.« Ein Jahr später, als Grass Danzig besuchte, hatte er es dabei – und setzte sich beim Bürgermeister zugleich auch dafür ein, dass das Geburtshaus nicht nur mit einem Denkmal, sondern endlich auch mit ordentlichen Toiletten ausgestattet werde …

Prag hat seinen Kafka, Danzig seinen Grass. Auf den Spuren des Nobelpreisträgers suchen Touristen nach dem Spielzeugladen im Alten Zeughaus, wo für Oskar die ›Blechtrommel‹ gekauft wurde, nach dem Stockturm, von dessen Spitze er die Fenster des Stadttheaters zersang, nach dem Postamt, in dem sein Onkel arbeitete und nach den Maiwiesen, wo er den Nazi-Märschen Walzerklänge ›unterjubelte‹. Und natürlich suchen sie auch das Geburtshaus des Autors: Vom Bahnhof Wrzeszcz folgen sie der kopfsteingepflasterten ul. Wajdeloty und der am Rondell links abbiegenden ul. Aldony.

Im besagten Vorort Wrzeszcz wuchs auch der bekannteste Romanheld des Schriftstellers auf: Oskar Matzerath. Vor wenigen Jahren haben die Stadtväter Danzigs den Oskar nach Langfuhr zurückgeholt, wo er auf einer Parkbank am Wybickiego-Platz trommelt.

Nur schade, dass all die literarischen Orte über ganz Danzig verstreut sind und man sich die Hacken wund laufen muss, um sie zu finden. Zudem kann die heutige Realität mit der überschäumenden Fantasie des Oskar Matzerath, aus dessen kindlicher Perspektive die Geschichte erzählt wird, oft nicht konkurrieren. Immerhin gibt es eine Grass-Galerie in der Rechtstadt, in der der Autor mit Grafiken und Skulpturen auch als bildender Künstler vorgestellt wird. Im September organisieren die Galeristen das Kulturfestival Grassomania (Gdańska Galeria Güntera Grassa, ul. Szeroka 34/35/Ecke Grobla, www.ggm.gda.pl, Di–So 11–17 Uhr).

191

Von Oliwa nach Gdynia

Danzig hat mehr zu bieten als die historischen Viertel an der Mottlau. In Oliwa geht der Park der Kathedrale ins bewaldete Freudental über. Sopot wartet mit einer quirligen Flaniermeile, langem Strand und einer Seebrücke auf. Der im Stil der Neuen Sachlichkeit erbaute Hafen Gdynia gibt sich geschäftig und modern – hierher fahren die Danziger zum Einkaufen.

Oliwa ► 1, L 2

5 km nördlich des Zentrums liegt der Stadtteil **Oliwa** (Oliva) mit einer Kathedrale inmitten eines Parks. Eine fromme Legende erzählt, wie es zur Entstehung der Kirche kam: Der Pommerellenfürst Subisław lag nach einem Jagdunfall schwer verletzt im Wald, als ihm ein Engel erschien. Dieser hielt einen Olivenzweig in der Hand und schaute ihn mit durchdringenden Augen an. »Ich kann dich gesund machen«, sagte er, »sofern du mir eine Bitte nicht abschlägst: Schwör deinem alten Glauben ab und lasse dich taufen!« Subisław tat wie ihm geheißen und ward nach wenigen Tagen gesund. Aus lauter Dankbarkeit ließ er am Unfallort eine Kirche erbauen und benannte sie nach dem Engel mit dem ›Olivenzweig‹.

In der Stadtchronik von Oliwa wird die Kirche erstmals 1178 erwähnt, als Subisławs Sohn sie den Zisterziensern zum Geschenk machte. Die emsigen Mönche bauten ein Kloster, legten Gärten und Teiche an und schufen einen Ort, den Reisende wie Alexander von Humboldt als einen der »schönsten Flecken auf Erden« priesen. Mit seinen Parks und den nahen Wäldern gilt Oliwa noch heute als attraktivster Stadtteil von Danzig.

Schon von weitem grüßen die hoch aufschießenden Türme der gotischen, um 1350 erbauten **Kathedrale**. Zwar ist sie nur 8,3 m breit, doch mit fast 100 m Länge eine der größten des Landes. Nachdem man ein paar Stufen hinabgestiegen ist, staunt man über das von herrlichen Sterngewölben überspannte Mittelschiff. Sogartig wird man zum Ende des ›Tunnels‹ geschleust, wo ein Barockaltar von einem halbrunden Chorumgang eingefasst ist. Blickfang ist ein großer Stuckhimmel: Wolkenwirbel brechen hervor, dazwischen blinzeln pausbäckige Engelsköpfe, den Mund zur Lobpreisung Mariens gespitzt. An den Seitenwänden des Chors zeigen Tafeln all die Herzöge der Pommerellen, die in der Kathedrale beigesetzt wurden, dazu polnische Könige, die sich als Sponsoren hervortaten. Meisterhaft geschnitzt sind das Gestühl, die vergoldete Kanzel und der Dreifaltigkeitsaltar, der einst den Hauptaltar schmückte. An der Westwand des nördlichen Schiffs beeindruckt das Grabmal der reichen Familie Kos, das 1599 von dem in Danzig allgegenwärtigen Abraham van den Blocke geschaffen wurde. Vier lebensgroße kniende Gestalten, die Männer mit dichtem Bart und Spitznase, Frau Kos mit Kinngrübchen und das Kind mit einem heruntergefallen Schuh wirken so realistisch, als würden sie sich im nächsten Moment vom Gebet losreißen und zu den Zuschauern gesellen.

Besonderes Schmuckstück der Kirche ist die Orgel mit fast 8000 Pfeifen, geschaffen vom ermländischen Meister Johann Wulf (1763–1788). Von ihrem gewaltigen Klang kann man sich im Sommer mehrmals täglich überzeugen; im Rahmen des Orgelfestivals Musica Sacra finden Konzerte zur Abendzeit statt. Wenn sie erklingt, klatschen Engel in die Hände, Sonne und Sterne beginnen zu kreisen – all dies zu Ehren der gleichfalls aus Holz geschnitzten Jungfrau Maria.

Über das südliche Kirchenschiff gelangt man in den Kreuzgang, der einen romantischen Garten umschließt – ein Ort der Stille, durchweht vom Duft frischer Kräuter. Leider ist der Zugang nur selten geöffnet – die Mönche wollen nicht gestört werden (Katedra Oliwska, ul. Biskupa Edmunda Nowickiego 5, www.archikatedraoliwa.pl, Mo–Fr 9–17, Sa 9–13, So 14–17 Uhr).

Hinter der Klosteranlage liegt der barocke, im 18. Jh. errichtete **Palast der Äbte**, der sich vor allem an seiner Südseite prachtvoll präsentiert. In seinen Gemächern wird moderne Kunst ausgestellt, zum Fundus gehören im Westen wenig bekannte polnische Avantgardisten wie Stern, Cybis und Duda-Gracz (Pałac Opacki/Galeria Sztuki Współczesnej, ul. Cystersów 18, www.muzeum. narodowe.gda.pl, Di–So 10–18 Uhr). Wer sich mehr für Volkskunde interessiert, spaziert hinüber zum **Abteispeicher** mit seinem Ethnografischen Museum: Darin wird der Besucher anhand von Kunsthandwerk und Fischereigerät in die Alltagskultur der Kaschuben eingeführt (Spichlerz Opacki/Muzeum Etnografii, ul. Opacka 12, Di–So 10–16 Uhr).

Idyllische Spazierwege führen durch den angrenzenden **Stadtpark** (Park Oliwski). Er ist teils im französischen, teils im englischen Stil angelegt: Streng symmetrische Beete, Hecken und Wasserläufe kontrastieren mit locker eingestreuten Blumenwiesen, Baumgruppen und geschwungenen Teichen. Besonders schön sind der 220 m lange Kanal und die 15 m hohe Hainbuchenallee, deren Baumkronen einen grünen Tunnel bilden – beide stammen aus dem 17 Jh. Im englischen Teil des Parks befinden sich die Flüstergrotte und ein Wasserfall, das Palmenhaus mit tropischer Flora und ein ›Alpinarium‹ mit Gebirgspflanzen aus aller Welt. Sehenswert ist auch der **Zoologische Garten** westlich des Klosters, der nahtlos in das dicht bewaldete Freudenthal übergeht. Mit 100 ha ist er der größte und vielleicht auch der schönste Polens. Doch nicht nur die Tiere, die in artgerechten Gehegen leben, auch die historischen Wassermühlen und die aus Fachwerk errichteten Jugendstil-Pavillons sind schön anzuschauen (Infos s. Aktiv S. 194).

Infos

Im Internet:
www.oliwa.pl

Übernachten

Herrlich im Grünen ▶ **Dwór Oliwski:** ul. Bytowska 4, Tel. 58 554 70 00, www.dwor oliwski.com. pl, 40 Zimmer. Fünfsternehotel in einem Gutshaus aus dem 17. Jh. samt reetgedeckten Anbauten. Es liegt in einem Park mit Ententeich und alten Bäumen, so dass man sich wie auf dem Land fühlt – ringsum ragen die grünen Buckel des Freudenthals auf. Und bei günstigem Wind hört man vom nahen Zoo Elefanten trompeten! Das Spa mit Feucht- und Trockensaunen öffnet sich mit einem großen, römisch inspirierten Pool zum Garten, wo ein weiteres Sauna-Haus steht. Was gibt es Schöneres, als sich nach dem Schwitzen im Hotelbach abzukühlen? Feines Frühstücksbüfett (im Sommer auch draußen), exquisites Restaurant – kein Wunder, dass die deutsche Nationalelf im „Olivenhof" residierte. Unbedingt Zimmer Richtung Teich buchen! DZ ab 110 €.

Nette kleine Pension ▶ **Stara Karczma:** Stary Rynek Oliwski 7, Tel. 58 552 51 59, www.hotel-starakarczma-gdansk.com, 15 Zimmer. Das ›Alte Gasthaus‹ liegt direkt am Marktplatz von Oliwa, Räder sind ausleihbar. DZ ab 75 €.

Jugendherberge ▶ **Schronisko Nr. 4:** ul. Grunwaldzka 244, Tel. 58 341 41 08, www. ssm.gda.pl, 45 Zimmer, ganzjährig. Im Fachwerkstil erbaute Vorzeigeherberge mit 2- bis 4-Bett-Zimmern und großem Garten.

Camping ▶ **Nr. 18:** ul. Jelitkowska 23, Tel. 58 553 27 31, Mai–Sept. Im Ortsteil Jelitkowo, nahe am Strand: 120 Stellplätze, auf Wunsch kann man sich auch in Campinghäuschen einmieten.

Essen und Trinken

Im Abtspalast ▶ **Restauracja w Pałacu Opatów:** ul. Cysterów 18, Tel. 58 524 56 99, www.restaurantpalace.gd.pl. Rokoko-Ambiente mit Kristalllüstern und goldgerahmten Spiegeln, gestärktem Leinen und funkelnder Gläserpalette auf dem Tisch. Dazu passt die gehobene Küche, die Saisonales variiert: im Herbst viel Wild, im Sommer Fisch und Früchte. Hauptgerichte ab 8 €.

Familiär ▶ **Pizzeria Margherita:** ul. Cystersów 11, Tel. 58 552 37 16, www.margherita. com.pl, tgl. ab 11 Uhr. In der offenen Küche werden italienische Klassiker zubereitet, aus dem Backsteinofen kommen knusprige Pizzas. Hauptgerichte ab 5 €.

Aktiv

Zoobesuch ▶ **Ogród zoologiczny:** ul. Karwieńska 3, www.zoo.gd.pl, tgl. 9–19, im Winter bis 14 Uhr. Über 600 exotische Tiere in weitläufigen, artgerechten Gehegen, u. a. Elefanten, Löwen, Himalaja-Bären. Auf Wunsch Fahrt per Kutsche oder Bimmelbahn.

Termine

Sommerkonzerte (Juli/Aug.): Mittags gibt das preisgekrönte Ensemble Schola Cantorum Gedanensis im Stadtpark (Park Oliwski) Gratis-Konzerte.

Internationales Festival der Orgelmusik (Juli/Aug.)**:** Konzerte in der Kathedrale von Oliwa, in der Regel Di und Fr 20 Uhr.

Verkehr

Zug: Der Nahverkehrszug (kolejka) fährt alle 10–20 Min. südwärts via Wrzeszcz zum Danziger Hauptbahnhof, nordwärts über Sopot nach Gdynia.

Straßenbahn: Die Linien 6 und 12 verbinden Oliwa mit der Danziger Altstadt.

Sopot ▶ 1, L 2

Weitere 7 km nördlich liegt der Badeort **Sopot** (Zoppot). Sein Aufstieg zum mondänsten Seebad der Ostseeküste verdankte er Jean George Haffner, dem Leibarzt Napoleons. Er hatte den Ort beim Durchzug der Grande Armée kennengelernt und kam 1823 zurück, um sich für immer niederzulassen. Haffner propagierte die Heilwirkung der milden Seeluft und des Badens im Meer, ließ ein Kurhaus und eine kleine Mole errichten. Schon bald wurde es schick, an der ›Riviera des Nordens‹ eine Sommerfrische zu besitzen, und es entstanden Villen in typischer Bäderarchitektur mit verspielten Erkern und Türmchen. In der Zwischenkriegszeit, als Sopot zu Danzig gehörte, logierte die deutsche und polnische Oberschicht standesgemäß, ließ sich das heilsame Mineralwasser verordnen und verprasste ihr Geld beim Pferderennen und im Kasino. Abends flanierte sie auf der Promenade oder lauschte in der Waldoper Arien von Richard Wagner.

Promenade Monciak

In den vergangenen Jahren wurde in Sopot viel restauriert, mit jährlich rund 2 Mio. Besuchern gehört die Stadt zu den beliebtesten touristischen Zielen des Landes. Ihr Mittelpunkt ist die **Promenade Monte Cassino,** salopp ›Monciak‹ genannt, die von der Erlöserkirche nahe dem Hauptbahnhof hinabführt zum Meer. Ein Terrassencafé reiht sich hier ans nächste, abends verwandeln sie sich in lebhafte Pubs. In direkter Verlängerung der ul. Bohaterów Monte Cassino ragt eine ganz aus Holz erbaute, weiß getünchte **Seebrücke** ins Meer – mit 512 m ist sie die längste der Ostsee. Und an ihrer Spitze ankern Jachten in Reih und Glied. Auf der Seebrücke spaziert man wie auf einem italienischen Corso, bewundert die neueste Bademode und den Sturzflug der Möwen. Oder man wartet auf das nächste Ausflugsschiff der Weißen Flotte, genießt die frische Meeresbrise und füttert die Schwäne (Molo, www.molo.sopot.pl, meist bis 22 Uhr).

Strandpromenade

Sopots weißer Sandstrand, der sich viele Kilometer längs der Küste zieht, lädt zu ausgedehnten Spaziergängen ein. Und seit viel Geld in den Umweltschutz geflossen ist, kann man sogar wieder ins Wasser steigen. Am

Strand erhebt sich das schlossartige **Grand Hotel,** 1926 im schönsten Art Nouveau errichtet. Nördlich davon steht das ehemalige **Nordbad** (Łazienki Połnocne), heute ein Szenelokal und eine ›Kunstbucht‹ (Zatoka Sztuki). Das Glanzstück an der Küste ist aber das 2010 im entschlackten Bäderstil erbaute **Kurhaus** (Dom Zdrojowy/Centrum Haffnera). Es beherbergt nicht nur ein großes Spa, dessen Wasser aus Sopots Solequelle stammt, sondern auch die Touristeninfo, eine Galerie, Restaurants und Cafés. Angeschlossen ist das Fünfsternehotel Sheraton. Südlich des Kurhauses erhebt sich die sogenannte **Balneologische Anstalt** (Zakład Balneologiczny) mit zierlichen Kuppeln und Bastionen; vom hoch aufschießenden Turm bietet sich ein Panorama über die Danziger Bucht (tgl. 10–16 Uhr). Weiter südlich auf der Strandpromenade steht das aus Holz erbaute **Südbad** (Łazienki Południowe), das mit seinem steilen Knickdach und den Greifenmotiven an eine skandinavische Stabkirche erinnert. Heute ist in ihm ein fernöstlich inspiriertes Restaurant (samt Hotel) untergebracht. Immer weiter zieht sich die Promenade südwärts (s. Aktiv unterwegs S. 198), hin und wieder gesäumt von Fischsnack-Pavillons und prachtvollen Jugendstilvillen in großen Gärten. Eine der Villen beherbergt heute das **Stadtmuseum,** das die Goldenen Zwanziger wieder aufleben lässt: Historische Fotos zeigen geschminkte Damen, Kinder im Matrosenanzug und Badegäste in voller Montur. Auf einer ›Fremdenliste‹ sind fein säuberlich die Gäste der Saison vermerkt. Während im Deutschland der 1930er-Jahre Juden nicht mehr öffentlich in Erscheinung treten durften, sind sie im ›Freistaat‹ durchaus noch präsent: Man liest die Namen der Cohns aus Breslau, der Levys aus Lodsch und der Wertheims aus Berlin. Blättern kann man im Museum auch

Verspielte Kuppeln prägen die Architektur der Balneologischen Anstalt in Sopot

Tipp: Klaus-Kinski-Galerie

Im Geburtshaus Klaus Kinskis öffnet eine Kultbar – eine Hommage an den »außergewöhnlichsten Schauspieler des 20. Jh.«. In die Marmortheke sind Zitate des Akteurs geritzt, ein Wandgemälde zeigt ihn in seinen Starrollen: als Woyzeck, Fitzcarraldo und Nosferatu, das »Phantom der Nacht«.

Nikolaus Günther Nakszyński alias Klaus Kinski wurde 1926 in Sopot geboren und lebte dort vier Jahre. Nie ist er an den Ort seiner Kindheit zurückgekehrt, in seiner Autobiografie hat er Sopot schlicht unterschlagen. Wenig sprach er auch von seiner Stippvisite bei der Wehrmacht und seiner Zeit als britischer Kriegsgefangener, wo er zur Schauspielerei kam. Auftritte wie jener in Cocteaus Theaterstück »Die menschliche Stimme« brachten ihm bald den Ruf eines exzentrischen Selbstdarstellers ein, mit dem sich die Zusammenarbeit schwierig gestaltete. In den Kneipen von Wien und Berlin rezitierte er barfüßig Gedichte von Rimbaud und Villon, kolorierte mit aufbegehrend-gebrochener Stimme das Leben von Outcasts. Seine diabolische Mimik machte ihn in den 1960er-Jahren zum begehrten Darsteller von Schurkenrollen, ›für ein paar Dollar mehr‹ agierte er in Italo-Western und Edgar-Wallace-Streifen. Doch fast alles, was er spielen und sagen durfte, fand er »zum Kotzen«, die Regisseure waren für ihn »Stümper« und »Idioten«. Festlich austoben konnte er seine Egomanie in den Filmen von Werner Herzog. Unter dessen Regie verkörperte er Helden, die im Kampf mit der Natur schier Unmögliches leisten, ohne Rücksicht auf Verluste. »Aguirre, der Zorn Gottes« und »Fitzcarraldo‹: – beim Anblick dieser Filme kann man sich dem dämonischen Zauber des Akteurs kaum entziehen. Herzog und Kinski – das waren Ausnahmecharaktere, die sich im Grenzland zum Wahnsinn bewegten und einander in Hassliebe verbunden waren. »Kinski, mein liebster Feind«: Mit dem 1999 gedrehten Dokumentarstreifen hat sich Herzog von seiner ›Ehe‹ mit Kinski therapiert. Die Asche des tobenden Schauspielers war zu diesem Zeitpunkt lang schon verstreut: Er starb im November 1991 in Lagunitas bei San Francisco (Bar-Café Galeria Kiński, ul. Kościuszki 10, Sopot, tgl. 16–3 Uhr).

Hommage an einen großen Schauspieler: Bar-Café Galerie Kiński in Sopot

im einstigen ›Kurmagazin‹ und im ›Wochen-spiegel‹; darin sind all jene Hasardeure ver-merkt, die im Casino ihr Vermögen verloren und auf der ›Galgenpromenade‹ freiwillig aus dem Leben schieden. Ausgestellt sind Post-karten und Souvenirs, Hotelgeschirr mit der Aufschrift ›Miramare‹ und Reisekoffer in der Größe eines Schranks. Mit ihren Kassetten-decken und goldverzierten Wänden ist die Villa ein gutes Beispiel für bürgerliche Ge-nusskultur anno dazumal – erbaut wurde sie 1903 für den deutschen Zuckerbaron Claa-ßen. Für eine Pause bietet sich das stim-mungsvolle Souterrainlokal an; im Garten tre-ten in der Saison Musiker auf (Muzeum So-potu, ul. Poniatowskiego 8, www.muzeum sopotu.pl, Di–Fr 10–16, Sa, So 11–17 Uhr).

Infos

Centrum Informacji Turystycznej: pl. Zdro-jowy 2, Tel. 58 555 08 76, www.sts.sopot.pl, tgl. 10–18, im Sommer 9–19 Uhr. Infostelle im 2. Stock des Kurhauses – mit Café.

Übernachten

Mit stilvollem Spa ▶ **Sheraton:** ul. Pow-stańców Warszawa 10, Tel. 58 767 10 00, www.sheraton.pl/sopot, 189 Zimmer. Vom Bäderstil inspiriertes Fünfsterne-Strandhotel neben Seebrücke und Kurhaus. Dezent ma-ritim gestylte Zimmer, viele mit Meerblick und ein ausgezeichnetes Frühstücksbüfett. Für Schlechtwettertage gibt es ein schönes Spa im Haus (nicht inklusive, Details s. Aktiv/Well-ness). DZ 160 €.

Prachtvilla am Bahnhof ▶ **Rezydent:** pl. Konstytucji 3 Maja 3, Tel. 58 555 58 00, www.hotelrezydent.com.pl, 64 Zimmer. Nos-talgisch eingerichtet und mit allem Komfort eines ›Polish Prestige Hotels‹: Sat-TV, Gratis-Internet und Bademantel im Zimmer. An be-wölkten Tagen geht man in die Sauna oder ins Jacuzzi. DZ ab 140 €.

Traditionshaus am Strand ▶ **Sofitel Grand Hotel:** ul. Powstańców Warszawy 12–14, Tel. 58 520 60 22, www.accorhotels.com, 127 Zimmer. Nach seiner Renovierung darf es sich wieder zu den ›Großen‹ zählen: Das 1926 im Art-Deco-Stil erbaute Hotel liegt direkt am

Meer und beschwört jene Zeiten herauf, als sich hier der Adel ein Stelldichein gab. Kom-fortable Zimmer, meist mit Meerblick, ein her-vorragendes Frühstücksbüfett und ein schö-nes, sich zum Strand öffnendes Garten-Spa und Kasino. DZ ab 120 €.

Moderne Eleganz ▶ **Haffner:** ul. Haffnera 59, Tel. 58 550 88 88, www.hotelhaffner.pl, 106 Zimmer. Postmodern gestyltes Haus mit markantem Turm nahe der Mole. Die Zimmer mit schweren Holz- und Ledermöbeln sind nostalgisch angehaucht, haben aber Sat-TV und Internet-Zugang. Angeschlossen ist ein ›Spa- und Salon-Institut‹ mit Hallenbad, Whirlpool, finnischer und türkischer Sauna. Tiefgarage vorhanden. DZ ab 100 €.

Im Grünen ▶ **Opera:** ul. Moniuszki 10, Tel. 58 555 56 00, www.hotelopera.pl, 23 Zimmer. Das im Stil der 1930er- Jahre eingerichtete Hotel liegt ruhig nahe der Waldoper. Gute Noten bekommt das Hotelrestaurant, insbe-sondere der Fisch ›nach Lust und Laune des Kochs‹. DZ 82–98 €.

Asiatisch gestylt ▶ **Zhong Hua:** al. Wojska Polskiego 1, Tel. 58 550 20 20, www.hotel chinski.pl, 49 Zimmer und Apartments. Strandhotel im ehemaligen Südbad von Sopot, einem nordischen, mit Greifen und Drachen geschmuckten Holzbau anno 1908. Mit seinen pagodenähnlichen Dächern passt es gut zum fernöstlich inspirierten Ambiente, allerdings täte eine Renovierung not. Die Zimmer sind groß, man hat direkten Zugang zum Strand. DZ 80 €.

Freundlich ▶ **Europa:** al. Niepodległości 766, Tel. 58 551 44 90, www.hotel-europa. com.pl, 32 Zimmer. Von viel Grün umgebe-nes, angenehmes Mittelklassehotel im Orts-zentrum, 10 Gehminuten vom Strand. Sauna und Fitnessbereich sorgen für Entspannung. DZ 70–95 €.

Verrücktes Design ▶ **Lunatic Hostel,** ul. Niepodległości 739/2, Tel. 58 718 42 64, www.lunatichostel.com. Vier Zimmer (mit 4 bis 10 Betten), ein jedes anders, immer wit-zig: Während im ›Astro-Lab‹ Science Fiction anno dazumal Regie führt, herrscht ›beim Jä-ger‹ rustikale Gemütlichkeit. Mit Gemein-schaftsküche und -bad. Bett ab 12 €.

aktiv unterwegs

Radtour von Sopot nach Danzig

Tour-Infos

Länge: 7 km eine Richtung.
Dauer: mit Pausen ca. 4 Std.
Radverleih: am Hotel Zhong Hua (s. S. 197)
Einkehr: In der Saison öffnen an fast jedem Strandzugang Fischimbisse.

Vom Seesteg in Sopot fährt man auf der Promenade südwärts, vorbei am **Stadtmuseum,** den aufgebockten Kuttern und dem **Segelzentrum Hestia** (Strandzugang Nr. 42). An der Stadtgrenze schwenkt der Radweg kurzzeitig landeinwärts und führt durch den **Park von Jelitkowo,** bevor er sich wieder der Küste zuwendet. Auf einer kleinen Brücke wird die Mündung des Oliwski-Bachs gequert, danach kommt man in den Danziger Vorort **Jelitkowo.** Am Strandzugang 60 geht es zum besten Abenteuerspielplatz der Dreistadt. Ein anderer Abzweig führt zu einem Kuriosum aus sozialistischer Zeit: **Falowiec** (›Welle‹) heißt Europas längstes Gebäude, das sich mäandernd über einen Kilometer längs der ul. Obrońców Wybrzeża hinzieht. Zehn Stockwerke ist es hoch und bietet 7000 Menschen Platz, so dass es fast eine Stadt für sich bildet. Zurück auf der Promenade passiert man bei Zugang 57 – allerdings nur im Sommer – eine Openair-Galerie. Ausgestellt sind vergängliche Skulpturen, geschaffen aus weißem Sand. Bald schon erreicht man das Viertel **Brzeźno** (beim Kreisel in Meeresnähe bleiben!) Man fährt an den Hotels Lival und Villa Pascal vorbei und kann, wenn man rechts in die ul. Mila einbiegt, Fischerkaten von anno dazumal sehen. Danach geht es durch einen Park, in dem verwitterte Bunker aus der Zeit vor den Weltkriegen stehen. Nun gilt es zu entscheiden, ob man auf gleichem Weg nach Sopot zurück oder – auf der ul. Przemysłowa – 2 km weiter bis zum **Lotsenturm** (Latarnia Morska, Juni–Sept. 10–17 Uhr) im Danziger Vorort **Nowy Port** fahren dann. Alternativ folgt man dem markierten Radweg weitere 7 km ins historische Danzig: Von der Strandpromenade in Brzeźno biegt man in die al. General Hallera ein. Nach 700 m verlässt man die Straße nach links und folgt der ul. Uczniowska bis zur ul. Marynarki Polskiej, die in **Gdańsk Nowe Szkoty** in die viel befahrene Jana z Kolna mündet. Diese führt in gut 1 km zur ul. Wały Piaskowskie am Rand der **Altstadt.** Man kann es auch bequem angehen lassen und ab Brzeźno mit Straßenbahn 13 ins Danziger Zentrum fahren; Radmitnahme ist in tief liegenden Trams erlaubt!

Camping ▶ Kamienny Potok Nr. 19: ul. Zamkowa Góra 21/25, Tel. 58 5 50 04 45, geöffnet Mai–Sept. Terrassenförmig angelegtes Wiesengelände im Norden der Stadt mit 400 Stellplätzen, auch Campinghäuschen für je 3–4 Pers. Von Gdańsk mit dem Nahverkehrszug bis zur Haltestelle Sopot Kamienny Potok, mit Auto über die Straße 27.

Essen & Trinken

Im Umkreis der Mole isst man mit Meerblick! Gleich mehrere Gastro-Angebote gibt es im **Kurhaus** (Dom Zdrojowy). Dort reicht die Angebotspalette vom **Café Rotunda** über das fernöstliche **Inazia** bis zur **Vinoteque** im Untergeschoss, wo erstklassige Weine glasweise ausgeschenkt werden. Gut ist auch der Sunday Brunch im Sheraton-Restaurant Wave!

Sehen und gesehen werden ▶ Błękitny Pudel, ul. Bohaterów Monte Cassino 44, Tel. 58 551 16 72. Der ›blaue Pudel‹ an der Flaniermeile gibt sich nostalgisch: draußen mit gusseisernen Stühlen, drinnen mit antikem Mobiliar. Zu wechselnden Tagesgerichten (ab 5 €), dazu gibt es Paulaner-Bier.

Map labels: Start, Seesteg, Sopot, Segelzentrum Hestia, Jelitkowo Park, Jelitkowo, Przymorze, ul. Obrońców Wybrzeża, ★ Falowiec, Oliwa, Zaspa, Wrzeszcz, Zatoka Gdańska (Danziger Bucht), Park Nadmorski, ul. Przemysłowa, al. Gen. Hallera, Brzeźno, ul. Uczniowska, ul. Marynarki Polskiej, Westerplatte, ★ Latarnia Morska, Nowy Port, ul. Jana z Kolna, GDAŃSK, Ziel, 0 1 2 km

Sushi vom Feinsten ▶ **Dom Sushi:** ul. Bohaterów Monte Cassino 38, Tel. 58 550 707, www.domsushi.pl. Viele Sushi-Lokale gibt es in der Dreistadt, dieses gehört zu den besten. Von der japanisch gestylten Rundbar hat man Koch und Gäste im Blick; vom fließenden Wasserband nimmt man sich all jene mit Köstlichkeiten gespickten Bötchen, die einem zusagen. Von der Flanierpromenade bei Nr. 38 in den ›Hof der drei Grazien‹ eintreten! Sushi-Teller ab 3 €.

Fangfrischer Fisch ▶ **Przystań:** al. Wojska Polskiego 11, Tel. 58 550 02 41, www.bar przystan.pl. An der ›Anlegestelle‹, einem Fachwerkhaus im Süden der Strandpromenade, gibt es guten und günstigen Fisch (Selbstbedienung): Viele Gerichte sind in der Vitrine ausgestellt, man muss nur auf das Gewünschte zeigen – sobald es fertig ist, wird es ausgerufen. Von der Dach- und der Promenadenterrasse schaut man auf die aufgebockten Kutter, die morgens die Frischware gebracht haben. Nebenan öffnet eine Fischräucherei, wo man nach Gewicht kaufen und den Fisch am Strand verspeisen kann. Hauptgerichte ab 3 €.

Von Oliwa nach Gdynia

Skurril ▶ **Bar-Café Galeria Kiński:** s. Tipp S. 196.

Einkaufen

Einkaufspassage ▶ **Dom Krzywy:** ul. Haffnera/Monte Cassino. In dem laut Volksmund ›beschwipsten‹, originell geschwungenen Haus an der Flaniermeile gibt es mehrere Boutiquen und einen ›kaschubischen Markt‹.

Abends & Nachts

Im Umkreis des **Seestegs** steppt nachts der Bär. In den Discos und Beach Clubs tanzt man zu Salsa, Merengue und Hip Hop, manchmal gibt's auch Openair-Kino. Wer es edel mag, geht in die Bars und Lounges des Sheraton: Mit einem gut gemixten Cocktail oder einem Glas Wein zum Sonnenuntergang lässt sich der Abend schön beginnen.

Live-Musik ▶ **Opera Lésna:** ul. Moniuszki 12, Tel. 58 555 84 00, www.operalesna.com. pl. In der ›Waldoper‹ finden Konzerte aller Art und die polnische Miss-Wahl statt. **Dworek Sierakowskich:** ul. Czyżewskiego 12, www. tps-dworek.pl. Der 200-jährige Gutshof bietet Donnerstag abends Konzerte.

Kult-Theater am Strand ▶ **Agnieszka Osiecka-Theater:** al. Franciszka Mamuszki 2. Aufgeführt werden Avantgardestücke, moderner Tanz und Ballett, hin und wieder auch ein Konzert. Die Strandbar ist in der Saison fast rund um die Uhr geöffnet.

Kino ▶ **Polonia:** ul. Bohaterów Monte Cassino 55/57.

Aktiv

Baden ▶ Der schönste Strand der Dreistadt ist weiß und besitzt puderfeinen Sand. Naturbelassener und weniger überlaufen ist der nördliche Abschnitt Kamienny Potok. In der Vor- und Nachsaison, wenn das Meer zu kalt ist, geht man in den Aquapark nördlich des Grand Hotel. Er wartet mit Rutschen, künstlichen Wellen und ›Wildwasser‹ auf (ul. Zamkowa Góra 3, www.aquaparksopot.pl), s. auch Wellness.

Segeln und Surfen ▶ **Hestia-Sopot:** Im Windsurf- und Segelzentrum werden Kurse für unterschiedliche Könnensstufen angebo-

ten, das benötigte Equipment kann man ausleihen. Alljährlich im Juli organisiert der Klub die Regatta ›Pokal der Ostsee‹.

Schiffausflüge ▶ Schiffe der Weißen Flotte starten von der Anlegestelle an der Mole zu Rundfahrten, fahren aber auch nach Gdynia, Danzig und Hel.

Tennis ▶ Gegenüber vom Grand Hotel befindet sich eine der größten Tennisanlagen des Landes mit Freilicht-Courts und Halle: das nationale Grand Open wird hier ausgetragen.

Wellness ▶ **Sopot Spa** (im Sheraton, s. S. 197, www.sheratonsopotspa.pl): Das Kurhaus verfügt über einen Pool mit Solewasser aus Sopots Quelle, weiterhin über ein Hydromassage-Becken, Trocken-, Feucht- und Solesaunen, Eisfontänen und Regengrotten. Angeboten werden alle gängigen Behandlungen von Aromatherapie bis Zenmeditation. In der Spa Lounge kann man bei Meerblick relaxen; in der Spa Bibliothek bekommt man zu gesundem Essen und Trinken auch Lesekost – serviert am Kamin!

Termine

Tage des Meeres (Juni)**:** Kulturveranstaltungen mit Ausstellungen, Konzerten und Sportwettkämpfen.

Sommer in Sopot (Juli/Aug.)**:** Jazz und Rock auf der Mole und im Strandbereich, Konzerte klassischer Musik und Theaterbegegnungen mit Ensembles aus ganz Polen.

Schlagerfestival (Aug., www.bart.sopot.pl)**:** Auf der Freilichtbühne der Waldoper treten internationale Stars der Schlagerbranche auf. In Sopot wurde übrigens auch die Gruppe Abba entdeckt.

Verkehr

Bus: Vom Terminal an der ul. 3 Maja kommt man zu allen Orten entlang der Küste.

Zug: Alle 10 Min. fährt der Nahverkehrszug *(kolejka)* südwärts via Oliwa nach Gdańsk, nordwärts nach Gdynia.

Fähre: Ausflugsschiffe der Weißen Flotte fahren von der Anlegestelle *(molo)* nach Gdańsk, Gdynia, zur Westerplatte und zur Halbinsel Hel.

Gdynia ▶ 1, L 2

Nur wenige Kilometer weiter nördlich liegt der Küstenort **Gdynia** (Gdingen). Noch vor 100 Jahren war der Ort auf kaum einer Landkarte verzeichnet. Zwischen bewaldeten Klippen lebte eine Hand voll Kaschuben mehr schlecht als recht vom täglichen Fischfang. Doch im Versailler Vertrag 1919 wurde der Landstrich der neuen Republik zugesprochen. Er verschaffte Polen den lang ersehnten Zugang zum Meer und schnitt zugleich Danzig vom Deutschen Reich ab – als ›Polnischer Korridor‹ wurde er berühmt-berüchtigt. Im Eiltempo wurde eine Küstenstadt aus dem Boden gestampft: modern, funktional und mit einem immens großen Hafen. Gdynia wurde das Aushängeschild des neuen

»Dar Pomorza« – das größte Segelschiff Polens im Hafen von Gdynia

Von Oliwa nach Gdynia

Polen, sein ›Tor zur Welt‹, über das fast der gesamte Außenhandel abgewickelt wurde. Doch schon 1939 marschierten die deutschen Truppen ein und vertrieben die einheimische Bevölkerung. ›Gotenhafen‹ lautete nun der Name der Stadt; er sollte unterstreichen, dass dies ›urdeutsches‹ Territorium sei. 1944 wurde die Stadt von alliierten Bombern beschossen und musste nach dem Krieg vollkommen neu aufgebaut werden. Heute ist Gdynia einer der größten Warenumschlagplätze Polens, seit 1999 auch wichtigste NATO-Basis der Ostsee. Sie ist keine Schönheit, aber eine quirlig-geschäftige Stadt mit einer Handvoll maritimer Attraktionen.

Zentrum von Gdynia ist der parallel zur Küste verlaufende **Boulevard Świętojańska**. Mit seinen Boutiquen und Geschäften, Cafés und Restaurants ist er eine wichtige Einkaufsmeile und wird von den Bewohnern Danzigs und Sopots viel besucht. Über den begrünten Skwer Kościuszki spaziert man hinüber zur breiten **Südmole** (Molo Południowe). Dort liegt die **Błyskawica**, ein polnischer Torpedozerstörer aus dem Zweiten Weltkrieg, als Museumsschiff fest vertäut (www.muzeum mw.pl, Di–So 10–12.30, 14–16.30 Uhr). Mehr Seeromantik weckt die »Dar Pomorza« nebenan, eine elegante weiße Fregatte, die als »Prinz Eitel Friedrich« 1901 in Hamburg vom Stapel lief und im Rahmen der Reparationszahlungen 1918 an Frankreich fiel. Mit Spenden der Bevölkerung (*Dar Pomorza* = Geschenk Pommerns) wurde sie von der polnischen Regierung als Schulschiff gekauft. 1983 fand sie ihren festen Standort in Gdynia (www.cmm.pl, Di–So 10–16 Uhr).

An der Spitze der Mole steht das **Denkmal für den Seemann und Schriftsteller Joseph Conrad**, der wie kaum ein anderer die Sehnsucht nach dem Meer zum Ausdruck bringt. Eigentlich hieß er Józef Konrad Korzeniowski und verließ das besetzte Polen als junger Mann. Mit seinen Romanen ›Herz der Finsternis‹ und ›Lord Jim‹, die er in Englisch verfasste, ging er in die Weltliteratur ein.

Was sich unter der Meeresoberfläche verbirgt, kann man im **Ozeanografischen Museum** erkunden. Ein künstliches Riff zählt 40 verschiedene Korallenarten, eine in Polen einzigartige Sammlung. In den Aquarien tummeln sich Seetiere aus aller Welt, darunter auch Fliegende Fische und Haie. Deren Nachwuchs tummelt sich im ›Aquarium-Kindergarten‹ – zuletzt waren es 13 junge Bambushaie, die man beim Spiel im kristallklaren Wasser beobachten konnte. Umweltproblemen widmet man sich in der Rotunde. Eine Reliefkarte gibt Aufschluss über die Beschaffenheit des Ostseebodens: Er ist keinesfalls nur sandig und flach, sondern zerfurcht von unterseeischen Tälern und Schluchten. Die Besucher erfahren hier, welche Gefahren der Ostseeflora und -fauna drohen und was dagegen zu tun ist (Muzeum Oceanograficzne i Akwarium Morskie, al. Jana Pawła II. 1, Tel. 58 621 70 21, www.akwarium.gdynia.pl, tgl. 9–19 Uhr, im Sommer länger, 6 €).

Vorbei an der Marineakademie kommt man zu Polens größtem **Segelhafen**, an den sich der kilometerlange weiße Stadtstrand mit Promenade anschließt. Wer noch einen Blick übers Meer auf die Halbinsel Hel werfen will, besteigt den 52 m hohen **Kamienna Góra** (Steinberg).

Tipp: Strandwanderung zu den Adlerklippen

Von Gdynias großer Mole (Skwer Kościuszki) kann man – erst auf der Promenade, dann am Strand – in südlicher Richtung bis Sopot laufen. Auf halber Strecke, ca. nach 5 km, passiert man den schönsten Abschnitt: Die **Adlerklippen** (Klif Orłowski) ragen senkrecht 90 m in die Höhe. Hinter den Klippen sind am Strand bunte Fischkutter aufgebockt, die das Gasthaus ›Taverne Adlerhorst‹ mit frischer Ware versorgen. Eine kleine Mole führt aufs Wasser hinaus, im Sommer öffnet ein Strandtheater (Tawerna Orłowska: ul. Orłowska 3, Tel. 58 622 22 20, www.tawerna orlowska.pl, Hauptgerichte ab 5 €). Wer mit dem Auto anfahren möchte, folgt in Gdynias Villenvorort Orłowo der ul. Orłowksa bis zu ihrem Ende.

Infos

Centrum Informacji Turystycznej: ul. 10 Lutego 24, www.gdyniaturystyczna.pl, Tel. 58 628 54 66, Mo–Fr 9–18, Sa, So 9–16 Uhr, Juli/Aug. länger. Im Sommer öffnet eine Filiale am Kopfende der Südmole, mit weitem Blick auf den Hafen.

Gdynia InfoBox: ul. Świętojańska 30, www.gdyniainfobox.pl, Mo–Fr 10–19, Sa 12–18, So 12–19 Uhr. Wie Gdynia in naher Zukunft aussehen könnte, wird in diesem einem Container nachempfundenen Glasbau (mit Café) multimedial vorgestellt.

Übernachten

Am Strandboulevard ▶ Nadmorski: ul. Ejsmonda 2, Tel. 58 667 77 77, www.nadmorski.pl, 90 Zimmer. Modernes Viersternehotel weit weg vom städtischen Trubel über dem Strand der Danziger Bucht. Meerespromenade, Fuß- und Fahrradwege beginnen direkt vor dem Haus. Zum Hotel gehören Tennisplätze und ein kleines Wellnesscenter sowie eine (kostenpflichtige) Tiefgarage. DZ ab 150 €.

Mit nostalgischem Flair ▶ Willa Lubicz: ul. Orłowska 43, Tel. 58 668 47 40, www.willalubicz.pl,16 Zimmer. Im Stil der Neuen Sachlichkeit 1936 erbaut, nach der Jahrtausendwende unter Beibehaltung aller Originalelemente aufwändig restauriert. In diesen Rahmen passen die mit schnörkellosen Stilmöbeln eingerichteten Zimmer. DZ ab 95 €.

Jugendherberge ▶ Schronisko: ul. Morska 108-C, Tel. 58 627 00 05, 100 Betten, ganzjährig geöffnet. Nahe der Bahnstation Gdynia Grabówek, 2 km nordwestlich vom Zentrum.

Essen & Trinken

Mit schönem Blick ▶ Tawerna Orłowska: ul. Orłowska 3, Tel. 58 622 22 20, www.tawernaorlowska.pl. Südlich von Gdynia: Aussichtsrestaurant mit großer Auswahl an Fisch. Hauptgerichte ab 5 €.

Zum Sonnenuntergang ▶ Barracuda: Bulwar Nadmorski 10, Tel. 58 620 80 00, www.barracuda.net.pl, Mo–Fr 12–24 Uhr.

Durch Panoramafenster schaut man auf die Danziger Bucht und genießt die frische Meeresküche. Gelungen ist auch das Ambiente mit viel Holz und modern-maritimem Dekor. Hauptgerichte ab 6 €

Deftig polnisch ▶ Swojski Smak: ul. Władysława IV 1-5, Tel. 58 621 85 75, www.swojskismak.pl, Mo–Fr 12–20, Sa, So 13–19 Uhr. Im rustikalen Ambiente fühlt man sich aufs Land versetzt, auch die Küche ist von dort inspiriert. Es gibt Riesenportionen Fleisch, Piroggen und Suppen. Hauptgerichte ab 4 €.

Vegetarisch ▶ Green Way: ul. Abrahama 24, Tel. 58 620 12 53, www.greenway.pl, Mo–Sa 11–18, So 12–17 Uhr. Schlicht wie eine Kantine, gesund und leicht – und sehr beliebt bei den Einheimischen! Hauptgerichte ab 3 €.

Einkaufen

Markthalle ▶ Hala Targowa: ul. Wójta Radtkiego/ul. 3 Maja, So geschl. Verkauft werden Lebensmittel und frischer Fisch, Obst und Gemüse.

Abends & Nachts

Musiktheater ▶ Teatr Muzyczny: Teatr Muzyczny, pl. Grunwaldzki 1. Musical-Bestseller vom New Yorker Broadway und vom Londoner Westend.

Termine

Tage des Meeres (Juni/Juli): Jazz und Klassik auf der Südmole, Rock am Strand und auf dem Skwer Kościuszki.

Polnische Segelmeisterschaften (Sept.): Schnittige Jachten starten zur Regatta in der Danziger Bucht.

Verkehr

Bus/Zug: Alle 10–15 Min. fahren Busse und Nahverkehrszüge (*kolejka*) über Sopot und Oliwa nach Gdańsk.

Schiff: Vom Hafen fahren Schiffe der Weißen Flotte nach Sopot (30 Min.), nach Gdańsk (90 Min.) und auf die Halbinsel Hel (70 Min.). Regelmäßige Fährverbindungen nach Karlskrona in Schweden.

Entlang der Weichsel

Das Schwemmland an der unteren Weichsel ist weit, flach und grün. Die Böden sind fruchtbarer als in der westlich angrenzenden Kaschubei, die Bauernhäuser stattlicher. Längs des Flusses erbauten die Ordensritter im 13. Jh. ihre ersten Burgen. Mehrere Orte haben ihr mittelalterliches Aussehen bewahrt.

Malbork ▶ 1, M 4

Cityplan: rechts

An der Nogat, dem östlichen Mündungsarm der Weichsel, liegt **Malbork**. Das Städtchen mit seinen Plattenbauten wirkt nicht gerade einladend und ist doch ein Top-Reiseziel. Denn am Fluss steht eine der mächtigsten Festungsanlagen Europas, Hauptsitz des Deutschen Ordens von 1309 bis 1457. Anschließend überließen die Ritter die Festung böhmischen Söldnern für ausstehenden Kriegslohn. Diese wiederum verkauften sie dem polnischen König, der sie fortan als Stützpunkt auf seinen Reisen nach Danzig nutzte. Unter preußischer Herrschaft (ab 1772) wurde sie mehrfach umgebaut; sie diente als Kaserne, zeitweise war in ihr eine Manufaktur untergebracht. Die bei Kämpfen gegen Ende des Zweiten Weltkriegs stark beschädigte Burg wurde ab 1960 von den Polen aufwändig restauriert und vor einigen Jahren von der UNESCO zum Welterbe erklärt. Besonders imposant erscheint sie am späten Nachmittag, wenn die rötlichen Backsteinfassaden der Burg von der untergehenden Sonne angestrahlt werden.

Vor- und Mittelburg

Der Besuch der Marienburg ist eine faszinierende Zeitreise ins dunkle Mittelalter. Die Besichtigung beginnt in der Vorburg, die Ende des 14. Jh. als letzter Teil der Festung entstand. Dort wurden einst die Vorräte gelagert,

Handwerkszeug und Maschinen aufbewahrt; einige kleine Räume waren für die Bediensteten reserviert. Durch eine mächtige Toranlage gelangt man in die wuchtige **Mittelburg** **1**, die mit ihren drei je 75 m langen Flügeln einen weiten Innenhof umschließt.

Der nördliche Flügel, in dem früher der Großkomtur – der ›Chef‹ des Ordensstaats – residierte, beherbergt die Arbeitsräume des Museums und kann nicht besichtigt werden. Im östlichen Gebäudeflügel, wo einst die Ordensbeamten und die Gäste logierten, ist eine großartige **Bernsteinausstellung** **2** (Wystawa Bursztynu) untergebracht. In zwei langgestreckten zweischiffigen Sälen sind Schmuck und Alltagsgegenstände ausgestellt, darunter ein kleiner Reisealtar aus Bernstein. Schon die Pruzzen haben den schillernden Stoff zu schätzen gewusst, schnitzten aus ihm Schmuck und nutzten ihn als Zahlungsmittel. Die Ordensritter setzten den schwunghaften Handel fort und erhoben ihn sogar zu ihrer ureigenen Domäne; außer ihnen hatte niemand das Recht, den Bernstein zu veräußern.

Im gegenüberliegenden Westflügel, zur Flussseite hin, befindet sich der **Große Remter** **3** (Wielki Refektarz), auch Rittersaal genannt. ›Remter‹ waren im Mittelalter Speise- und Festsäle und so verwundert es nicht, dass es sich hier um einen Raum von 30 m Länge, 15 m Breite und 9 m Höhe handelt – immerhin musste eine Hundertschaft von Rittern verköstigt werden, dazu kamen hohe

Entlang der Weichsel

suchte. Die »unbeschreiblich heitere« Wirkung des Raums – ganz ähnlich übrigens der benachbarte, etwas kleinere Winterremter – beruht auf seiner raffinierten Raumkomposition. Gleich einem Baldachin spannt sich ein Palmengewölbe über die Decke und wird doch nur von einem einzigen schlanken Pfeiler in der Saalmitte getragen – eine Herausforderung an die Schwerkraft, geschaffen von den besten Ingenieuren und Steinmetzen des Mittelalters.

Die geniale Konstruktion hat auch die Feinde des Ordens inspiriert. Ein polnischer Spion, so heißt es, habe sich in den engsten Kreis um Hochmeister Heinrich von Plauen eingeschlichen und einen Plan ausgeheckt, wie die Ordenselite auf einen Schlag zu beseitigen sei: Sobald die Ritter im Sommerremter versammelt waren, wollte er eine rote Mütze auf die Fensterbank legen. Alsdann sollte ein Scharfschütze durch einen perfekt gezielten Schuss den saaltragenden Pfeiler durchschlagen, auf dass die Ritter unter dem einstürzenden Gewölbe begraben würden. Doch der Schütze, so wird berichtet, verfehlte sein Ziel: Die Kugel traf nur den Kamin, in dem sie angeblich noch heute verborgen ist. Zur Hofseite hin barg der Hochmeisterpalast kleinere Wohn- und Schlafräume sowie eine Hauskapelle. Im Untergeschoss befand sich die Kanzlei, die Burgverwaltung. Noch heute werden hier Dokumente, Siegel und Münzen aus der Zeit der Ordensritter gezeigt.

Hochburg

An den Hochmeisterpalast grenzt südwestlich die wuchtige **Hochburg** 5 (Zamek Wysoki) an, der älteste Teil des Architekturensembles (1272–1300). Ihre vier Gebäudeflügel umschließen einen fast quadratischen, 32 x 37 m großen Innenhof mit Kreuzgängen sowie einem überdachten Brunnen in der Mitte. In der Hochburg befand sich die eigentliche Schaltzentrale der Ordensmacht, von hier herrschte der Hochmeister mit seinen zwölf Getreuen (unverkennbar die Anlehnung an die zwölf Apostel) über das gesamte Land. Zugleich vollzog sich in der Hochburg der streng reglementierte Ordens-

alltag. Durch das **Goldene Tor** 6 (Złota Brama), ein mit kostbaren Skulpturen geschmücktes Portal, schritten die Ritter zu festgelegter Stunde in die **Marienkirche** 7 (Kościół Mariacki) zum Gebet; anschließend trafen sie sich im Kapitelsaal zur Besprechung des Tagesgeschäfts. Im Refektorium, dem Saal der Sieben Säulen, wurde gespeist, im Dormitorium, dem Schlafsaal, erwarteten sie bei Fackellicht und bekleidet mit Kettenhemd den kommenden Morgen: »Immer wachsam sein« hieß die Devise der in Kriegen und Kreuzzügen abgehärteten Ritter. Übrigens war auch die Hygiene bestens geregelt: Von der Südwestecke der Hochburg führt auf hohen Bögen ein 60 m langer, abgedeckter Gang zu einem mächtigen Turm, dem Herrendansker. Hier verrichteten die Ritter ihr Geschäft, das von dem damals darunter fließenden Mühlenbach davongetragen wurde (Zamek, ul. Starościńska 1, Kartenvorbestellung Tel. 55 272 26 77, www.zamek malbork.pl, Innenhöfe tgl. 9–20, Museum Di–So 9–19, im Winter 10–15 Uhr, 10 € inkl. Audioguide oder deutsch- bzw. englischsprachige Führung; die Besichtigung ist auch individuell möglich).

Infos

Malbork Welcome Center: ul. Tadeusza Kościuszki 54, Tel. 55 647 47 47, www.visit malbork.pl, Sa, So geschl.

Übernachten

Modern-behaglich ▶ **Grot** 1: ul. Kościuszki 22-D, Tel. 55 646 96 60, www.grothotel. pl, 18 Zimmer. Für einen Stopover ideal: freundlich geführtes Mittelklassehotel an der zur Burg führenden Straße. DZ ab 75 €.

In der Burg ▶ **Zamek** 2: ul. Starościńska 14, Tel. 55 272 84 00, www.zlotehotele.pl, 42 Zimmer. Mittelklassehotel im ehem. Wirtschaftsgebäude der Marienburg. Leider sind die Zimmer verwohnt. Ausblick durch kleine, an klösterliche Klausen erinnernde Fenster. DZ ab 64 €.

Jugendherberge ▶ **Schronisko Młodzieżowe** 3: ul. Żeromskiego 45, Tel. 55 272 24 08, www.hihostels.com, 45 Betten,

Der Deutsche Ritterorden | Thema

Die Geschichte des Deutschen Ritterordens reicht bis ins Jahr 1190 zurück, als sich Kaufleute aus Lübeck und Bremen für die Teilnahme am dritten Kreuzzug in Palästina rüsteten. Ihr Ziel war es, sich ungehinderten Zugang zum lukrativen Orienthandel zu verschaffen.

Ein Söldnerheer schlug sich bis Akkon (das heutige Akka) nördlich von Jerusalem durch, angeworbene Mönche errichteten dort ein Spital und kümmerten sich um die Verwundeten. Man mag sich kaum vorstellen, dass genau sie es waren, aus denen die martialische, Furcht und Schrecken auslösende Elitetruppe hervorgehen sollte.

Schon 1198 wurden die im Krieg gestählten Klosterbrüder von Papst Innozenz III. zu ›geistlichen Rittern‹ geschlagen. Ihr Auftrag lautete, nicht nur im Heiligen Land, sondern überall in der Welt gegen die Ungläubigen vorzugehen – notfalls auch mit Gewalt. Ein ›gerechter Krieg‹ war angesagt, wenn sich die Heiden ihrer Missionierung widersetzten.

Im Jahr 1226 bat Konrad I., Herzog von Masowien, die Ordensritter um Hilfe bei der Unterwerfung der heidnischen Pruzzen und stellte ihnen als Gegenleistung den Besitz des Kulmer Landes in Aussicht. Freilich hatte er die Rechnung ohne den Hochmeister des Deutschen Ordens, den machtbewussten Hermann von Salza, gemacht. Der dachte gar nicht daran, sich mit einem kleinen Geschenk zufrieden zu geben, sondern war vom Ehrgeiz gepackt, ein eigenes großes Reich zu errichten. Er ließ sich vom Papst das zu eroberte heidnische Pruzzenland übereignen und ließ sich den künftigen Besitz vom deutschen Kaiser Friedrich II. absegnen. Erst dann schickte er seine Ritter in den ›wilden Osten‹. Von Burgen, die sie längs der Weichsel erbauten, starteten sie zu Feldzügen in Feindesland. Mit Feuer und Schwert missionierten sie

die Pruzzen und die Warmier; sie stießen bis Livland vor, erwarben das bisher dänische Estland und das schwedische Gotland. Nachdem 1309 auch Danzig mit Pommerellen an sie überging, verfügten sie über ein beachtliches Staatsgebilde, in dessen Mitte die Hauptstadt Marienburg lag. Ins eroberte Land holten sie deutsche Kaufleute, Handwerker, Bauern, gründeten 93 Städte und über 1000 Dörfer. Ihre Streitkräfte galten als unbezwingbar, die straff-zentralistische Verwaltung war im damaligen Europa einmalig.

Erst mit der Schlacht von Grunwald (sog. Tannenberg-Schlacht, s. S. 30), in der die Ordensritter vom polnisch-litauischen Heer 1410 geschlagen wurden, zerbrach der Mythos ihrer Unbesiegbarkeit. Doch letztlich waren es die eigenen Untertanen, die dem Orden den entscheidenden Schlag versetzten: Der hohen Steuer- und Kriegslasten überdrüssig, schlossen sich Städte wie Danzig, Thorn und Elbing zum Preußischen Bund zusammen, sicherten sich die Unterstützung des polnischen Königs und besiegten die Ritter in einem dreizehnjährigen Bürgerkrieg (1454–1466). Daraufhin zog sich der Hochmeister in einen Rumpfstaat rings um Königsberg zurück, trat 1525 zum Protestantismus über und verwandelte sein Herrschaftsgebiet in ein weltliches Herzogtum von Polens Gnaden – die Keimzelle des späteren Staates Preußen. Papst und Teile der Ritterschaft werteten dies als Staatsstreich und gründeten eine konkurrierende, noch existierende Institution in Bad Mergentheim.

Entlang der Weichsel

ganzjährig geöffnet. In einer Schule 500 m südlich der Burg, mit Doppel- und Vielbettzimmern.

Camping ▶ **Malbork Nr. 197** 4: ul. Portowa 3, Tel. 55 272 24 13, Juni–Aug. Zeltplatz auf dem Gelände des nördlich gelegenen Sportzentrums mit 80 Stellplätzen und kleine Bungalows.

Essen & Trinken

Im Ostflügel der Burg ▶ **Gothic** 1: Mittelburg, Tel. 55 647 08 89, www.gothic.com.pl. Gelungene Mischung aus Tradition und Moderne: Ein Autorenkoch präsentiert fein abgewandelte polnische Küche in zeitgemäß entschlackten mittelalterlichen Räumen. Hauptgerichte ab 7 €.

Im Nordflügel ▶ **Piwniczka** 2: Mittelburg, Tel. 55 273 36 68, www.piwniczkamalbork.pl. Im ›Kellerchen‹ wird unter gotischen Gewölben traditionelle polnische Küche serviert, z. B. Forelle mit Kräutern, Pilzsuppe, gefüllte Rouladen und Geflügelmedaillons. Hauptgerichte ab 5 €.

Im Stadtzentrum ▶ **Grot** 1: ul. Kościuszki 22-D, Tel. 55 646 96 60, www.grothotel.pl. In dem Hotelrestaurant abseits der Burg zahlt man keine überzogenen Preise. Es gibt Fleisch- und Fischgerichte (oft steht frische Forelle auf der Karte), auch leckere Nachspeisen und eine große Auswahl an Weinen. Hauptgerichte ab 5 €.

Abends & Nachts

Ton- und Lichtschau ▶ Bei Einbruch der Dunkelheit wird der Innenhof der Mittelburg geheimnisoll erleuchtet; mithilfe einer Klang-Collage werden Besucher ins Mittelalter zurückversetzt.

Termine

Burgfestspiele (Juli/Aug.)**:** Ritterturniere und Folkabende mit Protagonisten in historischen Kostümen (www.grunwald1410.pl).

Innenhof der Mittelburg von Malbork – der Brunnen reicht 18 m tief

Verkehr

Bus/Zug: Bahnhof und Busterminal liegen 1 km von der Marienburg entfernt, gute Verbindungen nach Gdańsk und Warszawa, Toruń, Elbląg und Olsztyn.

Auto: Malbork liegt 54 km von Gdańsk entfernt am Schnittpunkt der Straßen Starogard Gdański–Elbląg und Kwidzyn–Nowy Dwór; im Vorhof der Niederburg gibt es einen bewachten Parkplatz.

Von Pelplin nach Bydgoszcz

Karte: rechts

Pelplin ▶ 1, M 4

Sehenswert ist das 38 km von Danzig entfernte **Pelplin** **1**, ab 1824 Hauptstadt der Diözese Kulm. Sie liegt einige Kilometer westlich der Straße E-75 und wird von einer mächtigen **Kathedrale** überragt. Im Jahr 1274 waren hier Zisterziensermönche angeworben worden, um bei der Christianisierung der heidnischen Pruzzen zu helfen. Der Pommerellenherzog schenkte ihnen die Stadt, worauf sie die Region mit der Losung ›Ora et labora‹ (Bete und arbeite) ›zivilisierten‹. In den Jahren 1280–1320 ließen sie eine riesige Klosterkirche erbauen, in der alles hell und wunderbar licht ist: Auf schlanken Säulen ruhen Stern- und Netzgewölbe, die Wände sind mit pastellfarbenen Fresken geschmückt. Die bedeutendsten Kunstwerke stammen aus der Zeit des Barock, so der Orgelprospekt und der 26 m hohe Hauptaltar (Katedra, ul. Mestwina 4, ganztägig geöffnet). Zwei Mönchen, die im 18. Jh. hier wirkten, verdankt man eine der umfangreichsten Musiksammlungen: Fleißig sammelten und schrieben sie alle Kompositionen auf, die ihnen zu Ohren kamen. Heute ist die ›Pelpliner Orgeltabulatur‹ im benachbarten **Diözesanmuseum** ausgestellt. Auch viele andere Raritäten finden sich dort, darunter eine gotische Madonna und eine originale Gutenbergbibel (Muzeum Diecezjalne, ul. Dominika 11, Di–Sa 11–16, So 10–17 Uhr).

Die mächtige Ordensburg von Gniew besitzt drei quadratische Ecktürme

Gniew und Kwidzyn ▶ 1, M 5

Einige Kilometer weiter südlich thront hoch über der Weichsel das Städtchen **Gniew** 2 (Mewe), dessen mächtige **Ordensburg** 1297 auf dem Grundriss eines Quadrats angelegt wurde: von vier Türmen flankiert und von Wehrmauern umschlossen. Sie diente als Festung, Gefängnis und Getreidespeicher, war in Besitz von Polen, Schweden und Preußen. Seit sie ein Molkereikonzern erwarb, wird sie zu einem Resort umgebaut: Der Innenhof wird nun von einem Glasdach überspannt, in den Nachbargebäuden entstanden ein Vier- und ein Dreisternehotel mit Restaurants von fein bis rustikal. Nur die Waffenkammer erinnert daran, dass die Burg einmal ein Museum war ... (Zamek, Tel. 58 535 35 29, www.zamek-gniew.pl, DZ ab 50 €). Immerhin gibt es noch das alljährlich stattfindenden **Festival der Ritterkultur,** das die Geschichte der Burg zum Leben erweckt: Ritter in Montur treten zum Turnierkampf an. Dem Sieger winkt das Schwert von Jan III. Sobieski, der in Gniew Landrat war, bevor er zum polnischen König gewählt wurde.

Während in der Marienburg die Ordensritter wohnten, lebten in **Kwidzyn** 3 (Marienwerder) die Bischöfe. Nach bewährtem Entwurf wurde im frühen 14. Jh. ihr Domkapitel rings um einen quadratischen Innenhof angelegt und von mächtigen Ecktürmen flankiert. In den Gewölbesälen werden heute Ausstellungen gezeigt: gotische und barocke Skulpturen, Arbeitsgerät vergangener Zeiten, Folterwerkzeuge sowie ausgestopfte Tiere, u. a. Panther und Jaguar. Am meisten Aufmerksamkeit erregt – wie in der Marienburg – die mittelalterliche Toilette, der ›Dansker‹: Eine monumentale, auf fünf hohen Arkaden ruhende Brücke führt vom Westflügel 50 m hinaus bis zum Fluss, wo sich eine Latrine in Form einer Bastion befindet. Hier verrichteten die Bischöfe ihre Notdurft, die praktischerweise sogleich im Fluss ›entsorgt‹ wurde (Muzeum Zamkowe, ul. Katedralna 1, www.zamek.kwidzyn.pl, Di–So 9–15 Uhr, 2,50 €).

Die sich östlich der Burg anschließende Kathedrale diente der hohen Geistlichkeit als Ort des Gebets. Der dreischiffige Innenraum beeindruckt durch seine Größe, in der sich die wenigen Kunstwerke verlieren. Einen Blick lohnt auch das zweigeschossige Presbiterium: Unten befinden sich der Altar sowie eine Zelle, in der die später selig gesprochene Dorothea lebend eingemauert wurde; oben zeigen mittelalterliche Wandegemälde Ordensritter in Aktion. Auch als letzte Ruhestätte wurde die Kirche genutzt: Die bei Bauarbeiten 2007 entdeckten Leichname dreier Hochmeister sind unter einer Glasplatte ausgestellt. Wie sie zu Lebzeiten ausgesehen haben, zeigen plastische Nachbildungen in Originalgröße.

Grudziądz und Chełmo
▶ 1, L/M 6/7

30 km weiter südlich liegt **Grudziądz** 4 (Graudenz)¸ berühmt für eine Vielzahl mittelalterlicher Speicher hoch über dem Fluss. Aus massivem Backstein sechsgeschossig erbaut, bildeten sie einen wirkungsvollen Verteidigungswall und boten zugleich Lagerraum für Holz, Getreide und Tuch. Außer den Speichern und der gleichfalls am Fluss gelegenen Backsteinkirche hat Grudziądz freilich wenig zu bieten – Betonsilos und Industrieanlagen umzingeln die Stadt.

Erst in **Chełmno** 5 (Kulm) hat man wieder eine intakte mittelalterliche Stadt vor Augen. Sie thront auf einer steil zur Weichsel abfallenden Anhöhe, ein einmaliges Panorama bietend. Die Straßen sind schachbrettartig angelegt, eine jede nach Kulmer Maß 4,53 m breit. Das Zentrum der fast vollständig von einer Wehrmauer umgebenen, restaurierten Stadt bildet der Marktplatz. Das Rathaus (1572) ist mit seiner verzierten Fassade und der eleganten Attika ein stilvoller Rahmen für das hier untergebrachte historische Museum (Ratusz, Stary Rynek 28, www.muzeumchelmno.pl, Di–Fr 10–16, Sa 10–15, So 11–14 Uhr). Schräg gegenüber steht die gotische Pfarrkirche mit der Reliquie des Heiligen Valentin. Ihm zu Ehren präsentiert sich die Stadt jedes Jahr zum Valentinstag als ›Stadt der Verliebten‹.

Bydgoszcz ▶ 1, K 7

Auch **Bydgoszcz** 6 (Bromberg), eine große Industriestadt am Zusammenfluss von Weichsel und Brda, ist für einen Zwischenstopp gut. Zwar sind die Außenviertel wenig attraktiv, doch der historische Kern wurde herausgeputzt. Im Herzen der schachbrettartig angelegten Altstadt liegt der Alte Marktplatz (Stary Rynek), um den herum sechs weitere Plätze angeordnet sind. Überragt wird das Ensemble von der spätgotischen, in ungewöhnlichen Farben ausgemalten Pfarrkirche (ul. Farna). Westlich des Alten Marktplatzes liegt die Mühleninsel (Wyspa Młyńska) mit einer Marina, gegenüber die moderne Opera Nova. Gesäumt ist die Insel von mächtigen Getreidespeichern aus Fachwerk. In einem davon, dem Weißen Speicher, öffnet das Regionalmuseum (Biały Spichrz, ul. Mennica 1, Mo geschl.). Nahebei verläuft die ul. Młyńska – etwas hochtrabend wird das Gebiet rund um die Uferstraße »Bromberger Venedig« genannt. Am Fischmarkt (Rybi Rynek) kann man in die Wasserstraßenbahn steigen, die viermal täglich längs der Altstadt schippert (Tramwaj Wodny, www.tramwajwodny.byd.pl).

Infos

Centrum Informacji Turystycznej: ul. Grodzka 7, Tel. 52 585 87 02, www.visitbydgoszcz.pl.

Übernachten

Anno dazumal ▶ **Bohema:** ul. Konarskiego 9, Tel. 52 560 06 02, www.hotelbohema.pl, 20 Zimmer. Das außen und innen feudale Bürgerhaus aus dem 19. Jh. liegt in dem an die Altstadt grenzenden Jugendstilviertel. Von fast allen Zimmern blickt man in den Park Kazimierza Wielkiego. DZ ab 125 €.

Bewährter Komfort ▶ **Holiday Inn** 2: ul. Grodzka 36, 52 347 70 00, www.holiday.hgb.com.pl, 138 Zimmer. Mit seiner sechsgeschossigen Terrakottafassade fügt sich das Viersternehotel gut in die Altstadtbebauung ein. Drinnen dominiert schnörkellose Moderne, auch ein großzügiges Spa ist vorhanden.DZ ab 100 €.

 7 Toruń ► 1, L 8

Cityplan: oben

›Gotik zum Anfassen‹: So lautet das Motto der Tourismuswerbung von **Toruń** (Thorn). Die Stadt an der Weichsel lohnt einen längeren Aufenthalt, 1997 wurde das Ensemble aus Kirchen und Bürgerhäusern, Speichern und Wehrmauern auf die Welterbeliste der UNESCO gesetzt. Als ob ihre mittelalterliche Schönheit nicht ausreichte, um Besucher anzulocken, wird der hier geborene Astronom Kopernikus vermarktet: Nach ihm sind die Universität und auch die älteste Lebkuchenfabrik Polens benannt; in der Mitte des **Altstädtischen Markts 1** (Rynek Staromiejski) wurde für den Himmelskundler ein Monument errichtet, das ihn mit wehendem Umhang und Weltkugel zeigt. Auf der lateinischen Inschrift am Sockel steht in Goldlettern, er habe »die Erde in Bewegung und die Sonne zum Stillstand gebracht«. Unmittelbar hinter ihm erhebt sich das **Alte Rathaus 2** (Ratusz Staromiejski). Seine Größe und Pracht spiegelt das Selbstbewusstsein der Thorner Kaufleute, deren Handelskontakte von Brügge

und Gent bis nach Nowgorod reichten. 200 Jahre ließen sie sich Zeit, das Werk zu vollenden, sodass der in gotischem Stil begonnene Bau in der obersten Etage bereits von der Renaissance beeinflusst ist. Die zierlichen Türme und Giebel gehen auf Anton van Opbergen zurück, den damaligen Stararchitekten Danzigs. Heute ist im Rathaus ein Regionalmuseum untergebracht, das u. a. Porträts berühmter Persönlichkeiten zeigt. Vom Turm bietet sich ein schöner Blick auf die Stadt (Muzeum Okręgowe, Rynek Staromiejski 1, www.muzeum.torun.pl, Di–So 10–16 Uhr).

Der Markt wird von schmucken, meist dreistöckigen Bürgerhäusern gesäumt. Besonders attraktiv ist das ›**Haus unterm Stern**‹ **3** mit üppigen Frucht- und Blumengirlanden. Die barocken Innenräume beherbergen ein Museum für fernöstliche Kunst, eine hölzerne Wendeltreppe führt von der Diele bis unters Dach (Kamienica Pod Gwiazdą, Rynek Staromiejski 35, Di–So 10–16 Uhr). Noch mehr Besucher zieht das **Geburtshaus des Kopernikus 4** an. Es liegt südlich des Marktes und enthält eine Sammlung von Dokumenten sowie Kopien der von ihm benutzten

Toruń/Thorn

astronomischen Geräte (Muzeum Kopernika, ul. Kopernika 15/7, Di–So 10–16 Uhr). Getauft wurde Kopernikus in der benachbarten **Johanniskirche 6,** die mehreren Tausend Menschen Platz bietet. Zur sonntäglichen Messe wird die ›Tuba Dei‹, die zweitgrößte Glocke Polens, geschlagen: Sie ist 6 t schwer und wird von ebenso vielen Männern in Bewegung gesetzt (Kościół św. Jana, ul. Żeglarska).

Längs der Wehrmauern gelangt man zur backsteinroten **Ordensburg 7,** die 1454 beim Aufstand Thorner Bürger teilweise zerstört wurde. Ihre Ruinen bilden eine romantische Kulisse für Konzerte und Theatervorstellungen (Zamek Krzyżacki, ul. Przedzamcze, www.ckzamek.torun.pl, tgl. 10–18 Uhr). Einen Abstecher wert ist auch das **Freilichtmuseum 8,** in dem mitten in der Stadt die ländliche Welt von anno dazumal zu Leben erweckt wird. Im Park stehen reetgedeckte Häuser, Höfe und Kapellen; fürs Lokalkolorit sorgen Feldblumen und herumstreunende Katzen (Muzeum Etnograficzny, ul. Wały Gen. Sikorskiego 19, www.etnomuzeum.pl, Di–So 10–16 Uhr). Interessant ist auch das **Zentrum für zeitgenössische Kunst 9,** das 2008 als erstes in Polen nach 1939 (!) entstanden ist. In dem modernen Bau werden Newcomer aus Polen ausgestellt, z. B. die auch im Westen bekannten Pawel Althamer und Artur Zmijewski (Centrum Sztuki Współczesnej, ul. Wały Gen. Sikorskiego 13, www.csw.torun.pl, So–Mi 10–18, Do–Sa 10–20 Uhr, 2,50 €).

Infos

Centrum Informacji Turystycznej: Rynek Staromiejski 25, Tel. 56 621 09 31, www.torun.pl und www.torun2016.eu, Mo 9–16, Di–Fr 9–18, Sa 9–16, im Sommer auch So 9–13 Uhr. Freundliches Büro direkt am Altstädtischen Markt, mit Infos und Broschüren zu Unterkünften und zum aktuellen Veranstaltungsprogramm.

Übernachten

Moderner Komfort in alten Gemäuern ▶
1231 (Solaris) 1: ul. Panny Marii 9–11, Tel. 56 471 30 42, www.hotelesolaris.pl, 23 Zimmer. Hotel in zwei restaurierten Bürgerhäusern der Altstadt, 150 m vom Marktplatz. Die Einrichtung der Zimmer huldigt jener Zeit, in der Sternenforscher Kopernikus geboren wurde; die Bar, ausstaffiert mit Wachsfiguren aus dem Weltraum-Epos ›Star Wars‹, schlägt die Brücke zur Gegenwart bzw. zur Zukunft. DZ ab 80 €.

Restaurierter Speicher ▶ Spichrz 2: ul. Mostowa 1, Tel. 56 657 11 40, www.spichrz.pl, 19 Zimmer. Der 1719 erbaute Speicher (polnisch *spichrz*) steht am Brückentor, dem einst wichtigsten Zugang zur Altstadt. Mit seinem backsteinernen Mauerwerk und den Balkendecken ruft er verflossene Zeiten in Erinnerung, modern hingegen wirkt der Eingangsbereich mit Glas und Panoramalift. Viele der rustikal eingerichteten Zimmer (mit Sat-TV und Internetanschluss) haben Weichselblick, die Suiten sind zweigeschossig. DZ ab 75 €.

Gotisches Bürgerhaus ▶ **Gotyk** **3**: ul. Piekary 20, Tel. 56 658 40 00, www.hotel-gotyk.com.pl, 42 Zimmer und 2 Apartments. Kleines, freundliches Hotel in einem gotischen Bürgerhaus aus dem 14. Jh., nur wenige Schritte vom Mark entfernt. Stofftapeten, schwere Stilmöbel und Samtvorhänge knüpfen an die ›gute alte Zeit‹ an, das Frühstücks-büfett wird in einem Biedermeier-Salon eingenommen. Am Wochenende 10–20 % Rabatt. DZ ab 68 €.

Klein & behaglich ▶ **Petite Fleur** **4**: ul. Piekary 25, Tel. 56 663 44 00, www.petite fleur.pl, 16 Zimmer. Zwei benachbarte Renaissance-Häuser wurden in ein schmuckes Hotel verwandelt. Die Zimmer sind gemütlich, allerdings sind die meisten nur über steile Holzstiegen erreichbar. Im Kellergewölbe be-

Marktplatz von Toruń

findet sich ein gutes polnisch-französisches Restaurant, Fr und Sa wird ab 20 Uhr getanzt. DZ ab 68 €.

Leicht angestaubt ▶ Pod Czarną Różą 5: ul. Rabiańska 11, Tel. 56 621 96 37, www. hotelczarnaroza.pl, 16 Zimmer. ›Zur Schwarzen Rose‹ ist ein kleines Hotel in einer ruhigen Altstadtgasse. Zimmer mit Holzbalkendecken, schweren Holzmöbeln und bunt zusammengewürfelten Bildern. DZ ab 52 €.

Einfach, aber ordentlich ▶ Pod Orłem 6: ul. Mostowa 17, Tel. 56 622 50 25, www. hotel.torun.pl, 55 Zimmer, Juni–Mitte Sept. Hotel in einem gründerzeitlichen Gebäude nahe dem Marktplatz. Freundliche Zimmer für 1–3 Personen mit Bad, Sat-TV und Telefon. DZ ab 52 €.

Gediegen ▶ Gromada (Zajazd Staropolski) 7: ul. Żeglarska 10/14, Tel. 56 622 60 60, www.gromada.pl, 43 Zimmer. Traditions-

reiches Hotel in der Altstadt, untergebracht in drei historischen, miteinander verbundenen Kaufmannshäusern aus dem 14.Jh. Alle Zimmer mit Bad und Sat-TV. DZ ab 45 €, Studentenrabatt.

In Bestlage ▸ Angel Hostel 8: Rynek Staromiejski 8/4, Tel. 69 415 23 98, www.angel hostel.com. Preiswerte, freundliche DZ mit Ausblick in historischem Haus am Markt. Noch günstiger ist ein Bett im Dormitorium. Im Kellergewölbe befindet sich die nette »Piroggenstube unter der Blechkatze«. DZ 30 €.

Camping ▸ Tramp Nr. 33 9: ul. Kujawska 14, Tel. 56 654 71 87, www.kempingtramp noclegiw.pl, Mai–Mitte Sept. 2,6 ha große Wiesenanlage mit Bäumen, nahe dem Zugbahnhof südlich der Weichsel. 15 Campinghäuschen können angemietet werden.

Essen & Trinken

Gehoben-rustikal ▸ Karczma Spichrz 2: ul. Mostowa 1, Tel. 56 657 11 40, www. spichrz.pl. Im Gasthaus des gleichnamigen Hotels werden klassische altpolnische Speisen serviert, abends sorgt häufig eine ein-

heimische Folkloregruppe für Unterhaltung. Hauptgerichte ab 5 €.

Wildspezialitäten ▸ Staropolski Gromada 7: ul. Żeglarska 10/14, Tel. 56 622 60 60. Traditionsreiches Lokal, in dem man in einem großen Saal mit Spitzbogenfenstern oder in kleineren Gewölberäumen Platz nimmt. Serviert wird altpolnische Küche, Wildbret zu erstaunlich günstigem Preis, auch Exotika wie die aus Blut zubereitete ›schwarze Suppe‹ (*czernina*), die besser schmeckt als es der Name vermuten lässt. Hauptgerichte ab 5 €.

Angenehmes Ambiente ▸ Café Artus 1: Rynek Staromiejski 6. Das kleine ruhige Café, in dem abends Theater- und Kabarettensembles auftreten, befindet sich im verglasten Innenhof des Artushofs. Man erreicht es über einen mit Mosaiken verzierten Gewölbesaal.

Einkaufen

Lebkuchen ▸ Die berühmten ›Thorner Kathrinchen‹ gibt es im **Kopernik 1:** (Dwór Artusa, Rynek Staromiejski 6), bei **Katarzynka 1** (ul. Żeglarska 25) sowie im Laden des Lebkuchenmuseums (s. Tipp unten).

Tipp: Gepfeffert und gesüßt – Thorner Lebkuchen

Man nehme 500 g Honig und die halbe Menge Zucker und erwärme beide Zutaten so lange, bis sie miteinander verschmelzen. Dazu kommen fein gehackte Mandeln, ein Gläschen Rum sowie 100 g ausgelassene Butter. Auf die Süße folgt die Würze: Nelken, Zimt und Zitronat, Kardamom, Ingwer und eine Prise Macis sorgen für ›pfeffrigen‹ Beigeschmack. Zuletzt wird das zähflüssige Gemisch mit 750 g Mehl verrührt und zu einem Teig verknetet. Mindestens zwei Tage sollte dieser kühl und trocken stehen, bevor er ausgerollt und ausgestochen wird. Wer Lust hat, kann die Oberfläche mit Milch oder verquirltem Ei bepinseln und mit Mandeln dekorieren. Und wenn die Lebkuchen dann noch 20 Minuten bei einer Temperatur von 200 °C gebacken werden, sind sie fertig für den Verzehr.

Das Rezept ist 700 Jahre alt und stammt von Thorner Bäckermeistern. Weil traditionell am Tag der hl. Katharina mit dem Backen begonnen wurde, erhielten die Lebkuchen den Beinamen ›**Thorner Kathrinchen**‹ (Katarzynki). Reiseführer erzählen freilich gern auch eine andere Geschichte: Ein verliebter Bäckergeselle, sagen sie, habe sie für die Tochter seines Meisters erfunden. Es gibt Kathrinchen mit Schokolade oder Glasur, geformt in 1000 Varianten, am häufigsten natürlich mit dem Konterfei des Astronomen Kopernikus. Im **Lebkuchenmuseum 5** kann man nicht nur sehen, wie die süße Ware entsteht, sondern sich auch an der Zubereitung beteiligen. Im angeschlossenen Laden gibt es Lebkuchen in allen Formen und Farben zu kaufen (ul. Rabiańska 9, www.muzeum piernika.pl, tgl. 9–18 Uhr, 3 €).

Café Artus im Innenhof des Artushofs am Altstädtischen Markt

Abends & Nachts

Theater ▶ **Teatr** **1**: pl. Teatralny 1, Tel. 56 622 52 22, www.teatr.torun.pl. Aufführungen des landesweit bekannten Stadtensembles in einem neobarocken Prunkbau von 1904.

Klassische Musik ▶ **Dwór Artusa** **1**: Rynek Staromiejski 6, www.artus.torun.pl. Konzerte des Städtischen Kammerorchesters im Artushof. Weitere Aufführungsorte im Sommer sind das Alte Rathaus, die Ordensburg und das Amphitheater im Freilichtmuseum.

Kneipen und Nachtclubs ▶ Die meisten entdeckt man längs der ul. Gagarina, im Universitätsviertel außerhalb des Stadtkerns.

Livemusik ▶ **Piwnica Pod Aniolem** **2**: Rynek Staromiejski 1, www.podkopcem.pl. Die Kneipe ›Unter dem Engel‹ ist ein beliebter Treff im stimmungsvollen Rathauskeller.

Aktiv

Bootstouren ▶ Wer Toruń vom Fluss aus erleben möchte, begibt sich zur Anlegestelle am Brückentor der Altstadt **1** (Bulwar Filadelfijski s/n). Touren starten im Sommer ab

9 Uhr zu jeder vollen Stunde, Tickets sind an Bord erhältlich.

Termine

Theatertreffen (Mai, www.e-teatr.pl): ›Kontakt‹ ist das größte ost- und mitteleuropäische Festival seiner Art, es treten populäre Ensembles aus zahlreichen Nachbarländern auf.

Stadtfest (Anfang Juni): Beim Jarmark Katarzyński dreht sich alles um die berühmten, schon seit Jahrhunderten in Toruń hergestellten Lebkuchen (s. Tipp S. 218).

Ritterturnier (Juli): Schlachtgetümmel und Festlichkeiten in der Ordensburg Golub-Dobrzyń.

Verkehr

Bus: Vom Terminal am Nordrand der Altstadt startet man zu Ausflügen in die Orte der näheren Umgebung.

Zug: Der Hauptbahnhof liegt auf der Südseite der Weichsel, etwa 2 km südlich der Altstadt. Gute Verbindungen gibt es nach Gdańsk und Malbork, Bydgoszcz und Grudziądz.

Am Strand der Frischen Nehrung

Kapitel 4

Vom Frischen Haff nach Olsztyn

Östlich von Danzig breitet sich der weite, flache Weichsel-Werder aus, der teilweise unter dem Meeresspiegel liegt. Eingewanderte Holländer waren es, die das sumpfige Gebiet im 17. Jh. entwässerten. Noch heute ist es von ihren Kanälen durchzogen. An die morastige Landschaft schließt sich im Norden das Frische Haff an, eine lagunenartige Bucht von 840 km² Größe. Sie ist von der Ostsee durch die Frische Nehrung getrennt, einen 56 km langen, sehr schmalen Landstreifen. Dieser bietet zum offenen Meer hin herrliche Sandstrände mit Dünen, zum Haff hin Schilfgürtel, in denen seltene Wasservögel nisten.

Hauptort der Region ist Elbląg, das als ›Truso‹ durch 1000-jährige Wikingersagen geistert. Nach den Zerstörungen des Zweiten Weltkriegs wurde es um die Jahrtausendwende in historisierendem Stil neu erbaut. Elbląg ist der Startpunkt einer lohnenden Bootspartie auf dem Oberländischen Kanal, die – teils über Wasser, teils über ›geneigte Ebenen‹ – nach Ostróda führt.

Vom Frischen Haff südostwärts bis über Lidzbark Warmiński und Olsztyn erstreckt sich das Ermland (Warmia) als ruhige, sanft gewellte Landschaft. Sie ist nach dem pruzzischen Stamm der War-

mier benannt, den die deutschen Ordensritter in einem blutigen Kreuzzug bekehrten. Daraufhin erhielt das Ermland eine Sonderrolle: Der dort eingesetzte Bischof residierte – in Absprache mit dem Vatikan – als Fürst im eigenen Staat. Von der einstigen Herrschaft der Bischöfe zeugen mächtige Burgen und Kirchen. Am besten erhalten ist die von Lidzbark Warmiński, eine von einem Wassergraben umschlossene Festung aus rotem Backstein.

Vom Frischen Haff nach Olsztyn

Sehenswert

Elbląg: Bunte Giebelhäuser und hohe Kirchtürme – die jüngst wieder aufgebaute Altstadt strahlt Frische aus (S. 224).

8 **Frombork:** Vom mächtigen Kathedralhügel bietet sich ein grandioser Blick aufs Haff. Ob es der hier ungewöhnlich klare Sternenhimmel war, der Kopernikus die Idee eingab, nicht die Erde, sondern die Sonne sei Zentrum des Universums (S. 229)?

Altstadt von Olsztyn: Das Bild wird von den monumentalen Backsteinbauten der Ordensburg und der Kathedrale geprägt (S. 242).

Lidzbark Warmiński: Das hervorragend erhaltene Bilderbuchkastell birgt im Inneren eine Sammlung wertvoller Ikonen (S. 250).

9 **Wolfsschanze:** Hitlers heimliche Bunkerstadt wird allmählich von der Natur zurückerobert (S. 256).

Schöne Routen

Auf die Frische Nehrung: Die Zufahrt zur Bernsteinküste erfolgt über die 501, die als ›schönste Sackgasse Polens‹ über Krynica Morska bis Piaski an der russischen Grenze führt (S. 227).

Von Elbląg nach Frombork: Auf der 503 nordwärts fahrend, bieten sich immer wieder Ausblicke aufs Haff – besonders schön in Kadyny. Hinter Tolkmicko schwenkt die Straße landeinwärts, bei Pogrodzie geht es links ab zur Kopernikusstadt Frombork (S. 227).

Von Olsztyn zur Wolfsschanze: Über mittelalterliche Ordensstädte wie Dobre Miasto, Lidbark Warmiński und Reszel gelangt man zum Wallfahrtsort Święta Lipka. Über Kętrzyn geht es weiter zur Wolfsschanze (S. 255).

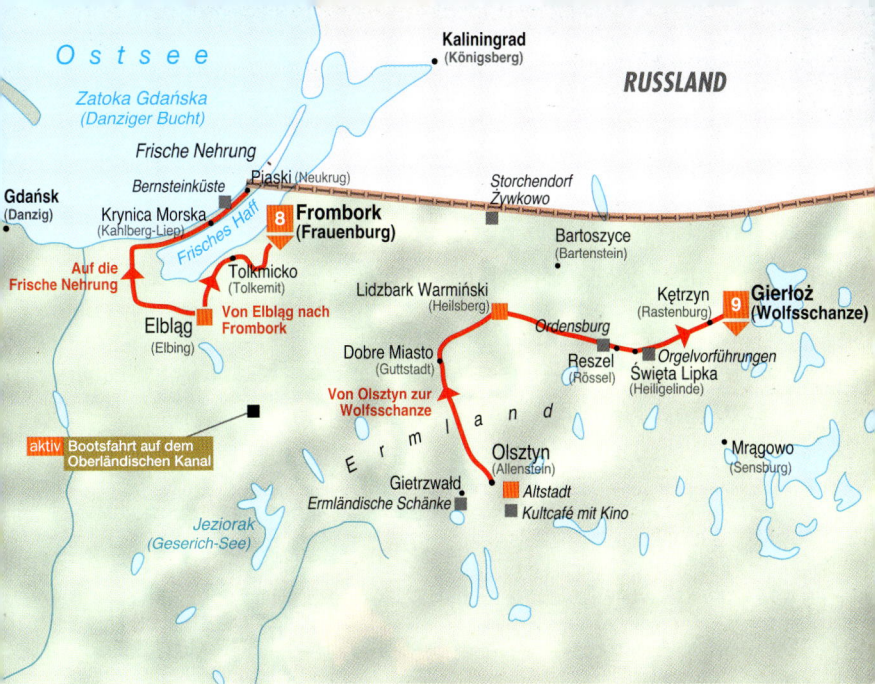

Meine Tipps

Ermländische Schänke in Gietrzwald: Im Schatten der Wallfahrtskirche wird deftig gezecht, dazu gibt's Folklore (S. 237).

Kultcafé mit Kino in Olsztyn: Ein Lichtspieltheater anno 1910, dazu gute Stimmung in vier verschieden gestylten Sälen (S. 247).

Ordensburg von Reszel: Das jahrhundertealte Gemäuer bildet den stimmungsvollen Rahmen für Ausstellungen, Konzerte und Workshops (S. 251).

Storchendorf Żywkowo: In Meister Adebars Lieblingsdorf nahe der russischen Grenze gibt es neun Häuser mit 50 Bewohnern, dazu 200 Störche in 40 Nestern (S. 252)!

Orgelvorführungen in Święta Lipka: Zum Klang der Musik tanzen mehrmals am Tag Engel und Heiligenfiguren (S. 252).

aktiv unterwegs

Bootsfahrt auf dem Oberländischen Kanal: In bedächtigem Tempo tuckert man über Flüsse und verschilfte Seen, mal durch Waldgebiete, mal vorbei an Wiesen und Feldern. An einigen Stellen wird das Schiff über grüne Hügel gezogen – eine Übung in Langsamkeit! Unterwegs kann man ein Museum besuchen, das näher über das technische Meisterwerk informiert (S. 238).

Elbląg und Frische Nehrung

Die ehemalige Hansestadt wurde zur Jahrtausendwende aufpoliert. Von ihrer Uferpromenade starten im Sommer Schiffe zu Ausflügen aufs Frische Haff. Die lagunenartige Bucht ist von der Ostsee durch eine 56 km lange Nehrung getrennt. Diese bietet zum offenen Meer herrliche Sandstrände mit Dünen, zur Haffseite ein wildes Schilfufer.

Elbląg ▶ 1, N 3

Im früheren Ostpreußen war sie die zweitgrößte Stadt der Provinz, im Zweiten Weltkrieg wurde sie nahezu vollständig zerstört. Seit Mitte der 1980er-Jahre hat man ihr historisches Zentrum wieder aufgebaut: allerdings nicht originalgetreu wie in Danzig, sondern in einem bunten Retro-Stil mit Giebelhäusern, Spitzbögen und Arkaden.

Ausländische Investoren beginnen sich für Elbląg (Elbing) zu interessieren, dank des architektonischen Faceliftings verspricht man sich für die kommenden Jahre hohe touristische Zuwachsraten. Schon spricht man von der nach Danzig ›zweiten Hansa-City‹. Der Bürgermeister ist ganz aus dem Häuschen, wenn er das Potenzial Elblągs ausmalt: »Eine nagelneue historische Stadt, die über Kanäle sowohl mit den Seen im Hinterland als auch übers Haff mit dem Meer verbunden ist – wo gibt's das sonst noch?« Und gern fügt er an, dass schon die alten Wikinger die großartige Lage der Stadt zu schätzen wussten und der Reisende Wulfstan um 890 eine Pruzzensiedlung namens Truso erwähnte, in der Kaufleute einen regen Handel entfalteten. Reste dieser Siedlung wurden vor wenigen Jahren am Ufer des Drużno-Sees (Drauen-See) knapp außerhalb der Stadt entdeckt; es wurden Schiffswracks, Werkzeuge und arabische Münzen geborgen.

Deutsche Ordensritter zerstörten den florierenden Ort und gründeten 1237 ein paar Kilometer nordwestlich, wo die Weichsel zu jener Zeit ins Haff mündete, eine eigene Stadt. Sie gaben ihr den Namen Elbing, siedelten Lübecker Bürger an und erwählten sie zu ihrem wichtigsten Handelshafen. Über das Haff, das nahe der heute russischen Stadt Baltijsk (Pillau) den Riegel der Nehrung durchschneidet, war die Stadt mit dem offenen Meer verbunden.

Es gab Zeiten, da war Elbing mächtiger als Danzig, und seine Kirchen waren die größten im Ordensland. Doch nach 130 Jahren steilen Aufstiegs machte die Natur der Stadt einen Strich durch die Rechnung: Nach dem Hochwasser von 1371 grub sich die Weichsel ein neues Bett und mündete fortan nahe Danzig in die Ostsee. Die Elbinger versuchten, sich durch Gewährung von Privilegien an ausländische Kaufleute, allen voran die Eastland Company, gegen Danzig zu behaupten, doch der Plan schlug fehl – Elbing wurde eine Stadt zweiten Ranges. Nur die prächtigen Patrizierhäuser rings um die Nikolaikirche erinnerten noch an die glorreichen Zeiten.

Nach 1945 gab es auch diese Häuser nicht mehr. Am 23. Januar 1945 stießen sowjetische Panzer unerwartet bis Elbing vor und überraschten die Bevölkerung, die auf der Schichau-Werft und bei Loeser und Wolff, der damals größten Zigarrenfabrik Europas, arbeitete. Bei den Kämpfen wurde die Stadt zu 90% zerstört, kaum ein Stein blieb auf dem anderen. Erst 1983 wurde mit dem Wiederaufbau begonnen. Dabei wurde der mittelalterliche Grundriss gewahrt, längs der alten Straßenzüge entstanden Giebelhäuser mit Fachwerkfassaden, Erkern, Türmchen. Sie wirken natürlich und bunt, bilden die ideale Kulisse für Flanier- und Einkaufszeilen.

Historisches Zentrum

Cityplan: S. 226

Die Altstadt besteht aus schachbrettartig angelegten, zum Fluss ausgerichteten Straßen. Schon von weitem erblickt man die spätgotische **Nikolaikirche** 1 mit ihrem 96 m hohen Glockenturm. Die Kirche beherbergt viele Kunstwerke, die aus zerstörten Gotteshäusern der Region zusammengetragen wurden. Besonders wertvoll ist ein zusammenklappbarer Schrankaltar von 1510, der einst Elbinger Flößer auf ihren langen Reisen begleitete. Sehenswert ist auch das bronzene, 1278 von einem gewissen Meister Bernhauser signierte Taufbecken in der mittleren Kapelle der Nordseite sowie eine Kreuzigungsszene aus dem 15. Jh. (Kościół Św. Mikołaja, ul. Mostowa 18, Mo–Sa 10–18, So 10–17 Uhr).

Am Schnittpunkt der Straßen Blacharska und Wałowa hat sich das mittelalterliche **Markttor** 2 als einziges Relikt der städtischen Befestigungsanlagen erhalten (Brama Targowa, ul. Blacharska s/n). Nicht weit davon entfernt steht die ehemalige **Dominikanerkirche** 3 (Dawny Kościół Dominikański, ul. Kuśnierska 6, www.galeria-el.pl, Mo–Sa 10–17, So 10–16 Uhr), die sich die Mönche 1246 erbauen ließen. Der backsteinerne, weite und lichte Innenraum wird heute nicht mehr für Gebete genutzt. Er beherbergt die Galerie EL, welche mit mehreren provozierenden Ausstellungen, aber auch Jazzkonzerten Aufsehen in ganz Polen erregt hat. An die Kirche grenzt der Südflügel der ehemaligen riesigen Klosteranlage, der mit Grabplatten wohlhabender Elbinger Bürger gepflastert ist.

Ein schönes Bild vom alten Elbing vermitteln die ehemalige Heiliggeistgasse (ul. Św. Ducha/Wigilijna) und die kopfsteingepflasterte Kirchenpassage (Ścieżka Kościelna) südlich der Nikolaikirche. Restauriert wurde auch das im 14. Jh. von den Ordensrittern errichtete **Spitalgebäude des hl. Geistes** 4 (Szpi-

tal Św. Ducha), in dem sich heute die Stadtbibliothek befindet.

Noch weiter südlich kommt man zu den Resten der 1454 von Elbinger Bürgern gebrandschatzten Ordensburg. In den zwei erhaltenen Gebäuden ist das **Elbinger Museum** 5 untergebracht, das die Geschichte der Stadt von der Pruzzenzeit bis zur Gegenwart nachzeichnet. Außer archäologischen Fundstücken aus dem vorchristlichen Truso, dem ›Troja des Nordens‹, sind Delfter Kacheln, Meißener Porzellan und spanische Fayencen ausgestellt, die die weit reichenden Handelskontakte der Elbinger Kaufleute belegen. Historische Fotos dokumentieren das Elbing in deutscher Zeit, Kriegszerstörungen und den Wiederaufbau bis zur Jahrtausendwende (Muzeum Elbląskie, Bulwar Zygmunta Augusta 11, Tel. 55 232 72 73, www.muzeum.elblag.pl, im Sommer Di–So 10–16, im Winter 8–16 Uhr, 2,50 €).

Infos

Centrum Informacji Turystycznej: Ratusz Staromiejski, ul. Stary Rynek 25, 82-300 Elbląg, Tel. 55 239 33 77, www.elblag.eu, Mo–Fr 9–17, im Sommer tgl. 10–18 Uhr.

Übernachten

Am Alten Markt ▸ Stary Elbląg 1: Stary Rynek 54–59, Tel. 55 611 66 00, www.hotel elblag.eu, 80 Zimmer. Viersternehotel mit kleinem Hallenbad und hochpreisigem ›königlichem‹ Restaurant. DZ ab 75 €.

Bewährt ▸ Arbiter 2: pl. Słowiański 2, Tel. 55 230 61 91, www.arbiterhotel.pl, 112 Zimmer. Komforthotel in einem Großbau der 1930er-Jahre am Rand der Altstadt, v. a. bei Busgruppen beliebt. DZ ab 75 €.

Südländisch inspiriert ▸ MF 3: ul. Św. Ducha 26, Tel. 55 641 26 10, www.pensjonat mf.pl, 16 Zimmer. Das kleine Altstadthotel wird engagiert von einem Paar geführt, das viele Jahre in Rom gelebt hat. Marmorböden, formstrenges Italo-Design und mediterrane Farben sorgen für Leichtigkeit. Italienische Lebensart spiegelt sich auch in der Küche – Pizza und Pasta dominieren im rustikalen Kellerlokal. DZ ab 64 €.

Camping ▶ **Nr. 61 4:** ul. Panieńska 14, Tel. 55 232 43 07, geöffnet Mai–Sept. 200 m westlich des Zentrums gelegene, teilweise schattige Anlage am Kanal mit bescheidenen sanitären Verhältnissen. 70 Stellplätze und 9 Campinghütten.

Essen & Trinken

Sonntagsschmaus ▶ **Słowiańska 1:** ul. Krótka 4, Tel. 55 611 47 02, www.slowianska. elblag.pl. Elegantes Lokal am Ostrand der Altstadt, bei wohlsituierten Elbingern als sonntägliche Ausgehadresse beliebt. Serviert wird herzhafte altpolnische Küche; zu den Spezialitäten zählen mit Apfel gefüllte Ente und Eisbein, entweder in Bier gebraten oder mit Steinpilzsoße. Hauptgerichte ab 7 €.

›Wanderküche‹ ▶ **Kuchnia Wędrowca 2:** ul. Wigilijna 12, Tel. 55 611 00 22, www.kuch niawedrowca.pl. Die Besitzer sind weit herumgekommen und bieten in ihrem gemütlichen, von englischen Pubs inspirierten Lokal polnische Roggenmehlsuppe und skandinavischen Lachs-Tatar, griechischen Salat und russische Pirogen, Pizza und Pasta. Hauptgerichte ab 5 €.

Historische Regionalküche ▶ **Pod Kogutem 3:** ul. Wigilijna 8–9, Tel. 55 641 28 82, www.podkogutem.elblag.pl. Der rustikale ›Hahn‹ gibt sich bodenständig. Hier können Sie preußische Klassiker wie Königsberger Klopse, ›preußisches Kotelett‹ (Bratkartoffeln mit Rüben) und Elbinger Schinken in Steinpilzsoße probieren. Hauptgerichte ab 5 €.

Aktiv

Golfen ▶ **Sand Valley Golf & Country Club 1:** Pasłęk, Tel. 55 248 24 00, www. sandvalley.pl. Der naturbelassene 18-Loch-Platz liegt 20 km südöstlich von Elbląg (erreichbar über die E-77).

Schiffsausflüge ▶ **2** s. Aktiv unterwegs S. 238. In der Sommersaison werden auch Touren nach Frombork sowie nach Krynica Morska auf der Frischen Nehrung angeboten.

Termine

Święto Chleba (Ende Aug., www.swietochle ba.elblag.pl): Historische Musik und Tanz, kulinarische Workshops rund ums ›Heilige Brot‹. **Festival der Orgelmusik** (Juli/Aug.): Sakralmusik in der Nikolaikirche.

Elbląg/Elbing

Verkehr

Bus/Zug: Beide Bahnhöfe liegen nebeneinander, 1 km südöstlich der Altstadt von Elbląg. Nach Krynica Morska kommt man mit dem Bus; Malbork, Gdańsk und Olsztyn sind mit Bus und Zug erreichbar.

Zwei Routen rund ums Haff

Karte: S. 235

Zwar ist das Wasser im **Frischen Haff** zum Baden nicht geeignet, doch den Ausblick kann man von allen Seiten genießen. Bei Kadyny, im waldreichen Hinterland, hatte der deutsche Kaiser vor 100 Jahren seine Sommerresidenz, weiter östlich, auf der burgartigen Kathedrale in Frombork, revolutionierte der Astronom Kopernikus das mittelalterliche Weltbild. Zwei Touren bieten sich an, um die Region kennenzulernen:

Tour 1: Von Sztutowo nach Krynica Morska ▶ 1, N 3

Die erste führt auf die **Frische Nehrung** (Mierzeja Wiślana), die sich 60 km nordostwärts zieht und wie ein Riegel zwischen Haff und offene See schiebt. Doch bevor man sie erreicht, passiert man einen Ort, in dem man – wieder einmal – mit deutscher Geschichte konfrontiert wird. In Stutthof, dem heutigen Sztutowo 1, haben die deutschen Besatzer im September 1939, unmittelbar nach Kriegsbeginn, das erste Konzentrationslager errichtet. Bis 1945 wurden dort ca. 85 000 Menschen, vorwiegend Jüdinnen aus allen Teilen Europas, ermordet. Viele von ihnen starben durch Injektion von Fenol – als Opfer medizinischer Experimente. Etwa 20 000 Häftlinge kamen im Januar 1945 zwischen Stutthof und Stettin ums Leben, als sie in einem Todesmarsch in Richtung Westen getrieben wurden. Das ehemalige Konzentrationslager ist heute als Museum der Öffentlichkeit zugänglich; erhalten blieben Wachhäuser und Baracken, Gaskammer und Krematorium (Muzeum Stutthof, ul. Muzealna 6, www.stutthof. pl, Mai–Aug. tgl. 10–18, Sept.–April 10–15 Uhr, für Kinder unter 13 Jahren kein Zutritt; tgl. außer Mo werden etwa alle 30 Min. Dokumentarfilme gezeigt).

Gleich hinter Sztutowo beginnt die **Frische Nehrung**. ›Frisch‹ wird sie genannt, weil hier stets eine steife Brise weht, die den Sand südwärts treibt. Um seine Bewegung zu stoppen, begann man schon früh mit der Aufforstung der Dünen. Der schmale Nehrungsgürtel gliedert sich daher in drei Landschaftszonen: Sandstrand zum Meer, Kiefernwald auf dem Dünenkamm und dichtes Schilf am Haff. Bekannt ist die Frische Nehrung vor allem als Teil der sogenannten ›Bernsteinküste‹: Nach schweren Stürmen wird der honiggelbe, von Tang umhüllte Stein angespült. Viele Besucher kommen, um nach dem ›Gold der Ostsee‹ zu fahnden – andere locken die kilometerlangen, weißen Sandstrände und das freilich nur zur Meerseite hin saubere Wasser. An der Südseite sollte man jedoch weiterhin vorsichtig sein: Von der russischen Metropole Kaliningrad werden Abwässer teilweise ungeklärt ins Haff gelassen.

Zwischen Dünen und Kiefernwald führt eine Straße nach **Kąty Rybackie** 2 (Bodenwinkel), wo am Schilfufer – trotz Abwässer

und Algenblüte – ein Reservat für Kormorane geschaffen wurde. Bizarr ist der Anblick der großen, pechschwarzen Vögel, die auf kahlen, von Kot weiß getünchten Bäumen hocken. Nach weiteren 15 km kommt man nach **Krynica Morska** 3 (Kahlberg-Diep): mit herrlich breitem Sandstrand, Dünenhügeln und einem alten, knallroten Leuchtturm. Dank seiner Solequellen rückte der Ort im frühen 20. Jh. zu einem mondänen Kurbad auf. Heute wirkt er verschlafen, nur während der Sommerferien herrscht Ballermann-Stimmung – mit Lunapark, Souvenirshops und Fischbuden. Einige der alten Villen wurden bereits restauriert, so der ehemalige ›Kaiserhof‹ (Cesarski Pałac). Urlauber starten von Krynica Morska zu Schiffsausflügen nach Frombork und Elbląg oder ersteigen den ›Kamelbuckel‹ (Wielbłądzi Garb), eine 48,5 m hohe Düne. Nach 14 km, kurz hinter Piaski (Neukrug), ist die Welt vorerst zu Ende – ein Schlagbaum markiert den Übergang zum russischen Teil der Nehrung.

Tour 2: Von Kadyny nach Braniewo ▸ 1, N/O 3

Die zweite Tour führt von Elbląg nordostwärts. Von den Höhen hinter Suchacz bietet sich ein prächtiger Ausblick: Weit unten breitet sich das Haff aus, am Horizont erkennt man den flimmernden Streifen der Nehrung. Durch hügelige Landschaft erreicht man **Kadyny** 4 (Cadinen), ein behäbiges Dorf mit einer riesigen, angeblich 1000-jährigen Eiche von 11 m Umfang an der Durchgangsstraße. Einige Dörfler behaupten, sie sei von der legendären pruzzischen Fürstin Cadin gepflanzt worden, andere meinen, der einstige Besitzer des Dorfes, Johann von Baisen, habe sie 1454 eingesetzt – zum Zeichen des Sieges im Kampf gegen den Ritterorden. Der letzte deutsche Kaiser Wilhelm II. war von Kadyny so bezaubert, dass er 1898 die dortige Barockvilla zu einem prächtigen Palais ausbauen ließ. Hier verbrachte er manchen

Sommer und ging in den umliegenden Wäldern auf Jagd. Die Bewohner des Ortes schätzten den Herrscher als gütigen Patriarchen: In dem von ihm begründeten Gestüt fanden sie Arbeit bei der Aufzucht von Trakehnern, in der kaiserlichen Cadinen-Werkstatt wurden sie in die Kunst der Porzellanherstellung eingeweiht. Heute ist das in den 1990er-Jahren aufwändig restaurierte Palais ein Hotel. Das unmittelbar angrenzende Trakehner-Gestüt ist seit 2010 verwaist und wartet auf Investoren.

8 Frombork ▸ 1, O 3

Ein hohes Steilufer, durch Schluchten vom Umland abgetrennt: Von keinem anderen Ort hat man einen so weiten Blick aufs Haff wie von **Frombork** 5 (Frauenburg), bei klarer Sicht reicht er bis zum russischen Kaliningrad. Kein Wunder, dass sich hier die Pruzzen vor über 1000 Jahren eine Burg bauten; ihnen taten es die Ordensritter nach. 1288 erkoren sie ihre »Frauenburg« zur Hauptstadt des Bistums Ermland, das so autonom war, dass es fortan als »Kirchenstaat im Staat« galt – und dies bis 1945! Ihrem Status entsprechend ließen die hier residierenden Fürstbischöfe den Domhügel aufpolieren und machten ihre Kirche zur schönsten im Ordensland. Heute stiehlt den Bischöfen freilich Nikolaus Kopernikus die Schau, der hier in der ersten Hälfte des 16. Jh. als Domherr wirkte und als Astronom Berühmtheit erlangte: Mit seinen Thesen revolutionierte er das mittelalterliche Weltbild (s. Thema S. 233).

Man betritt die **Domanlage** durch das von mächtigen Basteien flankierte Südtor und gelangt in einen fünfeckigen, von hohen Mauern umschlossenen Innenhof. In seiner Mitte erhebt sich die Kirche, rechts der Bischofspalast und links die Wirtschafts- und Wohngebäude. Zunächst lohnt ein Blick auf die 1388 vollendete Kirche, die dank ihrer zierlichen Türmchen, filigranen Giebel und schlanken Säulen zu schweben scheint. Schon die Vorhalle präsentiert sich als Augenweide: Die Gewölberippen sind von musizierenden Engeln besetzt, während das Portal Kluge und

Ein Wahrzeichen Elblągs: der weithin sichtbare Turm der Nikolaikirche

Elbląg und Frische Nehrung

Törichte Jungfrauen zeigt. Auch Dämonen und Fratzen sind eingemeißelt – sie bannen das Böse und halten es vom Heiligturm fern. Das Kircheninnere beeindruckt durch seine schiere Größe, herrlich sind die auf schlanken Säulen ruhenden Sterngewölbe. Wichtigstes Kunstwerk der 1626 von den Schweden geplünderten Kirche ist der ehemalige Hochaltar an der Nordwand. Er wurde 1504 von Bischof Lukas Watzenrode, einem Onkel des Kopernikus, gestiftet und zeigt – vor goldenem Hintergrund – eine anmutige, auf einer Mondsichel schwebende Madonna. Die Seitenflügel sind außen mit an Dürer angelehnten Malereien geschmückt. Außerdem gibt es in der Kirche 14 weitere Altäre und mehr als 100 Grabplatten, die Bischöfen, Kanonikern und Domherren gewidmet sind. Sehr schön ist auch die Barockorgel von 1684, von deren herrlichem Klang man sich

Früherer Sitz der ermländischen Bischöfe: Frombork

bei Konzerten während der Sommermonate überzeugen kann.

Im benachbarten **Bischofspalast** werden Leben und Wirken des Kopernikus vorgestellt. Leider fehlen seine Originalmanuskripte; auch sie wurden von den Schweden geraubt und verbleiben bis auf weiteres in Uppsala. Außerdem erfährt man Details zur Geschichte der Stadt – allerdings ein wenig trocken aufbereitet, weshalb man lieber zum **Glockenturm** hinübergeht, der in der Südwestecke des Domhügels aufragt. Im ersten Stock befindet sich ein Planetarium, in dem Kopernikus freilich nie geforscht hat – der Bischof hätte derartige ›Ketzereien‹ auf dem Domgelände nicht zugelassen. Über eine steile Treppe steigt man hinauf und beobachtet das Foucaultsche Pendel, das mit den Mitteln der Mechanik beweist, was Kopernikus mathematisch errechnet hat: An einem

Elbląg und Frische Nehrung

langen Seil hängt eine Kugel, die in Schwingung versetzt wird. Erst bewegt sich das Pendel geradlinig, im Laufe der Zeit ändert es seine Richtung und beschreibt eine Rosettenbahn. Geschuldet ist die Bewegung der sogenannten ›Coriolis-Kraft‹, womit Physiker die ablenkende Kraft durch die Rotation der Erde bezeichnen. Auf der Aussichtsterrasse unterhalb des Turmhelms genießt man anschließend einen fantastischen Weitblick – bei gutem Wetter über das Haff bis hinüber nach Kaliningrad (Muzeum Kopernika, ul. Katedralna 8, www.frombork.art.pl, Di–So 9–16 Uhr, Turm tgl. 9–16, Kathedrale 9–15.30, So 10–18 Uhr; Tickets an der Domkasse).

Am Fuß des Domhügels liegt die über Treppenwege erreichbare **Unterstadt**. Nach Kriegszerstörungen hat sie ihren mittelalterlichen Charakter verloren, doch immerhin haben eine wuchtige Pfarrkirche und ein aussichtsreicher Wasserturm »überlebt« (Mai–Sept. 9–19 Uhr). Etwas abseits entdeckt man das ehemalige Heilig-Geist-Spital, in dem Kranke gepflegt wurden. Passenderweise wurde im Spital ein Medizinmuseum untergebracht, das archaische Instrumente und Lehrbücher zeigt. Am interessantesten sind jedoch die mittelalterlichen Fresken in der angrenzenden Kapelle, die den Tod drastisch vor Augen führen: Nach dem Jüngsten Gericht dürfen sich kleine Teufel um die sündigen, zur Hölle verdammten Seelen reißen. Da spaziert man lieber in den duftenden Kräutergarten (Muzeum Dawnej Medycyny, ul. Stara, Di–Sa 9–17 Uhr). Oder man geht zum kleinen Hafen und lässt sich zur Frischen Nehrung schippern …

Jenseits von Frombork ist **Braniewo** [6] (Braunsberg) der einzige Ort von Bedeutung. Die gotische, dreischiffige Katharinenkirche und der Torturm der alten Bischofsburg erinnern daran, dass er die erste Residenz der ermländischen Bischöfe war. Rekonstruiert wurde das Liceum Hosianum, Polens 1565 gegründetes Jesuitenkolleg, von dem der geistliche Kreuzzug gegen den im polnisch-litauischen Königreich erstarkten Protestantismus startete.

Braniewo ist heute in erster Linie eine Transitstadt, der Grenzübergang zum russischen Distrikt Kaliningrad liegt nur 7 km entfernt.

Infos

Centrum Informacji Turystycznej: ul. Portowa 4, Frombork, Tel. 55 243 70 52, www.frombork.pl, Mo–Fr 8–16 Uhr.

Übernachten

In Kadyny:

Zu Gast bei Wilhelm II. ► **Kadyny Country Club:** Tel. 55 231 61 20, www.kadyny.com.pl, 40 Zimmer (zzt. wegen Renovierungsarbeiten geschlossen). Tolle Lage am Waldrand und schöne Architektur, doch mit vier Sternen überbewertet – um in diese Kategorie zu gehören, müssten Inneneinrichtung und Service verbessert werden! Immerhin wartet das Hotel in den Wirtschaftsgebäuden des ehemaligen Jagdpalais mit Innen- und Außen-Pool, Trocken- und Dampfsauna, Fitnessraum und Radverleih auf. DZ ab 90 €.

Ländlich-behaglich ► **Pod Srebrnym Dzwonem:** Kadyny, Tel. 55 231 34 34, www.srebrnydzwon.pl, 26 Zimmer. Das Gasthaus ›Unter der Silbernen Glocke‹ in einem restaurierten Backsteinbau bietet stilvolle Zimmer, im schmucken Gartenhaus zwei Apartments im Maisonette-Stil. Mit Radverleih, Ausflüge mit Pferd und Kutsche (eigener Stall am Haff), im Herbst Pilzexkursionen, im Winter Schlittenfahrten, Eissegeln und Skilanglauf. DZ ab 75 €.

In Frombork:

Freundlich geführt ► **Kopernik:** ul. Kościelna 2, Tel. 55 243 72 85, www.hotelkopernik.com.pl, 32 Zimmer. In diesem funktionalen Bau haben einige Zimmer Ausblick auf den Domhügel, für das Haus spricht auch die Hotelküche! DZ ab 50 €.

Traditionsreich ► **Dom Familijny Rheticus:** ul. Kopernika 10, Tel. 55 243 78 00, www.domfamilijny.pl, 10 Zimmer und 9 Wohnungen. Das denkmalgeschützte Haus nahe dem Bischofspalast bietet geräumige Apartments für 2–5 Pers. sowie 10 Doppelzimmer an. Mit Radverleih. DZ ab 30 €.

Nikolaus Kopernikus – Ketzer und Domherr

Thema

»Abgelegenste Gegend der Welt« nannte Nikolaus Kopernikus den Ort, in dem er ab 1510 als Arzt und Sekretär seines Onkels, des Bischofs Lukas von Watzenrode, tätig war. Später wurde er dort selbst Domherr, schrieb Abhandlungen zu Theologie und Ökonomie. Berühmt machten ihn seine – von der Kirche stets misstrauisch beäugten – Forschungen auf dem Gebiet der Astronomie.

Sein Hauptwerk trug den Titel ›Über die Umläufe der Himmelskörper‹ (De revolutionibus orbium coelestium). Darin vertrat Kopernikus die These, nicht die Erde, sondern die Sonne sei Zentrum des Universums, womit er das mittelalterliche Weltbild auf den Kopf stellte. Erst in seinem Todesjahr 1543 durfte die ketzerische Schrift erscheinen, 1616 wurde sie erneut auf den Index gesetzt. Noch einmal 212 Jahre mussten vergehen, bis die Kirche die Richtigkeit der Thesen anerkannte.

Geburts- und Todestage dienen regelmäßig als Anlass zu politisch-wissenschaftlichem Streit um die Frage, ob denn nun Deutschland oder Polen das Eigentumsrecht an Kopernikus beanspruchen darf. Zu gern hätte die NS-Führung zu seinem 400. Todestag den Beweis angetreten, dass es sich beim Hirn von Kopernikus um einen germanischen Kopf handelte. Am Kopernikus-Denkmal in Warschau hatten die Nationalsozialisten bereits eine Tafel für den »großen deutschen Astronomen« aufgestellt und die Absicht bekundet, die neu zu gründende Universität von Krakau nach dem »deutschen Geisteshelden« zu benennen.

Aber auch die Polen lassen nichts unversucht, um den Denker für sich zu reklamieren. Noch heute gibt es im Nachbarland viele, die sicher davon ausgehen, dass er allein schon deshalb ein Pole sein müsse, weil er doch Mikołaj Kopernik heiße – und dies sei bekanntlich ein polnischer Name. Außerdem, wird argumentiert, sei er im damals polnischen Toruń zur Welt gekommen, habe in der polnischen Hauptstadt Krakau studiert und als Verwalter der Burg von Olsztyn den polnischen König um Schützenhilfe bei der Abwehr des Deutschen Ordens gebeten.

Beide Seiten unterschlagen, dass in der Zeit, da Kopernikus lebte, die nationale Zugehörigkeit noch eine untergeordnete Rolle spielte: Kopernikus sprach Deutsch ebenso wie Polnisch und nach mehrjährigem Studienaufenthalt in Padua, Bologna und Ferrara auch Italienisch. Er verfasste seine Schriften in der lingua franca Latein und beschäftigte sich ohnehin am liebsten – fern jeder nationalen Zuordnung – mit Phänomenen außerhalb unseres Planeten. Spuren des Mannes, der »die Sonne anhielt und die Erde in Bewegung brachte«, findet man außer in Frombork auch in Toruń, wo selbst eine Lebkuchenfabrik seinen Namen trägt. An der Krakauer Universität hat man ihm einen Gedenkraum eingerichtet. Gleiches gilt für die Bischofsburg von Lidzbark Warmiński, wo er 1503–1510 arbeitete, und für die von Olsztyn, der er als Domherr vorstand (1506–20).

Nachtrag: 2010 wurde Kopernikus – 467 Jahre nach seinem Tod – im Seitenschiff des Dom feierlich beigesetzt. DNA-Vergleiche zwischen einem in der Kirche gefundenen, bis dato namenlosen Leichnam und einem Haar des Astronomen machten die Identifizierung möglich.

233

Essen & Trinken

In Kadyny:

Gemütliches Kellerlokal ▶ Pod Srebrnym Dzwonem: Tel. 55 231 34 34. Gute Regionalküche in stilvoll-rustikalen Rahmen, toll schmeckt die Steinpilzsuppe! Im Sommer gibt es Kaffee und Kuchen im Garten. Hauptgerichte ab 6 €.

In Frombork:

Am Fuß des Domhügels ▶ Akcent: ul. Rybacka 4, Tel. 55 243 72 75, www.restauracja-akcent.com. Viel Fisch, hier schmeckt Zander in Sahnesoße. Hauptgerichte ab 5€.

Stilvoll ▶ Don Roberto: ul. Stara 1. Das Team vom Hotel Rheticus bietet in einem historischen Gebäude Klassiker der polnischen Küche – von Borschtsch bis Bratente. Hauptgerichte ab 3 €.

Aktiv

Baden und Strandwandern ▶ Zur Seeseite hin lockt auf der Nehrung ein herrliches Meer, am Fuß des bewaldeten Dünengürtels kann man laufen, so weit die Füße tragen – erst an der Grenze zu Russland heißt es ›Halt!‹.

Schiffsausflüge ▶ Zwischen Krynica Morska auf der Frischen Nehrung und dem Haff (Frombork, Elbląg) verkehren zwischen Juni und Sept. Sa und So Ausflugsschiffe (www.zegluga.pl).

Termine

Internationales Festival der Orgelmusik (Juli/Aug., www.frombork-festiwal.pl): Hochkarätige Konzerte in der Kathedrale.

Verkehr

Bus: Häufige Verbindungen zwischen allen Orten der Region.

Über Morąg und Ostróda nach Gietrzwałd ▶ 1, O/P 4/5

Karte: rechts

Fährt man mit dem eigenen Auto Richtung Ostróda, lohnt auf halber Strecke ein Abstecher nach **Morąg** 7 (Mohrungen). In dem kleinen Städtchen wurde Johann Gottfried

Herder (1744–1833) geboren, einer der wichtigsten Philosophen der deutschen Romantik. In seinem Hauptwerk, den »Ideen zur Philosophie der Geschichte der Menschheit«, entwickelte er die für die damalige Zeit fortschrittliche These, Sprache und Kultur seien stark von Umweltfaktoren geprägt. Bekannt wurde er auch als Herausgeber einer Sammlung von Liedern und Legenden der slawischen und baltischen Völker. Darin plädiert er für eine »multikulturelle Gesellschaft« von Preußen und Polen, Litauern und Russen. Eine Büste des Philosophen steht in der nach ihm benannten Straße (ul. Herdera) gleich neben der gotischen Kirche; sehenswert ist die ihm gewidmete Ausstellung im restaurierten Dohna-Schlösschen. Der Palast gehörte früher Graf Heinrich zu Dohna-Schlobitten, der am Attentatsversuch auf Hitler 1944 beteiligt war und dafür hingerichtet wurde. Während Herder und seine Zeitgenossen im rechten Gebäudeflügel vorgestellt werden, kann man im linken Flügel niederländische Porträtkunst bewundern. Viele Bilder zeigen Mitglieder der Dohna und Dönhoff, die offenbar großen Wert darauf legten, von den besten Künstlern ihrer Zeit »abgelichtet« zu werden. An verflossene Adelsepochen erinnern auch die mit Stilmöbeln nachgebildeten Räume von Barock über Biedermeier bis zum Art Déco. Gemälde nordddeutscher Meister vom 17. bis 19. Jh. sind gleichfalls zu sehen. Ausstellungen zeitgenössischer Künstler runden die Schau ab (Muzeum Herdera, Pałac Dohnów, ul. Dąbrowskiego 54, www.muzeum.olsztyn.pl, Juni–Sept. Di–So 9–17, Okt.–Mai bis 16 Uhr, 2 €). Nahebei befindet sich die Ordensburg, bei deren Restaurierung Wandmalereien aus dem 16. Jh. entdeckt wurden. Schon bald soll sie als Kulturzentrum und Hotel öffnen.

Durch eine offene Landschaft erreicht man nach 28 km **Ostróda** 8 (Osterode), eine Kleinstadt am Drwęckie-See (Drewenz-See) mit restaurierten Kirchen und einer Ordensburg, die das Stadtmuseum beherbergt (ul. Mickiewicza 22, Di–Fr 10–16 Uhr). Von seiner reizvollsten Seite präsentiert sich Ostróda an der neuen Uferpromenade, wo sich im Sommer ein Terrassecafé ans nächste reiht.

Frische Nehrung und Oberländische Seenplatte

Ostróda ist End- (bzw. Start-)punkt des Oberländischen Kanals, nach Westen schließt sich die Eylauer Seenplatte an. Ihre Gewässer sind durch Kanäle und Flüsse miteinander verbunden und bieten hervorragende Wassersportmöglichkeiten. Längster See Polens ist mit 25 km der Jeziorak, der sich als schmales Band durch die Landschaft zieht. Die Teu-

felsinsel (Czarci Ostrów) und weitere 15 Inseln schwimmen auf seiner Oberfläche. An seinem südlichen Ende liegt das Städtchen **Iława** [9] (Deutsch Eylau), ein wichtiger Verkehrsknotenpunkt mit wachsender touristischer Infrastruktur. Dank seiner Lage am 25 km langen Jeziorak-See entstehen immer mehr Sport- und Erholungsanlagen.

Elbląg und Frische Nehrung

Aufwärts geht es auch mit **Stare Jabłonki** 10 (Alt Jablonken), einem Dorf 7 km östlich von Ostróda. Es liegt zwischen dem kleinen und großen Szeląg-See und verfügt über ein größeres Hotel. Im Wassersportzentrum des PTTK kann man sich Paddelboote ausleihen, oder aber auch Fahrräder mieten und reiten.

Geistiger Mittelpunkt der Region ist die Wallfahrtskirche von **Gietrzwałd** 11 (Dietrichswalde), deren spitzer Turm schon von Weitem sichtbar ist. Seit 1877 Maria höchst persönlich einem Kind erschien, pilgern alljährlich Tausende frommer Katholiken zum ikonenartigen Marienbildnis und hoffen auf die Erfüllung ihrer Wünsche. »Ich möchte, dass Ihr täglich einen Rosenkranz betet«: steht in Kupferbuchstaben an der Kirche (Kościół Mariacki) geschrieben – Devotionalienhändler bieten die passende Kette feil: aus Plastikperlen, schwarzem Stein oder Elfenbein. Dann eilen die Gläubigen über die Rosenkranzallee (al. Różańcowa) zur ›Wunderquelle‹ und füllen sich Fläschchen für den Hausgebrauch ab. Wem derlei religiöse Offenbarung eher fremd ist, der besucht stattdessen die benachbarte Karczma Warmińska, eine – wie der Name sagt – ›ermländische Dorfschänke‹. In diesem gemütlichen, im ganzen Land bekannten Gasthof kann man Schmieden und Holzschnitzern bei der Arbeit zuschauen. Man nimmt Platz an langen Holzbänken und verputzt deftige Bauernkost, Eintopf und Piroggen. Abends lauscht man polnischer Folklore; Warmbier und Honigwein fließen in Strömen.

Infos

Centrum Informacji Turystycznej: pl. 1000lecia Państwa Polskiego 1-A, 14-100 Ostróda, Tel. 89 642 30 00.
Im Internet: www.morag.pl, www.ilawa.pl, www.mazury-zachodnie.pl.

Übernachten

Bei Morąg:
In einer alten Mühle ▶ **Młyn Klekotki:** Godkowo, Tel. 89 249 00 00, www.hotelmlyn klekotki.pl, 42 Zimmer und Apartments. 12 km nördlich von Morąg und umgeben von Wald: Das Komforthotel entdeckt man in einer Mühle aus dem 17. Jh., die mit Naturmaterialien behaglich eingerichtet ist. Gefrühstückt wird im Wintergarten; frischen Fisch aus dem Mühlteich und Wild genießt man im ehemaligen Pferdestall. Einem japanischen (!) Badehaus nachempfundenes Spa in Fachwerkscheune, Kanuverleih und Tennis. DZ ab 80 €.

Bei Ostróda:
Bei Polens Kosmetikkönigin ▶ **Hotel Spa Dr. Irena Eris:** Wysoka Wieś (Kernsdorf) 22, Tel. 89 647 11 11, www.drirenaerisspa.com, 97 Zimmer. 12 km südl. Ostróda, in den Kernsdorfer Höhen (Wzgórza Dylewskie): Fünfsterne-Fachwerk- und Backsteinhotel mit zwei Hallenbädern, römischer, türkischer, finnischer und Kräuter-Sauna sowie Whirlpools. Wellness- und Beauty-Anwendungen. Das zum Hotel gehörige »Romantyczna« ist das erste offizielle Slow-Food-Restaurant Polens. DZ ab 150 €.

Komfort für Familien ▶ **Platinum Spa:** ul. Kardynała Wyszyńskiego 11a, Tel. 89 642 36 00, www.hotelplatinum.pl, 56 Zimmer. Das Ferienhotel, 10 Gehminuten vom Seeufer entfernt, bietet elegante Zimmer (Sat-TV, Gratis-WLAN, Safe), ein Spa mit Saunen, Jacuzzi und Eishöhle sowie einen durch eine Unterführung erreichbaren Aquapark mit separatem Kinder-Becken. DZ ab 110 €.

Neugotisches Schloss ▶ **Zamek w Karnitach:** Karnity/Miłomłyn, Tel. 89 647 34 65, www.karnity.pl, 58 Zimmer und 19 Ferienhäuser. 20 km nordwestlich von Ostróda: Das neugotische, am Kocioł-See gelegene Backsteinschloss mit Türmen und Storchennest bietet Gästezimmer mit Sat-TV, Kaminsaal und Restaurant mit Sommerterrasse. Der deutsche Besitzer Uwe Döcke hat einen hoteleigenen Strandabschnitt abgesteckt, eine Seebrücke führt aufs Wasser hinaus; mit dem Boot kann man zur ›Liebesinsel‹ übersetzen. Der 1855 von der Adelsfamilie Albedyhl angelegte 17 ha große Park ist herrlich verwildert und lädt zu ausgiebigen Streifzügen ein. Räder sind ausleihbar, Gruppen mieten sich gern in den billigeren Ferienhäusern ein. DZ ab 70 €.

In Iława:

Chichi ▶ **Grand Hotel Tiffi:** ul. Żeglarska 7, Tel. 89 333 00 01, www.grandhotel-tiffi.com, 155 Zimmer. Am Ufer des Jeziorak-Sees hat Polens Modefirma Tiffi ein Luxushotel aus Glas und Holz errichtet. Mit großem Spa und Modern Polish Cuisine. DZ ab 100 €.

In Stare Jabłonki:

Villa am See ▶ **Anders:** Tel. 89 641 14 25, www.hotelanders.pl, 120 Zimmer und 24 Ferienhäuser. Villenartiges Komforthotel am hohen Ufer des Szeląg-Sees. Familien quartieren sich meist lieber in den im Wald gelegenen Ferienhäusern ein. Zur Anlage gehören Tennisplatz und Schwimmbad, Sauna und Fitnessbereich; Rad- und Bootsverleih sowie ›Andersland‹ mit Klettergarten, Schießplatz und Quad-Terrain. DZ ab 90 €.

In Gietrzwałd:

Ländliche Idylle ▶ **Osada Warmińska Anders:** Guzowy Piec, Tel. 89 513 12 18, www. bajkowyzakatek.pl. Einem ermländischen Gutshof nachempfundene Anlage am Seeufer, 5 km südlich von Gietrzwałd. Holzhütten mit je zwei Schlafzimmern, Kaminraum mit Terrasse, Küche und Bad. DZ ab 65 €.

Essen & Trinken

In Ostróda:

Wie im 19. Jh. ▶ **U Wokulskiego:** ul. B. Prusa 2, Tel. 89 646 76 11, www.uwokulskiego. pl. ›Herr Wokulski‹ bietet in stilvollem Rahmen Wildgulasch und Räucherenten-Carpaccio, masurische Fischsuppe und Spinat-Piroggen. Hauptgerichte ab 5 €.

In Iława:

Im alten Gestüt ▶ **Tawerna Kaper:** ul. Sobieskiego 10, Tel. 89 648 63 73. In der Taverne genießt man saisonal variierte Küche, in der Sommer z. B. Schleie in Sahnesoße, kalte Gurkenschale und mit Blaubeeren gefüllte Piroggen. Hauptgerichte ab 3 €.

In Gietrzwałd:

Den Gürtel lockern! ▶ **Karczma Warmińska:** Gietrzwałd 32, Tel. 89 512 34 57, nur im Sommer geöffnet. Ermländische Dorfschänke mit langen Holzbänken und -tischen, deftigen Eintöpfen und Piroggen sowie Wildgerichten. Hauptgerichte ab 6 €.

Aktiv

Schiffsausflüge ▶ Von Mai bis September startet in Ostróda morgens um 8 Uhr ein Schiff zur Fahrt auf dem Oberländischen Kanal – ein Halb- bzw. Ganztagesausflug und eine Einübung in Langsamkeit (s. Aktiv unterwegs S. 238). Infos und Tickets: ul. Mickiewicza 9-A, Tel. 89 646 38 71, www.zegluga. com.pl. Außerdem starten Ausflugsfahrten ab Iława.

Bootsverleih ▶ **Przystań Ośrodka LOK:** ul. Słowackiego 38 (nahe Bahnhof), Tel. 89 646 34 54. Das zwischen fünf Seen gelegene Ostróda ist ein Wassersportzentrum. Paddeltouren führen auf dem langgestreckten Drwęckie-See west- und nordwärts; erfahrene Kanuten unternehmen die 48 km lange Route via Miłomłyn zum Jeziorak, dem längsten See Polens. Dieser ist zwar relativ seicht, doch schon kleinere Winde bauen Wellen auf, die den Paddlern einiges an Fahrkönnen und Kraft abverlangen. Durch klares Wasser, vorbei an Inseln und grünen Ufern gleiten sie bis Iława. Auf dem dortigen Campingplatz kann man ebenfalls Boote ausleihen.

Termine

Goldenes Waschbrett (Mitte Aug., www. zlotatarka.pl): Beim Festival Złota Tarka in Iława traten schon legendäre Jazz-Größen wie Louis Armstrong auf. Gespielt wird im Amphitheater am Ufer des Jeziorak-Sees. Und weil in Polen nichts ohne kirchlichen Segen geht, liest der Elbinger Bischof sogar eine Jazz-Messe.

Verkehr

Bus/Zug: Von Morąg bestehen gute Verbindungen nach Gdańsk, Malbork und Olsztyn. Auch in Ostróda liegen beide Bahnhöfe dicht beieinander (500 m westlich der Bootsanlegestelle). Gute Verbindungen gibt es von hier z. B. nach Olsztyn, Iława und Toruń, kleinere Orte wie Olsztynek und Grunwald erreicht man besser mit dem Bus. Iława ist ein Verkehrsknotenpunkt mit guten Verbindungen nach Olsztyn, Malbork, Gdańsk und Warszawa. Von Gietrzwałd gute Busverbindungen nach Ostróda und Olsztyn.

Bootsfahrt auf dem Oberländischen Kanal

Tour-Infos

Start: Anlegestelle in Elbląg am Bulwar Zygmunta Augusta; die Fahrt ist auch in umgekehrter Richtung ab Ostróda möglich.

Abfahrtszeit: Mai–Sept. tgl. 8 Uhr

Dauer: Normalerweise wird die Tour als Ganztagsausflug von Elbląg nach Ostróda angeboten, doch auch Halbtagsausflüge sind möglich: Beliebt ist die gut vierstündige Fahrt von Elbląg nach Buczyniec (Buchwalde), von wo man mit dem Bus nach Elbląg zurückgebracht wird.

Tickets: an der Anlegestelle oder im Altstadtbüro der Reederei in der ul. Wieżowa 14, Tel. 55 232 43 07, www.zegluga.com.pl

Kosten: ca. 30 € bis Buczyniec inklusive Rückfahrt nach Elbląg, 40 € bis Ostróda, Rabatt für Studenten und Rentner.

Wer den Oberländischen Kanal entlangläuft, traut seinen Augen nicht: Ein großes Schiff bewegt sich den saftig grünen Hang hinauf! Unwillkürlich fühlt man sich an den Film ›Fitzcarraldo‹ erinnert, wo ein Schiff durch einen Dschungel aus Schilf und Sumpf über Land gezogen wird. Doch während dort eine Hundertschaft von Helfern im Einsatz ist, ist hier weit und breit niemand zu sehen – das Schiff liegt auf einem Wagen, der mit Seilen eine Rampe hinaufgeschraubt wird!

Seen, Kanäle und Rollberge

Der Ausflug im ›geräderten‹ Boot führt durch mehrere Seen über 82 km bis Ostróda (bzw. in umgekehrter Richtung). Beginnt man die Fahrt in Elbląg (s. S. 224), so ist die erste Station der **Drużno-See** (Drausen-See), der einst zum Frischen Haff gehörte und ganz allmählich verlandet. Im verschilften Ufergürtel leben Hunderte von Reihern, Kormoranen und Störchen, die man vom Schiff aus recht gut beobachten kann. Anschließend wechseln Waldgebiete mit Wiesen und Feldern ab, das Kanalbett wird zeitweise sehr schmal. Bei **Całuny Nowe** (Kussfeld) ist der erste Rollberg erreicht: 15 Minuten gleitet das Schiff über den Berg, sanft und absolut geräuschlos. Die nächsten vier ›geneigten Ebenen‹ folgen rasch aufeinander, mittags trifft man in **Buczyniec** (Buchwald) ein. Dort kann man aussteigen und ein kleines Museum besuchen sowie das Denkmal für den Erbauer des Kanals anschauen. Wer die Schiffsreise hier schon beenden will, fährt im

Bus nach Elbląg zurück, alle übrigen haben noch fünf lange Rinnenseen vor sich, bevor sie abends gegen 19 Uhr den Hafen von Ostróda erreichen.

Technisches Meisterwerk

Der Kanal gilt als Glanzleistung der Ingenieurskunst. Da die Schiffe auf einer 10 km langen Strecke einen Höhenunterschied von 104 m ausgleichen müssen, werden sie fünfmal auf fahrbare Untersätze gehievt und auf ›geneigten Ebenen‹ unter Ausnutzung von Wasserkraft zum nächsten See gezogen. Das ebenso geniale wie einfache System erfand Georg Jakob Steenke, ein Ingenieur aus Königsberg, den die Idee reizte, Getreide und Holz aus dem armen ›Oberland‹, wie die Region um Ostróda und Iława einst hieß, auf möglichst schnellem Weg an die Küste und so an internationale Handelswege zu bringen. Heute gilt der Kanal samt der geneigten Ebenen als technisches Denkmal und erlebt nach über 150 Jahren eine Renaissance als touristische Attraktion.

Per Schiff über Land – auf dem Oberlandkanal ist dieses Erlebnis möglich

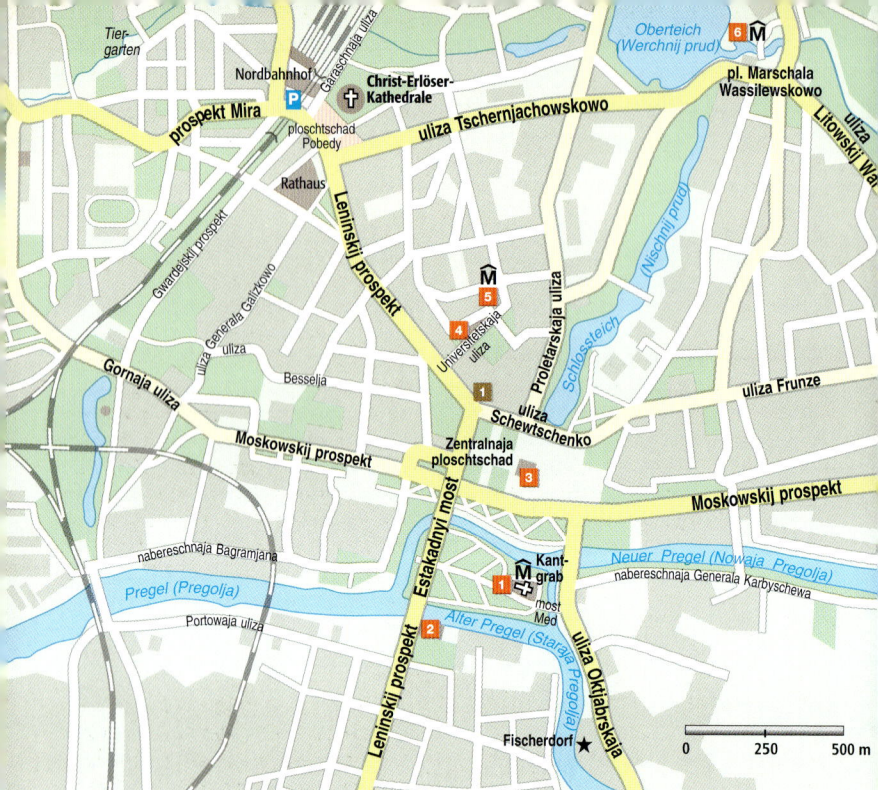

Ein Tag in Königsberg

▶ 1, Q 1

Königsberg, beiderseits des Flusses Pregel (russ. Pregolja) gelegen, war seit dem 13. Jh. Domäne des Deutschen Ordens, später Krönungsstadt des preußischen Königs und Hauptstadt der Provinz Ostpreußen. Was von den britischen Bomben im Zweiten Weltkrieg nicht zerstört worden war, rissen die Sowjets in ihrem in langen Kriegsjahren angestauten Hass nieder; nichts sollte an 700 Jahre deutscher Herrschaft erinnern. Königsberg wurde in Kaliningrad umbenannt – so hieß in jener Zeit das sowjetische Staatsoberhaupt. Im einzigen eisfreien Ostseehafen des Imperiums wurde die Baltische Flotte stationiert, und noch heute ist ein Viertel der 900 000 Einwohner mit ihr als Soldat oder Zivilbeschäftigter verbunden. Mit dem Zerfall der Sowjetunion hat sich der Status der Stadt drama-

tisch geändert. Kaliningrad wurde eine exterritorial-russische, von NATO- und EU-Staaten umschlossene Zone. Immerhin wurde 2012 ein ›kleiner Grenzverkehr‹ vereinbart, d. h. die Möglichkeit für Russen und Polen, die Grenze visumfrei zu passieren.

Das heutige Kaliningrad ist keine Schönheit, schnurgerade Magistralen mit gesichtslosen Wohnbauten prägen das Bild. Doch wurden in den letzten Jahren Verschönerungsmaßnahmen gestartet. So entstand am östlichen Pregelufer ein ›Fischerdorf‹ in historisierendem, ›deutschem‹ Stil. Vor der Kulisse herrschaftlicher Gotik- und Barockfassaden öffnen Terrassenlokale, im Sommer bevorzugter Treff der Kaliningrader. Von hier gelangt man über Brücken auf die Pregel-Insel mit dem mittelalterlichen **Dom** 1 – ein eindrucksvolles, aufwendig restauriertes Bauwerk baltischer Backsteingotik. In seinem Innern finden eine orthodoxe und eine

Kaliningrad/Königsberg

evangelische Kapelle Platz, weiterhin ein Kammermusiksaal, eine Bibliothek und das **Immanuel-Kant-Museum**, das das Leben und Werk des in Königsberg geborenen Philosophen vorstellt. Sein Grab an der nördlichen Domaußenmauer wurde auch in sowjetischer Zeit gepflegt: Der Meister der Aufklärung stand in der marxistischen Philosophie hoch im Kurs, sein Werk ›Kritik der reinen Vernunft‹ erlebte immer wieder Neuauflagen (Kafedralnyj sobor, Ostrov Kanta, tgl. 9–16.30 Uhr).

Südlich der Pregel-Insel steht die klassizistische **Alte Börse** 2, heute ›Kulturhaus der Seestreitkräfte‹. Nördlich der Insel erstreckt sich der **Zentralplatz** (Zentralnaja ploschtschad), auf dem sich der Burgsitz der Deutschen Ritter, später das Schloss der preußischen Könige erhob. Dieses wiederum wurde in den 1970er-Jahren durch das **Haus des Stadtsowjet** 3 ersetzt – ein gigantisches Bauprojekt.

Vorbei am Hotel Kaliningrad gelangt man zur **Universität** 4 (Universitet): 1544 gegründet, seit 2005 nach Immanuel Kant benannt. Das Denkmal des Philosophen vor der Hochschule ist eine Kopie des im Zweiten Weltkrieg verloren gegangenen Originals, gestiftet von Marion Gräfin Dönhoff. Nur wenige Schritte entfernt befindet sich das **Bunkermuseum** 5. Im ehemaligen unterirdischen Kommandoposten zur Verteidigung Königsbergs sieht man alles noch genauso aus wie am 9. April 1945, dem Tag der Kapitulation. Im Schein der Schreibtischlampe sieht man verstreut herumliegende Landkarten … (Muzej Blindash, Universitetskaya 2, tgl. 10–18 Uhr). Etwas weiter nordwestlich entstand 2005 auf dem attraktiven Pobedy-Platz zum 750. Stadtjubiläum der Prestigebau der orthodoxen

Christ-Erlöserkathedrale: Ihre fünf goldenen Kuppeln sind schon von Weitem zu sehen. Ostwärts geht es am Ufer des Schlossteiches entlang zum Dohnaturm, der heute – zusammen mit dem Rossgärtner Tor – Sitz des **Bernsteinmuseums** 6 ist. Mit 8000 Exponaten aus allen Epochen und Ländern zählt es zu den größten der Welt, einige stammen aus dem verschollenen ›Bernsteinzimmer‹ der Zarin Katharina I. (Muzej Jantarja, pl. Vasilevskovo 1, www.ambermuseum.ru, tgl. außer Mo 10–17 Uhr).

Infos

Im Internet: www.visit-kaliningrad.ru.
Von Elbląg aus sind es 200 km, von Danzig 320 km und von Braniewo 120 km (hin- und zurück) nach Kaliningrad.Von der Entwicklung des polnisch-russischen Verhältnisses hängt ab, ob man zukünftig von Elbląg oder Danzig per Schnellboot nach Kaliningrad reisen und vor Ort ein Tagesvisum erhalten kann. Vorläufig ist nur die Anreise über Land möglich, das Visum erhält man bei Visumexpress in Köln (Tel. 0221/690 65 99-0, www.visumexpress.de). Wer das Visum nicht bereits in Deutschland besorgt hat, kann es auch noch vor Ort bei einem polnischen Reisebüro beantragen, in Danzig z.B. beim Reisebüro Lauer (Tel. 58 305 89 85, www.lauer com.pl) oder in Elbląg bei Variustur (Tel. 55 239 43 35, www.variustur.pl).

Übernachten

Traditionsreich ▶ **Hotel Kaliningradi** 1: Leninskij prospekt 8, Tel. 007 4012 350 531, www.hotel.kaliningrad.ru. 229 Zimmer. Komfortables, zentral gelegenes Businesshotel, das auch Rundfahrten und Stadtführungen organisiert. DZ ab 50 €.

Inmitten weiter Wälder und umgeben von einem Dutzend Seen liegt Olsztyn (Allenstein), die Hauptstadt der Provinz Ermland-Masuren. Schön ist ihr historischer Kern mit der Backsteinburg, den Kirchen und Bürgerhäusern. Studenten der neu gegründeten Universität beleben das Stadtbild, in den letzten Jahren wurden an allen Ecken Bars und Straßencafés eröffnet.

Ein Blick zurück

Die Geschichte Olsztyns reicht weit ins Mittelalter zurück. 1348 ließ der ermländische Fürstbischof am Ufer der Alle (Łyna) eine Burg errichten, in deren Schutz eine für das Ordensland typische Stadt entstand: In der Mitte des fast quadratischen Marktplatzes wurde das Rathaus errichtet, drumherum baute man auf einem schachbrettartigen Straßenmuster rechteckige Häuserzeilen. Ein runder Wehrring umgab die Stadt, vier Tore bildeten den Zugang zur ›Außenwelt‹. Berühmtester Stadtbewohner war Nikolaus Kopernikus, der von seinem Onkel, dem Fürstbischof von Ermland, 1516 den Posten des Burgverwalters erhielt. Der Universalgelehrte (s. Thema S. 233) sorgte dafür, dass die Kasse der Bischöfe stimmte; er kümmerte sich um die Verwaltung und Verteidigung von Allenstein. Zu seiner Zeit unterstand die Stadt bereits dem polnischen König, mit dem Kopernikus des Öfteren korrespondierte.

Nachdem das Ermland an Preußen gefallen war, stieg Allenstein zu einer unbedeutenden Garnisonsstadt ab; auch im Deutschen Reich stellte sie kaum mehr als einen Verkehrsknotenpunkt dar. Im Zweiten Weltkrieg zur Hälfte zerstört, wurde sie anschließend neu aufgebaut. An die Stelle der geflüchteten bzw. vertriebenen Deutschen rückten Flüchtlinge aus Polens ›verlorenem Osten‹: dem heutigen Litauen, Weißrussland und der Ukraine. Die neue Bevölkerung, die sich binnen weniger Jahre verdreifachte, wurde in rings um die Altstadt hochgezogenen Plattenbauten einquartiert. Heute ist - Olsztyn – neben Białystok – das politische, wirtschaftliche und wissenschaftliche Zentrum in Polens Nordosten. Alle wichtigen Ämter und Institutionen sind in der Stadt vereint. Für den wirtschaftlichen Aufschwung steht die von Michelin übernommene Reifenfabrik, daneben ist die Lebensmittel- und holzverarbeitende Industrie ansässig. Nach Olsztyn kommen aber auch diejenigen, die der kulturellen Öde der Provinz entfliehen wollen. Hier gibt es Theater, Kinos und Bibliotheken, zudem herrscht ein offenes intellektuelles Klima.

Rundgang

Cityplan: S. 245

Die Altstadt ist weitgehend verkehrsberuhigt und so übersichtlich, dass man sie gut zu Fuß ablaufen kann. Sie wird teilweise von der Łyna umflossen, die sich ein Grüngürtel anschließt. Der Park am Fuß des Burghügels bietet an heißen Sommertagen Erfrischung. Außerhalb der alten Befestigungsmauern lohnen v. a. die großzügig angelegten Alleen nordöstlich des Neuen Rathauses einen Abstecher (vgl. Rundgang Sehenswürdigkeiten Nr. 8 bis 11).

Vom Hohen Tor zum Fluss hinab

Der Weg in die Altstadt führt durch das **Hohe Tor 1** (Wysoka Brama), einen wuchtigen Backsteinbau mit Treppengiebel. Es ist das letzte Überbleibsel der mittelalterlichen Befestigungsanlagen, die früher die ganze Stadt umspannten. Hinter dem Tor beginnt die Flaniermeile Staromiejska mit Geschäften, Bars und Cafés. Sie mündet in den mittelalterlichen, teilweise von Laubenhausern gesäumten Marktplatz. Nach den Verwüstungen des Zweiten Weltkriegs wurde er in historisierendem Stil mit Giebel- und Laubenhäusern neu erbaut. Nur ein einziges Gebäude, das **Haus Nr. 11** ist ein Original. Dagegen musste das niedergebrannte **Alte Rathaus 2** (Stary Ratusz) komplett neu erstehen. Teils backsteinern, teils hell verputzt, mit Türmchen, Arkaden und schönen Portalen füllt es die Mitte des Platzes aus. Kurios sind seine kleinen Sonnenuhren, die das Verinnen der Zeit anzeigen. Das Alte Rathaus beherbergt eine Bibliothek – ein schöner Ort zum Lernen!

Östlich des Marktplatzes, nur zwei Querstraßen entfernt, erhebt sich die gotische - **Jakobskathedrale 3** (Katedra Św. Jakuba, ul. Długosza s/n). Der quadratische, 67 m hohe Glockenturm verleiht ihrem Äußeren ein trotziges Aussehen, doch im Innern herrscht Eleganz: Mit fast 60 m Länge, 24 m Breite und 15 m Höhe wirken die drei Kirchenschiffe luftig und weit.

Die Decken der Kathedrale überspannen kristallartige Netz- und Zellgewölbe; bunt bemalte Köpfe von Königen und Bischöfen dienen als Gewölbeauflager. Ausdrucksstark ist das vor dem Hochaltar postierte, fast 5 m große Kruzifix, das ein gewisser Isaac Riga im 17. Jh. schuf: Christi schmerzverzerrtes Haupt ist auf seine rechte Schulter gesunken, sein Körper ausgemergelt.

Wieder zurück auf dem Marktplatz, geht es auf der altstädtischen Hauptstraße, die hier ul. Prosta heißt, zum Fluss hinab. Vor der Brücke biegt man rechts ein und folgt der Uferpromenade. Die alten Fachwerkhäuser mit Cafés und Biergärten gehören zu den stimmungsvollsten Winkeln der Altstadt.

Ordensburg 4

Am Flussufer läuft man durch Grünanlagen bis zur imposanten **Burg** (Zamek), die ab 1348 nach der Eroberung des Pruzzenlandes entstand. Heute beherbergt sie das **Museum für das Ermland und Masuren,** eines der besten der Region. In den jahrhundertealten, auf Hochglanz polierten Räumen erfährt man viel über die Geschichte, Kunst und Kultur der Region; eine eigene Ausstellung ist Nikolaus Kopernikus gewidmet. Gleich im Innenhof begegnet man fast lebensgroßen Figuren aus pruzzischer Zeit. ›Steinweiber‹ (*Baby*) werden sie genannt: Aus einem überproportional großen Kopf starren weit aufgerissene Augen, der Mund ist ein stummer Strich und die Pose starr. Schaut man genauer hin, sieht man freilich, dass auch ein Mann mit von der Partie ist, denn in einem der Gesichter ist ein Bart angedeutet. Über die Pruzzen, das untergegangene Volk, informiert eine weitere große Ausstellung in der Burg. Freilich kommt auch die Hinterlassenschaft der Sieger nicht zu kurz: Kunstwerke aus Kirchen und Schlössern veranschaulichen den Reichtum der einstigen Landesherren. Kopernikus hat fürwahr fürstlich residiert, als er von 1516 bis 1519 und dann noch einmal von 1521 bis 1522 Burgverwalter von Allenstein war. Seine Wohnräume im ersten Stock sind von herrlichen Kristallgewölben überspannt. Die ›Einrichtung‹ besteht aus einer Vielzahl astronomischer Instrumente; neben einem Kopernikus-Porträt von Jan Matejko ist eine Sonnenuhr ausgestellt, die der Meister selbst geschaffen haben soll. Auch etwas Handschriftliches hat Kopernikus hinterlassen: Auf der Wand des Kreuzgangs entdeckt man ein flott hingeworfenes Diagramm zur Messung der Tagundnachtgleiche. Zuletzt kann man den Burgturm besteigen, von dem Kopernikus den Nachthimmel beobachtete. Unsereins begnügt sich mit einem weiten Blick über die Stadt. Tief unten, unmittelbar am Fuß der Burg, sieht man das in den Boden versenkte Amphitheater, in dem Konzerte und Theateraufführungen stattfinden (Muzeum Warmii i Mazur, ul. Zamkowa 2, www.muzeum.olsztyn. pl, Di–So 10–16 Uhr, 3 €).

Olsztyn/Allenstein

Über den Fischmarkt in die Neustadt

An der neugotischen **Evangelischen Kirche** 5 (Kościół Ewangelicki) vorbei gelangt man zum ehemaligen Fischmarkt (Targ Rybny). Dort befindet sich eine Dependance des **Regionalmuseums** 6, in der historische Fotos die Geschichte der ›Gazeta Olsztyńska‹ (›Olsztyns Zeitung‹) veranschaulichen.

Tritt man durch das Hohe Tor wieder aus der Altstadt heraus, sieht man linkerhand das **Neue Rathaus** 7 (Nowy Ratusz), einen 1915 fertiggestellten Bau im Stil der Neorenaissance. Etwas früher entstand nahebei eine prachtvolle Jugendstilvilla, heute Olsztyns **Kulturzentrum MOK** 8 mit Galerien und Kammersaal. Original erhalten blieben Bleiglasfenster und Kacheln sowie die Küche (ul. Dąbrowszczaków 3, www.mok.olsztyn.pl, Di–So 11–18 Uhr). Von hier ist es nicht weit zur neugotischen **Herz-Jesu-Kirche** 9 (Kościół Serca Jezusa), die mit ihrem 83 m hohem Turm und grün glasierten Ziegeln Ende des 19. Jhs. nach dem Vorbild des Freiburger Münsters hochgezogen wurde.

Folgt man der al. Piłsudskiego bis zum östlichen Stadtrand von Olsztyn, gelangt man zum **Planetarium** 10, das 1973 zum 500. Geburtstag von Kopernikus errichtet wurde. In einem Kuppelsaal wird multimedial die Illusion erzeugt, man befände sich in den Weiten des Weltraums. Die Ausstellung ›Von Ko-

pernikus bis Sputnik‹ beleuchtet die Entwicklung der Astronomie als Wissenschaft (al. Piłsudskiego 38, www.planetarium.olsztyn.pl, Di–So 10–16 Uhr). Den realen Himmel kann man dagegen im benachbarten **Astronomischen Observatorium** 11, einem umgebauten Wasserturm, betrachten: Tagsüber sieht man die Sonne und nachts die Sterne (Obserwatorium Astronomiczne, ul. Żołnierska 13, Mo–Sa 10–13, Di–Fr 21–22 Uhr, 3,50 €).

Einen Abstecher lohnt das **Mendelsohn-Haus** 12 südwestlich der Altstadt. Der in Allenstein 1881 geborene Avantgardist Erich Mendelsohn entwarf eine an den jüdischen Friedhof angeschlossene Trauerhalle, sein erstes Werk: ein hoher, symmetrischer Bau, überwölbt von einem fantastisch ausgemalten Walmdach. Hier unterhält die Stiftung Borussia ein Kultur- und Begegnungszentrum, s. Thema S. 248 (Dom Mendelsohna, ul. Zyndroma z Maszkovic 2, Tel. 89 523 72 93, www.borussia.pl, Mo–Fr 10–16 Uhr).

Infos

Centrum Informacji Turystycznej: ul. Staromiejska 1, Tel. 89 535 35 65, www.olsztyn. eu, Mo–Fr 8–18, Sa, So 10–15 Uhr.

Übernachten

Stilvoll ▶ **Dyplomat** 1: ul. Dąbrowszczaków 28, Tel. 89 512 41 41, www.hoteldyplomat. com, 29 DZ. Das Viersternehotel, eine Villa

Olsztyn

aus dem Jahr 1890 zwischen Bahnhof und Altstadt, diente einst als polnisches General-konsulat. Die Zimmer huldigen unterschied-lichen Stilen (vom britschen Club-Stil bis zum französisch-zeitgenössischen Schick); das Restaurant ist russisch, die Malt-Bar – mit Polens größter Whisky-Auswahl – schottisch inspiriert. Besonders schön sind die Zimmer mit der Endzahl 03 und 04 im zweiten und dritten Stock sowie die Apartments (sämtlich mit Bademantel, Sat-TV, Gratis-Safe und -WLAN). Sehr gut ist das Frühstücksbüfett, eine kleine Sauna und Spa-Anwendungen gibt es auch. DZ ab 80 €.

Begegnungsstätte ▸ Polsko-Niemieckie Centrum Młodzieży 2: ul. Okopowa 25, Tel. 89 534 07 80, www.pncm.olsztyn.pl, 21 Zimmer. Das ›deutsch-polnisches Jugend-zentrum‹ in einem restaurierten Bürgerhaus am Fuße der Burg bietet kleine DZ, die von allen gebucht werden können. Mit Garage und bewachtem Parkplatz. DZ ab 50 €.

An der Burg ▸ Pod Zamkiem 3: ul. Nowo-wiejskiego 10, Tel. 89 535 12 87, www.hotel-olsztyn.com.pl, 15 Zimmer. Jugendstil-Villa ›an der Burg‹. Zimmer mit Sat-TV, Parkplatz vorhanden. DZ ab 50 €.

Mit eigener Bäckerei ▸ Tyrolski 4: Targ Rybny 11, Tel. 89 542 40 10, www.tyrolskies maki.pl, 8 DZ. Über der ›Tiroler Bäckerei‹ am Fischmarkt werden in einem historischen, restaurierten Haus freundliche Zimmer ver-mietet – zum Frühstück gibt's allerfrischeste Backwaren! DZ 35 €.

Günstig in toller Lage ▸ Wysoka Brama 5: ul. Staromiejska 1, Tel. 89 527 36 75, www.hotelwysokabrama.olsztyn.pl, 23 Zim-mer. Beste Adresse für Traveller: kleines Ho-tel neben dem Hohen Tor am Eingang zur Alt-stadt. Unschlagbar billig ist ein Bett in einem der beiden Massenschlafsäle im Hohen Turm mit Blick auf die Altstadt. Mit Sauna und Café-Bar, lockeres, kommunikatives Am-biente. DZ ab 20 €.

Camping ▸ Wanda Nr. 95 6: ul. Sielska 12, Tel. 89 527 12 53, geöffnet Mai–Sept. 3 km westlich der Stadt am Ukiel-See nahe dem Novotel. 500 Stellplätze, vom Bahnhof er-reichbar mit Bus Nr. 7.

Etwas außerhalb:

Für Autoreisende ▸ Park 7: ul. Warszaw-ska 119, Tel. 89 523 66 04, www.hotelepark. pl, 100 Zimmer. Komforthotel 3 km vom Zen-trum an der Straße nach Warszawa im ruhi-gen Wohn- und Erholungsviertel Kortowo. Alle Zimmer mit Klimaanlage, Sat-TV, einige be-hindertengerecht. Mit Businesszentrum, Fit-nessraum, Tennisplatz, Auto-, Fahrrad- und Bootsverleih. DZ ab 65 €.

Designhotel ▸ Galery 69 8: Dorotowo 38, Stawiguda, Tel. 89 513 64 80, www.hotel galery69.pl, 10 Zimmer. 10 km südlich von Olsztyn haben die Möbel-Designer Małgor-zata und Wojciech Żółtowski am Seeufer ein Designhotel eingerichtet, das als Show-Room ihrer Entwürfe dient: Helles Holz und klare Formen – in diesen Räumen kann man aufatmen. Im zugehörigen Restaurant wird gute Fischküche serviert. Wer aktiv werden möchte, kann im Pool oder im See baden oder ein Boot leihen. Anfahrt: Von der Straße Olsztyn–Warszawa in Richtung Dorotowo ab-biegen. DZ ab 59 €.

Essen & Trinken

In den Fußgängerstraßen der Altstadt, an Marktplatz und Fischmarkt reihen sich Cafés und Restaurants. Besonders stimmungsvoll sitzt man am Fluss mit Blick ins Grüne.

Am Flussufer ▸ Karczma Jana 1: ul. Kołłątaja 11, Tel. 89 522 29 46, www.karczma jana.pl. Küche mit Schwerpunkt Fisch in ei-nem aus Backstein und Holz erbauten Gast-haus am Ufer der Łyna. Am schönsten sitzt man im Sommergarten, wo abends oft Live-musik erklingt. Hauptgerichte ab 6 €.

Logenplatz am Markt ▸ Staromiejska 2: ul. Stare Miasto 4/6, Tel. 89 527 58 83, www. staromiejska.olsztyn.pl. Café und Restaurant am altstädtischen Markt mit überdachter Ter-rasse, von der man das Treiben ringsum be-obachten kann. Ebenso gut wie die hausge-machte Apfel- und Käsekuchen schmecken die Fischklassiker: Forelle, Zander, Heilbutt und Lachs. Hauptgerichte ab 5 €.

Im Park unterhalb der Burg ▸ Casablan-ca 3: ul. Zamkowa 5, Tel. 89 522 84 64, www.casablanca.olsztyn.pl. Die restaurierte

Villa aus dem 19. Jh. beherbergt ein Café und ein elegant-informelles Bistro-Restaurant. Die Torten sind hausgemacht, die Tagesgerichte leicht und unkompliziert. Die Tomaten für den Salat stammen aus dem eigenen Garten. Hauptgerichte ab 5 €.

Ausflugslokal am See ▶ Tawerna Pirat 4: ul. Bałtycka 95, Tel. 89 523 90 85, www.pirat. com.pl. Etwas außerhalb am Ukiel-See gelegenes beliebtes Terrassenlokal am Wasser. Spezialität ist Fisch. Hauptgerichte ab 5 €.

Relaxte Atmosphäre ▶ House Café 5: Stare Miasto 11/16. ›Wie zu Hause‹ fühlt man sich in weichen Polstersesseln und Sofas, genießt hausgemachten Kuchen oder deftige Kleinigkeiten. Schön sitzt man auch auf der Terrasse auf dem Marktplatz. Hauptgerichte ab 3 €.

Einkaufen

Wochenmarkt ▶ Targ 1: ul. Grunwaldzka, Di und Fr 8–14 Uhr. Auf dem Markt westlich der Altstadt verkaufen Bauern Obst und Gemüse, Hühner und Gänse, ›ermländisches Brot‹ (chleb warmiński) und handgeschöpften Regionalkäse (ser podpuszczkowy).

Abends & Nachts

Abends trifft man sich in den Bars und Cafés am altstädtischen Markt und am Targ Rybny.

Kultcafé mit Kino ▶ Filmowa 1: ul. Stare Miasto 23, www.awangarda.olsztyn.pl. Seit 1910 ist das Kammerkino in Betrieb und noch immer zeigt es Autorenfilme, oft im O-Ton. Viel zu sehen gibt es aber auch in den vier unterschiedlich gestylten Gastro-Sälen: Zur Wahl stehen ein ländliches Café und eine rustikale Schänke, ein ganz in Blau gehaltener Clubraum und eine skurrile Bar. Gute Auswahl an Tees, Kaffees und hausgemachtem Kuchen, auch kleine Gerichte.

Aktiv

Golf ▶ Olsztyński Klub Golfowy 1: ul. Naterki 13-A, Unieszewo, Tel. 89 541 23 52, www.mazurygolf.pl. Gepflegter Platz am Naterskie-See, etwa 10 km südwestlich von Olsztyn.

Paddeln ▶ PTTK Mazury 2: PTTK Mazury, ul. Staromiejska 1, Tel. 89 527 40 59. In dem am Eingang zur Altstadt gelegenen PTTK-Büro werden preiswerte Kanutouren für ganz Masuren, u. a. auch auf der Krutynia-Route (s. Aktiv unterwegs S. 278), organisiert.

Sportfliegen ▶ Aeroclub 3: Aeroclub, ul. Sielska 34, Tel. 89 527 52 40. Ein Blick auf die westmasurischen Seen aus der Vogelperspektive eröffnet das Sportfliegen.

Termine

Kultursommer (Mitte Juni–Anfang Sept., www.olsztynskielatoartystyczne.pl)**:** Im Amphitheater am Fuß der Burg und an anderen Orten der Altstadt erlebt man Konzerte und Theateraufführungen. An Sommerabenden wird unter dem alten Lindenbaum im Burghof Poesie gesungen, die Palette reicht vom Dichter Ildefons Gałczyński bis zum Barden Tom Waits.

Blues Nights Festival (Juli, www.blues. olsztyn.pl)**:** In der ersten Monatshälfte finden im Amphitheater unterhalb der Burg die *Olsztyńskie Noce Bluesowe* mit Musikern aus dem In- und Ausland statt.

Straßentheater-Festival (meist Mitte Aug., www.mok.olsztyn.pl): Vom Festival in Danzig ziehen Theatergruppen, Zauberer und Jongleure ostwärts: Auch in Olsztyn machen sie Station, hier bleiben sie volle drei Tage.

Weihnachtsmarkt (Dez., www.jarmark. olsztyn eu): Auf dem Marktplatz sorgen stimmungsvoll beleuchtete Gastro- und Kunsthandwerksbuden für ein festliches Ambiente. Es erklingen Weihnachtslieder von allen Kontinenten, dazu treten Feuertänzer und Eis-Bildhauer in Aktion. Kinder fahren Karussell, In den Altstadtgassen findet ein Hundeschlittenrennen statt.

Verkehr

Bus/Zug: Beide Bahnhöfe befinden sich am pl. Konstytucji 3 maja, 1 km nordöstlich der Altstadt. Busse verkehren mehrmals tgl. nach Elbląg, Olsztynek, Lidzbark Warmiński, Giżycko und Kętrzyn. Dazu fünf Schnellzüge tgl. über Elbląg nach Gdańsk, drei nach Warszawa und sechs nach Toruń.

Atlantis des Nordens – Suche nach einem versunkenen Land

Januar 1945: Nach einem 1000 km langen Marsch durch von der Wehrmacht verwüstetes russisches Land stieß die Rote Armee in Ostpreußen auf deutsches Gebiet vor. Bis zuletzt gab die nationalsozialistische Führung Durchhalteparolen aus und stellte die Flucht der Bewohner unter Todesstrafe. Erst sehr spät, als die Sowjets den Ostwall schon durchbrochen hatten und zum Frischen Haff marschierten, wurde die Räumung Ostpreußens angeordnet.

Endlose Trecks setzten sich in Bewegung gen Westen – in klirrender Kälte, auf vereisten und spiegelglatten Straßen. Zahlreiche Menschen starben an Hunger und Erschöpfung, ertranken in den Fluten des vermeintlich zugefrorenen Haffs oder auf Flüchtlingsschiffen, wurden von sowjetischen Truppen überrollt oder kamen im Bombenhagel der Tieflflieger ums Leben.

Viele derer, denen die Flucht gelang, organisierten sich in Vertriebenenverbänden und klagten lautstark ein »Recht auf Heimat« ein. Jahrelang wurden sie von der Regierung hofiert, »als handele es sich um fremde Großmächte, die bei Laune gehalten werden mussten« (Marion Gräfin Dönhoff). Bei ihren jährlichen Pfingsttreffen ließen sie junge, in Trachten gehüllte Mädchen auftanzen, lauschten deutschen Volksweisen und beklagten die »Verwahrlosung« ihrer Höfe unter polnischer Wirtschaft. Opfer waren immer nur sie, nicht die anderen – nie wurde thematisiert, was ihrer Vertreibung vorausgegangen war: die Hitlerbegeisterung vieler Deutscher, der verbrecherische Überfall auf Polen und die Sowjetunion. Doch die Geschichte zeigt: Man muss aus ihr nichts lernen, um ins ›Recht‹ gesetzt zu werden. Seit der Auflösung des sozialistischen Staatenblocks dürfen die Vertriebenen begründet hoffen, eines nicht mehr fernen Tages in ihre

Heimat zurückkehren zu können. Bei einer Rede vor den Vertriebenenverbänden im Jahr 2000 malte ihnen der damalige Bundeskanzler Gerhard Schröder die Vorteile eines ›Europas der offenen Grenzen‹ aus. Mit der EU-Osterweiterung, verkündete er, werde sich »den Kindern und Enkeln der Vertriebenen die Möglichkeit eröffnen, sich im Rahmen der europäischen Freizügigkeit an den Orten ihrer Eltern und Großeltern niederzulassen und dort am gesellschaftlichen und politischen Leben teilzuhaben.«

Der Boden ist für sie bereitet. Junge, nach dem Krieg geborene polnische Intellektuelle taten sich bereits 1991 in Olsztyn/Allenstein zum Kulturverein Borussia (lat. ›Preußen‹) zusammen. Sie stammen aus Ermland und Masuren, aus Landstrichen, in denen, wie sie programmatisch erklärten, »einst die preußischen Stämme heimisch waren und später Deutsche, Polen, Masuren, Litauer, Ukrainer.« In aller Offenheit distanzieren sie sich von der in Polen verbreiteten Doktrin, Masuren sei ›urpolnisches Land‹. Der von der polnischen Regierung 1945 unternommene Versuch, mehrere Hundert Jahre deutscher Geschichte durch ein Konstrukt vom ›Polen der Piasten‹ vergessen zu machen, war nach ihrer Meinung ein Akt ideologischer Verblendung. Ziel der Gruppe ist es, die Vergangenheit zu ›entlügen‹ und das ›Atlantis des Nordens‹ freizulegen: einen Kontinent mit einer reichen Geschichte, voller nicht eingelöster Versprechen. In ihren Verlautbarungen plädieren sie für Offenheit nach allen Seiten – nur so, glauben sie, lässt sich eine wirkliche Versöhnung zwischen Polen und Deutschen herbeiführen und die Utopie des sich einigenden Europa beleben.

An der Diskussion um das verschollene Atlantis beteiligen sich inzwischen auch viele Vertreter der deutschstämmigen Minderheit, die das Land nach 1945 nicht zu verlassen brauchten, weil sie als ›Autochthone‹ anerkannt waren: Menschen polnischen Ursprungs, die man – laut national-kommunistischer Lesart – im Laufe der Geschichte ›zwangsgermanisiert‹ hatte. Nach dem Vorbild der Borussia entstehen in Pommern und Masuren zahlreiche deutsch-polnische ›Heimatmuseen‹, in denen bekannte Persönlichkeiten geehrt werden (Borussia, ul. Mickiewicza 4/316, www.freunde-borussia.de).

Hunderttausende flüchteten im Winter 1945 von Ostpreußen in Richtung Westen

Vom Ermland ins Masurische

Der Weg von Olsztyn gen Norden und Nordosten führt zu geschichtsträchtigen Orten mit sehenswerten Burgen und Kirchen. Sie sind das Erbe der Ordensritter, die hier im Mittelalter herrschten. Im Dickicht der Wälder liegt die Ruinenlandschaft von Hitlers Führerhauptquartier Ost, unweit davon gibt es weitere moosüberwucherte Bunker. Südlich von Olsztyn erstrecken sich Wälder und schilfgesäumte Seen. Nach Osten zu wird die Landschaft rauer.

Ordensland

Karte: S. 253

Dobre Miasto ▶ 1, Q 4

Fährt man von Olsztyn in Richtung Norden, erreicht man nach 25 km **Dobre Miasto** ■1 (Guttstadt). Zur Rechten grüßt ein imposantes Storchennest auf einem mittelalterlichen Wehrturm – ein beliebtes Fotomotiv auf dem Weg in die Innenstadt. Dort lohnt vor allem die gotische Domkapitelkirche einen Besuch. Zu den Schätzen des barocken Innenraums gehört der pompöse Hochaltar, der vom Vorbild der Krakauer Wawel-Kathedrale inspiriert ist. Im benachbarten Kollegiatsgebäude, in dem jahrhundertelang die Fürstbischöfe residierten (1347–1810), entdeckt man im oberen Kreuzgang schöne mittelalterliche Fresken.

Orneta ▶ 1, P 4

Auf dem Weg nach Lidzbark Warmiński macht man einen Abstecher nach **Orneta** ■2 (Wormditt), einer ländlichen, architektonisch weitgehend intakten Kleinstadt. Mitten auf dem Marktplatz steht das gotische Rathaus, ringsum eine Reihe älterer Bürgerhäuser. Die Fassade der 1379 erbauten Johanniskirche schmückt ein Fries, in dem archaische, abwechselnd männliche und weibliche Porträts eingearbeitet sind.

Lidzbark Warmiński ▶ 1, Q 3/4

Die ehemalige Hauptstadt des Ermlands, **Lidzbark Warmiński** ■3 (Heilsberg), wartet mit dem – neben der Marienburg – besterhaltenen Kastell des Ordensstaats auf. Hinter trutzigen Wehrmauern erhebt sich eine quadratische, von vier Ecktürmen flankierte **Festung**: streng und abweisend, der Stein gewordene Wille zur Macht. Ab 1350 residierten hier die ermländischen Bischöfe, einer von ihnen, Lukas von Watzenrode, war der Onkel des Astronomen Nikolaus Kopernikus, der ihm hier sieben Jahre als Leibarzt zur Seite stand.

Der Große Remter (Refektorium) bildet mit seinen Sterngewölben einen stilvollen Rahmen für die hier ausgestellten mittelalterlichen Skulpturen. Der Nebenraum ist mit farbenprächtigen Ikonen aus dem Altgläubigenkloster von Wojnowo (s. S. 283) geschmückt, orthodoxe Musik schafft eine meditative Stimmung. Ruhe strahlt auch die der hl. Katharina geweihte Schlosskapelle im Südflügel aus. Eine ganz andere Wirkung erzeugt die Galerie, wo Werke zeitgenössischer Maler zu sehen sind, u.a. expressive Bilder von Władysław Hasior und knallbunte Tableaus von Jan Lenica. Ins Schloss integriert ist das Hotel Krasicki (s. Unterkunft) mit Weinstube und Restaurant (Zamek, www. muzeum.olsztyn.pl, Di–So 10–16 Uhr, im Sommer länger, 2,50 €).

Die Bischofsburg in Lidzbark Warmiński ist ein charakteristisches
Beispiel für die Wehrarchitektur des Deutschen Ordens

Übernachten

In der Ordensburg ▶ Krasicki: Lidzbark
Warmiński, Tel. 89 537 17 00, www.hotelkra
sicki.pl, 120 Zimmer. In der Vorburg entstand
ein nach dem letzten Fürstbischof benanntes
Viersternehotel mit Spa, Sternwarte und Bi-
bliotheks-Café, ausgezeichnet als ›Best New
Hotel Construction & Design‹. DZ ab 110 €.

Hinter den sieben Hügeln ▶ Pałac Galiny:
Galiny, 10 km südl. Bartoszyce, Tel. 89 761 21
67, www.palac-galiny.pl, 37 Zimmer. Joanna
und Krzysztof Pałyski haben das mittelalterliche Schloss Galiny (Gallinen) restauriert und
darin ein elegantes Hotel eingerichtet. Im Restaurant geht es rustikal zu: außer hausgemachten Wurstwaren kommen Fisch und
Fleisch aus dem Holzofen auf den Tisch. Im
Reiterhof nebenan stehen in Picobello-Boxen
150 Pferde – außer Trakehnern auch Holstei-
ner und Oldenburger. DZ ab 55 €.

Reszel ▶ 1, R 4

Auch im weiter östlich gelegenen **Reszel** 4
(Rössel) haben die ermländischen Bischöfe
im 14. Jh. eine **Ordensburg** errichtet, die allerdings deutlich kleiner ausgefallen ist als in
Lidzbark Warmiński. Seit mehreren Jahren
dient sie als Kulturzentrum, in dem Konzerte,
Festivals und Ausstellungen stattfinden. Joseph Beuys und Günter Grass stellten hier
ihre Werke aus, polnische Jazzmusiker sorgten schon in sozialistischer Zeit für ein auf-
geschlossenes Ambiente. Sehenswert ist das
Schlosscafé, vom Turm hat man einen weiten Blick über Stadt und Land.

Reszel, so scheint es, beginnt sich zu einem der schönsten Orte des Ermlands zu
mausern. Mit Unterstützung der deutsch-polnischen Stiftung für Zusammenarbeit wurde
die Pfarrkirche restauriert, ein UNESCO-Dip-
lom stellt der Stadt die Aufnahme in das

251

Tipp: Das Lieblingsdorf von Meister Adebar

Das 50-Seelen-Dorf Żywkowo (Schewecken) an der polnisch-russischen Grenze, 12 km nördlich Bartoszyce, gehört wahrlich nicht zu den reizvollen Orten dieser Region, doch es ist unbestritten, dass sich die majestätischen Vögel gerade dieses Grenzdorf mit Vorliebe aussuchen, um zu nisten und sich für den Weiterflug zu rüsten. Auf buchstäblich jedem Dach sitzt Meister Adebar, er liebt die Rasentümpel und die Felder ringsum. Von einem Aussichtsturm kann man ihm direkt ins Nest schauen und im Bauernhof von Herrn Tymiec übernachten (Swojska Chata, 5 Zimmer, Tel. 89 761 81 70). Dort erhält man auch Informationen zur ›Storchenroute‹ (*Szlak Bociani*), die durch sieben Dörfer im Grenzland führt: Toprzyny, Lejdy, Szczurkowo, Lwowiec, Duje und Brzeïnica.

›Welterbe‹ in Aussicht (Zamek, ul. Podzamsze 3, Di–So 10–17 Uhr).

Übernachten

In der Burg ▶ Zamek: ul. Podzamcze 3, Tel. 89 755 01 09, www.zamek-reszel.com, 12 Apartments und 3 Zimmer. In der mittelalterlichen Burg der ermländischen Bischöfe gibt es geräumige, zweigeschossige Zimmer mit Bad, ausgestattet mit schweren Holzmöbeln, die kein Geringerer als der Schlossherr schuf: der Bildhauer Bolesław Marschall. Für Stärkung sorgt das Schlosslokal unter gotischen Gewölben. DZ ab 55 €.

Verkehr

Bus: Die zentrale Haltestelle von Lidzbark Warmiński liegt 500 m nordwestlich des Hohen Tors. Es gibt regelmäßige Verbindungen nach Olsztyn, Frombork und Gdańsk, via Reszel nach Święta Lipka und Kętrzyn. In Reszel fahren Busse von der Haltestelle nördlich des Stadtzentrums nach Swięta Lipka, Kętrzyn, Mrągowo, Olsztyn und Lidzbark Warmiński.

Über Święta Lipka nach Drogosze ▶ 1, R 3/4

Karte: rechts

Kapellen am Wegesrand kündigen den Wallfahrtsort **Święta Lipka** 5 (Heiligelinde) an. Wie es sich für einen Pilgerort gehört, verdankt auch Święta Lipka seine Entstehung einem Wunder: Maria erschien einem zum Tode Verurteilten, der ob dieses Anblicks so bezaubert war, dass er das Bild der Madonna in ein weiches Stück Holz schnitzte. Als die Richter am nächsten Morgen das Werk erblickten, wagten sie nicht mehr, die Strafe zu vollstrecken und beschlossen, den Sünder auf freien Fuß zu setzen. Zum Dank befestigte dieser das Bildnis an einer mächtigen Linde, die fortan Anlaufpunkt von Pilgern aus ganz Polen wurde. In den Jahren 1687 bis 1694, als die Gegenreformation auch die entferntesten Winkel des Landes eroberte, bauten sich an besagter Stelle Jesuiten ein prächtiges Kloster mit Kirche – auf einem Fundament von 10000 im Sumpfboden verankerten Erlen. Die Besucher, mittlerweile an wehrhafte Backsteingotik gewöhnt, mögen ihren Augen kaum trauen. Da erhebt sich auf einer Waldlichtung eine helle und erstaunlich verspielte Kirche. Hoch ragen ihre Doppeltürme auf, ein ringsum verlaufender Laubengang wird von Kuppelkapellen flankiert. Innen setzt sich die barocke Prachtentfaltung fort: Dem 19 m hohen, schwerelos wirkenden Hochaltar mit dem verehrten ›Bildnis der Schmerzensmutter‹ steht eine gleichfalls übergroße Orgel mit etwa 4000 Pfeifen gegenüber. Nach jedem Konzert setzt sich ein fulminantes Figurenkarussell in Bewegung: Engel greifen in die Saiten von Mandolinen, blasen pausbäckig in Trompeten und lassen goldfunkelnde Sterne tanzen. Erzengel Gabriel geht vor Maria in die Knie – huldvoll nickt diese ihm zu. Jedes Jahr kommen 1,5 Mio. Pilger und Touristen nach Święta Lipka. Wie auch an anderen polnischen Wallfahrtsorten herrscht vor der hiesigen Kirche ein kunterbuntes Treiben (Klasztor i Kościół, www.swlipka.org.pl, Mo–Sa 8–18 Uhr, So nur kurzzeitig zwischen den

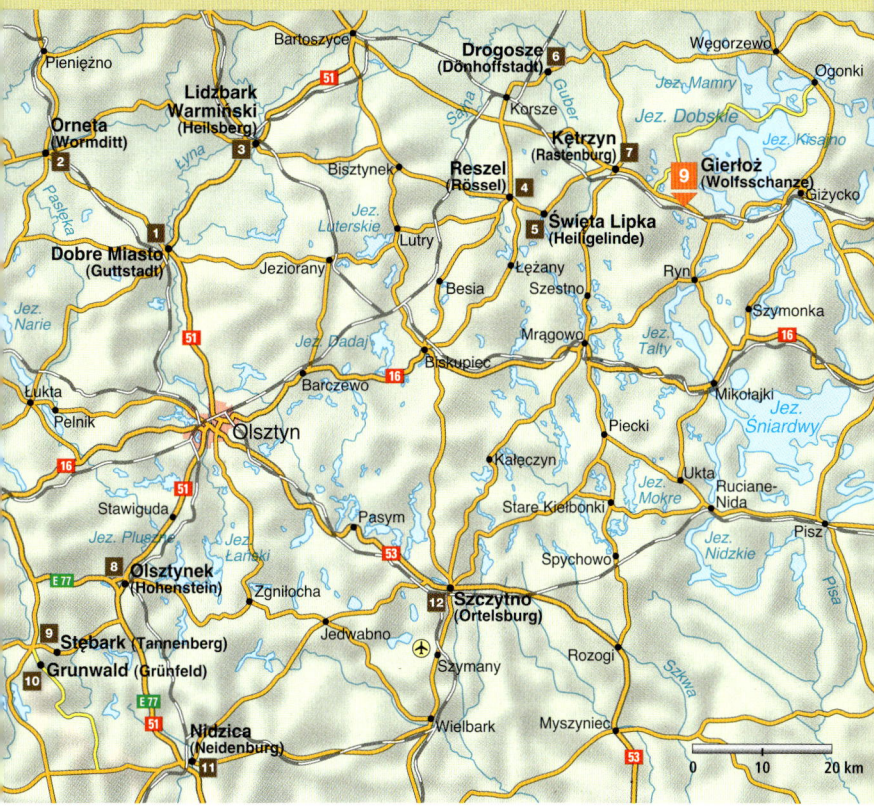

Messen; ab 9.30 Uhr fast stdl. musikalische Orgelkostproben, mittags Pilgermesse).

Für Architekturliebhaber empfiehlt sich ein 30 km langer Abstecher nach **Drogosze** 6 (Dönhoffstadt) im Grenzgebiet zur russischen Exklave Kaliningrad. Der größte Adelssitz Ostpreußens prunkt mit einer 100 m langen klassizistischen Schaufassade, effektvoll spiegelt sie sich im Wasser eines Sees. Nach der Wende ging das Schloss in Privatbesitz über, sodass man sich mit der Außenansicht begnügen muss. Immerhin ist es möglich, durch den 75 ha großen, verwilderten Park zu streifen. Trotz der Namensgleichheit hat Marion Gräfin Dönhoff, die Herausgeberin der ›Zeit‹, nie hier gelebt; ihr ›Stammhaus‹ befand sich in Friedrichstein im heute russischen Verwaltungsgebiet Kaliningrad.

Übernachten

Komfortable Pilgerherberge ▶ Taurus: Święta Lipka 16, Tel. 89 755 37 37, www. hotel-taurus.pl, 30 Zimmer. Dreisternehotel im Fachwerkstil nahe der Wallfahrtskirche. Freundliche Zimmer mit Bad, offener Kamin im gemütlichen Salon. In den Sommermonaten Gartencafé mit Blick auf die Basilika. DZ ab 30 €.

Essen & Trinken

Regionale Spezialitäten ▶ Błękitny Anioł: Święta Lipka 26, Tel. 89 755 14 18. Der ›Blaue Engel‹ serviert vorzügliche Schleie in Sahnesoße, ganz köstlich ist auch die masurische Ente mit Rotkohl und Klößen. Der Kuchen ist hausgemacht. Gemütlich-biedermeierliche Einrichtung. Hauptgerichte ab 5 €.

Tipp: Wallfahrt in Święta Lipka

Auf einer Tafel links vom Haupteingang der Kirche steht geschrieben, dass Maria anno 1300 einem zum Tode Verurteilten persönlich erschienen sei. Da im gleichen Jahr der Eroberungsfeldzug gegen die heidnischen Pruzzen in vollem Gang war, konnte die Intervention der Mutter Gottes als Zeichen christlicher Überlegenheit gedeutet werden und dabei helfen, die Gemetzel an den ›Ungläubigen‹ als gerechten Krieg zu interpretieren. In der Folge ereigneten sich viele weitere Wunder: »In der Nähe weidende Schafherden gingen in die Knie«, heißt es in einer Chronik, im linken Seitenschiff der Kirche wird in Bild und Schrift von spektakulären Ereignissen berichtet. Da erlangte ein Blinder sein Augenlicht zurück, eine Frau genas nach schwerer Geburt und ein Lahmer lernte laufen – all dies nach einem Besuch in der Kirche. Selbst der letzte Hochmeister des Deutschen Ordens ließ es sich nicht nehmen, Maria zu Ehren barfuß von Königsberg nach Heiligelinde zu laufen.

Heutige Besucher tun es ihm nach. Wer polnische Frömmigkeit erleben will, besucht die Kirche Święta Lipka an einem Marienfeiertag, z. B. an ihrem Geburtstag (8. September) oder am Tag ihrer Himmelfahrt (15. August). Zehntausende Pilger nähern sich ihrer Madonna, wobei ältere Frauen die letzte Strecke auf Knien rutschend zurücklegen. Während sie ins Gebet versunken sind, herrscht nur wenige Schritte entfernt blanker Kommerz: Devotionalienhändler verkaufen Tassen und Teller mit dem Konterfei Marias, Heiligenfiguren aus Wachs, Plastik und Porzellan. Bäuerinnen bieten Räucherkäse feil, an Imbissbuden gibt es Bigos und Pommes. Im Schatten der berühmten Kirche von Święta Lipka stehen zwei weitere barocke Wallfahrtskirchen: das als ›ermländisches Jerusalem‹ bezeichnete Głotowo (4 km südwestlich von Dobre Miasto) und Krosno (3 km nordöstlich von Orneta).

Termine

An allen Marienfeiertagen (1. Januar, 3. Mai, 8. Sept. und 8. Dez.), ganz besonders aber am Tag ihrer Himmelfahrt (15. August) strömen die Pilger in Scharen zur Schmerzensmutter in **Święta Lipka**.

Verkehr

Bus: Ab Święta Lipka gibt es häufige Verbindungen nach Kętrzyn, Reszel, Olsztyn, Mrągowo und Lidzbark Warmiński.

Kętrzyn und die Wolfsschanze ► 1, S 4

Karte: S. 253

Die Kleinstadt **Kętrzyn** 7 (Rastenburg) verdankt ihren deutschen Namen dem pruzzischen Wort ›Rast‹, was so viel wie ›in den Sumpf getriebener Pfahl‹ bedeutet. Der polnische Name ehrt einen Deutschen: Adalbert von Winkler (1838–1918) entdeckte seine polnische Identität und publizierte unter dem Pseudonym Wojciech Kętrzyński mehrere Bücher, in denen er den »deutschen Drang nach Osten« geißelte. Eine Ausstellung in der kleinen Ordensburg erinnert an sein Schaffen, dokumentiert wird zudem Geschichte der Stadt (Muzeum w Kętrzynie, pl. Zamkowy 1, www.muzeum.ketrzyn.pl, 15. Juni–15. Sept. Mo–Fr 9–18, Sa, So 9–17 Uhr). Wichtigstes Gotteshaus in Kętrzyn ist die gotische, von Wehrmauern umschlossene Georgskirche 300 m weiter westlich. In ihrem Schatten

Barocke Pracht und Kirmes-Atmosphäre im Wallfahrtsort Święta Lipka

Vom Ermland ins Masurische

duckt sich die kleine, von der evangelisch-augsburgischen Gemeinde genutzte Johanniskapelle. In direkter Nachbarschaft, mitten auf dem grünen ›Skwer Arno Holza‹ fällt ein neugotischer Palast mit vier Türmchen in den Blick: Die ehemalige Freimaurerloge beherbergt eine Ausstellung zum Dichter Arno Holz, der im Ort 1863 das Licht der Welt erblickte. Nördlich des Zentrums befindet sich eines der größten Gestüte Polens – gegründet anno 1877 als königlich-preußische Trakehnerzucht (Stado Ogierów Skarbu Państwa, ul. Bałtycka 1).

9 Wolfsschanze

Für die meisten Besucher ist Kętrzyn nur Durchgangsstation zum 8 km östlich gelegenen **Gierłoż** (Görlitz), bekannter als ›Wolfsschanze‹. Der von Wäldern und Seen umschlossene Ort war über drei Jahre lang Hitlers Hauptquartier Ost. Ab dem 24. Juni 1941, also unmittelbar nach dem Überfall auf die Sowjetunion, lebte der ›Führer‹ hier mit seinem Beraterstab, alle wichtigen Entscheidungen – vom Angriff auf Stalingrad über die Zerstörung Warschaus bis zur Bildung des Deutschen Volkssturms – wurden an diesem Ort getroffen. Zur Zeit der größten Machtausdehnung reichte das von hier regierte Territorium 3000 km ostwärts bis zur Wolga und zum Kaukasus. Hitler fühlte sich in der geheim gehaltenen Festungsstadt sicher, bis ihm Widerstand aus den eigenen Reihen erwuchs. Am 20. Juli 1944, als der Krieg nicht mehr zu gewinnen war, suchte sich eine Gruppe von Offizieren unter Leitung von Claus Graf Schenk von Stauffenberg ihres Führers zu entledigen. Das Attentat schlug fehl, worauf die aufständischen Militärs in Berlin-Plötzensee hingerichtet wurden. Im Film »Operation Walküre« mit Tom Cruise als Stauffenberg wurde das Attentat in Szene gesetzt. Am 20. November des gleichen Jahres verließ Hitler die Wolfsschanze, um der vorrückenden Roten Armee nicht in die Hände zu fallen. Auf seinen Befehl hin wurde die gesamte Festungsstadt gesprengt. Die Erschütterung war so stark, dass das Eis noch in kilometerweit entfernten Seen zersprungen sein soll.

Die Wolfsschanze stellt sich heute als Themenpark dar. Besucher erwartet eine 2 km^2 große Ruinenlandschaft mit gesprengten Bunkern, rostigen Stahlkorsetten und Betongebirgen. Am ehemaligen Offiziershotel vorbei kommt man zu einem schlichten Monument in Form eines aufgeklappten Buches. Es trägt die Inschrift:»Hier stand die Baracke, in der am 20. Juli 1944 Claus Schenk Graf von Stauffenberg ein Attentat auf Adolf Hitler unternahm. Er und viele andere, die sich gegen die nationalsozialistische Diktatur erhoben hatten, bezahlten mit ihrem Leben.« Der auf Wunsch von Ex-Kanzler Kohl eingravierte Satz, der dem Oberst der Wehrmacht als Widerstandskämpfer huldigt, löste in Polen Empörung aus, wurde aber nicht entfernt. Im weiteren Verlauf des Rundgangs geht es an sieben zerschlissenen Betonfestungen vorbei. Am mächtigsten ist der Führerbunker (Nr. 13), dessen 10 m dicke Wände an ineinander verkeilte Kontinentalplatten erinnern. Drinnen herrscht ein Chaos aus künstlichem Gestein, das mittlerweile von Pilz und Moos überwuchert ist. Nahebei befinden sich die Bunker von Martin Bormann (Nr. 11) und Hermann Göring (Nr. 16). Südlich der das Gelände teilenden Bahngleise folgen die Bunker weiterer Nazigrößen (Wilczy Szaniec, Tel. 89 752 44 29, www.wolfsschanze.pl, tgl. ab 8 Uhr bis zur Dämmerung; der Rundgang dauert ca. 2 Std., 4 €).

Infos

Centrum Informacji Turystycznej: ul. Mickiewicza 1, Kętrzyn, Tel. 69 751 47 65, www.ketrzyn.com.pl.

Übernachten, Essen & Trinken
In Kętrzyn:

Im ›Alten Haus‹ ▶ Stara Kamienica: pl. Piłsudskiego 12, Tel. 89 751 05 67, www.restauracja-starachata.pl. In einem restaurierten Haus im Zentrum von Kętrzyn genießen Sie in nostalgischem Ambiente Hirschragout und masurischen Fisch, mit Wild gefüllte Piroggen und Kartoffelpuffer mit Pfifferlingen. Stilvoll übernachten können Sie hier auch! Hauptgerichte ab 4 €, DZ ab 40 € (4 DZ).

Tipp: Manufaktur und Hotel im Schloss

10 km südlich von Kętrzyn kann man im Barockschloss Nakomiady (Eichmedien) eine traditionsreiche Manufaktur besichtigen. Seit 1704 werden in blauer Glasur Kacheln gefertigt, die Öfen schmücken. Auch wenn man keinen ganzen Ofen kaufen möchte: Der Besuch lohnt allemal, um reisetaugliche Souvenirs wie einzelne Kacheln oder Miniöfen für Teelichter zu erstehen. Schön ist ein Gang durch den Kräuter- und Rosengarten. Auch stilvoll nächtigen kann man im Schloss: 7 Zimmer stehen zur Wahl – alle mit Kachelöfen, Friesen und Parkblick (Pałac Nakomiady, Tel. 50 169 02 68, www.nakomiady.pl, Eintritt frei, DZ ab 150 €, Rabatt ab 2 Nächten).

In Gierłoż:

Im ehemaligen Offizierscasino ▶ **Wolfs-schanze:** Tel. 89 75 24 432, www.wolfs schanze.pl, 29 Zimmer. Der Bau am Eingang zur Wolfsschanze bietet saubere Zimmer. Im Übernachtungspreis ist der Eintritt in die Wolfsschanze enthalten. Eine Kantine serviert Snacks. DZ ab 30 €.

Verkehr

Bus: Von Kętrzyn bestehen mehrmals tgl. Verbindungen nach Olsztyn sowie via Gierłoż nach Giżycko.

Von Olsztynek nach Szczytno

Karte: S. 253

Olsztynek ▶ 1, P 6

Olsztynek 8 (Hohenstein) ist eine Kleinstadt mit spärlichen Überresten einer Ordensburg. Interessanter ist der Besuch des 1 km nordöstlich gelegenen Freilichtmuseums, in dem die untergegangene bäuerliche Welt zum Leben erweckt wird. Auf einer 39 ha großen Fläche sieht man Gutshöfe, Kirchen, Wind-

und Wassermühlen, dazu originale und rekonstruierte Holzhäuser aus Ermland und Masuren, dem Weichselland und Litauen. In einigen wird gewebt, geschnitzt und getöpfert, im Gasthaus wird gezecht; frei herumlaufende Hühner, Enten und Gänse sorgen für Kolorit (Skansen, www.muzeumolsztynek. com.pl, April–Okt. tgl. 9–16 Uhr, im Sommer länger, 3 €). In den Wäldern südwestlich der Stadt, zwischen **Stębark** 9 (Tannenberg) und **Grunwald** 10 (Grünfeld) besiegten 1410 die vereinten polnisch-litauischen Truppen das ›unschlagbare‹ Heer der Kreuzritter und leiteten damit den Niedergang des Ordensstaates ein. Polnische Nationalisten pilgern alljährlich am 15. Juli, dem Tag des Sieges, zu dem hier aufgestellten Monument, einem riesigen Steinblock, in den kantige Kriegergesichter geschnitten sind. Im zugehörigen Museum wird der Ablauf der Schlacht rekonstruiert, zu sehen sind auch Fahnen und Waffen der beteiligten Kriegsparteien sowie Ausschnitte aus verschiedenen Grunwald-Filmen (Muzeum Bitwy Grunwaldzkiej, Stębark 1, www.grunwald.warmia.mazury.pl/de, Ende April–Sept. tgl. 9.30–18 Uhr, 3 €).

Gut 500 Jahre später, zwischen dem 24. und 30. August 1914, wurde der ›deutsche Soldat‹ rehabilitiert: Fast an gleicher Stelle gelang es den Truppen des Generalfeldmarschalls Paul von Hindenburg, über 90 000 russische Soldaten der Narew-Armee gefangen zu nehmen. Hindenburg wurde zum ›Helden von Tannenberg‹ erklärt, das ihm zu Ehren errichtete Mausoleum wurde von den Deutschen 1944 gesprengt.

Nidzica ▶ 1, Q 6

Noch weiter südöstlich, 30 km von Olsztyn an der Hauptstraße nach Warschau, stößt man auf die Deutschordensburg von **Nidzica** 11 (Neidenburg). Gebieterisch erhebt sie sich auf einem Hügel, ein Marienburg in Kleinformat mit wuchtigen Türmen und leuchtend roten Ziegelmauern. Jahrhundertelang markierte die Festung die Grenze zum polnischen Masowien. Heute ist die Deutschordensburg ein Kulturzentrum mit Künstleratelier und Café (ul. Zamkowa 2).

257

Termine

Ritterschlacht (Mitte Juli, www.grunwald 1410.pl)**:** Beim Nachspielen der Schlacht von 1410 treten Tausende ›Ritter‹ in Rüstung und Waffen gegeneinander an.

Verkehr

Bus/Zug: Die zentrale Bushaltestelle von Olsztynek befindet sich 200 m südlich vom Marktplatz; viele Busse fahren nach Olsztyn, einige nach Grunwald und Ostróda. Der Bahnhof liegt 1 km nordöstlich vom Ortskern, gute Verbindungen gibt es in Richtung Olsztyn.

Szczytno ► 1, R 6

Szczytno 12 (Ortelsburg) liegt zwischen zwei Seen, die die alten Pruzzen ›Sciten‹ (Kriegerschilde) nannten. Ihre Burg wurde 1350 von den Ordensrittern übernommen und nach deren erstem Leiter ›Ortulfsburg‹ getauft. Einmal im Jahr, meist Anfang Juli, geben die verbliebenen Ruinen für das hier stattfindende Ritterturnier die Kulisse ab. Hinter den Mauern erhebt sich der kantige Turm des städtischen Rathauses. 1938 wurde es von Adolf Hitler persönlich eingeweiht, heute beherbergt es ein Masurisches Museum mit alten Bauernmöbeln und Kachelöfen, Korb- und Keramikwaren (Muzeum Mazurskie, ul. Sienkiewicza 1, www.muzeumszczytno.art.pl, Mai–Sept. tgl. 9–17, sonst 8–16 Uhr, 2 €). Die wenigen ›echten‹ Masuren, die es im Ort gibt, treffen sich im Verein ›Heimat‹ in der evangelischen Kirche. Diese steht abseits der Hauptstraße in einem kleinen Park und lohnt einen Besuch wegen ihres barock-verspielten, in lichtem Grün gehaltenen Innenraums.

An die einstige jüdische Gemeinde erinnert ihr Friedhof – einer der wenigen im Nordosten Polens noch existierenden. Unter knorrigen Bäumen ducken sich schiefe Grabsteine mit hebräischen Inschriften, die letzte stammt von 1937 (Cmentarz Żydowski, ul. Łomżyńska s/n, knapp südlich der Bahngleise; ist der Friedhof verschlossen, erhält man den Schlüssel nebenan).

Infos

Im Internet: www.turystyka.szczytno.pl.

Tipp: Auf dem Reiterhof

Der Öko-Bauernhof Sasek liegt am See, in einem kleinen Dorf 12 km südwestlich von Szczytno. In familiärem Ambiente kann man hier bei Pferdeprofis, die gut Deutsch sprechen, reiten lernen, auch Ausritte und Kutschfahrten sind möglich. Wer nicht so gern im Sattel sitzt, geht angeln, surft oder fährt Boot; Wiesen und Wälder laden zum Wandern ein. Abends trifft man sich im Kaminraum, wo auch die Mahlzeiten eingenommen werden – nicht nur Milch und Fleisch stammen vom Bauernhof. Übrigens gibt es in den Zimmern weder Radio noch Fernsehen, aber freies Internet (Gospodarstwo Agroturystyczne Sasek, Sasek Mały 14, Tel. 89 622 11 60, Mobil-Tel. 60 266 92 14, www.sasek.pl, 9 Zimmer, DZ mit VP 50 €).

Übernachten

Am Stadtpark ► **Hotel Krystyna:** ul. Żwirki i Wigury 10, Tel. 89 624 21 69, www.hotel krystyna.pl, 56 Zimmer. Von viel Grün umgebenes Hotel am See, geräumige Zimmer mit Sat-TV. Mit Büfettfrühstück und guter polnischer Küche. Bewachter Parkplatz und Fahrradverleih. DZ ab 50 €.

Termine

Ritterturnier (Juli)**:** Höhepunkt des Stadtfests in den Ruinen der Ordensburg.

Verkehr

Bus/Zug: Die beiden Bahnhöfe befinden sich im Stadtzentrum; gute Verbindungen nach Olsztyn und über Pisz nach Ełk.
Flugzeug: Der kleine internationale Flughafen Szymany liegt 10 km südlich der Stadt und wurde während des Irak-Kriegs vom US-Geheimdienst CIA genutzt; für den zivilen Flugverkehr wurde er bisher nicht wieder freigegeben (www.mazuryairport.com).

Lust an der Farbe – im
Freilichtmuseum von Olsztynek

Wälder und Seen bestimmen das Bild Masurens

Kapitel 5

Naturparadies Masuren

Es gibt viele Regionen mit Seen und Wäldern, doch eine übt einen besonderen Zauber aus: Masuren, jenes weltverlorene Gebiet im Nordosten Polens, wo es scheint, die Zeit sei vor Jahren stehen geblieben. Es passt zu dieser Landschaft, dass sie über keine festgelegten Grenzen verfügt. Masuren, sagen viele, beginne dort, wo die Hügel buckliger und die Straßen brüchiger werden, wo man sich auf Alleen unter einem Baldachin dichter Baumkronen bewegt ...

Entstanden ist Masuren, als die Gletscher der letzten Eiszeit schmolzen. Die Kies- und Gesteinsmassen, die sie vor sich her schoben, blieben als Hügel stehen, ihr Schmelzwasser füllte Täler und Rinnen. Heute fährt man durch eine anmutig gewellte Landschaft mit einer Fülle von Seen. Mehr als 3000 mögen es sein: kilometerlange Schmalspurgewässer oder kugelrunde ›Himmelsaugen‹, mal mit weißem Sandstrand, mal mit verschilftem Ufer. Einige von ihnen, etwa der Śniardwy- oder der Mamry-See, sind so groß, dass sie als ›masurische Meere‹ bezeichnet werden. Und je weiter man nach Osten kommt, desto dichter wächst auch der Wald, der in Masuren ›Heide‹ (puszcza) heißt. Es gibt die Johannisburger, die Borkener und die Rominter Heide, Mischwälder voller Pilze und Beeren, durchzogen von sandigen, zu einsamen Förstereien führenden Wegen.

Das Herz Masurens bildet die Große Seenplatte mit den Ferienzentren Giżycko im Norden und Mikołajki im Süden. Hier sind die Seen perlenförmig aneinander gereiht und durch Kanäle miteinander verbunden – ein Eldorado für Wassersportler aller Art. Wer möchte, kann die Region auch vom Wasser aus mit dem Ausflugsschiff erkunden.

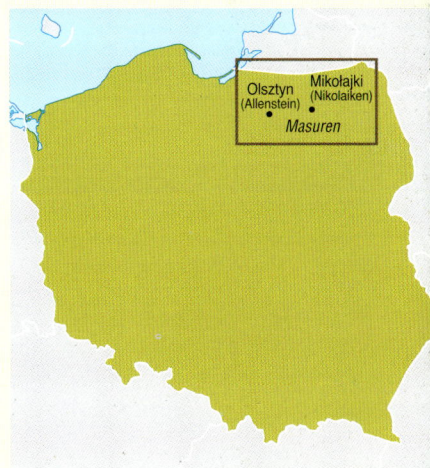

Naturparadies Masuren

Sehenswert

10 **Mikołajki:** Das ›masurische Venedig‹ ist ein guter Ausgangspunkt zur Erkundung des Masurischen Landschaftsparks (S. 272).

Masurischer Landschaftspark: Das Filetstück Masurens umfasst ein ›Meer‹ und einen kristallklaren Fluss, dichte Wälder und idyllische Weiler (S. 277).

Popielno: Auf der bewaldeten Halbinsel werden Tarpanpferde gezüchtet (S. 277).

Kadzidłowo: Vom Elch bis zum Wolf – alle Säugetiere Masurens sind hier vereint (S. 280).

11 **Wojnowo:** Alt-Russland lässt grüßen! Orthodoxe Kirchen mit Ikonen, kyrillischen Schriftzeichen und schiefen Kreuzen (S. 283).

Sztynort: Geisterschloss zwischen zwei großen Seen, erreichbar über eine 500 Jahre alte Eichenallee (S. 293).

Schöne Routen

Auf Umwegen nach Mikołajki: Von Olsztyn führt die waldreiche Straße 16 über Sorkwity nach Mrągowo. Links geht es via Sądry nach Ryn, geradeaus via Kosewo direkt nach Mikołajki. Wer den wunderbaren Masurischen Landschaftspark kennenlernen möchte, biegt bei Mrągowo in Richtung Szczytno ein, um nach etwa 10 km, kurz vor Piecki, links einzuschwenken. Eine schöne Schleife führt über das Paddlerzentrum Krutyń nach Zgoń, dann vorbei am ›russischen Dorf‹ Wojnowo nach Ukta. Im weiteren Verlauf lohnen Abstecher zum Tierpark Kadzidłowo und nach Iznota. Ziel ist Mikołajki, der Hauptort des mittleren Masuren (S. 272).

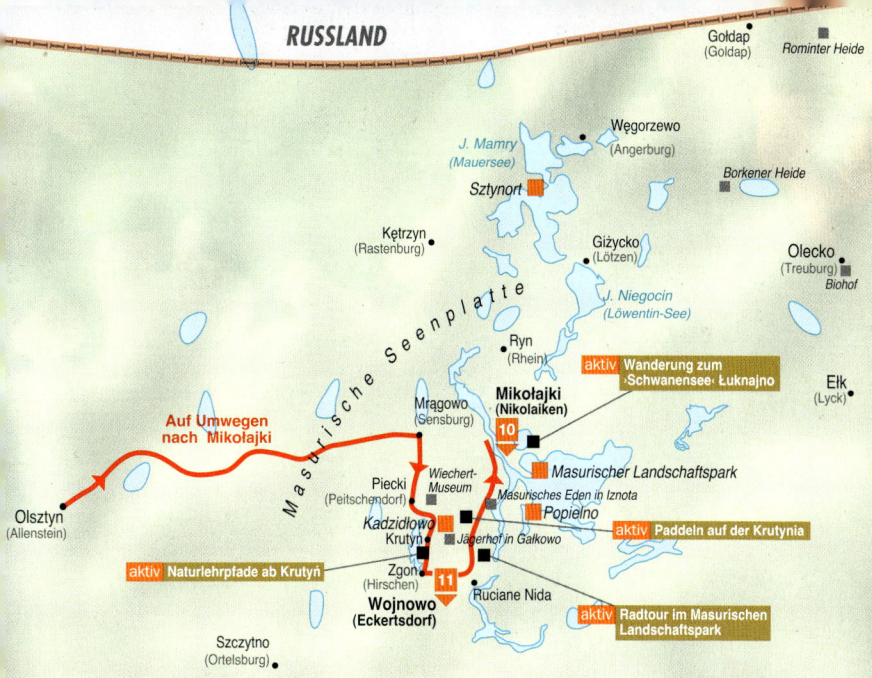

Meine Tipps

Wiechert-Museum in Piersławek: Hier lässt sich der Besuch einer Försterei mit einem Einblick ins Leben des Schriftstellers Ernst Wiechert verbinden (S. 270).

Masurisches Eden bei Iznota: Wer will, kann sich in dieser Ferienanlage an ›galindischen‹ Happenings beteiligen: Höhlengelage bei Fackelschein mit Fingerfood oder kleine Seeschlachten im Holzboot (S. 277).

Jägerhof in Gałkowo: masurisch-deftig essen, prämierte Pferde beobachten und im Dönhoff-Salon in ostpreußische Zeiten abtauchen (S. 281).

Biohof bei Olecko: Schlafen im Heu, Weckruf vom Hahn und ein Frühstück, bei dem (fast) alle Zutaten vom eigenen Bio-Hof kommen (S. 301).

aktiv unterwegs

Wanderung zum ›Schwanensee‹ Łuknajno: Von Mikołajki geht es zu einem See, den die UNESCO zum Biosphärenreservat erklärte: Zur Brutzeit im Frühsommer tummeln sich hier 2500 Höckerschwäne (S. 275).

Auf der Krutynia – Polens schönste Paddeltour: Ein verträumter Fluss, mal Bach, mal See: Durch den Landschaftspark verläuft der schönste Abschnitt vorbei an idyllischen Dörfern, Kirchen und Klöstern (S. 278).

Naturlehrpfade ab Krutyń: Am Naturkundemuseum starten markierte Wege zu jahrhundertealten Königskiefern, Sumpfinseln und verschilften Seen (S. 282).

Radtour im Masurischen Landschaftspark: Es geht an Seen entlang und durch Wald, vorbei an Tarpanpferden und Bibern. Auch eine Fähre kommt zum Einsatz (S. 288).

Mrągowo und Umgebung

Auf dem Weg zu den Großen Masurischen Seen passiert man Schlösser und Gutshäuser, gemütliche Kleinstädte und glasklare, waldgesäumte Gewässer. Auf dem Dach von Bauernhäusern, die meist noch aus ostpreußischer Zeit stammen, thronen Storchennester; auf den Weizenfeldern blühen im Sommer Kornblume und Klatschmohn.

Mrągowo ▶ 2, S 4

Karte: rechts

Mit 23 000 Einwohnern größte Stadt weit und breit ist **Mrągowo** **1** (Sensburg). Sie liegt zwischen den beiden Seen Czos und Juno und ist dank mehrerer Hotels und Pensionen ein beliebter Ausgangspunkt zur Erkundung Masurens. Der deutsche Ortsname stammt vermutlich von einer hölzernen ›Seeburg‹, die hier 1348 von Ordensrittern errichtet und bis Anfang des 16. Jh. gehalten wurde. Die in kriegerischen Auseinandersetzungen immer wieder gebeutelte, 1822 durch einen Brand zerstörte Stadt blieb nach dem Ersten Weltkrieg aufgrund einer Volksabstimmung bei Deutschland und fiel nach dem Zweiten Weltkrieg an Polen. Nun erhielt sie auch den heute gültigen Namen Mrągowo. Die Bezeichnung huldigt dem Patrioten Krzysztof Celestyn Mrongowiusz (1764–1855), der sich zeitlebens für das ›Masurische‹ stark gemacht hat.

Sehenswertes

Mrągowo präsentiert sich dem Besucher als geschäftiges Städtchen mit mehreren Kirchen und stattlichen Bürgerhäusern. Wo sich die Hauptstraße Warszawska zu einem grünen Platz weitet, befinden sich die Touristeninformation und das Masurische Museum; das angrenzende Fachwerkhaus ist dem Werk des masurischen Schriftstellers Ernst Wiechert gewidmet (Muzeum Warmii i Mazur, ul. Ratuszowa 5, www.muzeum.olsztyn.

pl, Sommer Di–So 10–17, sonst 10–16 Uhr, 2 €; s. auch Tipp S. 270). Geht man in Richtung Seeufer hinab, kommt man zur Roosevelt-Straße, wo die **Orthodoxe Kirche** besucht werden kann. Von außen zeigt sie sich in schlichter Backstein-Neogotik, innen beeindruckt sie mit farbenprächtigen Ikonen. Original erhalten sind die Fenster anno 1896, als das Gotteshaus für die jüdische Gemeinde erbaut wurde (Cerkiew Przemienienia Pańskiego, ul. Roosevelta 3).

Von der Roosevelt-Straße ist es nur ein Katzensprung zum **Czos-See**, wo gegenüber, am bewaldeten Ostufer, alle wichtigen Unterkünfte der Stadt liegen. Während der Festivals im Sommer sind sie oft ausgebucht. Tausende von Besuchern kommen zum Country Picknick im Juli und beschwören den ›American Way of Life‹; Paraden berittener Cowboys ziehen durch die Stadt, an jeder Ecke kann man Country-Musik hören. Und weil Country Kult ist, wurde im Norden der Stadt **Mrongoville** eröffnet, ein Western-Themenpark mit Saloon, kleiner Tier-Ranch und Cowboy-Stunt-Shows (ul. Młynowa 50, www.mrongoville.pl).

Infos

Centrum Informacji Turystycznej: ul. Warszawska 26, Tel. 89 741 80 39, www.it.mragowo.pl, Mo–Fr 9–16 Uhr, im Juli/Aug. bis 17 Uhr sowie Sa 10–14 Uhr. Freundliches Reisebüro, kostenloser Stadtplan sowie Vermittlung von Privatzimmern.

Übernachten

Viele Unterkünfte liegen an der Ostseite des Czos-Sees und sind vom Zentrum über eine Seepromenade erreichbar.

Komfortables Großhotel ▶ **Mercure Mrongovia:** ul. Giżycka 6, Tel. 89 743 31 00, www.mercure.com, 215 Zimmer. Auf einer Anhöhe am Czos-See, mit Spa, Tennis- und Squash Courts, Reitstall, Radverleih. DZ 60–115 €.

Am See ▶ **Panoramic-Oscar:** ul. Jaszczurcza Góra 16, Tel. 89 7 41 39 70, www.panoramic.home.pl, 77 Zimmer. Attraktives Hotel am Ufer des Czos-Sees; fast alle Zimmer haben See- oder Waldblick. Fahrrad-, Boots- und Surfbrettverleih. DZ ab 50 €.

Alte Schule ▶ **Stara Szkoła:** Czerwonki, Tel. 89 741 53 55, www.staraszkola.of.pl, 9 Zimmer. Eine ehemalige Dorfpenne am Ufer des Juksty-Sees (östl. Mrągowo) wurde in eine gemütliche Pension verwandelt. Sie bietet solide Hausmannskost, für Aktive Reitpferde und Boote. Besitzer Waldemar Duszynski gibt mit Warschauer Freunden fulminante Jazz-Konzerte. DZ ab 48 €.

Camping ▶ **Nr. 269:** ul. Zwycięstwa 48–60, 2 km nördl. Piecki, Tel. 89 742 10 25, geöffnet Juni–Sept. Wald- und Wiesenplatz am Wągiel-See. 80 Stellplätze, 10 Campinghäuschen, gute sanitäre Einrichtungen, schilfgesäumter Strand.

Tipp: Öko-Hof kreativ

Hier lässt es sich gut wohnen und essen: Obst und Gemüse, Ziegenmilch und -käse kommen vom Hof, alles Übrige von Nachbarbauern. Zur Halbpension gehören nicht nur Frühstück und Abendessen, sondern auch Picknickbrote und Nachmittagskaffee. Wer sich künstlerisch betätigen möchte, findet ein Atelier; im Garten stehen Skulpturen, geschaffen von Frau Iwonas Freunden. Außer Radverleih und Sauna gibt es Wellness alternativ mit Molke-, Haferstroh- und Leinölbad (Jakubowo 5, Tel. 89 742 43 33, www.jakubowo5.com.pl, 10 Zimmer. 12 km südöstl. Mrągowo, DZ/HP pro Woche 580 €).

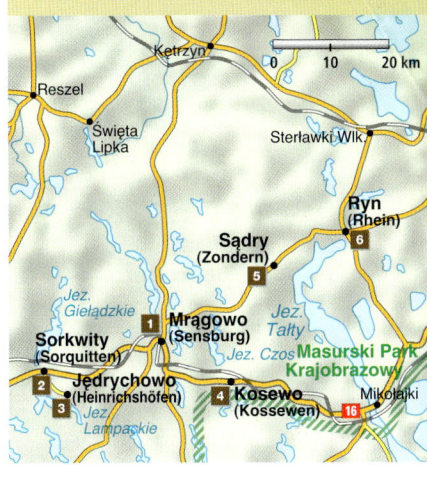

Essen & Trinken

Traditionslokal ▶ **Stara Chata:** ul. Warszawska 9-B, Tel. 89 741 45 02, www.restauracja-starachata.pl. ›Alte Hütte‹ im Herzen der Stadt: hübsch gestaltet mit offenem Dachstuhl, schweren Holzbalken und viel Naturstein. Dazu passend werden masurische Gerichte wie Maronen in Sahnesoße, Eisbein in Biersoße, Forelle vom Grill oder hausgemachte Wildpastete mit Wacholderbeeren serviert. Hauptgerichte ab 5 €.

Gasthof am Seeufer ▶ **Gosciniec Molo:** ul. Jeziorna 1-B, Tel. 89 741 87 00, www.gosciniecmolo.pl. An der Uferpromenade bietet ein auf rustikal getrimmtes Großlokal altmasurisch-deftige Küche (auch Zimmer werden vermietet). Hauptgerichte ab 5 €.

Aktiv

Wassersport ▶ Verschiedene Sportgeräte sind am Hotel Mercure Mrongovia (s. o.) ausleihbar.

Termine

Country Picknick Festival (Juli): Countrymusik mit vielen in- und ausländischen Solisten rund ums Amphitheater. Gern kommen die Besucher hoch zu Ross oder auf schweren Motorrädern. Infos: www.festiwalpiknikcountry.pl.

Mrągowo und Umgebung

Kresy – Festspiele der Grenzkultur
(Aug.): Folklore und Tanz aus Polens verlo-
renen Ostgebieten, dazu Leckereien wie
Kibiny, Czinaki und Kindziuki.

Verkehr

Bus/Zug: Beide Bahnhöfe liegen südlich
vom Zentrum, gute Zugverbindungen bestehen nur nach Olsztyn und Ełk. Busverbindungen gibt es in alle größeren Orte der
Region, u. a. auch nach Giżycko, Kętrzyn
und Szczytno.

Westlich von Mrągowo

Karte: S. 265

Sorkwity ▶ 2, R 5

Auf einer Landenge zwischen zwei größeren
Seen liegt das Gutsensemble **Sorkwity** 2
(Sorquitten), das in pruzzischer Sprache so
viel wie ›Wächter des Ortes‹ bedeutet. Die
Adelsfamilie von Mirbach erwarb es 1804 und
verwandelte es in einen modernen landschaftlichen Betrieb mit Brauerei, Ziegelei

Backsteinschloss Sorkwity, im 19. Jh. im Tudor-Stil erbaut

und Molkerei. Herzstück des Anwesens war ein Schloss, das Julius Ulrich von Mirbach um 1855 in anglisierender Gotik umbauen ließ. Mit seinen Erkern, Zinnen und Türmen war es eines der originellsten Masurens und wurde Schauplatz festlicher Empfänge und Bälle. Der Gutsherr avancierte zu einem der engsten Mitarbeiter Bismarcks, für seine kaiserliche Majestät, die ihm 1888 die Grafenwürde verlieh, veranstaltete er Rotwildjagden. Nach 1945 war es mit der feudalen Prachtentfaltung vorbei. Das im Krieg unbeschädigt

gebliebene Schloss wurde in ein Ferienheim für Arbeiter der Warschauer Ursus-Werke verwandelt. Heute ist es wieder in privater Hand. Kanuten starten von Sorkwity zu einer einwöchigen Tour nach Mikołajki und queren dabei 18 Seen (s. Aktiv unterwegs S. 278).

Auch am nördlich gelegenen **Giełąd-See** (Gehland-See) ist Interessantes zu entdecken. Im Schatten majestätischer Bäume duckt sich eine kleine evangelische Kirche, die als schönstes Beispiel ostpreußischen Dorfbarocks gilt. Der Hochalter, geschnitzt von einem Königsberger namens Isaac Riga, zeigt Bauern und Fischer in expressiver Gestik und masurischer Tracht; hinter dem Kreuzigungsberg Golgatha kann man mit etwas Fantasie das Sorquitter Schloss ausmachen. Über dem Altar schwebt ein anmutiger Engel, der eine silberne Schale in den Armen hält und meist nur bei Taufen herabgelassen wird. Ist die Kirche verschlossen, so erhält man den Schlüssel im Pfarrhaus gegenüber (Kościół Ewangelicki, ul. Plażowa s/n, Gottesdienst So 9 Uhr).

Übernachten

Schloss am See ▶ **Pałac Sorkwity:** ul. Zamkowa 15, Tel. 89 7 42 81 89, www.palacsorkwity.pl, 35 Zimmer. Schloss am Lampasz-See, man erkundige sich vor der Reise nach dem aktuellen Stand der Restaurierung! Anlegestelle, Bootsverleih. Preise auf Anfrage.

Aktiv

Paddeln ▶ **PTTK Stanica Wodna:** ul. Zamkowa 13, Tel. 89 742 81 24, www.sorkwity.pttk.pl (Links ›Szlak Krutyni‹ und ›Spływy kajakowe‹). An der PTTK-Station kann man Kajaks und Kanus ausleihen, hier beginnt auch die 100 km lange, eindrucksvolle ›Krutynia-Route‹ mit Mikołajki als Ziel (s. Aktiv unterwegs S. 278). Zur Station gehört ein Campingplatz (geöffnet Mai–Sept.).

Verkehr

Zug: Von Sorkwity gute Zugverbindungen nach Olsztyn, Mikołajki und Ełk.
Bus: Mit dem Bus kommt man auch nach Szczytno und Giżycko.

Konkurrenten auf der Suche nach Fröschen im gemähten Feld

Jędrychowo ▶ 2, R 5

3 km südöstlich von Sorkwity liegt das Gut **Jędrychowo** **3** (Heinrichshöfen), das einst zum Besitz des Grafen von Sorkwity gehörte (Straße Sorkwity–Mrągowo rechts ab). Das Jagdschlösschen aus dem 18. Jh. ist heute ein ›Altpreußisches Hotel‹. Gegründet wurde es vom Deutschen Albrecht von Klitzing, den nicht nur die Sehnsucht nach der Landschaft seiner Jugend nach Masuren zurückgetrie-

ben hatte, sondern auch der Wunsch, die Menschen in Polen besser kennenzulernen. »Damals lebten wir in Nachbarschaft zu Polen, doch waren wir uns dessen nicht bewusst; nie wurde der Kontakt gefördert.« Gut 1 km weiter, im Camp Rodowo, wird gleichfalls an Völkerverständigung gearbeitet. »Alte Vorurteile abbauen und überholte Vorstellungen revidieren«, heißt es in der Internationalen Jugend- und Bildungsstätte program-

nordwestlich von Mrągowo am Jelmun-See gelegenen ›Landgut Allmoyen‹ zu. Das neoklassizistische Gutshaus aus dem 19. Jh. ist mit Antiquitäten und alten Kachelöfen liebevoll eingerichtet und das gute Essen – vieles aus Feld und Wald – wird am gemeinsamen Tisch eingenommen. Die Besitzerin, Frau Barbara, spricht Deutsch. DZ ab 60 €.

Zum Wohlfühlen ▶ **Dworek Pruski:** Jędrychowo 15, Tel. 89 742 18 36, www.mazur syrenka.com, 35 Zimmer. Restauriertes Gutshaus aus dem 18. Jh. über dem Ufer des Lampasz-Sees, eingebettet in einen 5 ha großen Park. Es gibt Zimmer im Gutshaus und im ehemaligen Pferdestall, Bungalows und – direkt am Wasser – einige ›Dachhäuser‹. Mit Terrassenbar am See, Fahrrad- und Bootsverleih und Badestrand. Im Restaurant ›Oberża Mazurska‹ wird Regionalküche serviert. DZ ab 40 €.

Östlich von Mrągowo
▶ 2, S 4/5

Karte: S. 265

Liebhaber von Wildtieren machen einen Abstecher nach **Kosewo** 4 (Kossewen), von wo aus eine Nebenstraße zur Hirschfarm der Polnischen Akademie der Wissenschaften führt. Seit 1984 werden auf dem 200 ha großen Gehege alle in Polen vertretenen Hirscharten erforscht, darunter Rot- und Damhirsch, Elch und Sikahirsch sowie der ›exotische‹ Milu oder Davidshirsch mit nach hinten gerichtetem Geweih. Auch gibt es Hunderte von Rehen sowie das Mufflon, das gut an seinen Rundhörnern zu erkennen ist. Im Museum kann man eine imposante Sammlung von Hirschgeweihen sehen, dazu erstklassige Tierfotos und eine mit Naturklängen untermalte Dia-Show (Kosewo Górne, Tel. 89 742 43 80, www.kosewopan. pl, Mai–Aug. Di–So 10–17 Uhr).

Auf halbem Weg von Mągrowo nach Ryn lohnt ein Halt in **Sądry** 5 (Zondern), wo Krystyna Dickti und ihr Mann ein masurisches Museum eröffnet haben (s. Thema »Die Masuren« S. 294). Mit Unterstützung

matisch. In einem vorbildlich restaurierten masurischen Gehöft treffen sich junge Deutsche und Polen zu Workshops und Seminaren; das Zusammenleben der Jugendlichen soll den Gemeinschaftsgeist stärken.

Übernachten

Gemütlich ▶ **Jelmuń Dwór:** ul. Zamkowa 13, Mobil-Tel. 0781 41 04 00, www.jelmun dwor.pl, 5 Zimmer. Familiär geht es im 5 km

Tipp: Besuch im Wiechert-Museum – Huldigung eines ›aufrechten‹ Autors

Seit mehreren Jahren hat die Förstersfrau von Kleinort (Leśnictwo Piersławek) viel zu tun. Alle paar Minuten hält ein Bus mit zumeist älteren Besuchern aus Deutschland, die zielstrebig auf ihr Haus zusteuern und dabei unentwegt die Kamera zücken. In dem Haus wurde am 18. Mai 1887 der Schriftsteller Ernst Wiechert geboren. »Es war aus roten Ziegeln gebaut«, schrieb er in seiner Autobiografie, »mit einem roten Pfannendach. Auch Waschhaus und Stall, die in einigem Abstand den Hofraum abgrenzten, hatten dasselbe solide Aussehen, und nur die Scheune in ihrem braunen Holzwerk hätte ebenso auf einem Bauernhof stehen können.« Mehr als 100 Jahre sind inzwischen verstrichen, und man möchte glauben, es habe sich, seit Wiechert hier lebte, so gut wie nichts geändert: Das Anwesen ist auch heute noch rot geziegelt, es gibt die braune Holzscheune und selbst noch die von Wiechert beschriebene Pumpe, in die irgendwann im Laufe der Geschichte die Worte »Ortelsburg, W. Gallmeister jr.« eingeritzt wurden. Schon die sozialistische Regierung Polens ehrte den Autor mit einer rechts vom Eingang postierten Inschrift. Er sei ein »aufrechter Mensch« gewesen, heißt es, ein »Gegner des Faschismus und ehemaliger Häftling von Buchenwald«.

Das Haus wurde inzwischen zu einem Museum ausgebaut und macht mit dem Werk des Autors vertraut. Der Förstersohn verbrachte seine Kindheit in Masuren, studierte Germanistik, Anglistik und Naturwissenschaften in Königsberg und arbeitete anschließend als Lehrer. Am Ersten Weltkrieg nahm er als Freiwilliger teil, widmete sich anschließend zunehmend der Schriftstellerei; Wiechert verfasste Romane, Novellen und Erzählungen. Begonnen hat er als umstrittener ›Heimatdichter‹, pries die masurische Scholle als Heilmittel gegen Sittenverfall und großstädtische Dekadenz. In seinem 1920 veröffentlichten Roman »Der Wald« paaren sich schwülstig aufgeladene Naturbilder mit einem Loblied auf die patriarchalischen Werte. Literarischen Ruf erreichte Wiechert, der 1930 von Königsberg nach Berlin übersiedelte, mit seinem 1932 erschienenen Roman »Die Magd des Jürgen Doskocil«. Zwei Jahre später gab er den Lehrerberuf auf, um als freier Schriftsteller am Starnberger See zu arbeiten.

Mit der Machtergreifung der Nationalsozialisten und der Hexenjagd auf alles vermeintlich Nicht-Deutsche schwenkte Wiechert auf liberalere Positionen ein. Er distanzierte sich von der Blut-und-Boden-Ideologie und gehörte bald zu jenen Schriftstellern, die gegen menschenverachtende Praktiken öffentlich Stellung bezogen. In seiner »Münchener Rede« 1935 propagierte er die innere Emigration als einzig noch mögliche Lebensform – was ihm prompt vier Monate Haft im Konzentrationslager Buchenwald einbrachte. Seine im nationalsozialistischen Sinn ›politisch korrekten‹ frühen Werke durften freilich weiter erscheinen und füllten gar die Bibliotheksregale jenes Lagers, in dem er einsaß. Seine Gefängniserfahrungen hat er im 1945 publizierten Bericht »Der Totenwald« literarisch verarbeitet. Der letzte Roman, »Die Jerominkinder« (1947), ist den Bewohnern Masurens gewidmet: ein Loblied auf den Johannisburger Urwald und ein verzweifeltes Ringen um Gott. Am 24. August 1950 starb Wiechert in seinem Schweizer Haus am Zürichsee, in der Zeit des bundesrepublikanischen Wirtschaftswunders geriet er zunehmend in Vergessenheit.

Wiechert-Museum (Izba Pamięci Ernesta Wiecherta), ul. Leśna 5, Leśnictwo Piersławek, Mai–Sept. tgl. 10–15 Uhr.
Anfahrt: Von der Straße Mrągowo–Szczytno nach gut 10 km, kurz vor Piecki, nach links abbiegen, das Forsthaus liegt dann etwa 2 km weiter zur Rechten.

der Dorfbewohner, die viele Stücke gestiftet haben, richteten sie eine Bauernkate ein, ›wie sie die Großeltern besaßen‹. Da gibt es eine Wiege und ein stattliches Ehebett, naive Heiligenbilder, Kaffeemühlen und schönste Bunzlauer Keramik. Die Führung übernimmt Frau Dickti, die sich einer bilderreichen Sprache bedient und zu jedem Gegenstand eine interessante Geschichte zu erzählen weiß. In der Scheune setzt sich der Rundgang fort. Dort sind Bauernkutschen und -schlitten ausgestellt, dazu Geräte wie ›Schweinedämpfer‹, ›Kleereiber‹ und ›Hungerharke‹. Am Stall vorbei, in dem kolossale Mastschweine stehen, geht's ins Café, wo Frau Dickti die Gäste mit alten ostpreußischen Leckereien verwöhnt – vom Streuselkuchen, bei dem mit Butter nicht gespart wird, über Königsberger Klopse und hausgemachte Leberwurst bis zum »Bärenfang«, einem hochprozentigen Honigschnaps (Muzeum Mazurski, Sądry 3, s. rechts).

Seit **Ryn** 6 (Rhein) zum Kurort erklärt worden ist, wird emsig gebaut. Die gewaltige Ordensburg, 1377 von Hochmeister Winrich von Kniprode errichtet, wurde in ein feudales Burghotel verwandelt. Man läuft durch dunkle Gänge, vorbei an auf Hochglanz polierten Rüstungen, Waffen und goldgerahmten Kriegern von anno dazumal. Im Rittersaal nimmt man an langen Holztafeln Platz und lässt sich die ›Ritterküche‹ mit viel Wild schmecken. Im Schatten der Burg entstand ein neues Rathaus, manch ein Bürgerhaus erhielt eine backsteinerne Fassade in historisierend-gotischen Stil. Die schöne Lage über dem Ryńskie-See, der über das Talter Gewässer (Jezioro Tałty) bis zum ›masurischen Meer‹ bei Mikołajki reicht, lockt Paddler an, die hier noch viel Einsamkeit finden. Im Sommer kann man auch ins Ausflugsboot steigen und nach Mikołajki fahren.

Übernachten

In Kosewo:

Unkompliziert ▶ **Country Holiday:** Kosewo 78, Tel. 89 7 42 43 50, www.countryholiday. pl, 37 Zimmer. Ein freundlich geführtes Haus am Probark-See mit Rad- und Bootsverleih.

Die Zimmer sind funktional eingerichtet, mit Sat-TV, das Kaminrestaurant bietet gute polnische Küche. DZ ab 38 €.

Familiäre Pension ▶ **Hubertus:** Kosewo 77, Tel. 89 7 42 45 57, www.pensjonat-hubertus.pl, 10 Zimmer. Angenehmes Quartier mit Sauna, Boots- und Mountainbikeverleih. DZ ab 50 €.

In Sądry:

Engagiert geführt ▶ **Christel:** Sądry 3, Tel. 89 7 42 36 11, www.christel.com.pl, 29 Zimmer. Pension mit behaglichen Zimmern und üppigem Frühstück, viele Lebensmittel kommen vom eigenen Hof. DZ ab 42 €.

In Ryn:

Fürstlich ▶ **Zamek Ryn:** pl. Wolności 2, Tel. 87 429 70 00, www.zamekryn.pl, 164 Zimmer. Das mächtige Ordensschloss, heute ein Viersternehotel, bietet stilvoll eingerichtete Zimmer, auf Wunsch auch im ›Gefängnisflügel‹. Dazu ein Hallenbad mit Saunen unter Backsteingewölben, Fitness im ehemaligen Waffenarsenal und – für Jäger? – eine Schießhalle. Im Restaurant wird saisonal abgewandelte Adelsküche serviert; im Herbst gibt es Wild aus den masurischen Wäldern. DZ ab 100 €. Feudal geht es auch in der Dependance der historischen Mühle am Ryńskie-See zu, wo Sie gute Regionalküche bekommen (Ryński Młyn, pl. Wolności 2, Tel. 87 429 70 00, www.rynskimlyn.pl, 8 Zimmer, DZ ab 100 €).

Ruhig gelegen ▶ **Pod Kasztanami:** ul. Partyzantów 5, Tel. 87 4 21 85 40, www. zajazdryn.pl, 40 Zimmer. Zur Uferpromenade des Sees läuft man nur 2 Min. Alle Zimmer sind mit Sat-TV ausgestattet, dazu gibt es kleines Hallenbad, Sauna und Massagen. Für Unterhaltung sorgen ein Nachtklub und Billard. Es gibt die Möglichkeit, Fahrräder zu leihen. DZ ab 38 €.

Verkehr

Bus: Von Kosewo gibt es etwa stdl. Verbindungen nach Mrągowo und Mikołajki, von Sądry spärliche nach Ryn und Mrągowo. Von Ryn kommt man gut nach Giżycko und Mrągowo.

Das am masurischen Meer gelegene Städtchen ist ein gutes Sprung-brett in die südlich angrenzende ›Heide‹: ein Waldgebiet so groß, ur-wüchsig und wild, dass es zum Landschaftspark erklärt wurde. Es wird von der Krutynia durchflossen, einem beliebten Paddelfluss, der beim ›masurischen Eden‹ in den Bełdany-See mündet.

10 Mikołajki ▶ 2, S 5

Karte: S. 280

Unter der Stadtbrücke von Mikołajki (Niko-laiken) schwimmt der ›Stinthengst‹, ein 3 m langer Plastikfisch mit bemooster Krone und aufgerissenem Maul. Zwei weitere große Fi-sche, in Beton gegossen, entdeckt man an der Promenade und auf dem Marktplatz. Wohl jedes masurische Schulkind kennt die Geschichte von diesem ›Stinthengst‹. Immer wieder zerschnitt es mit seinen scharfen Flossen die ausgeworfenen Netze, brachte Boote zum Kentern und machte die Fischer zu Hungerleidern. Erst nach vielen verlust-reichen Jahren gelang es diesen, den ›Hengst‹ einzufangen und an Land zu ziehen. Der schnappte verzweifelt nach Luft und versprach, den Fischern alle Wünsche zu erfüllen, wenn sie ihn nur wieder in den See schlüpfen ließen. Und täten sie es nicht, fügte er als Drohung hinzu, müssten sie ver-hungern, denn alle Fische würden sterben. Da berieten sich die Fischer lange Zeit und fällten ein salomonisches Urteil. Sie töteten ihn nicht und ließen ihn nicht frei. Der Stinthengst ward ins Wasser geworfen und als schwimmendes Mahnmal fest an den Brückenpfeiler gekettet. Und dort liegt er noch heute, kann nun keinen Schaden mehr anrichten. Derweil fahren die Fischer täglich hinaus und machen ungestört Beute. Nur einmal im Jahr, beim großen Stadtfest Ende

Juni, erinnern sie sich seiner, schlüpfen in historische Kostüme und feiern den Triumph über den einstigen Gegner.

Mikołajki verdankt seinen wohlklingenden Namen dem hl. Nikolaus, dem Beschützer aller Fischer und Segler. Der Ort liegt am Zusammenfluss der beiden Seen Tałty und Bełdany, und südöstlich öffnet sich der rie-sige Śniardwy-See (Spirding-See). Mehrere Brücken, vorgelagerte kleine Inseln und eine Uferpromenade haben ihm den Beinamen ›masurisches Venedig‹ eingebracht. Das Leben spielt sich auf der Promenade zwi-schen dem Jachthafen und der attraktiven Fußgängerbrücke ab. Hier wird flaniert und geflirtet, rustikale Tavernen und auf maritim getrimmte Restaurants reihen sich aneinan-der. Nach Sonnenuntergang schaukeln die Boote im romantischen Licht der Stegbe-leuchtung, Fremde und Einheimische treffen sich auf der Terrasse der Segler-Kneipe zu einem Glas Bier.

Vorerst ist hier, wenigstens in der Vorsai-son, noch alles überschaubar und ruhig. Mit dem ersten Sommer-Ferientag aber wandelt sich das verschlafene Städtchen zur Tou-risten-Hochburg. Denn die Stadtoberen ha-ben in den letzten Jahren nichts unversucht gelassen, um all das, was schön ist, zur Vermarktung freizugeben. Bisher gab es nur den Betonklotz Gołębiewski, ein Tausend-Betten-Haus an der Straße nach Mrągowo sowie ein paar kleinere Hotels und Gäste-häuser im Zentrum. Nun geht es darum, zah-

Ein Paradies nicht nur für Segelfreunde: die Seen rund um Mikołajki

lungskräftige Gäste aus dem In- und Ausland anzulocken, die nicht nur im Sommer, sondern das ganze Jahr über kommen sollen. Das Fünfsterne-Sheraton Mazury Lakes ist nur eines von mehreren Großprojekten.

In der **Altstadt** sind bereits Veränderungen sichtbar. Zwischen Fußgängerbrücke, Hafen und Markt entstand ein Flanierviertel mit Häusern aus Backstein und Fachwerk, die mit ihren herabgezogenen Satteldächern, Erkern und Balkonen einer mittelalterlichen Stadt nachempfunden sind. Im Erdgeschoss öffnen Boutiquen mit importierten Lifestyle-Produkten, derweil am Busbahnhof einige Schritte entfernt alte Mütterchen ihre im Wald gesammelten Pilze anbieten.

Zu den wenigen Sehenswürdigkeiten der Stadt gehört die am See gelegene **Evangelische Kirche** (Parafia Ewangelicko Augsburgski), die im Jahre 1842 nach einem Entwurf des Architekten Karl Friedrich Schinkel errichtet und 1880 mit einem hohen Kirchturm geschmückt wurde. Dank großzügiger Zuschüsse der Stiftung für deutsch-polnische Zusammenarbeit wurde sie renoviert, präsentiert sich nun auch innen hell und elegant. Blickfang ist das weiße Gestühl mit golden abgesetzten Lehnen, über das sich eine hölzerne Kassettendecke spannt. Die Orgel, die beim Gottesdienst ertönt, schuf ein gewisser Herr Ungefug anno 1768. Neben der Kirche dokumentiert das Museum der Polnischen Reformation die Geschichte jener Konfession, die vielen im Land noch immer als ketzerisch gilt. Es befindet sich in einem Gymnasium, das seit ein paar Jahren den Namen der aus Ostpreußen stammenden, einstigen »Zeit«-Herausgeberin »Marion Gräfin Dönhoff« trägt (Muzeum Reformacji Polskiej w Mikołajkach, pl. Kościelny 4, www. luteranie.pl/mikolajki, tgl. 9–17 Uhr). An die jüdische Gemeinde, die es einst in Nikolaiken gab, erinnert ein kleiner, restaurierter Friedhof an der ul. Dybowska, einer Seitenstraße der parallel zur Promenade verlaufenden ul. Kajki.

273

Mikołajki und die Johannisburger Heide

Infos

Centrum Informacji Turystycznej: pl. Wolności 7, Tel. 87 421 68 50, www.mikolajki.pl, Webcam: www.mikolajki.com.pl, Juni–Aug. tgl. 9–18 Uhr. Infos zu Schiffsausflügen, Bus- und Bahnverbindungen, Vermittlung von Privatzimmern.

Übernachten

Fünf Sterne ▶ Mikołajki: al Spacerowa 11, Tel. 87 420 60 00, www.hotelmikolajki.pl, 103 Zimmer. Auf einer in den See ragenden Halbinsel, ein paar Gehminuten vom Zentrum, wurde ein moderner Glaspalast errichtet. Für Segler ideal sind Apartments auf Wasserhöhe mit je eigener Anlegestelle. Außerdem: Pool und Restaurant mit Seeterrasse, Pub & Club sowie eine eigene Marina. DZ ab 160 €.

Riesig am See ▶ Gołębiewski: ul. Mrągowska 34, Tel. 87 429 07 00, www.golebiewski.pl, 652 Zimmer. Überdimensionierter Hotelkasten am westlichen Ortsausgang. Weder außen noch innen passt er nach Masuren, bietet aber allerlei Komfort. DZ ab 155 €.

Stilvoll ▶ Amax: al. Spacerowa 7, Tel. 87 421 90 00, www.hotel-amax.pl, 24 Zimmer. Am Nordufer des Mikołajki-Sees, etwa 1,5 km vom Stadtzentrum. Außen im Villenstil, innen mit englischen Stoffen und Stilmöbeln nach Art eines Jagdpalais gestaltet. Die Zimmer sind gemütlich, teilweise bieten sie einen Blick auf den See und die Silhouette von Mikołajki. Ideal für Familien sind die 6 benachbarten Bungalows mit eigener Küche. Zum Haus gehört ein kleines Hallenbad, Sauna, Fitness und Radverleih. Mit üppigem Frühstücksbüfett und masurischem Restaurant. DZ ab 85 €.

Für Aktivurlauber ▶ Roberts Port: Stare Sady 4, Tel. 87 429 84 00, www.roberts.spa nie.pl, 76 Zimmer. Am Ufer des Tałty-Sees, 4 km nordwestlich von Mikołajki, entstand ein attraktives, im Stil eines Gutshofs erbautes Mittelklassehotel mit Indoor-Pool. Gäste haben direkten Zugang zum Strand, Fahrräder, Ruderboote und Kajaks können gemietet werden. Außerdem werden Schiffsfahrten angeboten und abends Lagerfeuer am Wasser organisiert. DZ ab 80 €.

Angenehmer Aufenthalt ▶ Na Skarpie: ul. Kajki 96, Tel. 87 4216418, www.hotel-naskar pie.pl, 37 Zimmer. Pension ›auf der Uferböschung‹, 700 m vom Zentrum. Die meisten Zimmer verfügen über Sat-TV, Balkon und Seeblick. Dazu Jacuzzi, Sauna und Solebad. Auf Wunsch mit Halbpension. DZ ab 70 €.

Klein und ruhig gelegen ▶ Caligula: plac Handlowy 7, Tel. 87 421 98 45, www.caligula.pl, 16 Zimmer. Der Name des zentrumsnahen Hotels soll nicht an den blutrünstigen römischen Kaiser erinnern, sondern an ein Eissegelboot, mit dem Jan Zakrzewski, der Besitzer, im Winter über die zugefrorenen Seen ›segelte‹. Noch heute geht er diesem Sport mit Leidenschaft nach, Interessenten können bei ihm in den Wintermonaten Kurse belegen. Die Zimmer des Hotels sind mit Holzmöbeln gemütlich eingerichtet, ausgestattet mit Sat-TV und Internet. Der Parkplatz ist bewacht. DZ ab 50 €.

Mit gutem Restaurant ▶ Król Sielaw: ul. Kajki 5, Tel. 87 421 63 23, www.krolsielaw. mazury.info, 6 Zimmer. Gästezimmer oberhalb des gleichnamigen Restaurants (s. S. 276) im Ortszentrum. Die Zimmer sind funktional, sauber und verfügen über ein Bad. DZ ab 40 €.

Preiswert & gut ▶ Mikołajki: ul. Kajki 18, Tel. 87 421 64 37, 10 Zimmer. Freundlich geführte Familienpension am See, nur ein paar Gehminuten vom Marktplatz. Fast alle Zimmer bieten Balkon und Seeblick, an kalten Tagen wärmt man sich im Wintergarten am Kamin. Mit Boots- und Radverleih, der Parkplatz ist eingezäunt. Im Restaurant, das sich im Erdgeschoss befindet, wird das Frühstück serviert, abends werden üppige Portionen polnischer Hausmannskost aufgetischt. Herr Dziak, der Besitzer, spricht Englisch und Deutsch. DZ ab 35 €.

Camping ▶ Wagabunda: ul. Lesna 2, Tel. 87 421 60 18, www.wagabunda-mikolajki.pl, Mai–Sept. Großer Platz mit 300 Stellplätzen auf einem grünen Hügel, 2 km südl. des Zentrums in Richtung Ruciane. Aufgrund seiner picobello sauberen sanitären Anlagen oft ausgezeichnet. Es gibt auch kleine Bungalows, Fahrrad- und Bootsverleih.

aktiv unterwegs

Wanderung zum ›Schwanensee‹ Łuknajno

Tour-Infos

Start: Zentrum von Mikołajki
Länge: 12 km
Dauer: 4 Std.
Einkehr: Im Gasthaus ›Zum Schwan‹ gibt es rustikale Kost & Logis (Pod Łabędziem, Łuknajno 2, Tel. 87 421 68 62, www.luknajno.pl, 10 Zimmer, DZ ab 40 €.
Hinweis: Ein Fernglas tut gute Dienste.

Meist wird er nur ›Schwanensee‹ genannt, weil sich hier 2500 Höckerschwäne tummeln. Da es sich um Europas größte Wildschwan-Brutstätte handelt, wurde der gerade mal 5 km² große, fast kreisrunde See zum UNESCO-Biosphärenreservat. In der warmen Jahreszeit ist der Trip am interessantesten: Die Schwäne brüten von April bis Mai und bleiben mit ihrem Nachwuchs den Sommer über, da ihnen der flache See ihre Lieblingsnahrung gibt: verschiedene Arten von Armleuchteralgen. Spätestens Ende September, wenn die Jungen flügge sind, verlassen die meisten Schwäne den See gen Süden und kommen erst im nächsten Jahr wieder.

Von Mikołajki folgt man der ul. Papieża Jana Pawła II., die in die Schwanenstraße (ul. Łabędzia) übergeht, ostwärts. Rasch führt sie aus Mikołajki hinaus, geleitet erst an Schrebergärten vorbei, dann über Wiesen. Nach ca. 4 km, auf der Landenge zwischen Łuknajno- und Śniardwy-See, weist ein Schild nach links zum ersten **Aussichtsturm** (wieża widokowa). Folgt man der Straße ein Stück weiter, kommt man zum rustikalen Gasthaus (s.o.). Ihm gegenüber befindet sich der ausgeschilderte Zugang zum zweiten **Aussichtspunkt:** Erst auf schmalem Waldpfad, dann auf Holzbohlenwegen geht es durch sumpfiges Gelände zum Hochsitz am Seeufer: Im Sommer ist die Wasserfläche voll weißer Schwanentupfer, auch Blesshühner, Zwerg- und Haubentaucher sind zu sehen. Hat man sich satt gesehen, geht man zum Gasthaus zurück, folgt der Straße bis zur Gabelung und hält sich links. Der fortan weiß markierte **Naturlehrpfad** (ścieżka przyrodnicza okolice Łuknajna) führt durch Wald nordwärts parallel zum Seeufer. Man passiert den Weiler **Urwitałt** und biegt kurz vor dem Dörfchen **Osa** rechts ab, um nach einiger Zeit auf eine Straße zu stoßen. Dieser folgt man ein Stück nach rechts, d.h. südwärts, verlässt sie aber bald auf dem markierten Naturlehrpfad nach rechts. Über die Försterei **Leśny Dwór** kommt man nach Urwitałt, von wo der bereits bekannte Weg nach Mikołajki zurückführt.

Essen & Trinken

Die meisten Lokale befinden sich, wo es am schönsten ist: an der Uferpromenade und am Marktplatz. Die Tavernen sind mit viel Holz gemütlich eingerichtet und servieren, was Masuren in Fülle bietet: Süßwasserfisch in allen Varianten, Waldpilze und -beeren.

Am Wasser ► Sielawa: pl. Wolności 13, Tel. 87 421 55 06, www.sielawa.com.pl. Mit seinem kolossalen Satteldach erinnert das Haus an der Promenade an einen historischen Speicher. Unten wird in mediterran-maritimem Ambiente gehobene Fischküche serviert, darüber befinden sich Komfortapartments. In den Sommermonaten öffnet eine große Terrasse.

Im alten Rathaus ► Mazur: pl. Wolności 6, Tel. 87 421 69 41. Das stilvolle, mit Eichenholz vertäfelte Restaurant am Marktplatz bietet masurische Kost mit viel Fisch. Im Kellergewölbe befindet sich ein Pub. Hauptgerichte ab 5 €.

In der Speisekammer ► Spiżarnia: pl. Handlowy 14, Tel. 87 421 52 18, www.spizarnia.mazury.pl. Trockenblumen und Knoblauchgirlanden, rustikale Holztische und -bänke schaffen den richtigen Rahmen für die deftige Küche. Hauptgerichte ab 4 €.

Einkaufen

Auf dem Marktplatz von Mikołajki wird im Sommer allerlei Kurioses, Kitschiges und Kulinarisches zum Verkauf angeboten, vieles kommt aus dem nahen Russland: Samoware, getürkte Ikonen und ineinandergestapelte Holzmütterchen, die berühmten Matrjoschkas; dazu Bernsteinschmuck und Keramik, Salzdillgurken aus dem Fass und Eingemachtes, getrocknete Pilze und frisch gepflückte Waldbeeren.

Abends & Nachts

Im Seglerdorf (Wioska Żeglarska) nahe der Promenade öffnen abends mehrere Tavernen, wo sich Segler treffen und mit herausgeschmetterten Shanties die Nacht durchzechen. Besonders beliebt ist der ›Zerbrochene Krug‹ (Tawerna Pod Złanym Pagajem, ul. Kowalska 3).

Aktiv

Bootsverleih ► Wioska Żeglarska: ul. Kowalska 3, Tel. 87 421 60 40, www.wioska zeglarska.pl. Im ›Seglerdorf‹ am Hafen werden Kanus, Tret- und Ruderboote vermietet. Hier befindet sich auch die Agentur Cicha Zatoka, die auf Tages- und Wochenbasis Segelboote verchartert (www.cicha-zatoka.mazury.info.pl).

Schiffsausflüge ► Żegluga Mazurska: Mikołajki Port, Tel. 87 428 53 22, www.zegluga mazurska.com. Von der Anlegestelle an der Fußgängerbrücke aus starten Mitte April–Okt. tgl. um 10 Uhr Schiffe zu Exkursionen aufs ›masurische Meer‹, nach Ruciane-Nida, Giżycko und Ryn.

Baden ► Ein Stadtstrand befindet sich am Westufer des Mikołajskie-Sees, ein zweiter zwischen dem Mikołajskie- und dem Tałty-See; außerdem gibt es mehrere Badestege.

Eissegeln ► Sind die Seen gefroren, kann auch im Winter gesegelt werden! Seitliche Kufen an der Jacht sorgen dafür, dass nur geringer Reibungswiderstand dem Eis entsteht und sich das Gefährt kaum zur Seite neigt. Anerkannter Spezialist fürs Eissegeln ist Herr Zakrzewski (s. S. 275, Hotel Caligula).

Golfen ► Das Hotel Gołębiewski (s. Übernachten) verfügt über eine Golf-Akademie mit Übungsplatz.

Radfahren ► In Mikołajki sind zwei Rundwege zu empfehlen (s. Aktiv unterwegs S. 288).

Termine

Tage von Mikołajki (Ende Juni)**:** Stadtfest am letzten Wochenende des Monats mit der Versenkung des ›Stinthengsts‹, einer großen Regatta und viel Musik.

Verkehr

Bus: Vom Terminal neben der evangelischen Kirche bestehen stündliche Verbindungen via Mrągowo nach Olsztyn und Kętrzyn; mehrmals tgl. nach Giżycko und Suwałki.

Zug: Der Bahnhof liegt 1 km vom Zentrum entfernt und bietet im Sommer tgl. zwei Verbindungen (momentan per Bahn-Bus) nach Olsztyn und Ełk.

Riesenhafte Figuren aus Holz ›bewohnen‹ den ›Masurischen Garten Eden‹ in Iznota

Masurischer Landschaftspark ▶ 2, S 5

Karte: S. 280

Die meisten Besucher freilich treibt es in die ›freie‹ Natur. Sie starten zu einer Segeltour über die masurischen Seen und Kanäle oder machen es sich auf den Ausflugsschiffen gemütlich, fahren nach Giżycko oder Ruciane Nida. Radfahrer schätzen die Nähe zum **Masurischen Landschaftspark** (Mazurski Park Krajobrazowy). Dieser beginnt im Westen mit dem **Mokre-See** (Mukker-See) und schließt im Osten den **Śniardwy-See** ein. Im Park wurden Reservate eingerichtet, in denen sich Flora und Fauna geschützt entfalten können. Am kreisrunden, von der UNESCO zum Biosphärenreservat erklärten **Łuknajno-See** (Lucknainer See) nisten Höckerschwäne.

Auf der nahen **Halbinsel Popielno** betreibt die Polnische Akademie der Wissenschaften eine Forschungsstation für Tarpane (www.popielno.pl). Als man dort Ende der 1960er-Jahre mit der Arbeit begann, galten die klei-

nen Pferde fast als ausgestorben. Mittlerweile konnten bereits einige der neu gezüchteten Tiere das Gehege wieder verlassen, um sich auf freier Wildbahn zu behaupten.

An der Mündung der Krutynia (Krutinna) in den Bełdany-See, erreichbar über eine ab Nowy Most ausgeschilderte Piste, lohnt der Abstecher zu einer der besten Ferienanlagen der Region, dem ›**Masurischen Garten Eden**‹ (Mazurski Eden). **Iznota** 1 (Isnothen) heißt der Weiler, in dem die Welt auf den ersten Blick ein wenig ›verkehrt‹ scheint: Baumwurzeln tanzen in der Luft, die Kronen stecken tief im sumpfigen Boden. Schöpfer der ungewöhnlichen ›Alleen‹ ist die Familie Kubacki, die auch das Hotel betreibt. Riesige, aus Baumstämmen geschnitzte Krieger bewachen das einer Holzfestung nachempfundene Anwesen. Sie erinnern an die Galinder, einen pruzzischen Stamm, der im späten 14. Jh. von den deutschen Ordensrittern zum Christentum gezwungen wurde. Und auch im Innern des Hauses wirkt vieles archaisch: Man läuft über von Kerzen beleuchtete

277

aktiv unterwegs

Auf der Krutynia – Polens schönste Paddeltour

Tour-Infos

Start / Ziel: Die kurze Tour startet in Krutyń und endet in Ukta, von wo man samt Boot abgeholt wird. Die lange Tour beginnt in Sorkwity und endet in Ruciane Nida; übernachtet wird in ›Wasserstationen‹ *(stanica wodna)* längs der Strecke.

Dauer: Kurze Tour 4 Std., lange Tour mindestens 1 Woche

Bootsverleih: An jeder Wasserstation sind Kajaks und Kanus ausleihbar, so auch in Krutyń und Sorkwity (s. dort). Im Juli und Aug. rechtzeitig reservieren!

Kosten: 10-Tages-Tour inkl. Zeltübernachtung, Vollpension und Boot ca. 300 €, Kurztrip 10 € pro Pers.

Fast alle Urlauber besteigen das Boot in Krutyń und geben sich mit einem Halbtagesausflug zufrieden – doch man könnte das Vergnügen auch auf eine volle Woche ausdehnen. Denn so lange braucht man für die 100 km lange Strecke von Sorkwity nach Ruciane Nida. Dabei passiert man mehr als ein Dutzend Seen, der Fluss schlängelt sich durch die naturbelassene Landschaft. Das Paddeln bereitet keine Schwierigkeiten, »die Krutinna schleicht so gemächlich von einem See in den anderen, dass der Betrachter ständig fürchten muss, die Liebliche könnte das Fließen vergessen« (Arno Surminski).

Von Sorkwity paddelt man durch den **Lampackie-See** nach **Babięta** und über **Spychowo** bis zu dem auf einer Landenge zwischen zwei Seen gelegenen **Zgon**. Sein

Macht immer Spaß – eine Bootstour auf der Krutynia

masurischer Name (Sgonn = Hirsche treiben) stammt aus preußischer Zeit, als man hier das Wild zusammentrieb, auf dass sich der jagdlüsterne König das schönste Tier zum Abschuss aussuchen konnte. Von Zgon fährt man über den **Mokre-See** (Mucker-See), vorbei an schwimmenden Inseln und einem Reservat mächtiger, 100-jähriger Kiefern. Diese sind so hoch und haben ein so hartes Holz, dass sie früher als Segelmasten begehrt waren. Über den **Krutyńskie-See** (Krutinnen-See) erreicht man den gleichnamigen Ort, wo im Sommer jeden Tag Hunderte von Kanuten ›zusteigen‹. **Krutyń** ist die heimliche Hauptstadt des Masurischen Landschaftsparks: mit mehreren Bootsstationen, Lokalen und Pensionen. Unmittelbar südlich des Dorfs beginnt die attraktivste Etappe. Der Fluss gleitet hier durch ein grünes Verlies dichter Baumkronen, meterlanges Seegras wird von der Strömung durchkämmt. Das Wasser ist so klar, dass man die auf dem Grund kriechenden Flusskrebse erkennt. Mit jeder Biegung bietet sich ein neuer, noch schönerer Blick: sumpfige Wiesen, auf grünen Koppeln weidende Pferde. In **Wojnowo** könnte man eine Pause einlegen und das Kloster der Altgläubigen (s. S. 283) besuchen; danach geht es durch eine offene, anmutige Landschaft weiter. Für die Kurzstreckenpaddler endet die Tour in **Ukta**: das Boot wird von den Verleihern zum Ausgangspunkt in Krutyń zurückgebracht.

Hinweis: Ein hilfreicher Wegbegleiter ist die Karte »Große Masurische Seen« (Maßstab 1 : 100 000).

Süd-Masuren

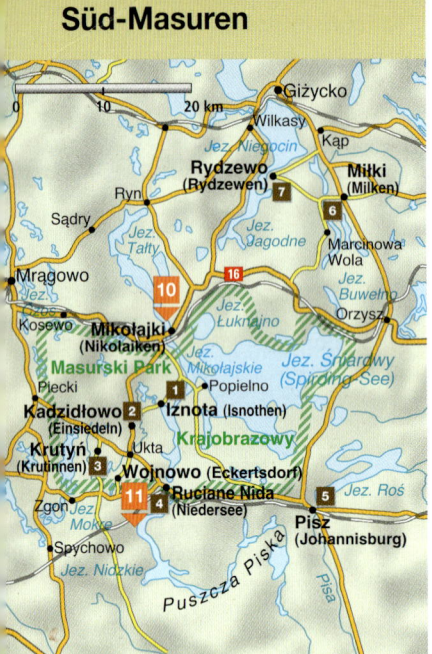

museum ab; selbst ein Klassenzimmer mit (deutschen) Büchern fehlt nicht. Nach der Besichtigung stärkt man sich in einem Gasthaus. Frei übersetzt lautet sein Name: ›dort, wo der Hund begraben ist‹ (Park Dzikich Zwierząt, www.kadzidlowo.pl, tgl. 10–18 Uhr, der Park kann nur im Rahmen einer 90-minütigen Führung besichtigt werden, 4,50 €).

Über das Dorf Ukta, das der hier geborene Fernsehjournalist Klaus Bednarz in seiner Reportage ›Fernes nahes Land‹ verewigt hat, gelangt man nach **Krutyń** 3 (Krutinnen), dem Zentrum des Naturtourismus. Die sich durch ein Dickicht schlängelnde Fluss, die Krutynia (Krutinna), präsentiert sich auf der Folgestrecke von seiner schönsten Seite. Im Sommer sind fast 300 Paddelboote im Einsatz, um die begeisterten Besucher nach Ukta zu schaukeln – eine herrliche Eintagestour, wobei der Rücktransport von den Veranstaltern bestens organisiert ist. Die Dörfler freuen sich über den Besucherandrang. Sie betreiben Unterkünfte, Restaurants und Bootsverleihstellen, einige von ihnen betätigen sich gar als Gondolieri: Kraftvoll stechen sie eine Stange in den Flussgrund und stoßen das Boot von ihr ab.

Wer es einrichten kann, sollte nach Krutyń in der Nebensaison kommen, denn dann findet man in den Pensionen problemlos ein Zimmer und muss nicht Schlange stehen, um ein Boot zu ergattern. Die Marktleute lassen ihre Ware unbewacht auf dem Dorfplatz stehen und kommen erst aus dem Haus, wenn Schornsteinrauch der Lokale das Nahen einer Busgruppe ankündigt. Im Herbst kann man Störche beobachten, die den Abflug gen Süden verpasst haben und nun traurig durch die Straßen staksen. Immerhin brauchen sie in Krutyń den Winter nicht zu fürchten, denn die Mitarbeiter des Masurischen Landschaftsparks kümmern sich um ihre Verpflegung und richten für sie Schlafstellen, z. B. in Hühnerställen, ein. Im Büro des Parks erhalten Besucher Materialien zum Naturschutzgebiet und zu den klug ausgearbeiteten Lehrpfaden; diese führen zu morastigen Seen und schwimmenden Inseln sowie zu Tierbeobachtungsstationen. Im angeschlossenen Na-

Gänge, das Restaurant wurde als Drachengrotte gestaltet. Der Hotelbesitzer, ein Arzt, der sich gern als Nachkomme galindischer Fürsten vorstellt und als Izegus II. ansprechen lässt, trägt zu festlichem Anlass gern die Tracht der Ureinwohner und führt seine Besucher zu einem pruzzischen Gräberfeld in der Nähe des Sees.

An der Straße nach Ukta, noch mitten im Wald, weist ein Schild nach **Kadzidłowo** 2 (Einsiedeln). Wo einst orthodoxe Bauern ein Einsiedler-Dasein fristeten, hat sich der Biologe Andrzej Krzywiński einen Kindheitstraum erfüllt: Er hat ein großes Gehege eingerichtet, in dem fast alle Säugetiere Masurens in trauter Eintracht leben. Da gibt es zahme Hirsche, die sich streicheln lassen, grunzende Wildschweine und ein paar graue Wölfe. Mit etwas Glück begegnet man auch dem scheuen Elch, der auf zarten langen Beinen seinen mächtigen Körper trägt, und macht Bekanntschaft mit Bibern und Fischottern. Verfallene Katen aus der Umgebung, die hier wieder aufgebaut und mit Alltagsgegenständen von einst eingerichtet wurden, geben ein Heimat-

Tipp: Im Jägerhof

Vom Lehndorff'schen Gut in Sztynort abgetragen, wurde er in Gałkowo, 2,5 km östlich von Krutyń, wieder aufgebaut. Im **Jägerhof** betreibt Alexander von Potocki, Abkömmling eines Magnatengeschlechts, ein Gasthaus, das sich als würdiger Nachfahre seiner urigen ›Kneipe bei den Verschwörern von Targowice‹ erweist. Man sitzt am Holztisch, hört Folklore und verputzt Regionalspezialitäten – im Sommer auch auf der Gartenterrasse. Im Obergeschoss wartet der ›Salon Gräfin Dönhoff‹, eine Hommage an die einem ostpreußischen Adelsgeschlecht entstammende Journalistin. Ausritte und Kutschfahrten starten im angeschlossenen Gestüt. Das Forstgehöft nebenan bietet mit Bauernmöbeln eingerichtete Zimmer (**Dwór Łówczego:** Gałkowo 46, Tel. 87 425 70 73, www.galkowo.pl, 11 Zimmer, ab 40 €, Hauptgerichte ab 5 €).

turkundemuseum werden Flora und Fauna sowie archäologische Exponate vorgestellt (Muzeum Przyrodnicze, Krutyń s/n, www. mazurskipark.pl, Mo–Fr 8–15 Uhr).

Übernachten
In Iznota:

Von der Urbevölkerung inspiriert ▶ Galindia Mazurski Eden: Iznota, Tel. 87 423 14 16, www.galindia.com.pl, 21 Zimmer und Zeltplatz. Einer galindischen Festung nachempfundenes Waldhotel am See. Alle Räume sind mit ökologisch einwandfreien Holz-, Leder- und Korbmöbeln eingerichtet, die Apartments verfügen über Kamin und Aussichtsterrasse. Verleih von Paddel-, Ruder-, Segelbooten und Surfbrettern, im Winter stehen Hunde- und Pferdeschlitten, Eissegelboote, Schlittschuhe und Skier bereit. Ein Campingplatz ist angeschlossen. DZ ab 80 €.

In Krutyń:

Wohlfühlpension ▶ Habenda: Krutyń 42, Tel. 89 742 12 18, www.habenda.com, 32 Zimmer. Beste Unterkunft in Krutyń, hier möchte man seinen ganzen Urlaub verbrin-

gen. Die von der deutschstämmigen Brigitta Nosek engagiert geführte Pension bietet komfortable Zimmer mit hellen Holzmöbeln und Bad; Büfettfrühstück und Abendessen werden im gemütlichen Kaminraum eingenommen. Habenda ist ein guter Ort, um andere Leute kennenzulernen; abends trifft man sich im Aufenthaltsraum, tauscht Erfahrungen aus und plant die Trips des kommenden Tages. Gut funktionierender Kajakverleih und bewachter Parkplatz. DZ ab 45 €.

Essen & Trinken
In Kadzidłowo:

Gute Wildgerichte ▶ Oberża pod Psem: Kadzidłowo 1, Tel. 87 425 74 74, www.oberza podpsem.com.pl. Einem Bauernhaus nachempfundenes Gasthaus: Decken und Dielen aus Holz, bunte Flickenteppiche und alte Holzmöbel sorgen für Behaglichkeit. Dazu passt die deftige Regionalküche, darunter Sauersuppe, frisches Brot mit Schmalz, Salat mit handgeschöpftem Käse oder auch Wild. Hauptgericht ab 4 €; wer will, kann sich bei Danuta und Krzysztof Worobiec nach preiswerten Zimmern erkundigen.

In Krutyń:

Rustikal ▶ Krutyńsk: Krutyń 72, Tel. 89 74 29 516. Restaurant am nördlichen Ortsausgang, erbaut im Regionalstil aus Naturstein und Holz. Regional ist auch die Küche mit gegrilltem Fisch, Pfifferlingsuppe und Apfelkuchen. Hauptgerichte ab 5 €.

Masurische Fischküche ▶ Krutyniańka: Krutyń s/n, Tel. 89 742 10 26. Alteingesessenes Lokal, das von seiner tollen Lage unmittelbar über dem Fluss profitiert. Man sitzt auf der großen, leider vergitterten Terrasse, sieht den Kanuten beim Paddeln zu und genießt frischen Fisch. Hauptgerichte ab 4 €.

Gemütliches Ambiente ▶ Karczma Zacisze: Krutyń 33, Tel. 89 742 21 50. Schönstes und preiswertestes Lokal, im Fachwerkhaus der Dorffeuerwehr am Ufer der Krutynia. Man sitzt entweder auf der großen Terrasse oder in einer rustikalen Schänke nachempfundenen Innenraum. Marek und Małgorzata versorgen die Gäste mit Sauerampfer- und Pfifferlingsuppe, fangfrischer Maräne, Zander

aktiv unterwegs

Naturlehrpfade ab Krutyń

Tour-Infos

Start: Beide Naturlehrpfade beginnen am Naturkundemuseum von Krutyń, wo man auch Infos zu weiteren markierten Wanderwegen erhält (s. S. 280).

Länge / Dauer: Die Tour ›Ins Torfmoorgebiet Zakręt‹ ist 3 km lang und dauert ca. 45 Min., die Tour ›Zu den Königskiefern‹ ist 8 km lang und dauert etwa 2 Std.

Ins Torfmoorgebiet Zakręt

In Krutyń quert man die Krutynia auf einer Brücke und läuft auf einer **Ahornallee** westwärts in Richtung Wald, wo man an der Schranke eine **alte Eiche** sieht (dąb krutyński). Ca. 300 m weiter zweigt links ein markierter Weg ins Naturschutzgebiet ab. Man läuft durch einen sumpfigen Wald aus Birken und Kiefern und passiert zwei **Toteisseen,** die aus dem Schmelzwasser isolierter Rieseneisblöcke entstanden sind. Die Seen verlanden allmählich, denn vom Ufer her ›arbeitet‹ sich eine schwimmende Moos- und Kleedecke immer weiter vor. Am Ufer sind seltene Pflanzen präsent, so etwa der fleischfressende Sonnentau und der weißblättrige Sumpfrosmarin. Nachdem man den zweiten See fast umrundet hat, passiert man eine Brücke und kommt zu der Straße, die rechts nach Krutyń zurückführt.

Zu den Königskiefern

Wieder quert man die Krutynia-Brücke und passiert die alte Eiche (dąb krutyński, s.o.). Diesmal aber folgt man der Ahornallee noch 2 km bis zum **Mokre-See.** Dort hält man sich links und läuft am Ufer entlang, im Schatten von Eichen und Erlen. Nach gut 3 km befindet man sich im Naturschutzgebiet der **Königskiefern,** die ihren Namen dem hohen Alter – mehr als 200 Jahre – und dem majestätischen Aussehen verdanken. Lohnend sind Abstecher zur Linken zu kleinen, dunklen **Seen mit schwimmenden Torfinseln.** Der Hauptweg aber führt zu einer Kreuzung, an der es links via **Krutyński Piecek,** zuletzt am Fluss entlang nach Krutyń zurückgeht.

in Knoblauchsuppe, hausgemachtem Kuchen und Heidelbeeren mit Naturjogurt. Hauptgerichte ab 4 €.

Einkaufen

Markt ▶ In Krutyń werden auf dem kleinen Platz neben dem Museum Gänseschmalz und Bienenhonig, Weidenkörbe, Stickereien, geklöppelte Spitzen und Holzschnitzereien verkauft – meist günstiger als in den großen Ferienorten Masurens.

Aktiv

Paddeln ▶ In Krutyń gibt es am Flussufer mehrere Anlegestellen z.B. an der Karczma Zacisze, am Restaurant Krutyniańka und an der Stanica Wodna PTTK (Infos unter www.krutynia.com.pl). Verliehen werden Kajaks und Ruderboote, wer will, kann sich staken lassen. Nach einem dreistündigen Kanutrip werden die Gäste (z.B. bei Buchung in der Pension Habenda) in Ukta abgeholt, sodass die anstrengende Rückfahrt entfällt.

Reiten ▶ Das Gestüt Ferenstein in Gałkowo (an der Straße Krutyń–Ukta) verfügt über 80 Pferde, die man für Ausritte und Kutschfahrten mieten kann; auch Reitkurse werden angeboten. Nachtquartier bietet ein nachgebautes Forsthaus (www.galkowo.pl).

Wandern ▶ Markierte Naturlehrpfade erschließen den Masurischen Landschaftspark, Beschreibungen sind bei der Parkverwaltung neben dem Museum von Krutyń (Zarząd Mazurskiego Parku Krajobrazowego, Mo–Fr 7.30–15.30 Uhr) erhältlich, Details s. Aktiv unterwegs S. 282.

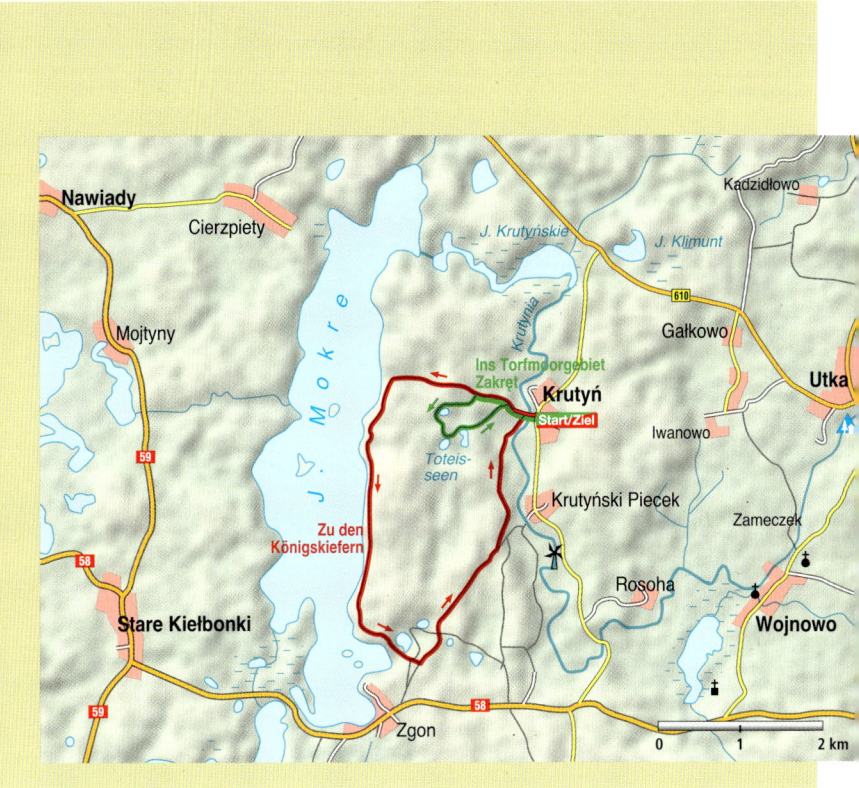

Verkehr

Bus: Es gibt gute Verbindungen zwischen Mikołajki, Ukta und Ruciane Nida. Kadzidłowo liegt 2 km von der Straßenhaltestelle nördl. von Ukta entfernt, bei Nowy Most steigt man aus, um nach Iznota zu kommen (gleichfalls 2 km auf Piste). Von Krutyń fahren tgl. mehrere Busse nach Zgon, Ruciane Nida und Mikołajki.

11 Wojnowo ▶ 2, S 5

Einen Ausflug wert ist **Wojnowo** (Eckertsdorf), wo man noch etwas von der versunkenen Welt altrussischer Gläubiger erspüren kann. Es handelt sich hier um eines von elf Dörfern, die um 1830 von den ›Philipponen‹ in Masuren gegründet wurden. Aus Russland hatten sie fliehen müssen, weil sie

nicht bereit waren, den Zaren als obersten Kirchenherren zu akzeptieren. Preußenkönig Friedrich Wilhelm III. gewährte ihnen Religionsfreiheit, machte ihnen aber zur Auflage, den ›unbebauten, unkultivierten Boden im Krutinner und Nikolaiker Forst‹ urbar zu machen. Die Einsiedlerorte im Wald entsprachen dem Bedürfnis der Altgläubigen nach Einsamkeit, in Klostergemeinschaften wappneten sie sich gegen die feindliche Natur. Das bis heute erhaltene altgläubige Kloster steht westlich der Straße am Ufer des Duś-Sees und wird von einem Küster bewohnt – die letzte der Nonnen starb hochbetagt 2007. Gegen ein geringes Entgelt wird der Altarraum der Kapelle geöffnet, wo man silberne Weihrauchschwenker und abgewetzte Orientteppiche sowie eine Vielzahl vergoldeter

Mikołajki und die Johannisburger Heide

Ein Stückchen Alt-Russland in Polen – die orthodoxe Kirche von Wojnowo

Heiligenbilder sehen kann. Der Gläubige, hungrig nach mystischer Offenbarung, soll sich in den Anblick der Ikonen versenken, seine Seele für die aus den Bildern zu ihm sprechende Schönheit öffnen. Prosaischer geht es auf der gegenüberliegenden Seite der Kapelle zu. Mehrere ›Klausen‹ wurden in schlichte Gästezimmer verwandelt, in denen der müde Wanderer sein Haupt betten kann. Hinter dem Gotteshaus liegt der Friedhof, an jedem Grab ist ein Kreuz mit den drei Querbalken der Orthodoxen in die Erde gerammt. Darauf stehen in kyrillischer Schrift die Namen all jener Nonnen, die hier seit 1836 gewirkt haben (Klasztor Św. Trójcy i Zbawiciela, tgl. 9–18 Uhr; Küster Krzysztof Ludwikowski spricht deutsch und führt durchs Kloster).

Östlich der Straße und schon von weitem sichtbar befindet sich die so genannte ›**Weiße Kirche**‹: eine blau-weiße Kapelle auf saftig-grüner Wiese mit schlankem Glockenstuhl. Die Kuppel bekrönt eine zwiebelförmige Haube. Erbaut wurde die Kirche 1922, nachdem mehrere Familien der Altgläubigen zum

griechisch-orthodoxen Ritus konvertierten. Zwar wurden die kostbarsten Ikonen nach Lidzbark Warmiński überführt, gleichwohl lohnt ein Blick in dieses mystische Gotteshaus. Sollte es verschlossen sein, bekommt man den Schlüssel bei der Kirchendienerin im Haus 48 schräg über die Straße (Biały Kościół, sonntags wird ein griechisch-orthodoxer Gottesdienst abgehalten).

Übernachten

Im Kloster ▶ **Klasztor:** Wojnowo s/n, Tel. 87 425 70 30, 5 Zimmer. Eher spartanische Unterbringung für Reisende ohne große Ansprüche: drei Zimmer neben dem Kirchenraum, zwei weitere im Obergeschoss. Gäste teilen sich Bad und Toilette; auf dem Klostergelände darf gezeltet werden. Mit Bootsverleih und auf Wunsch Verpflegung. DZ ab 24 €.

Verkehr

Wojnowo ist nicht an den öffentlichen Verkehr angeschlossen; die nächste Bushaltestelle befindet sich 3 km nördlich in Ukta.

Ruciane Nida und die
Johannisburger Heide ▶ 2, S/T 5

Wichtige Auto- und Wasserstraßen führen nach **Ruciane Nida** 4 (Rudczanny-Niedersee). Die kleine Touristenstadt, die aus zwei weit auseinander liegenden Ortsteilen besteht, erstreckt sich zwischen den Seen Nidzkie (Nieder-See) und Guzianka (Guschiener See). Attraktiver ist Ruciane, wo sich längs der Bahnhofsstraße eine Einkaufsmeile etabliert hat. Hier befinden sich auch die Anlegestellen der Weißen Flotte und der Jachthafen. Über die 1,5 km lange, von Unterkünften gesäumte ›Ferienallee« (al. Wczasów) gelangt man nach Nida. Seit dort in den 1990er-Jahren eine Papierfabrik schließen musste, sind viele Menschen arbeitslos; sie leben in rings ums Zentrum aufgezogenen Plattenbauten.

Unmittelbar vor den Toren der Stadt beginnt die **Johannisburger Heide** (Puszcza Piska), ein 1000 km^2 großes Waldgebiet mit Mooren und Sümpfen, reich an Fichten und Kiefern, doch gibt es auch alte Eichen, Linden, Eiben und Weißbuchen. Im dichten Unterholz wuchern Heidel- und Preiselbeeren, im Herbst sprießen allerorts Steinpilze und Pfifferlinge. In weitem Bogen zieht sich der Nidzkie-See durch die Landschaft, zwei Dörfer und ein paar Förstereien sind weit und breit die einzigen Zeichen von Zivilisation.

Nach einer Fahrt durch einsame Natur wirkt die Ankunft in **Pisz** 5 (Johannisburg) ernüchternd. Die Stadt, die dem herrlichen Wald seinen Namen gab, wurde im Zweiten Weltkrieg zerstört, nur der Marktplatz blieb halbwegs unversehrt: Inmitten von Beton behaupten sich einige Bürgerhäuser sowie das Rathaus mit einem Naturkundemuseum. Dort erfährt man u. a., dass ›Pissa‹ in der pruzzischen Sprache ›Sumpf‹ bedeutete, eine Anspielung auf den morastigen Boden rund um die Stadt (Muzeum Przyrodnicze, Rynek, Di–Sa 10–15 Uhr). Westlich des Marktplatzes steht die Johanniskirche im Fachwerkstil. Einen Überblick über die Stadt bietet der Wasserturm von 1907. Mit dem Lift geht es hinauf zur Aussichtsplattform mit Café (Wieża Ciśnień, ul. Gdańska, Mai und Sept. 10–18, Juni–Aug. 10–20 Uhr, 2,50 €).

Infos

Centrum Informacji Turystycznej: ul. Dworcowa 14, Ruciane Nida, Tel. 87 423 19 89, www.ruciane-nida.pl, Juni–Sept. tgl. 8–18 Uhr, Juli/Aug. auch länger.
Centrum Informacji Turystycznej: ul. Daszyńskiego 16, Pisz, Tel. 87 423 26 75, www.pisz.pl, Mo–Fr 8–18 Uhr, Juli/Aug. auch Sa, So 10–18 Uhr.

Übernachten
In Ruciane Nida:

Komfort am See ▶ **Nidzki:** ul. Nadbrzeżna s/n, Tel. 87 423 64 01, www.hotelnidzki.pl, 33 Zimmer u. Apartments. Abseits des Orts gelegenes Komforthotel am Ostufer des Nidzkie-Sees (Zufahrt am östl. Ortsausgang). Die Zimmer sind groß, etwa die Hälfte hat Seeblick. Unmittelbar am See befindet sich das Terrassencafé. Mit Rad-, Boots- und Kajakverleih sowie ›Biotherapie‹, die sich vorerst auf Massage beschränkt. DZ ab 65 €.

Tipp: Für Biker und Hiker

Dicht bewaldet ist das Ufer des Beldahn-Sees, an dem mehrere Häuschen stehen – ein guter Ort, um zur Ruhe zu kommen! Im **Radler-Resort** werden Mountain-, Touren- und Tandem-Bikes verliehen, Beach-Cruiser, Ein- und Liegeräder. In die Pedale treten kann man auch auf hauseigenen Booten. Zugleich werden Segelkurse und Kreuzfahrttörns auf der »Classic Lady« angeboten. Wer lieber zu Fuß unterwegs ist, erkundet die umliegenden Wälder auf markierten Wanderwegen. Zum Sonnenuntergang trifft man sich im Terrassenrestaurant am See und lässt sich die Regionalküche schmecken. Oder man entspannt in der Dampfgrotte und Trockensauna (4 km nördlich Ruciane Nida in Piaski 6, Tel. 87 423 16 00, www.dnv-tours.pl, buchbar über DNV-Tours, D-70806 Kornwestheim, Tel. 07154 13 18 30, www.dnv-tours.de, 1 Woche mit Halbpension, Fahrradmiete und Transfer ab Warschau ab 400 €).

285

Mikołajki und die Johannisburger Heide

In Pisz:

Mit gutem Restaurant ▶ **Nad Pisą:** ul. Ratuszowa 13, Tel. 87 423 32 53, www.hotel nadpisa.pl, 102 Zimmer. Alle Stile vereint dieses Großhotel, das im Zentrum der Stadt am Fluss liegt. Die Zimmer sind komfortabel, die meisten haben Balkon. Das Restaurant bietet gute polnische Küche. DZ ab 50 €.

In der Johannisburger Heide:

Anno 1830 ▶ **Dwór Kaliszki:** Kaliszki 17, Tel. 87 423 93 21, www.dworkaliszki.pl, 14 Zimmer. Auf dem ›Kallischker Hof‹ 14 km östlich Pisz wird feiner Landhausstil zelebriert, dazu zünftiges Essen aus Wald und Feld. DZ ab 70 €.

Für Aktivurlauber ▶ **Joseph Conrad:** al. Turystów 1, Jezioro Roś, Tel. 87 423 05 59, www.hotelconrad.pl, 21 Zimmer. Das Hotel am Ufer des Roś-Sees liegt am Rande der Heide, etwa 20 Gehminuten vom Ort. Nicht zufällig trägt es den Namen des polnisch-britischen Romanciers, den die Abenteuerlust in die Welt hinaustrieb. Auch hier steht das ›Erlebnis‹ im Vordergrund. Man kann Kajaks, Kanus und Räder mieten und an geführten Radwanderwochen teilnehmen. Am hauseigenen Strand wird schon mal abends ein Spanferkel gegrillt. DZ ab 67 €.

Essen & Trinken

In Ruciane Nida:

Mit großer Straßenterrasse ▶ **Kolorada:** ul. Dworcowa 6e, Tel. 87 423 65 31. Beliebtes Lokal an der Hauptstraße. Lockeres Ambiente auf überdachter Terrasse. Großzügige Portionen werden hier aufgetischt: Zigeuner-Kartoffelpuffer, mit Pilzen überbackenes Kotelett ›auf Räuberart‹ oder *faworek mazura,* zwei ineinander verflochtene Geflügelstücke. Auch die Fischküche kann sich sehen lassen, Spezialität des Hauses ist *zupa rybacka* mit Meeresfrüchten. Hauptgerichte ab 4 €.

In Pisz:

In einer Bastei von 1764 ▶ **Baszta:** ul. Ratuszowa 14, Tel. 60 262 20 22, www.baszta pisz.pl. Die ehemalige Brauerei Masovia wurde in ein Lokal umgewandelt. Zum rustikalen Ambiente passt die deftige polnische Küche. Hauptgerichte ab 3 €.

Aktiv

Schiffsausflüge ▶ Żegluga Mazurska, Port, Tel. 87 423 10 43, www.zeglugamazurska. com. Zu den schönsten Touren in Masuren zählt die Fahrt von Ruciane Nida nach Mikołajki: Nach Einschleusen bei Guzianka, wo man auf den 2 m tiefer gelegenen Bełdany-See gelangt, durchfährt man das 14 km lange, rinnenartige Gewässer. Über Kamień und Wierzba, wo man aussteigen kann, erreicht man Mikołajki; am frühen Nachmittag fährt das Schiff wieder zurück. Als Alternative bietet sich eine Rundfahrt auf dem nördlichen Teil des Nidzkie-Sees an.

Paddeln ▶ Bei Marek Łachacz, dem Besitzer der Pension Joseph Conrad, kann man Boote mieten. Die Pisa, die den Roś-See durchfließt, mündet bei Nowogród in die Narew, so dass 1–2-wöchige Paddeltouren bis in den Narew-Nationalpark möglich sind.

Radfahren ▶ Empfehlenswert ist die Rundtour, in die man sich in Ruciane Nida einklinken kann (s. Aktiv unterwegs S. 288). Eine Alternative führt südwärts in die Johannisburger Heide. Dabei geht es fast immer am 18 km langen, naturgeschützten Nidzkie-See entlang. Die Tour startet im Viertel Nida am Ostufer des Sees und führt über Dębowo und Zamordeje nach Wiartel, östlich des Sees geht es weiter bis Pisz. Die wohl beste Bike-Adresse im Norden Polens ist das Radler-Resort am Ufer des Beldahn-Sees (s. Tipp S. 285).

Wandern ▶ In den Touristeninfos von Ruciane Nida und Pisz erhält man Broschüren über markierte Wanderwege in der Johannisburger Heide und im Masurischen Landschaftspark.

Verkehr

Bus: Ab Pisz und Ruciane Nida häufige Busverbindungen nach Mrągowo, seltener nach Mikołajki und Suwałki. Von Ruciane Nida fährt frühmorgens ein Bus nach Popielno, von Pisz kommt man gut nach Giżycko.

Zug: Mit dem Zug kommt man von Pisz via Ruciane Nida nach Szczytno, Olsztyn und Gdańsk, seltener nach Ełk und nur 1 x tgl. nach Warszawa.

Zwischen den Großen Seen ▶ 2, T 4

Karte: S. 280

Miłki 6

Über **Orzysz** (Arys), eine verkehrsreiche Stadt ohne Reiz, gelangt man nach **Miłki** (Milken), beliebt aufgrund der Lage nahe dem Buwełno-See (Martinshagener See), einem masurischen Juwel, das sich auf einer Länge von 8 km durch die sanft gewellte Landschaft zieht. Der See besitzt weit und breit das sauberste Wasser und folglich auch feinste Fische. Probieren kann man sie in der urigen ›Alten Schmiede‹ oder bei ›Teresa‹ am Ortseingang von Marcinowa Wola.

Rydzewo 7

Gleichfalls noch ruhig ist das Leben in **Rydzewo** (Rydzewen), einem idyllischen Dorf am Ufer des Niegocin-Sees (Löwentin-See). Im Schatten der aus Feldstein erbauten Pfarrkirche steht das Gasthaus ›Zum Schwarzen Schwan‹ (Pod Czarnym Łabędziem), davor ein Campingplatz und ein kleiner Jachthafen. Mit dem Boot kann man verschwiegene Buchten erkunden oder aufbrechen zur Tagestour nach Giżycko.

Übernachten

In Miłki:

Gutes Preis-Leistungs-Verhältnis ▶ Teresa: Marcinowa Wola 1, Tel. 87 421 10 97, www.pensjonatteresa.pl, in Deutschland buchbar über Lothar und Gisela Kozian, Tel. 02 09 7 26 20, 10 Zimmer und 5 Apartments. Die Komfortpension am Ufer des Buwełno-Sees wird von einem deutsch-polnischen Gespann geleitet. Die Zimmer haben meist Balkon und Seeblick. Das Büfettfrühstück wird im Sommer auf der Terrasse eingenommen, gut ist das angeschlossene Fischrestaurant. Hinzu kommen Sauna, Rad- und Bootsverleih, Garagen und ein bewachter Parkplatz. DZ ab 45 €.

In Rydzewo:

Gehoben-rustikal ▶ Pod Czarnym Łabędziem: Rydzewo 20-A, Tel. 87 421 12 52,

www.gospoda.pl, 17 Zimmer. Komfortabel-rustikale Zimmer, angeschlossen ans gleichnamige Gasthaus. Mit Ruder- und Tretbootverleih, auch ein kleiner Campingplatz gehört dazu. DZ ab 70 €.

Zimmer mit Seeblick ▶ Złoty Spichlerz: ul. Mazurska 83, Tel. 87 421 15 88, www.zloty spichlerz.pl, 6 Zimmer und Apartments. Im ›goldenen Speicher‹, einem restaurierten Hof am Boczne-See, vermieten Sylwia und Paweł 5 gemütliche Zimmer, im Anbau auch ein Apartment mit Kamin für 6 Pers. Mit rustikalem Restaurant, Spielplatz, Gartengrill und Radverleih. DZ ab 35 €.

Essen & Trinken

In Miłki:

Authentisch ▶ Karczma Stara Kuźnia: Przykop 1, Tel. 87 421 10 86, www.stara kuznia.com.pl, Mai–Sept. tgl. ab 13 Uhr. Die ›Alte Schmiede‹ versteckt sich auf einer Anhöhe gut 2 km südwestl. von Miłki. Hier gibt es weder Kellner in Tracht noch polnische Volksmusik, stattdessen kompromisslos deftige Küche in schlichtem Dorfambiente. Mitten im Raum brennt ein Kaminfeuer, drum herum stehen lange Holzbänke und -tische. Marta und Stanisław servieren Fisch vom nahen Buwełno-See, scharfe ungarische Fischsuppe *(halaszlé)*, Fleisch vom offenen Feuer und tollen *żurek*: angereichert mit Wurst und frischer Sahne, serviert in einem ausgehöhlten Brotlaib. Hauptgerichte ab 5 €.

In Rydzewo:

Grillspezialitäten ▶ Pod Czarnym Łabędziem: Rydzewo 20-A, Tel. 87 421 12 52, www.gospoda.pl. An der Anlegestelle für Jachten befindet sich das Gasthaus ›Zum Schwarzen Schwan‹ mit sympathisch knarrenden Dielen und vom offenen Dachstuhl herabbaumelnden Paprika- und Knoblauchgirlanden. Im Sommer sitzt man auf der Terrasse am Wasser. Hauptgerichte ab 5 €.

Verkehr

Bus: Verbindungen bestehen nur zwischen Orzysz, Miłki und Giżycko. Um Przykop und Marcinowa Wola zu erreichen, ist ein Auto notwendig.

aktiv unterwegs

Radtour im Masurischen Landschaftspark

Tour-Infos

Start- und Endpunkt: Mikołajki
Länge: insgesamt ca. 58 km
Dauer: etwa 6 Std.
Hinweis: Gleichfalls in Mikołajki startet die 85 km lange ›Große Śniardwy-See-Schleife‹. Sie führt südwärts nach Wierzba, wo man mit Minifähre auf die Halbinsel Popielno übersetzt. Entgegen dem Uhrzeigersinn geht es dann rund um den See via Karwik nach Okartowo, wo man westwärts einschwenkt und vorbei am Biosphärenreservat Łuknajno (s. S. 275) nach Mikołajki zurückgelangt.

Die Tour führt rings um zwei langgestreckte Seen, vorbei an verträumten Dörfern, einem russischen Altgläubigenkloster und einem Reservat, in dem Tarpanpferde und Biber leben. Sie verläuft über leicht welliges Gelände auf einsamen Nebenstraßen, sandigen Waldwegen und Forstpisten.

Vom Zentrum in **Mikołajki** folgt man der ul. Mrągowska über eine Brücke zum Westufer des Mikołajskie-Sees (1 km). Dort biegt man links in die ul. Warszawska ein (= rotweiße Markierung), der man 1,5 km folgt und dabei die Wohnsiedlung Na Górce passiert. An der Gabelung oberhalb eines Teiches biegt man links in eine Piste ein, nach weiteren 500 m hält man sich abermals links. Die Piste führt durch Wald in 4,5 km fast bis zur Anlegestelle von **Wierzba** (7,5 km).

Noch vor Erreichen der Anlegestelle schwenkt man rechts in einen Weg (weiterhin rot-weiß markiert), der in 4 km zu einer T-Kreuzung führt. Dort biegt man links in eine Asphaltstraße ein und erreicht das Dorf **Iznota** (11,5 km). Ein ausgeschilderter Abstecher führt nach 1,5 km zum ›Mazurski Eden‹, einem originellen Hotel mit Café und Campingplatz am Bełdany-See (s. S. 281). Die Anlage ist einer Festung der galindischen Ureinwohner nachempfunden; riesige, aus Baumstämmen gehauene Krieger halten am Eingang Wache.

In Iznota quert man auf einer Brücke die Krutynia und biegt an der nächsten Gabelung links in Richtung ›Kamień‹ ab. Nachdem die Asphalt- in eine Sandpiste übergegangen ist, erreicht man eine weitere Gabelung: Hier hält man sich rechts und biegt nach 1,5 km abermals rechts in Richtung Dojazd Pożarowy Nr. 11 ein. Auch an der folgenden Gabelung folgt man dieser Ausschilderung. Der Wald wird nun lichter, durchs Baumgeäst erspäht man Bauernhöfe. Am Haus Nr. 29 hält man sich rechts und stößt wenig später auf eine Asphaltstraße, auf der man rechts abbiegend nach **Ukta** gelangt (20 km).

Von Ukta aus folgt man der Beschilderung nach **Wojnowo** (23 km), einem verträumten Dorf an einer wenig befahrenen Landstraße, das von ›Altgläubigen‹ bewohnt wird. Links der Straße sieht man ihre blau-weiße Kirche mit orthodoxer Zwiebelkuppel. Über eine Zufahrt zur Rechten erreicht man die eigentliche Attraktion: das über dem See thronende Kloster (s. S. 283).

Die Straße, auf die man nun stößt, ist stärker befahren. Man folgt ihr nach links und erreicht nach wenigen Kilometern **Ruciane Nida** (35 km).

Nahe der Touristeninformation (ul. Dworcowa 14) zweigt die ul. Mazurska ab, der man bis zur Schleuse Guzianka folgt. Man quert zwei Brücken und erreicht auf wenig befahrener Straße das zwischen zwei Seen gelegene **Wejsuny** (41 km). Am Ende des Dorfes (1,5 km nördlich seines Zentrums) gelangt man an eine T-Kreuzung und hält sich links, nach weiteren 500 m abermals links. Vorbei an einer Ferienanlage erreicht man den Weiler **Onufryjewo** (44 km).

Im Ort folgt man der ersten sich bietenden Linksabzweigung und gelangt in ein Waldstück. Am letzten Haus des Orts (10 km) wechselt man nach rechts auf eine Sandpiste über, die in 1,5 km zu einer Kreuzung führt. Hier geht es rechts weiter, vorbei an einem umzäunten Freigehege für Tarpanpferde (Schild: Rezerwat Konika Polskiego). 600 m nach einer Lichtung hält man nach einem Linksabzweig Ausschau, der dicht an den Bełdany-See heranführt. In der Folge passiert man mehrere Campingplätze und bleibt längere Zeit auf der Sziezka Przyrodnicza, dem ›Naturpfad‹. An einer markanten Gabelung folgt man dem Weg links hinab, kommt an einem Holzhäuschen mit Kreuz vorbei und stößt auf eine Asphaltstraße, auf der es links weiter geht. Ein Tor markiert das

Ende des Rezerwat Konika Polskiego, des »Reservats des polnischen Pferdes«. An der nächsten Kreuzung geht es links – an einem kleinen Jachthafen vorbei – zur Fähranlegestelle von **Wierzba** (53 km), wo im Sommer von 8 bis 17 Uhr zu jeder vollen Stunde Boote übersetzen.

Am anderen Ufer angelangt folgt man der sandigen Piste nach rechts. Sie führt anfangs am See entlang, schwenkt dann aber ab und verläuft durch Waldgebiete, vorbei an blumenübersäten Lichtungen. Nach 4,5 km erreicht man eine T-Kreuzung, an der man sich rechts hält; nur 500 m weiter stößt man auf eine Straße, der man abermals rechts abbiegend nach **Mikołajki** folgt (58 km).

Giżycko, Mamry-See und Suleyken

Auch im nördlichen Teil der Großen Seen ist ein Sechstel des Landes mit Wasser bedeckt. Das ›masurische Meer‹ fächert sich in eine Vielzahl kleinerer Gewässer auf, in denen drei Dutzend Vogelinseln schwimmen. Zur russischen Grenze hin, wo die Wälder dichter und sumpfiger werden, leben Wisente und Elche.

Giżycko ► 2, T 4

Karte: rechts

Die nordmasurische ›Sommerhauptstadt‹ **Giżycko** **1** (Lötzen) liegt auf einem Landstreifen zwischen den beiden großen, durch einen Kanal verbundenen Seen Kisajno (Kissain) und Niegocin (Löwentin). In den letzten Jahren aufgehübscht, bietet es eine nette Altstadt, dazu gute Hotels und viele Aktiv-Angebote. Im Sommer spielt sich das Leben an der Eko-Marina ab, einem umweltfreundlich geführten Hafen: Hier öffnen Terrassencafés, Restaurants und Segelshops. Eine Spaziermole spannt sich weit aufs Wasser, Promenaden führen am Ufer entlang. Von einem Aussichtspunkt lässt sich die ganze Szenerie genießen.

Im 500 m entfernten Stadtzentrum ist die ul. Warszawska die Hauptstraße. Der angrenzende **Grunwald-Platz** rahmt einen Grünstreifen ein und ist von behäbigen Bürgerhäusern gesäumt. Früher stand hier das Abstimmungsdenkmal: 99,97 % der Bevölkerung hatte 1920 für die Zugehörigkeit des Kreises zu Deutschland gestimmt. Daran erinnert bis heute die in V-Form verlaufende Baumgruppe (V = Victory), deren Spitze auf die evangelische **Pfarrkirche** an der Ostseite des Platzes weist. Im strahlend hellen Innenraum trifft sich am Sonntagmorgen die evangelische Gemeinde zum deutschsprachigen Gottesdienst, abends werden in den Sommermonaten Orgelkonzerte gegeben (Kościół Ewangelicki, pl. Grunwaldzki). In östlicher Verlängerung des Platzes, an der ul. Warzawska, steht ein Wasserturm von 1900. Im Lift geht es zur Aussichtsplattform hinauf, von der man Stadt und Seen überblickt (Wieża Ciśnień, ul. Warszawska 37, www.wiezagizycko.pl, Mai, Sept. tgl. 10–18, Juni–Aug. 10–20 Uhr, 2,50 €, mit Café).

Die Geschichte der Stadt reicht bis ins frühe 14. Jh. zurück, als der Deutsche Orden auf der strategischen Landzunge zwischen den beiden Seen das alte Kastell der Pruzzen zerstörte und eine neue **Burg** errichtete. Sie wurde später mehrfach umgebaut, heute ist von ihr nur noch ein Originalflügel erhalten, an den sich das Hotel St. Bruno lehnt – ein historisierender Bau, der die fehlende Burg ›nachahmt‹. Gleich daneben befindet sich eine 1860 erbaute, noch von Hand betriebene Drehbrücke. Sie ist eine der letzten dieser Art in Europa und spannt sich über den Kanal zwischen dem Kisajno- und dem Niegocin-See.

Noch gut in Schuss ist die 500 m westlich gelegene **Festung Boyen**, die ab 1844 als Bollwerk gegen Russland entstand und nach dem preußischen Kriegsminister General Hermann von Boyen benannt ist. Ihre Feuerprobe bestand sie im Jahr 1914, als sie wochenlang den Angriffen russischer Truppen trotzte. Auf einem sternförmigen Grundriss erheben sich über 2 km lange Wälle, deren Ecken von Basteien und turmartigen Toren geschützt sind. Man kann hinaufsteigen und einen Spaziergang auf den Wällen unternehmen. Und im Hauptgebäude erläutert eine kleine Ausstellung die Geschichte des Forts (Twierdza Boyen, ul. Turystyczna 1, Tel. 87 428 83 93, www.boyen.gizycko.pl, April–Sept. tgl. 9–18 Uhr). Giżycko bietet gute Bedingungen für Segler, Surfer und Kanuten. Seit die Kläranlage fertiggestellt ist, ist auch am Niegocin-See das Baden wieder möglich. Schiffsausflüge führen zum Kisajno-See mit seinen vielen kleinen, unter Naturschutz stehenden Inseln, über Sztynort nach Węgorzewo oder durch Kanäle nach Mikołajki und Ruciane Nida. Im Winter finden auf den zugefrorenen Seen und Kanälen Eissegelwettbewerbe statt.

Infos

Centrum Informacji Turystycznej: pl. Grunwaldzki/ul. Wyzwolenia 2, 11-500 Giżycko, www.gizycko.turystyka.pl, Mo–Fr 8–17, Sa 9–14 Uhr. Ein sehr engagiert geleitetes Informationsbüro, auch in deutscher Sprache wird über alle in dieser Region möglichen Aktivitäten informiert.

Übernachten

In der Ordensburg ▶ **St. Bruno:** ul. Św. Brunona 1, Tel. 87 7326500, www.hotelstbruno.pl, 69 Zimmer. Das Viersternehotel in restaurierter Backsteinarchitektur bietet elegante Zimmer, teilweise mit altem Gebälk, Frühstück im Wintergarten und einen Salon in der Bastei, dazu Pool und Sauna. In der 9 m hohen ›Bibliotheque‹ speist man fein bei Kaminfeuer. DZ ab 95 €.

Günstige Zentrumslage ▶ **Wodnik:** ul. 3 Maja 2, Tel. 87 428 38 71, www.cmazur.pl, 65 Zimmer. Nüchterner Plattenbau aus den 1970er-Jahren im Zentrum der Stadt. Durchweg saubere, funktionale Zimmer mit Sat-TV, Büfettfrühstück und Bar. Viel besucht von deutschen Reisegruppen, die hier Rabatt erhalten. Mit Friseur, Wäscherei und Radverleih. DZ ab 55 €.

Viel Ruhe ▶ **Europa:** al. Wojska Polskiego 37, Tel. 87 429 30 01, www.hoteleuropagizycko.pl, 62 Zimmer. Das Mittelklassehotel liegt unmittelbar am Kisajno-See, bietet Zimmer mit See- und Gartenblick sowie traditionelle Küche. Räder, Tret- und Ruderboote

sind ausleihbar. Mit großer Sporthalle (speziell für Boxer!). DZ ab 52 €.

Für Wasserratten ▶ **COS-Sporthotel:** Ośrodek Wczasowy Centralnego Ośrodka Sportu, ul. Moniuszki 22, Tel. 87 428 23 35, www.gizycko.cos.pl, 201 Zimmer, geöffnet Mai–Sept. Hotel etwas außerhalb der Stadt am Kisajno-See, Teil eines großen Sportzentrums mit eigener Anlegestelle, Ruder- und Segelbootverleih. Zur Wahl stehen Zimmer im Haupthaus und in Bungalows. DZ ab 50 €.

Einfaches Motel ▶ **Zamek:** ul. Moniuszki 1, Tel. 87 428 24 19, www.cmazur.pl, 17 Zimmer. Unkompliziertes Quartier am Giżycko-Kanal, nahe einer Drehbrücke und der Ruine der Ordensburg, 400 m westlich des Zentrums. Die Zimmer haben direkten Zutritt zur Garage; Paddel-und Tretboote sind ausleihbar. DZ ab 40 €.

Familienfreundlich ▶ **Wioska Turystyczna Wilkasy:** ul. Niegocińska 7, Tel. 87 428 04 54, www.wioskaturystyczna.pl, 61 Zimmer. Gro-ße Anlage im Kiefernwald direkt am Niegocin-See, 4 km südl. von Giżycko in Wilkasy. Hotelzimmer sowie Bungalows und Holzhäuschen für max. 5 Personen. Mit Freibad, Sauna und Whirlpool, Mountainbike- und Bootsverleih. Angeschlossen ist eine Reitschule. DZ ab 30 €.

Camping ▶ Borowo: Bystry, Tel. 87 428 89 72, www.borowo.prv.pl, ganzjährig geöffnet. 3 ha großer Wiesenplatz am Niegocin-See mit 100 Stellplätzen, guten Sanitäreinrichtungen und einem kleinen Restaurant. Der gesamte Bereich ist umzäunt, beleuchtet und bewacht. Zur Anlage gehört auch ein eigener Badesteg sowie ein kleiner Hafen. Gemietet werden können Tretboote und Kajaks, Ruder- und Segelboote. An der Rezeption werden Angellizenzen verkauft. Die nächste Bushaltestelle ist nur 100 m entfernt.

Campingplatz mit Pension ▶ Elixir Hotelik Caravan Camping: Guty 9, Tel. 87 428 28 26, www.elixirhotel.com, ganzjährig geöffnet. Campingplatz mit Ferienanlage (Boots- und Fahrradverleih) am Ufer des Kisajno-Sees, 7 km westlich von Giżycko. Von der Straße nach Kętrzyn rechts in Richtung Kamionki abbiegen! Es besteht die Möglichkeit Zelte, Wohnwagen, Mobilheime und Zimmer zu mieten. DZ ab 20 €.

Essen & Trinken

Schön sitzt man am Wasser in der Eko-Marina am Niegocin-See, wo sich Fischlokale, Bistros und Cafés aneinanderreihen – die Kneipe Czarna Perła ist Kult!

Am Wasser ▶ Siwa Czapła: ul. Nadbrzezna 11, Tel. 89 428 34 40, www.siwaczapla. pl, tgl. ab 9 Uhr. In der Taverne gibt's masurischen Fisch und ostpreußische Klassiker, Pilze und Beeren aus dem Wald. Hauptgerichte ab 5 €.

Im Zentrum ▶ Kuchnie Świata: pl. Grunwaldzki 1, Tel. 87 429 22 55, www.kuchnie swiata.pl. Pasta, Pizza, Gyros und Grillgerichte in mediterranem Ambiente. Schöne Sommerterrasse. Hauptgerichte ab 5 €.

Wassermühle am See ▶ Stary Młyn: Upałty 2, Tel. 87 42 92 718, www.karczmaupalty.com. 7 km östlich von Giżycko: Terrassenlokal mit altpolnischer Küche, dazu säuerliches *kwas* oder süßen *met* (Honigwein). Hauptgerichte ab 5 €.

Einkaufen

Einkaufszentrum ▶ Galeria Batory: ul. Warszawska s/n, www.batory.com.pl. Hinter der Kirche befindet sich eine Shopping Mall mit Mode- und Media-Läden, dazu ein Supermarkt.

Markt ▶ Targ Plac Grunwaldzki: Die auf dem Grunwald-Platz tgl. angebotene Warenpalette reicht von Pilzen, Preiselbeeren über gackerndes Federvieh bis zu Kosmetikartikeln.

Abends & Nachts

In den improvisierten **Bars im Hafen** werden die Sommernächte durchzecht.

Aktiv

Radfahren ▶ WAMA-Tour: ul. Kanarskiego 1/1, Tel. 87 429 30 79, www.masurenaktivurlaub.de. Deutschsprachige Radbasis mit Verleih und Angebot von organisierten Touren. Doch auch allein kann man die Umgebung anhand mehrerer markierter Rundtouren erschließen: Die grün markierte, 61 km lange Südtour führt von Giżycko um den Niegocin-See, die blau markierte, 67 km lange Nordtour im Uhrzeigersinn um den Dargin-See. Weitere Infos bei der Touristeninformation.

Schiffsausflüge ▶ Zegluga Mazurska: al. Wojska Polskiego 8, Tel. 87 428 53 32, www.zeglugamazurska.com.pl. Mit der Weißen Flotte erkundet man die Seen und Kanäle rund um die Stadt, kommt nach Węgorzewo, Mikołajki und Ruciane Nida. Geplant ist auch die Wiederaufnahme der Fahrten zur Kormoran-Insel (Wyspa Kormaranów), einem kleinen Naturparadies auf dem Dobensee (Jezioro Dobskie). Es ist nicht erlaubt, die Insel zu betreten, doch viele der insgesamt etwa 1500 Kormorane kann man vom Schiff aus beobachten, ebenso wie Kolonien von Silberreihern.

Segeln & Surfen ▶ Ein großes Angebot an kleinen Jachten, Surfbrettern, Ruder- und Paddelbooten verleihen das Wassersportzentrum an der Eko-Marina (www.ekoma rinagizycko.pl) sowie das COS-Sporthotel am Kisajno-See (s. S. 291). Im Hafen von

Giżycko am Niegocin-See kann man bei Top-Yachting Segelboote leihen (ul. Nowowiejska 35a/16, Tel. 87 428 10 15, www. topyachting.pl), im Hafen von Wilkasy, 4 km südlich, bekommt man sie bei der Agentur Mazur Wind (ul. Klonowa 19, Tel. 87 428 01 72, www.mazurwind.pl).

Tauchen ▶ Centrum Nurkowe CK Diver: ul. Mickiewicza 9, Tel. 60 271 85 80, www. ckdiver.pl. Tauchkurse einfach und extrem (z.B. winterliches Tauchen unter Eis), Verkauf von Zubehör.

Termine

Orgelkonzerte: In der evangelischen Kirche gibt es im Sommer Konzerte.

Lötzener Tage (Mai)**:** Großes Stadtfest mit Umzügen, Tanz und Folklore.

Shanty-Festival (Juli)**:** Im Amphitheater der Festung Boyen werden Seemannslieder vorgetragen.

Segelregatten und Surfmeisterschaften (Juli/Aug.) mit anschließendem großem Hafenfest.

Verkehr

Bus/Zug: Die beiden Bahnhöfe befinden sich südlich des Stadtzentrums am Hafen des Niegocin-Sees. Gute Busverbindungen in alle Richtungen, mit dem Zug nach Olsztyn und Suwałki.

Rund um den Mamry-See

▶ **2, S/T 3**

Karte: S. 291

Nördlich von Giżycko greift der Mamry-See (Mauer-See) mit mehreren Armen weit in die Landschaft. Seine Ufer sind dicht bewaldet, doch hier und da eröffnen Wiesen den Blick auf die riesige Wasserfläche. »Tausende von Enten«, schreibt Marion Gräfin Dönhoff in ihrem Buch »Kindheit in Ostpreußen«, bevölkerten den See, dazu »Blesshühner, Rohrdommeln, Kormorane, Wildgänse, Schwäne, gelegentlich auch Seeadler«. Und sie weiß zahlreiche Geschichten zu erzählen, die dem Mamry-See eine »unheimliche, fast magi-

sche Note« verleihen. Heute ist es vor allem ein Ort, der ›geisterhaft‹ wirkt: das in herrlicher Lage hoch auf einer Landzunge thronende Schloss **Sztynort** **2** (Steinort). Einst ›der schönste Besitz in Ostpreußen‹, präsentiert es sich heute als Ruine von morbider Pracht: Die wuchtigen Türme drohen einzustürzen, Türen und Fenster sind vernagelt. Fast ein halbes Jahrtausend gehörte das Schloss der Familie Lehndorff, die manch einen Reichsgrafen, Fürstbischof und königlichen Befehlshaber gestellt hat. Im frühen 16. Jh. kam sie von Königsberg hierher und erhielt ›die große Wildnis am See‹ als Geschenk vom Deutschen Orden. Das vom Grafen Lehndorff errichtete Schloss wurde von den Tataren 1656 eingeäschert, 40 Jahre danach war es im Stil des Barock wiedererrichtet. Die Familie residierte hier bis zum Einmarsch der Roten Armee 1945. Letzter Schlossherr war Heinrich Graf von Lehndorff, der für seine Beteiligung am Hitler-Attentat 1944 in Berlin-Plötzensee hingerichtet wurde. Sein Erbe war Hans Graf von Lehndorff, der sich in seinem Buch »Menschen, Pferde, weites Land« an den verlorenen Ort der Vorfahren erinnert: »Die Jahrhunderte verschmolzen an dieser Stelle zu einem Stück Ewigkeit, jener Ewigkeit, darin sie geborgen und aufgehoben sind und in die sie zurückkehren.« Aus der Rückkehr war nichts geworden: Das Schloss verfiel. Neue Hoffnung schöpft man, seit sich die deutsch-polnische Stiftung des Schlosses angenommen hat und hier ein Zentrum für Denkmalpflege und ein Museum adeliger Wohnkultur einrichten will. Noch ist der Park verwildert ...

Herrscht im Schloss noch große Stille, so geht es derweil am Fuße des Hügels quicklebendig zu: Segler treffen sich in der Taverne Zęza auf ein kühles Bier – und vom modernen Jachthafen stechen Windjammer in See.

In **Mamerki** (Mauerwald), am sumpfigen Nordwestufer des Mamry-Sees, hat die nationalsozialistische Führung in den Jahren 1942 bis 1944 kleine Bunker errichtet, die sie bei ihrem Rückzug zu sprengen vergaß. Die mittlerweile bemoosten Ungetüme stehen

Die Masuren

Wer Krystyna Dickti in ihrem Museum in Sądry (s. S. 271) besucht, begegnet einer echten Masurin. Zeitlebens hat ihre Familie in der Gegend gelebt, erst unter den Deutschen, dann unter den Polen. Polnisch spricht sie in einem eigentümlichen Dialekt, und auch ihr Deutsch klingt, um es milde auszudrücken, ein wenig skurril.

Fast glaubt man sich in eine von Siegfried Lenz' Geschichten aus »So zärtlich war Suleyken« versetzt. Da werden Artikel vertauscht und die Worte im Satz verstellt, männliche Gäste unumwunden mit »Herrchen« und weibliche mit »Damchen« angesprochen. Vom »Schweinchen« im Stall ist die Rede, einem zwei Zentner schweren Geschöpf, aus dem »leckere Leberwürstchen« entstehen und vom »Herrgottchen‹, der schützend seine Hand über den Hof legt. Frau Dickti ist eine von ca. 10 000 alteingesessenen Masuren – bis in die mittelalterliche Ordenszeit muss man zurückgehen, um die Geschichte dieses Volkes darzustellen.

Das eroberte Pruzzenland, so befand ein Chronist Ende des 13. Jh., sei »wüst und leer«. Die Galinder und Sudauer, zwei der insgesamt elf pruzzischen Stämme, die in der Großen Wildnis gelebt hatten, waren im Namen des Kreuzes getötet bzw. vertrieben worden. Nur eine Hand voll Namen erinnert noch an sie, so die durch die Johannisburger Heide fließende Galinde, die Orte Gołdap, Szczytno und Sorkwity. Lange Zeit blieb die Gegend unbesiedelt; mit ihrem schwer zugänglichen Wald- und Sumpfdickicht bildete sie an der Südflanke des Ordensstaats einen natürlichen Wall der Abwehr gegen Polen. Nur an einigen strategisch wichtigen Punkten entstanden befestigte Orte, die von ergebenen deutschen Untertanen bewohnt waren darunter Ortels- und Angerburg, Sens- und Johannisburg.

Erst im 15. Jh., als der Ordensstaat militärisch besiegt und in seiner Ausdehnung geschrumpft war, machte man sich daran, auch die Ressourcen der ›Großen Wildnis‹ zu nutzen. Tausende polnischer Bauern aus dem südlich angrenzenden Masowien wurden angeworben, um das Land zu erschließen. Diese brachten einen altpolnischen Dialekt mit, den sie allmählich mit deutschen Lehnwörtern durchsetzten. Als Bauern und Fischer fristeten sie eine karge Existenz und traten 1525 – wie alle übrigen Bewohner des zum preußischen Herzogtum säkularisierten Ordensstaats – zum Protestantismus über. Später gesellten sich zu ihnen religiös Verfolgte aus ganz Europa. Es kamen holländische Mennoniten und Calvinisten, französische Hugenotten und Salzburger Protestanten, polnische und litauische Arianer, schließlich auch russische Altgläubige.

Mit der Gründung des Deutschen Reichs 1870 wurde das gleichberechtigte Nebenund Miteinander der Ethnien und Konfessionen aufgehoben. Das Deutschtum wurde gestärkt, in Schule, Kirche und Amt war es nicht länger opportun, eine andere als die deutsche Sprache zu benutzen. Wie erfolgreich die Germanisierungspolitik war, enthüllt die Statistik: Gaben 1890 noch 80 % der Masuren an, vorwiegend Polnisch zu sprechen, so stellten sich 35 Jahre später die Verhältnisse andersherum dar: Nun waren es 80 %, die Deutsch als Muttersprache angaben. Und wie sehr sich diese als Deutsche definierten, erkannte man daran, dass bei dem vom Völkerbund nach dem Ersten Weltkrieg durchgeführten Plebiszit 97,5 % für den Verbleib beim Deutschen Reich stimmten – für viele Polen ein ›unverzeihlicher Verrat‹, der mit der ›falschen‹ Religionszugehörigkeit erklärt wurde. Unter den Nationalsozialisten wurde die Germanisierungspolitik forciert, alles ›Masurische‹ war ihnen ein Dorn im Auge. Nun war es verboten, öffentlich Polnisch zu sprechen, alle slawisch klingenden Ortsnamen wurden eingedeutscht. So wurde aus Sgonn Hirschen, aus Rydzewen Rotwalde, und Schimonken wurde gar in Schmidtsdorf verwandelt.

Nach dem Zweiten Weltkrieg hatten die Masuren abermals Gelegenheit, sich zum Polentum zu bekennen. Wer einen slawischen Namen besaß bzw. ein wenig Polnisch sprach, durfte in dem Land, das nun zu Polen gehörte, bleiben und Haus und Hof behalten. Immerhin waren es rund 120 000 Masuren, die die ›Verifizierungsprobe‹ bestanden. Wenige Jahre später verzichteten allerdings viele von ihnen auf das ›Privileg‹ der polnischen Staatszugehörigkeit: Als in Westdeutschland das Wirtschaftswunder einsetzte, stellten sie einen Ausreiseantrag und siedelten im Rahmen der Familienzusammenführung in die Bundesrepublik über.

Diejenigen, die im Land blieben, dürfen sich seit 1990 offiziell als Mitglieder der deutschen Minderheit definieren. Viele von ihnen sind in Gesellschaften organisiert, die Namen tragen wie ›Elch‹ und ›Bärentatze‹, ›Heimat‹ und ›Herder‹. So lebt es wieder fort, das Völkergemisch dieser Region: mit einer Mischkultur aus polnischen Nach- und deutschen Vornamen, polnischer Sprache und deutscher Schrift, polnischen Sprichwörtern und deutschen Liedern, slawischer Religiosität und evangelischem Glaubensbekenntnis. »Ich bin kein Pole«, sagt der Einheimische, »ich bin kein Deutscher! Ich bin Masure!«

Die Masuren: ein – noch – lebendiges Volk mit eigenen Traditionen

Giżycko, Mamry-See und Suleyken

Auf dem Mamry-See, dem ›masurischen Meer‹, lassen sich lange Törns unternehmen

mitten im Wald, der Zugang ist nicht ausgeschildert. Wer sie in Augenschein nehmen
möchte, fährt am Westufer des Sees entlang
und biegt an einem Gehöft kurz vor dem Weiler Przystań rechts ein. 200 m später kommt
er zu einer Bootsanlegestelle, von der ein
Weg rechts zu den Bunkern führt.

Vorbei an **Trygort** 3 (Tiergarten) erreicht
man das von deutschen Ordensrittern im

14. Jh. gegründete Städtchen **Węgorzewo**
4 (Angerburg). Die Burg hat sich über alle
Zeiten gerettet und beherbergt heute das
Rathaus. An Vergangenes erinnert auch das
masurische Museum mit einer umfangreichen Sammlung, die von pruzzischen Göt-
zen bis zu Bauernmöbeln des 19. Jh. reicht
(Muzeum Kultury Ludowej, ul. Portowa 1,
www.muzeum-wegorzewo.pl, tgl. 9–18 Uhr).

Infos

Centrum Informacji Turystycznej: pl. Wolności 11, Tel. 87 427 40 09, www.wegorzewo.pl, Mo–Fr 8–15 Uhr, in der Saison länger. In der Info-Stelle bekommt man Tipps zu Ausflügen, es werden Unterkünfte vermittelt und Fährtickets verkauft.

Übernachten

In Węgorzewo:

An der Uferpromenade ▶ Nautic: ul. Słowackiego 14, Tel. 87 427 20 80, www.nautic.pl, 12 Zimmer. Pension nahe der Bootsanlegestelle. Alle Zimmer mit Bad, ein Apartment mit Garten-Pool. DZ ab 55 €.

In Sztynort:

Am Schloss ▶ Gospoda Sztynorcka: Sztynort, Tel. 87 427 51 81, www.gospodasztynorcka.pl. 23 Zimmer. Freundliche Zimmer in einem restaurierten, backsteinernen Wirtschaftsgebäude, gleich neben der Taverne. Mit Rad- und Kajakverleih, auch Nordic-Walking-Stöcke können gemietet werden. DZ ab 50 €.

In Pozedrze:

Familiäre Pension ▶ Villa Mamry: Dziaduszyn 5, Pozezdrze, Tel. 87 427 14 48, www.mamry.de, 10 Zimmer. Freundlich geführtes Haus in romantischer Lage am Święcajty-See mit netten Zimmern und einem Frühstücksraum mit Seeblick. DZ ab 46 €.

In Trygort:

Resort im skandinavischen Stil ▶ Mamry: Trygort 132, Tel. 87 427 03 43, www.sealand-travel.com, 15 Apartments. Ferien-Resort auf einer Halbinsel am Mamry-See. Außen geben sich die 15 skandinavisch inspirierten Holzhäuser traditionell, innen haben sie modernen Komfort. Mit altmasurischem Gasthaus, Anlegestelle und Bootsverleih (1 km westlich von Trygort abbiegen und der Piste 800 m folgen). Apartment ab 48 €.

Essen & Trinken

In Węgorzewo:

Bodenständig ▶ Karczma: ul. Zamkowa 10, Tel. 87 427 32 23, www.keja.com.pl. Rustikale Dorfschenke, Spezialität ist *golonka zapiekana* (gebackenes Eisbein), dazu ein

Von seiner schönsten Seite zeigt sich der Ort am Hafen: Hier liegen bunte Boote vor Anker oder nehmen Kurs aufs ›masurische Meer‹. Einen schönen Blick auf den See haben Sie auch von der ›Jägerhöhe‹: Am Ortsrand zweigt von der Straße nach Giżycko ein blau markierter Weg ab – auf dem Gipfelplateau stoßen Sie auf einen Soldatenfriedhof aus dem Ersten Weltkrieg.

›Kuss der Schwiegermutter‹ *(pocałunek)*. Hauptgerichte ab 4 €.

In Sztynort:

Beliebter Seglertreff ▶ **Taverne Zęza:** Sztynort, Tel. 87 427 51 81. Hier fühlt man sich wie im Bauch eines alten Windjammers – fast alles ist aus in Holz! Während in der Taverne v.a. gehaltvolle Fischküche auf den Tisch kommt, wird im Kellergewölbe fein diniert – manchmal erklingt dazu Livemusik. Hauptgerichte ab 5 €.

Aktiv

Schiffsausflüge ▶ Żegluga Mazurska, Port, Tel. 87 562 22 07, www.zeglugamazurska. com. Die Weiße Flotte bietet im Sommer Touren zwischen Węgorzewo, Giżycko und Mikołajki.

Wassersport ▶ Bootsverleih am Campingplatz Rusałka (s. S. 297) sowie bei Keja in Węgorzewo (Tel. 87 42 71 834, www.keja. com.pl).

Verkehr

Bus: Vom Terminal 1 km nordwestlich des Zentrums von Węgorzewo gibt es gute Verbindungen nach Trygort und Giżycko, Kętrzyn und Gołdap.

Gołdap und Umgebung

▶ **2, U 3**

Karte: S. 291

Östlich des Mamry-Sees, nahe der Grenze zu Kaliningrad, gibt es viel unberührte Natur. Der einzige größere Ort ist mit 14 000 Einwohnern **Gołdap** 5 (Goldap). Wie der pruzzische Name verrät (Gelde-Ape = Flusssenke), liegt es in einem weiten, flachen Tal. Der grenzüberschreitende Warenverkehr hat ihm einen bescheidenen Wohlstand eingebracht. Sehenswert ist der Wasserturm: Unter der Aussichtsterrasse wurde ein Café eingerichtet, von dem man einen schönen Blick auf die Stadt und die umliegenden Wälder hat (Wieża Gołdap, ul. Paderewskiego 35, www.wieza-goldap.pl, Mai–Sept. tgl. 10–18 Uhr, im Sommer länger, 2,50 €).

In der **Puszcza Borecka** (Borkener Heide), einem 250 km^2 großen, von Mooren und Seen durchzogenen Forst sieht man Schwarzstörche, Kraniche und seltene Raubvögel. Größte Attraktion sind die etwa 80 aus dem Białowieski-Nationalpark (s. S. 326) ausgewilderten Wisente, eine der letzten verbliebenen Kolonien wilder Rinder, die es in Europa noch gibt. Die behäbigen Tiere sind zwar an die 2 m groß und 1000 kg schwer, aber recht scheu. Von Holztürmen und getarnten Plattformen kann man sie vor allem im Morgengrauen beobachten. Oder man fährt vom Dorf **Kruklanki** (Kruglanken) über eine schmale, geteerte Straße zur Wisentzuchtstation in der Försterei Wolisko, wo die Tiere in einem 7 ha großen Schaugehege gefüttert werden (Stacja Hodowli Żubrów, Tel. 87 421 70 06, Fütterungszeit meist 8–9 und 18–19 Uhr, Anfahrt von Kruklanki über Borki nach Jurkowo, dort links).

Die gleichfalls gut 250 km^2 große **Puszcza Romincka** (Rominter Heide) war einst bevorzugtes Jagdgebiet der preußischen Könige und auch NS-Führer wie Göring gingen hier auf Pirsch. Die ausgedehnten Waldgebiete greifen weit in die russische Enklave Kaliningrad hinein, nur etwa ein Drittel ist polnisch. Mit dem Auto kann man die Wälder nicht durchfahren, und auch Radwege sind rar. Wanderer dagegen dürfen sich freuen: Auf dem grün markierten Weg kommen sie von Gołdap ins 24 km östlich gelegene **Stańczyki** (Staatshausen) und erleben Einsamkeit pur. Nahe am Zielort spannen sich imposante Viadukte über das Dickicht des Flusstals Błędzianka – mit ihren 40 m hohen Granitbögen erscheinen sie wie römische Kolossalbauten. Sie sind Relikte einer im Ersten Weltkrieg erbauten Zuglinie nach Vilnius, die später demontiert wurde. Gegen ein geringes Entgelt kann man sie besteigen und die herrliche Aussicht über das Flusstal genießen. Am Wochenende kann man obendrein Bungee-Springern zusehen, die sich todesmutig in die Tiefe schwingen.

Bei Wanderungen durch die Rominter Heide stößt man auch auf sogenannte ›Kaisersteine‹. Sie wurden überall dort aufgestellt, wo Kaiser Wilhelm II. vor gut 100 Jahren einen besonderen Jagderfolg feierte – etwa wenn er seinen hundertsten oder tausendsten Hirsch erlegte …

Infos

Centrum Informacji Turystycznej: pl. Zwycięstwa 16, Tel. 87 615 20 90, Mo–Fr 9–15 Uhr, in den Sommerferien länger.
Im Internet: www.uzdrowiskogoldap.pl.

Übernachten

Im Grünen ▶ **Leśny Zakątek:** ul. Wczasowa 9, Tel. 87 615 09 65, www.lesny-zakatek. pl, 30 Zimmer und Campinghäuschen. Renoviertes Ausflugsheim am weit ins russische Gebiet reichenden Gołdap-See mit Kinderspielplatz und eigenem kleinem Strandabschnitt, Rad- und Bootsverleih. DZ ab 40 €.
Klein und zentral ▶ **Janczes:** pl. Zwycięstwa 22, Gołdap, Tel. 87 615 13 77, www.

Tipp: Husky-Station

Auf dem Weg nach Gołdap lohnt ein Stopp in Banie Mazurksie beim ›Laufenden Wolf‹. In der Einsamkeit der Wälder hat der studierte Ethnologe Dariusz Morsztyn vor Jahren eine Husky-Station eingerichtet. Nun lebt er in der Wildnis zusammen mit seiner Familie und mehr als zwei Dutzend Hunden. Die Huskies erinnern an Wölfe. Ihre Augen sind meist blau und ihr Fell schimmert in hellen Tönen, um in der Schneelandschaft optimale Tarnung zu bieten. Im Winter werden die Hunde vor Schlitten gespannt und pesen mit Gästen im Schlepptau durch die schneeverwehte Landschaft. Doch auch im Sommer gibt es – außer den Hunden – etwas zu sehen: Weil sich Dariusz für die Kultur im Stammland der Hunde interessiert, hat er in seiner Station ein ›Eskimo-Ambiente‹ geschaffen. Igluähnliche Bauten und Zelte, Outfits aus Renleder und Kunstwerke erinnern an das Leben im hohen Norden (Biegnacy Wilk, Ściorki 6, Banie Mazurskie, Osada Ekologiczna, Tel. 0604 29 29 97, www.biegnacy-wilk.pl).

janczes.spanie.pl, 10 Zimmer. Bescheidene Unterkunft am Marktplatz, nur wenige Schritte von der Touristeninformation entfernt. Immerhin verfügt das Haus über eine eigene Konditorei und über einen 8-Personen-Bus, mit dem man zu Ausflügen in die nähere Umgebung startet. DZ ab 35 €.

Suche nach Suleyken

▶ 2, U 4/5

Karte: S. 291

Wer Siegfried Lenz gelesen hat, bewegt sich in Ostmasuren auf vertrautem Terrain: Die deutschen Ortsnamen Lyck, Suleyken und Oletzko geistern durch seine Erzählungen, sind Schauplatz skurriler Geschichten. Die Region ist unspektakulär, selbst in der Saison hat man die Seen fast für sich allein.

Ełk 6

Als Einstieg empfiehlt sich **Ełk** (Lyck), jene Stadt, in der Siegfried Lenz 1926 das Licht der Welt erblickte. Damals markierte Lyck die Reichsgrenze, und so verwundert es nicht, dass sich der Autor vor allem an »sandige Exerzierplätze«, »trübselige Kasernen« und »gedrungene Kriegerdenkmäler« erinnerte. Heute wirkt die Stadt geschäftig, aber auch etwas grau – gut könnten die längs der Hauptstraße aufgereihten ostpreußischen Bürgerhäuser einen neuen Anstrich vertragen. Attraktiv präsentiert sich Ełk dagegen am See, wo eine Promenade angelegt und Häuser im Fachwerk- und Backsteinstil errichtet wurden. Auch die vorgelagerte, über eine Brücke erreichbare Insel mag von der Kritik ausgenommen werden. Dort befand sich seit 1398 eine Burg der Ordensritter, von der heute allerdings nur noch die Grundmauern existieren. An vergangene Zeiten erinnert auch ein hoch über dem Ufer thronender Wasserturm aus dem Jahr 1895, in dem sich die deutsche Minderheit zu Kaffee und Kuchen trifft (11 Listopada s/n, Mai–Aug. tgl. 10–16, Sept.–April Di und Fr 10–12 Uhr). Gern wird hier auch Lenz' Geschichte »Eine Kleinbahn namens Popp« rezitiert, in der sich

299

Giżycko, Mamry-See und Suleyken

der Autor über die weltferne Verschrobenheit der Masuren lustig macht. Jene Bahn gibt es übrigens noch immer: In der Saison macht sich die nostalgische Dampflok schnaubend und ächzend auf den Weg nach Zawady Tworki südöstlich Ełks und benötigt für die 20 km lange Strecke eine geschlagene Stunde! Ein weiterer Zielpunkt ist das ehemalige deutsch-polnische Grenzdorf Turowo im Nordosten. Auf Wunsch werden unterwegs Pausen für Fotos und Picknicks eingelegt!

Übernachten

An der Seepromenade ▶ Horeka: ul. Wojska Polskiego 63, Tel. 87 621 37 67, www.hotelhoreka.com, 32 Zimmer. Das attraktiv am Seeufer gelegene Fachwerkhaus ist das beste Hotel der Stadt. Mit Pub und Gartenterrasse. DZ ab 50 €.

Für Selbstversorger ▶ Smętek: ul. Puławskiego 19, Tel. 87 621 14 53, www.smetek.pl, 5 Apartments. Haus am See, nur 5 Gehminuten vom Stadtzentrum entfernt. Die Zweizimmer-Apartments sind mit Holzmöbeln komfortabel eingerichtet, haben Küche und Seeblick. Im Erdgeschoss ein gemütliches Pub und ein Internet-Café, auf der 30 m entfernten Mole ein Fisch- und Fleisch-Grill. Mit Bootsverleih. Apartment ab 50 €.

Schlafen im Heu ▶ Masurenhof: Nowa Wieś Elcka (Szarejki), Haus Nr. 14. Tel. 87 619 77 05, www.masurenhof.info. 7 km südöstlich von Ełk bieten Jochen und Marta Elsner in ihrem restaurierten Öko-Hof einfache Zimmer im Bauernhaus, ein Quartier im Heu des Scheunendachs (für Urlauber mit Schlafsack) und einen Zeltplatz; Duschen sind ausreichend vorhanden. Es werden Boote und Fahrräder verliehen; man kann Ziegen melken und aus der Milch Käse herstellen, der anschließend in der ›Museumsküche‹ verputzt wird. DZ ab 36 €.

Essen & Trinken

Am See ▶ Hesta: ul. Wojska Polskiego 63, Tel. 87 621 37 67. Hotelrestaurant am Rande der Altstadt, mit Sommerterrasse. Gut und preiswert ist z. B. die mit Käse überbackene Forelle. Hauptgerichte ab 5 €.

Aktiv

Fahrt mit dem Nostalgiezug ▶ Vom Bahnhof Ełk Wąskotorowy, der Schmalspurstation am Hauptbahnhof, starten in der Saison Züge ins 30 km nordöstlich gelegene Turowo.

Verkehr

Bus/Zug: Beide Bahnhöfe liegen dicht beieinander in der Nähe des Zentrums und bieten gute Verbindungen nach Suwałki, Mikołajki und Olsztyn.

Nördlich von Ełk

Rund um Ełk liegen verschlafene Dörfer mit holprigen Erdwegen, wo sich in den vergangenen Jahren wenig verändert hat. Nur einzelne Bauten künden vom Geist der neuen Zeit, so das helle, zum Hotel ausgebaute Herrenhaus in **Straduny** 7 (Stradaunen), 6 km nördlich von Ełk am östlichen Ausläufer des Łaśmiady-Sees (Laschmieden-Sees). Von der Terrasse schaut man in den Park hinab, sieht Reiter auf dem Übungsparcours und im Hintergrund auf dem Wasser gleitende Kanuten. Folgt man der Straße am See entlang westwärts, kommt man nach **Stare Juchy** 8 (Fließdorf), einem beliebten Anlaufpunkt für Radler. Der Bauernhof ›Unterm Storchennest‹ bietet ländliche Unterkunft, ein junges deutschstämmiges Paar hat in mehrjähriger Arbeit die zugehörigen Fachwerkhäuser restauriert. Der Ulufki-See liegt nur 500 m vom Hof entfernt – wer nicht baden möchte, setzt sich ins Boot und erkundet die Buchten.

Über wenig befahrene Seitenstraßen gelangt man nach **Sulejki** 9 (Suleyken). Das Dorf, dem der Erzählzyklus von Siegfried Lenz seinen Titel verdankt, präsentiert sich nicht gerade als Idylle. Die landwirtschaftliche Genossenschaft ist geschlossen und rottet vor sich hin, die Bewohner sind größtenteils arbeitslos und ohne Perspektive. In eben jenem Sulejki lässt der Autor seine ›Reise nach Oletzko‹ beginnen, eine skurrile Fahrt, an der das gesamte Dorf teilnimmt, weil ein Bauer »Mangel an einem Kilochen Nägel« hat. 15 km ist die Strecke lang, doch die Bewohner dünkt es eine Reise in weite, weite Ferne. Da werden »Speck, Fladen, Salzgurken« eingepackt, dazu »ein Topf Kohl, getrocknete Birnen, ein Korb Eier, gebratene Fische, Zwiebeln, ein Rundbrot und ein geschmortes Kaninchen«, denn man weiß schließlich nie, was unterwegs alles geschehen mag ....

Olecko 10 (Treuburg) war früher das einzige Einkaufszentrum der Region, auf dem großen Platz im Zentrum der Stadt fanden die berühmten Vieh- und Pferdemärkte statt. Heute ist der Marktplatz in einen Park umgewandelt, die angrenzenden Häuser sind von Verfall bedroht. Seinen deutschen Namen erwarb der Ort, nachdem bei dem Plebiszit von 1920 alle Einwohner für den Anschluss an Deutschland gestimmt hatten. Aus der gleichen Zeit hat sich ein wuchtiges, aus Feldstein errichtetes Denkmal für die Gefallenen des Ersten Weltkrieges erhalten. Nahebei entstand eine imposante Kraft-durch-Freude-Sportanlage, auf der die Körper für den Zweiten Weltkrieg gestählt wurden.

Infos
Im Internet: www.olecko.pl und www.lot.olecko.pl.

Tipp: Bio-Landgut

Hier erfährt man, wie schön es sich auf dem Land leben lässt! Der Gutshof liegt am See, der sich für Schwimm-, Boots- und Angelpartien bestens eignet. Das Essen ist gesund, Vieles kommt aus Bio-Anbau: vom Brot aus eigenem Getreide bis zum hausgemachten Pfefferminzlikör! Geschlafen wird in traditionell eingerichteten Bauernkaten, auf Wunsch auch im Heu. Natürlich wird auf dem Hof auch recycelt, u. a. werden die Abwässer in einer großen Schilfkläranlage aufbereitet. Anna und Lech, die gut Deutsch sprechen, sorgen dafür, dass sich die Gäste wohlfühlen (**Marczak:** Gize 41, Świętajno 7 km südwestlich Olecko, Tel. 87 523 04 05, www.ekoturystyka.com.pl, 6 Zimmer und 4 Apartments, DZ ab 35 €).

Übernachten, Essen & T
In Stare Juchy:

Komfort am See ▸ Dwór Mazu miady: Laśmiady 6, Tel. 87 619 91 00, www.dworlasmiady.pl, 12 Zimmer und Apartments; Mai–Sept. Gutshaus von 1874 zwischen zwei Seen, verwandelt in ein Landhotel. Die Zimmer sind hell und luftig, gefrühstückt wird in einem Saal mit offenem Dachstuhl. Gespeist wird in einem rustikalen Büfett-Restaurant, außerdem gibt es zwei Tennisplätze, Indoor-Pool, Sauna, Rad- und Bootsverleih. DZ ab 60 €.

Persönlich ▸ Pod Bocianim Gniazdem: Jeziorowskie 17, Tel. 87 619 94 66, www.bocianiegniazdo.goscinnawies. pl. Die von Lidia und Andrzej Rejrat geführte Pension ›Unterm Storchennest‹ liegt 4 km südöstlich von Stare Juchy. 17 Zimmer mit und ohne eigenes Bad verteilen sich auf zwei Fachwerkhäuser, dazu gibt es einen Kamin- und Essraum. Mit Bootssteg und Radverleih. DZ ab 25 €.

Essen & Trinken
In Olecko:

Urig ▸ Gościniec Olecki / Margrabowa: ul. Gołdapska 32, Tel. 87 520 16 69, www.gosciniecolecki.pl. In dem reetgedeckten Holzhaus am See bekommen Sie Regionales wie Pflaumensuppe und Linsenpiroggen, Fisch aus dem See und Fleisch vom Grill, dazu hausgemachtes Malzbier *(kwas)*. Im ersten Stock gibt es für Übernachtungsgäste auch 6 DZ (Zimmer mit Seeblick reservieren!), im Wald 9 Holzhütten. Mit Sauna am Bach, Bootsverleih, Grill und Strand.

Aktiv
In Olecko:

Wassersport ▸ MOSiR: ul. Park 1, Tel. 87 520 20 48, www.olecko.pl/mosir. Hier kann man Kanus und Kajaks mieten.

Verkehr
Bus: Von Olecko kommt man mit dem Bus mehrmals tgl. nach Gołdap, Ełk und Giżycko; seltener sind die Verbindungen von Straduny und Stare Juchy.

Traumlage am See: Kamadulenserkloster im Wigry-Nationalpark

Kapitel 6

Die Naturparks im Nordosten

Der äußerste Nordosten Polens ist die ›grüne Lunge‹ des Landes. Auf einem Gebiet, das größer ist als die Schweiz, liegen Flussauen und Urwälder, Sümpfe und Überschwemmungsgebiete. Im Frühjahr bevölkern Tausende von Vögeln die Wasserlabyrinthe, im Herbst ertönt das Röhren von Elchen und Hirschen. Gleich vier Nationalparks kann man im Grenzland erkunden: Wigry mit seinen Seen und einem Einsiedlerkloster, die riesigen Flusslandschaften von Biebrza und Narew sowie die Urwälder von Białowieża.

Sieht man einmal von 1795 bis 1807 ab, war die Region nie preußisch, weshalb es hier weder vertraut klingende Ortsnamen noch ›Heimwehtouristen‹ gibt. Südlich schließt sich Podlachien an, was so viel wie ›Unter den Wäldern‹ bedeutet. Viele Häuser in der Region sind blau gestrichen; die Farbe, so glauben die Bewohner, verankere ein Stück Himmel auf Erden. Hinter Lattenzäunen liegen Gärten mit Blumenwildwuchs; im Hinterhof schnattern Gänse, hin und wieder grunzt ein Schwein. Was so idyllisch aussieht, ist freilich nur die Schauseite einer archaischen Landwirtschaft, die kaum jemanden zu ernähren vermag. Über Jahrhunderte hinweg war Podlachien durch ein Miteinander verschiedener Kulturen geprägt, außer Polen und Russen lebten hier vor allem Litauer und Weißrussen. Neben evangelischen und katholischen Gotteshäusern sieht man orthodoxe Kirchen mit Zwiebeltürmen, dazu von Tataren erbaute Holzmoscheen. Ein paar Synagogen sind die einzige Hinterlassenschaft der Juden, die vor 1939 in vielen Orten mehr als die Hälfte der Bevölkerung ausmachten. Spürbar ist das multikulturelle Erbe auch in Białystok, der Hauptstadt der Region.

Auf einen Blick
Die Naturparks im Nordosten

Sehenswert

12 **Einsiedlerkloster Wigry:** Auf einer weit in den Wigry-See ragenden Halbinsel thront dieses Kloster, in dessen Klausen man übernachten kann (S. 307).

13 **Nationalpark Biebrza:** Im ›Amazonas des Nordens‹ wird gepaddelt . Am Ufer sieht man Biber (poln. bóbr), denen der Nationalpark seinen Namen verdankt (S. 312).

Białystok: Das Branicki-Palais gilt als ›Klein-Versailles‹, noch imposanter sind Polens größte orthodoxe Kathedrale und die ›grüne Oper‹ (S. 318).

Tykocin: Die prachtvolle Synagoge öffnet als Museum jüdischer Kultur (S. 323).

14 **Białowieski-Nationalpark:** Das einstige Jagdrevier von Königen und Zaren ist Weltnaturerbe der UNESCO Im Urwald leben Wisente und Tarpanpferde (S. 325).

Schöne Routen

Tataren-Route: Die Anfahrt erfolgt über Białystok auf der 676. 11 km hinter Supraśl ist Sokołda erreicht, wo die ›Tataren-Route‹ offiziell startet. Kurz hinter dem Ort biegt man links ab und folgt der Straße 15 km bis zur 674. Dort hält man sich links, biegt nach 3 km rechts ab und erreicht das Dorf Bohoniki mit seiner Moschee. Nächste Station ist Krynki, von wo man südwärts längs der weißrussischen Grenze ins gottverlassene Kruszyniany gelangt. Über den 8 km entfernten Grenzort Bobrowniki geht es auf der 65 nach Białystok zurück (S. 324).

Meine Tipps

Ausflug ins litauische Grenzland: Im äußersten Nordostwinkel Polens lernt man ein Stück Litauen kennen (S. 316).

›Gutshaus auf der Wiese‹ bei Tykocin: Hier speist man wie einst Polens Grafen – fast alles ist hausgemacht (S. 324).

Wallfahrt nach Grabarka: Magisch ist die Nacht des 17. August im orthodoxen Wallfahrtsort Grabarka. 50 000 Pilger waschen sich im Fluss von ihren Sünden rein und rammen Kruzifixe in den Heiligen Berg (S. 324).

Männerchöre: Zur Sonntagsmesse ertönen in den orthodoxen Kirchen der Region stimmgewaltige Gesänge. Großartig ist das Kirchenmusikfestival in Hajnówka (S. 326).

aktiv unterwegs

Floßfahrt durch den polnischen Amazonas: Durch grüne Fluren geht es gemächlich voran; geankert wird in Buchten, in denen man morgens Vögel beobachten kann (S. 311).

In den Biebrza-Sümpfen: Vom Museum des Biebrza-Nationalparks in Osowiec Twierdza lässt sich das Sumpflabyrinth am besten erkunden. Bei organisierten Touren wird die Natur zum offenen Buch (S. 314).

Stocherkahn fahren: In Waniewo starten Stocherkahnfahrten durch den Narew-Nationalpark, bei denen man selbst staken oder sich staken lassen kann (S. 322).

Ins Wisent-Reservat: Ein Naturlehrpfad führt über Holzplanken ins Schaureservat. Dort lebt nicht nur der Wisent, sondern auch der Elch. Geführte Touren – von Vogelpirsch bis Biberschau – sind möglich (S. 327).

Suwałki und der Wigry-Nationalpark

Vor den Toren der Kleinstadt liegen 25 miteinander verbundene Seen, der größte davon ist Wigry. Er wird vom Paddelfluss Czarna Hańcza durchflossen, der nur knietief und so klar ist, dass man die Flusskrebse auf seinem Grund sehen kann. Den Horizont markiert das Grün des Waldes, aus dem die hellen Türme eines Barockklosters ragen.

Suwałki ▶ 2, V 3

Karte: rechts

Außer einer Handvoll klassizistischer Bauten aus zaristischer Zeit hat **Suwałki** 1 nicht viel zu bieten, ist bestenfalls ein Sprungbrett zur Erkundung der landschaftlich schönen Umgebung. An der Hauptstraße liegt das **Regionalmuseum**, in dem man einiges erfährt über die untergegangene Kultur der Jadzwinger, eines im 13. Jh. vom Deutschen Orden vernichteten Stammes. Daneben sieht man Gemälde einheimischer Maler, Hinweise auf den hier geborenen Filmregisseur Andrzej Wajda und auch auf den Literaturnobelpreisträger Czesław Miłosz, der viele Jahre hier lebte, bevor er in die USA emigrierte (Muzeum Okręgowe, ul. Kościuszki 81, www.muzeum.suwalki.info, Di–Fr 8–16, Sa, So 9–17 Uhr).

Weiter südlich, von der Straße versetzt, entdeckt man **zwei Kirchen** mit pompösem, klassizistischem Säulenportikus – die größere ist katholisch, die kleinere orthodox. Ein Zeuge der multikulturellen Vergangenheit der Stadt ist der **Friedhof** 500 m westlich. Katholiken und Protestanten, Orthodoxe und Altgläubige, selbst muslimische Tataren wurden fein säuberlich voneinander getrennt. Dass die Juden einst einen beträchtlichen Teil der Bevölkerung ausmachten, lässt sich an ihrer großen Friedhofsfläche erkennen, auf der allerdings kein einziges Grab mehr existiert: Die Grabsteine wurden von den Nationalsozialisten zerstört, nach 1945 schuf man aus den zertrümmerten Steinflächen ein eindrucksvolles Monument.

Infos

Centrum Informacji Turystycznej: ul. Kościuszki 82/7, Tel. 87 566 58 72, www.suwalkiturystyka.info.pl, Mo–Fr 9–15, Sa 9–13 Uhr. Einige Häuser weiter, in der ul. Kościuszki 37, befindet sich die Info-Stelle des PTTK, des Vereins für Naturfreunde (s. auch S. 307, »Paddeln«).

Centrum Międzynarodowej Informacji Kulturalno-Turysteyeznej: ul. Hamerszmita 16, Tel. 87 566 20 79, www.basniowasuwalszczyzna.pl. Hier erhalten Sie Informationen zu den ›Märchendörfern‹: Installationen zu Geschichten von der aus Suwałki stammenden Maria Konopnicka, Polens geliebter Kinderbuchautorin.

Übernachten

Modern & zentral ▶ **Logos:** ul. Kościuszki 120, Tel. 87 566 69 00, www.logos-hotel.pl, 31 Zimmer. Das ehemalige ›Haus des Lehrers‹ ist heute ein freundliches Mittelklassehotel 15 Gehminuten vom Bus- und Zugbahnhof. Bewachter Parkplatz. DZ ab 48 €.

Das ist es! ▶ **To jest to:** Rutka-Tartak, Postawele 21, Tel. 79 787 77 27, www.tojestto.eu. Aldona und Mirosław Fimoweicz haben im Wald 28 km nördlich von Suwałki ein stattliches Holzhaus am See in eine gemütliche Agro-Pension verwandelt. Die Apartments

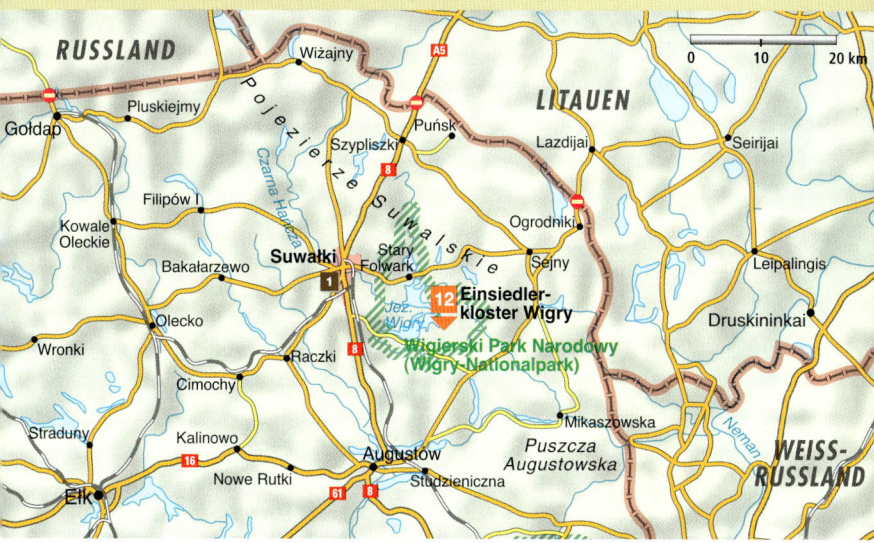

tragen Namen wie »Du und ich« oder »Und jetzt wir«. Angeboten werden Bootstouren und Grillabende. Apartment ab 45 €.

Essen & Trinken

Angenehm schnörkellos ▶ Einstein: ul. Kościuszki 82, Tel. 87 563 07 73. Der Name ist Programm: Statt rustikaler Gemütlichkeit herrscht hier sachliche Moderne, statt Folklore zeitgemäße Kultur. Zur entschlackten polnischen Küche gibt es – vor dem Hintergrund von mathematischen Formeln und Einstein-Porträts – Konzerte und Clubnächte. Hauptgerichte ab 3 €.

Aktiv

Paddeln ▶ PTTK: ul. Kościuszki 37, Tel. 87 566 59 61, http://suwalki.pttk.pl, Sa, So geschl. Im PTTK-Büro kann man Kajaks und Kanus mieten, außerdem werden preiswerte Touren auf der Czarna Hańcza und der Rospuda angeboten.

Verkehr

Bus/Zug: Der Zugbahnhof von Suwałki liegt 1,5 km, der Busterminal 1 km nordöstlich des Stadtzentrums. Nach Giżycko, Olsztyn und Warszawa bestehen mehrmals täglich Verbindungen, ausschließlich Busse sind zur Erkundung der näheren Umgebung (Wigry, Sejny, Puńsk) geeignet.

12 Einsiedlerkloster Wigry
▶ 2, W 3

Karte: oben

Vor den Toren der Stadt liegt der **Wigry-Nationalpark** (Wigierski Park Narodowy), der eine attraktive Seenplatte umfasst. In ihrer Mitte liegt der namensgebende, 22km² große Wigry-See, der mit 73 m zu den tiefsten Nordpolens zählt. Mit seinen verschlungenen Armen greift er weit in die Landschaft aus, bildet mit vielen Buchten und Inseln eine romantische Kulisse. Auf einer Landzunge an der Ostseite thront ein barockes, 1694 erbautes Kloster. Es handelt sich um eines von insgesamt zwölf Einsiedlerklöstern, die der Kamaldulenser-Orden in Polen gründete, als er sich im Zug der Gegenreformation von Italien nach Osteuropa ausdehnte. Die Mönche unterwarfen sich einem extrem harten Ritual: Nur für die Dauer des gemeinsamen Gebets hatten sie Kontakt miteinander, danach zogen sie sich in ihre Klausen zurück, wo sie

Suwałki und der Wigry-Nationalpark

auch die Mahlzeiten einnahmen. Zweck der Übung war es, sich von nichts Irdischem ablenken zu lassen, um auf diese Weise unmittelbaren Kontakt zu Gott zu gewinnen. Die Mönche wurden von den Preußen 1800 aus Wigry vertrieben, ihr Vermögen konfisziert. Heute wird die Klosteranlage als Hotel genutzt, das bei Schriftstellern und Künstlern beliebt ist. Man nächtigt in Klausen oder im Königstrakt, speist im barocken Speisesaal und startet vom hauseigenen Bootssteg zu Erkundungen auf dem See.

Infos
Im Internet: www.wigry.pl.

Übernachten
Klosterhotel ▶ **Pokamedulski Klasztor w Wigrach:** Wigry 11 (Stary Folwark), www.wigry.pro, Tel. 87 566 24 99, 15 Zimmer. Zwar schläft man heute komfortabler als einst die Mönche, doch aufgrund der einsamen See-Lage blieb ein Hauch von Askese. Nette Zimmer im Königstrakt und in der Kanzlerkapelle, einfacher, aber mit Bad sind die ›Klausen‹ im Klosterhof. Restaurant in schönem Gewölberaum. DZ ab 30 €.

Paddler-Herberge ▶ **Stanica Wodna PTTK:** Stary Folwark, Tel. 87 563 77 27. Bester Ausgangspunkt für die einwöchige Kajakwanderung auf der Czarna Hańcza. Zimmer für 2–4 Personen mit Etagenbad, angeschlossen ist ein Campingplatz und selbstverständlich kann man auch Boote leihen. Pro Pers. ab 13 €.

Verkehr
Bus: Von Wigry und Stary Folwark bestehen während der Saison fast stdl. Verbindungen nach Suwałki.

Zum Wigry-Nationalpark gehören insgesamt etwa 50 kleinere Seen

Von Augustów zu den Biebrza-Sümpfen

Holzhäuser in Rot, Gelb und Baltisch-Blau erinnern ans benachbarte Litauen. Durch den lichtdurchfluteten Wald der Augustower Heide gelangt man zu Europas größtem Tiefmoorgebiet: Wenn sich der Morgennebel gelichtet hat, steigt man auf die Vogelwarte, stapft über Bohlenwege oder erkundet die weiten Wasserflächen per Boot.

Augustów und Augustower Heide ▶ 2, V/W 4

Karte: S. 312

Hotels, Pensionen und Bootsanlegestellen findet man in **Augustów 1**, dem beliebtesten Ferienzentrum der Region. Der Ort ist von sechs Seen eingefasst und dank der guten touristischen Infrastruktur ein hervorragender Ausgangspunkt für Segeltörns und Kanutouren.

Der Ort ist benannt nach König Zygmunt August II., dessen Mutter Bona Sforza den Ort 1546 gründete. Dank dem Bau des Augostower Kanals im 19. Jh. erlebte er einen wirtschaftlichen Aufschwung, denn russisches Holz gelangte nun rasch zur Ostsee und von dort in alle Welt. 102 km erstreckte sich der Kanal von der Memel (russ. Neman, lit. Nemunas) über Biebrza und Narew bis zur Weichsel. Als er 1839 fertiggestellt wurde, pries man ihn als technisches Meisterwerk: Der Höhenunterschied wurde mithilfe von 14 Steinschleusen bewältigt, erbaut war er aus einer neuartigen Mischung aus Beton und wasserresistentem Kalk. Heute ist er das touristische Highlight von Augustów – der Antrag auf Aufnahme in die UNESCO-Welterbeliste ist gestellt. Auf ihm schippern im Sommer Ausflugsschiffe, Kanuten können bis Weißrussland paddeln – in Kuczyniec befindet sich der einzige Fluss-Übergang für Wassersportler an einer Schengen-Außengrenze! Über die Geschichte des Kanals informiert ein Museum in einem Holzhaus nahe der Anlegestelle (Muzeum Historii Kanału Augustowskiego, ul. 29 Listopada 5-A, Mitte Mai–Mitte Sept. Di–So 10–17 Uhr). Daneben gibt es im Ort noch ein Museum für Stadtgeschichte, das alte Webstühle, Trachten und Keramikarbeiten zeigt (Muzeum Ziemi Augustowskiej, ul. Hoża 7, Di–So 9–16 Uhr).

Östlich der Stadt erstreckt sich die **Augustower Heide 2** (Puszcza Augustowska) aus, ein bis zur Grenze Weißrusslands reichender Wald, in dem man auf markierten Wegen reizvolle Wander- und Radtouren unternehmen kann. Folgt man der Straße 5 km in Richtung Sejny, lohnt ein Abstecher zu der von zwei Seen flankierten Franziskanerkirche von Studzieniczna. Das Gotteshaus wurde zu Beginn des 19. Jh. aus Lärchenholz erbaut, den Schlüssel bekommt man im Nachbarhaus. Das mit der Kirche über eine Birkenallee verbundene Mariensanktuarium ist ein beliebter Wallfahrtsort – dem Wasser aus dem hölzernen Brunnen wird heilende Wirkung nachgesagt.

Folgt man der E-67 südwärts, erreicht man das Dorf Białobrzegi. Verlässt man die viel befahrene Straße nach links, stößt man auf einen kleinen See. Hier, am Zusammenfluss von Netta und Augustowski-Kanal, entdeckt man die restaurierte Fachwerkmühle Stary Młyn anno 1926. Sie wurde in ein Ausflugslokal verwandelt, in dem man sehr gut speisen kann (s. Essen & Trinken, Zajazd Stary Młyn).

Von Augustów zu den Biebrza-Sümpfen

Infos

Centrum Informacji Turystycznej: Rynek Zygmunta Augusta 44, Tel. 87 643 28 83, www.augustow.eu. Im Glaspalast auf dem Marktplatz bekommt man Ausflugstipps u. a. zu Bootstouren nach Weißrussland. Die Webseite www.odkryjpodlaskie.pl bietet u. a. 360°-Panoramen des Augustów-Kanals.

Übernachten

Komfort am See ▸ Warszawa: ul. Zdrojowa 1, Tel. 87 643 85 00, www.hotelwarszawa. pl, 90 Zimmer. Renovierter, von Kiefern und Fichten umrahmter Hotelklotz am Necko-See. Komfortable Zimmer und ein Spa, vor dem Hotel erstreckt sich ein schöner Garten, von dem man zur eigenen Bootsanlegestelle gelangt. DZ ab 95 €.

Mit Aquapark ▸ Amber Bay Augustów: ul. Turystyczna 81, Tel. 87 643 07 06 und 87 734 13 11, www.hotel.amberbay.pl, 56 Zimmer. Attraktives Mittelklassehotel mit Spa, der angeschlossene Wasserpark (tgl. 8–21 Uhr) steht auch Nichthotelgästen offen. DZ ab 70 €.

Nette Pension ▸ MB: ul. Spacerowa 4, Tel. 87 644 67 34, www.mb.augustow.pl, 18 Zimmer und Apartments. Familiär geführtes Haus, 400 m vom Südufer des Necko-Sees entfernt. Alle Zimmer mit Bad und Sat-TV, Apartments auch mit Balkon. ›MB‹ steht für Bożenna Mitrović, ihr Mann Piotr kommt aus Zagreb. Speiseraum mit Kamin, polnisch-kroatische Küche. Ab 55 €.

Modern und zentral ▸ Logos: ul. 29 Listopada 9, Tel. 87 643 20 21, http://augustow-hotel.pl, ca. 60 Zimmer. Schön wohnt man im Anbau am Kanal und stärkt sich im Restaurant mit litauischen Spezialitäten – im Sommer auch auf der Terrasse. DZ ab 50 €.

Denkmalgeschützte Architektur ▸ Hetman: ul. Sportowa 1, Tel. 87 643 42 89, www. hetman.augustow.pl, 30 Zimmer und 6 Apartments. Einfaches Hotel am Nordostufer des Necko-Sees mit attraktivem Park. Architekt des Hauses ist Maciej Nowicki (1939), der mit Entwürfen für das New Yorker UNO-Gebäude von sich reden machte. Daneben befinden sich ein einfacher Zeltplatz und eine Bootsstation. DZ ab 40 €.

Essen & Trinken

Außer einer Handvoll Lokale gibt es Hotelrestaurants. Der Schwerpunkt liegt auf Fisch, der frisch aus dem See auf den Teller kommt.

Am Marktplatz ▸ Maska: Rynek Zygmunta Augusta 9, Tel. 87 644 72 13, www.maska. augustow.pl. Polnische Küche, Salat und internationale Klassiker im stilvollen Rahmen. Hauptgerichte ab 5 €.

In der alten Mühle ▸ Zajazd Stary Młyn: Białobrzegi, www.starymlyn-zajazd.com, Mai–Sept. 10–22 Uhr. Die große, aus Holz erbaute Mühle anno 1926 steht malerisch am Zusammenfluss des Augustowski-Kanals und des Netta-Bachs. Wer hier einkehrt, genießt gute polnische Küche mit Schwerpunkt Fisch – der Besitzer Herr Jerzy Siemaszko serviert. Hauptgerichte ab 5 €

Aktiv

Schiffsausflüge ▸ Zegluga Augustowska: ul. 29 Listopada 7, Tel. 87 643 71 58, www. zeglugaaugustowska.pl. Tgl. ein- bis siebenstündige Touren auf dem Augustów-Kanal und den angrenzenden Seen. Nebenan kann man in überdachte Gondeln steigen, die zu zweistündigen Trips aufbrechen. Seit der verstorbene polnische Papst 1999 mit dem Schiff nach Studziennicza fuhr, ist die Strecke bei polnischen Urlaubern die beliebteste.

Wassersport ▸ Ośrodek Żeglarski PTTK: ul. Nadrzeczna 70a, Tel. 87 643 34 55, http:// pttk.augustow.pl (Link ›Marina‹). Der beste Ort, um Jachten, Ruder- und Paddelboote zu mieten. Preisgünstig sind die geführten 12-tägigen Kanutouren auf der Czarna Hańcza und dem Augustów-Kanal.

Verkehr

Bus: Von der Südseite des Marktplatzes starten häufig Busse nach Ełk, Suwałki und Białystok, einige auch nach Sejny und Grajewo. **Zug:** Von der kleineren Station Augustów-Port, wo nur Nahverkehrszüge halten, kommt man in nur 10 Min. zu den Unterkünften am Necko-See. Der Hauptbahnhof Augustów liegt über 1 km weiter südöstlich, zwei bis vier Eilzüge tgl. fahren nach Suwałki oder via Białystok nach Warszawa.

aktiv unterwegs

Floßfahrt durch den polnischen Amazonas

Tour-Infos

Start: Straßenbrücke in Lipsk (im Norden des Nationalparks)

Länge/Dauer: nach Wunsch 15 km (bis Kamienna Nowa), 30 km (bis Sztabi), 43 km (bis Jagłowo) oder 150 km (bis Wizna).

Kosten: Abhängig von Anzahl der Personen, Dauer und Streckenlänge.

Verleihstation: Der Outdoorspezialist Biebrza Eco-Travel stellt Flöße verschiedener Größe zur Verfügung und organisiert auch den Rücktransport (Goniądz, ul. Kościuszki 26/11, Tel. 85 738 07 85, www.biebrza.com, s. auch Aktiv S. 313).

Beste Zeit: Frühsommer (Mai/Juni), wenn die Biebrza noch viel Wasser führt

Hinweis: Mückenschutzmittel, ausreichend Proviant und Trinkwasser für die Tour nicht vergessen!

Gibt es eine bessere Möglichkeit, den polnischen Amazonas zu erfahren? Vom Kanu aus sieht man meist nur einen Wald aus Schilf. Vom Floß aber, auf dem man erhöht sitzt bzw. steht, schaut man über das grüne Dickicht hinweg auf die Landschaft. Außerdem hat man auf dem Floß sein ›Haus‹ bei sich, eine Hütte mit Pritschen und Feuerstelle und ausreichend Platz für den Touren-Proviant. Da mag man es verschmerzen, dass das Floß bei Gegenwind und Gegenströmung nur wenige Kilometer am Tag vorankommt – der Weg ist das Ziel! Bewegt wird das Floß durch lange Holzstäbe, die man in den seichten Grund rammt, alsdann stößt man sich kraftvoll ab. Mal sind die Flusskehren schmal, mal weiten sie sich zu ›Teichen‹, in denen es sich herrlich baden lässt. Geankert wird in kleinen Buchten, in denen man bei Sonnenuntergang und im Morgengrauen die Vögel sehen kann – dann sind die Tiere besonders aktiv.

Durch grüne Fluren geht es gemächlich voran

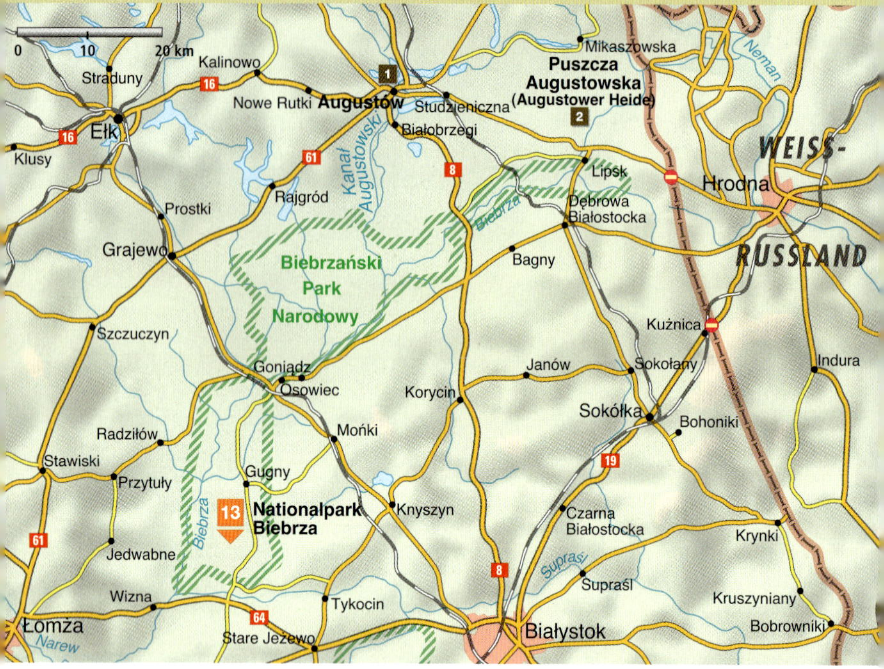

13 Nationalpark Biebrza

▶ 2, U–X 5–7

Karte: oben

Wer wilde und urwüchsige Landschaften liebt, fährt von Augustów in Richtung Süd-westen. Längs der Biebrza, des ›europäi-schen Amazonas‹, breitet sich ein großes Sumpf- und Moorgebiet aus, ein Paradies vor allem für Vogelfreunde. Der Biebrza-Natio-nalpark (Biebrzański Park Narodowy) umfasst den über 150 km langen Flusslauf von der Quelle nahe der weißrussischen Grenze bis zu seiner Mündung in den Narew. Im Frühjahr, wenn die Biebrza kilometerweit über die Ufer tritt, nutzen unzählige Vögel das Schwemm-gebiet als Wohn- und Brutstätte. 262 ver-schiedene Arten leben in den Sümpfen, dar-unter Exoten wie der Kampfläufer und der Wachtelkönig, der Schreiadler und der Schwarzstorch. Selbst passionierte Biologen kommen ins Staunen, wenn sie den Seggen-rohrsänger in freier Wildbahn erleben, laut

Lexikon der »seltenste Kleinvogel der west-lichen Paläarktis«. Vogelbeobachter sollten jedoch nicht im Hochsommer kommen, wenn die Sümpfe unter dem Einfluss der sengen-den Sonne ausdörren. Statt Seen sieht man dann eine Steppe aus trockenem, aufge-sprungenem Schlamm und blassgrünem Gras – kaum Vögel, dafür sind dann umso mehr Schmetterlinge anzutreffen.

Zu ihrer Paarungszeit im Herbst sind Hirsch und Elch zu hören; im Winter, wenn sie hungrig sind und sich den Häusern nähern, sind sie auch leicht zu sehen.

Infos

Dyrekcja Biebrzańskiego Parku Narodo-wegu (Direktion des Biebrza-Nationalparks): Osowiec Twierdza 8, Tel. 85 738 06 20, www. biebrza.org.pl, Mo–Fr 8–15, Mai–Sept. tgl. 8–19 Uhr. Die Info-Stelle befindet sich nahe der ehemaligen Zarenfestung Osowiec Twi-erdza an der schmalsten Stelle des National-parks. Die Parkangestellten sprechen Englisch, geben Tipps zu Unterkunft und Verpflegung und informieren über die günstigsten Aussichtspunkte zur Beobachtung von Tieren, über Naturlehrpfade und andere Wanderrouten. Sie vermieten Ruderboote, auf Wunsch kann man auch einen Führer anheuern. Im Sommer werden Gruppenfahrten organisiert.

Übernachten
In Goniądz:

Im Regionalstil ▶ Bartlowizna: ul. Nadbiebrzańska 32, Goniądz, Tel. 85 738 00 30, www.biebrza.com.pl, 50 Zimmer. Drei schmucke Häuser auf einem parkähnlichen Grundstück am Fluss, das schönste davon ganz aus Holz. Die Zimmer sind freundlich-rustikal eingerichtet (Sat-TV, Kühlschrank). Es gibt Sauna, Tennisplatz, Angelgerät- und Radverleih, von der hauseigenen Anlegestelle startet man zu Paddel- oder Ruderboottouren. Pferde stehen zum Ausritt bereit. Nach einem Tag in der Natur stärkt man sich im ganz aus Holz erbauten Gasthaus Bartla mit gegrilltem Wildfleisch und hausgemachtem Obstschnaps. DZ ab 65 €.

Aktiv

Outdoor-Exkursionen ▶ Biebrza Eco-Travel: Goniądz, ul. Kościuszki 26/11, Tel. 85 738 07 85, www.biebrza.com. Vogelbeobachtung, Elch-, Wolf- und Biberexpeditionen sowie Boots-, Rad- und Wandertouren (weitere Agenturen: www.nature-explorer.pl und www.biebrza-explorer.pl). Auch Unterkünfte werden vermittelt

Wandern ▶ Mehrere markierte Naturlehrpfade starten an der Info-Stelle des Biebrza-Nationalparks in Osowiec Twierdza (s. Aktiv unterwegs S. 314).

Verkehr

Bus/Zug: Der Bahnhof liegt 200 m von der Parkverwaltung in Osowiec Twiedrza entfernt; tgl. gibt es mehrere Verbindungen zwischen Ełk, Grajewo, Osowiec und Białystok.

Im Biebrza-Nationalpark gehen Besucher auf Vogelbeobachtung

aktiv unterwegs

In den Biebrza-Sümpfen

Tour-Infos

Start: Nationalpark-Info in Osowiec Twierdza, organisierte Touren starten in Goniądz.

Länge / Dauer: Je nach Kondition, Lust und Laune ist von der Kurztour (2 km) bis zum Trekking-Trip (38 km) alles möglich (s. Text).

Kosten: Begleiteter Tagesausflug 100 € pro Gruppe (max. 25 Pers.)

Hinweis: Ein Hut mit herunterklappbarem Moskito-Netz hilft gegen Mücken; von Vorteil sind Gummistiefel und Regenjacke. Ferngläser werden zum ›zweiten Auge‹, ausleihbar sind sie bei Biebrza Eco Travel.

Die Flusslandschaft wurde von der EU mit dem EDEN-Award ausgezeichnet. Dieses ›Gütesiegel‹ erhalten Landschaften, die durch ihr nachhaltiges Tourismusmanagement einen Beitrag dazu leisten, besondere Ökosysteme zu erhalten. Das Biebrza-Tal ist mit rund 600 000 km^2 Polens größter Nationalpark und zugleich Europas größtes Torfmoor. Seine Betreiber engagieren sich für Öko-Landwirtschaft, Umweltschutz und sanften Tourismus und haben es geschafft, die anfangs skeptische bäuerliche Bevölkerung für ihr Projekt zu gewinnen. De Schönheit des Nationalparks erlebt man am besten zu Fuß, mit dem Rad oder im Boot.

In Eigenregie

An der Info-Stelle des Nationalparks in Osowiec Twierdza starten mehrere markierte, leichte Naturlehrpfade (scieżka przyrodnicza). Der **rote Weg** führt nordostwärts in 2 km durch alte Erlbruchwälder zu einem **Aussichtspunkt** auf einem Hügel, der einen ersten Überblick über die Region ermöglicht. Über den tückischen Sumpfboden helfen Holzplanken hinweg. Der Weg endet am **Campingplatz Bóbr**, wo Kajaks, Kanus und Ruderboote ausleihbar sind (Tel. 728 233

056). Eine Alternative ist der **grüne Weg**, der von Osowiec Twierdza in 2,5 km südwestwärts, d.h. in entgegengesetzter Richtung, gleichfalls zu einem **Hochsitz** geleitet: Von dort schweift der Blick über die weitläufigen, von Wasserarmen durchzogenen Schilffelder des südlichen Flussbeckens. Unterwegs bietet sich ein Abstecher zu den **Festungsruinen von Osowiec** an, einer zaristischen Grenzbastion aus dem 19. Jh.

Etwas länger (gut 10 km) ist die am Campingplatz Bóbr (s.o.) startende gelb markierte **Trekking-Tour PL-2544-y** über die Dörfer Budne und Wólka Piaseczna bis **Goniądz**. Kurz vor dem Ort eröffnet ein Hochsitz einen weiten Blick über die zurückgelegte Strecke. Goniądz, das kleine Zentrum der Region, wartet nicht nur mit Unterkünften und Lokalen, sondern auch mit zwei sehenswerten Kirchen auf. Per Bus kann man nach Osowiec Twierdza zurückfahren.

Wer noch länger unterwegs sein will, wählt ab Osowiec Twierdza die grüne **Trekking-Tour PL 2547-z**: Man läuft quer durch das nördliche Flussbecken und kehrt um, wenn die Füße müde werden. Oder man wandert die gesamte, 38 km lange Strecke bis **Kuligi,** wobei mehrere Flussarme passiert werden. Vor dem Start sollte man sich freilich erkundigen, ob die Tour aufgrund des Wasserstands gerade machbar ist! Interessant für Radfreaks: In Osowiec Twierdza beginnen auch markierte Radtouren, besonders zu empfehlen ist die durch den Sumpf aufgeschüttete ›Zarenstraße‹ (droga carska).

Organisiert

Spezial-Touren bietet Biebrza Eco Travel (s. S. 313), engagiert geleitet von Katarzyna Ramatowska. Von deutsch- bzw. englischsprachigen Biologen geführt, wandert man ›**Auf Wolfsspuren**‹ und lernt anhand ihrer Fußabdrücke sowie ihres Kots und der Kadavar ihrer Opfer eine Menge über diese Tiere. Auf einer anderen Wanderroute läuft man ›**Durch den roten Sumpf**‹, in dem man seltene Vögel sieht und diese nach Stimmen unterscheiden lernt. Franz Lerchenmüller hat dies in der Frankfurter Rundschau so beschrieben: »Der Wachtelkönig knarrt wie eine alte Tür. Der Karmingimpel grüßt vorwitzig ›Nice-to-meet-you-nice-to-meet-you‹. Und beim Ruf der Goldammer wird sonnenklar, woher Beethoven den Anfang seiner Fünften Symphonie bezogen hat.«

Eine weitere Tagestour führt durch das ›**Refugium des Elches**‹, wo man mit etwas Glück das nach dem Wisent zweitgrößte Säugetier Europas in Augenschein nehmen kann. Bei einer Nachttour sieht man – oft freilich erst nach geduldigem Warten – Biber beim Bau von Dämmen. Früh muss man aufstehen, um die ›Glücklichen Kühe von Brzostowo‹ zu beobachten, die ihre saftigen Weidegründe schwimmend erreichen. Außerdem gibt es Stocherkahn-, Kanu- und Ballonfahrten; ja, sogar Workshops zur Regionalküche.

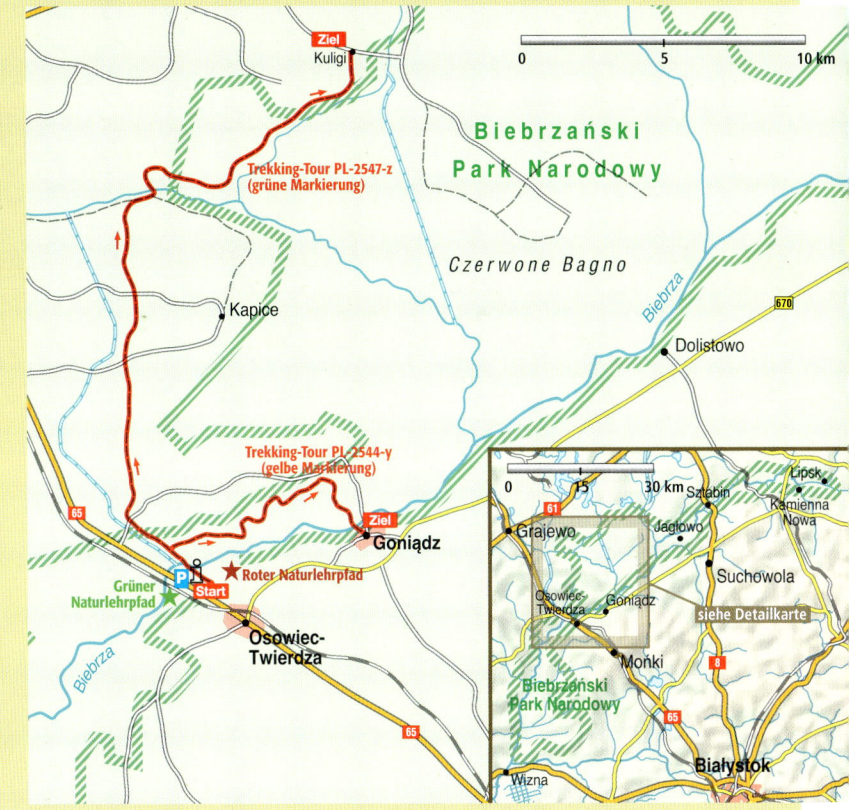

Ausflug ins litauische Grenzland ► 2, W 3

»Oh Litauen, mein Vaterland!« Mit diesen Worten beginnt Polens National-Epos »Pan Tadeusz« von Adam Mickiewicz. Viele Intellektuelle des Landes stammen aus Litauen, so der Literaturnobelpreisträger Czesław Miłosz. Von 1381 bis 1795 wurden beide Länder vom gleichen König regiert und bildeten einen gemeinsamen Staat. Doch was sich den Polen im Rückblick als Goldene Zeit darstellt, ist für die Litauer ein eher dunkles Kapitel ihrer Geschichte. Ihr Land, meinen viele, war nie wirklich gleichberechtigt, sondern hatte einen kolonialähnlichen Status. Besonders übel nehmen die Litauer den Polen die Annexion ihrer Hauptstadt Vilnius 1920, nachdem ihr Land kurz zuvor als souveräner Staat wieder auferstanden war. Damals ›nahm‹ sich Polen auch das Gebiet Suwalszczyzna (litauisch Suvalkija), das historisch nie zu Polen gehört hatte. Die dort lebenden Litauer durften zwar ihre Sprache und Kultur behalten, mussten aber ihre Staatsangehörigkeit wechseln. Erst 1994 wurde ein Freundschafts- und Kooperationsvertrag unterzeichnet, der die Rechte der insgesamt 40 000 polnischen Litauer sichert.

Bei einer Fahrt durch den äußersten Nordosten Polens hat man das Gefühl, in einem anderen Land zu sein. Niedrige, oft bunt bemalte Holzhäuser säumen die Straßen. In den Dörfern hört man die litauische Sprache, die ganz anders als das Polnische klingt, an Kiosken sieht man fast ausschließlich Zeitungen des Nachbarlands.

Nahe der Grenze liegt die Stadt **Sejny**. Ihr Schmuckstück ist eine Dominikanerkirche von 1619, die mit ihrer strahlend weißen Fassade und den zwiebelähnlichen Doppeltürmen ebenso gut in Vilnius stehen könnte. Drinnen präsentiert sie sich in schönstem Rokoko, von 1540 stammt ein wundertätiges Marienbildnis im rechten Seitenschiff (Klasztor Podominikański, Plac Św. Agaty 6, www. um.sejny.pl, tgl. 9–18 Uhr). An die einst starke jüdische Präsenz erinnert die Weiße Synagoge, die ein kleines Museum beherbergt.

Geführt wird es von der Stiftung Grenzland, die zeigen will, wie reich die Kultur der Region einmal war. Die Palette ihrer Veranstaltungen reicht von Klezmer und orthodoxer Chormusik über litauische Gegenwartskunst bis hin zu ukrainischer Folklore. Zum Ethno-Festival im April kommen Folk-Ensembles aus den Anrainerstaaten, beim Filmfestival Camera Pro Minoritate im Oktober ist das Schwerpunktthema ›Minderheiten‹ (Biała Synagoga/Fundacja Pogranicze, ul. Piłsudskiego 37, Tel. 87 516 27 65, www.pogranicze. sejny.pl, Mo–Fr 8–16 Uhr).

Der Kultur der litauischen Minderheit ist das Museum in Puńsk gewidmet

23 km weiter nordöstlich liegt der Ort **Puńsk** mit einem litauischen Bevölkerungsanteil von 80 %. Neben dem einzigen litauischen Gymnasium Polens zeigt ein Ethno-Museum litauische Volkskunst, dessen Exponate Juozas Vaina in 30 Jahren liebevoll zusammengetragen hat. Daran angeschlossen ist ein kleines Freilichtmuseum, in dem zur Sonnenwende ein großes Fest gefeiert wird: Den Höhepunkt bildet die Suche nach einem nachts aufblühenden Wunderfarn – wer ihn findet, versteht fortan die Sprache der Tiere und kann Gedanken lesen. Zum Abschluss des Festes badet man im Morgentau, junge Mädchen schneiden sich ihre Zöpfe ab und werfen sie ins Feuer (Muzeum Etnograficzne, ul. Mickiewicza 15/8, Di–So 10–16 Uhr). Wer litauische Spezialitäten probieren will, kehrt im Gasthaus ›Sodas‹ ein, wo *bliny* (kleine, gefüllte Pfannkuchen), *czenaki* (gedünstetes Gemüse mit Fleisch) und köstlicher Baumkuchen (sękacz) serviert werden. Hat man zu viel Wodka genossen, findet man hier auch preiswertes Quartier (ul. Mickiewicza 17, Tel. 87 516 13 15, www. sodas.suwalszczyzna.com.pl, 6 Zimmer).

317

Rund um Białystok

In Podlachien sieht man orthodoxe Kirchen mit Zwiebeltürmen und Schilder mit kyrillischen Schriftzügen, im ›polnischen Orient‹ kleine Holzmoscheen mit Halbmond und Sichel. Westlich Białystok erstreckt sich das Binnendelta des Narew-Nationalparks, südöstlich liegen die Wälder des Białowieski-Nationalparks.

Białystok ▶ 2, W 7

Karte: rechts

Die Hauptstadt der Woiwodschaft Podlachien **1** liegt in einer weiten Ebene nahe der weißrussischen Grenze. Im ausgehenden Mittelalter gegründet, gelangte sie 1649 in die Hände der allmächtigen Branicki-Familie. Doch ihren entscheidenden Aufschwung nahm sie erst im frühen 19. Jh., als sie ans Zarenreich fiel. Neben Łódź wurde sie wichtigster Textillieferant für den riesigen russischen Markt. Im Umkreis der über 200 Fabriken wurden Wohnviertel aus dem Boden gestampft, in die arbeitssuchende Polen, Russen und vor allem Juden einzogen. Diese machten zeitweise fast 70 % der Bevölkerung aus. Von deutschen Besatzern wurden sie ab 1941 in ein Ghetto gepfercht und in Konzentrationslager deportiert, nach dem

›Das Versailles von Podlachien‹ – der Branicki-Palast in Białystok

Rund um Białystok

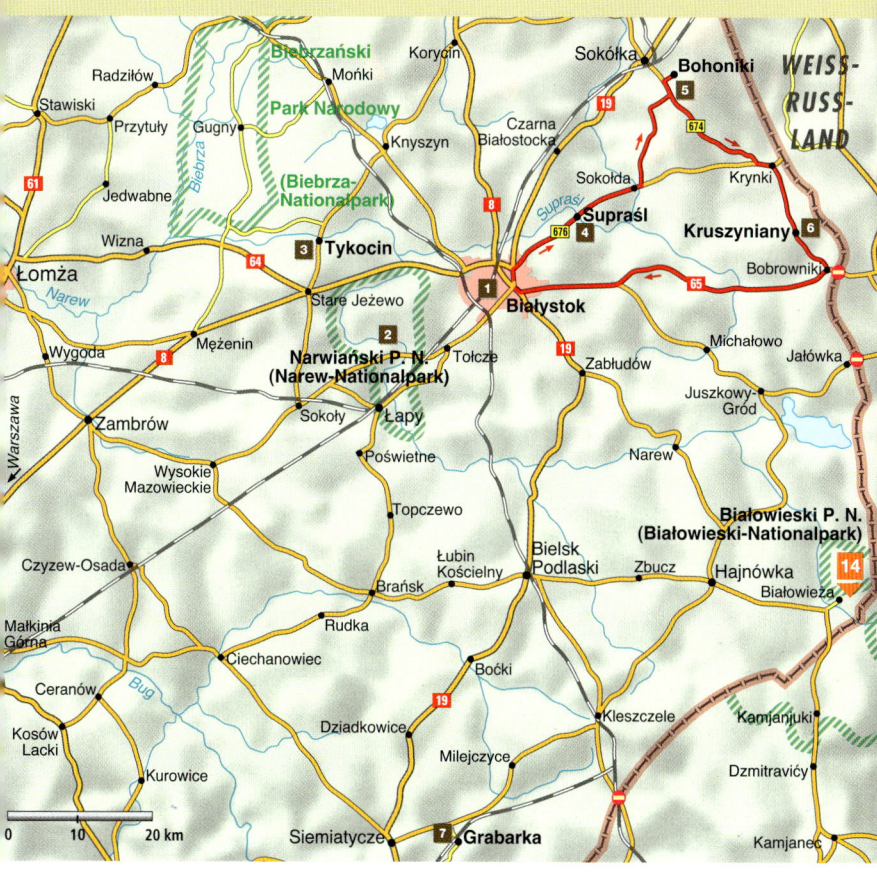

Aufstand vom 16. September 1943 bis auf den letzten Mann ermordet.

Białystok ist auch heute noch ein Zentrum der Textil- und holzverarbeitenden Industrie. Wichtigstes Baudenkmal ist der im 17. Jh. errichtete **Branicki-Palast**. Mit seinem weitläufigen Ehrenhof und dem monumentalen, von zwei Türmen flankierten Hauptbau erinnert er ans Schloss des Sonnenkönigs und wird deshalb das ›Versailles von Podlachien‹ genannt. Seine Größe verdankt sich der gekränkten Eitelkeit eines Magnaten: Jan Klemens Branicki, einer der reichsten Adeligen seiner Zeit und Oberbefehlshaber der polnischen Streitkräfte, unterlag bei der Wahl zum polnischen Königsthron anno 1764

seinem Konkurrenten Stanisław August Poniatowski. Aus Ärger über die Niederlage wollte er fortan alles in den Schatten stellen, was der König an Luxus besaß. Damit brachte er wie sein französisches Vorbild zum Ausdruck: »L'etat, ces't moi!« – »Der Staat: das bin ich (und nicht der König)!« Von niemand Geringerem als dem Hofarchitekten Tylman van Gameren ließ er seine Residenz derart aufpolieren, dass sie noch heute mächtiger wirkt als jedes Warschauer Schloss. Besuchen darf man den Palast werktags nur während weniger Stunden, denn in den Sälen büffeln Studenten der Medizinischen Akademie. Ohnehin blieb von der einstigen Pracht der Innenräume wenig

Esperanto – Sprache der Hoffnung?   Thema

Berühmtester Sohn von Białystok ist Ludwik Zamenhof (1857–1917), ein Augenarzt jüdischer Abstammung, der sich als Erfinder des Esperanto einen Namen gemacht hat. Die Stadt war ein vortrefflicher Nährboden für die Entwicklung einer Kunstsprache, die die Verständigung zwischen allen Menschen anstrebte.

Politisch gehörte die Stadt zu Russland, lag aber am Schnittpunkt verschiedener Kulturen und Religionen. Es herrschte ein babylonisches Sprachgewirr, die Minderheiten, darunter Polen, Juden, Deutsche, Litauer und Tataren, lebten fremd und nicht immer freundschaftlich nebeneinander. Als die Zamenhofs 1873 nach Warschau zogen, sprach der damals 14-jährige Ludwik bereits sechs Sprachen. Und er war vom Ehrgeiz gepackt, eine siebte zu erfinden. Denn was er in seiner Geburtsstadt en miniature erlebt hatte, sah er schon bald in größerem Maßstab bestätigt: Wohin man in der Welt schaute, wurde das Nationale und Regionale gehätschelt, und es wurden Völker unter Verweis auf ihre vermeintliche Überlegenheit in Kriege gehetzt.

Schon mit 28 Jahren legte Zamenhof das erste Handbuch seiner »Sprache der Hoffnung« vor. Esperanto setzt sich aus einem Lautbestand von 28 Buchstaben zusammen, wobei die meisten Worte Anleihen aus dem angelsächsischen und romanischen Sprachraum sind. Die Grammatik ist bestechend einfach: Es gibt 16 Grundregeln, daneben 10 Vorsilben und 25 Nachsilben zum Bilden neuer Wörter. In den Folgejahren hat Zamenhof die Sprache weiterentwickelt – er übersetzte zahlreiche Werke der klassischen Literatur sowie das gesamte Alte Testament.

Vielen Machthabern war das Esperanto suspekt, da es nationale Bindungen und Identitäten untergräbt. Mehrfach wurde es verboten, so von den Nationalsozialisten, denen es als ›unvölkisch‹ galt. Doch die Zahl seiner Anhänger ist langsam, aber stetig gestiegen. Heute sind es weltweit 2 Mio. Menschen, die die künstliche Sprache beherrschen. Die in Rotterdam ansässige ›Universala Esperanto Asocio‹ organisiert jedes Jahr einen Weltkongress, auf dem die ›Linguo internacia‹ modernisiert wird. Im Rathaus erinnert – nebst einem Denkmal – das Esperanto-Café an den Namensgeber (s. u.). Und auch ein Centrum Zamenhofa gibt es (ul. Warszawska 19, www.centrumzamenhofa.pl).

Ludwik Zamenhof

Białystok

erhalten, denn von dem 1944 von den Deutschen niedergebrannten Palast wurde nur die Architektur, nicht aber die Innenausstattung rekonstruiert (Pałac Branicki, ul. Lipowa/ul. Mickiewicza, Di–Fr 15.30–17.30, Sa, So 9–17 Uhr). Dagegen blieb der Palastpark in Reinform erhalten. Während der englische Garten mit seinen waldähnlichen Hainen ›wild‹ erscheint, dominiert im französischen Garten gezähmte Natur: zentimetergenau geschnittene Sträucher in strenger Symmetrie bilden ein Labyrinth. Einen Blick lohnt die **Galeria Arsenał** im ehemaligen Waffendepot, ein wichtiges Zentrum zeitgenössischer Kunst (ul. A. Mieckiewicza 2, www.galeria-arsenal.pl, Di–So 10–18 Uhr, 2 €).

Am Palast startet Białystoks Hauptstraße, die noch von Herrn Branicki angelegte Lindenallee (ul. Lipowa). Hier reihen sich Läden und Lokale aneinander, im Sommer öffnen Terrassencafés. An der Lindenallee steht auch Białystoks kuriose **Kathedrale** (Katedra, www.katedrabialostocka.pl). Als im 19. Jh. die Bevölkerungszahl rasant zunahm, wurde beim Zar der Antrag gestellt, die kleine Gemeindekirche erweitern zu dürfen. Gnädig gewährte der Zar den Katholiken einen ›Anbau‹, der freilich das Original um ein Vielfaches übertrifft. Ein Stück weiter verbreitert sich die Lindenallee zum trapezförmigen Marktplatz mit dem **Rathaus** in der Mitte. Heute beherbergt es ein Regionalmuseum, in dem anhand von Bildern und kunsthandwerklichen Exponaten die ethnische Vielfalt der Region veranschaulicht wird (Muzeum Państwowe, Rynek Kościuszki 10, www.muzeum.bialystok.pl, Di–So 10–17 Uhr).

Weiter auf der Lindenallee stößt man auf die kuppelgekrönte Orthodoxe **Kirche des hl. Nikolaus** (Cerkiew Św. Mikołaja). Außen strahlend weiß, präsentiert sie sich innen in einer Farborgie aus Blau, Rot und Gold. Prachtvoll ist die Ikonostase, die den Betraum vom ›Allerheiligsten‹ abtrennt. Ganz am Ende der Straße, auf dem Gipfel eines Hügels, kann man ihr Gegenstück sehen: Die moderne **Kirche des hl. Rochus** (Kościół Św. Rocha) ist innen asketisch karg, ›lebt‹ vor allem von den 8000 Gläubigen, die sich hier zur Messe einfinden. Weit ist der Blick, der sich vom Hügel bietet. Einen Blick lohnt auch die ›Grüne Oper‹, deren Dächer von einem Pflanzenteppich überzogen sind (Opera Podlaska, ul. Odeska 1, www.oifp.eu).

Doch die eindrucksvollste aller Kirchen Białystoks ist die **Kathedrale der Orthodoxen** (Cerkiew Św. Ducha, www.soborbialystok.pl) 3 km nordwestlich der Stadt. Sie entstand zur Jahrtausendwende und sucht an Größe und Pracht alles zu übertreffen, was im katholischen Polen je erbaut worden ist. Die zwiebelförmige Kuppel ist von einem 1500 kg schweren Kreuz Christi gekrönt, das von zwölf kleineren, die Apostel symbolisierenden Kruzifixen umrahmt wird. Man kann die Kirche während der vormittäglichen Sonntagsmesse besichtigen und dabei die orthodoxe Liturgie kennenlernen, in der Chorgesang eine zentrale Rolle spielt (Katedra Prawosławna, ul. Antoniuk Fabryczny 13; werktags 8–11 und 15–17 Uhr erhält man den Kirchenschlüssel in der *kancelaria*).

Infos
Podlaska Regionalna Organizacja Turystyczna: ul. Malmeda 6, Tel. 85 732 68 31, www.visitbialystok.com und www.podlaskieit.pl, Mo–Fr 9–17 Uhr; eine Touristeninfo befindet sich auch in der ›Grünen Oper‹.

Übernachten
Feudal ▶ **Branicki:** ul. Zamenhofa 25, Tel. 85 665 25 00, www. hotelbranicki.com, 32 Zimmer. Stilvolles Boutiquehotel in zentraler, aber ruhiger Lage in der Tradition des an dieser Stelle 1944 zerstörten Ritz. DZ ab 85 €, am Wochenende Rabatt.

Bewährtes Kettenhotel ▶ **Cristal:** ul. Lipowa 3, Tel. 85 749 61 00, www.cristal.com.pl, 87 Zimmer. Best Western-Haus im Zentrum. Bequeme Zimmer, kleiner Wellness-Bereich mit finnischer Sauna und schottischer Dusche, Whirlpool, Solarium. DZ ab 60 €.

Camping ▶ **Nr. 212:** ul. Jana Pawła II 77, Tel. 85 651 16 41, geöffnet Juni–Sept. Anlage neben dem Hotel Leśny am Rande eines Kiefernwalds. 50 Stellplätze und 80 Betten in Campinghäuschen.

aktiv unterwegs

Stocherkahn fahren

Tour-Infos

Start: Waniewo

Dauer: von einer Stunde bis zu einem Tag

Buchung: Marshland Tourist Center, Baza Turystyki Bagiennej, Waniewo 11, Tel. 86 476 47 80, www.biebrza-narew.com, 16 Zimmer, DZ ab 35 €. Eugeniusz Sokół, der Deutsch spricht, organisiert nicht nur Stocherkahn-Exkursionen, sondern vermietet auch Zimmer; in seinem Lokal kommt vieles vom eigenen Hof. Auch Rad- und Bootsverleih.

Der seichte Fluss fließt so träge und ist derart von schwimmenden Pflanzen überwuchert, dass man sich oft auf einem versumpften See wähnt. Die Ufer sind von Seggenrohr gesäumt, dem der seltene, hier brütende Seggenrohrsänger seinen Namen verdankt. Der Stocherkahn (pychówka) ist im Narew-Nationalpark das ideale Fortbewegungsmittel: Der Bootsführer steht auf dem Heck und ›stochert‹, d.h., er rammt eine lange Holzstange bis zum Grund des Flusses, um sich mit ihrer Hilfe abzustoßen. Während er das Boot vorantreibt, geben die übrigen Insassen mit dem Paddel die Richtung vor. Die Kunst des Stakens besteht darin, sich kraftvoll abzustoßen, die Stange aber schnell wieder hochgleiten zu lassen. Bei Anfängern passiert es zuweilen, dass sie die Stange nicht rechtzeitig aus dem Flussboden ziehen und sich an sie klammern, während das Boot unter ihren Füßen davonschwimmt!

Wer sich das Staken nicht selber zutraut, kann auch die Dienste eines professionellen Bootsführers in Anspruch nehmen. Das Marshland Tourist Center in Waniewo bietet zweistündige bzw. ganztägige Fahrten im Stocherkahn. Jeweils zwei Personen werden von einem Führer durch das Labyrinth der Flussläufe geleitet. Auch von der Anlegestelle in Kurowo kann man mit oder ohne Bootsführer Stak- und Paddeltouren unternehmen: Eine leichte Tour führt zum Damm Grobla (3 km, 1 Std.), eine schwierigere und doppelt so lange in den interessantesten Teil des Nationalparks nach Koziołka.

Im Narew-Nationalpark ist der Stocherkahn das bevorzugte Verkehrsmittel

Essen & Trinken

Adelsküche ▸ Arsenał Nowa Restauracja: ul. Mickiewicza 2, Tel. 85 742 85 65, www.arsenalrestauracja.com. Im ehemaligen Schloss-Arsenal wird fein diniert: Am leinengedeckten Tisch, vor der Kulisse goldgerahmter Ölbilder, werden Kaninchen-Pastete und Beefsteak-Tatar, edles Wild und Fisch serviert. Hauptgerichte ab 8 €.

Im Rathaus ▸ Esperanto: ul. Rynek Kościuszki 10, www.esperanto-cafe.pl. Hier gibt's Regionales, z. B. *buza,* ein säuerliches, aus Hirse hergestelltes Getränk mit Rosinen, das mit Halva (Mandelmus) gegessen wird. ›Typisch podlachisch‹ sind auch Kartoffeltörtchen auf Sauerkraut. Hauptgerichte ab 4 €.

Röstfrischer Kaffee ▸ Pożegnanie z Afryką: ul. Waryńskiego 4, www.pozegnanie.com. Kaffeesorten aus aller Welt, 700 m nordwestlich des Rynek Kościuszki: vom Rathaus der Lipowa folgen, dann rechts!

Einkaufen

Einkaufszentrum ▸ Centrum Handlowe Alfa: ul. Świętojańska 15, www.alfacentrum.com.pl. Aus alt mach neu: In einer rundum erneuerten Fabrik aus dem beginnenden 20. Jh. gibt es auf fünf Etagen Läden bekannter internationaler und polnischer Marken, u.a. H & M, Reserved und Versace, dazu Bistros, Restaurants und ein Mega-Kino.

Verkehr

Bus/Zug: Beide Bahnhöfe liegen 1 km westlich des Stadtzentrums und bieten mehrere Verbindungen tgl. nach Sokółka, Olsztyn, Gdańsk und Warszawa. Nach Suwałki und Augustów ist der Bus vorzuziehen, nach Białowieża kommt man direkt nur frühmorgens, ansonsten via Hajnówka.

Narew-Nationalpark

▸ 2, V/W 7/8

Karte: S. 319

Verlässt man Białystok in Richtung Warschau, durchfährt man den **Narew-Nationalpark** **2** (Narwiański Park Narodowy). Er umfasst den Mittellauf des Flusses Narew, der sich seinen Weg durch eiszeitliche Moränen bahnt und sich dabei in zahllose Nebenarme aufsplittert – eine riesige Deltalandschaft in einem weiten, offenen Gelände. Wichtigste Orte sind **Waniewo**, **Kurowo** und **Rogowo**. Dort findet man ein Quartier und kann Stocherkähne und Ruderboote ausleihen.

Biegt man bei Stare Jeżewo rechts ab, erreicht man **Tykocin** **3**, eine Kleinstadt mit einem der wenigen jüdischen Gotteshäuser, die nach dem Zweiten Weltkrieg in Polen rekonstruiert worden sind. Die frühbarocke Synagoge wurde 1642 erbaut, in der Bethalle sind Fresken und hebräische Inschriften freigelegt. Ausgestellt werden sakrales Kunsthandwerk, Thorarollen und Talmudbücher, im Hintergrund erklingt Klagegesang. Im angrenzenden Talmud-Haus wird das jüdische Leben in dieser Region bis zum Einmarsch der Nazis am 25.Juni 1941 dokumentiert. Damals ging die Synagoge in Flammen auf, 2300 Juden wurden im Wald von Lupochowo ermordet (Synagoga, ul. Kozia 2, tgl. 10–17 Uhr). Am entgegengesetzten Ende der Stadt befindet sich der christliche Marktplatz: Die doppeltürmige Barockkirche und das Bernhardinerkloster beeindrucken durch helle Weite – gestiftet wurden sie von der Grafenfamilie Branicki, der einst ganz Podlachien gehörte (Kościół farny & klasztor, Rynek).

Infos

Dyrekcja Narwiańskiego Parku Narodowegu (Direktion des Narew-Nationalparks): Kurowo, Tel. 85 7 18 14 17, www.npn.pl, Mo–Fr 8–15.30 Uhr. In einem Landhaus aus dem 19. Jh. wird über Flora und Fauna des Nationalparks informiert. Hier erfährt man auch alles Wichtige zu Übernachtungsmöglichkeiten sowie Wander-, Rad- und Bootstouren im Nationalpark.

Übernachten

In Tykocin:

Mit Wisentreservat ▸ Dworek nad Łąkami: Nieciece 34 (Kiermusy), Tel. 85 7 42 14 81, www.dworek.com.pl, 25 Zimmer. Am Ufer der Narew, 5 km westlich Tykocin, wurde ein ungewöhnliches Resort geschaffen. Zur Wahl stehen Unterkünfte im aus Naturstein erbauten ›Bernsteinkastell‹, im Gutshaus auf der Wiese und in vier Holzhäusern. Gespeist wird in der Dorfschenke, wo vieles aus eigener Herstellung stammt. Zur Anlage gehört eine ›russische Sauna‹; Räder, Boote und Angelausrüstung sind ausleihbar. DZ ab 60 €. Nahebei ließ der Besitzer ein Kastell errichten, das mittelalterliche Waffen zeigt, u. a. Requisiten aus Jerzy Hoffmans Schlachtenfilmen (im Sommer So 12–18 Uhr, 2,50 €).

Verkehr

Bus: Von Białystok fahren 2–3 Busse tgl. in den knapp südwestlich des Narew-Nationalparks gelegenen größeren Ort Łupianka. An der Haltestelle ›Waniewo‹ steigt man aus und läuft 1 km ins Dorf. Wer nach Kurowo will, steigt im Dorf Pszczółczyn aus und läuft 3 km. Ab Białystok kommt man stdl. nach Tykocin dort befindetsich die zentrale Haltestelle auf dem Mały Rynek, nahe der Synagoge.

Multikulturelles Grenzland

▶ 2, W–Y 6–10

Karte: S. 319

16 km nordöstlich von Białystok liegt die multikulturelle Kleinstadt **Supraśl** 4. Die ehemalige Klosteranlage der Basilianer, ein griechisch-orthodoxes Prestigeobjekt, wurde mitsamt ihrer Wehrkirche grandios restauriert (Muzeum Ikon, ul. Konarskiego 5, www.muzeum.bialystok.pl, Di–So 10–17 Uhr, 2,50 €). Nicht weit entfernt davon stehen außerdem ein katholisches und ein protestantisches Gotteshaus. Auf dem evangelischen Friedhof entdeckt man Grabsteine mit deutschen Namen, wie Reich und Buchholz, Auert und Zachert: Ein deutscher Tuchfabrikant hatte sich hier 1833 niedergelassen und vornehmlich deutsche Arbeiter angeworben.

In Sokółda an der Straße nach Hrodna beginnt die ›Tatarenroute‹, die südwärts bis Kruszyniany führt. Der tatarische Oberst Murza-Krezczowski hatte 1683 an der Seite des polnischen Königs gegen die Türken gekämpft und ihm in einer Schlacht gar das Leben gerettet. Dafür wurde er von Jan III. Sobieski mit Ländereien nahe der heutigen weißrussischen Grenze belohnt – in den Folgejahren wurden hier Dörfer gegründet und islamische Gotteshäuser gebaut. Hölzerne Moscheen gibt es noch heute in **Bohoniki** 5 und in **Kruszyniany** 6, wo sich 4500 Tataren als Minderheit in einer vorwiegend von Weißrussen und Polen bewohnten Region erfolgreich behaupten und ihren moslemischen Glauben bewahren. In Bohoniki erhält man den Schlüssel zur Holzmoschee im Haus Nr.26, in Kruszyniany im Haus Nr.57. Jeweils 5Minuten entfernt befindet sich der moslemische Friedhof (www.kruszyniany.com.pl).

Letzte ›multikulturelle‹ Station ist das Kloster von **Grabarka** 7, 10 km östlich von Siemiatycze. Wenn am 19. August, dem Tag der Verklärung Christi, orthodoxe Gläubige zum ›Heiligen Berg‹ strömen, haben sie alle ein Kreuz mit eingeritzten Fürbitten dabei, das sie mit aller Kraft in den Boden rammen. Seit dem frühen 18. Jh., als man dem Ort Wunderwirkung zuzusprechen begann, hat sich hier ein dichter Wald von Kruzifixen gebildet. Doch mit dem Aufpflanzen von Kreuzen ist es allein nicht getan: Um der Fürbitte Wirkung zu verschaffen, müssen die Pilger die Klosterkirche dreimal kniend umrunden. Es folgen rituelle Waschungen im Fluss, durch welche sich der Gläubige von allen Krankheiten zu befreien hofft. Kraftvoller Chorgesang erklingt bis tief in die Nacht hinein, zwischen den Kreuzen werden die Schlafsäcke ausgerollt.

Tipp: Tatarische Jurte

In der Jurta Tatarska gegenüber der Moschee von Kruszyniany serviert Frau Dzenneta tatarische Spezialitäten, z. B. *pierekaczewnik*, mit Hammelfleisch gefüllte Blätterteigrolle. Übrigens können Sie bei ihr auch gemütlich übernachten (ul. Słowackiego 26, Tel. 85 749 40 52, www.kruszyniany.pl, DZ 30 €).

14 Białowieski-Nationalpark ▶ 2, V 8/9

Karte: S. 319

73 km südöstlich von Białystok, auf dem Weg zum Białowieski-Nationalpark, liegt die Stadt **Hajnówka**. Sie ist keine Schönheit, trotzdem lohnt ein Stopp, denn ihre orthodoxe Kirche gehört zu den originellsten Bauwerken im modernen Polen. Mit ihrem gewellten Dach ahmt sie das Meer nach, aus dem einer Arche Noah gleich zwei zeltförmige Riesenkuppeln aufragen; der 50 m hohe Glockenturm erscheint als Bug. Das Innere steht dem Äußeren nicht nach: Farbenprächtige Ikonen und Wandmalereien, Buntglasfenster und Kristalllüster schaffen eine geheimnisvolle Atmosphäre (Cerkiew św. Trójcy, ul. Dziewałoskiego, Messe So 10 Uhr, Schlüssel in der Kancelaria Mo–Sa 10–17 Uhr). Nach dem Eintauchen in weihrauchgeschwängerte Spiritualität empfiehlt sich ein Besuch ›bei Wladimir‹. Gemeint ist Wladimir Iljitsch Lenin, der in der polonisierten Koseform ›Wołodzi‹ heißt. In der skurrilen Museumskneipe auf dem Markt schmücken Hammer-und-Sichel-Fahnen, Verdienstorden für ›Helden der Arbeit‹ und Lenin-Porträts die knallroten Wände (U Wołodzi, ul. 3 Maja 34-A).

Von Hajnówka sind es nur 20 km zum **Białowieski-Nationalpark** (Białowieski Park Narodowy). Dieser erstreckt sich zu beiden Seiten der polnisch-weißrussischen Grenze und ist einer der letzten Tiefland-Urwälder Europas. Jahrhundertelang war er ein exklusives Jagdrevier für Fürsten, Könige und Zaren. Heute ist er für jedermann zugänglich, die UNESCO hat ihn zum Weltnaturerbe und zum Biosphären-Reservat erklärt. Bei der mehrstündigen, stets von einem Führer begleiteten Tour kommt man auch ins ›strikte Naturreservat‹. Majestätische Bäume, von denen einige älter als 500 Jahre sind, haben hier so dichte Kronen ausgebildet, dass kein Lichtstrahl nach unten dringt. Umgestürzte Stämme versinken im Morast, sind von Moos und Flechten überwuchert. Symbol des Waldes ist der bucklige Wisent, Europas größtes Säugetier. Nachdem 1919 das letzte frei lebende Exemplar erlegt worden war, gelang

Lässt sich beim Kauen viel Zeit – der ›König der Wälder‹

es polnischen Wissenschaftlern mithilfe von Tieren, die in Zoos überlebt hatten, in Białowieża eine Population zu züchten und in die freie Wildbahn zu entlassen. Heute leben rund 500 Tiere zu beiden Seiten der Grenze; die Nachkommenschaft ist so zahlreich, dass inzwischen Wisente in andere Reservate ›exportiert‹ werden, so in den Nationalpark Wollin und in die Borkener Heide (Puszcza Borecka). Die Besucher können das Reservat zu Fuß oder per Pferdekutsche, im Winter auch per Schlitten erkunden.

Startpunkt jeder Tour ist das lang gestreckte 2500-Seelendorf **Białowieża** mit einer weißrussischen Bevölkerungsmehrheit. Um während seiner Jagdausflüge standesgemäß logieren zu können, ließ sich der russische Zar hier 1894 einen prächtigen Palast erbauen. Zwar wurde er im Zweiten Weltkrieg von deutschen Soldaten gesprengt, doch die zugehörige orthodoxe Kuppelkirche blieb verschont. Im weitläufigen Schlosspark lohnt das Naturkundemuseum einen Besuch, in dem Flora und Fauna der Region vorgestellt werden (Muzeum Przyrodniczo-Leśne BPN, Park Pałacowy, Di–So 9–15.30 Uhr, im Sommer bis 17 Uhr).

Infos

PTTK-Büro: ul. Kolejowa 17, Białowieża, Tel. 85 681 22 95, www.pttk.bialowieza.pl, tgl. 8–16, im Sommer 8–18 Uhr. Hier oder in einer der konkurrierenden Agenturen bucht man den für den Besuch des Nationalparks obligatorischen Führer.

Übernachten

In Białowieża:

Mit Spaßbad ▶ **Żubrówka:** ul. Olgi Gabiec 6, Tel. 85 681 28 87, www.hotel-zubrowka.pl, 68 Zimmer. Viersternehotel aus Backstein und Holz. Alle Zimmer mit Sat-TV und Minibar, bei schlechtem Wetter geht man ins Spaßbad mit künstlichen Wellen und Wasserfällen. Das Restaurant serviert lokale Spezialitäten. DZ ab 50 €.

Museal ▶ **Sioło Budy:** Budy 41, Tel. 85 681 29 78, www.siolobudy.pl, 10 Zimmer. Die Pension 8 km westlich am Waldrand erinnert mit ihren Scheunen, dem Schweinestall und dem Ziehbrunnen an ein Freilichtmuseum. Originelles Interieur mit Kamin-, Jagdraum und russischer Sauna, gutes Essen im rustikalen Gasthaus. Auf dem Weg von Hajnówka nach Białowieża links in Richtung Teremiski/Pogorzelec einbiegen. DZ ab 50 €.

Im ›Waldhof‹ ▶ **Dworek Leśny:** Janowo 31, Tel. 85 68 58 34, www.bialowieskapolana. com, 4 Zimmer. In ihrem Haus auf einer Lichtung mitten im Wald (1 km vom Dorf) vermietet die ehemalige Lehrerin Lucyna Kozłowska vier freundliche DZ mit Bad und Gemeinschaftsküche. Im Gästebuch spricht man von einem ›magischen Ort‹, einem ›Haus mit Seele‹ ... Am besten erreichbar mit dem Bus von Hajnówka nach Janowo, mit dem Auto von Hajnówka via Nowosady und Narewka. DZ 30 €.

Essen & Trinken

Im alten Bahnhof ▶ **Białowieża Towarowa:** ul. Stacja Towarowa 4, Tel. 85 681 21 19, www.restauracjacarska.pl. Der hölzerne Bahnhof, für den Zaren erbaut, wurde in ein Restaurant verwandelt. Feudales Ambiente mit Stilmöbeln und Jagdtrophäen, dazu gehobene polnisch-russische Küche. Hauptgerichte ab 8 €. Im ›Bahnhofsturm‹ werden auch Apartments vermietet.

Termine

Festival Orthodoxer Kirchenmusik (Mai)**:** In der Kirche von Hajnówka stellen internationale Chöre eine Woche lang ihr Können unter Beweis. Infos stehen im Internet unter www. festiwal-hajnowka.pl zur Verfügung.

Verkehr

Bus/Zug: Die Station Białowieża-Pałac grenzt unmittelbar an den Schlosspark. Da die historische Bahnlinie inzwischen nicht mehr in Betrieb ist, ist man auf den Buszubringer nach Hajnówka angewiesen: teils via Budy, teils über die Hauptstraße. Nach Białystok bestehen von Białowieża tgl. nur noch ein bis zwei Direktverbindungen mit dem Bus, ansonsten viele Linien ab Hajnówka mit dem Bus oder Zug.

aktiv unterwegs

Ins Wisentreservat

Tour-Infos
Start: Białowieża
Länge / Dauer: 8 km / 3 Std.
Hinweis: Gummi- bzw. wasserabweisende Wanderschuhe sind von Vorteil; es lohnt sich früh aufzustehen, um die Natur allein zu genießen – auch die Tiere sind morgens aktiver. Man sollte sich möglichst leise bewegen, um sie nicht aufzuscheuchen!

In Eigenregie
›Żebra żubra‹ heißt der Rundweg, der durch sumpfiges, normalerweise unzugängliches Gelände führt. Begehbar wird dieses durch ausgelegte Holzplanken, die an ›die Rippen eines Wisents‹ erinnern. Durch Wald führt der Weg zum Schaureservat des großen Säugers, in dem außerdem Buffalos, eine Kreuzung zwischen Kuh und Wisent, sowie Tarpanpferde leben. Auch viele Vögel kann man unterwegs sehen.

Vom Ortszentrum aus folgt man der ul. Kolejowa, die sich in die ul. Zastawa verlängert, westwärts in Richtung **Budy.** Kurz hinter dem Ortsende von Białowieża weist ein Schild links der Straße auf den Wegbeginn. Erst ver-

läuft er parallel zur Straße, dann geleitet er tief in den Wald, der – je nach Bodenbeschaffenheit – variiert: In schneller Folge wechseln Erlen und Birken, Linden, Eschen und Fichten. Je weiter man voranschreitet, desto sumpfiger wird das Gelände; nach Regenfällen kann es passieren, dass man durch Schlamm waten muss. Manchmal sind Wurzelwerk und quer liegende Bäume zu überklettern. Für die kleine Anstrengung entschädigen Frosch- und Vogelkonzerte! Rotdrossel und Weißrückenspecht, Halsband- und Zwergschnapper sind die Wegbegleiter. Hinter dem **Schaureservat** (rezerwat pokazowy zwierząt) schwenkt der Weg ostwärts ein und führt auf die Straße nach **Hajnówka,** auf der es zurückgeht nach Białowieża.

Organisiert
Polens Naturfreunde-Verband (PTTK, s. S. 307) bietet geführte Touren auch auf Deutsch. Eine sechsstündige Wanderung führt zum ›**König der Wälder**‹ in freier Wildbahn; zur Dämmerung ist Vogelpirsch angesagt bzw. eine Tour ins ›**Königreich der Biber**‹. Wer es bequem mag, lässt sich in der Kutsche durch den Nationalpark fahren.

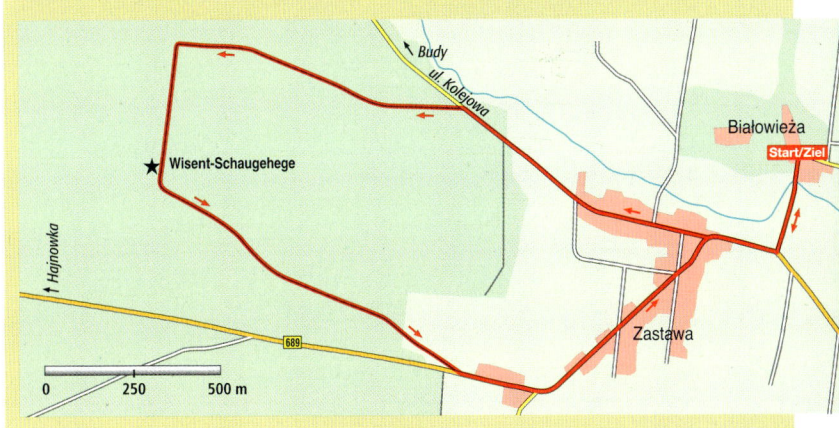

Nostalgische Kulisse:
Warschaus Altstädtischer Marktplatz

Kapitel 7

Warschau und Posen

Kommt man aus Masuren oder den stillen Waldgebieten im Nordosten Polens, wirkt die Ankunft in Warschau wie ein Schock. Nun hat sie uns wieder, die Normalität – mit all ihrer Hast und Hektik. Die Menschen schieben und werden geschoben, und wer nicht schnell genug ist, bleibt auf der Strecke. Warschau zählt 1,7 Mio. Einwohner, Posen über 600 000. Gemeinsam bilden sie die ›dynamische Achse‹ des Landes, in der Business boomt, das Einkommen und die Preise höher sind als im Rest Polens. Beide Städte liegen in der Mitte des Landes und sind eine wichtige Drehscheibe zwischen Ost und West.

Die Warschauer wie die Posener stehen im Ruf, diszipliniert und entscheidungsfreudig zu sein. Gleichwohl wehren sich die Hauptstädter dagegen, mit den ›polnischen Preußen‹ gleichgesetzt zu werden. ›Geizig‹ und ›humorlos‹ seien diese: Krämerseelen, die zwar Wohlstand, aber keinen echten Lebensgenuss zustande brächten. Die Posener halten dagegen: Nach Warschau gingen doch nur jene, die das schnelle Geld machen wollten – kosmopolitische Hochflieger, die bei aller Weltgewandtheit schnell aus dem Auge verlören, was die Bevölkerung im übrigen Lande so denkt.

Beide Städte haben sich im Zentrum mit glitzernden Einkaufspassagen und gläsernen Hochhäusern ein westlich-modernes Image verpasst. Was sie liebenswert macht, sind ihre meisterhaft restaurierten historischen Viertel mit Straßencafés, Jazz-Bars und originellen Restaurants. Ihre Museen gehören zu den besten des Landes. Sowohl Warschau als auch Posen sind von viel Grün eingefasst, unmittelbar vor ihren Toren erstrecken sich Nationalparks.

Gorzów Wielkopolski
(Landsberg a. d. Warthe)

Kostrzyn
(Küstrin)

Oder

Oder-Warthe-Bogen

Świebodzin
(Schwiebus)

Frankfurt
a. d. Oder

DEUTSCH-
LAND

Zielona Góra
(Grünberg)

Auf einen Blick

Warschau und Posen

Sehenswert

15 **Warschaus Altstadt und ›Neue Welt‹:**
Auf den Ruinen des Zweiten Weltkriegs
entstand eine originalgetreue Rekonstruktion
des alten Stadtzentrums – als solche heute
UNESCO-Weltkulturerbe. Die Flaniermeile
›Neue Welt‹ führt von dort zu Schlössern und
romantischen Parks (S. 333, 338).

Posener Ring: Der wunderschöne Platz mit
dem Renaissance-Rathaus dient den Pose-
nern als öffentliches Wohnzimmer. In seiner
Umgebung säumen barocke Prachtkirchen
und noble Stadtpaläste kopfsteingepflasterte
Gassen (S. 357).

Kathedrale von Gnesen: Polens ältestes
erhaltenes Gotteshaus besitzt mit der romanischen Bronzetür von 1170 einen kunst-
historischen Schatz (S. 365).

Schöne Routen

Warschaus Umgebung: Über Wola führt die
Straße 580 westwärts nach Kampinos, wo es
rechts abgeht nach Granica. Am Naturkundemuseum starten markierte Wanderwege in
den Nationalpark. Im Anschluss besucht man
den Chopin-Ort Żelazowa Wola, fährt auf der
E-30 nach Łowicz und auf der Straße 70 über
Schloss Nieborów nach Skierniewice. Auf der
719 geht es zurück (S. 352).

Posens Umgebung: Die ›Piasten-Route‹
führt nordostwärts auf Straße 5 über Pobiedziska nach Gniezno und nach Biskupin. Die
zweite Tour führt auf Straße 430 südwärts bis
Puszczykowo in den Großpolnischen Nationalpark. Von hier gelangt man zu den Schlössern in Rogalin und Kórnik (S. 365).

Meine Tipps

Abendliches Wasserspiel: Warschauer Spektakel: Aus über 300 Düsen schießen Fontänen in die Höhe, die an Sommerwochenenden von einer Laser-Laut-Schau begleitet werden (S. 336).

Chopin-Museum: Im barocken Prachtpalais werden Besucher multimedial in die Erlebnis- und Erfahrungswelten des Komponisten eingeführt. Und an vielen Orten stehen Marmorbänke, denen man auf Knopfdruck seine Musik entlocken kann (S. 339).

Aussichtsdeck des Kulturpalastes: Von 200 m Höhe genießt man einen grandiosen Panoramablick über ganz Warschau (S. 340).

Konzerte im Warschauer Łazienki-Park: An Sommersonntagen spielen Virtuosen zu Füßen des Chopin-Denkmals die Mazurken und Polonaisen des Komponisten – viele Gäste kommen mit Picknickkorb (S. 342).

Museum der Geschichte der polnischen Juden: Eintauchen in entschwundene Welten (S. 344).

Kaiserschloss in Posen: Was als Residenz für Wilhelm II. errichtet wurde, ist heute Polens größte Kulturfabrik (S. 359).

Alte Brauerei: Moderne Kunst setzt schrägschrille Akzente zur Backsteinarchitektur des noblen Einkaufstempels (S. 363).

Oder-Warthe-Bogen: Teile des ehemaligen Festungswalls Ost sind im Winter von ›Vampiren‹ bewohnt (S. 367).

Überall herausgeputzte Plätze und Promenaden, schicke City-Passagen und moderne Museen. Rings um den Kulturpalast entstand ein Business District mit hohen Glastürmen, über den ›Königsweg‹ flanieren trendige junge Leute. Und auch die rechte Weichselseite wird zusehends schöner.

Warschau (Warszawa) ist von Fieber erfasst, eine Stadt im Aufbruch. Ihr Zentrum markiert der 234 m hohe Kulturpalast, um ihn herum spannt sich ein Ring moderner Wolkenkratzer – der schönste stammt von dem in Polen geborenen Stararchitekten Daniel Libeskind. Internationale Anleger sicherten sich hier ihre Filetstücke und rühmen die ›polnische Wirtschaft‹. Längst haben alle ›großen internationalen Hotelketten in Warschau investiert.

Im Laufe ihrer Geschichte haben die Warschauer schon manch einen wirtschaftlichen Aufschwung, aber auch viele Katastrophen erlebt. Beim Gang durch die Stadt stoßen Besucher immer wieder auf Denkmäler, die an die Zeit unter deutscher Besatzung erinnern, als ein Großteil der Bevölkerung deportiert, in Konzentrationslager verschleppt und ermordet wurde. Nach Niederschlagung des Aufstands von 1944 legten deutsche Truppen Warschau in Schutt und Asche, nichts sollte an den ehemaligen Glanz dieser Hauptstadt erinnern. Und wohl keiner, der das Ausmaß der damaligen Verwüstungen erlebte, hätte es für möglich gehalten, dass die historische Altstadt eines Tages wieder so ausschauen könnte wie vor dem Krieg. Doch genau dies, den originalgetreuen Wiederaufbau des alten Warschau, machte sich die sozialistische Regierung nach 1945 zum Programm. Nach zeitgenössischen Skizzen, Fotos und Stichen entstand innerhalb weniger Jahre die »großartigste Fälschung der Welt« (Enzensberger), die Bewahrung historischer Kontinuität auf dem Scherbenhaufen der Geschichte.

Gleichfalls sehenswert ist der ›Königsweg‹, auch ›Königstrakt‹ genannt, eine der Hauptachsen der Stadtentwicklung Warschaus und heute die klassische Besichtigungsroute. Der von Kirchen, Denkmälern und prachtvollen Palästen gesäumte Flanierboulevard führt vom Schloss durch die Krakauer Vorstadt zum Łazienki-Park. In den Monaten Mai bis Oktober werden im Park jeden Sonntag Klavierkonzerte vor dem Chopin-Denkmal gegeben, weitere Aufführungen finden am Schloss von Wilanów, der Residenz des Königs Jan III. Sobieski, statt. Insgesamt elf Festivals stehen in den Sommermonaten zur Wahl, dazu Konzerte in der Oper und der Nationalphilharmonie sowie unter freiem Himmel auf dem Marktplatz der Altstadt. Die Stadt besitzt knapp 60 Museen und über 30 Theater, an den insgesamt 53 Hochschulen Warschaus studieren sage und schreibe 240 000 Studenten.

Rundgang

Cityplan: S. 335

Alt- und Neustadt kann man gut zu Fuß bewältigen, und auch der Königstrakt bis zum Rondo de Gaulle ist kein Problem. Nicht jedermanns Sache ist es aber, von hier die verbleibenden Kilometer bis zum Łazienki-Park abzulaufen. Im Fünfminutentakt verkehren Stadtbusse auf dieser Achse, sodass man den Park mit öffentlichen Verkehrsmitteln schnell erreicht.

Von der UNESCO zum Welterbe erhoben: das Königsschloss in Warschau

Rings um das Königsschloss

Ein beliebter Treffpunkt der Warschauer ist der kopfsteingepflasterte Schlossplatz (pl. Zamkowy). Nordwärts führen Wege in die romantische Altstadt, westwärts kommt man zum Theaterplatz und südwärts auf dem Königstrakt zum Łazienki-Park. Zum Rendezvous verabredet man sich gern an der **Sigismundsäule** **1** (Kolumna Zygmunta), errichtet zu Ehren des Königs Zygmunt III. Wasa, der Warschau 1596 zur Hauptstadt erwählte. Mit Säbel und Kreuz ausgestattet blickt er von der 22 m hohen Säule herab, an der Einheit von Kirche und Staat soll nicht gezweifelt werden.

An der Ostseite des Platzes ließ sich der Herrscher um 1600 das kupferrote **Königs-schloss** **2** errichten, einen zweistöckigen Bau von fünfeckigem Grundriss mit mehreren Türmen. Besucher gelangen durch das Eingangstor in den weitläufigen Großen Hof, dessen Fassaden die lange Geschichte des Gebäudes widerspiegeln. Die repräsentativen Räume befinden sich allesamt in der ersten Etage, darunter auch der prunkvolle ›Canaletto-Saal‹. In ihm kann man anhand von über 20 Wandbildern studieren, ob und wie sich Warschau in den letzten 230 Jahren verändert hat. Die Bilder stammen vom Venezianer Bernardo Bellotto alias Canaletto, der von 1768 bis 1780 als Hofmaler im Dienste des polnischen Königs stand. So genau spiegelten die von ihm verfertigten Ansichten Gebäude und Straßen wider, dass sie beim Wiederaufbau der Stadt als unmittelbare Vorlage dienten.

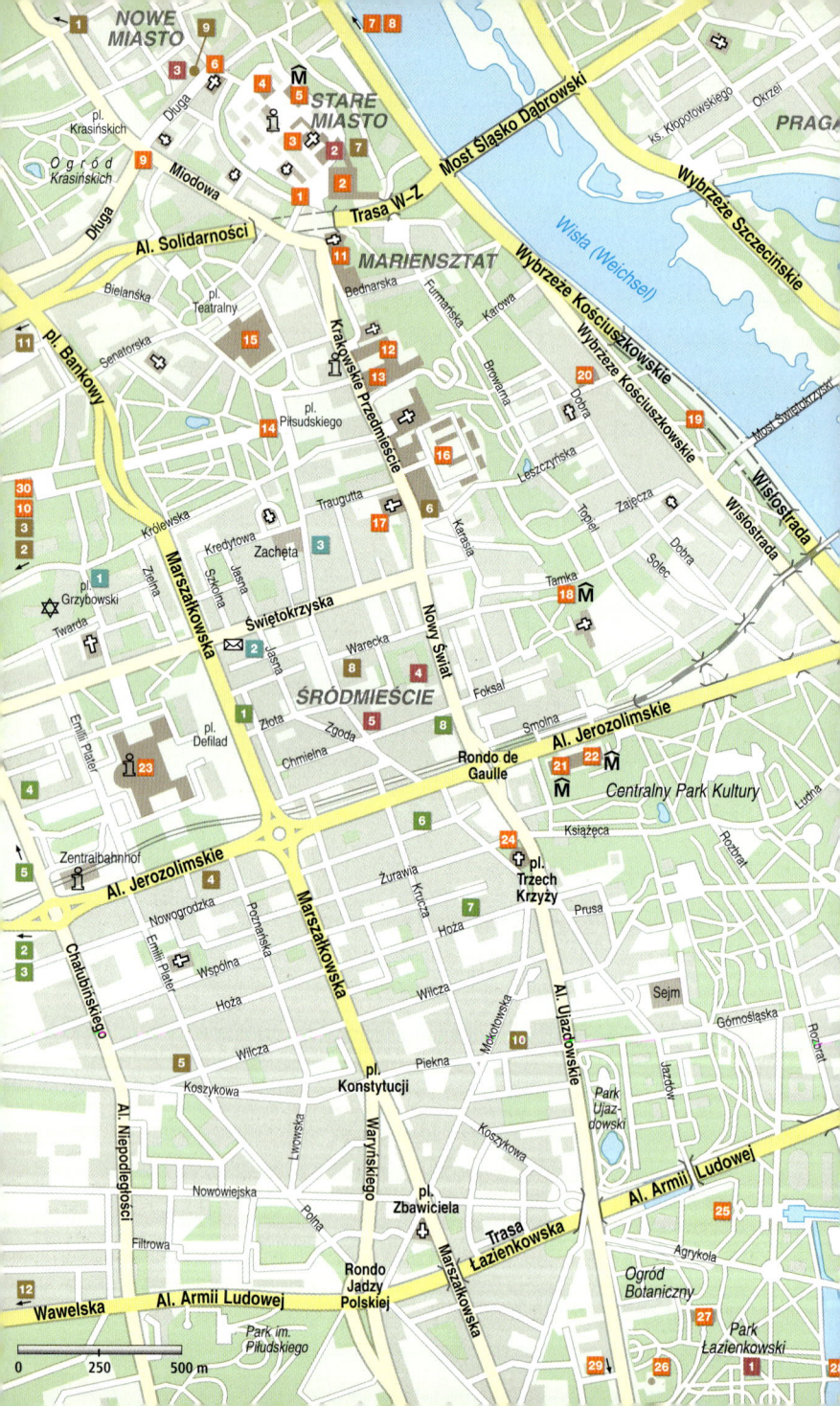

Warszawa/Warschau

Das Schloss gibt einen profunden Einblick in den feudalen Hofstaat: Alle Räume sind mit Stuckarbeiten und Wandmalereien wahrhaft königlich gestaltet. Besonders imposant ist der barocke ›Ballsaal‹, in dem sich der Hof zu rauschenden Festen traf. Die Wände treten hinter einer Vielzahl golden schimmernder Säulen zurück, auf denen ein sich illusionistisch zum Himmel öffnendes Deckengewölbe ruht.

Gemälde von Jan Matejko, dem berühmtesten polnischen Historienmaler, findet man in den ›Prinzenzimmern‹. Das Rejtan-Bild illustriert eine dramatische Episode aus der Zeit der Teilungen. »Tötet mich, doch lasset Polen leben!« – dies soll der Adelige Rejtan ausgerufen haben, als im Sejm die Teilungsurkunde zur Unterschrift ausgelegt wurde. Und es gibt noch ein zweites Bild, das auf ein Ereignis im Schloss anspielt: Am 3. Mai 1791 wurde im hiesigen Senatorensaal die erste schriftlich fixierte Verfassung Europas verabschiedet. Der Untergang Polens ließ sich mit dieser tief greifenden staatlichen Reform nur verzögern, nicht aber verhindern. Und auch Tadeusz Kościuszko, der drei Jahre später zur nationalen Erhebung aufrief, vermochte mit seinen Gefolgsleuten nichts gegen die preußisch-russische Übermacht auszurichten. Das Herz des Patrioten ruht in der an den Canaletto-Saal grenzenden ›Kleinen Kapelle‹. Weniger auf Polen fixiert ist die Gemäldegalerie im Erdgeschoss, die Meisterwerke zeigt – von ›sarmatischen Adelsporträts‹ bis zu Rembrandts ›Junger Frau‹ und seinem ›Gelehrten‹ (Zamek Królewski, pl. Zamkowy 4, www.zamek-krolewski.com.pl, tgl. 11–16 Uhr, im Sommer länger, 4–8 €).

Alt- und Neustadt

Die **Altstadt** (Stare Miasto) ist das stimmungsvollste Viertel Warschaus. Kopfsteingepflasterte Gassen sind von pastellfarbenen, meist nur dreistöckigen Häusern gesäumt, Brunnen und Laternen sorgen für nostalgisches Flair. Vom Schlossplatz gelangt man über die ul. Świętojańska zur gotischen **Johanniskathedrale** 3 (Katedra Św. Jana). Sie ist das wichtigste Gotteshaus der Stadt, dem schlichten Äußeren entspricht ein strenger, fast düsterer Innenraum. In der Krypta sind die letzten masowischen Herzöge und mehrere Warschauer Erzbischöfe beigesetzt, darunter bekannte polnische Schriftsteller und Nationalhelden.

Folgt man dem Menschenstrom, kommt man zum **Altstädtischen Ring** (Rynek Staromiejski), dem schönsten Platz Warschaus. Er wird von Patrizierhäusern gesäumt, deren bunt gestrichene Fassaden mit Reliefs und Skulpturen verziert sind. In der Mitte des Platzes posiert die Sirene, eine in Bronze gegossene Frauengestalt. Sie ist das Wahrzeichen Warschaus und gleicht mit ihrem erhobenen Schwert der antiken Kriegsgöttin, die sich zur Verteidigung ihrer Stadt aufschwingt. Um sie herum herrscht das ganze Jahr über Hochbetrieb: dicht besetzte Cafés, Porträtmaler und Straßenmusikanten – und im Hintergrund Pferdekutschen, die auf Kundschaft warten.

An der Nordseite des Platzes befindet sich der Eingang zum **Historischen Museum** 4, das zurzeit restauriert wird. Lohnend ist es aber, sich im Museumskino zu jeder vollen Stunde (Di–Do 10–17, Fr–So 10–19 Uhr) den 20-minütigen Film über Zerstörung und Wiederaufbau Warschaus anzuschauen. Auch einige restaurierte Kellergewölbe können bereits besichtigt werden (Muzeum Historyczne, Rynek Starego Miasta 28, www.mhw.pl, Di–So 10–18 Uhr, 2,50 €). Vorbildlich inszenierte Wechselausstellungen bietet das dem polnischen Nationalschriftsteller Adam Mickiewicz gewidmete **Literaturmuseum** 5 (Muzeum Literatury, Rynek Starego Miasta 20, www.muzeumliteratury.pl, Mo–Di 10–16, Mi–Do 11–16, Fr 10–16, So 11–17 Uhr).

Vom Altstädtischen Ring geht es ostwärts über Treppenwege zum Weichselufer hinab, wir aber folgen der ul. Nowomiejska gen Norden und erreichen nach wenigen Minuten die mittelalterliche **Barbakane** 6 (Barbakan). Die kreisrunde Backsteinbastion, die mit ihren vier Ecktürmen an eine Festung erinnert, gehört zu einem rings um die Altstadt aufgezogenen, nach 1945 teilweise rekonstruierten Befestigungssystem.

Jenseits der Barbakane beginnt die sogenannte **Neustadt** (Nowe Miasto), die freilich nicht so jung ist, wie der Name vermuten lässt. ›Neu‹ ist die im 15. Jh. entstandene, damals autonome Stadt nur im Vergleich zur 100 Jahre früher gegründeten Altstadt. Der Besichtigungsweg führt die ul. Freta entlang, die vor dem Krieg als wichtige Einkaufsstraße galt. Im Samson-Palais, erkennbar an der reich dekorierten Fassade (Nr. 5), lebte zu Beginn des 19. Jh. der preußische Verwaltungsbeamte E.T.A. Hoffmann. Im Haus schräg gegenüber (Nr.16) wurde 1867 Maria Skłodowska geboren, besser bekannt unter dem Namen ›Marie Curie‹. Gleich zweimal wurde sie mit dem Nobelpreis ausgezeichnet, bekannt ist sie vor allem als Entdeckerin der natürlichen Radioaktivität – ein Museum erinnert an sie (ul. Freta 16, www.muzeum-msc.pl, Di–So 10–15 Uhr, 2,50 €).

Wohltuend ruhig ist das Leben am Neustädtischen Ring (Rynek Nowego Miasta), dessen Häuser im Stil des 18./19. Jh. wiederaufgebaut wurden. Mit Bäumen und Brunnen wirkt er nicht großstädtisch, sondern wie eine stille, ländliche Oase. An seiner Nordostseite erhebt sich die kuppelgekrönte **Kirche der Sakramentinerinnen** 7 (Kościół Sakramentek); gestiftet hat sie Königin Marysieńka Sobieska als Dank für den Sieg ihres Gatten über die Türken bei Wien im Jahr 1683.

Nicht nur an Sommerabenden lohnt es sich, die Weichselböschung hinabzusteigen zum **Multimedialen Wasserspiel** 8. Aus 300 Düsen schießen pro Minute 30 000 l Wasser in Fontänen in die Höhe. Abends werden auf Nebelwänden Projektionen gezaubert, dazu erklingt Sphärenmusik (www.ztp.waw.pl, Laser-Laut-Show Juni–Sept. Fr,

Sa 21.30 bzw. 22 Uhr). Das Wasserspiel bildet den Auftakt zum neu gestalteten Weichselufer. Eine grüne, teilweise von Gastro-Schiffen und Terrassencafés gesäumte Promenade führt südwärts zum Hafen Port Czerniaków und am Sommerwochenende schippern ›Wasserstraßenbahnen‹ *(tramwaj wodny)* zum rechten Ufer.

Doch zurück zur Neustadt: Über die ul. Długa lohnt ein Abstecher zum monumentalen **Denkmal des Warschauer Aufstands** 9 neben dem neuen Justizpalast (Pomnik Powstania Warszawskiego). Gigantische Bronzefiguren entsteigen düsteren Kanälen, die Waffe in der Hand. Den meisten Kämpfern misslang die Flucht: Sie ertranken in den Stollen oder starben im Feuer der in die Gänge hinabgeworfenen Granaten. An der Aufständischen-Aura will die Kirche teilhaben: Sie hat in den Katakomben der gegenüberliegenden Piaristenkirche ein aufwendig gestyltes Museum der Militärgeistlichen einrichten lassen. Glasstollen führen in die Geschichte zurück. Im Erdgeschoss beeindruckt die Katyń-Kapelle – in ihre Wände sind die Namen von 15 000 polnischen Offizieren eingraviert, die 1941 vom sowjetischen Geheimdienst erschossen wurden (Muzeum Ordynariatu Polowego, ul. Długa 13, http://ordynariat.muzeumwarszawy.pl, Mo geschl.). Lohnend ist ein Abstecher zum 2 km westlich gelegenen **Museum des Warschauer Aufstandes** 10. Dank multimedialer Präsentation, Doku-Filmen und Originalgeräuschen kann man ins Jahr 1944 ›abtauchen‹, durch rekonstruierte Kanäle wandern und eine konspirative Druckerei besuchen (Muzeum Powstania Warszawskiego, ul. Grzybowska 79, www.1944.pl, Di geschl.).

Weitere Entdeckungen in der Nähe s. Kapitel »Auf Jüdischen Spuren« S. 343.

Krakauer Vorstadt und ›Neue Welt‹

Eine kilometerlange, südwärts verlaufende Straße verbindet das altstädtische Königsschloss mit dem Landschaftspark von Łazienki und der barocken Sommerresidenz in Wilanów. Die ersten beiden Kilometer sind am Wochenende für den Autoverkehr gesperrt und verwandeln sich in Warschaus schönste Flaniermeile.

Erster Abschnitt des sog. ›Königswegs‹ (Trakt Królewski) ist die nach der früheren Hauptstadt benannte **Krakauer Vorstadt** (Krakowskie Przedmieście). Entlang der Straße siedelten sich Polens reichste Adelsgeschlechter an. Sie ließen sich repräsentative Paläste erbauen, die heute in ihrer Mehrzahl der Regierung und der Universität unterstehen. Den Auftakt zur Linken bildet die akademische **Annakirche** 11 (Kościół Św. Anny), von deren frei stehendem Turm sich eine weite Aussicht auf die Altstadt bietet. Das Gotteshaus wurde 1454 von Anna, der Herzogin Masowiens, gegründet und 1820 im Stil der Neorenaissance erneuert. Imposant ist seine spätbarocke, von den vier Evangelisten geschmückte Fassade. Die Gewölbe sind mit illusionistischen Fresken bemalt, Hauptaltar und Orgel von vergoldetem Rokoko-Schnitzwerk eingerahmt. Lüster mit Glasperlen hängen von der Decke herab und tauchen die Kirche in ein schummriges Licht.

Vorbei an einem Denkmal, das den Schriftsteller Adam Mickiewicz zeigt, kommt man zum **Präsidentenpalast** 12 (Rezydencja Prezydenta), der von vier Steinlöwen bewacht wird. 1955 wurde hier der Warschauer Pakt, das östliche Gegenstück zur NATO, geschlossen, 1970 unterzeichneten Willy Brandt und der polnische Präsident Edward Gierek den Vertrag über die Normalisierung der Beziehungen zwischen Polen und der Bundesrepublik Deutschland. 1989 fanden im gleichen Haus die Gespräche am Runden Tisch statt, die den Fall des sozialistischen Systems in Polen einleiteten. Bis 1994 war der Palast Sitz des Ministerrats, heute residiert hier der polnische Präsident.

Gleich nebenan steht das **Bristol** 13, Warschaus schönstes Hotel von 1901. Von hier erreicht man in nur wenigen Schritten den weitläufigen Piłsudski-Platz mit dem **Grabmal des Unbekannten Soldaten** 14 (Grób Nieznanego Żołnierza). Es ist all jenen Polen gewidmet, die für das Vaterland fielen. Eine ewige Flamme brennt für die Toten, täglich

Das Hotel Bristol in schönstem Art Nouveau am ›Königsweg‹

um 12 Uhr findet in einem feierlichen Zeremoniell die Wachablösung statt. Hinter dem Grabmal beginnt der von König August II. angelegte Sächsische Garten (Ogród Saski) – für viele Warschauer ein Ruhepol nach Feierabend. Nördlich des Platzes sieht man über die gläserne Norman-Foster-Rotunde hinweg auf das **Große Theater** 15 (Teatr Wielki), einen gigantischen Kulturtempel, in dem auch Konzerte stattfinden. Schaut man gen Süden, erblickt man den Jugendstil-Palast der **Zachęta-Galerie.** Zwar ist sie den ›Großen, Wahren und Schönen‹ geweiht, doch zeigte sie sich in den letzten Jahren oft provokativ: Riesenfotos polnischer Schauspieler in Nazi-Uniform oder die Skulptur eines von einem Meteoriten niedergestreckten Papstes veranlassten sich brüskiert fühlende Nationalkonservative zu Bilderstürmerei (pl. Małachowskiego 3, www.zacheta.art.pl, Di–So 12–20 Uhr, Erw. 4 €, Kinder 2 €).

Nach diesem Abstecher geht es zurück zur ›Krakauer Vorstadt‹. Vorbei am Denkmal für Kardinal Wyszyński und der hinter ihm aufragenden Kirche der Visitantinnen (Kościół Wizytek) gelangt man zur **Universität** 16 (Uniwersytet), die in mehreren schlossartigen Bauten untergebracht ist. 1818 wurde sie gegründet, doch bereits 14 Jahre später auf Geheiß des Zaren geschlossen. Die Mehrheit der Studenten, monierte die Obrigkeit, habe den Umsturzversuch von 1830/31 aktiv unterstützt. 1915 wurde die Universität abermals geöffnet, doch schon 1939, unter deutscher Herrschaft, ein weiteres Mal in den Untergrund abgedrängt.

In der gegenüberliegenden Akademie der Bildenden Künste wurde ein Chopin-Salon rekonstruiert. Der Künstler lebte dort mit seinen Eltern von 1827 bis 1830, jenem Jahr, in dem er Polen verließ. Nebenan, in der klassizistischen **Heiligkreuzkirche** 17 (Kościół Świętego Krzyża), ist das Herz des 1849 gestorbenen Komponisten beigesetzt. Auf dem Epitaph unterhalb seiner Büste steht zu lesen: »Wo dein Schatz ist, dort ist auch dein Herz«. 31 Jahre nach seiner Beerdigung auf dem Pariser Friedhof Père Lachaise wurde der Leichnam exhumiert und sein Herz – oder besser das, was davon übrig geblieben war – nach Polen überführt. Heute wird dem Komponisten anders gehuldigt: Das nahe **Chopin-Museum** `18`, das als ›bestes biografisches Museum Europas‹ gilt, gibt multimedial faszinierende Einblicke in seine Kunst- und Lebenswelt. Vor dem Palais steht die erste von 15 über die Stadt verteilten Chopin-Bänken, aus denen nach Knopfdruck seine Musik ertönt (Muzeum Fryderyka Chopina, ul. Okólnik 1, www.chopin.museum, Di–So 11–20 Uhr, 5,50 €).

Folgt man die Straße weiter hinab, kommt man zum **Kopernikus-Zentrum** `19`: ein Museum ›zum Anfassen‹ mit 350 Experimentierstationen, Roboter-Theater und Foucaultschem Pendel, dazu ein Planetarium – von der Mikro- bis zur Makro-Materie wird erklärt, was die Welt zusammenhält (Centrum Nauki Koperniik, ul. Wybrzeże Kościuszkowskie 20, www.kopernik.org.pl, Di–Fr 9–18, Sa, So 10–19 Uhr, 5,50 €).

Einen Blick lohnt auch die benachbarte, poppige **Universitätsbibliothek** `20`, von deren 1,5 ha großem Dachgarten man einen weiten Blick hat – über die Weichsel bis zum Nationalstadion.

An Kopernikus wird auch an der ›Krakauer Vorstadt‹ (Krakowskie Przedmieście) gedacht: Ein Denkmal zeigt ihn vor dem Sitz der Polnischen Akademie der Wissenschaften. In der Folge verengt sich der Königsweg und heißt **Neue Welt** (Nowy Świat). Statt von einzelstehenden Palästen ist er nun von einheitlich gestalteten, klassizistischen Häusern gesäumt, die Traditionscafés und trendige Lokale beherbergen.

Jerusalem-Allee

Am Rondo de Gaulle kreuzt sich die Nowy Świat mit der verkehrsreichen al. Jerozolimskie, der ›Jerusalem-Allee‹.Wie der Name bereits vermuten lässt, lebten hier besonders viele Juden. Viele emigrierten nach Palästina, woran die auf der Verkehrsinsel postierte Palmen-Installation ›Gruß aus Jerusalem‹ erinnern will. Heute wird die Straße von Häusern der vorletzten Jahrhundertwende gesäumt, dazwischen schieben sich Glas- und Granitpaläste im Stil des sozialistischen Realismus.

Ein paar Schritte Richtung Weichsel steht das **Nationalmuseum** `21`, eine Top-Adresse für Kunstliebhaber aus aller Welt. In dem im Stil der Neuen Sachlichkeit errichteten Bau werden Werke von der Antike bis zur Gegenwart ausgestellt. Zu den Höhepunkten der Sammlung zählen frühchristliche Fresken aus Pharos (Sudan), die in ihrer archaischen Ausdruckskraft an Ikonen erinnern. Aus ostpreußischen und schlesischen Kirchen stammen meisterhaft geschnitzte, gotische Skulpturen, darunter die ›Schöne Madonna aus Breslau‹. Auch große europäische Maler sind vertreten, darunter Leonardo da Vinci, Lukas Cranach und Rembrandt.

Im Ostflügel des Gebäudes befindet sich das **Militärmuseum** `22`, das die 1000-jährige Geschichte der nationalen Streitkräfte dokumentiert. Als Alfred Döblin 1924 in Warschau weilte, notierte er: »Die Polen haben noch nicht lange Militär, sind lecker danach«. (Muzeum Narodowe & Muzeum Wojska Polskiego, al. Jerozolimskie 3, www.mnw.art.pl, Di–So 10–18 Uhr, 4,50 €).

Kulturpalast

Das umstrittenste Gebäude der Stadt befindet sich am Westende der Jerusalem-Allee (Richtung Hauptbahnhof) und ist nicht zu übersehen. Der 234 m hohe **Kulturpalast** `23` ist für die einen Symbol von Gigantomanie, für die anderen eine kühne Fortschrittsvision. Das kostspielige Gebäude, entworfen nach dem Vorbild der Moskauer Lomonossow-Universität, war ein Geschenk Stalins an das polnische Volk, ein unübersehbares Zeichen sozialistischer Staatsmacht. Zum Umrunden der pompösen Anlage mit ihren vorspringenden Gebäudeflügeln braucht man gut 20 Minuten. Große Skulpturen zeigen Nikolaus Kopernikus, die Idealfigur polnischer Wissenschaft, und Adam Mickiewicz, den sprachgewaltigen Heros der nationalen Literatur. 28 Plastiken sind in Nischen eingelassen und singen das Hohelied von Fortschritt und Gerechtigkeit. Ein athletischer Arbeiter studiert das ›Kapital‹ von Marx, eine mit Tunika umhüllte Frau schreitet aus, die Welt zu begreifen.

Im Innern des Palastes hat man sich von Marx vorerst verabschiedet. In bunten Lettern verspricht die Werbung Zufriedenheit und Glück – westliche Markenartikel anstatt utopischer Sprüche. Nutzer der prunkvoll ausgestatteten Räume sind zahlungskräftige Unternehmen, Börsenmakler und Versicherungsagenten. Wuchtige Eichentüren führen in Säle mit Marmorböden und Stuckdecken, allerorts hängen schwere Kristallkronleuchter. In Sekundenschnelle fahren elegante Aufzüge die Stockwerke hinauf, samtrote Teppichböden schlucken jeden Laut. Big Business beherrscht viele der 3288 Räume, doch »zum Glück noch nicht alle«, sagen Künstler und Intellektuelle.

Im Erdgeschoss gibt es drei große Theater und ein Kino, ein wunderbares Schwimmbad aus Marmor, ein ›Technikmuseum‹ und ein ›Museum der Evolution‹ sowie die zentrale Touristen-Information. Im kreisförmig angeordneten Ausstellungspavillon findet jeden Mai die Buchmesse statt, im roten Kongresssaal, der 3000 Besuchern Platz bietet, jeden Oktober das Jazz Jamboree. Berühmte Musiker sind hier schon aufgetreten, darunter Louis Armstrong, Ray Charles und Miles Davis.

Von der Aussichtsplattform im 30. Stock genießt man einen überwältigenden Blick in alle Himmelsrichtungen. Man schaut bis zur Altstadt und erkennt auf der anderen Weichsel-Seite das Stadion. Im Vordergrund verläuft die Marszałkowska, die 4 km lange Verkehrsader der Stadt, einst als sozialistische Paradestraße mit Wohn- und Warenhäusern konzipiert. Auf der gegenüberliegenden Seite bieten mehrere Wolkenkratzer dem Kulturpalast die Stirn – fast so hoch wie er sind sie gewachsen, u. a. der segelförmige Libeskind-Bau, das Intercontinental und das Cosmopolitan (Pałac Kultury i Nauki, pl. De-

filad, Aussichtsplattform mit Café tgl. 9–20, Fr, Sa zusätzlich bis 23.30 Uhr, 4,50 €; Muzeum Techniki & Muzeum Evolucji, www. pkin.pl, Di–Sa 9–16, So 10–17 Uhr).

Auf dem Weg zurück zum Königstrakt quert man die **Marszałkowska,** die vorerst wichtigste Verkehrsachse der Stadt. Sie erstreckt sich über 4 km Länge vom Bankplatz (pl. Bankowy) bis zum Platz der Lubliner Union (pl. Unii Lubelskiej) und wurde um die Mitte des 20. Jh. als Prachtstraße des sozialistischen Warschau konzipiert.

Łazienki-Park

Am Rondo de Gaulle schwenkt man wieder in den Königsweg ein, der fortan Aleja Ujazdowskie heißt, von den Polen auch ›Champs Elysées‹ genannt. Zum Auftakt sieht man die klassizistische, 1818 errichtete **Alexanderkirche** 24 (Kościół Św. Aleksandra) auf einer vom Verkehr umtosten Insel. In folgenden, mehrere Kilometer langen Abschnitt passiert man viele ausländische Botschaften, von der Straße abgesetzt liegen Sejm und Senat, das polnische Zweikammerparlament. Ihren Namen verdankt die Allee dem **Schloss Ujazdów** 25 (Zamek Ujazdowski), einer königlichen Sommerresidenz an der Weichselböschung. Diese beherbergt heute ein Zentrum für zeitgenössische Kunst (Centrum Sztuki Współczesnej, www.csw.art.pl, Di–So 11–19 Uhr, 3 €). Von der Terrasse an der Rückseite des Hauses bietet sich ein schöner Blick über schnurgerade, in Richtung Weichsel verlaufende Kanäle.

Polens schönste Grünanlage ist der **Łazienki-Park**, ein königlicher Entwurf Arkadiens fernab städtischer Zivilisation und heute frei für jedermann – eine Oase der Stille und doch gar nicht weit vom Zentrum Warschaus entfernt. Der Haupteingang befindet sich links der Hauptstraße neben dem weiß getünchten Palais Belvedere. Mit der Gestaltung des Parks beauftragte König Poniatowski einen der besten Gartenbau-

Gigantisch im Zuckerbäckerstil – der Kulturpalast

Arkadien in der Großstadt – der Łazienki-Park

meister seiner Zeit, den Dresdener Johann Christian Schuch (1766–1784). Die Nachahmung der Natur galt ihm, der zuvor Anregungen aus Reisen durch England, Frankreich und den Niederlanden gewonnen hatte, als höchstes künstlerisches Ideal. Binnen weniger Jahre schuf er einen Landschaftspark mit malerisch eingestreuten Seen, Kanälen und Fontänen, dazu weiten Rasenflächen mit zwanglos gruppierten Bäumen – und obgleich sich doch all dies menschlicher Planung verdankte, wirkte es in seiner reizvollen Anmut wie ein Werk der Natur.

Hinter dem Parkeingang führt links ein Weg zum **Chopin-Denkmal** 26 (Pomnik Chopina). Es zeigt den Komponisten unter einer masowischen, windgepeitschten Weide. Im Zweiten Weltkrieg eingeschmolzen, wurde es 1958 rekonstruiert. Dem Denkmal zu Füßen wird an Sommersonntagen ein Flügel postiert, auf dem bekannte Interpreten einige seiner Sonaten spielen (www.estrada.com.pl, 12 und 16 Uhr). Auf der Hauptallee gelangt man zur **Alten Orangerie** 27 (Stara Pomarańczarnia), in der die südländische Flora des Parks überwintert. Zwischen exotischen Pflanzen stehen antike Skulpturen, im original erhaltenen Hoftheater aus dem 18. Jh. mit illusionistischen Malereien von Jan Bogumił Plersch gibt es an ausgewählten Abenden stimmungsvolle Konzerte mit Kammermusik.

Schönster Bau des Parks ist das **Palais auf der Insel** 28 (Pałac na Wyspie), eine Sommerresidenz von König Stanisław August Poniatowski. Es ist aus einem barocken Badehaus hervorgegangen und präsentiert sich als Lustschloss par excellence: elegant und zugleich intim, ausgestattet mit kostbaren Kunstwerken. Ausschweifender Barock beherrscht die Terrasse: Der Muskelprotz Satyr ist dabei, eine Nymphe zu rauben, ein Hermaphrodit umarmt die junge Salmakis. Zu den Skulpturen gesellen sich einige farbenprächtige Pfauen. Und wie es sich für ein Lustschloss gehört, dürfen auch Gondeln nicht fehlen: Majestätisch gleiten sie über das Wasser, das Ambiente kann in Venedig nicht prächtiger sein (al. Ujazdowskie, www. lazienki-krolewskie.pl, Park tgl. 9–19 Uhr, Museen Di–So 10–17 Uhr, Anfahrt mit Bus 116, 180, 519 und 522).

Praga

Es ist noch nicht lange her, da hätte sich kein Tourist ins Viertel am rechten Weichselufer verirrt: Bröckelnde Fassaden und dunkle Hinterhöfe, Armut und Kleinkriminalität machten es zur No-Go-Area. Aufgrund der vielen Gebäude aus russischer Zeit spöttelten die Warschauer, jenseits der Weichsel begänne Asien. Heute ist Praga Warschaus Szene-Viertel, und unter jüngeren Semestern ist es hip, hier Quartier zu nehmen (www. praga-pn.waw.pl). Der Aufstieg begann mit der Wandlung einer Spirituosenfabrik: Der festungsartige Ziegelbau der **Fabryka Koneser** (Connaisseur), die ab 1897 Wodka destillierte, stellte Künstlern Räume zur Verfügung (ul. Ząbkowska 27, www.monopol praski.pl). Andere kreative Köpfe zogen nach und entdeckten mit den günstigen Mietpreisen den Reiz der morbiden Architektur. Heute reihen sich in der restaurierten ul. Ząbkowska und der benachbarten ul.

Brzeska alternativ angehauchte Cafés, Bars und Lokale. Hot Spot der Szene ist die **Fabryka Trzciny** in Pragas Norden, ein Kulturzentrum, in dem vom Jazzkonzert bis zur Kunst-Installationen viel geboten wird (ul. Otwocka 14, www.fabrykatrzciny.pl). Außerdem gibt es in Praga einen großen **Zoo** jenseits der Brücke Śląsko-Dąbrowski (ul. Ratuszowa 1/3, www.zoo.waw.pl, tgl. 9–19 Uhr, 5 €) und gleich daneben eine **orthodoxe Kathedrale** mit goldenen Zwiebeltürmen (Cerkiew Św. Marii Magdaleny, al. Solidarności 52, www. katedra.org.pl).

Auf jüdischen Spuren

Bei Ausbruch des Zweiten Weltkriegs lebten in der polnischen Hauptstadt mehr als 360 000 Juden – in keiner Stadt Europas gab es mehr. Allein sieben Tageszeitungen erschienen in jiddischer Sprache, es gab ein jüdisches Theater, mehr als zwei Dutzend Synagogen und unzählige Bethäuser. Heute erinnert wenig an Damals. Da gibt es ein ›Denkmal der Ghettohelden‹ und den ›Umschlagplatz‹, Straßenbahnschienen, die ins Nichts führen, altes Kopfsteinpflaster, das unter aufgeplatztem Asphalt hervorlugt. Der durch den Holocaust stark dezimierten Jüdischen Gemeinde gehören ca. 2000 Warschauer an.

Vom ehemaligen jüdischen Viertel wurde nach 1945 nichts rekonstruiert, gesichtslose Bettenburgen säumen die Straßen. Gerade weil hier nichts aufbereitet und aufgehübscht ist, vergegenwärtigt es eindrücklich Warschaus jüngere Geschichte. Die Suche nach Spuren jüdischer Kultur konzentriert sich auf das Gebiet zwischen Sächsischem Garten (Ogród Saski) und Jüdischem Friedhof (Cmentarz Żydowski), das Hauptwohngebiet der Warschauer Juden. Deutsche Soldaten riegelten es im Herbst 1940 von der Außenwelt ab und pferchten die jüdischen Bürger in einem Ghetto zusammen. Da auch aus anderen Orten Juden hierher verfrachtet wurden, drängten sich bald auf nur 5 km^2 500 000 Menschen. Die Lebensmittelversorgung war katastrophal; 44 000 Menschen starben an Hunger und Erschöpfung, noch bevor die Deportationen einsetzten. An 15 Zugängen standen bewaffnete deutsche Soldaten und hielten die Bewohner in Schach. Ab Ende 1941 wurde der Versuch, das Ghetto zu verlassen, mit dem Tode bestraft. Doch es sollte noch schlimmer kommen. Am 20. Januar 1942 wurde auf der Wannseekonferenz die ›Endlösung der Judenfrage‹ beschlossen und im darauf folgenden Sommer mit ›deutscher Gründlichkeit‹ umgesetzt. In einem Schreiben, das der Staatssekretär im Reichsverkehrsministerium, Dr. Ganzenmüller, am 28. Juli 1942 an SS-Obergruppenführer Wolff richtete, heißt es: »Seit dem 22. 7. fährt täglich ein Zug mit 5000 Juden von Warschau über Malkinia nach Treblinka ...«

Das Ghetto erwies sich als ›Warteraum des Todes‹, nur wenigen Menschen gelang die Flucht auf die ›arische‹ Seite. Angesichts ihrer bevorstehenden Ermordung gründeten am 2. Dezember 1942 sozialistische und zionistische Ghettobewohner die Kampforganisation ZOB (Żydowska Organizacja Bojowa). Sie bestand ausschließlich aus jungen Leuten, denn die Kinder und arbeitsunfähigen Alten hatte man zu diesem Zeitpunkt bereits ins Konzentrationslager verfrachtet. Als die SS am 19. April 1943 die Deportation der letzten noch verbliebenen 60 000 Ghettobewohner startete, stieß sie auf unerwarteten Widerstand. 1500 jüdische Kämpfer stellten sich mit einigen Hundert Gewehren der doppelten Zahl von Wehrmachtssoldaten entgegen, die über Panzer und Flakgeschütze verfügten. »Es ging darum, sich nicht abschlachten zu lassen, wenn die Reihe an uns kam. Es ging nur darum, die Art des Sterbens zu wählen.« So notierte Marek Edelman, der zu den wenigen Juden gehörte, denen die Flucht durchs Kanalsystem der Hauptstadt gelang. Nach dem Scheitern des Aufstands befahl Himmler, das Ghetto dem Erdboden gleichzumachen. Kommandeur Stroop verfasste die Siegesmeldung: »Es gibt keinen jüdischen Wohnbezirk in Warschau mehr.« .

Rundgang

Hinter Wohnblocks öffnet sich an der Zamenhofa ein Platz mit dem **Denkmal der Ghettohelden** von 1948. Aus einer großen schwarzen Granitplatte hat Natan Rappaport Menschen herausgemeißelt, die am Boden liegen oder mit der Waffe in der Hand ihrem Los zu trotzen versuchen. Vor diesem Mahnmal leistete Willy Brandt 1970 seinen berühmten Kniefall – dieser wurde 30 Jahre später auf einem Bronzerelief an der Nordostecke des Platzes dargestellt. Zu Ehren des ersten deutschen Bundeskanzlers, der Juden und Polen symbolisch um Verzeihung bat, trägt der Platz heute dessen Namen (Skwer Willy Brandta). Optisch wird der Platz vom **Museum der Geschichte der polnischen Juden** 30 beherrscht, das die 1000-jährige Verflechtung jüdischer und polnischer Kultur ›nacherzählen‹ will.

Der monumentale, quadratische Bau wirkt auf der großen Freifläche geradezu luftig, will Zukunft und Hoffnung symbolisieren. Seine Fassade ist mit Tausenden kleiner Glasplatten überzogen, in die weiße Schriftzeichen eingraviert sind. Bei Licht werfen sie raffinierte Wellenmuster. Bei genauem Hinschauen kann man die hebräischen und lateinischen Schriftzeichen ›Po-Lin‹ (= Polen) entziffern. Man betritt das Gebäude durch einen Spalt und hat den Eindruck, in eine riesige Höhle einzutreten. Der Rundgang beginnt unterirdisch: Man steigt in einen traumähnlichen ›Wald‹ hinab, in dem aus dem Off Juden erzählen, wie sie ins Land Po-Lin kamen, dessen Name in Hebräisch ›Hierbleiben‹ bedeutet. Mit den christlichen Nachbarn erlebten sie ihr ›Goldenes Zeitalter‹, in den adeligen Privatstädten erblühte ihre Kultur. Bestes Beispiel ist die originale Replik einer aus Holz erbauten Synagoge – ein Rausch der Farben und Formen. Doch die Pogrome und Massaker werden nicht ausgespart. Der Antisemitismus trieb viele polnische Juden in die Assimilation oder gleich in die Emigration. Die Spannungen der Zwischenkriegszeit erlebt man ›live‹ beim Besuch eines Schriftstellerclubs in der ul. Tłomackie 13, wo Zionisten, Sozialisten und Orthodoxe aufeinandersto-

Tipp: Schloss Wilanów

Der Königsweg verlängert sich über die pappelbestandene Belwederska 6 km über Łazienki hinaus und führt vorbei an Neubausiedlungen zum **Schloss Wilanów** 29 (Pałac Wilanów). Viele Warschauer fahren am Wochenende zum Picknicken in den Schlosspark. Zwischen Springbrunnen und mythologischen Figuren werden die Decken ausgebreitet, in der Orangerie lauschen sie Konzerten, die von virtuosen Musikern gegeben werden. Im ›chinesischen Garten‹ flanieren sie unter exotischen Bäumen – oder sie tun sich zu einer Bootsfahrt zusammen: Die Tour startet am See, zu dem ein ›italienischer Garten‹ terrassenförmig hinabgleitet.

Wer freilich zum ersten Mal in Warschau ist, widersteht gewiss den Verlockungen der Muße und unterwirft sich dem obligatorischen Besichtigungsprogramm. Schloss Wilanów führt die Besucher über 300 Jahre in die Geschichte zurück. König Jan III. Sobieski, der 1683 die Türken vor den Toren Wiens besiegte und so das christliche Abendland vor dem Islam rettete, erfüllte sich an diesem Ort einen lang gehegten Traum und ließ sich eine abgeschiedene Sommerresidenz erbauen, die ›Villa Nuova‹ (poln. Wilanów). Sie präsentiert sich außen und innen als Meisterwerk des Barock mit Skulpturen, illusionistischen Malereien, Porträts und Gemälden. Sehenswert ist auch das weltweit erste Plakatmuseum, das in sozialistischer Zeit in der ehemaligen Menagerie eingerichtet wurde. Es stellt die außerordentliche Stilvielfalt polnischer Grafik der letzten 50 Jahre unter Beweis. Alle zwei Jahre, stets in einem ›geraden‹ Jahr, findet hier die renommierte Internationale Poster-Biennale statt (Pałac Wilanów, ul. Kostki Potockiego 10/16, www.wilanow-palac.art.pl, Mo–Sa 9.30–16, So 10.30–18 Uhr, 5 €; Muzeum Plakatu, www.postermuseum.pl, Mo 12–16, Di–So 10–16 Uhr, 2,50 €, Anfahrt mit Bus 116, 180, 519 und 522).

Barockes Lustschloss für einen König

Warschau und Umgebung

ßen. Eine eigene Ausstellung ist dem Holocaust gewidmet: der Errichtung deutscher Todeslager auf polnischem Boden. Und auch die schmerzhafte Nachkriegszeit wird angesprochen. Erst nach 1990 kam es in Polen zu einer vorsichtigen Renaissance jüdischen Kulturlebens – das neue Museum will es fördern (Muzeum Historii Żydów Polskich, ul. Anielewicza 6/pl. Bohaterów Getta, Tel. 22 471 03 00, www.jewishmuseum.org.pl, Mi–Mo 10–18 Uhr, 2,50 €).

Am Platz beginnt ein 15-minütiger ›Weg des jüdischen Martyriums und Kampfes‹, der in Anknüpfung an christliche Kreuzwegstationen der Opfer des Aufstands gedenkt. 16 graue Granitblöcke mit Schriftzügen in hebräischer, jiddischer und polnischer Sprache erinnern an bekannte gefallene Juden, z.B. an Janusz Goldschmidt alias Korczak, den Schriftsteller und Arzt, der mit den Kindern des von ihm geleiteten Waisenhauses in der Gaskammer starb. Der Martyriumsweg endet am ›Umschlagplatz‹ in der ul. Stawki.

Der 80 m lange und 30 m breite Platz war von 1941 bis 1943 von einer hohen Mauer umschlossen, die an zwei Stellen durchbrochen war: Ein Tor führte ins Ghetto, das andere zu einer großen Rampe, an der Güterwagen vorfuhren. Innerhalb eines Jahres wurden dort 300 000 Menschen ›umgeschlagen‹, d.h. aus dem Warschauer Ghetto ins Vernichtungslager Treblinka deportiert. 1985 wurde an dieser Stelle ein Denkmal errichtet. Die weißen, durch schwarze Streifen gegliederten Wände wecken Assoziationen an Gebetstücher, die jüdische Männer beim Klagegebet tragen. Durchschreitet man das Eingangstor, betritt man einen Raum, der die Enge des historischen Umschlagplatzes nachempfinden lässt. Wie eine endlose Litanei sind Hunderte jüdischer Namen in den Marmor geritzt; auf weißen Tafeln wird in mehreren Sprachen der Ghettobewohner gedacht.

Über die ul. Okopowa gelangt man zum **Jüdischen Friedhof** von 1806. Mit mehr als 100 000 Grabstätten zählt er zu den größten

Im Rausch der Farben - die rekonstruierte Decke einer Synagoge im Museum der Geschichte der polnischen Juden

Europas. Im Schatten alter Bäume stehen eingefallene Steine mit hebräischen Schriftzügen, Gras überwuchert Felsplatten und Wege. Häufig sind auf den Grabreliefs Hände abgebildet: Sind sie zum Segen erhoben, ruht hier ein Priester, halten sie ein Buch, liegt ein Gelehrter begraben; und ist in den Händen eine Münze versteckt, handelt es sich um einen Wohltäter. Ein Monument nahe dem Eingang zeigt den Pädagogen Janusz Korczak mit ›seinen‹ Kindern (Cmentarz Żydowski, ul. Okopowa 49/51, So–Do 10–16, Fr 9–13 Uhr).

Zurück in die Stadt geht es über den Plac Grzybowski mit dem **Jüdischen Theater,** in dem Stücke in jiddischer Sprache aufgeführt werden. Nebenan steht die **Nożyk-Synagoge** (1902), das einzige jüdische Gebetshaus Warschaus, die den Zweiten Weltkrieg überstanden hat (Synagoga Nożyków, ul. Twarda 6, http://warszawa.jewish.org.pl, So–Fr 9–20 Uhr). Dank finanzieller Unterstützung der amerikanischen Stiftung Lauder avancierte die Synagoge zum Mittelpunkt eines vorsichtig aufkeimenden jüdischen Lebens: Es gibt eine Schule, die Unterricht in Hebräisch und Jiddisch anbietet, Kurse zur Geschichte des Judentums und zum jüdischen Recht, auf Wunsch ist auch ein Thora-Studium möglich. Angeschlossen sind außerdem ein Kindergarten, ein Zentrum für pädagogische Studien und die Redaktionsräume der beiden Zeitschriften ›Midrasz‹ und ›Jidele‹. Auch eine Kantine mit koscherer Kost gibt es.

Ein paar Gehminuten nordwärts, an der Ostseite des pl. Bankowy, entdeckt man das **Jüdische Historische Institut.** Eine Multimedia-Installation erlaubt es, Infos über jüdisches Leben in Polen abzurufen. Noch eindrücklicher ist die Dauerausstellung, die das Leben im Ghetto 1940–1943 schildert. Die historischen Fotos stammen von Heinz Jost, einem deutschen Soldaten ›auf Ausflug‹ im Ghetto. Außerdem zeigt das Museum religiöse Kultobjekte und Manuskripte, die ins 10. Jh. zurückreichen. Angeschlossen sind eine judaistische Bibliothek und einen Buchladen. Von den neoklassizistischen Räumen

konnte man früher auf Warschaus größte Synagoge blicken. Am 16. Mai 1943 wurde sie in die Luft gesprengt – ein symbolischer Akt, der die Niederschlagung des Aufstands unterstreichen sollte. Anstatt die Synagoge wieder aufzubauen, hat man hier in den 1990er-Jahren ein 24-stöckiges Hochhaus errichtet (Żydowski Instytut Historyczny, ul. Tłomacka 3/5, www.jewishinstitute.org.pl, Mo–Mi 9–16, Do 11–18, So 10–18 Uhr). Zuletzt lohnt ein Blick in die ul. Próżna, die einzige Straße des jüdischen Viertels, die den Krieg überstanden hat: Die düsteren, abbruchreifen Häuser anno 1900 wirken inmitten der Glaspaläste ringsum wie ein Relikt aus einer anderen Welt.

Hinweis: Der Rundgang lässt sich problemlos auf eigene Faust durchführen, ohne Museumsbesuche dauert er etwa 4 Std. Wer an einer organisierten Tour durch das ›Jüdische Warschau‹ teilnehmen möchte, wendet sich an ›Our Roots – Jewish Information and Tourist Bureau‹ (ul. Twarda 6, Tel. 22 620 05 56, www.our-roots.jewish.org.pl). Bei den Guides handelt es sich um Studenten, die der jüdischen Gemeinde angehören. Zum Programm gehören auch Fahrten nach Auschwitz, Treblinka, Majdanek und Lublin.

Infos

Centrum Informacji Turystycznej: Pałac Kultury i Nauki (Kulturpalast), pl. Defilad 1/ Eingang ul. Emilii Plater, Tel. 22 194 31, www.warsawtour.pl, tgl. 8–20 Uhr. Im zentralen Info-Büro im Kulturpalast bekommt man Stadtpläne und gut gemachte Broschüren, auch gibt es Gratis-Internet-Computer.
Weitere Informationsstellen befinden sich in der Ankunftshalle des Chopin-Flughafens, in der Haupthalle des Zentralbahnhofs und am Rynek Starego Miasto. Aktuelle Kulturinfos findet man auf der Webseite www.estrada.com.pl.
Mazowieckie Centrum Informacji Turystycznej: pl. Zamkowy 1–3, Tel. 22 635 18 81, www.wcit.waw.pl, Mo–Fr 9–18, Sa, So 10–18 Uhr. Im ›masowischen Touristenbüro‹ am Schlossplatz werden Ausflugtickets und Broschüren verkauft.

Übernachten

Für Staatsgäste ▸ Bristol 11: ul. Krakowskie Przedmieście 42/44, Tel. 22 551 10 00, www.lemeridien.pl, 204 Zimmer. Fünfsterne-Traditionshaus an Königsweg, gleich neben dem Präsidentenpalais. Außen und innen schönster Art Nouveau, alle Zimmer sind mit Stilmöbeln und Marmorbad ausgestattet, opulentes Frühstücksbüfett und Spa mit Pool. DZ 190–250 €.

Historisches Palais ▸ Le Regina 1: ul. Kościelna 12, Tel. 22 531 60 00, www.leregina.com, 61 Zimmer. Die Zimmer des Fünfsterne-Hotels sind freskengeschmückt und mit italienischen Edelholzmöbeln eingerichtet, im Kellergewölbe versteckt sich ein attraktives Spa. Die Zeitschrift »Der Feinschmecker« schrieb über den Koch des hauseigenen Restaurants: »Er hat uns ein Menü aufgetischt, das uns den Atem verschlug.« Hier wird auch das feine Frühstücksbüfett serviert. DZ 160–220 €.

Modernes Hochhaushotel ▸ Hilton 2: ul. Grzybowska 63, Tel. 22 356 55 55, www.warsaw.hilton.com, 314 Zimmer. Etwa 2 km nordwestlich des Zentrums ragt der schmale, 22 Stockwerke hohe Glasturm des Fünfsterne-Hotels in den Himmel. Imponierend ist die lichtdurchflutete Lobby, von der das Frühstücksrestaurant durch eine haushohe Glaswand abgetrennt ist. Je höher man wohnt, desto besser ist der Ausblick (zur Ostseite auf die City-Skyline, die Ecksuiten haben das beste Panorama). Ein weiterer Pluspunkt des Hauses ist das große Spa mit einem 25 m langen Schwimmbecken, mehreren Whirlpools, Saunen und Fitnessräumen. DZ ab 160 €.

Minimalistisches Design ▸ Westin 3: al. Jana Pawła II. 21, Tel. 22 450 80 00, www.westin.pl, 361 Zimmer. Gleichfalls ein Fünfsterne-Hotel: ein 20-stöckiger, eleganter Glaspalast, durchgestylt mit Naturmaterialien und -tönen. Die geräumigen Zimmer sind hervorragend beleuchtet und verfügen über eine breite Fensterfront, einen frei stehenden Schreibtisch und ergometrischen Stuhl. Das Bett ist mit einer Gänsedaunendecke für Allergiker bezogen, zu den Standard-Extras zählen Bademantel, Slipper und Kaffeemaschine. Das Frühstücksbüfett ist nach Meinung vieler das beste der Stadt, auch Spezialitäten aus dem Fusion-Show-Restaurant werden serviert. DZ ab 150 €.

Exklusive Wohnlichkeit ▸ Polonia Palace 4: al. Jerozolimskie 45, Tel. 22 318 28 00, www.poloniapalace.com, 206 Zimmer. Viersterne-Haus in zentraler Lage gegenüber dem Kulturpalast. Als es 1913 öffnete, war es eines der besten der Stadt, und auch heute gehört es zu den Highflyern der Warschauer Hotelszene. Hinter der schönen Jugendstilfassade verbirgt sich ein ebenso attraktives Atrium mit viel Stuck, Marmor und Kristalllüstern. Die geräumig-eleganten Zimmer bieten allen Komfort: von der Fußbodenheizung im Bad bis zum High-Speed-Internet. Das opulente Frühstücksbüfett wird im »Wiener Café« eingenommen; das Fitness-Studio ist rund um die Uhr geöffnet, die Saunen sind nach Geschlechtern getrennt. DZ ab 150 €.

Im Art-Déco-Stil ▸ Rialto 5: ul. Wilcza 73, Tel. 22 584 87 00, www.hotelrialto.com.pl, 44 Zimmer. Wenige Gehminuten südlich des Hauptbahnhofs fühlt man sich um 100 Jahre zurückversetzt: Von Art Nouveau bis Art Déco findet man hier alle Stilvarianten der ersten 20 Jahre des vergangenen Jh. Die Zimmer sind mit Originalmöbeln der Epoche ausgestattet, Beleuchtung und Dekor perfekt angepasst. Nr. 41 ist mit Thonet-Stücken eingerichtet, Nr. 27 formstreng in Schwarz-Weiß gehalten, Nr. 13 könnte mit seinen mit Zebrafell bezogenen Stühlen, Masken und Skulpturen ›Jenseits von Afrika‹ heißen. Mit kleinem Fitness-Zentrum, Sauna sowie exquisitem Restaurant. DZ ab 110 €.

Zentral gelegen ▸ Harenda 6: ul. Krakowskie Przedmieście 4/6, Tel. 22 826 00 71, www.hotelharenda.com.pl, 43 Zimmer. Sympathisches Hotel nahe der Universität mit einfachen, aber sauberen Zimmern (SAT-TV und kostenfreier WLAN-Internetzugang). DZ 100–110 €.

Von Künstlern gestaltet ▸ Castle Inn 7: pl. Zamkowy/Świętojańska 2, Tel. 22 425 01 00, www.castleinn.pl, 22 Zimmer. Tolle Lage und ein fantastisches Dekor: Das kleine Hotel gegenüber vom Königsschloss wartet mit Zimmern auf, von denen jedes von einem anderen Künstler gestaltet wurde. Eine Farborgie in Rot-Schwarz-Grau ist der »Escher-Raum« mit vibrierenden 1970er-Graphiken sowie einem knalligen Rundbett unter einer Kuppel. Noch greller ist »Komiks«, gestaltet von Polens Top-Cartoonisten Gawronkiewicz, der Warschauer Motive popartig verfremdet hat. Im »Orient Express« erinnern Reiseutensilien an Expeditionen anno dazumal, in »Alices Zimmer« findet man ein luftiges Himmelbett und ein freches GoGo-Girl. Alle Zimmer mit Sat-TV und Gratis-WiFi, gefrühstückt wird im Polska-Restaurant. DZ ab 70 €.

Top-Lage ▶ **Gromada Warsaw Centrum** **8**: pl. Powstańców Warszawy 2, Tel. 22 582 99 00, www.hotelgromadawarsawcentre. com, 320 Zimmer. Mittelklassehotel in günstiger Lage zwischen Königsweg und Geschäftszentrum. DZ ab 70 €.

Im historischen Zentrum ▶ **Europejski Dom Spotkań Młodzieży** **9**: ul. Długa 18/20, Tel. 22 635 01 15, www.edsm.pl, 9 Zimmer. Das ›Europäische Haus der Jugendbegegnung‹ bietet modern-funktionale Zimmer für 1–4 Pers., alle mit Bad, Kühlschrank und Gratis-WLAN, dazu eine Gemeinschaftsküche. Erreichbar mit den Buslinien 116, 178, 180, 222, 503 (Haltestelle pl. Krasińskich), Metro Ratusz-Arsenał. DZ 60 €, billiger für Studenten und Lehrer bis 26 sowie für JH-Mitglieder.

Traveller-Hostel ▶ **Nathan's Villa** **10**: ul. Piękna 24/26, Tel. 22 622 29 46, www.nathans villahostel.com, 19 Zimmer. Warschaus Top-Hostel, zentral gelegen zwischen Zentralbahnhof und Łazienki-Park, mit sauberen Zwei- bis Achtbettzimmern (keine Geschlechtertrennung). Im Preis inbegriffen sind Frühstück und Küchenbenutzung, Internet und Waschservice. Für Rucksackreisende ideal, ein guter Ort, um andere Leute kennenzulernen! DZ ab 48 €.

Jugendherberge ▶ **Syrenka** **11**: ul. Karolkowa 53a, Tel. 22 632 88 29, www.hostel-karolkowa.pl, 180 Betten, ganzjährig geöff-

net. Dies ist die beste von insgesamt vier Warschauer Herbergen: Sie hat zahlreiche Zimmer mit Bad und eine akzeptable Lage: 2 km westlich vom Zentralbahnhof im Stadtteil Wola, erreichbar mit Straßenbahn Nr. 24.

Camping ▶ **Nr. 123** **12**: ul. Bitwy Warszaw-skiej 1920 15/17, Tel. 22 823 37 48, ganzjährig geöffnet. Der Wiesenplatz inmitten von Häuserfluchten in der Stadt ist nicht unbedingt idyllisch, doch gelangt man von hier aus schnell ins Zentrum. 1,5 km südwestlich der Innenstadt im Viertel Szczęśliwice gelegen, ab Busbahnhof PKS ist die Zufahrt ausgeschildert.

Essen & Trinken

Während in der Alt- und Neustadt v. a. Touristen einkehren, werden die Terrassenlokale an den Flaniermeilen Nowy Świat und Krakowskie Przedmieście gern von Warschauern besucht. Eine beliebte Gastro-Straße ist auch die von der Nowy Świat abzweigende ul. Foksal. Szene-Lokale säumen die Gründerzeitstraßen südlich des Kulturpalasts.

Verwöhnadresse ▶ **Belvedere** **1**: Łazienki Królewskie, Tel. 22 841 22 50, www.belve dere.com.pl. Das Restaurant im Łazienki-Park hat tatsächlich, wie der Name sagt, einen ›schönen Blick‹. Es befindet sich im Wintergarten der Neuen Orangerie, durch die großen Glasfenster blickt man auf umherstolzierende Pfauen. Ganz vorzüglich munden die Vorspeisen, z. B. Lachstartar auf Avocado, Schafskäsecreme im Zucchinimantel oder Eisbein in Gelee, auf leichter Meerrettich-Mousse serviert. Der Nachspeisenteller wird saisonal variiert, im Sommer gibt es Erdbeeren in Sekt, hausgemachte weiße Pralinentrüffel und Crème brulée mit Himbeeren. Hauptgerichte ab 14 €.

Originell gestylt ▶ **Polka Magda Gessler** **2**: ul. Świętojańska 2, Tel. 22 635 35 35, www.restauracjapolka.pl. Am Eingang zur Altstadt wird man mit Folklore überrascht, wie man sie im Westen nicht kennt: Die Gewölbe sind mit Goldornamenten bemalt, an den Fenstern hängen knallbunte Vorhänge – und überall sieht man Blumenstillleben. Dazu passt die gehobene Landküche: Saueramp-

Warschau und Umgebung

fer-Spinat-Suppe, delikate Kartoffelpuffer und quicheartige, unterschiedlich gefüllte Mürbeteigkuchen. Unübertroffen sind die Desserts, allen voran die Schoko-Trüffeltorte. Üppige Portionen, gutes Preis-Leistungs-Verhältnis. Hauptgerichte 5–18 €.

Jüdische Spezialitäten ▸ **Pod Samsonem** `3`: ul. Freta 3/5, Tel. 22 831 17 88, www.podsamsonem.pl. Kleines rustikales Restaurant in der Neustadt mit nostalgischem Ambiente. Ausgezeichnet schmecken frische Forelle, Karpfen in Aspik und galizischer Salat mit Zwiebel und Ei. Als Nachtisch könnte man *pascha* wählen, eine Süßspeise mit Schichtkäse, kandierten Früchten und Rosinen. Gutes Preis-Leistungs-Verhältnis, Hauptgerichte ab 4 €.

Seit 1869 ▸ **Café Blikle** `4`: Nowy Świat 33, Tel. 22 826 66 19, www.blikle.pl, tgl. ab 10 Uhr. Traditionsreiches Café mit leckerem hausgemachten Kuchen. Etwas teuer und versnobt, aber stets gut gefüllt. Suppen ab 4 €, kleine Gerichte 8–12 €.

Für Süßschnäbel ▸ **Wedel** `5`: ul. Szpitalna 8, Tel. 22 827 29 16, www.wedelpijalnie.pl, Mo–Fr ab 8, Sa, So ab 10 Uhr. Das Stammhaus von Polens traditionsreichster Schokoladenmanufaktur (1894) ist eine Augenweide, die Art-déco-Einrichtung blieb original erhalten. Während im Laden handgemachte Pralinen über den Tresen gehen, wird in der ›Trinkstube‹ heiße Schokolade in allen erdenklichen Varianten serviert, dazu guter Kaffee und Trink-Sorbets, Törtchen und Eis. Wer's handfester mag, greift zu Frühstücksgedecken oder Kanapees. Gesundheitsbewusste bestellen Salat und frischgepressten Saft. Mit Terrasse.

Einkaufen

Einkaufszentren ▸ Rund um den Kulturpalast sind mehrere Shopping-Malls entstanden, ausgestattet mit schicken Läden und Boutiquen. Die noch aus sozialistischer Zeit stammende **Galeria Centrum** `1` (ul. Marszałkowska 104/122) wird übertrumpft von den modernen **Blue City** `2` (al. Jana Pawła II), **Reduta** `3` (al. Jerozolimskie 147), **Złote Terasy** `4` (ul. Złota) mit fantastischen Glasgewölben sowie dem **Arkadia** `5` (Rondo Babka). Polens erstes Luxus-Kaufhaus ist das **Vitkac** `6`, untergebracht in einem Bau ohne Kanten, das mehr ein Museum denn eine Mall zu sein scheint. Von Alexander McQueen bis Stella McCartney sind hier nur hochpreisige Modemarken versammelt, dazu Edelmöbel und Delikatessenshop, Wein- und Champagnerbar sowie ein aussichtsreiches Dachrestaurant (ul. Bracka 18, www.vitkac.com).

Kunst ▸ **Galeria Grafiki i Plakatu** `7`: ul. Hoża 40, www.galeriagrafikiiplakatu.pl. Klassische und junge polnische Grafiker zu erschwinglichem Preis.

Mode ▸ Längs der Nowy Świat und ihren Seitenstraßen haben sich Boss, Lacoste, Kenzo etc. niedergelassen. Auch die am Platz der Drei Kreuze (pl. Trzech Krzyży) startende ul. Mokotowska hat sich zur Boutiquen-Straße entwickelt.

Multimedia ▸ **Empik** `8`: ul. Nowy Świat 15/17. Frisch eingeflogene internationale Presse, deutsche Bücher und eine Riesenauswahl an CDs.

Abends & Nachts

Da bei den Ausgehadressen ein fliegender Wechsel herrscht, lohnt es sich, die neueste Ausgabe der englischsprachigen Broschüre ›Warsaw: In Your Pocket‹ zu erwerben, in der die angesagten Adressen ausführlich vorgestellt werden. Im Folgenden werden einige Klassiker vorgestellt, die sich seit Jahren gleichbleibender Beliebtheit erfreuen.

Musik- und Sprechtheater ▸ **Teatr Wielki** `13`: pl. Teatralny 1, Tel. 22 826 32 88, www.teatrwielki.pl. Auf den verschiedenen Bühnen gibt es jeden Abend parallel Oper und Ballett, Konzert und Schauspiel.

Jüdisches Theater ▸ **Teatr Żydowski** `1`: pl. Grzybowski 12/16, Tel. 22 620 62 81, www.teatr-zydowski.art.pl. Die einzige Bühne Europas, auf der Stücke in jiddischer Sprache aufgeführt werden – für Simultanübersetzung wird gesorgt.

Klassische Konzerte ▸ **Filharmonia Narodowa** `2`: ul. Jasna, Tel. 22 551 71 39, www.filharmonia.pl. Die Nationalphilharmonie wurde 1901 gegründet, der Eingang zum Konzertsaal befindet sich um die Ecke in der Sienkiewicza 10. Die bei Touristen so beliebten Chopin-Konzerte finden im Sommer sonntags im Łazienki-Park (s. S. 342) und im Chopin-Museum statt.

Biergarten ▶ Harenda 6**:** Krakowskie Przedmieście 4/6, tgl. bis 3 Uhr. Im großen Biergarten des gleichnamigen Hotels trifft sich ein bunt gemischtes Publikum, mehrmals in der Woche Live-Jazz.

Live-Jazz ▶ Tygmont 3**:** ul. Mazowiecka 6/8, www.tygmont.com.pl, tgl. bis 1 Uhr oder länger. Jazz-Konzerte ab 21 Uhr, am Wochenende auch Funk- und Salsa-Diskos.

Termine

Im Internet: www.festiwal.warszawa.pl.

Beethoven-Osterfestival (März/April, www.beethoven.org.pl): Im Rahmen des zweiwöchigen Festivals finden mehr als 20 Konzerte mit namhaften internationalen Solisten und Orchestern statt.

Buchmesse (Mai, www.arspolona.com.pl): Im Kulturpalast werden die wichtigsten Neuerscheinungen aus aller Welt präsentiert.

Johannisnacht (um den 23. Juni): In der ›Noc Świętojańska‹ versammeln sich Tausende von Menschen am Weichselufer, flechten Blumenkränze (wianki) und lassen sie unter dem Schein lodernder Fackeln ins Wasser der Weichsel gleiten. Anschließend gibt es ein spektakuläres Feuerwerk.

Mozartfestival (Juli, www.operakameralna.pl)**:** Werke des Komponisten werden in Kirchen und Palästen aufgeführt.

Warsaw Summer Jazz Days (Juli, www.adamiakjazz.pl): Der Warschauer Jazz-Boom wird mit einem hochkarätigen Festival gekrönt, Stars wie Pat Metheny und Paco de Lucía treten hier auf.

Plakatbiennale (Juli/Aug.)**:** Im Plakatmuseum von Wilanów (s. S. 345) werden zu jeder geraden Jahreszahl (2016, 2018) grafische Meisterwerke aus aller Welt prämiert.

Festival Jüdischer Kultur (Sept., www.festiwalsingera.pl): Filme und Theaterstücke, Ausstellungen und Konzerte erinnern an die reiche Kultur der Warschauer Juden.

Warschauer Herbst (Sept., www.warsaw-autumn.art.pl)**:** Renommiertes Festival zeitgenössischer Musik mit einer Vielzahl von Uraufführungen.

Filmfest (Okt., www.wff.pl): Neue Filme aus aller Welt und aktuelle polnische Streifen (meist mit englischen Untertiteln).

Jazz Jamboree (Nov., www.jazz-jamboree.pl): Zusammen mit dem Sommerfestival das Top-Event der Jazz-Szene. Die Konzerte finden im Teatr Polski statt.

Allerheiligen (1. Nov.): Der Powązki-Friedhof verwandelt sich in ein einziges Lichtermeer. Tausende brennender Kerzen schaffen eine beeindruckende Atmosphäre. Die Gräber werden – einem alten Brauch zufolge – mit Blumen geschmückt, um die Höllenqualen der Toten zu lindern.

Verkehr

Flug: Warschau hat zwei Flughäfen: Während der Chopin-Airport (www.lotnisko-chopina.pl) 10 km südlich von Warschau Linien- und Nationalflüge bedient, wird der neue Modlin-Airport 35 km nördlich der Stadt von Billigfliegern angeflogen (www.modlinairport.pl). Von beiden Airports gelangt man mit Zug (www.mazowieckie.com.pl), Bus oder Taxi ins Zentrum; miteinander sind sie durch einen Zug-Shuttle verbunden. Vom Chopin-Airport empfiehlt sich Bus 175, von Modlin der Modlin-Bus (www.modlinbus.pl). Bustickets können am Automaten bzw. beim Fahrer gekauft werden. Bitte wählen Sie nur offizielle, d. h. mit Taxameter ausgestattete Taxis (s. Stadtverkehr)!

Direktflüge gibt es u.a. von und nach Berlin, Düsseldorf, Frankfurt/Main, Hamburg, Köln, München, Stuttgart, Wien und Zürich.

Zug: Die meisten Reisenden kommen am Zentralbahnhof an (Warszawa Centralna PKP, al. Jerozolimskie 54), Schnellzüge verbinden die Stadt u.a. mit Berlin, Wien und Prag. Die Gleise befinden sich unter der Erde, Tickets für die Weiterfahrt bekommt man oben in der Haupthalle, wo auch die Touristeninformation untergebracht ist.

Bus: Die internationalen Busse kommen meist am Dworzec PKS Warszawa Zachodnia an (al. Jerozolimskie 144). In der Haupthalle befindet sich ein Touristenbüro, außerdem erhält man Auskunft über den Buslandsverkehr. Busse der privaten Inlandslinie Polski Express halten an der al. Jana Pawła II (zwischen Zentralbahnhof und Holiday Inn). Tickets für Fahrten ins Ausland sind in verschiedenen Reisebüros wie Orbis und Gromada erhältlich.

Stadtverkehr (Info-Tel. 19115, www.ztm. waw.pl): Fahrkarten für Bus, Straßenbahn und Metro (für große Gepäckstücke separate Tickets) erhält man an (deutschsprachigen) Automaten bzw. RUCH-Kiosken; beim Einsteigen sind die Karten zu entwerten. Einzelfahrkarten gelten zur Fahrt in eine Richtung ohne Umsteigen. Empfehlenswert sind preiswerte Tages- oder Dreitagestickets, die für Bus, Tram und Metro gelten. Bus 175 verbindet die Altstadt mit Zentralbahnhof und Flughafen, doch Vorsicht: Auf dieser Strecke gibt es Taschendiebe! Zur Metrolinie, die Warschaus Norden mit dem Süden verbindet, entsteht eine West-Ost-Achse, die die Weichsel unterm Flussbett quert. Über den Städtischen Verkehrsbetrieb ZTM können auch Leihräder gebucht werden, eine Wasserstraßenbahn *(tramwaj wodny)* setzt an drei Stellen zur rechten Weichselseite über (Juli/Aug. tgl., Mai/Juni und Sept. nur am Wochenende).

Auto: Bewachte Parkplätze gibt es z. B. am Hotel Gromada Warsaw Centrum (pl. Powstańcow Warszawy); eine Tiefgarage befindet sich hinter dem Hotel Forum, s. auch Park & Ride (www.ztm.waw.pl).

Ausflugsziele

Rings um Warschau breitet sich die Tiefebene Masowiens aus, eine melancholisch stimmende Landschaft von nostalgischem Reiz. Sie ist mit riesigen Kornfeldern bedeckt, Trauerweiden säumen die Flussufer. Auf dem Weg nach Toruń liegt die Stadt Płock, weitere Touren führen zum Geburtsort Frédéric Chopins, in den Park Arkadia und zum Schloss Nieborów.

Kampinos-Nationalpark
▶ 1, Q/R 10/11

Der Hauptstadt am nächsten liegt der **Kampinos-Nationalpark** (Kampinoski Park Narodowy), ein UNESCO-Biosphärenreservat. Mit seinen kiefernbewachsenen Sanddünen, dichten Laubwäldern und Sümpfen vermittelt er einen Eindruck davon, wie weite Teile Masowiens vor der landwirtschaftlichen Erschließung aussahen. Guter Ausgangspunkt für Wanderungen ist das Dorf Dziekanów Leśny am Ostrand des Waldgebiets, wo mehrere markierte Wege starten. Unterwegs sichtet man Elche, Wildschweine und Biber, oft auch Schwarzstörche und Kraniche.

Żelazowa Wola ▶ 1, P 11

Am Westrand des Nationalparks (50 km westlich von Warschau) liegt das Dorf **Żelazowa Wola**, der Geburtsort Frédéric Chopins. Seine Mutter war eine polnische Adlige, sein Vater ein Franzose, der auf dem Gut des Grafen Skarbek als Lehrer arbeitete. Zwar musste die Familie schon kurz nach Frédérics Geburt das Landhaus verlassen, doch kehrte der Sohn später noch oft nach Żelazowa Wola zurück. Er liebte die melancholische Stimmung Masowiens und ließ sich vom Klang der Volksmusik zu Mazurken und Polonaisen inspirieren. Das Geburtshaus wurde 1929 in ein Museum verwandelt, das die Atmosphäre des frühen 19. Jh. heraufbeschwört. Im Musikzimmer finden im Sommer jeden Sonntag Klavierkonzerte statt (Muzeum Chopina, http://chopin.museum, Di–So 10–17 Uhr, im Sommer länger, Park und Museum 6 €, nur Park 2 €).

Termine
Klavierkonzerte: Anfang Mai–Mitte Okt. So 11 und 15 Uhr im Chopin-Museum (s. oben).

Łowicz ▶ 1, P 11

An der Bzura, 31 km südwestlich von Warschau, liegt die für ihre Volkskunst berühmte Stadt **Łowicz**. Nirgendwo in Polen gibt es eine farbenprächtigere Fronleichnamsprozession: Die Frauen sind in bunte Trachten gekleidet und mit Bernsteinketten behängt, weiß gekleidete, Blumen streuende Mädchen schreiten ihnen voran. Der Umzug startet an der Stiftskirche am Westrand des Marktplatzes, die im 15. Jh. erbaut und später barock umgestaltet wurde. Sehenswert ist auch das gegenüber liegende Regionalmuseum im früheren Priesterseminar. Die im Erdgeschoss befindliche Kapelle gilt mit ihrem freskenbemalten Tonnengewölbe und den ausdrucksstarken Pietá-Skulpturen als eine ›Perle des Barock‹. Das erste Stockwerk widmet sich der Geschichte von Łowicz, das zweite präsentiert Folklore in all ihren Facetten: Trachten und naive Schnitzereien, kunstvoll bemalte Kacheln, Scherenschnitte und Keramik. Ein Freilichtmuseum im Hof zeigt zwei Bauernhäuser mit Inneneinrichtung (Muzeum Łowickie, Stary Rynek 5–7, www.muzeum lowicz.pl, im Sommer Di–So 10–17 Uhr).

Übernachten

Zentral ▶ Zacisze: ul. Kaliska 5, Tel. 46 8 37 33 26, www.zacisze.dt.pl, 35 Zimmer. Einfaches, aber ordentliches Hotel 300 m südlich vom Rynek. DZ ab 34 €.

Termine

Fronleichnamsfest (Mai)**:** Bei der großen Prozession werden in Łowicz die traditionellen, reich bestickten und leuchtend bunten Trachten getragen.

Arkadia ▶ 1, P 11

6 km östlich von Łowicz schuf sich Fürstin Helena Radziwiłł um 1778 den Park von **Arkadia**: ein idyllisches Refugium mit kunstvoll platzierten Teichen, Bächen und Sträuchern. Wie Relikte einer längst versunkenen Welt erscheinen die in die Landschaft eingestreuten Architekturdenkmäler, die verschiedene kunsthistorische Epochen zitieren: eine aus Findlingsblöcken geschaffene Grotte, eine mittelalterliche Burgruine und ein antiker Dianatempel. Auf letzterem findet sich ein bekanntes Zitat von Petrarca: »Dove pace trovai d'ogni mia guerra« (Hier fand ich Frieden nach jedem meiner Kämpfe). Eine von Sphinx und Löwe flankierte Treppe führt vom Säulenportikus zum See hinab (Park Krajobrazowy, www.nieborow.art.pl, Di–So 10–18 Uhr).

Im Regionalmuseum von Łowicz ist man der Volkskultur auf der Spur

Warschau und Umgebung

Nieborów ▶ 1, P 12

Schon einige Jahre zuvor hatte die Familie des Fürsten Radziwiłł 4 km östlich in Nieborów ein Barockschloss erworben. Den ursprünglich von Tylman van Gameren für einen Kardinal erbauten **Prachtbau** ließen die Radziwiłłs im klassizistischen Stil erneuern. Besucher gelangen über einen ›römischen Korridor‹ zur Eingangshalle mit einer Kopie des Niobe-Hauptes (4. Jh.). Aus Verzweiflung über den Verlust ihrer sieben Töchter und Söhne war die Mutter zu Stein erstarrt, der Bildhauer hatte ihren Schmerz in weißen Marmor gebannt.

Ein mit holländischen Kacheln ausgelegtes Treppenhaus führt ins erste Stockwerk des Schlosses hinauf, wo sich ein prunkvoller Raum an den nächsten reiht. Sehenswert sind vor allem das Gelbe Kabinett, der Rote Salon und die Bibliothek. Der Reiz des Schlosses wird zusätzlich erhöht durch den ausgedehnten englischen Park: ein symmetrisch angelegter Landschaftsgarten mit Steinskulpturen aus dem 10. und 11. Jh. (Muzeum w Nieborowie, www.nieborow.art.pl, Di–So 10–16 Uhr, Schloss und Park 4,50 €).

Płock ▶ 1, O 10

Auf dem Weg nach Toruń, 115 km nordwestlich von Warschau, liegt Płock, die ehemalige Hauptstadt des Herzogtums Masowiens: Das historische Zentrum wird schrittweise restauriert. Geht man vom mittelalterlichen Marktplatz (Stary Rynek) südostwärts, erreicht man nach zehn Minuten den Tumski-Hügel, eine steil zur Weichsel abfallende Anhöhe mit einer imposanten **Anlage von Burg, Kathedrale und Benediktinerkloster**. In der Königskapelle des Doms fanden die polnischen Herrscher Władysław Herman (1079–1102) und Bolesław III. (1102–1138) ihre letzte Ruhestätte. Das Benediktinerkloster beherbergt das Masowische Museum mit einer einzigartigen Jugendstilsammlung. Außer Kunsthandwerk und Designermöbeln sind Gemälde ausgestellt, darunter einige von Polens Starkünstler Józef Mehoffer (Muzeum Mazowieckie, ul. Tumska 2, www.muzeumplock.art.pl, Di–So 10–17 Uhr, 4 €).

Pułtusk ▶ 1, R 9

Die masowische Stadt liegt auf der Strecke nach Masuren, sodass sich auf der Fahrt zu den Großen Seen ein Zwischenstopp anbietet. Das historische, von der Narew umflossene Inselzentrum wurde nach 1945 sorgfältig rekonstruiert. In seiner Mitte liegt der mit 400 m längste Marktplatz Polens, kopfsteingepflastert und von Bürgerhäusern gesäumt. Der gotische Backsteinturm beherbergt ein Regionalmuseum (Muzeum Regionalne, Rynek s/n, Di–Sa 10–16, So 10–14 Uhr). Nahebei, an der Ostseite des Platzes, steht das ›Grüne Haus‹ (Zielony Dom, Rynek 29), in dem Napoleon übernachtete, als er 1806 die ›**Schlacht von Pułtusk**‹ gegen Russland anführte. Das nördliche Ende des Markts wird von der gotischen Kollegiatskirche (Kolegiata) beherrscht. An der Südseite erhebt sich machtvoll die mittelalterliche Bischofsburg. Sie wurde in ein Komforthotel von ›Dom Polonii‹ verwandelt, der Organisation der Exilpolen. Eine Gasse führt zur Anlegestelle an der Narew hinab, wo das Dom Polonii Ruder- und Paddelboote verleiht.

Übernachten

In der Bischofsburg ▶ **Dom Polonii:** ul. Szkolna 11, Tel. 23 692 90 00, www.dompolonii.pultusk. pl, 55 Zimmer. Die mit Antiquitäten eingerichteten Zimmer strahlen nostalgischen Charme aus, polnische Klassiker werden in den Restaurants und der ›Taverne am Fluss‹ serviert. Im Café stärkt man sich mit ›Papst-Cremeschnitte‹ und ›Schlosslikör‹. Mit Rad- und Bootsverleih. DZ ab 75 €.

Verkehr

Bus/Zug: Von Warschau (Dworzec Zachodni PKS) fährt ein Bus mehrmals tgl. via Kampinos nach Żelazowa Wola. Nach Łowicz Gelangt man leichter per Zug; Bahnhof und Busstation befinden sich dort 600 m östlich des Rynek. Nur mit dem Bus gelangt man von Łowicz nach Arkadia und Nieborów (Bus Arkadia–Nieborów–Skierniewice, 6 x tgl. ca. alle 2 Std.). Nach Płock gibt es von Warschau eine Zugverbindung pro Tag mit Weiterfahrt nach Toruń.

Die Provinzhauptstadt Posen (Poznań) ist vor allem als Handelsmetropole bekannt, doch gibt es für Touristen gleichfalls gute Gründe, hier einen Zwischenstopp einzulegen. Architekturdenkmäler führen durch eine über tausendjährige Geschichte, vieles erinnert auch an die deutsch-wilhelminische Gründerzeit.

Wirtschaft und Kultur

Welche Rolle die Stadt für die nationale Wirtschaft spielt, ist daran zu erkennen, dass hier 50 % aller polnischen Messen, darunter die bedeutende Internationale Industriemesse im Juni, stattfinden. Übers Jahr verteilt sind die Verkaufsausstellungen für Modeartikel und Konsumgüter, Polagra-Food, Domexpo und Tour Salon. Kaum sind die Reiseexperten abgezogen, trifft sich die Finanzwelt bei Trust & Invest; bei Poleko dürfen ökobewusste Unternehmer ihre teuren Nischenprodukte vorstellen. Äußerlich hat sich auf der Messe viel getan: Das Ausstellungsgelände hat sein altmodisch-graues Outfit abgestreift und präsentiert sich nun hypermodern, ein ›strahlender‹ Trendsetter für neue Produkte.

Eine der modernen Seiten von Posen: das Messegelände

Posen und Umgebung

Wer als Tourist nach Posen kommt, sucht freilich etwas anderes, sein Interesse richtet sich auf die Welt jenseits von Geschäft und Kommerz. Und da ist viel zu entdecken: ein herrliches Renaissance-Rathaus, der älteste Dom Polens und interessante Museen. Dazu wartet die Stadt mit einer lebendigen Kunst- und Kulturszene auf: große Oper und Tanztheater, Jazz-Szene und avantgardistisches Schauspiel, dazu das ›Kaiserschloss‹, in dem von der Club-Nacht bis zur Performance jeden Abend etwas geboten wird. Im Osten der Stadt befindet sich das Sport- und Erholungszentrum Malta mit großer Therme und internationaler Regattastrecke.

Ein Blick zurück

Archäologische Funde lassen vermuten, dass die Niederungen der Warta (Warthe) im Posener Raum bereits im 7. Jh. von slawischen Stämmen besiedelt waren. Erste Festungen entstanden bei Gniezno und Kruszwica, später auch bei Kalisz. Die historische Region Wielkopolska (Großpolen) gilt als die ›Wiege‹ des polnischen Staates‹. Ihr Name verweist auf den Stamm der Polanen, die neben den Wislanen hier siedelten. Piastenfürst Mieszko I. gelang es ab 960, die slawischsprachigen Stämme zu einen. Keimzelle Posens war eine von der Warthe und ihren Seitenarmen umflossene Insel, auf der 968 das erste polnische Missionsbistum entstand.

Unter der Herrschaft seines Sohns Bolesław I. expandierte der neue Staat in alle Himmelsrichtungen und erreichte für kurze Zeit fast die Größe des heutigen Polen. Das Machtzentrum verlagerte sich freilich schon früh nach Südosten: Nach dem Vormarsch der Böhmen (1038) wurde ›Großpolen‹ auf den Status einer Grenzprovinz herabgestuft und das ›kleinpolnische‹ Krakau als ein Ort, der mehr Sicherheit versprach, zur Hauptstadt erklärt. Posen wahrte gleichwohl seine Rolle als regionales Handelszentrum und dehnte sich aus. 1253 entstand am linken Wartheufer eine neue Siedlung mit Marktplatz und schachbrettartigem Straßennetz –

ein weltliches Pendant der klerikalen Dominsel. Seine Blütezeit erlebte Posen im 15. und 16. Jh., als die Stadt ein wichtiges Wirtschaftszentrum war: Hier kreuzten sich die größten Handelsstraßen Europas. Doch mit den Nordischen Kriegen im 17.Jh. setzte der Niedergang ein, 1793 wurde die Stadt im Rahmen der Zweiten Polnischen Teilung Preußen zugeschlagen. Waren die polnischen Bürger anfangs noch mit Sonderrechten ausgestattet, so büßten sie diese nach dem gescheiterten Aufstand von 1848 und vor allem im Rahmen der von Bismarck verordneten Germanisierungspolitik zunehmend ein. Die polnische Sprache wurde von den Schulen und aus Amtsstuben verbannt, die freie Religionsausübung eingeschränkt. Mit der Repression wuchs freilich der Widerstand. So wurde Posen zu einem Sammelbecken polnischer Nationalisten; nach dem Ersten Weltkrieg brachte ein Aufstand die Stadt in ihre Hand und ermöglichte den Anschluss an den neu geschaffenen polnischen Staat. Im Zweiten Weltkrieg drehte sich das Rad der Geschichte noch einmal für wenige Jahre zurück: Posen wurde von deutschen Truppen eingenommen und Hauptstadt des neu geschaffenen Warthegaus. Die Polen hatten die Stadt zu verlassen, an ihrer Stelle rückten Deutsche ein. Nach dem Zweiten Weltkrieg war es genau umgekehrt: In die zerschossene, von Deutschen ›gesäuberte‹ Stadt kamen Polen aus allen Teilen des Landes.

Rundgang

Cityplan: S. 360

Posens ›Wiege‹ ist die Dominsel mit der Kathedrale, sein ›Herz‹ schlägt auf dem Alten Markt. Breite Straßen im Stil der Gründerzeit verbinden Altstadt und Bahnhof, das Messegelände liegt westlich des Bahnhofs.

Alter Markt

Mittelpunkt der Stadt ist der **Alte Markt** (Stary Rynek), ein rechteckiger, von Cafés und bunten Bürgerhäusern gesäumter Platz. Dieser hat zwar nicht die Weite des Krakauer oder Breslauer Rings, ist aber gleichwohl beeindruckend. Man mag beklagen, dass er mit einer Vielzahl von Buden und Bauten ›voll gestellt‹ ist, doch viele Besucher sehen gerade in der ›Unübersichtlichkeit‹ seinen Reiz: Der Platz erscheint ihnen als gemütlicher Bazar, unter den Arkaden verkaufen Kunstmaler ihre Gemälde.

In der Mitte des Platzes steht das herrschaftliche **Rathaus** 1 (Ratusz), das sich das reiche Patriziat 1536 vom italienischen Baumeister Giovanni Battista Quadro errichten ließ. Zu Recht gilt es als eines der schönsten Renaissance-Bauwerke Polens. Die Schaufassade gefällt mit dreistöckigen Loggias, Arkaden und schlanken Türmen; gemalte Details enthüllen das politische Programm der einstigen Ratsherren. Jeden Mittag um 12 Uhr öffnen sich die Metalltüren über der Uhr am 61m hohen Hauptturm und die legendären ›Posener Böcke‹ (Koziołki) springen heraus, um zwölfmal mit den Köpfen zusammenzustoßen. Einst, erzählt man, haben sie auf den Stufen des Rathauses ein wildes Spektakel vollführt, um die Bürger auf das im Innern ausgebrochene Feuer aufmerksam zu machen. Aus Dank dafür, dass sie die Stadt vor einer Feuersbrunst bewahrten, wurden sie als ›Zeitmesser‹ verewigt. Heute birgt das Innere des Rathauses das **Historische Museum**, eine Abfolge prächtiger Säle mit Exponaten zur Stadtgeschichte. Am schönsten ist der Rokokosaal im 1. Stock mit kunstvoll geschnitzter Kassettendecke (Ratusz & Muzeum Historii Miasta Poznania, Stary Rynek 1, www.mnp.art. pl, Di–Do 9–15, Fr 12–21, Sa, So 11–18 Uhr, 2 €). Bedeutend sachlicher geht es im angrenzenden Renaissancebau, der ehemaligen Stadtwaage zu, wo sich die Brautleute ihr Ja-Wort geben. Die Brunnenfigur der **Bamberka** vor dem Eingang des Hauses erinnert an die zu Beginn des 18. Jh. eingewanderten Bürger aus Bamberg.

Museumsfreunde haben es in Posen leicht, denn fast alle Sammlungen liegen auf engem Raum zusammen. Allein auf dem Alten Markt könnte man einen ganzen Tag mit dem Besuch von Ausstellungen verbringen.

Das **Museum für Musikinstrumente** 2 wurde im Haus der Adelsfamilie Grodzki eingerichtet und birgt mehr als 2000 Stücke aus aller Welt und allen Epochen. Ein Raum ist Frédéric Chopin gewidmet, der auf dem ausgestellten Klavier für die Adelsfamilie Radziwiłł mehrfach Konzerte gab (Muzeum Instrumentów Muzycznych, Stary Rynek 45, www. mnp.art.pl, Di–Do 9–15, Fr 12–21, Sa, So 11–18 Uhr, 2 €). Vor die Krämerhäuschen, in denen einst Kaufleute ihre Waren verkauften, wurde ein wenig attraktiver Betonpavillon gesetzt. Das darin untergebrachte **Großpolnische Militärmuseum** 3 beleuchtet die vermeintlich ruhmreiche Geschichte der nationalen Streitkräfte (Wielkopolskie Muzeum Wojskowe, Stary Rynek 9, www.mnp.art.pl, geöffnet wie Historisches Museum). In der neoklassizistischen **Hauptwache** 4 wird die Geschichte Posens thematisiert (Odwach, Stary Rynek, Di–Sa 10–17, So 10–15 Uhr), der **Górka-Palast** 5 (Pałac Górków) zeigt archäologische Fundstücke von der Steinzeit bis zum Mittelalter (Pałac Górków & Muzeum Archeologiczne, ul. Wodna 27, www.muzarp. poznan.pl, Di–Do 9–15, Fr, Sa 10–18, So 12–17 Uhr, 2 €).

Altstadt

Vom Alten Markt verzweigen sich kleine Gassen, die von schönen alten Häusern gesäumt sind. An der Süddostecke wird der Blick von einem rot leuchtenden Bau gefangen genommen: Die **Pfarrkirche Maria Magdalena** 6 (Kościół Farny Św. Marii Magdaleny), ein Meisterwerk des Barock, sollte in der Zeit der Gegenreformation Glanz und Gloria des Katholizismus zum Ausdruck bringen. Auftraggeber waren die ›grauen Mönche‹, die im **Jesuitenkolleg** 7 (Szkoła Jezuicka) nebenan residierten und abtrünnige Seelen auf Kurs brachten. Die Preußen haben den schlossartigen Anbau konfisziert und darin die Stadtverwaltung untergebracht; auch fanden hier erlauchte Gäste Kost und Logis. Einer von ihnen war Frédéric Chopin; alljährlich werden ihm zu Ehren an seinem Geburts- und Todestag (1. März und 17. Okt.) zwei Konzerte gegeben.

357

Der Alte Markt, das Herz Posens, wird von prächtigen Bürgerhäusern gesäumt

Westlich des Alten Markts liegt die **Franziskanerkirche** **8** (Kościół Franciszkanów). Die Mönche mit den braunen Kutten mochten den Jesuiten nicht nachstehen und ließen sich etwa zur gleichen Zeit ein repräsentatives Gotteshaus errichten. Auch hier wurde an üppigem Stuck, Wandmalerei und Schnitzwerk nicht gespart, besonders sehenswert ist die Galerie altpolnischer Porträts. Im Untergeschoss wartet eine Überraschung: Auf 50 m² wird Posen anno 1618 gezeigt – eine Miniaturstadt im Maßstab 1 : 150, die mit Licht und Ton zu Leben erweckt wird. Und auch ein Modell Posens aus dem 11. Jh. ist zu sehen (Eingang ul. Ludgardy, www.makie ta.poznan.pl, tgl. 11–19 Uhr, 3,50 €).

seum). Eindrucksvoller ist das gleich um die Ecke gelegene **Nationalmuseum** 🔟, das mit polnischer Kunst der letzten Jahrhunderte vertraut macht. Eine ›Spezialität‹ des polnischen Barock ist das realistisch ausgeführte Sargporträt, das den Eindruck erwecken sollte, der Verstorbene weile leibhaftig unter den Trauergästen. Größtes Interesse wecken die Werke des Historienmalers Jan Matejko (1838–1893), der die glorreichen Momente der polnischen Geschichte illustrierte und so seinen Landsleuten Trost in Zeiten der Teilung spendete (Muzeum Narodowe, ul. Marcinkowskiego 9, www.mnp.art.pl, geöffnet wie Historisches Museum, 3 €). Dass die Polen nur auf dem Feld der Kultur nationale Größe beschwören durften, verdeutlicht auch die 1828 eröffnete **Raczyński-Bibliothek** 1️⃣1️⃣ (Biblioteka Raczyńskich). Mit ihrer klassizistischen Fassade wirkt sie wie eine Miniaturausgabe des Pariser Louvre, durch korinthische Säulen streng-elegant gegliedert.

Kulturmeile im Westen

Alle wichtigen Kulturstätten befinden sich im Westteil der Stadt: das Polnische und das Große Theater, die Philharmonie und das **Kaiserschloss** 1️⃣2️⃣. Das Letztere wurde für Kaiser Wilhelm II. erbaut und von Nazi-Architekt Albert Speer zur germanischen Trutzburg erhöht. Heute ist es Polens größte Kulturfabrik: In seinen herrschaftlichen Hallen finden alljährlich mehr als 700 Events statt: von Kunstausstellungen über Tanz-Performances, Theater- und Filmaufführungen bis zu Konzerten und heißen Club-Abenden. In dem von acht Löwen bewachten Brunnenhof öffnet im Sommer ein Café (Centrum Kultury Zamek, ul. Św. Marcina 80, Tel. 61 646 52 60, www.zamek.poznan.pl, Di–So 11–19 Uhr).

Auf dem angrenzenden Mickiewicz-Platz erinnern zwei Kreuze und eine Säule mit Adlerkopf an den Posener Aufstand im Juni 1956, bei dem die Arbeiter »Brot, Wahrheit und Freiheit« forderten – 73 von ihnen kamen dabei ums Leben. Das Standbild des Dichters Adam Mickiewicz hat man genau an der Stelle postiert, wo bis zum Jahre 1919 Reichskanzler Otto von Bismarck thronte.

Das angrenzende, ursprünglich gotische **Fürstenschloss** 9️⃣ wurde 1280 als Herzstück der Posener Verteidigungsanlage gebaut. Es beherbergt eine kunsthandwerkliche Sammlung, ein buntes Gemisch aus Glas- und Silberwaren, Waffen, Uhren und Porzellan (Zamek Przemysława, ul. Franciszkańska, www.mnp.art.pl, geöffnet wie Historisches Mu-

Dominsel

Wer sich nur einen Tag in Posen aufhalten kann, sollte nicht versäumen, auch dem ›heiligen‹, östlich des Alten Markts gelegenen Stadtkern einen Besuch abzustatten. Die nach König Bolesław I. benannte ›Brücke des Tapferen‹ (Most Chrobrego) führt hinüber zur **Dominsel** (Ostrów Tumski), wo die Geschichte der Stadt ihren Ausgang nahm. Seit Fürst Mieszko I. die erste Kathedrale erbauen ließ, blieb die Warthe-Insel der Geistlichkeit vorbehalten, die ihre Domäne mit vier weiteren Kirchen absicherte. Noch heute huschen Nonnen und Mönche in dunklen Kutten durch die Straßen. Blickfang der Insel sind die hohen Türme der **Kathedrale 13** (Katedra),

die als Nachfolgebau einer ersten, um 968 errichteten Kirche entstand. Im Lauf der Jahrhunderte wurde die strenge Backsteingotik durch barocke und klassizistische Formen aufgelockert. Der Stilmix setzt sich im Innern fort: Die schlichten Sarkophage der beiden ersten polnischen Regenten lagern in düsteren Gruften, neobyzantinische Ornamentik schmückt ihr symbolisches Mausoleum in der Goldenen Kapelle. Sehr viel einheitlicher präsentiert sich die benachbarte, 1438 erbaute **Marienkirche 14** (Kościół Mariacki), in der das Sterngewölbe wunderbar mit gotischen Schnitzereien harmoniert. Noch mehr Kunst entdeckt man in der nördlich gelegenen **Lubrański-Akademie 15** (Akademia Lu-

360

Poznań/Posen

Sehenswert
1 Rathaus
2 Museum für Musik-
 instrumente
3 Großpolnisches Militär-
 museum
4 Hauptwache
5 Górka-Palast
6 Pfarrkirche Maria
 Magdalena
7 Jesuitenkolleg
8 Franziskanerkirche
9 Fürstenschloss
10 Nationalmuseum
11 Raczyński-Bibliothek
12 Kaiserschloss
13 Kathedrale
14 Marienkirche
15 Lubrański-Akademie

Übernachten
1 Vivaldi
2 NH
3 Park
4 Brovaria
5 Rzymski
6 Mercure Poznań
7 Royal
8 Meridian
9 Glob Tour

10 Melody Hostel
11 Camping Malta Nr. 155

Essen & Trinken
1 Nowa Bażanciarnia
2 Ratuszowa
3 Pod Koziołkami
4 Estella

Abends & Nachts
1 Teatr Wielki
2 Teatr Polski
3 Filharmonia
4 Teatr Muzyczny
5 Blue Note Jazz Club

Aktiv
1 Malta-See

brańskiego), einstmals die erste Hochschule der Stadt, heute Sitz des herausgeputzten **Erzdiözesanmuseums**. Neben mittelalterlichen Skulpturen zeigt das Museum Meisterwerke der Malerei, das kostbarste Stück der Sammlung ist ein Gemälde von Anton van Dyck (Muzeum Archidiecezjalne, ul. Lubrańskiego 1, www.muzeum.poznan.pl, Di–Fr 10–17, Sa 9–15 Uhr, 2 €).

Infos

Centrum Informacji Miejskiej: ul. Ratajczaka 44, Tel. 61 851 96 45, www.cim.poznan.pl, Mo–Fr 10–19, Sa 10–17 Uhr. Im Informationsbüro knapp westlich der Altstadt werden Hotelreservierungen vorgenommen und Stadtführer vermittelt. Verkauft werden das monatlich erscheinende Veranstaltungsprogramms »iks« sowie die Posener City Card. Die Touristenkarte gilt wahlweise für ein, zwei oder drei Tage und beinhaltet die kostenlose Benutzung der öffentlichen Verkehrsmittel, freien Eintritt in zahlreiche Museen sowie Rabatte in ausgewählten Kinos und Restaurants. Filialen der Touristeninformation befinden sich im Bahnhof sowie am Posener Flughafen.

Centrum Informacji Turystycznej: Stary Rynek 59/60, Tel. 61 852 61 56, www.city.poznan.pl, Mo–Fr 9–17, Sa 10–14 Uhr. Informationsbüro am Alten Markt mit vielen Karten und Broschüren.

Blickfang auf der Dominsel: die Kathedrale

Übernachten

Vor allem während der Industriemesse im Juni können sich die Preise für Hotels und Privatzimmer verdoppeln.

Für gehobene Ansprüche ▶ Vivaldi 1: ul. Winogrady 9, Tel. 61 858 81 00, www. vivaldi.pl, 48 Zimmer. Vierstöckiges, architektonisch originell gestaltetes Viersternehotel nordwestlich des Stadtzentrums. Mit Schwimmbad, Sauna und Business Center. DZ 90–125 €.

Minimalistische Eleganz ▶ NH 2: ul. Św. Marcin 67, Tel. 61 624 88 00, www.nh-hotels. com, 95 Zimmer. In warmen Naturfarben gestyltes Viersterne-Hotel wenige Schritte von der Altstadt. Pluspunkte sind der kleine Spa-Bereich und das große, exquisite Frühstücksbüfett. DZ ab 80 €.

Am Seeufer ▶ Park 3: ul. Baraniaka 77, Tel. 61 874 11 00, www.hotelepark.pl, 98 Zimmer. Das Komforthotel liegt am Südufer des Malta-Sees, 2,5 km östlich vom Zentrum. Für die Zimmer mit Seeblick zahlt man einen kleinen Aufschlag. Mit ausgezeichnetem Restaurant und Business Center. DZ 80–120 €.

Mit gutem Restaurant ▶ Brovaria 4: Stary Rynek 73-74, Tel. 61 858 68 68, www.brovaria.pl, 21 Zimmer. In einem Bürgerhaus an der Westseite des Marktplatzes, komfortabel im Fin-de-Siècle-Stil eingerichtet. Im Erdgeschoss befindet sich ein elegantes Restaurant, das gleichfalls zur Brauerei (poln. *browaria*) gehört. DZ 75–135 €.

In guter Lage ▶ Rzymski 5: al. Marcinkowskiego 22, Tel. 61 852 81 21, www.hotel rzymski.pl, 87 Zimmer. Herausgeputztes, traditionsreiches Hotel am Westrand der Altstadt, alle Zimmer mit Sat-TV. DZ 65–120 €.

Komfortables Kettenhotel ▶ **Mercure Poznań** **6**: ul. Roosevelta 20, Tel. 61 855 80 00, www.accorhotels.com, 228 Zimmer. Fast am Bahnhof und nur 200 m vom Messegelände entfernt, bestens ausgestattet für Konferenzen und Seminare. Gern wirbt man damit, dass hier 2002 der russische Präsident Putin abstieg. DZ ab 60 €.

Klein & fein ▶ **Royal** **7**: ul. Św. Marcin 71, Tel. 61 858 23 00, www.hotel-royal.com.pl, 31 Zimmer. Das Gründerzeithaus wurde aufwändig restauriert und beherbergt nun das gemütlichste Hotel der Stadt. Gedämpfte Grün- und Rottöne ergänzen einander, Möbel und Lampen sind nostalgisch gestylt. Der Frühstücksraum verwandelt sich tagsüber in ein Café und abends in eine Bar. Alle wichtigen Ecken der Stadt sind in wenigen Gehminuten erreichbar. DZ ab 60 €.

Romantisches Hideaway ▶ **Meridian** **8**: ul. Litewska 22, Tel. 61 841 12 01, www.hotelmeridian.com.pl, 10 Zimmer. Hübsches Landhaus am Seeufer im Park Sołacki, knapp nördlich vom Messegelände; mit gutem Restaurant. DZ 50–90 €.

Privatzimmer ▶ **Glob Tour** **9**: Dworzec Centralny, Tel. 61 866 06 67. Das Reisebüro im Hauptbahnhof ist rund um die Uhr geöffnet und vermittelt Zimmer und Apartments. DZ ab 27 €.

Nicht nur für Traveller ▶ **Melody Hostel** **10**: Stary Rynek 67 (Eingang ul. Kozia 16), Tel. 61 851 60 60, www.melodyhostel.pl, 16 Zimmer. Ein Nachbar des Museums für Musikinstrumente: Jeder Raum ist von einer Musikrichtung inspiriert, ›Disco‹ z. B. kommt in grellen 1970er Farben daher und bietet Marktplatzblick. Es gibt gute Gemeinschaftsbäder, einen Aufenthaltsraum und Gratis-WLAN, dazu freundliches Personal. Auch Doppelzimmer mit eigenem Bad können gebucht werden. Bett ab 12 €, DZ ab 40 €.

Camping ▶ **Malta Nr. 155** **11**: ul. Krańcowa 98, Tel. 61 876 61 55, geöffnet Mai–Sept. 4 ha große Wiesenanlage längs der Regattastrecke am Malta-See. 40 Stellplätze und 52 Campinghäuschen.

Tipp: Stary Browar **1**

Eine Backsteinbrauerei anno 1876, verwandelt in einen luxuriösen Einkaufstempel. 200 Markenläden von Armani bis Wallis, von Glück bis Wittchen, außerdem Bistros, Cafés und Restaurants sowie eine Filiale des Delikatessen-Supermarkts Piotr i Paweł. Clou der Alten Brauerei sind jedoch nicht die Geschäfte, sondern die Kunstinstallationen. Im Atrium mit seiner hohen Lichtkuppel steht ein antikisierender Riesenkopf von Igor Mitoraj. Über den offenen Kunsthof mit dem Riesenkrug von Wojciech Kujawski, der es aufgrund seiner Größe ins Guinness-Buch geschafft hat, kommt man in die Passage mit Riesen-Comics à la Manga. Teil eines Kunstwerks werden Besucher bei ›Wavefunction‹: Von Zuschauerwellen in Fußballstadien inspiriert, zeigt dieses weiße Sitzschalen, die sich bewegen, sobald versteckte Kameras menschliche Bewegung im Raum wahrnehmen. Ähnlich konzipiert ist ein Werk in der Lobby des Hotels Blowup Hall 50 50, wo das eigene Bild tausendfach aufgepixelt wird. Vieles in diesem Hotel ist Antonionis Kultfilm der 1960er-Jahre entnommen: nicht nur der Name, sondern auch die minimalistischen Formen und Farben sowie seine Verwirrstrategien. Statt einer Rezeption gibt es einen Butler, der den Ankömmling per Kamera ortet und ihm entgegenkommt (ul. Ratajczka, www.starybrowar 5050.com, Mo–Sa 9–21, So 10–20 Uhr, Parkplatz über ul. Kościuszki, Parkgebühren werden auf Einkäufe angerechnet).

Essen & Trinken

Feudal ▶ **Nowa Bażanciarnia** **1**: Stary Rynek 94, Tel. 61 855 33 59. Goldgerahmte Fasanenbilder (bażanciarnia = Fasanerie) schmücken die Wände dieses Edellokals am Markt. In Einrichtung und Küche beschwört es die ›gute alte Adelszeit‹, Wild steht auf der Karte ganz oben, Spezialität ist der in Orangensaft marinierte Fasan. Gespeist wird am leinengedeckten Tisch vor dem Hintergrund üppiger Früchtestillleben und schwungvoll

Posen und Umgebung

drapierter Brokatvorhänge. Hauptgerichte ab 15 €.

Rustikal ▶ **Ratuszowa** ②: Stary Rynek 55, Tel. 61 851 05 13, www.ratuszova.eu. Altposener Restaurant im Kellergewölbe eines Bürgerhauses am Markt, eingerichtet mit historischen Fotos und Antiquitäten. Für den großen Hunger empfiehlt sich die ›Rathausplatte‹ mit vier Fleischsorten, Kartoffel-Variationen und Salat. Hauptgerichte 6–14 €.

Grillgerichte ▶ **Pod Kozioɫkami** ③: Stary Rynek 95, Tel. 61 851 78 68, So geschl. Im Erdgeschoss bedient man sich an der umfangreichen Salatbar, in den gotischen Gemächern des Kellers wird gegrillt *(piwnica grillowa)*, dazu gibt es *bigos* und andere polnische Klassiker. Hauptgerichte 5–22 €.

Italienische Klassiker ▶ **Estella** ④: ul. Garbary 41, Tel. 61 852 34 10, www.estella.com. pl. Geschmackvoll eingerichtetes Lokal südöstlich der Altstadt. Reich belegte Pizzas, köstliche Antipasti und Fleischgerichte. Hauptgerichte 4–17 €.

Abends & Nachts

Die Monatszeitschrift ›iks‹ mit Infos zu allen Kulturveranstaltungen bekommt man in den Büros der Touristeninformation (s. S. 361) und an jedem Kiosk.

Oper ▶ **Teatr Wielki** ①: ul. Fredry 9, www.opera.poznan.pl.

Kulttheater ▶ **Teatr Polski** ②: ul. 27 Grudnia 8/10, www.teatr-polski.pl.

Klassische Konzerte ▶ **Filharmonia Poznańska** ③: ul. Św. Marcin 81, www.filharmoniapoznanska.pl.

Musiktheater ▶ **Teatr Muzyczny** ④: ul. Niezɫomnych 1, www.teatr-muzyczny.poznan.pl.

Kulturfabrik ▶ **Dawny Zamek Cesarski** ⑫: ul. Św. Marcin 80/82, www.zamek.poznan.pl. Im ehemaligen Schloss Kaiser Wilhelms II., einem düsteren Germanenbau, finden heute Ausstellungen, Konzerte, Clubnächte und Kunst-Performances statt.

Live-Jazz ▶ **Blue Note Jazz Club** ⑤: ul. Kościuszki 76/78, (Eingang von der ul. Kościuszki.), www.bluenote.poznan.pl. Das ganze Jahr über treten hochkarätige Jazz-Ensembles auf, Termine im Internet.

Gut besuchtes Bierlokal ▶ **Brovaria** ④: Stary Rynek 73-74, Tel. 61 858 68 68, www.brovaria. pl. Hinter der historischen Fassade verbirgt sich auf zwei Etagen ein modernes Stahl-Glas-Design. Für gute Stimmung sorgt das vorzügliche hauseigene Bier.

Aktiv

Baden ▶ Östlich der Stadt liegt der **Malta-See** ①, An seinem Nordufer bieten die **Malta-Thermen** ein großes Hallenbad, Wasserrutschen, künstliche Wellen und geothermische Outdoor-Pools (ul. Termalna 1, www.termymyaltanskie.com.pl).

Rudern ▶ Am **Malta-See** können auch Boote gemietet werden.

Termine

Johannisjahrmarkt (Juni)**:** Kunsthandwerk, Musik und Tanz auf dem Alten Markt.

Festival der Avantgarde-Theater Malta (Juni/Juli, www.malta-festival.com)**:** wichtigstes Theatertreffen Polens.

Verkehr

Flug: Der Flughafen liegt in Ɫawica 7 km westlich und ist mit Stadtbus 48 und 59 erreichbar (www.airport-poznan.com.pl).

Bus/Zug: Der Busterminal (www.pks.poznan. pl) befindet sich 1 km, der Bahnhof 1,8 km südwestlich des Stary Rynek. Mit dem Bus kommt man gut nach Pobiedziska, Gniezno, Kórnik, Rogalin. IC- und EC-Züge verkehren nach Warszawa, mehrere Züge tgl. nach Kraków und Wrocɫaw.

Auto: Gut parken kann man nordöstlich des Stary Rynek an der Ecke ul. Garbary/ul. Dominikańska und an der ul. Żydowska.

Rund um Posen

Die Gegend um Posen ist reich an architektonischen Denkmälern: Die ostwärts führende ›Piastenroute‹ verknüpft die ersten Siedlungen des polnischen Königreichs. Südlich von Posen liegen prachtvolle Adelssitze, gut erholen kann man sich an den Seen im Großpolnischen Nationalpark.

Pobiedziska und Gniezno
► 1, H/J 10

Erste Station der ›Piastenroute‹ ist **Pobied-ziska,** über das man den 7 km langen Led-nica-See erreicht. An seinem Ostufer befin-det sich ein Ethnografischer Park mit Holz-häusern aus dem 19. Jh. Knapp 2 km weiter nördlich zeigt das Museum der ersten Piasten Waffen und Werkzeuge aus der Festung Fürst Mieszkos I., die sich auf einer der vier Inseln im See befand. Mit dem Boot kann man über-setzen und ihre Ruinen besichtigen (Muze-um Pierwszych Piastów, Dziekanowice, www.lednicamuzeum.pl, Di–Sa 9–18, So 10–17 Uhr, im Winter kürzer, 2,50 €).

Die ›Wiege des polnischen Staates‹ ist **Gniezno** (Gnesen), 49 km östlich von Posen. Ins Schlaglicht der Weltgeschichte rückte der Ort im Jahre 1000, als er vom Papst nach Fürsprache des deutschen Kaisers Otto III. zum ersten Erzbistum Polens erwählt wurde. Der Kaiser kam zur Feier nach Gniezno und stellte dem polnischen Vasallen Souveränität in Aussicht. Gleichzeitig besuchte er das Grab des hl. Adalbert, der in seinem Auftrag drei Jahre zuvor aufgebrochen war, die heid-nischen Pruzzen zu missionieren und dabei den Tod fand. Erzbischöflicher Sitz ist Gniezno noch heute, die wuchtige doppel-türmige Kathedrale dominiert die Silhouette der Stadt. Mitte des 14. Jh. entstanden, ist sie bereits der dritte Nachfolgebau der ursprüng-lich 970 errichteten Kirche. Sehenswert ist vor allem die romanische Bronzetür von 1170 mit Szenen aus dem Leben des hl. Adalbert. Die Reliquien des Märtyrers befinden sich in ei-nem prächtigen Grabmal am Hochaltar (Ka-tedra, www.archikatedra.com, Mo–Sa 9–17, So 13–17.30 Uhr, Turmaufstieg 1 €).

Infos
Im Internet: www.pobiedziska.pl, www.szlak piastowski.pl.

Übernachten
Nördlich von Pobiedziska:
Schlösschen im Grünen ► **Pałac w Krze-ślicach:** Krześlice 1, Tel. 61 661 966 813, www.palacwkrzeslicach.pl, 20 Zimmer. Res-

tauriertes neugotisches Schloss, 25 km nord-östlich von Posen. Die Zimmer sind in Pas-tellfarben gehalten und mit Stilmöbeln einge-richtet, das Restaurant bietet altpolnische Kü-che. Das Schloss ist von einem weitläufigen Park mit Teichen umgeben, in denen man an-geln kann. Mit Tennisplatz und Radverleih. DZ ab 75 €.
In Gniezno:
Freundliches Stadthotel ► **Gniezno:** ul. Chrobrego 3, Tel. 61 426 14 97, www.pietrak.pl, 48 Zimmer. Das Dreisternehotel an der Fußgängerstraße unweit des Doms bietet komfortable Zimmer mit Sat-TV und ein gutes Frühstücksbüfett. DZ ab 50 €.

Essen & Trinken
In Gniezno:
Gutes Hotelrestaurant ► **Królewska:** ul. Chrobrego 3, Tel. 61 426 14 97. Das Lokal wurde im ganzen Land bekannt, als hier beim Staatstreffen 2000 neun europäische Pre-mierminister und Präsidenten dinierten. Spe-zialität ist *karp królewski* (Karpfen auf ge-dünstetem Gemüse). Hauptgerichte ab 6 €.

Verkehr
Bus/Zug: In Gniezno liegen Zug- und Bus-bahnhof 1 km südöstlich der Kathedrale. Häufig fahren Züge nach Poznań und Toruń, Busse nach Poznań nahezu stdl. Sie halten in Pobiedziska (nur an der Hauptstraße Poz-nań – Gniezno, von wo man 2 km zum Mu-seum laufen muss).

Biskupin   ► 1, J 9
Das 30 km nördlich gelegene Biskupin be-weist, dass schon lange vor der Existenz des polnischen Staates die Gegend besiedelt war. 1933 wurden in sumpfigem Gelände er-ste Holzhäuser, später ein ganzes Dorf ent-deckt. Nachdem es um 400 v.Chr. durch das Ansteigen des Seespiegels überflutet wor-den war, blieb es bis in die jüngste Vergan-genheit versunken im Schlamm – das älteste erhaltene Baudenkmal auf polnischem Bo-den! Mitglieder der so genannten ›Lausitzer Kultur‹ hatten das Dorf im 7. Jh. v.Chr. ge-gründet. Sie errichteten ihre Siedlung auf ei-

Posen und Umgebung

Schloss Kórnik verdankt seine heutige Gestalt Karl Friedrich Schinkel

ner kleinen flachen Insel und umgaben sie mit einem 6 m hohen Holzwall. Zusätzlichen Schutz boten 35 000 in den Seegrund gerammte Eichenpfähle. Der Zugang zum Dorf war über ein einziges Turmtor möglich, von dem sich eine 120 m lange Holzbrücke zum Festland spannte. Im Innern der Siedlung, die gut 1000 Menschen Platz bot, wurden schnurgerade, mit Bohlen gepflasterte Straßen angelegt. Ein jedes der 108 fast identischen Häuser verfügte über Wohnraum und

Vorratskammer. Die Handelskontakte der ›Lausitzer‹, das belegen die darin gefundenen Waffen, Werkzeuge und Schmuckstücke, reichten von der Ostsee bis zum Schwarzen Meer. In einem Museum sind die Fundstücke ausgestellt, ein Spaziergang durch das teilweise rekonstruierte Dorf versetzt Besucher zurück in die Eisenzeit. In den Ställen stehen Konik-Pferde und mufflonähnliche Schafe; die Felder sind mit Hirse, Linsen und Gerste bestellt, die hier schon vor

2700 Jahren angepflanzt wurden (Park Archeologiczny, Biskupin, www.biskupin.pl, Mai–Sept. tgl. 8–18 Uhr, 2,50 €).

Termine

Historisches Volksfest in Biskupin (www. biskupin.pl)**:** Meist Anfang Sept. erwacht das alte Biskupin zu Leben, in Werkstätten wird gezimmert, getöpfert und gewoben. Besucher lernen, wie man Brot aus selbst gestampftem Getreide bäckt, Körbe flicht und aus Kiefernwurzeln Teer herstellt. Es gibt Schaukämpfe, man kann im Einbaum fahren und ein Bad im Fass genießen.

Verkehr

Bus/Zug: Nach Biskupin kommt man nur mit Bus: Ab Gniezno fährt man nach Żnin, von wo es stündlich Verbindungen ins 7 km entfernte Dorf gibt.

Großpolnischer Nationalpark

Wer der Historie überdrüssig ist, gönnt sich einen Tag im Grünen. Unmittelbar südlich von Posen beginnt der waldreiche Großpolnische Nationalpark (Wielkopolski Park Narodowy), den man auf mehreren ausgeschilderten Wegen erwandern kann. Als Startpunkt empfiehlt sich der Ort Mosina, 21 km südlich von Posen; auf dem blau markierten Weg läuft man 3 km nach Osowa Góra. Von dort gelangt man auf rot markiertem Weg 14 km nach Puszczykowo, vorbei am schönsten See des Parks, dem Góreckie-See. Ganz in der Nähe liegen prächtige Magnatenschlösser, so die Adelsresidenz der Familie Raczyński in **Rogalin**, 15 km südlich von Posen. Neben Empire- und Biedermeier-Salons gibt es Ball- und Festsäle, allesamt ausgestattet mit wertvollem Mobiliar, Skulpturen und Gobelins. Porträts der Familie schmücken das Treppenhaus, die Gemäldesammlung mit Bildern von Böcklin, Monet und Matejko ist in einem Pavillon ausgestellt. Hinter dem Palast erstreckt sich ein französischer Garten, der sich westlich anschließende englische Park verfügt über den größten Bestand alter Eichen in Europa. Die drei schönsten werden in Erinnerung an die le-

gendären Gründer der slawischen ›Bruderstaaten‹ Lech (Polen), Czech (Tschechien) und Rus (Russland) genannt und haben einen Stammumfang von je 10 m (Muzeum Zamek, Di–So 10–16 Uhr).

20 km südöstlich von Posen steht in **Kórnik** ein weiteres verwunschenes Schloss mit Zugbrücke und Graben. Das von der mächtigen Górka-Familie gegründete Palais wurde im 19. Jh. nach einem Entwurf von Karl Friedrich Schinkel im neugotischen Stil umgebaut, mit seinen minarettartigen Türmen scheint es von maurischer Architektur inspiriert. Die original erhaltenen Innenräume bergen eine Bibliothek, historische Möbel und ein Museum mit einer Fülle von Kunstschätzen. Auch hier lohnt ein Spaziergang durch den riesigen Park mit über 2000 Baumarten aus aller Welt (Muzeum Zamek Kórnik, ul. Zamkowa 5, www.bkpan.poznan. pl, Di–So 9–16 Uhr, 3,50 €, von der Bushaltestelle 10 Min. zu Fuß).

Aktiv

Wandern ▶ Für Exkursionen im Großpolnischen Nationalpark empfiehlt sich der Kauf der Karte Wielkopolski Park Narodowy (1 : 35 000). Mosina und Puszczykowo, Start- und Endpunkt der oben genannten Tour, sind mit dem Bus ab Posen erreichbar.

Verkehr

Bus/Zug: Nach Rogalin und Kórnik gibt es tgl. mehrere Busverbindungen von Poznań und zurück.

Lebuser Land

Oder-Warthe-Bogen ▶ 1, D 10

Bis zur deutschen Grenze erstreckt sich das Lebuser Land, eine stille, landwirtschaftlich geprägte Region mit vielen Seen und Wäldern. Über Międzyrzecz (Meseritz), das gut 100 km westlich von Posen liegt, kommt man zum OWB – so nannte man in der Vorkriegszeit den ›**Oder-Warthe-Bogen**‹ (Międzyrzecki Rejon Umocniony), einen gegen Polen gerichteten Festungswall, von dem 32 km erhalten sind. Mächtige unterirdische Bunker, die sich, wie der Name andeutet, von der Warthe bis zur Oder erstreckten, sind durch Gänge miteinander verbunden – einst rollte über sie eine elektrische Schmalspurbahn. Unterirdisch liegen auch viele Säle, die als Bahnhöfe, Kasernen, Werkstätten und Depots dienten. Über die Erde ragen Panzerwerke und Betonpfeiler, die so genannten ›Drachenzähne‹, mithilfe derer nahende Fahrzeuge gesprengt werden konnten. Die obsolete unterirdische Kriegsarchitektur haben sich Fledermäuse zunutze gemacht: 30000 Tiere halten in den feuchten, konstant 12 °C warmen Stollen ihren Winterschlaf. Sie sind dicht aneinander gedrängt und hängen wie Trauben von der Decke. Das von der »Zeit« so titulierte ›Grandhotel Flattermann‹ ist Europas größtes Fledermaus-Winterquartier. Die Umwandlung des Bunkersystems in eine große Museumsanlage wird voraussichtlich erst in einigen Jahren erfolgen.

Łagów ► 1, C 10

Vom Moder der Unterwelt erholt man sich in Łagów (Lagow). Die auf einer Landenge zwischen zwei Seen gelegene **Johanniterburg** mit Hotel und Restaurant ist zu einer beliebten Sommerfrische der Berliner avanciert. Viel los ist vor allem am letzten Juniwochenende, wenn der kleine Ort im Zeichen von Kino steht: Seit 1969 findet hier der Lebuser Filmsommer statt, bei dem ost- und mitteleuropäische Streifen gezeigt werden. Begleitet wird das Festival von Konzerten, Theateraufführungen und Openair-Happenings. Im Sommer kann man an der Burg auch Boote ausleihen und die durch Kanäle miteinander verbundenen Seen erkunden.

Übernachten

Im Birkenwald ► **Bukowy Dworek:** Gronów 23, Tel. 68 341 22 94, www.bukowy dworek.pl, ca. 20 Zimmer und klimatisierte Wohnhütten. Das komfortable Hotel im Grünen liegt in Gronów (südlich von Łagów), auf halber Strecke zwischen Posen und Berlin. Mit Schwimmbad, Sauna und Fitnessbereich. DZ ab 80 € (Wochenende günstiger).

Nationalpark Warthemündung ► 1, B/C 9

Noch mehr Natur erlebt man im Nationalpark Warthemündung (Park Narodowy Ujście Warty) unmittelbar an der deutsch-polnischen Grenze. Wo sich die Warthe mit der Oder verbindet, bildet sich ein Flussdelta, das im Frühjahr regelmäßig überschwemmt wird. Die weite **Sumpflandschaft** bietet ideale Lebensbedingungen für zahlreiche Vogelarten. Ob Wachtelkönig, Trauerseeschwalbe oder Stelzenläufer – 26 vom Aussterben bedrohte Arten sind in dem Gebiet

heimisch. Während der Herbstflüge rasten hier an die 200 000 nordische Wildgänse auf ihrem Weg gen Süden. Die Direktion des Nationalparks befindet sich in Chyrzyno knapp südlich des Grenzorts Kostrzyn (Küstrin), wo man im ›Naturgarten der Sinne‹ einen Vorgeschmack auf die Erlebnisse im Park erhält: Naturlehrpfade führen an Pflanzen vorbei, die intensiv duften, schmecken oder deren Berührung außergewöhnlich ist. Auf dem ›Pfad der Sinne‹ läuft man barfuß und mit geschlossenen Augen über Moos, Sand, Torf, Zapfen und Fels (Dyrekcja Parku Narodowego, Chyrzyno 1). Über das Dorf Słońsk,

etwa 10 km weiter östlich, gelangt man nach Przyborów, wo eine ausgeschilderte, 2 km lange ›Vogelroute‹ zu den besten Aussichtspunkten führt. Zum Abschluss empfiehlt sich ein Besuch im Naturkundemuseum von Kostrzyn, in dem die artenreiche Flora und Fauna des Nationalparks vorgestellt werden (Muzeum Przyrodnicze, ul. Dworcowa 7, tgl. 9–13, 15–18 Uhr).

Infos

Im Internet: www.unteres-odertal.de, mit Vorschlägen für Exkursionen auf markierten Pfaden.

Der Nationalpark Warthemündung – eine weitverzweigte Sumpflandschaft

Register

Der Haupteintrag ist **fett** hervorgehoben.

Register

Der Haupteintrag ist **fett** hervorgehoben.

Register

Der Haupteintrag ist **fett** hervorgehoben.

Abbildungsnachweis/Impressum

AKG Images, Berlin: S. 28/29, 33, 249, 320
DuMont Bildarchiv, Ostfildern: S. 1 re., 3 o.,
  4 u., 6 o., 7 o./M., 8 o., 18, 24/25, 39, 54,
  57, 73, 76/77, 80/81, 82, 130 li./re., 157,
  161, 163, 164, 167, 168, 170/171, 174,
  206/207, 222 li./re., 228, 230/231,
  238/239, 262 re., 268/269, 304 li.,
  304/305, 311, 313, 316/317, 322, 325
  (Hirth)
Ralf Freyer, Freiburg: S. 1 li., 2 o./u., 3 M.,
  5 u./M., 6 u., 7 u., 8 u., 9, 10/11, 20/21,
  44/45, 53, 62/63, 97, 122, 133, 146/147,
  212, 216/217, 260, 278/279, 296/297,
  328, 330 li., 345, 353, 355, 358/359, 362,
  Umschlagrückseite o.
Izabella Gawin/Dieter Schulze, Bremen:
  S. 17, 19, 36, 41, 127, 142, 153, 262 li.,
  273, 284, 338
Rainer Hackenberg, Köln: S. 5 o., 145, 148,
  170 li., 180/181, 201, 210, 251, 254/255,
  259, 266/267, 295
Huber-Images, Garmisch-Partenkirchen:
  S. 342 (PictureFinders)
Jochen Keute, Frankfurt/Main: S. 333
Hans-Joachim Kürtz, Kiel: S. 1 M., 3 u.,
  4 o., 94 re., 98, 112, 119, 128, 130 li.,
  150/151, 179, 186, 196, 220, 277, 302,
  308, Umschlagrückseite u.
laif, Köln: S. 195 (EK Pictures), 92 (Hoffmann), Titelbild (Knoll), 26 (NYT/Redux)
Look, München: S. 341 (Pompe), 90/91 (Za-
  rod)
Mauritius-Images, Mittenwald: S. 366
  (AGE), 219 (Pokorski)
Picture-Alliance/dpa, Frankfurt/Main: S. 31,
  40, 51, 368/369 (dpa), 23 (ZB)
polen-info.de: S. 69, 74, 75, 78/79, 159
Polnisches Fremdenverkehrsamt, Berlin: S.
  346
Transit, Leipzig: S. 13 (Härtrich), Umschlagklappe vorn, 46, 157, 318 (Hirth),
  124/125 (Pollex)

Kartografie
DuMont Reisekartografie, Fürstenfeldbruck
© DuMont Reiseverlag, Ostfildern

Umschlagfotos
Titelbild: Malbork (Marienburg), Burg des Deutschen Ordens am Nogat-Ufer
Umschlagklappe vorn: Kinder vor der Erstkommunion

Über die Autorin: Izabella Gawin, geboren in Polen, studierte und promovierte in Bremen, be
vor sie begann, den Deutschen ihr einstiges Heimatland näherzubringen. Jeden Sommer ist
sie ›beim Nachbarn‹ unterwegs und hat mehr als zehn Reiseführer zu Polen verfasst (bei Du-
Mont u. a. das Reise-Taschenbuch »Polnische Ostseeküste«). Auf der Internationalen Touris-
musbörse in Berlin wurde sie für ihr Polen-Werk mit dem Autorenpreis ausgezeichnet.

Lektorat: Anja Lehner

Hinweis: Autorin und Verlag haben alle Informationen mit größtmöglicher Sorgfalt geprüft.
Gleichwohl sind Fehler nicht vollständig auszuschließen. Alle Angaben erfolgen ohne Gewähr.
Bitte schreiben Sie uns! Über Ihre Rückmeldung zum Buch und über Verbesserungsvorschläge
freuen sich Autorin und Verlag:
DuMont Reiseverlag, Postfach 3151, 73751 Ostfildern, E-Mail: info@dumontreise.de

3., aktualisierte Auflage 2015
© DuMont Reiseverlag, Ostfildern
Alle Rechte vorbehalten
Grafisches Konzept: Groschwitz, Hamburg
Printed in China

MIX
Papier aus verantwor-
tungsvollen Quellen
FSC
www.fsc.org
FSC® C020056